中国近世の罪と罰

犯罪・警察・監獄の社会史

Izuru Ota
太田 出［著］

名古屋大学出版会

中国近世の罪と罰　目　次

凡　例

一、特に断わらないかぎり、引用文中の（　）は引用者による説明、註記、もしくは原用語の提示、〔　〕は引用者による挿入、補足、〈　〉は原文にある割注である。
二、引用文中の……は省略を、□は原文の読解不能を意味する。
三、漢文史料の引用にあたっては、現代日本語訳をあげ、典拠を註に掲載した。また紙幅の制限から原文史料の掲載は必要最低限とした。
四、漢字については、特に必要ある場合を除いて、常用漢字を使用した。
五、本文の日付は、原則として旧暦により、適宜（　）で西暦を附け加えた。
六、註は章ごとに番号を振り、「前掲書」「前掲論文」なども章ごとを範囲とする。
七、文語文の日本語史料を引用する場合には、適宜、句読点・濁点を補った。

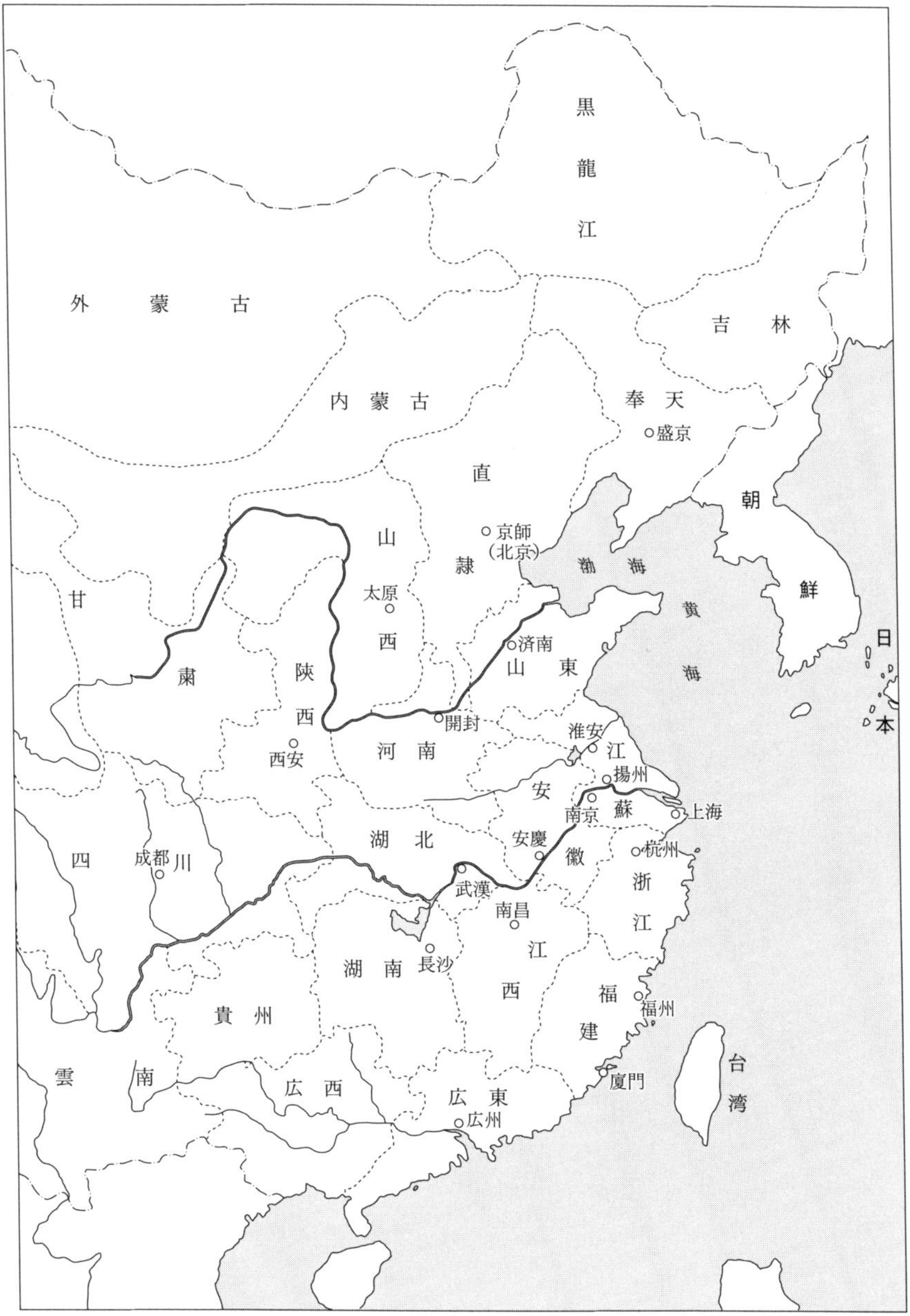

黒龍江
外蒙古
吉林
内蒙古
奉天
盛京
直隷
朝鮮
山西
京師（北京）
渤海
甘粛
太原
黄海
日本
済南
山東
陝西
開封
淮安
河南
江蘇
西安
揚州
安徽
上海
南京
湖北
安慶
杭州
四川
成都
武漢
浙江
南昌
江西
湖南
長沙
福建
福州
貴州
台湾
雲南
広西
広東
厦門
広州

地図 1　中国主要部（清代）

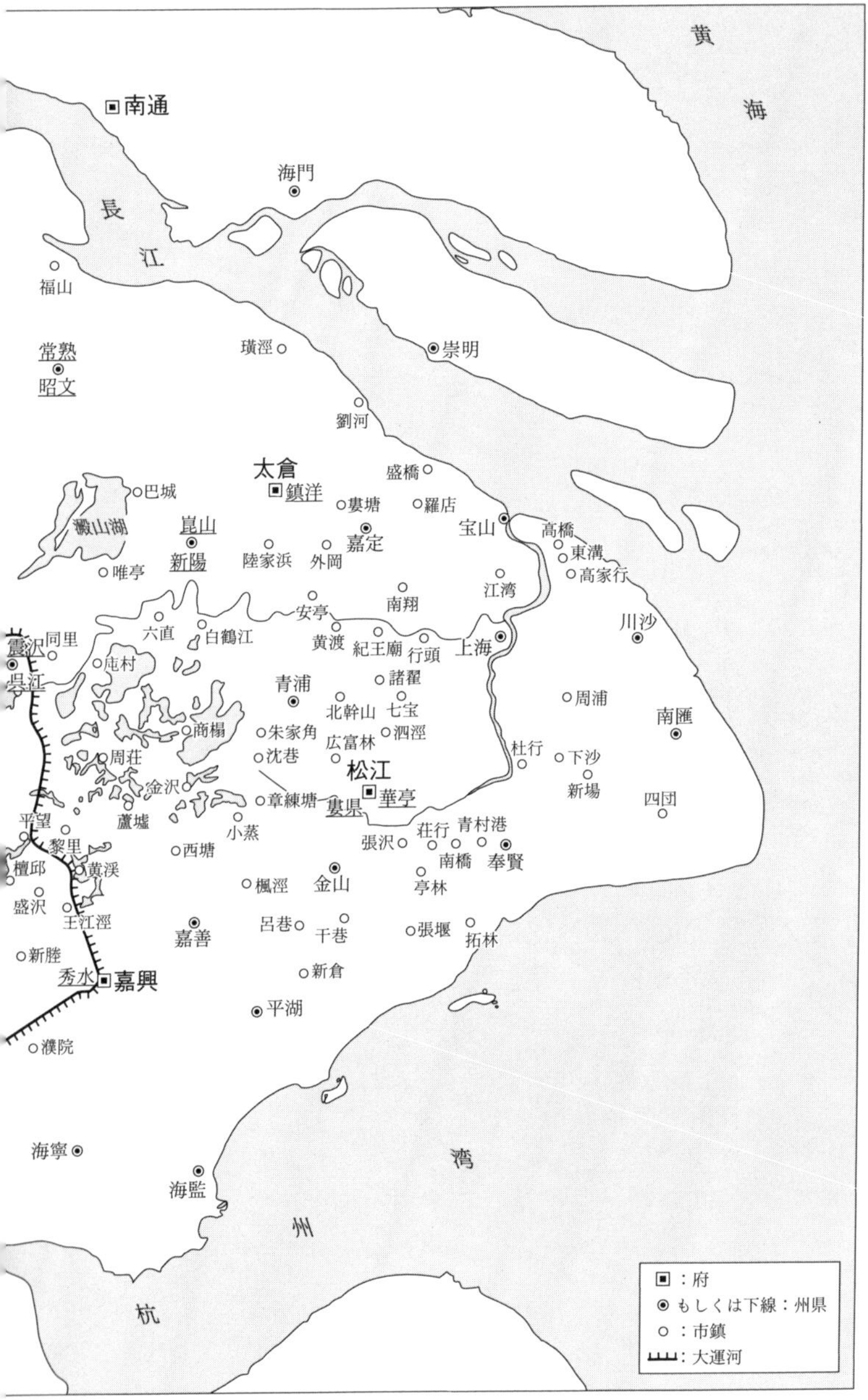
黄
海
南通
海門
長
江
福山
常熟
昭文
璜涇
崇明
劉河
太倉
鎮洋
盛橋
巴城
婁塘
羅店
澱山湖
崑山
新陽
嘉定
宝山
高橋
東溝
高家行
唯亭
陸家浜
外岡
南翔
江湾
安亭
川沙
六直
白鶴江
黄渡
紀王廟
行頭
上海
震沢
同里
呉江
屯村
青浦
諸翟
周浦
北幹山
七宝
南匯
商榻
朱家角
泗涇
沈巷
広富林
杜行
下沙
周荘
新場
金沢
松江
章練塘
華亭
婁県
四団
平望
蘆墟
小蒸
荘行
青村港
黎里
西塘
張沢
南橋
奉賢
檀邱
黄渓
楓涇
金山
亭林
盛沢
王江涇
呂巷
干巷
張堰
拓林
嘉善
新塍
新倉
秀水
嘉興
平湖
濮院
海寧
海監
湾
州
杭
府
もしくは下線：州県
市鎮
大運河

工南デルタ

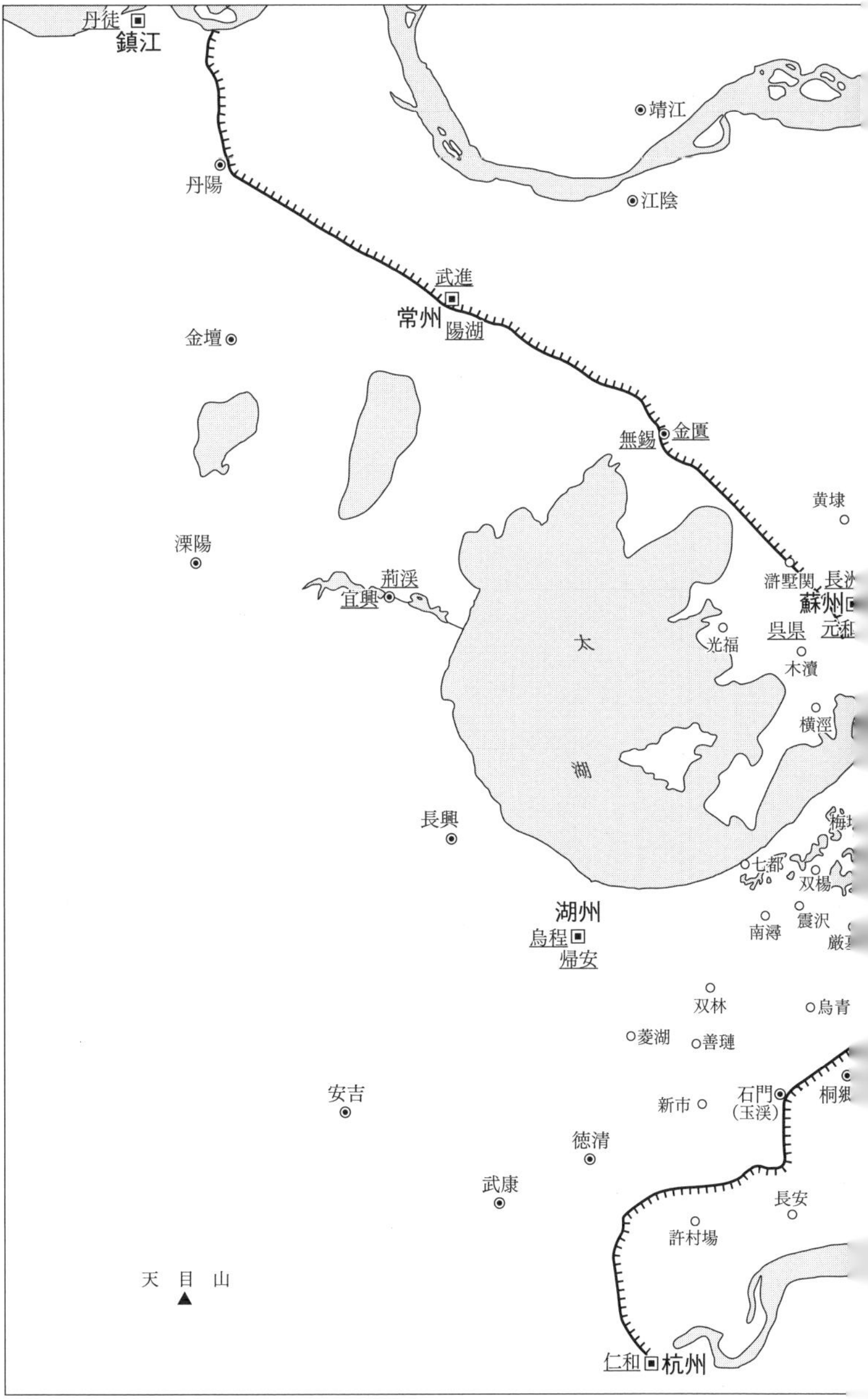
丹徒
鎮江
靖江
丹陽
江陰
武進
常州
陽湖
金壇
無錫
金匱
黄埭
溧陽
荊渓
宜興
滸墅関
蘇州
呉県
光福
木瀆
太
湖
横涇
長興
七都
双楊
湖州
烏程
帰安
南潯
震沢
双林
烏青
菱湖
善璉
安吉
新市
石門
(玉渓)
徳清
武康
長安
許村場
天目山
仁和
杭州

地図

序章　中国近世史における犯罪と治安

一　なぜ犯罪や警察・監獄なのか

領事裁判権はどうして要求されたのか

民国十五年（一九二六）に発行された画報『良友』[1]三期には「改良監獄就可以取消領事裁判権（監獄を改良すれば領事裁判権を解消できる）」と題する文章が掲げられており、以下のように述べられている。

海外に居住している中国人が外国で法を犯したならば、その国の法制のもとで裁判を受けることになり、その国の監獄に拘禁され、中国の公使には全く干渉する権利がない。〔ところが〕外国人が我が中国にあって法を犯した場合には、我が中国の法律のもとでの裁判を受けることもなく、我が中国の監獄に拘禁されることもない。裁判権は完全に外国の領事の手に帰しているのである。それはなぜか。これこそ「領事裁判」権なのだ。「領事裁判権」は他の国にはない。しかし我が中国はかえってそうではない。これはどういった理由によるものなのか。我が中国が彼ら（外国人）に領事裁判権を与えてしまった最大の理由は、我が中国が弱いからであり、彼らに裁判主権を強引に奪い去られてしまったのである。ならば領事裁判権は不公平であり、万国公法に適合しないものとして、人々はみな抵抗して廃止すべきであろう。だが、我々は廃止の方法を研究する以前に、外国人が当時なぜ領事裁判権を要求したかを知らないでいるわけにはいかない。彼らが要求した理由は次のとおりである。

㈠中国の法律が不完全である――刑罰が苛酷であり、常に拷問を用いた自白が行われ、かつ応報刑主義が重んぜられている。

㈡裁判官の欠点――法律の道がなく、道徳心に欠け、かつ司法権が行政官の手に握られていて、司法独立の精神に違反している。

㈢監獄の不備――汚穢《よご》れて不潔で、飲食も十分でない。かつ常に種々の虐待が行われている。

以上、三つの弊害は外国人が領事裁判権を要求した最大の理由である。冷静に見れば、彼らの要求にも道理がないわけではない。中国の昔日の司法の腐敗はもとより贅言を要するまでもない。しかし開港以降、数十年のうちに中国の国情はすでに大きく変化し、司法の状況もまた次第に改良されてきた。監獄については、なお特に成績を上げたわけでないが、すでに改良された監獄も少なくない。読者諸君には写真の模範監獄をご覧いただければおわかりになるであろう。そこで行われている方法は学校に比較してもよいのではないか。しかもドイツ人やロシア人で監禁されている者も少なくない（彼ら両国には領事裁判権がないからである）。ここから見れば、監獄がどうして改良されていないといえようか。よって今日の国情からすれば、我が中国には領事裁判権を回収する必要性があるのだ。諸君よ、写真の模範監獄をご覧いただければ、我々が領事裁判権のためにここに誓って奮闘する決心を鼓舞されるのではなかろうか。

ここに掲げた写真序-1および写真序-2は、右の文章とともに掲載されていたものの一部である。前者では囚人たちが読書する光景、後者では工藝を行う様子がそれぞれ写し出されている。これらの文章や写真には、民国十五年頃の監獄がいかに「文明」的なものに改良されていたかを訴えるねらいがあったと考えられる。なぜ監獄の改良にそこまで意識を払わねばならなかったのか。勿論、右の文章にもあるとおり、領事裁判権の回収が眼前の大きな課題として認識されていたからであった。

十九世紀以降、アジア各国が欧米諸国とのあいだに関税自主権の喪失、治外法権（特に領事裁判権）の承認など

写真序-1　読書する囚人たち（『良友』三期，民国十五年）

写真序-2　工藝に励む囚人たち（『良友』三期，民国十五年）

を内容とする不平等条約を結ばざるを得なかったことは周知のとおりである。たとえば中国はアヘン戦争における敗北の結果、道光二十二年（一八四二）七月に南京条約、その後も南京条約続約、虎門寨追加条約と立てつづけに条約を締結、日本も安政元年（一八五四）の日米和親条約を端緒として次々と各国とのあいだに不平等条約を結ばされることになった。以後、清朝や中華民国、明治政府などアジア各国政府にとって不平等条約の改正が政治・外交上の喫緊の課題となっていく。

ここで取り上げたいのは、なぜ欧米諸国が治外法権を押しつけたかである。アジア各国の立場から見ても、ただ不平等であると声高に叫ぶのみでは事の本質を見落とすことになり――画報『良友』の執筆者はかかる点を明確に意識している――、むしろこれを正確に把握して対処したからこそ治外法権の撤廃に成功した点に注目せねばなるまい。一般に治外法権をいうとき、㈠〜㈢のように、アジア各国が近代的な法体系や司法制度を有していなかったからであると説明される。しかしこうした事態はしばしば前近代全般に指摘されることであり、これを普遍的にあてはめてしまえば、前近代における改良へ向けての問題提起や努力は全く等閑視され、あたかも〝停滞〟ともいうべき歴史像が提出されるのみとなってしまう。むしろ〝近代前夜〟＝近世のアジア各国において法の執行機関である警察や監獄がいかなる状況を呈していたか、そこにいわゆる〝近代的〟な警察や監獄の胎動は見られなかったか、じっくりと見極めることが必要となろう。しかし中国史分野では、これまで未開拓の領域であったといっても過言でないほど、その具体像は明らかでない。

西洋史分野における「犯罪の歴史」

それに対して西洋史分野ではいち早くこの問題に取り組んできた。たとえば、フランス社会・経済史家でアナール学派の中心人物の一人であるピエール・デイヨンの大著『監獄の時代――近代フランスにおける犯罪の歴史と懲治監獄体制の起源に関する試論』に寄せて、フランス近現代史研究者の福井憲彦は次のように述べている。

犯罪と抑圧に関する歴史研究は、他の諸大学においても取り組みが進められ、少なからぬ研究者による成果が出され始めてもいた。そして奇しくもこの『監獄の時代』と同年に出されたフーコーの大著『監視することと罰すること――監獄の誕生』は、歴史家の間にも賛否の論議をまきおこすとともに、この傾向にいっそうの刺激を与えたといえよう。こうしてこの十数年のあいだに盛んになってきた、犯罪やその抑圧としての刑罰体制、さらに広くいえば社会体制についての歴史研究は、次のようないくつかの全般的状況に対応し、またそれを映し出すものと考えることができる。

ひとつは、……より根本的にいえば、処罰体制の問題、すなわち、国家は、社会秩序の維持のために、その秩序に服さないものに対してどのような質の、どの程度の抑圧力を行使することが正当でありうるのか、という問題である。……

いまひとつは、大まかにいって、支配者側の歴史、ないしは権力を行使する側の歴史から、被支配者側ないし権力行使の対象となる側の歴史へ、あるいは後者をも含んだ歴史へという、研究傾向の拡大ないしは視座の転換との対応(2)。

このピエール・ダイヨン『監獄の時代』、ミシェル・フーコー『監獄の誕生』(3)を代表とする、歴史家や思想家をも巻き込んだ、「犯罪とその抑圧」に関する歴史研究についての福井の整理は、約三十年をへた現在にあっても極めて示唆に富んでいる。西洋史分野では一九八〇年代にすでに「犯罪とその抑圧」が議論の対象となり、次節で紹介するように多くの研究成果が蓄積されてきたのである。残念ながら中国史分野においては、現在ですら十分にはその重要性が認識されていない。

かかる前提を踏まえたうえで、本書では、中国近世における犯罪と警察・監獄の歴史学的研究を通じて、近世社会の到来のなかで中国が直面した人や物の空間移動の激化と、それに伴って王朝国家に突きつけられた警察・監獄の再編、機能の変化、頻繁に移動する人の身柄管理のあり方などについて微視的に明らかにしていきたい。また同時に犯罪と治安の分析を通して見えてくる「近世」という時代の特徴についても言及してみたい。

周知のように、国家権力は基本的属性として様々な治安維持装置を具有せざるを得ない。本書で取り上げる警察（近世社会にあっては軍隊と未分化な状態にあった）、監獄（近代における自由刑執行機関としての監獄とは性格を異にする）などをめぐる諸問題は、国家権力が犯罪者ないし潜在的犯罪者といった〝秩序を脅かす（あるいは脅かすであろう）〟と見なされる者を、いかに取締り・監視・管理・処罰しようとしたかなど、すぐれて政治的な仕組みを集約的に表現するものであり、政治史・制度史・法制史・刑罰史にとって極めて重要な検討課題に属している。また犯罪が当該地域の社会構造に規定されつつ発生すると考えるとき、これら治安維持装置が地域社会の生活空間・秩序構造の態様とも密接な連関関係を有していたことは容易に想像されよう。犯罪と治安の研究が社会史にとっても看過できない課題たり得る所以である。

それでは犯罪と治安の問題は諸先学の研究のなかでいかに取り扱われてきたか。管見のかぎり、なるほど各研究者がそれぞれ個別の論攷のなかで言及することはあっても、体系的な研究がなされることはなかったようである。然りとすれば、本論を展開するに先だって犯罪と治安に関する先行研究の整理を試みるとともに、さらに本書をつらぬく問題関心および方法と具体的な課題を提起しておく必要があろう。そこで以下では、まず犯罪と治安に関する諸先学の研究を、犯罪社会学的研究と治安維持装置（警察・監獄）研究との二項目に分かって、それぞれの方法論・問題関心の所在を整理・紹介しておくことにしよう。

二　方法としての犯罪社会学的研究

犯罪社会学的研究における三つの仮説

犯罪を論じようとする場合、まずある程度、西洋史分野の研究成果を理解しておかねばならない。なぜなら当該分野では、フランスのアンシャン・レジーム期、イギリス・ドイツの近世～近代期を中心として、犯罪社会学(criminalite《クリミナリテ》)的研究ないしは犯罪史研究(以下、犯罪社会学的研究に統一する)の名のもと、積極的な議論・研究が進められてきたからである。それは「犯罪は社会の総体的現象である」と規定したうえで、犯罪行為を当該社会に内在する諸問題とともに有機的に捉え、社会史研究の一環として位置づけていこうとする試みであった。

そこで具体的な検討課題とされたのは犯罪類型、犯罪をめぐる社会環境(被告人・被害者の職業、性別、年齢、暴力のときと場所、盗品の種類)、社会生活における人間関係、犯罪抑圧の実態、刑罰などであったが、最も注目されたのは犯罪の類型別構造とその変化であり、それらを犯罪行為の「系列史(histoire serielle)」――たとえばイタリア刑法学者で犯罪社会学の始祖と呼ばれたエンリコ・フェリが、人類進化の各段階には照応した犯罪行為(封建社会では暴力的流血的、ブルジョワ社会では窃盗・詐欺)があると述べたように――として構築しようとしたのである。初期の犯罪社会学的研究においては「暴力から窃盗へ――詐欺行為にむかって」という移行図式が提出され、系列史の方法の一つの有力かつ検証すべき仮説としての位置を占めるに至った(仮説A)。かかる図式に対して、近年では裁判史料に見られる犯罪態様の分布は、現実の犯罪発生率の態様別分布と同時に、国家司法官の犯罪感知の性行をも反映するのではないか、との鋭い批判――視点の逆転――が投げかけられつつある。不確実な犯罪統計のなかに暴力の衰退、窃盗の増大を、統計が示すそのままのかたちでたどることは不可能であると考えられたからである（仮説B）。そしてもう一つの重要な仮説が「発覚しない犯罪（infradélinquance）」と「司法外裁決（l'infrajudiciaire）」（あるいは「法規外裁決（l'infrajuridique）」）の存在である（仮説C）。それは国家権力の司法機関ではなく、伝統的な農民社会内部の独自の方法で解決された犯罪である。そこでは農民社会に独自の警察と裁判、換言すれば非公式の裁判があったと想定されている。これら三つの仮説の提出が可能となった背景には、高等法院・バイイ裁判所・上座裁判所・都市裁判所のみならず、初審としての機能を果たしていた領主裁判関係の裁判文書を大量に分析できるという史料的条件が存在していた(5)。

志垣嘉夫・濱田道夫の研究動向整理に依拠しつつ、西洋史分野における犯罪社会学的研究の動向を簡単に概観してきたが、その適確な整理を見ても若干の疑問を呈せざるを得ない部分が少なからず残されているように思われる。たとえば「暴力から窃盗へ」の移行図式における「暴力」の定義の曖昧さである。多くの場合、対人犯罪をもって「暴力」、対物犯罪をもって「窃盗」と見なして立論しているようであるが、研究者個人によって対人・対物両犯罪の範疇に含まれる犯罪の種類は一様ではない。言葉の暴力などは対人犯罪であるが、これを他の「暴力」――殺人・暴行・傷害など――と同一の範疇に含めてよいか。また盗みに入ったが家人に見つかり傷害を負わせた場合、対人犯罪・対物犯罪いずれの範疇に腑分けされるのであろうか。これらは一例にすぎないが、一つ一つの犯罪行為がそれぞれ異なった経緯をもって発生しているなかにあって、可能なかぎりの明確な定義を施さないまま移行図式のみを提示しても意義のある議論を望むことは難しいように思われる。西洋史分野における犯罪社会学的研究の方法を安易に東洋史分野に持ち込むことには注意せねばならないが、本書でも暴力・犯罪を検討対象とするからには、可能なかぎりの定義を施して作業を進めていく必要があろう。

中国明清時代史研究と犯罪社会学的研究

つづいて東洋史分野、とりわけ中国明清時代史研究における犯罪社会学的研究を回顧してみたい。まず犯罪それ自体の定義とも連関して、明清時代の法典・裁判制度研究の成果のうち本書に関わる主要な点を整理すれば以下のようになる。①かつて明清時代史研究では、国家権力による裁判に持ち込まれる以前に村落・宗族・ギルドなど狭い集団・団体内部で調停解決が行われていたことが強調されてきた。しかし実際には一般民衆にとって裁判に関係することは随分と当たり前のことであり、相対的な表現ではあるが「健訟」「好訟」が指摘される場合すらあった(6)。案件すなわち持ち込まれた犯罪行為の大半は、州県自理案と呼ばれる婚姻・戸籍・田土・闘殴・偸窃・田糧に関わるものであった(7)。当時は現在のような民事・刑事の区別がなく、敢えていえば戸婚田土案が民事案件にあたるが刑事性を伴うこともあり、杖・笞刑相当の比較的軽い罪にあてられる場合も少なくなかった。②かくして国家権力に持ち込まれた犯罪行為は、当時の法典（刑法典）たる明律・清律によりつつ裁かれたが、夙に伝統中国刑法中の罪刑法定主義の有無が問われたごとく、明律・清律は犯罪の構成要件を極めて具体化・細分化し、犯罪に対する法定刑を厳格に特定していた。そのため律文のなかには「比附（比照）」や「不応為」の条項があって、法の規定から漏れ落ちる多様な犯罪行為を覆い尽くす機能を有していた(8)。③また当時の国家権力はたとえ訴えがなくとも、自らが犯罪性を感知すれば捜査・逮捕を命ずること――かような行為を「訪聞」、犯罪者を「訪犯」という――もあった。④かかる制度的な枠組みからすれば、伝統中国における犯罪行為は告訴の有無に関わらず、国家権力の司法機関によって広く掬い取られるはずであったが、実際にはそうした裁判と並行して民間内部の調停がつづけられ、判決以前に和解する場合も少なくなかった。①で見たように確かに裁判に持ち込まれた犯罪行為は、現在の我々が想像する以上に多かったであろうが、少なからぬ犯罪行為が訴訟以前の段階で調停・解決されたことを否定するには至っていないのである。

これら諸点のうち特に①④については、西洋史分野における仮説Cとして紹介した「発覚しない犯罪」「司法外裁決」と同様、伝統中国における裁判制度の性格との関わりから、明清時代史研究でも滋賀秀三、フィリップ・ホアン（黄宗智）、寺田浩明、三木聰、中島楽章らによって活発な議論が展開されてきたことは周知のとおりである。[9]明清時代史研究では犯罪行為それ自体より、むしろ紛争処理過程における裁判と調停の関係や裁判でいいわたされる判決の性格の解明に重点が置かれてきたといっても過言ではない。

一方、西洋史分野でいう仮説Aに関わる問題、すなわち数多くの無名の人々が犯した犯罪行為を取り上げた研究についても皆無というわけではない。たとえば一九八〇年代に至って、三木聰、上田信が「図頼《とらい》」、谷井俊仁、フィリップ・キューンが「割辮《かつべん》」といった特定の犯罪行為や猟奇的事件を、川勝守、上田信が無頼・白拉《はくら》・打行など犯罪者（集団）を分析材料として、当時の社会構造や社会環境、人々の心性に迫ろうと試みている。[10]とりわけR・J・アントニー（安楽博）は嘉慶（一七九六～一八二〇年）・道光（一八二一～五〇年）年間の広東省に関する題本・奏摺（特に盗案類）を大量に分析し、犯罪者の職業・地理的分布・犯罪の発生原因・季節分布などについて検討を加えており注目に値する。詳細な紹介・検討は本論中に譲るが、アントニーの論文を要約すれば次のようになる。

嘉慶・道光年間の広東省における犯罪発生件数の季節分布は、該地の農業サイクルと連動していた。水稲の二期作（海南島は三期作）が一般的な広東省では、通常陰暦二月に播種し、五～七月間に最初の、つづく九～十月間に二度目の収穫を迎える。蔗糖・煙草等の農業副産品も水稲作とほぼ同じ周期を形成した。したがって農繁期の夏には、最初の収穫期と二度目の播種が接近することもあり、多数の雇工を必要とする。しかし二度目の収穫後（十一～十二月）は多くの労働力を必要としないため、〝生存のための一手段〟としての盗匪が選択されることになるというのである。[11]アントニーは農業サイクル、特に労働力の雇用状況の影響を強く受けた〝冬の犯罪〟を強調した。かかる議論の前提には犯罪者を職業別に分類すると、「雇工」＝農繁期の被臨時雇用者が大半を占めるという現実が存在する。このようにアントニーの研究は嘉慶・道光年間にかぎられ、地域的にも広東省を取り上げるにすぎないが、刑科題本など膨大な量にのぼる刑事案件を統計的に処理・分析し、背後にある社会構造・生活環境を読み取ろうとした点で注目に値する。アントニーの提示した方法論には十分とはいえない面も残されているが、今後は問題関心・方法論を鍛え上げていくと同時に、他省の場合と比較しながら広東省を事例として得られた知見の特殊性を見極め、それを相対化していくことが求められよう。

かくして明清時代史研究においても犯罪社会学的研究――研究者当人が犯罪社会学的研究であることを標榜しているか否かは別として――が試みられつつあるが、右に紹介したアントニーのごとく、数多くの無名の人々が犯した犯罪行為から当時の社会構造・生活環境・人々の心性を描出しようとする試みは緒に就いたばかりであり、西洋史分野で見られた視点の逆転、すなわち司法当局がいかなる行為を犯罪として感知・選択しそれに対処したか（仮説B）を意識的に検討しようとする研究は皆無なのである。

犯罪社会学的研究の制約とその克服

では、明清時代史研究において犯罪社会学的研究の方法論・有効性が必ずしも十分に確立できない理由はどこにあるのであろうか。現在のところ、以下のような問題点が研究の進展を妨げていると考えられる。

第一に、初審にあたる州県レヴェルでまとまった裁判文書が極めて少ないことである。近年、確かに中国・台湾・日本各地の図書館・檔案館に所蔵された大量の檔案（裁判文書を含む公文書）の整理が進められ、閲覧・出版など方法を異にしながら我々研究者の眼前に公開されつつある。しかし州県レヴェルの檔案となると、まとまった量が残されているものとしては、わずかに淡新檔案（台湾大学蔵）、四川省巴県檔案（四川省檔案館蔵）、直隷宝坻《ほうてい》県檔案（中国第一歴史檔案館蔵）、江蘇省太湖庁檔案（日本国会図書館蔵）等があるにすぎない。そのほか判牘・判語も州県レヴェルの裁判文書を含む場合があるが、(12)裁判官たる知県個人の名裁きを選んで誇示するという史料的性格からして、地方レヴェルの社会経済史の史料たり得ても、犯罪統計の材料とは到底なり得ない。ゆえに特定の犯罪・犯罪者（集団）を検討することはあっても、数多くの無名の人々が犯した〝軽度〟の犯罪を取り上げることは皆無に等しかったのである。

第二に、西洋史分野とも共通する点として、裁判関係史料それ自体が持つ性格、すなわち犯罪件数の暗数（発覚しない犯罪）が統計的な考察を困難なものとしている。暗数とは国家権力に把握・記録されない犯罪のことである。勿論、国家権力はすべての犯罪行為を掌握できるわけではなく、むしろ犯罪事実の確実な統計は存在しないといってよいのであるが、それゆえにこそ国家権力に把握・記録された犯罪行為の種類や件数の増減が何を意味するかは、慎重な考慮を必要とするのである。淡新檔案など初審の裁判文書のうち、とりわけ刑事案件部分をいかに用いるかについては今後の研究に俟つ部分が多く残されている。

かかる史料状況が厳然として存在する以上、初審にあたる州県レヴェルで裁かれた案件については、西洋史分野で試みられたような網羅的かつ緻密な分析・考察は困難であるといわざるを得ない。然りとすれば、十七世紀後半〜二十世紀初の中国——たとえば州県レヴェルの檔案が存在しない江南デルタ（太湖庁檔案は清末のものであり量的にも決して多くはない）を事例地域として——に関して犯罪社会学的なアプローチは不可能なのであろうか。

右の史料状況が依然として解消されていない現状において、筆者は次善の方法として次の二種類の史料に着目して初歩的な検討を加えてみたいと考えている。一つは中央レヴェルの檔案に見える、地方官（主に総督・巡撫レヴェル）の犯罪に関する報告、いま一つは犯罪を取り締まる側に位置する治安維持装置に関する史料である。

前者は、宮中檔奏摺、軍機檔録副、地方官の文集類などに収録されており、司法官が各地で発生した犯罪の件数・種類・原因をはじめとする諸情報について報告しながら、何らかの対策を提案したものである。これらを丁寧に収集・検討すれば、当時の司法官が当該地域で発生した犯罪の状況についていかに認識・分析し、どのように取り組もうとしていたかを知ることができる。つまり司法官の犯罪感知の性行といった視点からのアプローチが可能となるのである。

一方、後者は、地方志（方志）・宮中檔奏摺等に収載された、治安維持装置の設置提案・承認・実施・改革に関する文書類である。これらには当然に犯罪等に関する現状報告も記載されており、当時の司法官が地域の治安をいかに認識し、どのような対策を考案・実施しようとしたか、あるいは実際に実施したかを詳細に知ることができる。つまり治安維持装置の展開は当該社会の犯罪の態様と密接な関わりを有していたはずであり、ここに多数の無名の人々が起こした犯罪を考察する手がかりを見出すことが可能なのである。

三　方法としての治安維持装置研究

近世「警察」と近代警察

つづいて本節では、治安維持装置に関する諸先学の研究を回顧して研究動向を整理するとともに、残された課題について簡単な検討を行ってみよう。まず本書で扱う清代中国の治安維持装置とは警察・監獄をさしている。ただし厳密にいえば、当該時期の中国において軍隊と警察は未分化な段階にあり、いわゆる近代警察の創設は清末の光緒新政（光緒二十七年（一九〇一）以降）を俟たねばならない。かかる点を踏まえながらも敢えて警察の語を用いるのには筆者の意図がある。やや結論を先取りするようではあるが、康熙帝の治世の後半、すなわち三藩の乱（康熙十二～二十年（一六七三～八一））鎮圧以降、これら治安維持装置が担う「治安」に質的・空間的変化が生じたと考えるからである。

一般的にいえば、「治安」とは当該社会の「秩序」を維持・安定させることである。したがって、本書で扱う軍隊・警察・監獄があくまで国家権力の具有する多様な治安維持装置の一部にすぎず、またそれらが担う「治安」の範囲も当然ながら「秩序」全体の一部にすぎないことは言を俟たない。然りとすれば、十七世紀後半〜二十世紀初の中国の軍隊・警察・監獄が担った「治安」とは一体何だったのか、それによって維持される「秩序」とはいかなる性格を有するものであったかが問われねばなるまい。

十七世紀中葉における清朝成立以前の軍隊・警察をいう場合、それらが担う「治安」は、どちらかといえば皇帝の身辺警護、あるいは皇帝所在の帝都（京師）防衛を中心としたものにすぎなかったと考えられる。たとえば、中国社会科学院法学研究所法制史研究室編『中国警察制度簡論』（群衆出版社、一九八五年）の構成・内容はそれを典型的に示している。曹培・斉鈞「明代的治安機構和治安制度」は①皇宮警衛機構、②京師治安機構、③地方治安機構の三つに分類し、①②に内容の大半を割いている。③では捕盗通判（同知）・判官・巡捕主簿・巡検司を扱うにすぎない。[13] 韓延龍・曹培「明代的特務機関——廠衛」は表題のごとく、明代の特務機関として著名な東廠・西廠・内行廠・錦衣衛を検討する。また、韓延龍・曹培「清代的治安機構和治安規定」は本書と同じ時期の中国の治安維持装置を俎上に載せるが、やはり明代の①〜③の分類を踏襲しており、③に清末の団練が加えられた点のみが新しい。そして次には常兆儒「中国近代警察制度的形成」が収載されているから、近代警察の誕生まで特に変化を認めず、十七世紀中葉以前の中国における「治安」は主として皇帝の身辺警護、皇帝所在の帝都（京師）防衛で説明されているといっても過言ではないのである。

このほか、近代警察制度研究の「前史」部分[14]や、治安維持装置に関する個別研究でも、[15] 歴史的文脈における個々の装置の位置づけは、右の『中国警察制度簡論』と大差ない。かようにして明清時代の治安維持装置はすでに諸先学によって検討され、制度史的な観点から一定の通説が形成されてきた。しかし筆者は上述のごとく、十七世紀後半〜十八世紀前半にかけての中国——すなわち康熙後半〜雍正年間、近年、岸本美緒が用いた文言に従えば「清朝の平和」の到来——に至って国家権力の担う「治安」の態様に変化があったのではないかと想定し、これを江南デルタ（その地理的範囲については次節参照）という一つの事例地域に着目しつつ再検討してみようと思うのである。

また、仮に国家が直接的に担う「治安」の理念が皇帝の身辺警護、あるいは皇帝所在の帝都（京師）防衛を中心としたものであったとしても、「社会内部の秩序を維持し、逸脱行為の防止・摘発にあたる機能のことを警察機能と呼ぶ[16]」とすれば、近世にも警察に類するものが存在したことは間違いない。問題は近世と近代とで担い手に違いがあったか否かであろう。たとえば、イギリス近代警察の研究者・林田敏子は次のように述べる。「近世社会においては、日常生活に降りかかるあらゆる危険を除去することで、人々の生活と福祉、安全を保障することに主眼がおかれたため、ポリス（ポリツァイ）は、行政や私的領域を含む包括的システムとして立ち現れた。ところが一八世紀に入ると、人格および諸権利が侵害された場合にのみ、これを保障すべきであるとの考えが現れはじめる。さらに、「犯罪をはじめとする社会問題は国家が解決すべきである」との考えが浸透するにつれ、近世の治安維持システムのなかで少なからぬ役割を果たしてきた私人（および民間の諸団体）は徐々に排除されていった[17]」。また日本近代警察研究の第一人者・大日方純夫は、やや長い引用となるが「日本では、古代の検非違使、近世の奉行所などがそれにあたる。ヨーロッパ中世の場合、領主が司法権とともに警察権をもったり、都市の市民団体や教会も、一定の制限のなかで司法権と警察権をもっていたとされる。中国についても「警察の概念を、主に官が常設し治安維持にあたる警備組織・人員と理解するならば、それにあたるものは、中国史の各時代に見いだせる」と指摘されている。しかし「一般行政や軍事から明確に区別される警察という分野」が意識されているわけではなかった。それは、通常は行政や司法の一環として行使され、あらわな反逆・逸脱にたいしては軍事力として発動された。……これにたいして、近代の特徴は、軍事・司法とは相対的に区別された警察と呼ばれる組織・機構が登場し、日常的に治安の維持にあたるシステムが導入されたことにある。とくに、制服をまとった警察官が街頭に登場し、常時、住民と接するようになった[18]」と述べている。林田と大日方の主張を大雑把に整理すれば、近世の警察は、あらゆる犯罪を国家が丸抱えするのではなく、「私人（および民間の諸団体）」にその一部を委譲していた。松本尚子の「近代と比べたときの近世ドイツの特徴は、治安組織のあり方がひじょうに多様だった[19]」という言葉に集約的に表現されている。つまり近世の警察機能は国家に一元化されることなく、もちろん意図的でもなくあくまで結果として、公私を問わない諸組織・諸団体（軍隊、地方役人、郷兵・民兵、自警団など）によって総体的相互補完的に警察機能が果たされていたことになろう。そして「近代警察の特徴を、専門訓練を受けた常勤・文民のメンバーによる、制服・権限・命令系統・階級等が明確に法令等で規定された組織とするならば、……一九世紀までそうした意味での警察機関はみとめられない[20]」と結論づけられる。

このように近世における警察機構の存在が否定される一方で、例外的に近世警察の存在を認める事例がある。フランスのマレショーセ（marechaussee）である。正本忍によれば、「〔マレショーセは〕主に田園地帯、国王道路（grand chemin、幹線道路）上の治安維持を担う警察および国王軍の一部（騎馬警察）である。同時にマレショーセは乞食・浮浪者、国王道路上での窃盗、押し込み強盗などプレヴォ専決事件を最終審として裁く国王の特別裁判所でもあった。……一六世紀から一七世紀にかけてマレショーセは王国各地にその数を増やし、管轄・権限もまた次第に拡大させていく[21]」というような、街道沿い（幹線道路上）の諸犯罪を専門的に取り締まる組織としてマレショーセなる近世警察が組織されたというのである。なぜマレショーセが出現したかについても「王国の面積と人口の大部分を占める農村部の治安を語らずして、王国の治安は語れない。また、王権の道路行政は一八世紀に飛躍的に進展したが、人、物資、郵便、金、情報、軍隊の流通や移動における幹線道路の重要性、そしてその安全通行の必要性は容易に想像できよう。……〔マレショーセは〕確かに、一つの班は指揮官一名、騎馬四名の計五名で構成されるにすぎなかったし、パトロールの実態や効果に関しても細かな検証が必要だろう。それでも、国王の警察が幹線道路沿いの主要都市に駐在したこと、彼らが日常的に管轄区域を巡回したことの意味は大きいと思われる[22]」と語り、マレショーセの警察としての特徴として、数名程度から編成されたパトロール班が幹線道路上を往来して犯罪を取り締まるとともに、固定した管轄区域を巡回していたことをあげている点に注目しておきたい。

かような組織がフランス近世にすでに存在したことは警察の比較研究上極めて興味深い事実である。右のマレショーセの機能がまさに警察と呼ぶにふさわしいとすれば、もう一点、近代警察の特徴の一つとしてあげておきたいのが駐在所・派出所の登場である。近代日本でも、中央の内務省に直結する府県レヴェルの警察本部のもと、一八八六年の地方官官制によって各郡に警察署が配置され、一八八八年の警察官吏配置及勤務概則によって全国に駐在所・派出所の網の目が張りめぐらされた。換言すれば、県警察部→警察署→警察分署→駐在所という指揮・命令系統のもとにあって、地域末端で日常的な警察活動を担っていたのが駐在巡査であった[23]。

以上、西洋史分野と日本史分野の成果を回顧しながら、近世・近代警察の諸特徴について概観してきた。上述のごとく、残念ながら中国史分野では近世警察の態様に着目した研究は皆無に等しく、ほとんどが旧来の説を踏襲したものにすぎなかった。林田・大日方が掲げるような「警察の比較研究」の対象に、日本以外のアジア諸国の事例をも取り込もうとすれば、空前の巨大帝国を形成していた中国近世の清朝を検討する意義は少なくないものと判断する。

近世監獄における近代的刑罰の芽生え――人足寄場の登場を考える

次に拘禁施設＝監獄について論点を整理してみよう。近世以前の中国や日本の旧監獄を考えるとき、まず現在のそれとはいくつかの点で性格を異にしていたことを指摘しなければならない。第一に、監獄は未決監（拘置所）であり、刑罰執行の手段として一定の刑期のあいだ拘禁して自由を奪う既決監（刑務所）ではなかった。これは刑罰が生命刑・肉刑を中心としたため、既決囚を収容する必要がなく、自由刑・財産刑（罰金）を主とする近代的刑法とは刑罰思想のうえで異なっていたからであった。第二に、中国では被告のみならず、原告や証人までもが拘禁される場合があった。これは訴訟関係者の逃亡を防ぐとともに、いつでも必要に応じて出頭・尋問できるようにするためでもあった。

つづいて近世監獄の構造について概述すれば、中国では県衙門の敷地内に監獄が附設されており、周囲には高さ約三・八～四・八メートルの石・甎《せん》・土・木などを用いた囲牆がめぐらされ、脱獄できないように堅固な造りとなっていた。獄内は男監・女監の区別のほか、予想される刑罰の軽重で外監（軽罪）・内監（重罪）に分けられていた。すべて雑居房で独居房はない。監獄の事務や管理は吏目・典史が責任を負ったが、現実には禁卒（獄卒）が獄内に住房を持ち、輪番で監視にあたった。日本の場合、江戸小伝馬町の牢屋が夙に有名である。代々世襲される囚獄石出帯刀《たてわき》が管理し、牢屋同心と下男《しもおとこ》が実質的な牢内雑務に従事した。小伝馬町牢屋は規模が大きく、百姓牢・大牢・揚屋《あがりや》などの区別があったが、周囲に練塀《ねりべい》をめぐらし、すべて雑居房であったことなど、基本的な条件は中国と共通していた。

また、冒頭の画報『良友』でも指摘されていたように、中国や日本の旧監獄には収禁された者にとって生命に関わる極めて深刻な問題があった。第一に、牢内環境が悪く、寒暑気・湿気などが耐え難いうえ、厠所なども不衛生であったため、自ずと病気を患って死亡する者が少なくなかった。第二に、実際に監獄を管理する禁卒や下男が立場を利用して頻りに無心し、ときに恣意的な凌虐を加えることもあった。第三に、牢内役人を中心に監獄社会が形成されていた。歌舞伎の「伝馬町大牢の場」でも描かれたごとく、小伝馬町牢屋の牢名主は悪名高く、その下には数見役・二番役・上座の隠居・穴の隠居・隅の隠居など、公認・非公認の牢内役人がおり、すべて囚人中から選ばれた極悪人で、他の平囚人の管理を委ねられていた。そこには「自治としての牢法」に支えられた監獄社会が厳然として存在し、牢内秩序が形成されていたのである。しかし牢名主は新囚からツル（蔓）を取り立てるなど金銭を要求し、欲望が満たされなければ、様々な暴力を加えた。

このように中国や日本の旧監獄は現在の刑務所とは全く異なっていた。犯罪者を拘束して自由を奪い、一定の労役を科して社会更生をめざすような近代的自由刑の執行場ではなかったのである[24]。

これまで近世監獄の「前近代」性ばかり指摘してきたが、それでは近代的自由刑は果たしていつ誕生したのであろうか。その点において江戸時代の日本では、寛政二年（一七九〇）に画期的な出来事があった。人足寄場の登場である。それはあの「鬼平犯科帳」で有名な火付盗賊改《ひつけとうぞくあらため》長谷川平蔵が松平越中守定信に献言し、石川島佃《つくだ》島中間の葭《よし》原に建設した無宿養育所であった[25]。

人足寄場には入墨・敲《たたき》の軽犯者および無罪の無宿が収容され、場内に藁細工・炭団《たどん》造り・大工・左官などの工房を設け、収容者をしてそれぞれその技能に応じた労役に服せしめ、賃金の一部を官が溜め置いて収容者の更生資金とし、改悛の情明らかなる者は、年季を問わずこれを社会に復帰せしめた。また月三回は作業を休んで収容者に心学の講話を聴かしめている。

かような性格を持つ人足寄場はまさに自由刑・教育刑を行う近代的刑務所の権輿《けんよ》であり、免囚保護を事業とする矯正協会の濫觴《らんしょう》をなしたと評価されてきた。ここに見懲《みこらし》的厳刑主義（一般予防主義）から教育刑主義（特別予防主義）への転換を見たのである。人足寄場顕彰会編『人足寄場史――我が国自由刑・保安処分の源流』（創文社、一九七四年）でも日本近世が生み出した点を特筆し、しばしば引き合いに出されてきた、一五九五年にオランダ人人文主義者ディリク・コールンヘルトの提案でアムステルダムに建設された「研磨の館（Rasphuis）」（男性用）と「紡ぎの館（Spinhuis）」（女性用）から着想した――オランダは日本の当時唯一の西洋通航国だった――という見解は否定された。

それでは長谷川平蔵はどこから着想を得たのだろうか。無論、平蔵自身の発案による可能性もないわけではないが、しばしば指摘されたのは大阪懐徳堂の中井竹山『草茅危言』と中井履軒『恤刑茅議』の徒刑論の影響である。[26]また一方で興味深いのは、平蔵の同僚森山源五郎の回想録に、人足寄場の制は「唐」にすでにあると記されている点である。[27]「唐」が中国をさすことは間違いないが――この時期の場合、清朝をさすのではなかろうか――、問題は具体的に何を意味しているかであろう。確かに『周礼』には「圜土《えんど》の制」が記され、圜土（獄城）に罪のある者を入れて工作させ、改悛を俟って釈放するとあって、漢代の城旦（辺境において早朝は塞の修築、昼間は警備にあたる労役刑）・鬼薪（宗廟の祈祀に用いる薪や蒸《あさがら》を採取する労役刑）の起源になったとされる。[28]森山はこの圜土を想定していたと考えられなくもないが、存在の有無自体が問われる圜土から構想を得たとは、ただちには首肯し難い。むしろ現場に関わる人物であることから、同時代の「唐」すなわち清朝から何らかのヒントを得ていた可能性はないのであろうか。

従来、このような刑罰思想を扱う場合、近世以前では刑罰執行の公開など一般予防主義・威嚇主義・応報刑主義の優越性が圧倒しており――諸種の生命刑・肉刑はその典型である――、教育刑主義・特別予防主義を根本とした近代的刑法――生命刑・自由刑・財産刑（罰金）を中心とする――への移行は、ウエスタン・インパクトの影響が強調されてきた。[29]しかし人足寄場研究に見られるように、ウエスタン・インパクト論はいったん止揚し、日本や中国といった個々の地域から近世監獄のあり方を再検証する必要があるように思われる。本書では、残念ながら日本の事例を直接検討することはできないが、森山のいう「唐」を念頭に置きつつ、中国近世の監獄を俎上に載せることにしたい。

四　本書の課題――地域・構成・史料

本書の課題

これまで整理・検討してきた犯罪社会学的研究、治安維持装置研究の成果を踏まえながら、本書では、時期としては中国近世、特に清代（一六四四～一九一一年）とタイムスパンを広く設定し、次の三つの課題に取り組んでみたい。

第一に、中央や地方レヴェルの文書群に見える、司法官・司法当局の犯罪に関する報告を利用しつつ、さきの仮説B、すなわち当時の司法官・司法当局が発生した犯罪の状況についていかに感知・分析していたか、換言すれば、司法官・司法当局の犯罪感知の性行を検証する。そしてそこに報告された、数多くの無名の人々が犯した犯罪行為を個別具体的に検討することで、当時の社会構造・生活環境・人々の心性を描出する。西洋史分野における「犯罪は社会の総体的現象である」という規定を念頭に置きながら、犯罪行為を当該社会に内在する諸問題と連関させて有機的に捉えなおし、法制史のみならず、社会史研究の一手法として位置づけていきたい。

第二に、いわゆる「清朝の平和」の到来に伴って、国家権力が担う「治安」のあり方に何らかの変化があったのではないかという仮説のもと、近世の軍隊から次第に分離しはじめる警察を詳細かつ具体的に復原する。それは近世社会の到来のなかで中国が直面した、人口の爆発的増加、商品経済の浸透、人や物の空間移動の激化などの諸現象と絡めながら理解していく必要があろう。すなわち近世社会のこれら諸特徴との関わりのなかで出現した「近世的犯罪」に国家権力がどのように対処していったか、さらに警察が分離・登場したとすれば、それはいかなる近世的な相貌を呈していたかなどを一つ一つ明らかにしていくのである。「警察の比較研究」に向けて、これまで未解明であった中国近世の軍隊・警察の一側面を描出したい。

第三に、犯罪者を拘束して自由を奪い、一定の労役を科して社会更生をめざすような近代的自由刑の執行場としての監獄は、清末の罪犯習藝所の登場を俟たねばならないとする定説に再検討を加える。たとえば日本史分野では人足寄場の誕生が「自由刑・教育刑を行う近代的刑務所の権輿」として強調されているが、これまで中国近世の監獄について、近代的自由刑がいつごろ萌芽してきたかという視点から研究はなされてこなかった。中国近世の監獄をはじめとする様々な拘禁施設の機能とその変容をさぐるなかで、この問題に対する一つの解答を提出してみたい。

これら三つの課題はそれぞれが個別の重要な研究対象であるが、勿論、互いに強い関連性を有しており、犯罪行為の発生から犯人の捜査・逮捕・拘禁、裁判、刑罰の執行、社会復帰（あるいは社会外部への放逐）という一連の流れが想定されている。そこにはこれらの段階を個々に切り離して考えることでは見えてこない、近世社会における犯罪はいかなる外在的要因のもとに発生し、近世国家は犯罪者（あるいは潜在的犯罪者）たちをどのような刑罰思想に基づいていかに取り扱ったかという問題が底流として存在している。本書はかかる問題に取り組むささやかな一試論にすぎないが、政治史・社会史・制度史・法制史・刑罰史に一定の意義を有するものと筆者は考えている。

事例地域

次に本書で取り扱う事例地域を限定する必要があろう。無論、清朝の帝国の領土全体を対象とできればよいのであるが、犯罪・警察・監獄のような極めてミクロな対象を個別具体的に描出しようとする場合、それは全くの不可能事であるといってよい。したがって本書では主な事例地域を江南デルタに設定したい。江南デルタの語が示す地理的範囲は使用者によって微妙に異なるが、本書では基本的に清代の行政区画でいう江蘇省の松江・蘇州・常州・鎮江・江寧五府および太倉州、浙江省の杭州・嘉興・湖州の三府とする。

江南デルタは現在の上海市、江蘇省南部、浙江省北部から構成される。長江下流域（Lower Yangzi Delta）とも称され、一般的に、宋元時代には「蘇湖熟すれば天下足る」と呼ばれる穀倉地帯、明清時代には農村部に多数の市鎮(market town)が雨後の筍のように叢生した経済的な先進地帯と認識されてきた地域である[30]。本書では、中国近世において商業化・都市化が最も進んだ地域の一つであった江南デルタを事例地域として設定し、当該地域の都市は勿論、市鎮を含む農村部をも視野に入れながら、犯罪・警察・監獄の具体的事実を発掘し、さらに事例地域の社会経済的環境とそこで見られた犯罪・警察・監獄の相互規定関係にまで踏み込んで考察してみたい。

本書の構成

本書は序章・終章を除いて、二部十章の構成となっている。ここでは各部・各章における課題と概略を示し、本書を通読するにあたって、読者の理解の一助となるようなガイドラインを引いておくことにしたい。

第Ⅰ部「犯罪と警察の近世」では、中国近世の江南デルタにおける犯罪の態様と、それに対応するかたちで登場する警察の組織・機能・配置などについて詳細に検討を加える。

第一章では、先行研究に依拠しながら、近世東アジアが経験した諸変動を整理した後、その表象の一形態としての犯罪者（集団）と諸犯罪について概括的な検討を行う。十六世紀に至ると、商品経済の発達、社会の流動化のなかで、従来の「固い」秩序が次第に崩れはじめ、十七〜十八世紀には新たに「柔らかな」国家が誕生する。さらに十八世紀以降にはいわゆる「平和の到来」とともに、人口爆発ともいうべき急激な人口増加が発生する。かようなグローバルな変動のなか、中国近世社会において貨幣経済の浸透、交通の発達、商品流通の激化が見られたことは周知のとおりであるが、かかる現象と密接に関わりながら、無数の「近世」的犯罪者（集団）が登場し、「近世」的犯罪を生み出していく。農業社会から切り離された無頼や地棍《チンピラ》が、商品流通の基点であった市鎮（市場町）本体や、そこから放射状に伸びる交通路上で強盗・窃盗に及んだほか、市鎮本体上でも物乞い・賭博・淫祠・娼妓など「傷風敗俗」と呼ばれる諸現象が顕在化してきたのである。

第二章では、清中期の雍正（一七二三〜三五年）・乾隆（一七三六〜九五年）年間に広く展開された近世国家の警察機構＝緑営の汛防制度について、江南デルタを主な事例地域として分析を加える。近世期に盛んに編纂された地方志を繙くと、兵防などの項目に「汛《じん》」という語が頻出する。これらを詳察していくと、汛防制度は「大汛」—「小汛」の二階層からなる組織であり、前者は江南デルタに叢生した市鎮（特に規模の大きな市鎮）を中核とする空間的広がりのなかに設置され、人の移動や商品の流通の保護を目的としていたこと、後者は主に市鎮と農村、あるいは市鎮間を結ぶ交通路上に配置され、警察業務に従事したことが判明する。また汛防制度は当該地域の社会構造・自然環境などの諸条件に適確に対応しつつ展開された結果、大汛の管轄区域が市鎮の〝領域《なわばり》〟と見なされたり、清末宣統年間の自治区域に置換されたりする場合すらも存在したのである。

第三章では、江南デルタの総督・巡撫など司法官らが皇帝に提出した、犯罪発生の状況に関する意見書に依拠しつつ、清中期の江南デルタ市鎮（G・W・スキナーのいう中間市場レヴェルの市鎮）をめぐる犯罪とその原因、それに対応して配置されていく緑営の汛防制度の展開過程を追っていく。十八世紀半ば、江南デルタでは太湖・澱山湖など巨大水面の存在、複雑な水路網の形成、流速が極めて緩慢な水路という地理的環境の特殊性、デルタが江蘇・浙江両省に跨るという行政区画上の問題、商業活動の活発化などの理由を背景とする犯罪発生率の増大が、司法官の注目を集めるようになっていた。かかる犯罪動向のもと、対物犯罪の増加に対する取り組みが治安上の急務となり、主要交通路（江南デルタでは水路）に多数の小汛が配置された。つまり近世国家は、より直接的に商業・交通環境の安全確保に乗り出したのであるが、そこには支配・抑圧をいうより、むしろ国家の暴力装置に対する地域社会の〝期待〟が存在していた。

第四章では、清中期以降の江南デルタで確認される、州県の佐雑＝県丞・主簿・巡検（緑営が武官であったのに対し、佐雑は文官である）の「分防」に焦点をあてる。分防とは、県城（行政都市）で正印官の知県とともに執務にあたっていた佐雑が、県城を離れて農村部の市鎮に移駐することをさす。分防の実態を検討することで、近世国家たる清朝が市鎮本体、あるいはそれを中核とする地域社会をいかに管理しようとしたか、また逆に市鎮住民は治安上において近世国家といかなる関係を結ぼうとしたかを考えてみたい。農村部の市鎮への文武官の段階的な分防は省―府―州・県と下る近世国家の行政系統の最末端に、政治・経済・社会的に無視できない地位を固めつつあった市鎮を実質的に組み込んでいく過程であった。市鎮側からすれば、自己の要求を直接的間接的に政治に反映させるために上級の州県への回路をつなぐ（現実的目的）とともに、少しでも他の市鎮に先んじて近世国家の行政体系へと近づきたいとする強い志向（観念的目的）が近世国家の象徴としての分防を招致せしめたという二つの目的を想定できる。

第五章では、清朝統治時期を成立初期と「清朝の平和」到来後に大雑把に分けながら、国家が都市や農村において感知・注視した犯罪と犯罪者（潜在的犯罪者）の動向を整理・検討した後、それが警察機構の創出・展開といかなる関わりを有していたかを分析する。また犯罪者（潜在的犯罪者）の属性に着目しながら、彼らが江南デルタの開発・発展の全体史のなかでどのような役割を果たしてきた人々であったかについて考える。そこでは江南デルタの開発に不可欠な労働力の周辺地域からの流入と、当時の社会的経済的環境に規定されつつ〝生存のための一手段〟としての犯罪が選択されていく有り様が描出されることになる。すなわち同章では、「犯罪取締りの歴史」を江南デルタの地方統治、開発・発展の全体史の脈絡のなかに位置づける作業が試みられる。

つづいて、第II部「監獄の近世」では、中国近世において捕縛・連行された犯罪者は勿論、裁判に関わって都市へと出向いてきた原告・被告・証人など、多様な人々の身柄がいかに管理されたか、彼らを収容する拘禁施設がいかなる性格を有し、それがどのように変化していったかを検証する。

第六章では、まず清代の監獄（牢獄）を取り上げる。すでに先行研究において指摘されてきたように、伝統中国の監獄は判決や刑の執行を待つ人間の身柄を拘束するための施設、すなわち未決囚の拘置所であった。その内部については「狭隘汚穢、凌虐多端（狭く不潔で凌虐行為が多い）」であったことが判明している。しかし監獄研究は緒に就いたばかりであり、今後の成果に俟つべき部分は少なくない。かかる現状を受けて、同章では監獄内部に視点を置き、そこに形成された監獄社会の秩序について検討する。近世の監獄は近代以降のような懲役刑執行場としての性格こそ有さなかったものの、様々な理由により事実上監禁が長期化するなかで、監獄社会とも呼び得る状況が現出していたからである。特に「牢頭」「鎖頭」などと呼称される牢獄（監獄）のボスは、日本の牢名主にも比せられるほど監獄社会の秩序形成に重要な位置を占める存在であった。

第七章では、監獄以外の拘禁施設として、裁判に関わって農村から都市へと出向いてきた原告・被告・証人を宿泊させたり、官憲側の依頼によって犯罪者を拘禁したりしていた県城内（特に県衙門前）の旅館（宿屋）＝「歇家《けっか》」について検討を加える。歇家は役所の手続きにも熟知し、訴訟・納税に関わる手続きの代行、様々な便宜・情報の提供を行っていたから、江戸時代の日本の公事宿に相当するといい得る。同章では、歇家に対する理解を一歩深めるために、次なる段階として、右のごとき性格を有する歇家が一体どのような人物によって経営されていたか、官憲側が裁判を順調に進めるために歇家に行わしめた訴訟関係者の身柄の掌握・管理＝「管押」とはどのようなものであったか、かかる管押が収監と保釈のあいだにあって当時の司法官にいかに認識されていたかといった諸問題に取り組む。ここから明らかにされる官府の歇家への依存の背景には、清中期以降、中国が巨大な人口爆発を経験したにもかかわらず、司法機関を兼ねる行政最末端の州県が増置されることなく、各州県あたりの訴訟案件・訴訟関係者の激増、拘禁スペースの不足に根本的な対策が図られていなかったことがあった。

第八章では、清中期の江南デルタに誕生した自新所の誕生に着目し、自新所がいかなる拘禁施設であったかについて分析する。自新所はこれまで軽罪の未決囚を拘禁するとのみ理解されてきたが、新発見の史料を丹念に検討してみると、それは後の変容後の姿であり、原初的形態としての自新所は、主に窃盗の初犯・再犯で身柄の引き受け手のない者を、所内に拘禁しつつ労働・更生せしめる施設であった。さらに自新所は清代の相互監視システム＝保甲制とも連関関係を有していた。つまり清朝は万人を一律に保甲に組み込み、移動の自由の制限、不審者の監視と密告など治安に関わる任務を担わせようとしたが、「良民」からなる地域社会は罪を犯して「賤」に貶められた者を嫌って差別・排除しようとする傾向があった。ゆえに自新所は拘禁・労働・工藝を通じて「良民」からなる保甲制的な秩序構造を呈した地域社会に受け入れてもらえる人間をつくり出す新たな装置として生み出されたのであった。

第九章では、県城など都市ではなく、農村の中心地たる市鎮に設置された自新所、すなわち浙江省湖州府烏程県南潯鎮の洗心遷善局を取り上げる。清末の南潯鎮社会に出現した洗心遷善局は、太平天国の乱以降の混乱を受けて、官の主導ではなく、在鎮知識人層や商人層の発意と努力によって招致・設置された。ただし土地・房屋・経費こそ民間側によって準備されたものの、その性格から運営自体には府の佐雑があたっていた。遷善局は軽微な刑事案件の判決、刑の執行を取り扱うのみならず、事後措置としての更生施設の役割をも果たした。洗心局は太平天国の乱以降のアヘンや賭博といった風俗の頽廃のなかで出現した一種の新式善堂であり、名門旧家の不肖の子弟を対象として拘禁・労働・教化を行おうとするものであった。そこに清中期以来の自新所の影響を看取することが可能である。

第十章では、自新所（遷善所・改過所とも称する）の全国的な普及・展開を確認するとともに、近代的懲役刑執行場＝罪犯習藝所登場以前の光緒年間に出現した湖北省闔省遷善所と上海県改過所（改過局）を具体的な事例として、拘禁と労働の刑罰史上の意義を再検討する。先行研究では、中国には伝統的に懲役刑を執行する刑務所は存在せず、それが誕生するのは西洋の影響、すなわちウエスタン・インパクトを受けた後であったことが強調されてきた。確かに西洋生まれの「近代的懲役刑」を中国史上に探し出そうとすれば習藝所の登場を俟つしかないが、拘禁と労働に刑罰的な意義を見出すことそれ自体は、中国近世の自新所にすでに確認することができ、さらに上海県改過所では笞杖刑は勿論、一部の発遣（強制移住）・充軍・流刑・徒刑（強制労働）すら笞刑と改過所への幾年かの拘禁（附加刑として機能）へと読み替えられていた。かかる中国の刑罰思想の延長上に罪犯習藝所を位置づけてこそ、はじめて中国に視点を据えた刑罰史の理解が可能となるのである。

本書で使用する史料

本書では各種の漢文史料が使用されている。実録・法典・官箴書・檔案（行政文書）・地方志・新聞・雑誌・石刻碑文・個人の文集などである。特に珍貴な史料は扱っていないが、本書の特色としては、中央レヴェルの議論については台湾の国立故宮博物院、中国の第一歴史檔案館に所蔵されているものを中心とする檔案を、地方レヴェルのそれについては府志・州県志だけでなく郷鎮志などの地方志を可能なかぎり閲覧・収集し、分析を加えている。

檔案については、まず台湾の国立故宮博物院から刊行された『宮中檔雍正朝奏摺』（全三十二冊）、『宮中檔乾隆朝奏摺』（全七十五冊）が基本となっている。これらに収載された檔案を用いた研究書はすでに多数存在するが、本書ではこれまでほとんど利用されてこなかった犯罪や警察に関する報告を取り上げて分析した（残念ながら監獄に関するものは僅少である）。また筆者は一九九五年九月から九七年八月に至るまでの二年間、北京にある中国人民大学清史研究所に留学し、第一歴史檔案館において無数の未刊行史料を閲覧する機会を得た。たとえば内閣漢文題本、刑科題本、軍機処録副奏摺、軍機処来文などと類別されているものである。これらのなかには「監獄解護」「内政保警」「法律類」と題された、本書と密接に関わる史料群が収められており、本書執筆にあたっては非常に多くの情報がここから発掘できた。とりわけ犯罪・警察・監獄に関する中央レヴェルへの報告や、設置・撤廃などをめぐる議論はほぼ檔案に依拠しているといって過言ではない。

地方志については、筆者が大学院生であった当時、大阪大学大学院文学研究科の濱島敦俊・片山剛両教授が購入・収集した貴重な郷鎮志のフィルムを主として利用させていただいた。現在でこそ中国から郷鎮志専輯が出版されて容易に閲覧できるようになったが、かつては郷鎮志の網羅的な閲覧はかなり難しい状態であったから、偶然にも母校の大阪大学で郷鎮志のほとんどを閲覧できるという幸運に恵まれたのである。それでもいくらかは足りないものがあったため、東洋文庫や京都大学人文科学研究所、中国の北京図書館（現・国家図書館）、台湾の国家図書館・中央研究院をはじめとする他の研究機関・大学にも足を伸ばして閲覧・補充する必要があった。地方志、なかでも郷鎮志は在鎮の知識人・商人層によって編纂されたもので、市鎮住民の自己同定認識（アイデンティティ）や地域観を読み取ることができ、地域社会から犯罪・警察・監獄といった諸問題を考えようとする際にも極めて有用な史料となる。(31) ただし注意せねばならないのは、地方志が地域に密着した内容を有しようとも、あくまで知識人・商人層などの筆によるものであり、「田間の鄙事」についてはあまり記述量が多くないうえ、かりに記したとしても何らかの先入観や偏見が含まれている可能性が少なくないことである。とりわけ犯罪者（あるいは潜在的犯罪者）に関する記載は客観的事実というより、むしろ知識人・商人層の犯罪者観を述べていると考えた方が妥当であろう。

また本書では、官箴書もしばしば利用した。官箴書とは地方官のマニュアルにあたるもので、地方行政・社会・

風俗などに関する豊富な記載が見られる。[32] 現在は『官箴書集成』（全十冊、黄山書社、一九九七年）などが刊行され、閲覧も頗る便利となったが、官箴書は多数存在するため、[33] どうしても中国の図書館等へ足をはこぶ必要がある。筆者は主に中国の北京図書館で閲覧・筆写を行った。官箴書はその性格から地方官が施政上の様々なテクニック、注意点などを開陳しており、勿論、犯罪・監獄など治安に関する記載も少なくないから、当時どういったことが問題視され、いかなる対処が図られていたかを読み取ることは十分に可能であり、利用次第では興味深い情報を発掘できる。

以上のような中国近世の諸史料を可能なかぎり丁寧に読み込むことで、犯罪と警察・監獄について新事実を発掘し、それによって中国近世史の一部に書き換えを迫るとともに、東アジア、ひいては世界史における近世という時代区分についても、筆者なりに史料のなかから得られた生々しい肌触りを表現してみたいと考えている。

第I部　犯罪と警察の近世

第一章　近世東アジア人口の増加・移動と「近世」的犯罪

一　本章における問題設定

一九九〇年代半ば以降、日本の歴史学界では時代区分論が再燃し、活発な議論が行われつつある。そうした時代区分論に積極的に関わってきた研究者の一人である岸本美緒は、かつての時代区分論と比較したとき、近年のそれが以下の諸点において大いに異なっていると指摘する。[1][2]

かつての時代区分論では「古代」「中世」「近代」など曖昧な語彙も便宜的な呼称でなく明確な内容を有するものと考えられ、それらが各地域で継起的に出現する社会発展のある段階をさすと想定されていた。人類社会はよりよい方向へ進歩してゆくものと捉えたうえで、その指標をヨーロッパの歴史に置いていたのである。そして進歩は区分可能な質的構造の断絶を伴う転化として把握されていた。しかし近年の歴史学界では普遍的客観的な認識の可能性に疑問が投げかけられるようになり、「世界史の基本法則」の機械的適用、一国史的な発展史観を批判し、時間観念の多様性を強調するに至った。

アジアの時代区分は、①孤立した一国でも固く統合された広域的なシステムを単位とするものでもない。様々な

「半開きのシステム」が緩やかに併存するなかで、共通の衝撃に多様な対応を見せ、分裂・結合しながら新たな再編へと向かう〝リズムの共通性〟に注目すべきである、②既存のシステムが動揺・崩壊した後、いかなる秩序が形成されるかは偶然であり、目的論的な説明、結果からの遡及的な解釈は排除される、③外部的要因を重視するが、先進システムからの文明の伝播、広域システムへの組み込みという一方的な過程でなく、新しいシステムが自己組織されてゆく独自の過程に着目する、などの諸点を特徴とする。そこではむしろ個々の地域から出発し、外部との影響関係や共通の動きを調べた結果、自ずと広い連関が浮かび上がってきたことが強調されている。

さらに中国・日本など東アジアの歴史を俯瞰すると、十六世紀の商品経済の活発化、社会の流動化のなかで従来の秩序が崩れ、十七〜十八世紀に新たな国家が誕生し、新しい秩序が形成されていく。岸本はこのサイクルを東アジアの「近世」と称することを提唱する。この時期は中国史の明清交替期にあたるが、里甲制・海禁など人や財の流動化に対応できない「固い」体制を有した明朝が、十六世紀以降解体していくのに対し、清朝は人の移動・交易、職業選択、集団形成、契約関係などに、治安上の配慮を除いて制度的な歯止めをかけない「柔らかい」タイプの社会編成を採用した。清朝は「平開きのシステム」が併存するグローバルな環境のもとで、中国史上最も「柔らかな」社会編成を実現した国家であったというのである。

かかる岸本の時代区分論、特に「近世」論は中国史分野のみならず、日本史・西洋史分野の研究とも共鳴するものといってよい。たとえば、近藤和彦は「十五世紀末から十六世紀にかけて、ヨーロッパは非ヨーロッパを大きく構造的に取り込みつつ、従来の中世とは性格のちがう時代へと変貌しはじめる。その後ほぼ十八世紀末にいたる約三百年間は、ヨーロッパ社会がダイナミックに変化し拡大しつつ一つの循環《サイクル》をなした時代である。そうした固有の構造とサイクルをもつ時代として、ほぼ一四九〇年ころから一七八〇年ころまでを「近世」と呼ぶことができる」と述べると同時に、「近世」は世界史的な一つの時代でもあると主張している(3)。また、岡崎勝世は、朝尾直弘の説を引用しながら、戦後歴史学までの「近世」が日本の特殊性に注目していたのに対し、現在ではむしろ東アジア世界やそれを超えた世界に開かれており、日本の「近世」の特殊化ではなく普遍化が進行しつつあるという[4]。

このように近年の研究では、「近世」論の特徴として「国家」の枠組みを超えた人・物・貨幣などの流れに注目が集まっている。「近世」はかつて考えられていたよりグローバルな時代であったというわけである。しかし一方で十六～十八世紀の「近世」の各地域内部に何らかの共通性、あるいは同一の方向性は見られないか、「近代化」と区別し得る「近世化」という語の創出は可能か、それを模索する動きも見られる[5]。筆者が専門とする清朝史についていえば、「柔らかな」清朝の統治システムに「中世（medieval）」とも「近代（modern）」とも区別される「近世（early modern という英訳が妥当か否かも問われるべきであろう）」的なものがあったかを見定めることが求められる。そして一歩踏み込んで、それが他の地域と共通性を有するか、同一の方向性を持つかを、地域の歴史的脈絡のなかで読み解きながら比較・検討していく必要があろう。

従前の研究では、世界経済とリンクさせる媒介となった銀の流入、生糸・人参などの国際交易、甘藷《サツマイモ》・落花生など新大陸産畑地作物の導入という経済・交易の諸側面が「近世」を特色づけるものとして取り上げられてきた。それに対してグローバルな「近世」において清朝がいかに「近世」的な統治システムを組織化していったか、なぜ組織化せざるを得なかったかについては、岸本が上述のごとく「治安上の配慮を除いて制度的な歯止めをかけぬ「柔らかい」タイプの社会編成を採用した」と指摘し、近年、山本英史が清朝による郷村管理の視点から地域支配の「当為」と「実態」を分析した以外には[6]、残念ながら十分な議論はなされてこなかった。

本書では、かかる状況を前提としつつ、犯罪と治安の問題から清朝の統治システム、特に人口掌握、警察制度、犯罪者・潜在的犯罪者の処遇といった、いわば社会管理のあり方に取り組むが、本章では、その基礎的条件ともいうべき、東アジアにおける平和の到来、それに伴う諸事象――人口増加、商業化・都市化の進展による人や物の移動の激化など――と、それがもたらす「負」の側面、すなわち「近世」的犯罪との関係について簡単なガイドラインを描いておくことにしたい。

二　平和の到来、人口増加、犯罪発生率の増大

「清朝の平和」の到来と人口爆発

岸本美緒が紹介したように、内陸アジア研究者ジョゼフ・フレッチャーは「統合的歴史」のなかで近世アジア（十六〜十八世紀）の共通の動きとして①人口増加、②歴史的変化のテンポの加速化、③経済活動の中心としての「地方」都市の成長、④都市商業層の勃興、⑤宗教の再興と宣教活動、⑥農村の騒擾、⑦遊牧民の没落、をあげている。(7) 近現代アジアまでをも視野に入れた場合、特に①人口増加は無視できぬ現象であろう。

勿論、アジア域内でも人口動態は必ずしも一致していない。日本の人口が十七世紀に増大し、十八世紀に停滞、十九世紀に再び増加に転じたのに対し、東南アジアやインド亜大陸では十八世紀以降、特に十九世紀後半〜二十世紀に増加が加速する。(8) 一方、中国では一六〇〇年頃に初めて二億人に到達し、江南デルタと福建省でいち早く人口飽和を経験する。その後、明清交替期の動乱で一時的に減少したものの、十八世紀以降はいわゆる「人口爆発」と呼ばれる成長を遂げていくことになる（図1-1）。(9) かような域内の差異は、従来指摘されてきた近代工業化の遅速のみでは説明できず、近世の気候変動、商業化・都市化の進展、移住・開墾など多様な要因が複雑に絡み合っており、自然・社会経済的条件と人口との関係は個々の地域に即して今後一層明らかにすべき課題であろう（近年、歴史人口学の分野での研究の進展はめざましいが、特に中国大陸については史料上の制約もあって検討すべき課題が多く残さ

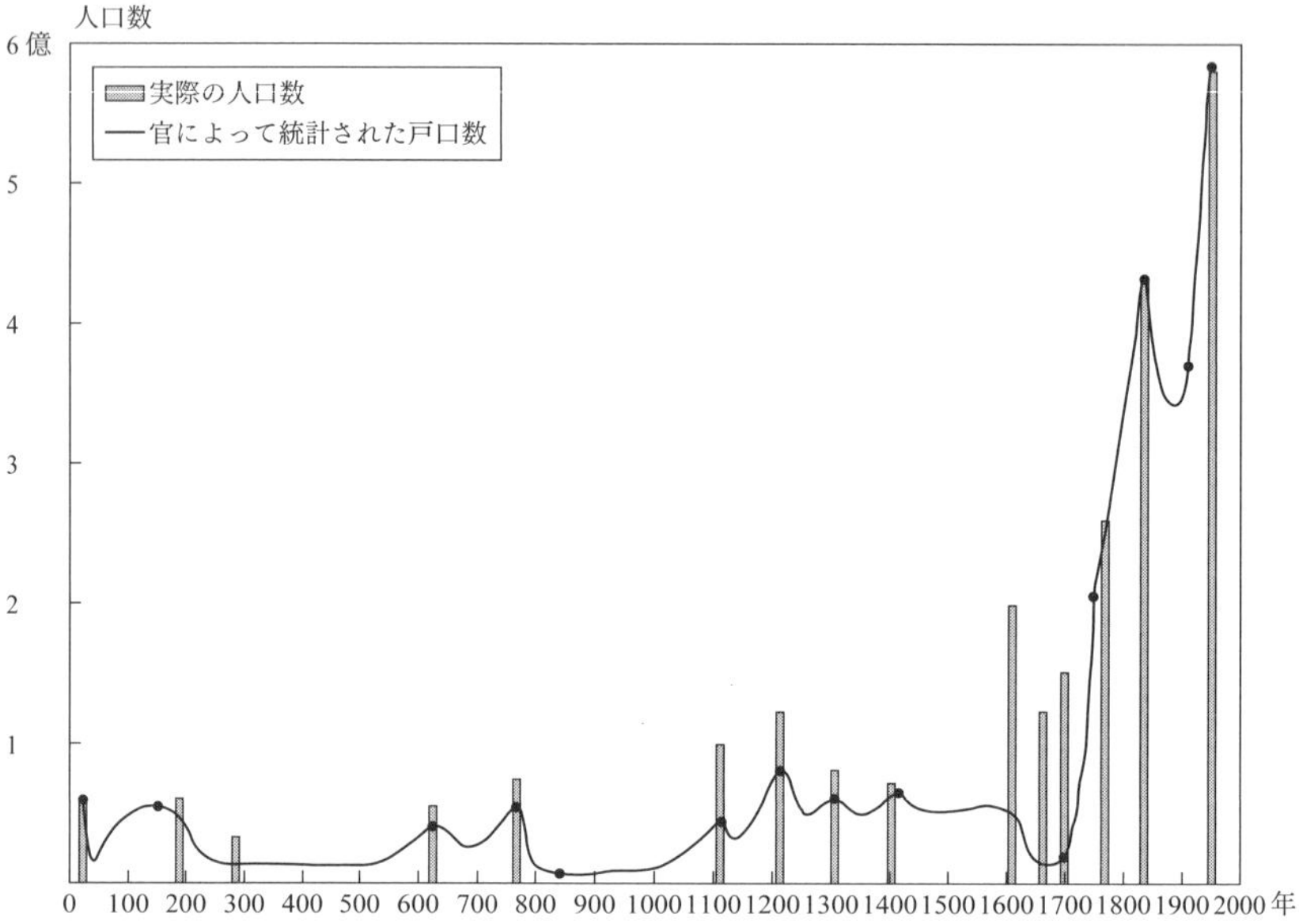

図 1-1　歴代中国における人口数・戸口数の長期的推移

典拠）葛剣雄『中国人口発展史』（福建人民出版社，1991 年）より作成。

れているように思われる）。ただし少なくとも注意せねばならないのは、近世東アジアが〝爆発的〟ともいうべき人口増加を経験した点であろう。なぜなら工業化以前の近世ヨーロッパの人口が停滞ないし微増に止まり、東アジアのごとき〝爆発的〟な増加を経験しなかったからである(10)。

ところで、かかる人口増加を下支えしていた要因には様々な事態が想定されるわけであるが、それらの基底に流れる、いわば基礎的な条件をもたらしたものとして「清朝の平和」「徳川の平和」と称される平和の到来が想起されねばなるまい。

東アジアでは十六世紀半ば以来、国際商業ブームが盛り上がり、それを基盤に成長した商業＝軍事的新興勢力が抗争をつづけていた。中国東南沿岸では鄭芝龍・成功父子が武装船団を率いて、東シナ海を中心に交易活動を繰り広げ、東北部では朝鮮出身の武将李成梁や明朝・朝鮮間の皮島に割拠した毛文龍、さらに人参・茸を採集して馬市で交易していた女真のヌルハチなどが、十六世紀以降ユーラシアを覆った商業活動のブームのなかで台頭し、旧来の政権を脅かしていた。一方、日本でも土地に財政的基盤を有しながらも港市を支配して海外貿易から利益を生み出そうとする織田・豊臣・徳川の諸政権が交替し、統合への動きが模索されていた。しかし国際交易ブームは十七世紀半ばまでには鎮静化し、清朝および江戸幕府による安定した統治体制へと収斂されていく。「清朝の平和」「徳川の平和」の到来である。(11)

こうした平和の到来を背景にフレッチャーの指摘した①人口増加をはじめとする諸事象が展開されていった。勿論、それ以前から見られた事象も存在するが、平和の到来がかかる諸事象に一層の拍車をかけていったと思われる。たとえば、平和の到来と支配の安定は農耕空間の拡大を促し、多少のタイムラグこそ存在するものの、日本では「大開墾の時代」と呼ばれる沖積平野の大規模な新田開発が、中国では漢民族による珠江デルタ・東北地区・内モンゴル・新疆・台湾の開発が進められていく。新大陸産畑地作物（甘藷・玉米《トウモロコシ》・落花生など）の導入も相俟って発生した農村の余剰人口は、周縁地域へと居住・農耕空間を求めて移住し、活発な開墾を展開することで、さらに人口を押し上げたのである。(12)

人や物の移動の激化

また、域内においては農村の余剰人口が都市へと流動した。ここにいう都市にはフレッチャーの③に相当する、十六世紀以降の中国農村に簇生した市場町（market town）＝市鎮も含まれる。特にいち早く商業化が浸透した江南デルタ農村では、湖州府の南潯鎮、嘉興府の烏青鎮、蘇州府の盛沢鎮など県レヴェルの都市に匹敵する、あるいはそれを凌駕する大型市鎮も出現した。(13)これら農村の市鎮群は農村の中心地と称すべき性格を有しており、農村と一体化した〝運命共同体〟の核ともいうべき存在であった。費孝通はこうした関係を呉江方言を用いて「郷脚」(14)と呼んでいる。当時の大都市蘇州や県レヴェルの諸都市は勿論、これら市鎮群も農村からの多くの余剰人口の受け皿となった。(15)江南デルタのごとき多数の市鎮が出現した地域では、自然増より社会増が域内人口の増加に貢献したであろう。人口増加と商業化・都市化の進展、社会の流動化に伴って、中心―周縁間、域内の都市―農村間で未曾有の激しい人・物・貨幣の移動が見られたことは、中国のみならず近世アジアの顕著な特色であったと思われる。(16)

かかる十六世紀以降の商業化・都市化と連動して、中国で地主層の城居化が進んだことは周知のとおりである。官僚身分を有する郷紳が県レヴェル以上の都市に居住して「県社会」を活動の場としたのに対し、市鎮を中核として周辺農村が結びついた地域社会では、下級知識人（生員）、富農、商人がヘゲモニーを握る世界を現出させていた。(17)しかしプロト工業化による都市の発展、農村における市鎮群の出現、それらを結ぶ商業網の形成、市鎮を起点に放射状に移動・往来する人や財貨の流れの激化は、地主・商人層のみならず〝秩序を脅かす者〟をも都市・市鎮へと向かわせた。就中、市鎮は官憲側の統制・監視が十分でなかったから、犯罪者の活動の拠点となることも少なくなかった。

〝生存のための一手段〟としての強盗・窃盗

たとえば、江南デルタでは農村の貧困層を母胎とする、打行（打降）・白拉《はくら》と呼ばれる無頼層＝暴力集団の活動が活発化し、牙行（仲買人）の開店など商品流通システムに寄生したほか、商人や農民が市鎮間ないし市鎮―農村間において農産品や副業産品を搬運する途上で彼らに待ち伏せ強奪される事件が多発するようになる。かような無頼層の活動が可能となった背景に、商品作物や手工業生産の展開に支えられた農村の中心地＝市鎮の発達があったことはいうまでもない。ただし明末清初の王朝交替期を乗り越え、「清朝の平和」が訪れると、地方社会は王朝国家が作り出す秩序のもとに収斂されるようになり、打行など民間における暴力の需要を前提とした無頼層は次第に衰退していくことになる。(18)

しかし一方で、政治的安定とそれに伴う商品経済の進展が、貧富の格差を増大させることにつながったのも事実であり、十七世紀中葉以降、農村から析出された貧困層による強盗・窃盗事件が注目されるようになっていく。第五章で詳述するように、漁船盗賊と称された貧困漁民や、周辺農村から都市・市鎮へと流動して単純労働に従事した手工業労働者が、物価上昇などの影響を受け〝生存のための一手段〟としての強盗・窃盗を行うことも少なくなかった[19]。上海県七宝鎮の地方志が「鎮で害をなす者には地棍と強盗・窃盗（匪窃）とがある。近頃、地棍は〔堂々と活動せず〕少し姿を隠すようになったが、強盗・窃盗は日々多くなり、各家は夜も安心して寝られない状況にある。官憲側が厳しく取り締まるべきである[20]」と語るとおりである。

右の「地棍」は暴力を有する無頼層と考えられる[21]。打行（打降）の語と使用上、どこまで明確な区別があったかは判断し難いが、彼らは多様な犯罪行為の主体として登場する。

〔蘇州府常熟〕県内で最も憂慮するもので「假命《かめい》」に過ぎるものはない。よしんば中程度の家であれども、子供や老女の乞丐《こじき》がその門で行き倒れていたならば、地保（保甲の責任者の総称）はさして人命案件だといい、地棍はそのために屍体の親戚をさがし出してやる。目的は銭文《かね》を得ることであって官憲に報告することではない。もし目的を達成できなければ、官憲に報じて検視を請うが、一切の費用はその家ないし近隣が負担することになる。これを「屍場東道」という。銭文を得て官憲に報じなければ、胥吏・衙役、地棍、屍体の親戚が銭文を分けあい、事件は息《や》むことになる。これを「話和」という。地保らが「話和」しようとするが胥吏・衙役が反対すれば、官の名にかりて〔家人を〕呼び出して訊問する。これを「叫回頭」という。中程度の家は一たびかような災厄にあえば、いずれも家産を尽くしてしまう[22]。

ここで「假命」と呼ばれている恐喝手段は紛れもなく死骸を使った脅迫＝「図頼[23]」に類するものである。地棍は

「假命」など様々な手段で人々を恐喝し、かつ地方官府の胥吏・衙役と通じて自らの欲望を遂げようとする暴力集団であったと思われる。図頼に対しては地方官府も碑文を立ててこれを厳禁している。「自殺は律に抵触しないが、小民は愚憨《おろか》なためいつも些細なことで、動《やや》もすれば身を軽んじ〔て自殺す〕る。その親族は人の教唆を受けて、事実を捏造して訴訟を起こさないことはなく、多数の人々が巻き込まれるが、その意図は財《かね》を求め、兼ねて憤懣を晴らすことにある。……以後、それぞれ自愛し、一時的な憤りに任せて生を軽んじ、誣告を企図してはならない。その親族も教唆を受けて誣告してはならない(24)」。自殺者の親族を教唆しているのも地棍のごとき無頼層であろう。

こうして江南デルタでは貧困層を中心とする強盗・窃盗など諸犯罪が頻発したが、当時の司法官の眼には「〔江南デルタの〕窃盗・強盗事件が他省に比して独り多いのは、財貨・賦税の集中地であり、人家が非常に多く、商人の船舶の往来が頻繁だからである(25)」と映っており、商業活動の活発化と犯罪頻度のあいだに一定の相関関係が想定されていた（強盗・窃盗案件の詳細な分析は第三章および第八章に譲る）。裏を返せば、まさに中国近世を特徴づける平和の到来を基礎とした商業化の進展、交通の発達、人と財貨の移動の激化——具体的には市鎮の簇生、市鎮への余剰労働力の移動、複雑な水路網の形成、それに伴う商品流通量の増加——が、犯罪発生率の増大に貢献していたのである。

三　商品経済の進展と市鎮・農村の「傷風敗俗」

乞丐の物乞い

十七世紀中葉以降の治安問題を考えるとき、強盗・窃盗・恐喝などの犯罪行為だけでなく、風俗にかかわる事象を考慮に入れる必要がある。吉澤誠一郎が指摘するように、ここにいう風俗とは地方志に立てられた項目の一つで、社会秩序のあり方に関係する人々の行動の態様を概括的にさす語であり、よき統治者が人々を善導するという観念と結びついていた。[26]ところで、濱島敦俊はかつて地域社会の三層構造、すなわち県社会―「郷脚」の世界―「社」の世界（これは祭祀面では「城隍廟―鎮城隍廟（東嶽廟）―土地廟」、言語面では文語―白話的文語―白話に一致する）という卓見を提出したが、[27]ここに社会に存在する知識に三つの水準があるとする阪上孝の議論を敷衍させると、[28]県社会は「儒学的に認知された体系的理論的な知識（理論知）」を持つ指導層（郷紳・客商）を有し、「社」の世界は「理論的体系的でなく日常生活に基づく知識（生活知）」しか持たない農民層からなる。中間の「郷脚」の世界には、理論知に基づいて日常生活と生活知を観察し実践的な知識を持つ指導層（監生・生員など下級知識人や商人層）があった。県社会や「郷脚」の世界の指導層が観察した事実や情報は地方志として分類・整理されたが、特に市鎮で「郷脚」の世界を観察した成果としての郷鎮志は、明中葉以降の近世期において盛んに編纂された。これは市鎮が行政上無視し得ないレヴェルに発展したことに対する自己主張の表現であると同時に、県志では見落とされがちな農村の事実・情報を観察・収集して行政に資する意味を有していた。つまりかような性格を有する郷鎮志の風俗の項目には、理論知における農村のあるべき姿と、それを前提として、農村の現況に対する批判を読み取ることが可能であるように思われる。以下では、清代地方志の風俗の項目に「傷風敗俗（風俗を傷つける）」として批判された、いくつかの事象を取り上げ、編纂者が何をどのように批判しているかを考えておきたい。

たとえば、乞丐《こじき》に関する記載は少なくない。貧富の格差拡大に伴って土地を手放し生業を失った者は〝生存のために〟都市や市鎮へと流入したが、不幸にも定職に就けず日々の食にも困るようになれば乞丐へと転落していく。かかる流動の乞丐は在地の乞丐と区別して流丐《りゅうかい》と称された。勿論、乞丐は古代から存在したが、商品経済が未発達の時代にはその数も少数に止まって治安上の問題を惹起することは少なかったであろう。しかし商品経済の進展、

図 1-2　大挙して富裕層の邸宅を襲う群丐（『点石斎画報』「悪丐索銭」）

貧富の格差拡大とともに数が増加してくると、彼らが関与する事件が多発、都市住民の恐怖心を煽ることになった。十七世紀中葉以降の史料には、大挙して富裕層の邸宅に押し寄せ、ゆすりやたかりなど強引な手段で欲望を満たそうとする群丐《こじきたち》がしばしば登場する。「民間に吉凶の事があれば、貧富を論ぜず、丐頭《こじきがしら》（第八章にて詳述）は他の乞丐を率いて物乞いし、酒食や銭物を索《もと》め、その要求を満たさなければ、ただちに門を囲んでほしいままに騒ぎたてた[29]」「吉凶の事に遇えば、〔丐頭は〕群丐を率いて門に至り、騒ぎたてて一定の金額を要求し、それはしきたりなのだと称した[30]」「また怠惰して生業を失った者（＝乞丐）があり、慶弔の事があると聞けば、十人から一百人ほどで群れをなし、脅迫的に銭物を索めた。これを秋風と曰《い》う[31]」など、群丐の問題を指摘する記述は枚挙に遑がない（図

1―2）。都市住民の側からすれば脅迫にも似たゆすり・たかりであっても、乞丐の立場から見れば、結婚や葬式など紅白の事があるときに乞丐に施しを与えるのは〝しきたり〟なのであった。そもそも丐頭はかかる問題に対処するため、地方官府が都市で臨時的に編成した流丐の疑似保甲の長にあたるもので、本来ならば群丐を統率して在地の秩序に従わせる役割を担うはずであったが、現実には十分な統制が及んでいなかった、あるいは制度それ自体が弛緩していたと考えられる。都市や市鎮へと流れ込んだ無業の乞丐たちをいかに管理し、処置を講じていくかは、清代を通じて地方官府を悩ませる問題でありつづけた。

このように清代地方志の風俗では乞丐の物乞いが問題視されていた。地方志編纂者である士大夫層は物乞いについて何がどう問題であると見なしていたか。ここに西洋近世の乞丐のごとく、労働の拒否や怠惰が悪であるという観念は見られない[32]。物乞い自体も批判されていないし、むしろ彼らに粥の炊出しなど施しを与えることは善挙として称讃の対象とされた。ここで問題とされているのは群丐による脅迫的な物乞いという、数を恃んで「分」を越えた物乞いを行っている点であろう。乞丐は乞丐らしく自らの「分」に安んずるべきとする士大夫の秩序観から見れば、かかる観念が次第に失われつつあることに危機意識を感じ取ったと考えられる[33]。

賭博と花鼓戯

次に市鎮・農村における賭博・淫戯・窩娼《かしょう》（娼妓）などの問題がある。たとえば、浙江省湖州府南潯鎮では「市鎮や村々は多くの魁猾奸黠《よこしまなもの》が牛耳っていた。春には身を奮い立たせて銭文《かね》をかき集め、戯台を搭《た》てて演劇を行い、博徒・遊兵を招いて賭博するほか、近頃では旋骰《サイコロ》・磨銭・闘牌《マージャン》・棋勢《しょうぎ》など〔の賭博〕があって、良民を迷わせ誘い、様々な悪事をなし、風習と化している。貧民は術中に陥ると、妻や子を鬻《ひさ》ぐか、流れて盗賊となる〈……近年、さらに花鼓戯《かこぎ》（民間の戯曲の一種。淫詞を演唱する場合があったのであろう）および字宝（賭博の一種。四字宝ともいう）が行われ、最も風俗の害となっている」[34]とあり、市鎮本体や周辺農村で無頼が淫戯を興行するとともに種々の賭博を行っていた。市鎮・村落にまで無頼による賭博が普遍的に見られるようになった背景には、当然に貨幣経済の浸透があったはずであり、かかる点からすれば、塚田孝が指摘したごとく賭博は「近世」的犯罪であった[35]。江蘇省松江府南匯県には次のような記述も見られる。

藉《よ》るべのない徒が三々五々群れをなし、酒を飲んで肆横《ほしいまま》に品物を奪い取り、あるいは拳勇を習い仲間を聚めて盟を結び、互いに小弟兄と呼ぶ。迎神賽会《むらまつり》の際には強制的に銭文を集めて演劇を催し、良民を脅し、集まって賭博し娼妓に接待させ、盗賊を匿い、打降に力を借りるなど様々な事を行った。それぞれ地名を冠して「某幇」と呼ばれた[36]。

「藉るべのない徒」＝無頼に関して以下の諸点を窺うことができよう。①県城以上の都市や市鎮における商品の強奪、②打降とは区別される、任侠関係にもとづく「幇」＝暴力集団の結成、③迎神賽会における演劇（淫戯）・賭博・娼妓の興行、④盗賊・打降との結びつき（無頼と盗賊・打降とが異なることを意味する）などである。無頼は暴力性を失っておらず、盗賊や打降とも一定の結びつきを保っているが、性格的には一線を画するものであったらしい。南潯鎮の事例や③のように、市鎮・農村で挙行される迎神賽会の娯楽活動に無頼が関与していた点に注目しておきたい。

その他にも「さらに遊惰の輩があって、郷村で茶坊[37]を開設し、視《み》たところ大した害はなさそうである。ところが賭博・闘殴・演劇（淫戯）など違法な行為はすべて茶坊から起きる。これも厳禁すべきである」[38]「民で職業のない者は放縦でだらしがなく、往々にして三々五々群れをなし、飲酒・賭博・打降（喧嘩）をはたらき、詐欺・脅迫を行い、あるいは刀筆をふるって弊害をなし（訟師・訟棍[39]に対する常套句）、仲間を放って官民の雑事〔で儲け口となりそうなもの」を窺わせている。……揺攤《ようたん》（賭博の一種）・聚賭（賭博）・花鼓〔戯〕・灘簧《たんこう》（江浙地方の戯劇。花鼓戯と同様、淫詞を演唱する場合があったのであろう）に至っては、家を破り身を滅ぼし、風俗を傷つけ（傷風敗俗）、尤も四郷《のうそん》の悪習となっている」[40]「案ずるに、いま春のあいだに郷村《のうそん》の悪少はさらに無頼を招きよせ、花鼓戯を演ずる。観衆は雲のごとく集まり、淫らで風俗を傷つけること、これより甚しいものはない。銭学綸『語新』には乾隆年間にはじまったとされている」[41]などの記述が見られる。ここでも「遊惰の輩」「民で職業のない者」と表現される無頼や、「悪少」と称される素行の悪い若者が、市鎮を含む農村部で活動している。彼らの行為には打降（喧嘩）や脅迫など暴力性を有するものもあるが、むしろこの頃は「傷風敗俗」の悪習として批判された、各種の賭博・花鼓戯・灘簧など娯楽的な興行が問題視されており、特に花鼓戯が乾隆年間（一七三六〜九五年）にはじまったと見なされている点も、十八世紀以降の政治的安定や商品経済の浸透との関わりを窺えて興味深い。

　これら悪習のうち賭博について若干の史料を補ってみよう。江蘇省蘇州府崑山・新陽両県では「悪俗にも三つある。一つは賭博である。昔年も賭博はあったが、今はさらに甚だしい。他県にも賭博がありさらに盛んである。遊湖・打牌（紙牌《カルタ》や闘牌《マージャン》）から蹴毬《しゅうきゅう》（蹴鞠《けまり》）・跌銭《てっせん》（銭を擲って表裏をあてる）に至るまで賭博でないものはなく、擲骰《サイコロ》・圧宝（賭博の一種）はさらに甚だしい。これによって裕福な者は貧しく、貧しい者は凍え餓え、精神的に錯乱し、財産を使い果たすまで止めないのは、みな賭場を開帳する者が誘ったもので、匿れて災禍をなしている。賭博を開帳する者を見るとみな〔権勢に〕頼るところがあり、発覚する者は十にわずかに一、二、たとえ発覚しても罪は枷責に止まり、事がすぎた後はまた前轍を踏む。その流弊を断たんとする者は、尤もまずその源を断たねばならない」[42]とある。地方志編纂者にしばしば見られるのは、これら賭博が昔年に比較して盛んとなったという認識である。勿論、統計的な数値があるわけでないが、賭博が普遍的になってきたと肌身で感じているのである。また賭場を開帳した胴元に対する法律上の処罰も枷号に止まることに対して厳罰化を求めているが[43]、他の記載を見ても法の厳罰化、地方官府の取締りには自ずと限界があり、ときには無力であった。

さらに松江府青浦県では「また迎神賽会の演劇では会首が財《かね》を鳩《あつ》め、各村は祭りを賽《きそ》い、様々な手段で人目を引いて誘い、窃盗まで呼び込んでしまう。甚だしきは拳勇を見せたり、聚まって賭博したりするが、〔村の〕財力はますます消耗する。近頃都市や農村の游手・好閒の徒は驕り高ぶって贅沢することが甚だしい。最も〔風俗を〕破壊する者は花鼓淫詞で、村の戯台の淫戯は子弟を誘い込み道楽に耽り生業を放棄させるものであり、みな禁止されている」[44]とあって、迎神賽会が盛大さを競うなかで、多様な弊害が顕在化してきたことを述べる。賽会の組織人である会首は多額の費用を徴収し、各村は祭りの華やかさを競って多くの観衆を誘うため、なかには窃盗が紛れ込む。さらに祭りを賑やかにするために観衆に拳勇を見せたり賭博を行ったりするが、結果的に農村を疲弊させるだけなのである。かつての素朴さはなく日増しに豪華さを競いあう迎神賽会と、その裏側で活動する「游手・好閒の徒」＝無頼に対して、地方志編纂者は忌憚ない批判を加えている。

郷鎮志の記載を見てみよう。江蘇省太倉州鎮洋県璜涇《こうけい》鎮の鎮志は『鎮洋県志』の記載を引用しつつ次のように述べる。「賭博の風習は盛んで、紙牌は游和（上述の遊湖と同じか）と曰い、竹牌《マージャン》は宕和《とうわ》と曰い、擲骰は趕老羊《かんろうよう》ないし跳猴《ちょうこう》と曰ったが、害毒はなおそれほどでなかった。雍正年間（一七二三～三五年）以来、忽然と圧宝が現れると、賭場を開帳する者は宝場と曰い、〔賭場の〕旁らに茶店を並べ、江湖の男女を招いて淫詞を唱わせ、これを唱灘黄（簧）と謂う。甚だしい場合は戯台を近くの僻処に搭《た》て、男女の色事を演唱させ、これを花鼓戯と謂った。群小《ひとびと》は蟻のごとく集まり、盗賊は竄匿《かく》れ、良民を引き込み、一たび〔賭場の〕家を闚《うかが》うとたちまち〔財産は〕空となる。奉じて厳禁すれども、開帳する者はいつも潜《ひそ》みかくれ、胥吏・衙役と通じてグルになって忌むところがないから、細かく訪拿・禁止しなければ風習は止み難い。按ずるに、本鎮では道光年間（一八二一～五〇年）以来、宝場（開帳する者）は敢えて賭場を開設しようとしなかった。他の郷僻小市ではどこにでも賭場がある」[45]。ここでも郷鎮志編纂者が強調するのは、かつても各種の賭博はあったが、それほど問題とはならなかった点である。しかし政治的安定を迎えた雍正年間以降、圧宝という新たな賭博が登場し、破産する者すら出てくる。男女の色事を題材とした灘簧や花鼓戯の盛況は賭場の繁栄とも密接な関係を有していた。璜溪鎮の賭場は道光年間にようやく姿を消したが、農村のあちこちではいまだに見られるという。

　このほか「俗に賭博を好み、〔鎮を〕出境して富家《かねもち》に就いて賭博する者、〔博徒を鎮に〕招来して頭家《どうもと》のもとに集まって賭博する者がある。ゆえにそれにつづく少年はみなこれを効《まね》る(46)」「本鎮の賭博の風習は頗る甚だしく、紙牌・骨牌（サイコロの進化したもの）・骰子《サイコロ》などそれぞれ異なる名称がある。子弟は年齢八、九歳になると互いに聚まってきて〔賭博して〕いる。尤も貧しい者は人々を呼び集めて賭博させ、寺銭をとって私腹を肥やし、賭博に頼って生活する者すらいる。最も甚だしい場合、宝場《どうもと》が盛会のたびに公所に集まって〔賭博を行い〕、〔そこに〕群小が螘《あり》のごとく群がるのは、最も頽廃した風習である。秋には闘蟋蟀《コオロギ》（蟋蟀を闘わせて賭ける）を行って「開牐《かいそう》」と曰《い》い、冬にもまた闘鵪鶉《うずら》（鵪鶉を闘わせて賭ける）を行って「開圏」と曰い、いずれも群小を集めるに足り、盗・淫を誨《おし》えることは賭博と変わりない(47)」「賭博の風習は往日はまだ稀れであったが、近日では西隣の奸民が村ごとに揺攤を開設して寺銭をとり、これを「大檯《だいたい》」と謂う(48)」など賭博に関する記述には事欠かない。かようにして郷鎮志編纂者にとって近年——特に雍正・乾隆年間（十八世紀）以降——の賭博の盛行とその弊害は目に余るものがあった。賭博の主体の低年齢化は少年に悪影響を及ぼし、無頼がいくつもの農村に跨って賭場を開帳するなど、賭博が着実に農村を蝕み、かつての「良俗」が「悪俗」によって破壊されつつあると認識されていた。かかる「悪俗」に対して郷鎮志編纂者はいずれも地方官府の取締りを求めるが、実際には宝場（頭家）と胥吏・差役・捕役は癒着していたため必ずしも奏功しなかった。

　花鼓戯も勿論、郷鎮志編纂者の批判の対象となった。「郷鄙《のうそん》には淫詞を演唱する者があり、あるいは婦女と混ざりあい、花鼓戯と曰う。茶店ないし空き地で開催して人々を聚め、最も風俗を傷つける（傷風敗俗）ものである」[49]「村の風習では花鼓淫詞を唱うことが好まれた。嘉慶年間（一七九六～一八二〇年）に里紳（鎮在住の官僚経験者）が地方官府に駆逐を願い出たことがあり、永遠に禁止すべきである」[50]「さらに不逞の輩が荒野に戯台を搭《た》て、銭文を斂《あつ》めて演劇し、無理やり割当て出費させた。甚だしい場合、若い婦女を集め、俚歌（低俗な歌）を演じさせる、これを花鼓戯と謂う」[51]と語るように、男女の色事をあからさまに演ずる花鼓戯は、風俗を破壊するものとして批判された[52]。また花鼓戯か否かは断定できないものの、「本鎮ではかつて銭文を強制的に徴収して演劇する事がなかった。……〔しかし〕数年来、鎮の少年は演劇に名を借りて利益を得ようとする。甚だしい場合には酒食の店を並べて賭場を開き、遊蕩の子弟を誘い、大酒を飲んで賭博させ、大いに風俗を破壊している」[53]と記し、鎮の悪少が銭文を半ば強引に徴収して演劇（淫戯であろう）を興行するようになったこと、過度の飲酒や賭博といった悪習に人々を引きずり込んでいることを嘆いている。

四　「近世」的犯罪・悪習と地方志編纂者、近世国家

地方志編纂者の批判とその論理

やや瑣末な史料まで紹介・検討したが、清中期以降、市鎮本体および周辺農村で、無頼・地棍などによる強盗・窃盗が問題となったほか、「傷風敗俗」と表現される賭博・演劇（花鼓戯や灘簧）・娼妓――無頼や悪少による興行――などが、市鎮住民や周辺農民をも巻き込む悪習として登場してきたことに対し、県志・郷鎮志などの地方志編纂者が鋭い批判を浴びせている点に着目したい。

まず賭博であるが、これは古代から存在し、一部の都市富裕層のあいだでは娯楽として受容されてきた。しかし近世期には市鎮を含む農村部にまで広がりを見せ、その風俗を一変させようとしていた。これは貨幣経済の浸透と密接な関係があったと想定され、農村部にも一定程度の経済的余裕を持つ者が少なからず登場してきたことが拍車をかけたのであろう。編纂者が賭博に眉をひそめたのはこうした賭博の空間的広がりのほかに、社会的病理の問題があった。現在でも賭博という娯楽は偶然に依存して財物の得失を争うものであるため、人々の射幸心を煽り、社会の健全な風俗を害する恐れがあると見なされているが、あくまで一時的な娯楽に供されるのであれば問題とならない。清中期にあっても娯楽の範疇に止まり「分」をわきまえた——乞丐の物乞いでも述べたごとく——ものであれば、これほど注意を惹くこともなかったであろう。ところが、ここで指摘されているのは家産を蕩尽し、妻・子を鬻いで、自らは盗賊や乞丐に身を落とす者まで出てくるという持続的な賭博行動、すなわち賭博の強迫性であった。勿論、これは一種の極端な事例にすぎないともいえようが、編纂者は新たな社会的病理の一因としての賭博を感知したと思われる。

一方、花鼓戯・灘簧や娼妓（窩娼）など、風俗・売春に関わるものは、従来の西洋・日本女性史の分野で検討されてきた、性や家族の問題と絡めて論ずることもできよう。たとえば、厳格な婚姻制度の存在、性習慣の閉鎖性などとの関わりが想定される。また、これらを一種の女性の職業と見なし、女性の経済的自立の問題が背景にあると指摘する場合も見られる。(54) しかし地方志編纂者は婚姻制度や性習慣の問題として論じておらず、ましてや女性の経済的自立と結びつけようとする観念は全くないといってよい。もっとも道徳的な見地からの批判——女性が男性を誘うことに対する批判など——はあろうが、そこではむしろ賭博と同様、男性側の視点からのみ問題とされ、「分」をわきまえないまま「道楽に耽り生業を放棄する」ような社会的病理の一因として取り扱われている。

かような地方志編纂者の思想的背景には、たとえば「七宝〔鎮〕は東南の僻地にあり、市鎮をなしてより、士は詩書を習い、農は耕織に勤め、百工・商賈はそれぞれ本業に務め、分に安んじて己を守る」[55]と語るがごとき、常套句的な牧歌的農村像があるといっても過言ではない。また、編纂者は現実の社会問題に対しても以下のように記している。「地棍による擾害は閭閻《むらむら》にまで及んでおり決して無視できない、……灘簧・賭博など一切の悪習については、諭禁が厳明でないわけではないが、訪拏しても根絶し難い。現行の保甲で牌首・甲首に諭し、議して禁止・処罰するのがよい。諺に「官禁（地方官府が乗り出す）より私禁（民間に委ねる）の方がよい」と云うが、まことにそのとおりである」[56]。編纂者は十八世紀中葉以降の農村に新たに出現した、あるいはこれまで以上に顕在化してきた諸犯罪や悪習（傷風敗俗）に対する取締りの難しさを認識するとともに、「官禁」と「私禁」のカテゴリーを出して対比的に捉えている。現実的に「官禁」と「私禁」の区分が有効であるか否か、かかる評価が正しいか否かは検討すべき余地を残しているが、ここには地方官府による農村の治安維持への直接的な関与より——編纂者は差役・捕役の「下郷（農村への派遣）」が民に及ぼす悪影響を熟知・心配しているのかもしれない——、むしろ民間に委ねた方がよいとする編纂者の期待を看取できる。

かような理想的な農村統治のあり方はともかく、市鎮を含む農村部の指導者層＝地方志編纂者たちはいかなる現実的対応を見せたであろうか。勿論、民衆の教化は理想ではあるが、決して一朝一夕にしてなるものではない。指導者層は理想の具現化をめざすと同時に、現実的かつ有効な方法——国家権力（具体的には行政機関や軍隊・警察）の積極的な招致など——を選択せざるを得なかったであろう。では、近世期に至って、国家は農村部の治安問題にいかに関わろうとしたか。換言すれば、犯罪と治安をめぐって民間側は国家とのあいだにいかなる関係を構築しようとしたか。これらの興味深い課題については、第二章以降で検討することにしよう。

「近世」的犯罪と近世国家

前節および本節では、中国近世を事例に分析を進めてきたが、阿部昭によれば、こうした事態は江戸時代の日本にも同様であったと考えられる。商品経済が農村にまで浸透した江戸時代、農民のなかには農耕生活に窮して離村し、江戸を代表とする大都市や街道筋の在郷町・宿場町に流れて士農工商という身分秩序からこぼれ落ちる者が出てきた。いわゆる「無宿」の登場である。無宿は十七〜十八世紀に増加して博徒やヤクザ集団を形成し、博奕・ゆすり・たかりを業とするなど、分を守り生業に力を尽くし、先祖伝来の家を相続して生きてゆくという幕府が民衆に期待していた通俗道徳の世界とは基本的に相容れない存在であった。彼らは自らを動かない土地と農業を基盤とする固定的身分秩序から、商品経済の浸透と社会の流動化を前提とする流動的な人間関係へと移動させていったのである。(57)

このように中国であれ日本であれ、十六〜十八世紀の、人や物の空間的移動の激化、貨幣経済の浸透などの特色を備えた近世社会では、交通の発達、円滑な商品流通など、正の側面において社会発展が著しく看取されるとともに、流動貧困層を母胎とする無頼・無宿層の登場と増加、悪少と表現される素行に問題のある若年層の活動、あるいは強盗事件の頻発化、賭博や娼婦などの農村への浸透といった負の諸現象も確認された。こうした事態に対して近世国家がどれほど恐怖したか、十分に論証することは難しい。ただし少なくとも都市・市鎮（市場町）本体、それらを結ぶ交通路上において、統治者を悩ます頭の痛い問題として顕在化してきたことは疑いない。これら近世社会の舞台上に図らずも登場しながら、近世社会の特質を色濃く刻印された犯罪者（集団）と諸犯罪が、その対策に迫られた近世国家の性格をも規定する要因の一つとなり得ることは、容易に想像することができよう。

五　小　結

本章では、岸本美緒をはじめとする多数の研究成果に依拠しながら、近世東アジア社会が経験した諸変動と、その表象の一形態としての犯罪者（集団）と諸犯罪について簡単な検討を試みてきた。近世東アジア社会の特質を考えるとき、重視せねばならないものの一つは、十六世紀の商品経済の活発化、社会の流動化のなかで従来の「固い」秩序が崩れ、十七〜十八世紀に新たに「柔らかな」国家が誕生し、新しい秩序が形成されてきたことである。そしてもう一つは十八世紀以後に顕著となる、人口爆発とも呼ばれる急激な人口増加である。かかるグローバルな動きのなかで無数の「近世」的犯罪者（集団）が登場し、「近世」的犯罪が生み出されていった。

それら犯罪者（集団）や犯罪が近世社会に特有の貨幣経済の浸透、交通の発達、激化する商品流通と密接な関係を有したことは間違いなく、農耕生活に窮した農民たちが、農村における商品流通の基点となった市鎮（市場町）本体や市鎮間、市鎮―農村間を結ぶ交通路上において窃盗・強盗に及ぶ場合があった。また直接的な暴力や盗みにまで至らなくとも、市鎮や農村において「傷風敗俗」と称される、物乞いのほか、賭博・演劇（花鼓戯・灘簧など男女の情を扱ったもの）・娼妓など、いわゆる娯楽の形態を取りながら非合法の手段で現金を獲得しようとした。

こうした社会的病理を市鎮を中核とする地域社会の指導層＝地方志編纂者は、敏感に感じ取っていた。それは主に郷鎮志の風俗の項目に危機感をもって記されていた。ただし社会的病理を感知して郷鎮志に書き残すだけでは現実問題に対処できたことにはならない。地域社会の指導層は感知した後、地域社会の秩序のゆらぎに何らかの具体的な方法で対処しようとしただろうし、近世国家もまたかかる事態を見過ごせば、自らの統治体制それ自体が弛緩しかねず、警察・監獄・刑法・事後措置などの諸方面で対策を講じたに相違ない。近世国家と社会とがいかなる相互規定関係にあったか、次章以降で検討を進めていくことにしよう。

第二章　緑営の「汛」の設置・管轄区域と市鎮の〝領域〟

一　本章における問題設定

順治元年（一六四四）に入関し、漢民族をも支配した満洲族の王朝＝清朝は、八旗・緑営という民族成分の異なる二種類の軍隊・警察機構を持ち、漢民族で編成した緑営にもっぱら通常の警察業務・治安維持活動を行わしめた。一般に警察業務は当該地域の社会的経済的構造と無縁ではなく、むしろその正確な把握こそが円滑な治安維持活動のカギと認識されるから、緑営と地域社会の連関関係を分析することは社会史研究の重要な課題の一つとなろう。また警察業務と称される機能の具体的な内容も十分検討に値するが、管見のかぎり、これまでこの問題に論究した研究はほとんど皆無に等しい。

試みに清代に編纂された地方志を繙くと、兵防の項目に「汛《じん》」という呼称が頻りに登場する。この汛に関しては夙に羅爾綱が制度的側面から考察を加え、以下の諸点を指摘した。[1]第一に、各省の緑営は上から順に標―協―営（このうち営が緑営の基本単位で、参将・遊撃・都司・守備が指揮する）―汛に段階的に編成され、千総もしくは把総が指揮する汛はその最末端に位置した。[2]第二に、各汛に所属した汛兵の数は数名程度と僅少であるが、その配置は甚だ稠密で農村部にまで及んでいる。第三に、汛の機能は主に緝捕（捕盗）、防守駅道（王朝の意志・命令伝達システムである駅伝制の機能維持）、護衛行人（商人や旅行者の安全確保）、稽察匪類（盗賊の取締り）の四点、総じて警察業務にあった。第四に、汛兵は緑営兵の約三分の一強を占めた。(3) 以上のように、羅爾綱の議論は概説的な範囲を出ないものの、汛が地域社会の治安に密接な関係を有していたことを想像させるに十分であろう。汛とそこに勤務する汛兵という、あたかも日本の駐在所・派出所および警察官を想起させるものが、中国近世の舞台にすでに出現・展開されていた事実は、制度史・法制史分野でも注目されてしかるべきである。

このほか、楢木野宣は緑営の汛と地方行政の最末端にある州県官との関係を論ずるなかで、警察（捕盗）業務が州県官の専責とされ、そのうえで文武の協力が強調されながらも、現実には汛に依存していたとする。(4) これに対し、乾隆年間の広域犯罪事件「割辮案《かつべんあん》」の検討を行った谷井俊仁は、乾隆三十四年（一七六九）の上諭に注目し、警察（捕盗）業務における文武の責任範囲が強盗か窃盗か、すなわち暴力の有無で明確に区分されるようになったと強調した。(5) また佐々木寛は汛の機能、汛兵の出身階層などについて概述している。(6) 緑営の汛に関する研究は以上に尽きるから、汛の実態や機能、地域社会との関わりなど、解明の余地は少なからず残されているといっても過言ではない。(7)

そもそも清朝は何を目的に緑営の汛を中国近世の農村社会に出現・展開せしめたか、換言すれば、だれが何のために汛のごとき暴力装置を在地社会に必要としたか、筆者の問題意識はかかる点にある。そこで本章を問題解明への第一歩と位置づけ、主に江南デルタを事例地域として汛の警察業務と地域社会との関係に――特に汛の空間的配置・管轄区域の視点から――初歩的考察を加えることにする。まず汛の組織編成と空間的配置を、ついで管轄区域および機能を、それぞれ地方志に依拠しつつ具体的に論述し、最後に中国近世の暴力装置と地域社会との相互規定関係について私見を述べることにしたい。

二　緑営の組織編成と空間的配置

緑営の営級以上の配備

はじめに、緑営最末端の汛の構成・機能および配置などを検討する前提として、江南デルタにおける緑営の空間的位置、特に営級以上の配備、それと行政階層との関係を、江蘇・安徽両省（以下、両省と略す）を事例として分析しておきたい。

比較的豊富な史料が存在する乾隆中期（十八世紀中葉）について、営級以上の配置を地図に落としてみると、両省の配置状況に明瞭な相違が確認できる（図2-1）。すなわち江蘇省北部（長江以北）と安徽省全域では、一府一営に近い均一で等間隔の配置が見られるのに対し、松江・蘇州・常州・太倉などでは、ほぼ一県一営という相対的に密度の高い配置が見られるのである。また南京・揚州・鎮江など長江沿岸地域、および黄河・淮河と大運河の合流点である淮安府付近にも集中的に配置されている。かかる特色は、海防のごとき純粋に軍事的な必要のほかに、内地交通の大動脈の機能維持・安全確保などの目的に起因すると考えられ、結果的に東西・南北を結ぶ水運の維持・保護に貢献したと思われる。

これらの部隊配置と行政階層との関係にもある程度の傾向を窺いうる（表2-1）。標・協は概ね省・道・府・直隷州城レヴェルに配置され、行政階層と軍事・警察力の配分がほぼ照応している(8)。両省のような軍事・治安問題が少ない地域では、官僚・人口・財貨などが集中する行政上の上位都市が自ずと軍事・警察上の拠点となったことを示すと同時に、

表2-1　行政階層と軍事・警察組織の連関関係

	省都	道都	府治・直隷州	下位治所	非行政治所	計
標	3	1	4	2		10
協	2		2			4
営		5	14	25	9	53

典拠）羅爾綱『緑営兵志』（中華書局，1984年）「緑営行省営制表」より作成。

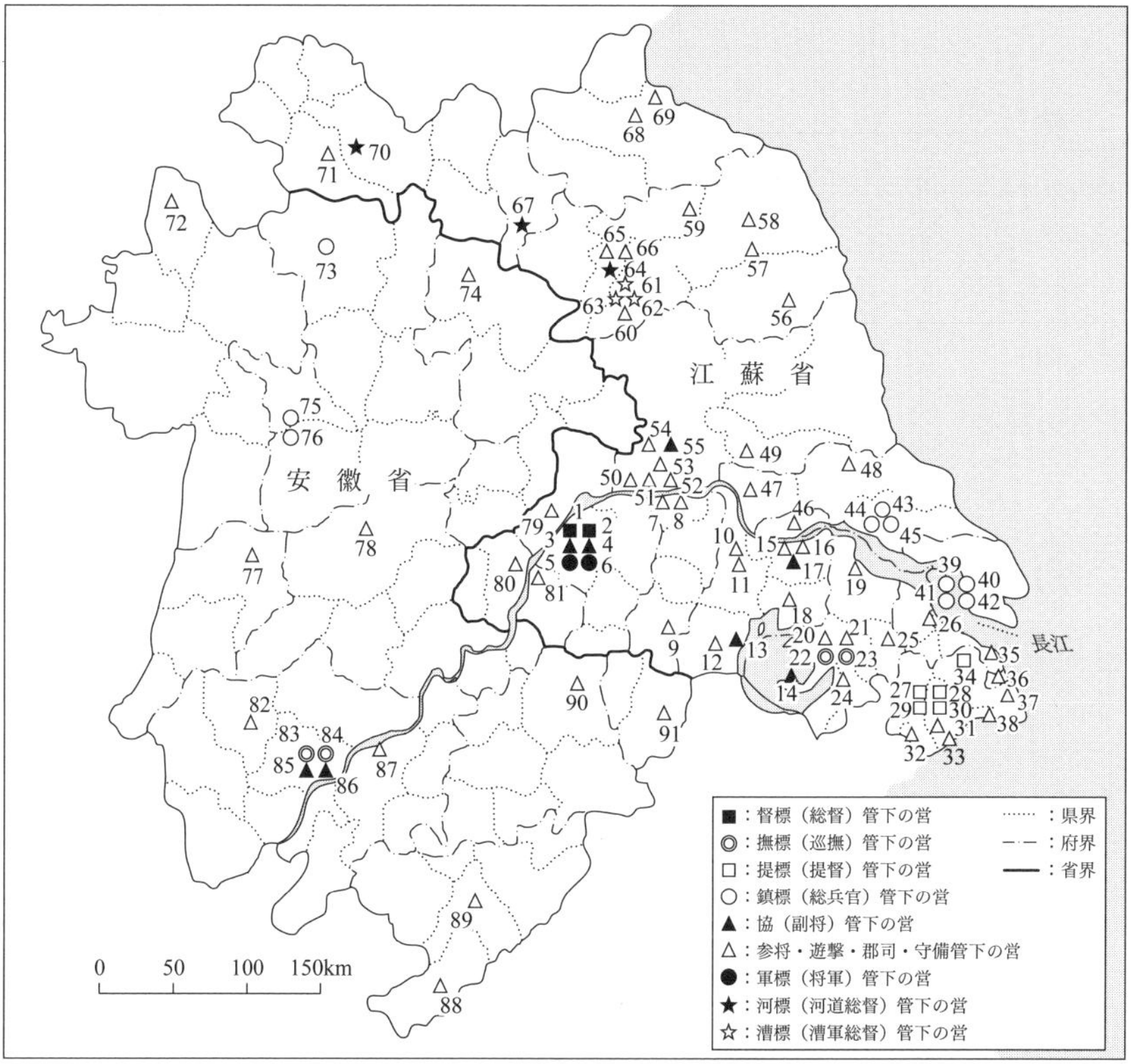

1　督標中営
2　督標左営
3　江寧城守協左営
4　江寧城守協右営
5　軍標左営
6　軍標右営
7　鎮江城守営
8　高資営
9　溧陽営
10　孟河営
11　常州中営
12　常州右営
13　太湖協右営
14　太湖協左営
15　江陰営
16　揚舎営
17　京口協左営
18　常州左営
19　福山営
20　蘇州城守中営
21　蘇州城守左営
22　蘇松撫標左営
23　蘇松撫標右営
24　平望営
25　蘇州城守右営
26　劉河営
27　提標中営
28　提標左営
29　提標前営
30　提標後営
31　松江城守営
32　金山営
33　柘林営
34　提標右営
35　呉淞営
36　川沙営
37　南匯営
38　青村営
39　崇明鎮標中営
40　崇明鎮標左営
41　崇明鎮標右営
42　奇兵営
43　狼山鎮標中営
44　狼山鎮標左営
45　狼山鎮標右営
46　鎮江営
47　泰興営
48　掘港営
49　泰州営
50　奇兵営
51　青山営
52　瓜州営
53　揚州営
54　三江営
55　京口協右営
56　塩城営
57　小関営
58　廟湾営
59　佃湖営
60　淮安城守営
61　漕標中営
62　漕標左営
63　漕標右営
64　河標中営
65　葦蕩左営
66　葦蕩右営
67　河標右営
68　海州営
69　東海営
70　河標左営
71　蕭営
72　亳州営
73　寿春鎮標左営
74　泗州営
75　寿春鎮標中営
76　寿春鎮標右営
77　六安営
78　盧州営
79　浦口営
80　游兵営
81　蕪采営
82　潜山営
83　安徽撫標左営
84　安徽撫標右営
85　安慶協左営
86　安慶協右営
87　池州営
88　徽州右営
89　徽州左営
90　寧国営
91　広徳営

図 2-1　乾隆期における標・協・営の空間的配置（江蘇省・安徽省）

典拠）表 2-1 に同じ。

給養の安定的維持という経済面も考慮された結果であろう。しかしながら、軍事・治安の性格上、必ずしもすべてが行政階層とは対応せず、それがときとして標の県城レヴェルへの配置、あるいは営の非行政治所への配置となって現れている。(9)

緑営の最末端「大汛」「小汛」

次に緑営の最末端単位の汛はどのように配置されていたであろうか。羅爾綱はその配置の稠密を指摘するのみで、組織編成・空間的位置の詳察にまで及んでいない。そこでまず緑営の組織編成を検討し、その後で空間的配置を検討することにしよう。

営級以上の部隊が駐屯しない江蘇省淮安府安東県の緑営の配置について、次のような雍正三年（一七二五）の記述が見られる。「安東県の城守一汛は以前より廟灣営（東接の阜寧県城に駐屯）から分派した千総ないし把総一員が該地に駐防し、半年ごとに新旧を交替往来させている」(10)。ここにいう城守一汛については南接の塩城県に「営官が外委一員に命じて県城を防守し、市場を巡邏させている、これを城守汛と謂う」(11)との記載があるから、県城に駐屯して警備にあたる単位をさすことは明白であろう。指揮官には塩城県のように外委（正八品の外委千総、正九品の外委把総の区別あり）をあてるより、むしろ安東県や後掲史料のごとく、千総（正六品）ないし把総（正七品）(12)をあてる方が多かったと考えられる(13)。

江蘇省揚州府宝応県では、康熙五年（一六六六）に城守汛が設置され、揚州営から把総一員・兵士五十名が派遣された。この城守汛はさらに十四ヶ所の「小汛」とでも称すべき、兵士のみが勤務する汛を管轄している(14)。これら小汛を確認すると、県城内の倉庫・監獄、五つの城門を担当する「内汛」のほか、水関、南門外安平駅塘堡、巡湖、宏済牐《こうさいそう》、劉家堡、氾水鎮《はんすいちん》、黄浦など城外の要所に駐する「外汛」とに区別できるが(15)、いずれも一～五名程度の兵士のみが派遣されるにすぎないから、規模から見ても日本の駐在所・派出所に相当するものであったと推定できる。以上より、県城に営がない場合、他所に駐屯する営から派遣されてきた、千総・把総・外委を指揮官とする城守汛が置かれ、内外の小汛を管轄していたことが明らかとなった。

では市鎮をも含む農村部に目を転じてみよう。江蘇省太倉州鎮洋県劉河鎮に駐屯し、遊撃（従三品）を指揮官とする劉河営は、太倉州城（鎮洋県も同城内に県衙門を置く）一帯を含んだ州・県下の各処に七ヶ所の「大汛」、四十一ヶ所の「小汛」を配置していた(16)。また淮安府塩城県に駐し、遊撃が指揮する塩城営についても「本営は塩城・泰州・興化・阜寧の四つの州県を防守する。塩城県についてはその全域を管轄しており、斗龍・新洋・沙溝の三大汛は、あわせて二十九ヶ所に〔兵士を〕分派し、毎年千総あるいは把総に輪番で防守させる(17)」という記載があり、太倉・塩城ともに農村部への大汛―小汛の派出を明言する。表2-2は乾隆『塩城県志』巻二、兵防の記述をもとに作成したものである。まず気づくのは、右の史料に登場した「斗龍・新洋・沙溝の三大汛」がそれぞれ「分防」の語を冠する点である。さらに同県志および乾隆『江南通志』巻九三、武備志から、塩城営の武官の駐箚地を確認すると、遊撃と守備（正五品）は県城内に、千総は沙溝鎮に、把総は新洋港と劉荘場（便倉の南に立地する）にそれぞれ駐している。したがって、遊撃・守備は県城で本営全体の統轄にあたるが、千総・把総は分派されて各大汛を指揮する官であったことになる。外委千総・外委把総も各大汛に一員ずつ駐していることから、大汛の次席指揮官であったと考えてよかろう。

表 2-2　塩城営管下の大汛と小汛

大　汛	小　　汛
分防斗龍汛	石礎口　伍祐場　便倉　東墩　葛家墩　蔡家墩　狗溪墩　前溪墩
分防新洋汛	天妃口　新興場　上岡鎮　新洋港　岡門鎮　北門墩　新興墩　南沙墩　北沙墩
分防沙溝汛	沙溝鎮　安豊鎮　大岡鎮　神台　建陽鎮　流均溝　南辛野　黄土溝　沙家荘　崔家荘　楼夏荘　大団湾

典拠）乾隆『塩城県志』巻二，兵防より作成。

以上、大汛は分防とも呼ばれ、千総あるいは把総の指揮下にあり、複数の小汛を管轄する単位であったことがわかった。なお、これらの千総・把総の駐箚地は、たとえば分防沙溝汛のごとく、各大汛に所属する小汛のなかに同一の地名を見出せる。すなわち大汛は規模の大きな汛という意味でなく、複数の小汛の上位にあってこれらを統轄する単位であり、いずれかの小汛を屯所としていたと推定して誤りないだろう。千総・把総ともに小汛に駐し、他の小汛を指揮していたわけで、大汛はその上級組織であったと見なせる。

松江府金山県の事例

次に江南デルタの松江府金山県を事例として汛の空間的配置を確認しておく。乾隆『金山県志』巻八、兵防によれば、同県には金山衛城に駐屯し、参将が指揮する金山営のほか、江南提督管下の提標所属の中・左・前・後四営があって、あわせて五営が防守していた。このうち県域の大半を分担したのは金山営と中・後二営である。この三営の構成と配置を分析すると、さきの検討結果と同様、各営から分派された千総・把総が率いる「分防大汛」と、その管下の小汛からなっていることがわかる（表2-3）。兵数も分防大汛ごとに記載されているから、分防大汛は明らかに一つの単位であり、かつこの分防大汛は安東・宝応の両城守汛と同じく、それが行政都市に配置されたとき、城守汛と称されたのであろう。各分防大汛は駐防地の地名を冠して「某分防」と略称される。「海汛分防」のみは金山衛城南部の沿海に配置されているが、他は張堰・亭林・張沢・朱涇・干巷・呂巷など、いずれも市鎮（市場町）を中心に配置されている事例が圧倒する（図2-2）。なお、千総・把総が駐する小汛の兵数は他に比較してやや多くなっている。

一方、小汛の空間的配置には次の二つの特徴が指摘できる。第一に、分防大汛の指揮官である千総・把総が主に市鎮に駐していたため、多くの小汛が市鎮を中核とする一定の範囲内に展開・配置されていた。第二に、沿海の海

表 2-3　金山営における大汛・小汛の組織編成

I　金山営

(A) 本城駐防　遊撃 1　守備 1　把総 2　外委把総 2　兵 455

(B) 分防大汛

①海汛分防　千総 1　外委千総 1　駐防兵 100
塘・汛・墩 15：篠館墩　戚家墩 (5)　金山墩 (5)　金山頭　西薪墩 (5)　東薪墩 (5)　胡家墩 (10)　横瀝墩　葛蓬墩　白沙湾　江門墩　江門営　新廟墩　独樹墩　炮台

②張堰汛分防　把総 1　外委把総 1　駐防兵 83
塘・汛・墩 13：張堰鎮 (23)　張涇口　六里庵　秦山　北倉　秦山水汛　西倉　白涇　裴家橋　蔣荘 (5)　平等庵 (5)　三洋 (5)　官橋 (5)

③亭林汛分防　把総 1　外委把総 1　駐防兵 61
塘・汛・墩 10：亭林鎮 (23)　上横涇 (5)　下横涇 (5)　歓庵 (5)　望河涇 (10)　金門漊 (5)　後港 (5)　寒圩 (9)　林家橋 (5)　阮巷

④張沢汛分防　千総 1　外委千総 1　駐防兵 100
塘・汛・墩 12：張沢鎮　張沢大橋水汛　廟涇 (5)　葉謝　葉謝水汛　節婦橋 (5)　金家橋 (5)　陸店橋　大洋涇 (5)　三汊河　松隠　泖港口

II　提標中営

(C) 分防大汛

⑤朱涇汛分防　千総 1　外委千総 1　駐防兵 50
塘・汛・墩 6：朱涇東柵　朱涇西柵　六里巷　蔣涇　泖橋　大茫塘

III　提標後営

(D) 分防大汛

⑥干巷・呂巷分防　把総 1　外委把総 1　駐防兵 64
塘・汛・墩 9：太史庵　山塘　明正庵　泖湾　夏枋　西口　干巷　安浜　葉家行

典拠）乾隆『金山県志』巻八，兵防および乾隆『華亭県志』巻一，兵防より作成。

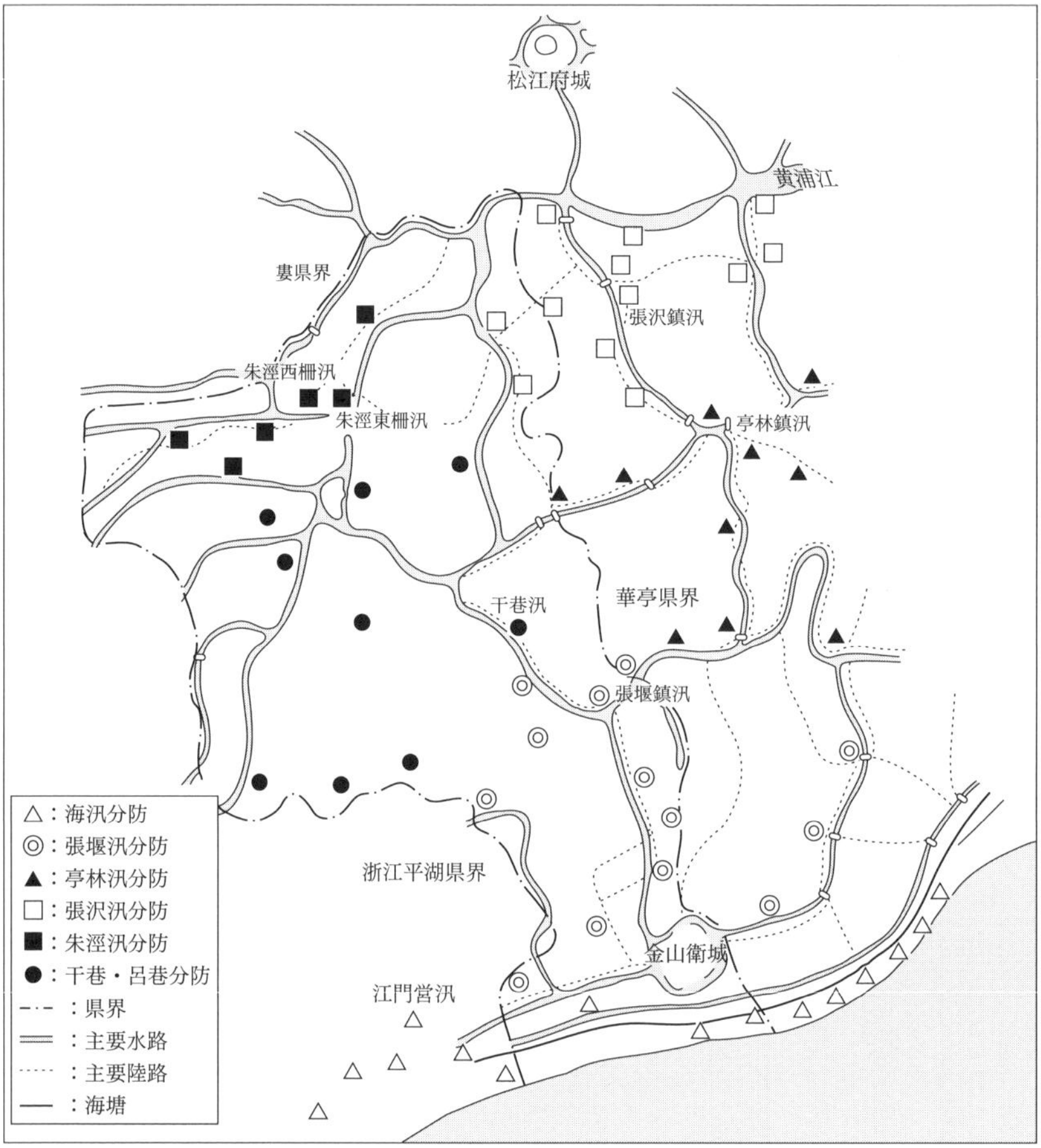

図 2-2　大汎・小汎の空間的配置（松江府金山県）

典拠）乾隆『金山県志』巻八，兵防より作成。
　註）図中の汎名は，千総・把総が駐箚するもの。

表 2-4　松江府における小汛の立地

	城内	海塘	水路関連								聚落		他	計
			橋	涇	塘	湾	港	浜	渡	圩	市鎮	村荘		
華亭県	8	13	6	8		1				1	7	5	7	56
奉賢県	5	13	11			2	2				10	3	2	48
婁　県	—	0	6	4	4						3	2	10	29
金山県	—	8	2	2	2	1	1	1	1		7	3	8	36
上海県	—	5	1	3	2	1		1	1		6	3	8	31
南匯県	—	30	2			1					5	4	4	46
青浦県	7	0	7		1						16	9	6	46
川沙庁	—	10	1								1		1	13
計	20	79	76								84		46	305

典拠）嘉慶『松江府志』巻三四，武備志より作成。

塘（堤防）沿いのほか、水路（クリーク）あるいは陸路沿いにほぼ等間隔で設けられていた。これらの特徴が江南デルタ全域についても妥当するであろうことは、松江府全域の小汛の配置を、冠する地名について統計的に整理するとより明確になる（表2-4）。ここには水路をさす「涇」「塘」「港」、江南デルタ特有の人工地形呼称（船溜り）や聚落呼称である「浜《ひょう》」[18]、水路上に架設された「橋」などを冠する事例が非常に多い。かようにして特に水路沿いに小汛が設けられたのは、江南デルタの地理的条件を考慮に入れたとき、その交通路となる水路を押さえれば、効率的に警察業務を果たし得たからであろう。

以上の検討から判断すれば、緑営の汛は大汛（城守大汛、分防大汛）と小汛――以下、これを汛防制度と呼ぼう――から構成されていたといえる。なお、江南デルタでは大汛が県城・市鎮を中核として一定の範囲内に展開され、かつ小汛も県城・市鎮から東西南北に放射状にのびる〝線〟、つまり主要交通路沿いに配置されていた。かかる配置に示されるとおり、その機能の一端も交通路の安全確保にあったと推定される。

三　汛の管轄区域の分析（一）――松江府の場合

営の管轄区域

清代の州県志や郷鎮志には、その地に配置された緑営の管轄区域＝警備担当区域がしばしば記載されている。管見のかぎり、先行研究ではこれに全く言及せず、管轄区域がいかに設定されていたかをはじめとして、多くの興味深い問題が未着手の状態で残されている。本節では江南デルタの松江府、次節では蘇州府の緑営の管轄区域について、地方志によりつつ検討を加えてみたい。

緑営はまず基本単位である営ごとに管轄区域が設定されていた。たとえば蘇州府城に駐屯する蘇州城守営に関して「この営は呉県・長洲・元和・崑山・新陽の五県を防守する〈東は崑山県菉葭浜《りょくかひょう》で松江営と、南は呉江県境で平望営と、西は呉県境で太湖営と、北は無錫県境で常州営と、それぞれ管轄区域を接する[19]〉」と記している。最初に大まかに管轄する県をあげ、ついで管轄区域の四至をやや詳細に語る。ここで各営の管轄区域が空間的に連続するという事実が確認される。そしてこうした営の管轄区域が「汛地[20]」と呼ばれたことは次の記述をはじめとして様々な史料に散見する。「〔提標〕左営は順治二年（一六四五）に設けられ、〔松江〕府城の北に駐屯する。以前は婁・金山・青浦三県および蘇州府の元和・呉江二県を管轄した。乾隆三十一年（一七六六）、改めて汛地を設定し、いまは蘇州府の呉江・震沢二県を管轄するので、汛が多い[21]」。営にはそれぞれ管轄区域を意味する汛地が定められていたことが確認できよう。

それでは、営の管轄区域はさらにどのように分割されていたであろうか。すでに分析したように、緑営には営―城守汛・大汛（分防大汛。農村部に駐する。以下、大汛に統一）―小汛の指揮系統が存在することが判明したが、管轄区域もこれに従うことが想定される。ただし地方志には小汛の管轄区域しか記載されていないので、まず小汛の管轄区域を検討した後に、大汛の管轄区域とその意義について分析することにしたい。

小汛の管轄区域

管見のかぎり、現存史料では松江府下の七県のうち、①南匯、②青浦、③婁の三県についてのみ小汛の管轄区域の詳細を知り得る。

表 2-5　南匯県における小汛の管轄区域

汛名	管轄区域
陸家行汛(1)	南匯二十保念二図
塘橋汛(3)	南匯二十保念八図・念九図・三十図
三林塘汛(4)	南匯二十一保十四図・十八図・念二図・念三図
陳家行汛(1)	南匯十九保十図
塘口汛(4)	南匯二十一保念一図・念四図・念六図・念七図
十四墩汛(3)	南匯二十保八図・十二図・二十図

典拠）光緒『南匯県志』巻九，兵防志より作成。
註）カッコ内は記載された図の数。

①南匯県の場合：江南デルタ最東部に位置する本県は、地形上江南デルタ東部の最も高い崗身地帯（砂質微高地）の外側、砂堆（砂堤列平野）に属する。[22] 嘉慶『松江府志』巻三四、武備志（以下、小汛の設置数はこれによる）によれば、本県には四十六ヶ所の小汛（小墩汛と称されるものを含む）が存在したが、光緒『南匯県志』巻九、兵防志に管轄区域が記されているのはわずか六ヶ所にとどまる（表2-5）。これは周辺諸県との境界の明示を目的として、県境に配置された小汛についてのみ管轄区域を記したためと考えられる。表2-5から窺われる特徴を整理すると、以下のようになろう。ⓐ小汛・小墩汛はともに管轄区域を持つ。これら六汛のうち、五汛はすべて海塘の内側にあるが、十四墩汛のみは、成化八年（一四七二）の修築にかかる内捍海塘（護塘）と、万暦十二年（一五八四）建設の外捍海塘（備塘）との中間にあり、[23] 原来は海岸線の哨戒・警備のために設置された屯所であった。[24] したがって海塘内側の五汛が一定範囲をもれなく蔽う〝面〟を管轄区域として持つのみならず、

表2-6　青浦県における小汛の管轄区域の重複

汛　名	管　轄　区　域
白鶴江汛(1)	四十六保四区九図
杜村汛(2)	四十六保一区十併図・四区九図
沈巷汛(3)	四十三保一区三十三図・二十九図・五十保七区十三図
安荘汛(4)	四十三保一区三十三図・四十二保三区三図・四十三保一区四図・五六図

典拠）光緒『青浦県志』巻一〇，兵防より作成。
註）カッコ内は記載された図の数。網掛けは重複する図。

海塘の前進に伴って、[25]十四墩汛すらも一定の区域を有するに至っていたことがわかる。ⓑ小汛の管轄区域は「図《ず》」という地理的区画で設定されていた。そもそも図とは「(県―)都(保・区)―図―字《じ》圩《う》―坵《きゅう》」と表現される、江南デルタの魚鱗図冊における土地所在の標記方式であり、行政による土地の把握と徴税の必要から生まれたものであったが、[26]警備担当区域である小汛の管轄区域を設定する際にも用いられていたことがわかる。[27]ⓒ管轄する図は重複していない。これは贅言するまでもなく、管轄区域を設定する目的は各小汛の責任範囲を明確にするためであるから、重複があってはならなかった。

②青浦県の場合：本県は江南デルタで最も海抜の低い地域であり、澱山湖・泖湖をはじめとする多くの湖沼群が分布し、水路網が縦横に走る典型的な水郷地帯であった。県内に設置された小汛はあわせて四十六ヶ所あったが、このうち二十三ヶ所の管轄区域が光緒『青浦県志』から判明する。[28]まずさきに掲げた特徴ⓐおよびⓑに関しては、南匯県と同様である。ところが、ⓒ「管轄する図の重複」については異なっており、四十六保四区九図（白鶴江汛と杜村汛）・四十三保一区三十三図（沈巷汛と安荘汛）の二図は複数の小汛に管轄されている（表2-6）。そのうち後者は青浦県西南の県境が錯綜する章練塘鎮（現在の練塘鎮）にほど近く、県内でも海抜の特に低い地域に属する。これが何を意味するか、この青浦県の史料のみからは判断できないため、後に検討することとする。またいま一つ特徴的なことは、ⓓ管轄区域を記載された小汛はすべて市鎮に設けられていたもののみであるという点である。

このことは、地方志がなぜすべての小汎の管轄区域を記載しなかったか、換言すれば、なぜ市鎮に配置された場合にのみ記載する必要があったか、という疑問を抱かせると同時に、小汎の管轄区域と市鎮の密接な関係をも窺わせていて誠に興味深い。この問題についても、順に分析を加えて明らかにしていくことにしよう。

③婁県の場合：婁県は現在の松江県西部にあたる。さきに取り上げた低湿な青浦県に南接し、地理的条件もほぼ類似していた。光緒『婁県続志』巻八、軍政志、防汎には、五十六ヶ所にも及ぶ小汎の管轄区域が記され、南匯・青浦二県にもまして多くの情報が提供される（表2-7）[29]。そして婁県の場合も青浦県と同じく、ⓒ「管轄する図の重複」が見出されるのである。重複する地域はやはり朱家角鎮・章練塘鎮付近の低地や、治安上の必要から小汎が密集する府城附近に多く見られる。同県志では、各小汎が管轄する図に引きつづき、その四至、さらに管轄区域を接する小汎の名称にまで言及する。一例をあげてみると、「一、茶亭汎。四十保二区十図・一図を管轄する。汎兵二名。東は半里で官紹塘に至り打鉄橋汎と、南は二里で柵橋に至り大張涇汎と、西は四里で郭家浜に至り米市塘汎と、北は二里で石灰橋に至り大張涇汎と、それぞれ管轄区域を接する」となる。松江府城とその南を流れる黄埔江の中間に位置する茶亭汎と打鉄橋汎は、ともに四十保二区十図を管轄していたが、茶亭汎の東半里（約〇・二九キロメートル）の官紹塘を境界として管轄区域を分けあっていたことがわかる。すなわち図はあくまで大まかな管轄区域を述べたにすぎず、実際にはさらに詳細な区分が存在していたのである。その際に境界となるのは、江南デルタの場合、主に水路であり、たとえば茶亭汎では官紹塘・柵橋・郭家浜・石灰橋が境界とされているが、その他の小汎については「涇」「港」「河」などの水路呼称や、この地域の大水面である「泖《ぼう》」、地形呼称の「湾」などが見られる。このように直接的には水路呼称を用いて境界を明示する場合が多くなっている。ただし図をさらに区分する地理的区画「圩」も散見することは注意する必要がある。周知のごとく、江南デルタでは水路に囲まれた所を「圩」と称する。これを踏まえれば、事実上汎の管轄区域は江南デルタ低地に特有の「圩」をもって設定されてい

表 2-7　婁県における小汛の管轄区域の重複

汛　名	管　轄　区　域
楓涇汛(4)	一保三区三図・四図・五図・六図
興塔汛(4)	一保三区三図・四図・五図・六図
茶亭汛(2)	四十保二区十図・一図
打鉄橋汛(10)	四十保二区十図・十一図・十二図・十三図・十四図・十五図・十六図・十七図・十八図・附十九図
大張涇汛(4)	四十保二区七図・八図・九図・南十二図
米市塘汛(4)	四十保二区八図・正十九図・十一図・十八図
妙厳寺汛(5)	四十三保一区西外二図・東新坊図・旧坊図・四十三図・三十九保北十二図
西林寺汛(4)	四十三保一区東新坊図・旧坊図・附三図・安楽二図
大橋塘汛(3)	四十三保一区西新坊図・八図・附三図・
馮家塘墩汛(9)	四十三保一区五図・六図・七図・八図・上四図・二十三図・二十四図・四十三図・四十四図
水雲亭汛(3)	四十三保一区西新坊図・附三図・上四図
蔣涇橋汛(4)	四十一保一区六十図・下四図・附二図・坊一図
前街橋汛(3)	四十一保一区六十図・坊一図・三区五十九図
天馬山汛(1)	四十三保三区二十図
走馬塘汛(1)	四十三保三区二十図
林家角汛(1)	四十三保六区三十八図
白米湾汛(2)	四十三保六区三十七図・三十八図
章練塘分汛(3)	四十三保六区三十四図・三十五図・三十六図
沈巷分汛(2)	四十三保六区三十五図・三十六図

典拠）光緒『婁県続志』巻八，軍政志，防汛より作成。
　註）カッコ内は記載された図の数。網掛けは重複する図。

たと見なしてよいからである[30]。

かかる婁県の事例から、さきに提示した青浦県のⓒ「管轄する図の重複」の説明も可能となる。青浦県の場合も、その地理的条件（婁県とともにいわゆる「低郷」に属する）を考慮し、じつは婁県と同様に「圩」によって管轄区域を設定していたが、地方志では圩名を省略して図分だけを残したため、一見管轄の図に重複が生じたと判断できるからである。これに対して、東部微高地に位置する南匯県では管轄の図に重複は見られなかった。わずかな事例からではあるが、同じ江南デルタにおける管轄区域の設定でも、西部「低郷」―「圩」と、東部「高郷（微高地）」―「図」という、おそらくは地形の差異に対応すると考えられる二通りの方式が見出されたわけである。

管轄区域の設定と〝人〟の掌握

このような事実をいかに説明すべきであろうか。ここで想起されるのは、かつて濱島敦俊が検討した土地廟[31]の廟界である。濱島は土地廟の廟界が高郷（微高地）では地理的区画＝図を単位とするのに対して、低郷では聚落で考えられていたことを鮮やかに描き出した。高郷の廟界がなぜ図を基準としていたかは、この地域の聚落は散村・孤立荘宅もしくは疎村（一聚落の平均戸数七・七〇）が優勢であるという聚落形態の側面から説明する[32]。これに対し、低郷圩田地帯では集村（同一百前後）が優勢であった[33]。かかる指摘は本節における検討結果とほぼ符合するのみならず、重要な示唆を与えるものである。なぜなら管轄区域がたとえ〝土地〟の把握を目的とする図や圩を基準としていようとも、治安維持を目的とする小汛の主な機能が〝人〟の掌握にある以上、聚落の形態を考慮に入れざるを得ないからである。つまり高郷では小聚落の形態が一般的なため、図をもって管轄区域を設定するのを便とするが、低郷では聚落の規模がかなり大きく、かつ聚落が水路を跨ぎ、複数の図に位置する事例が少なくないことから[34]、図ではなく圩が選択されたと考えられる。圩を単位とすれば、複数の図に跨る一つの聚落（自然村）を一つの汛の管轄区域内に含めることができ、責任分担がより明確となるのはいうまでもあるまい。管見のかぎり、江南デルタでは聚落を基準とする管轄区域の設定を見ないが、そうした設定の可能性も十分にあり得ると想像される。[35]

四　汛の管轄区域の分析（二）——蘇州府呉江県盛沢鎮の場合

蘇州府呉江県と県下の各市鎮

これまで主に州県志の記載に依拠しつつ、小汛の管轄区域について検討してきたが、本節では、蘇州府呉江県の盛沢鎮志『盛湖志』によって大汛の管轄区域を個別具体的に検討してみたい。

呉江県は蘇州府南部、江蘇省の最南端に位置し、浙江省との交界地帯に属している。雍正四年（一七二六）に呉江県から震沢県が析置され、旧呉江の東半がそのまま呉江県に、西半が震沢県となったが、その後も両県は「異城分治」せず「同城分治」して、一つの地域社会を形成していたと考えられる。[36]地理的には太湖の東南にあって、湖沼の集中する低郷地帯に属する。社会経済的には、明清時代の先進地帯として多くの研究者の注目を集めてきた。その経済的繁栄を示す一指標に市鎮の林立をあげられよう。代表的な市鎮として、呉江県域には盛沢・平望・黎里・同里・蘆墟などの鎮、庉村・黄溪などの市、震沢県域には震沢鎮、双楊・厳墓・檀邱・梅堰などの市があって、それぞれ商業・手工業の中心として栄えた。[37]各市鎮のあいだ、あるいは市鎮と後背地農村のあいだは、密度の高い水上交通網で結ばれ、客商や貨物を請け負った運搬業者のみならず、生産者・販売者・購買者としての農民たちも頻繁に往来していたことは容易に想像される。[38]

盛沢鎮は江南運河とその迂回路である爛溪のあいだにあって、交通の便に恵まれていたため、江南デルタで一、二を争う巨鎮にまで発展した。同治『盛湖志』巻四、官制によれば、乾隆五年（一七四〇）六月からは県丞が配置され、治安維持の任にあたり、鎮の水利をも兼理している。ただしこの県丞は、他の市鎮に配置された県丞とは職務を異にし、周辺農村を管せず、わずかに盛沢鎮本体の立地する五つの圩（西腸・充字・東腸・大適・大飽）のみを管轄し、(39)あたかも鎮長のごとき存在であった（第四章で詳述）。したがって、乾隆『呉江県志』巻五、戸口丁に見える「管理盛沢鎮事務県丞が管轄する戸四千四百三十六、口一万六千六百八十二」という職称は、このような特殊性を端的に表したものであり、その戸口数も盛沢鎮が立地する五つの圩にかぎったと考えて誤りなかろう。

盛沢鎮と小汛の管轄区域

さて、呉江・震沢両県にはどのように汛防制度が展開されていたであろうか。乾隆『呉江県志』、乾隆『震沢県志』の記載によれば、乾隆年間、両県は六つの大汛、すなわち震沢城守汛（指揮官＝把総）・平望大汛（千総）・同里大汛（把総）・盛沢大汛（千総）・蘆墟大汛（千総）・震沢大汛（千総）に分割されていた。(40)各大汛の次席指揮官＝外委はそれぞれ呉江県城・梅堰市・庵村市・盛沢鎮・蘆墟鎮・厳墓市に駐する。つまり千総・把総はすべて県城ないし鎮に、外委は市あるいは指揮官と同鎮に分駐していたことがわかる（図2-3）。

これら六大汛のうち、盛沢大汛の兵員については「按ずるに、盛沢汛の定額は歩戦兵・守兵四十名であるが、書識・随丁八名および管下の五汛に分派する二十七名を除くと、本汛には五名しか存在しない」(41)とあり、盛沢汛（本章でいう盛沢大汛に相当する）には定額上四十名の兵士が存在し、人数分に見合った兵餉が支給されていたが、実際には、そのうち八名分が「書識」と呼ばれる庶務担当の雇用費や、千総・把総と外委の職務手当＝「随丁名糧」(42)として支出されるので、残り三十二名分すべてを兵士にあてても、二十七名を各小汛に分散する（各小汛五～六名）と、千総が鎮にあって直率する兵士はわずかに五名を数えるにすぎないというのである。

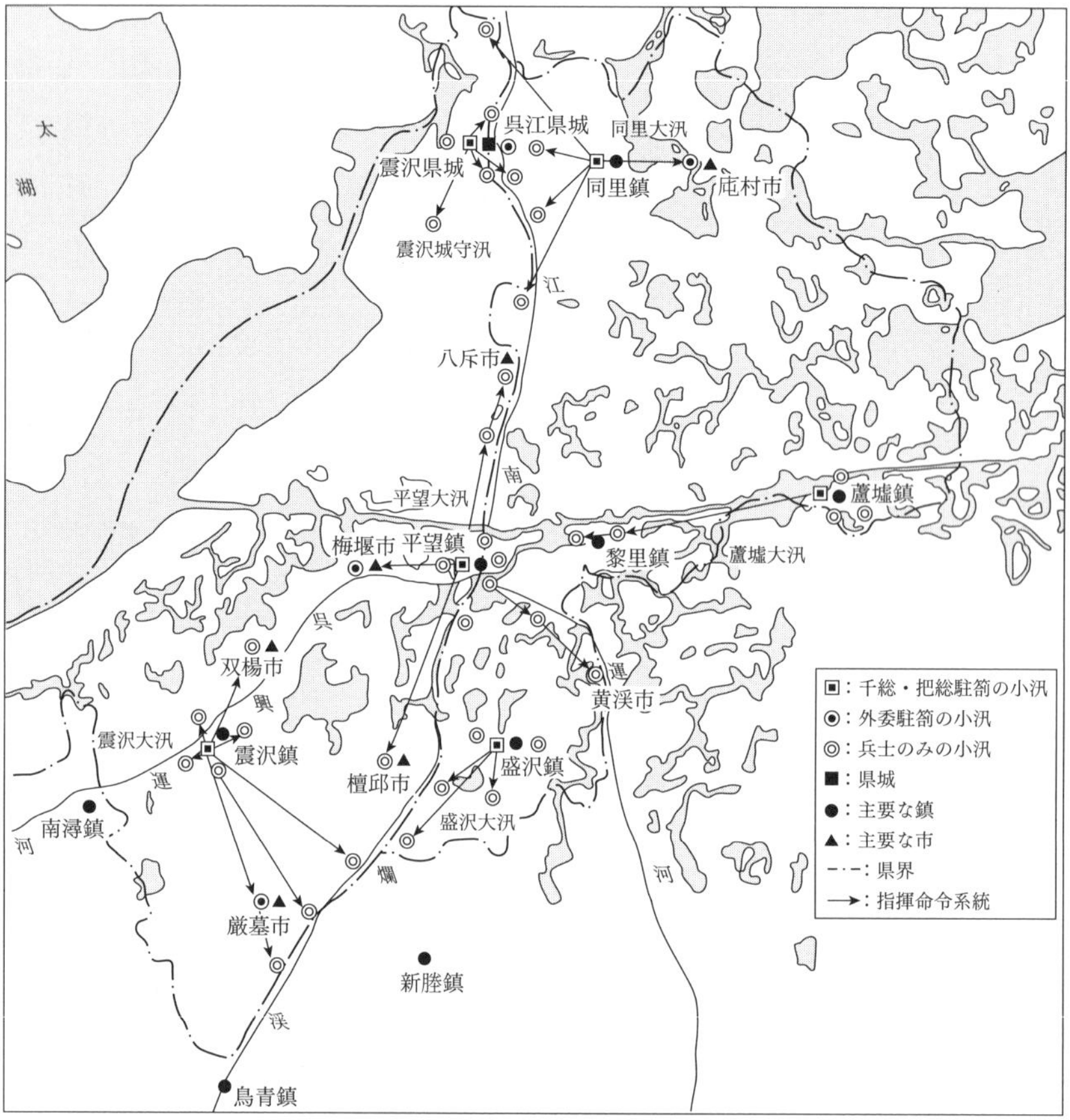

図 2-3　大汛・小汛の空間的配置（蘇州府呉江県・震沢県）

典拠）乾隆『呉江県志』巻九，営汛および乾隆『震沢県志』巻七，営汛より作成。

右の小汛のうち、盛沢東口汛と盛沢西口汛はそれぞれ東腸圩・充字圩に立地する（表2‑8）。上述のごとく、両圩は県丞が管轄する圩、つまり盛沢鎮が立地する圩であった。また東口・西口という名称を考えあわせると、両汛は主に市場町である鎮への出入り――特に船の出入り――をチェックする機能を果たしたと推測される。なぜなら江南水郷では水路が鎮を貫流しているため、水路を利用した湖賊・水賊の略奪を被りやすく[43]、その結果、鎮の出入口における警備が当然に重視されたはずだからである[44]。爛渓汛は、その名称のごとく、盛沢鎮の西を流れる幹線交通路である爛渓沿いに立地すると考えられ、柏字圩も爛渓に面した圩名の一つとして確認できる。このような幹線交通路に沿う小汛の配置という江南デルタの特徴は、検討対象を両県全域にまで拡大したとき、ますます明瞭に看取されるようになる（図2‑3）。そこでは爛渓のみならず、江南運河・呉興運河のごとき幹線交通路に沿っても、約十里（約五・五六キロメートル）ごとに小汛が設置されていた。各小汛の任務は交通路にあって往来の船隻を随時「盤査（検問）」するとともに、配備の「巡船」に乗り込み、昼夜を分かたず上下の各小汛間を巡視して、もし窃盗・強盗事件が発生すれば、各小汛が呼応して盗賊を一網打尽にするというものであった[45]。かかる状況から判断すれば、小汛の主要な機能には公務の旅行や商人の往来など、水上交通の保護が含まれていたと推定して誤りあるまい。茅塔・斜港も乾隆『呉江県志』巻四、鎮市村に聚落地名として確認できるが、やはり聚落附近の水路に関連して設けられたと考えた方がよかろう。

以上のように、小汛の主要な機能は〝線〟の（あたかもハイウェイパトロールのような）警備のほか、前節で検討したごとく、〝面〟としての一定の管轄区域の警備をも含んでいた。盛沢大汛の場合も、各小汛ごとの管轄区域が明確に設定さ

表2-8　小汛の立地・施設・兵数・管轄圩数

汛　名	立地	施設	兵数	管轄圩数
盛沢東口汛	東腸圩	営房三間	防兵５名	38圩
盛沢西口汛	充字圩	営房三間	防兵５名	21圩
茅塔汛	耳字圩	営房六間	防兵５名	17圩
爛渓汛	柏字圩	営房六間	防兵５名	19圩
斜港汛	慮字圩	営房三間	防兵５名	6圩

典拠）同治『盛湖志』巻四，営汛より作成。
註）乾隆『呉江県志』巻九，営汛では東口・西口両汛の兵数を６名とする。

れている。同治『盛湖志』巻四、営汛によれば、管轄の圩数は表2-8のとおりで、各小汛によってかなりのばらつきがあったことがわかる（ただし圩の面積は大小様々であったから、これをもって一概に広狭を論ずることはできない）。さらに同志、巻一、郷都図圩を利用して管轄の圩を整理すると、その特色が一層明らかとなる（表2-9）。第一に、管轄区域は個々の圩ごとに明確に設定されている。第二に、これらの圩は図分と無関係であった。たとえば二十三都三十二図は東口汛・西口汛・茅塔汛に三分して管轄されている。該図にかぎらず、表2-9に整理した三十四個の図のうち、わずかに十四個の図しか一小汛の管轄区域内に完結しておらず、じつに約三分の二弱にあたる二十個の図が、複数の小汛によって分割されていたのである。これは江南デルタ低郷における管轄区域の基準が図ではなく圩に置かれていたとする、松江府を事例に行った推測を裏づけるものといえよう(46)。

さらに次のような「汛地鈔冊」なる冊籍の存在がかかる推測を傍証する。

按ずるに、「汛地鈔冊」の圩名には何度もあげられていたり、〔記載すべきにもかかわらず〕小さくていまだ記載されていなかったり、〔圩名を〕誤っているものがあった。すべて沈志（乾隆『呉江県志』）と対照して確定した。そのため〔現在作成した汛冊に記載された圩の〕数は〔以前の〕汛冊に比較してやや多くなった。故・戚の二字圩も汛冊に新たに増加され、東口汛の管轄としたものであって、原来の定額の内にあったものではない。思うに、都・圩が確定し、その後、行政区画が明瞭となり、〔汛冊の〕記載が確実となれば、「岐越の失」はなくなるであろう。本県地方はもともと境界を分け難いので、汛〔の管轄区域〕をもって境界を定めれば、江蘇・浙江は省を分けやすくなり、平望・蘆墟の両汛は特に混乱しなくなるであろう(47)。

これは同治『盛湖志』巻一、郷都図圩のいわゆる疆域表の末尾に附された按語である(48)。これによれば、各小汛、大汛あるいは営を単位に作成された、緑営の管轄区域に関する覚書の類かと推測される「汛地鈔冊」という帳簿が存

表 2-9　小汛の管轄区域

地理的区画	盛沢東口汛	盛沢西口汛	茅塔汛	爛渓汛	斜港汛
十五都四図⑨正角	○				
二十一都一図④宿・餘・南心・天				○	
三図③北小牛・五牛		○			
四図⑦西小牛・北心・東小牛・南小牛		○			
焉・福・危				○	
二十二都七図④幾			○		
基（上・下）				○	
論・道応					○
八図②棋・柏				○	
九図④散・慮					○
喜・殆（上・下）				○	
十図②興・躬				○	
二十三都十三図④象				○	
大修・小修・無			○		
十四図③大目・小目・早			○		
十五図③大伏・小伏	○				
小低		○			
十六図③大猶・易				○	
大謝（上・下）					○
十七図③大飽・大適・小適	○				
十八図②大口・往			○		
二十五図⑩讃・南小牛・嵌牛・大南牛		○			
大牛・北牛・北降・小西降		○			
東小牛・小降		○			
三十図②熟・畏（上・下）			○		
三十二図⑪白花小低・王婁小低・長膀		○			
小低・撤網小低・南草小低		○			
幽風小低・大低		○			
膳・具・耳			○		
小口	○				
三十四図①充（東充）	○				
（西充）		○			
三十五図②成			○		
小謝				○	
三十六図③東腸・西腸・最	○				
二十四都一図③巽・塵・角	○				
二図①糠	○				
三図⑥故・戚・旧・宰	○				

（つづく）

地理的区画	盛　沢 東口汛	盛　沢 西口汛	茅塔汛	爛渓汛	斜港汛
四図③糟・厭・豊	○				
五図②少	○				
六図④老・饑・殍	○				
七図②飯（東・西・下）・字	○				
二十五都十図⑤小鐘	○				
十一図⑦南昆・黎	○				
十九図⑤西牛・西降		○			
東降	○				
二十図④南霄・東霄	○				
二十八都二図⑦錕・釗			○		
糧・小飽・大鐘・南鏡	○				
三図⑥小西角	○				
三十図②烹・飫		○			

典拠）同治『盛湖志』巻一，郷都図圩より作成。
註）図分の次の丸は該図の領する圩数を，圩名は5つの小汛の管轄下にあるもののみを示した。

在し、管轄区域の圩名が記載されていたようである。ところで、「汛地鈔冊」の利用によって解消される「岐越の失」とは具体的に何をさしているであろうか。あくまで推測の域を出ないが、おそらくは税糧の徴収に関わるものであろう。水没した圩や、新たに生まれた圩の帰属を決定する必要があったためである。したがって、治安の目的からはじめられた「汛地鈔冊」の作成は、省・県の境界＝税糧の帰属先の確定という当該地域が抱える財政上の問題にまで思わぬ副次的効果を生んでいたことがわかる。

盛沢大汛の管轄区域と「郷脚」

最後に、盛沢大汛の管轄区域（汛地）がどのような空間を蔽っていたかを復原し、一つの大汛――千総・把総の管下にある複数の小汛の集合体――が全体としていかなる機能を果たしたかを分析してみたい。『盛湖志』に記載された管轄の圩を参考に、管轄区域を実際に地図上に示したのが図2-4である。東口汛が盛沢鎮および鎮の東・東北地区を、西口汛が西北地区を、爛渓汛が西南の爛渓沿いの地域を、斜港汛がそのさらに西南方を、茅塔汛が南部地区を管轄していたことが明らかとなる。

ここで最も注目したいのは、これら個々の小汎の管轄区域ではなく、これらすべてをあわせた地域、すなわち盛沢大汎の管轄区域が、盛沢鎮を中心に一定の空間に広がっている点である。むしろ盛沢大汎が管轄する空間は盛沢鎮を中核として設定され、小汎はそれを分割して管轄するにすぎないというのが妥当かもしれない[49]。江南デルタの市鎮の機能と態様を考えるとき、このことが他の大汎にも該当することは容易に類推されるであろう。

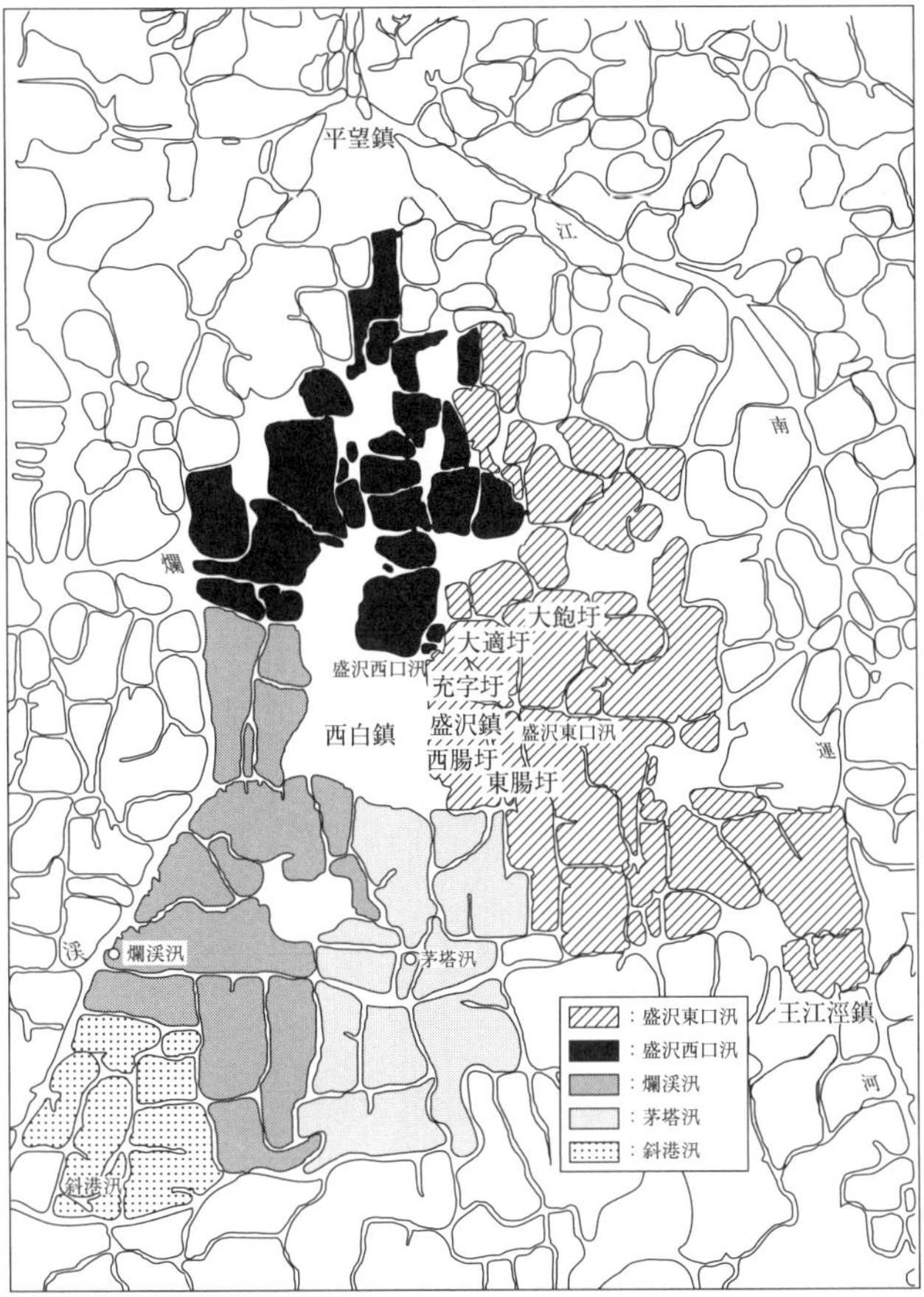

図 2-4　盛沢大汎の管轄区域

典拠）表 2-9 に同じ。

江南デルタを事例地域として考察した結果、清朝は市鎮を中核とする一定の空間的広がりに警察機構の担当区域を設置していたことが確認された。その空間こそが当該地域において防衛・治安といった任務を果たすうえで、最も効率的であると見なされたからであろう。費孝通は市鎮を中核とする生活圏を「郷脚」と表現したが[50]、そこでは市鎮と聚落を結ぶ航路、航路における人の移動、商品の流通が想定されていた。

それが円滑に行われる前提条件として、交通環境の整備、特に治安の安定が要求されるであろう。治安の悪さは交通の重大阻害要因だからである[51]。実際に、市鎮へ向かう途上、客商や農民が盗賊・打行・白拉に襲撃された事例が多々存在することは、すでに第一章で検討したとおりである。これこそが市鎮を中核とする警備網の設置へと向かう重要な原因であったと考えられる。そこで人の移動と商品の流通を保護する任務を担ったのが、大汛であり小汛であった。小汛は市鎮と農村、あるいは市鎮間を結ぶ交通路上に配置され、直接的な防衛・治安維持活動ないし情報の収集にあたり、集められた情報は大汛の警備・情報網の結節点たる市鎮に集中的にもたらされたであろう。以上、理論的に導出されてきた推測――市場圏と管轄区域の一致――を確実なものとするには、当然に市鎮の側から見た汛防制度についても論及されねばなるまい。それは次節で検討することにしよう。

五　汛の管轄区域と市鎮の〝領域〟

清末宣統年間における自治区域の設定

清朝末期に至って、郷村にも近代的地方自治制度が導入されることになり、光緒三十三年（一九〇七）設立の憲政編査館は、翌年に「城郷地方自治並別擬選挙章程」を、宣統元年（一九〇九）に「府庁州県地方自治章程」「府庁州県議事会議員選挙章程」を発布するなどして、法的な整備を行っていった[52]。

この宣統年間の地方自治における区域設定に関しては、すでに稲田清一が分析を加えている[53]。そこでは、まず主に青浦・嘉定・宝山・太倉・鎮洋の各州県の地方志に依拠しながら、江南の各市鎮には「鎮董」と総称されるような役職が存在し、救恤・水利事業をはじめとする諸活動を行っていたと指摘する。ついで鎮董の救荒活動の際に設定される「廠[54]」という管轄区域に注目し、その区域が市鎮を中核とする地域社会を単位としていたうえに、その機能が救荒のみならず、地方行政的事業一般に及ぶに従って、事実上の地方行政区画と化していき、結果として鎮董の管轄区域が宣統年間における自治区域に継承されていったと結論した。また少なくとも十九世紀後半には、伝統的な善挙とも、官治の単なる補助でもない「地方公事」という活動領域が成立し、その地方として県のほか、鎮董の管轄区域にある「廠」が想定されていたという。そして鎮董の管轄区域の起源が同治年間以前に遡り得ると推定し、かかる一連の筋書きを江南デルタ全域に想定していく[55]。

稲田の一連の論攷は、小島泰雄が適確に評するように、自生的な市場圏が行政領域へと制度化されていく過程を検討したものといえる[56]。これは市鎮に在住する生員クラスの有力者＝鎮董による市鎮の自治的な側面に焦点をあてたものであり、その管轄区域が自治区域へと継承されていくとする構図は誠に示唆的である。

市鎮の〝領域〟

ところが、江南デルタで数多く編纂された郷鎮志に目を通すと、そこに垣間見られる鎮人たちの〝領域《なわばり》〟認識（以下、原文以外は領域に統一する）は、必ずしも市鎮の自治的側面（内発性）のみを強調するものではなく、あるいは隣接して存在する他の市鎮における郷鎮志編纂の動向、あるいは行政体系のヒエラルキー（支配的側面）上における上位階層（特に県）との関係、あるいは地方志自体の階層性とその相互不可分な関係に対する認識など、多種多様な記述を含んでいた[57]。

まず県―市鎮の関係から見ると、濱島敦俊が県城隍と鎮城隍の関係から[58]、森正夫が郷鎮志の網羅的な検討から導出したように、市鎮には省―府―州・県と下ってくる行政階層へと自らを位置づけようとする志向があった。それは郷鎮志において、①行政最末端の県から派遣されてくる文武の「官」を特筆する点からも窺える。ところで、文官は員数からいっても、江南デルタ市鎮のすべてに駐箚するわけではないが、大汛の指揮官（千総・把総）は、②府・県に駐屯する営から派遣され、③多くの市鎮に駐箚し、市鎮における「官」として存在した。しかも大汛が、④市鎮を中核とする一定の範囲を管轄区域としていたことは、前節で考察したところでもある。①〜④の諸点を踏まえたとき、大汛と市鎮とのあいだの――特にその管轄区域と領域がともに県を分割するという点において――密接な関係が容易に想像されよう。

市鎮の相互認識については、市場圏の視点が重要となろう。そこでまず濱島がすでに紹介した史料をもう一度俎上に載せて分析の手がかりとしたい[59]。浙江省の最北端、嘉興府秀水県新塍《しんしょう》鎮の鎮志、民国『新塍鎮志初稿』巻首、疆域総説には、以下のように記載されている（ちなみに、筆者は二〇〇七年三月二十一日、同鎮を訪れたが、長い老街が今なおよく保存されており、同鎮がかつてはかなりの規模を有していたことを想像させるに十分であった）。

思うに、前世、鎮の戸口はいまだ多くはなかった。その後、マーケットは日々繁栄し、戸口は次第に多くなった。村―鎮間の交易はそれぞれその便に従う。その結果、ある村の人は常にある鎮に赴いて交易したので、〔その村は〕「某鎮の某村」と呼ばれるに至った。これは地理上の近便によって、自然の区画をなしたのであって、もともと行政上の統轄があったわけではない。清代に汛弁を設けて駐防させるに至って、はじめて行政上の区分が定まった。

この史料から濱島が指摘するように、市鎮の領域とは、本来「某鎮の某村」というがごとき自生的な領域観念であった。いわゆる市場圏が市鎮の領域として認識されるようになったのであり、決して上から与えられるという性格のものではなかった。ところが、清代に汛弁が設置されて駐防するに至ると、はじめて上から明確な行政上の領域が与えられるようになったとする。この汛弁とは千総・把総の謂であるから、ここでは端的に市鎮の領域、すなわち大汛の管轄区域と考えられているのである。

大汛の管轄区域を市鎮の領域と見なす記載は、他の郷鎮志にも確認される。さきに検討した呉江県盛沢鎮について、同治『盛湖志』巻一、界域は次のように語っている。

> 旧志（乾隆『盛湖志』）に云う。「南は麻渓を踰《こ》え、北は綘圩《ほうう》に尽き、東は新杭に距《いた》り、西は爛渓に抵《いた》る」と。〔鎮の領域観念の〕大勢はすでに具《そな》わっている。いまは営員が管轄する呉江県内の五つの汛をもって境界とする。水路〔の管轄〕が定まれば、陸路や諸圩〔の管轄〕も自ずと定まるのである。

乾隆年間までに、鎮人のあいだにすでに領域観念が形成され、それが同治初までには大汛の管轄区域をもって自らの領域と見なすようになっている。なぜなら営員とは盛沢大汛の千総、呉江県内の五つの汛とは前節で検討した東口汛をはじめとする五小汛をさすことは間違いないと考えられるからである。以上、新塍鎮と盛沢鎮の二つの事例から、鎮人が大汛の管轄区域を市鎮の領域と認識する場合があったことを確認できた。

このような上からの行政領域の設定が容易に受容された背景には、大汛の管轄区域が極めて明確に定められ、それが県の領域を分割するものであったことと同時に、自生的な領域観念（市場圏）をほぼ満たしていたからではなかろうか。ここから大汛の管轄区域＝市場圏と短絡的に結びつけることはできないが、これまでの検討結果や、市場圏と大汛の管轄区域を簡単に置換していることを考慮すれば、このような推定も許されるであろう。

市場圏、市鎮の〝領域〟、大汛の管轄区域

最後に、再び新塍鎮を事例として、市場圏、市鎮の領域、大汛の管轄区域の三者関係、および本節冒頭で言及した宣統年間の自治区域との関係を分析してみたい。民国『新塍鎮志初稿』巻首、疆域所引の光緒・民国『新塍志』には以下のような記事がある（①〜④は行論の便宜上、引用者が附した）。

疆域表に云う。「①新塍は秀水県第一の鎮であり、北は呉江に、西は桐郷に接し、東・南の二方面はみな県境にまで及んでいる。②鎮の南二十里（一二キロメートル）ほどに陡門《とうもん》といって、旧時には別に一鎮を形成していたところがある。③そのため、新城汛（新塍に駐屯する汛[60]）の管轄区域は、西南は霊宿港をすぎず、東南は九里匯までであった」と。④いまかの鎮は久しく廃れているので、新城汛に附属させたならば、当然に西南は秀水県の領域まで、東南も九里匯から運河にまで達すべきであって、そうすれば、沿塘一帯の防務は自ずと責任を明確にすることができるであろう。

まず指摘せねばならないのは、鎮志の疆域の項目において汛（前節で検討したように、盛沢大汛を盛沢汛とも称したことから、大汛をさすと見なしてまず間違いない）の管轄区域に言及していることである。ここに新塍鎮の領域と新塍大汛の管轄区域が一致するという認識の存在を窺うことができよう。

さて、この記事は隣接市鎮の衰落による諸変動を伝えていて誠に興味深い。まず①で新塍鎮の領域が述べられ、②で該鎮の南に位置していた陡門鎮の存在に触れる。③では陡門鎮の存在を前提として、新塍大汛の管轄区域が陡門にまで及ばないことを認める。ここまでの解釈に問題はないと思われるが、④の文言がいかなる論理のもとに導出されたかが重要なカギとなろう。なぜなら〝陡門鎮の衰落〟という社会経済的現象と、それを理由とする新塍大汛の管轄区域の拡大要求とは、一般に容易には結びつけ難いものだからである。

新塍鎮には咸豊・同治間の編纂にかかる『新塍瑣志』が存在する。その「疆里」の項目には「〔鎮の領域は〕南は陡門塘に至る〈陡門は以前は鎮であったが、いまは久しく廃れている〉」とあって、新塍鎮の領域がすでに陡門にまで拡大しているとする鎮人の認識を伝える。新塍鎮の領域の拡大は陡門鎮の衰落に伴う、極めて自然な趨勢なのである。これは市場圏の拡大に起因する認識であろう。したがって、市場圏の拡大を理由に、大汛の管轄区域の拡大を要求していると考えてよい。

当該地域の汛防制度を見ると、陡門鎮はもともと新塍大汛の管轄区域に含まれず、また該鎮を中核とする大汛を設置されたわけでもなかった。陡門鎮は鎮と呼ばれながらも、嘉慶『嘉興府志』巻四、市鎮、陡門鎮に「県城の西二十七里（約一六・二キロメートル）、霊宿港にある。鎮は運河を跨ぎ、〔運河の〕南北の市場町は、わずかに二百余家、諸鎮に比して、最も寂寞としている」と述べられるように、聚落の規模からいえば、大市レヴェルほどの聚落にすぎなかった。そのため一小汛（馬兵一名・守兵九名）を設けられただけで、[61] 桐郷県濮院《ぼくいん》鎮を中核とする濮院大汛の管轄区域に組み込まれていた（濮院鎮は陡門鎮のさらに南に位置する。陡門鎮が濮院大汛の管轄区域内にあったことは、該鎮が濮院鎮の中間市場圏に包摂されていた可能性を示唆しよう）。その後の陡門鎮の衰落に伴って、新塍大汛の拡大が要求されたわけであるが、その範囲はあくまで「運河」までであった。この事実は、陡門鎮（運河を跨いで立地する）を原基市場としていた住民たちのうちに、該鎮の衰落後、運河を境に北の新塍鎮に赴く者と、南の濮院鎮に赴く者とがあったことを推定せしめる。つまり運河北部の住民の市場圏内部への包摂という認識を背景に、新塍大汛の運河までの拡大要求がなされたと考えられよう。

かような認識の根底には、すでに述べたように、市場圏内における人の移動、商品の流通が想定されており、その安全確保こそ鎮発展の基礎という図式が横たわっていたからに相違ない。[62] 大汛の管轄区域はやはり市場圏における治安維持を背景に設定すべきとする認識の存在を窺い得よう。

最後に、宣統年間の自治区域との関係についていえば、民国『新塍鎮志』巻一、疆域は「宣統三年（一九一一）、秀水地方自治籌備処は〔自治〕区域を区画する際、すべて鄭の〔疆域〕表に照らして行った」と語っている。つまり大汛の管轄区域と確実に一致していた時期の新塍鎮の領域がそのまま自治区域となったわけで、このように大汛の管轄区域が宣統年間の自治区域に継承される場合すらもあったのである。

稲田は救荒活動の分析から自生的な市場圏が行政領域へと制度化されていく過程を見事に描き出し、本章では、自生的市場圏→市鎮の領域→大汛の管轄区域→自治区域という大まかな図式を提示できた。清代の地域社会を治安という支配・統治的なファクターを通して見たときでも、そこにはやはり市鎮を中核とし、そこから四通八達した交通路を媒介として、一定範囲内の聚落が結合するという生活圏が浮かび上がってきたのである。これは清朝が当該地域の社会構造を適確に把握し、治安維持装置を配置していたことを意味する。ただし敢えていうならば、稲田が提示した図式は高郷に、本章が論じた図式は低郷にそれぞれよく適応する可能性が高く、江南デルタ全域への安易な想定は慎重にならざるを得ないであろう。

六　小　結

本章の目的は、江南デルタを主な事例地域として、中国近世の農村部に出現した緑営の警察機構＝汛防制度と地域社会の関係をさぐることにあった。そこで得られた知見としては、第一に、緑営の汛防制度は大汛―小汛の二階層を有する組織であった。第二に、大汛は市鎮を中核とする空間的広がり、すなわち市場圏のなかに配置され、人の移動、商品の流通の保護を目的とした組織であった。第三に、一方、小汛は市場圏のなかにあって、主に市鎮と農村、あるいは市鎮間を結ぶ交通路上に設置され、警察業務に従事した。また、その管轄区域も図・圩によって明確に区分されていた。第四に、以上の諸点からすれば、江南デルタの汎防制度は当該地域の社会構造・自然環境などの諸条件に適確に対応して展開されていたといい得る。第五に、その結果として、郷鎮志のなかには、大汎の管轄区域を市鎮の〝領域《なわばり》〟と見なす場合があり、それが宣統年間の自治区域に引き継がれることさえあった、ということになろう。

以上の結論はあくまで江南デルタを事例地域としたものであり、他の地域への性急な普遍化を意図するものでは決してないことを敢えて強調しておきたい。なぜなら地域の社会構造・自然環境、地域の抱える社会問題は各種様であり、また緑営の汎防制度もかかる地域間の相違にある程度柔軟に対応し得るシステムであった可能性が高いと考えるからである。清朝統治下の他の地域において緑営の汎防制度が果たした役割を語るには、さらなる事例研究の積み重ねが必要となるのはいうまでもない。

ところで、かのG・W・スキナーにより提出された、いわゆる「市場圏社会論」は、伝統的な県・鎮・市といった史料用語の代わりに中心市場（central market）・中間市場（intermediate market）・原基市場（standard market）なる空間・社会・経済単位概念を創出し、かかる三層の市場共同体の分析概念を用いて中国農村社会の説明を試みようとするものであった[63]。では、本章で検討した市鎮の領域＝大汎の管轄区域とは、いったいどのような階層の市場圏社会に相当するだろうか。この問題には十分な検討が加えられなかったが、第四節の呉江・震沢両県の事例に見られたように、大汎は主に鎮に配置され、その管轄区域内部に市が含まれていた。かかる点を考慮すれば、大汎の管轄区域は内部にいくつかの原基市場を含む中間市場社会を単位とするものであったと推測できる。かかる推測は、大汎の管轄区域が、稲田清一が検討した「廠」のうち、宝山県のそれに類似する一方で、いわゆる原基市場に準じていた嘉定県のそれとは位相を異にしていたことを意味しよう[64]。

ただしここで注意せねばならないのは、右のスキナー・モデルが中間市場圏などの上位市場圏が相互に重なり合うのを特徴とする点である。かような特徴を有する中間市場圏と、空間を完全に分割する大汎の管轄区域とを容易に結びつけられるか否かが問題となろう。ところで、スキナー・モデルは基本的に四川省の定期市と、そこを点々と移動する商人層の存在を前提とするものであった。しかし江南デルタでは次の二点において、これと大いに異なる。すなわち江南デルタでは定期市に関する記載が一切見られず、成立当初から毎日市であったと推定されること、およびその結果として「某鎮の某村」のごとき相互に重複しない市場圏を形成していたと考えられることの二点である。(65) 実証レヴェルにおけるスキナー・モデルとの比較検証は今後の歴史学・地理学における重要な課題となろうが、江南デルタの市の発展を考えるとき、臨時市→定期市→毎日市・常設店舗という、これまで通説的に理解されてきた市の発展モデルは適用できないうえ、中間市場圏も相対的に重複の少ない状態であったのではないかと推測される。さすれば、中間市場社会と大汎の管轄区域がほぼ重なり合う空間であったとしても、何ら問題はないと筆者は判断する。

さて、筆者が本章冒頭に掲げた、中国近世の暴力装置と地域社会との相互規定関係について、どこまで論及できたであろうか。問題は多角的な検討を必要とし、本章のみで十分な結論を提出することは不可能である。ただし敢えていうならば、以下のような方向性を示すことができたと考える。すなわち第一章で言及したとおり、十六世紀以降、ユーラシアを覆った国際交易ブームのなかで台頭し、その後も社会の流動化、商業化・都市化の進展のなかで「柔らかな」社会編成を実現させた近世国家＝清朝は、その後も人や財貨の移動の激化、交通の発達を背景に、未曾有の経済的発展を遂げることに成功した。しかしそれは一方で旧来の地域社会の秩序から切り離されたり排除されたりする者をも生み出すことになり、清朝は放置できない恐怖を感知するようになる。そこでは流動化などの流れを暴力で押し止めるのではなく、むしろそこに顕在化してくる阻害要因を可能なかぎり排除・監視することが第一義とされたため、軍隊の緑営を敢えて農村部に分駐させて、検問・巡邏（予防措置）、追捕・逮捕（事後措置）などの警察業務を担わせざるを得なかった。他方、地域社会の側でも、市鎮を中核とする地域社会の形成、交通網の整備、その安全確保が継続的な発展に不可欠の条件として認識されたと仮定すれば、近世国家による汛防制度＝警察機構の出現・展開は必ずしも一方的な弾圧・取締りでなく、公的な暴力の介入を必要とする地域社会側の要請もあったのではないか、ということになろう。

特に後者の地域社会側の視点については、残念ながら、本章ではほとんど検討を加えられなかった。近世の地域社会は本当に公的暴力＝暴力装置を必要としたか。次章ではこの問題に取り組むことにしたい。

第三章　農村空間における犯罪動向と市鎮住民

一　本章における問題設定

近世国家たる清朝は順治年間、南下しながら省府城ないし一部の州県城――スキナー・モデルでいう「中心市場」レヴェル以上の都市に相当しよう[1]――に旧明朝の軍隊を吸収・再編して緑営の「営」を新設し、有事における暴力装置・治安維持装置として機能せしめた。かかる中心市場レヴェル以上の都市に居住する官僚・郷紳・上級市場商人の生命・財産は、清初より数百人から千数百人規模の部隊である営、あるいは複数の営から編成される「協」「標」の直接的な防護下にあったといってよい[2]。ただしこれはいわば〝点〟のごとき都市住民を対象としたにすぎず、広大な〝面〟的広がりを持つ農村社会を包括するものではなかった。そのため十八世紀の清中期に至って、歴代王朝には全く見られなかった手段、すなわち軍隊の農村への配置――緑営の汛防制度＝警察機構の整備・展開――が次第に選択・実行されていくことになる。本書において主な検討対象となる江南デルタでも、営が駐屯していない一部の州・県城や市鎮に城守汛ないし大汛を配置する体制が確立されていった。なお、ここにいう市鎮とはいわゆる原基市場でなく、中間市場レヴェルの比較的規模の大きなものをさしている。

本章では、第二章で提出した、中間市場社会を単位とした大汛の管轄区域の設定という理論的に導出された結論について、江南デルタ農村の個別具体的な事例に即しながら検討を進めていく。なぜ中間市場レヴェルの市鎮に大汛が設置されるに至ったかを問いたいのである。そこでまず緑営の汛防制度が確立していく清代康熙年間後半～乾隆年間中頃――それは十八世紀に相当する――、江南デルタの司法官はいかなる犯罪を最も注視していたか、その犯罪の発生原因をいかに分析していたか、汛防制度はどのように犯罪に対処しようとするものであったかなど、江南デルタの犯罪と治安に関して基礎的な考察を行う。かかる実証的な手続きを踏まえたうえで、犯罪と治安をめぐる中国近世の警察機構と地域社会との関係についてささやかな一試論を提出し、諸賢のご批判を仰ぐことにしたい。

二　江南デルタの中間市場社会と社会的指導層

スキナー・モデルと中間市場社会

本章では、江南デルタの中間市場社会と、警察機構たる緑営の汛防制度との関わりを検討するのであるが、スキナー・モデルが四川省を事例地域とするものである以上、本章で使用する中間市場社会などの語についてあらためて定義しておく必要があろう。場合によってはスキナー・モデルの適用それ自体を検討する必要があるかもしれないが、ここでは中国の市場構造を分析するのに成功した社会・経済単位概念をさしあたり利用し、江南デルタの特色を確認しておくことにしよう。とりわけ、中間市場の経済・行政階層上の位置づけや機能、中間市場社会における指導層などは、本章の論旨と密接に関わる問題であるから、先学による諸研究を整理し、考察を進めるうえでの前提としたい。

スキナーの業績を日本の歴史学界に初めて紹介した斯波義信によれば、中間市場（intermediate market）とは、府城ないし一部の県城に相当する上級市場＝中心市場（central market）と、農民が卓越する下級市場＝原基（標準）市場（standard market）の中間に位置づけられる市場概念であり[3]、実際には比較的規模の大きな市鎮および一部の州・県城に相当すると考えられる。この中間市場を現実に構成している、清代の州・県城と市鎮の関係について簡単に説明しておくと、州・県城が近世国家の行政系統の最末端に位置する行政（政治）都市であったのに対し、市鎮は単なる一村落にすぎなかった。ところが、江南デルタの市鎮は明中期以降、飛躍的な発展を遂げるに従って、自らを州県の下に位置づけようとする強い志向を有するようになり、また実際に人口や財貨の規模、交易・金融・サービス・娯楽などの提供において一般の州・県城に比肩し得るものが少なからず存在するようになったとされている[4]。かかる中間市場社会の指導層として、スキナーは客商・仲買人といった商人（団体）のほか、郷紳（gentlemanly elite）をあげている[5]。

江南デルタの中間市場社会

ただし江南デルタの場合、四川省とは異なり、州・県城に匹敵する発展を遂げた多数の市鎮が、中間市場のなかで少なからざる比率を占めていたことを考慮すれば、中間市場の指導層を州県社会の指導層である郷紳のみに限定することは不正確となり、むしろ「士」のカテゴリーに含まれる監生・生員など、鎮居する下級知識人層をも想定すべきであることは、夙に濱島敦俊が指摘するとおりである[6]。稲田清一が詳論した鎮董も監生・生員があたっている場合が多く見られる[7]。つまり江南デルタ市鎮は、主に監生・生員と商人がヘゲモニーを握る世界であったと見なし得るのである。

かような市鎮には、監生・生員の邸宅や商人（団体）の会館・寺廟のほか、各種商店・茶館などが数多く建ちならび、取引などの商業活動、情報交換、各種同業組合の相互扶助、鎮城隍に代表される祭祀活動などが活発に展開されていた(8)。また監生・生員を中心に州県志の不備を補うことを目的として、郷鎮志が盛んに編纂されるようになる(9)。そこに記述された彼らの〝領域〟観念は、「某鎮の某村」と表現されるがごとき、周辺農村を含んだ明確な境界を有するものであった(10)。かかる点は定期市を点々と移動する商人を前提として互いに重複する領域を持つ四川省の中間市場と大いに異なっていた。そしてこのような特色を有する中間市場圏内部、あるいは各中間市場間、さらには上位の中心市場や下位の原基市場とのあいだに、監生・生員、商人との社会的経済的諸関係を媒介とする、巨大な人の移動、物の流通があったことも想像に難くない。

極めて簡単に江南デルタの中間市場社会を描出すれば、以上のような特色を持っていたといえる。勿論、原基市場と呼ばれる基層レヴェルの市鎮とのあいだにも、明確なラインが引けるわけではなく、ある程度は右のような状況が看取される場合もあろうが、市場町の規模や人口、取り扱う商品の種類と数量などにおいて、やはり一定程度の差違があったと考えておきたい。残念ながら、筆者はこれを数量的に検討する手段を持ちあわせていないし、管見のかぎり、諸先学の研究においても、江南デルタ市鎮を数量的に分析して類型化したものは見あたらないようである。ただし本章で俎上に載せる、市鎮の治安問題に関する記述には、原基市場の状況を反映したと考えられるものも見出される。たとえば「鎮は小さく民は貧しく、土豪が本鎮を把持することはない(11)」と語るように、原基市場レヴェルの市鎮はたとえ市鎮の名称で呼ばれようとも、規模も小さく人口も少なかった。中間市場の監生・生員、商人のごとき指導層も十分には形成されなかったであろう。ゆえに土豪と記された無頼集団も、かような経済的な規模が小さく財貨の集散がさして見られない小市鎮では、活発な活動を展開することがほとんどなかったと思われる。日常生活レヴェルの農産品・手工業製品を売買する周辺農村の農民にとって、原基市場が重要な役割を果たしたことは周知のことであるが、監生・生員、商人に満足感を与える文化的経済的環境にはなく、また非合法な手段で財貨をねらう無頼や盗賊集団にとっても魅力ある対象たり得なかったと判断されよう。

三　江南デルタ市鎮をめぐる犯罪動向

本章冒頭で提起した問題に立ち返ってみよう。まず緑営の汛防制度が最も広く展開された十八世紀の中国、すなわち清中期において、江南デルタの司法官はいかなる犯罪を最も注視し、当該地域との関係において犯罪の発生原因をいかに分析していただろうか。

序章で整理したごとく、西洋史分野では、犯罪行為とそれに対応する社会との一定の因果関係に注目し、犯罪を当該社会に固有の現象として、その発生や原因の社会的環境・基盤ならびに予防措置を究明しようとする犯罪社会学的研究が行われてきた。しかし中国史分野では、犯罪社会学的研究はほとんどなされておらず、方法論や有効性について議論されることもなかった。その原因は、第一に、州県レヴェルのまとまった訴訟文書が極めて少ないことである。そのため、特定の犯罪・犯罪者（集団）が検討対象とされることはあっても、多数の無名の人々が犯した〝軽度〟の犯罪が取り上げられることは、これまで皆無であったと断言してよい。ただし近年、台湾の淡新檔案（淡水庁・新竹県）が出版されつつあり[12]、そのさらなる利用・分析が期待される。第二に、確かに、中央レヴェルの刑部・大理寺・都察院あるいは皇帝にまで上げられた比較的重度の犯罪に関しては、中国第一歴史檔案館蔵の刑科題本や内閣漢文題本など膨大な量の裁判文書が保存されているが、これとて閲覧・複写など、特に外国人には十分に開放されておらず、網羅的な分析は現実的に不可能である。

かような史料上の制約はいまなお解消されていないが、幸いにも台湾からすでに出版された『宮中檔奏摺』のなかには、各地域の犯罪と治安について報告した文書が少なからず見出される。そこで、ここでは『宮中檔雍正朝奏摺』に収録された、江蘇・浙江両省の総督・巡撫（以下、督撫と略す）など司法官らが皇帝に提出した、犯罪発生の状況に関する意見書に依拠しながら、清中期の江南デルタ市鎮をめぐる犯罪とその原因について初歩的な考察を進めることにしたい。

犯罪社会学的研究と檔案史料

まず『宮中檔雍正朝奏摺』に見える意見書（表3-1）から、雍正年間（一七二三〜三五年）の江南デルタの犯罪発生状況に関する督撫の認識を窺ってみよう。これら意見書中に見える犯罪・犯罪者（集団）に関する情報は、主に①注視する犯罪形態、②発生頻度と原因、③季節分布・時間分布、④被害者の属性の四点から構成されている。[13]

①注視する犯罪形態：当時の江南デルタの督撫は盗案（強盗事件）の取締りに最も関心を払っていたようである。これは康熙五十年代頃までの報告がもっぱら海寇・湖寇など反清勢力に、乾隆中頃以降のそれが次第に窃盗や賭博などに重点を移していくのと好対照をなしている。[14] したがって、以下では主に盗案を中心に考察を進めることにする。

②発生頻度と原因：江蘇省、とりわけ蘇州・松江二府は盗案の発生頻度が高い地域として観察者の目に映っていたようである（表3-1／IIⓐ、VIⓐ）。そうした頻度の高さは何に由来したであろうか。その原因については多くが以下の三点より説明している。

㋐地理的環境の特殊性：特に太湖・泖湖・澱山湖など巨大水面の存在（I、IIⓑ、IIIⓐ、Vⓐ、VIIⓐ）と複雑な水路網の形成（IIIⓐ、Vⓐ、VIⓒ）が指摘される。前者が原因によるものについては、I・IIが湖賊・湖盗[15]の跳梁

表 3-1　雍正年間，江蘇・浙江両省の督撫による江南デルタの犯罪に関する報告

	年月日と上奏者	内　　　容
I	雍正元年（1723）六月二十五日 江南提督高其位	松江府の泖湖・澱山湖は太湖に連なり，匪類の多く出没する場所となっている。
II	雍正元年七月二十六日 署江寧巡撫何天培	ⓐ江蘇で盗案が多発し，蘇州・松江二府に集中している。 ⓑその主な原因は太湖・泖湖・澱山湖など巨大水面が存在すること， ⓒ江南デルタが行政上，江蘇・浙江二省に跨がっていることの二点を指摘。 ⓓ窃盗・強盗の被害者は「往来客商」「殷実居民」に多い。 ⓔ盗賊の出没は晩秋・冬季に最も甚だしい。
III	雍正二年（1724）六月十八日 浙江布政使佟吉図	ⓐ江南デルタで盗案が多発する原因として太湖の存在，複雑な水路網，行政区画等の問題点を指摘。 ⓑ盗賊は昼間に「捕魚」，夜間に強盗を行う。
IV	雍正二年十月十六日 鴻臚寺少卿葛継孔	I・II の上奏の結果，汛を多数設置，太湖を中心に活動する湖賊の壊滅に成功したことを報告。
V	雍正三年（1725）九月二十日 江蘇巡撫張楷	ⓐ江蘇は沿海地域で，巨大水面が多く，また水路網も発達しているため，盗賊が出没しやすい。 ⓑ昨年，凶作と高波のため，盗案が多発した。 ⓒそのため地方の文武官弁に命じて巡邏させ，陸路は厳しく保甲を実施し，水路は夜行を禁止している。
VI	雍正四年（1726）五月初六日 江南提督魏経国	ⓐ江蘇の窃盗・強盗事件は他省に比して独り多い。 ⓑその原因を江南デルタは商業化が進展し，財貨・人口ともに多く，客商の船舶も多数往来することに求める。 ⓒ複雑な水路網を形成しているため，盗賊の巣窟になっていることも指摘。 ⓓ犯罪は昼間より夜間に発生する。
VII	雍正七年（1729）五月二日 浙江総督李衛	ⓐ江南デルタで盗案が多発する原因として太湖・泖湖・澱山湖など巨大水面の存在を指摘。 ⓑ犯罪予防こそ「永久の図」とし，汛の拡大展開を提案。

典拠）I：『宮中檔雍正朝奏摺』第一輯，394-395 頁，II：同第一輯，533-534 頁，III：同第二輯，767-769 頁，IV：同第三輯，335-337 頁，V：同第五輯，191-192 頁，VI：同第五輯，900-901 頁，VII：同第一三輯，118-119 頁より作成。

跋扈を報じたため、雍正元年（一七二三）八月十二日に上諭が発せられ[16]、その根絶を厳命、Ⅳで一定の成果が報告されている[17]。これは雍正二年（一七二四）における太湖営の大幅増員と密接な関係を有した[18]。後者が原因によるものは密度の高い水路網の形成、商業の発展への寄与の裏返しである。複雑な水路網は当然に犯罪者の追捕を——不案内であればなおさら——困難とし、犯罪者に恰好の逃走経路を提供した。また江南デルタの地形が極めて平坦で、流速がかなり緩慢であったことも、犯罪者の逃亡を容易にする一因となったと考えられる。

㋑行政区画上の問題：中国全土の主要なデルタのうち、省を跨ぐのは江南のみである。犯罪者は江南デルタが江蘇・浙江両省に跨り、管轄が異なるのをよいことに、両省のあいだを往来して巧みに追跡を免れていた。

㋒商業活動の活発化：Ⅵⓑは極めて簡潔に「〔江蘇省、特に江南デルタの〕窃盗・強盗事件が他省に比して独り多いのは、財貨・賦税の集中地であり、人家が非常に多く、商人の船舶の往来が頻繁だからである[19]」と、商業活動の活発化と犯罪の発生頻度との一定の相関関係を想定している。商品経済の進展、市場関係の拡大が犯罪に及ぼす影響については、対物犯罪の増加が指摘される場合が多いが、いまだ十分には実証されておらず、理論的にはむしろこれを否定する——「潜在的犯罪者」の実態が農村の余剰労働力であり、その余剰労働力を非農業労働に吸収することによって、対物犯罪を減少させる——ことも可能である。ただし江南デルタの司法官が両者のあいだに一定の関係——商業活動の活発化に伴う人や物資の移動の激化が、強盗など犯罪の増加として結果すること——を認識していたことは明らかである。

季節分布と時間分布

③季節分布・時間分布：史料上の制約から、現状では長期的な分析をあきらめざるを得ない[20]。ただし中期（一年）的動向＝季節分布、短期（一日）的動向＝時間分布を窺うことは可能である。

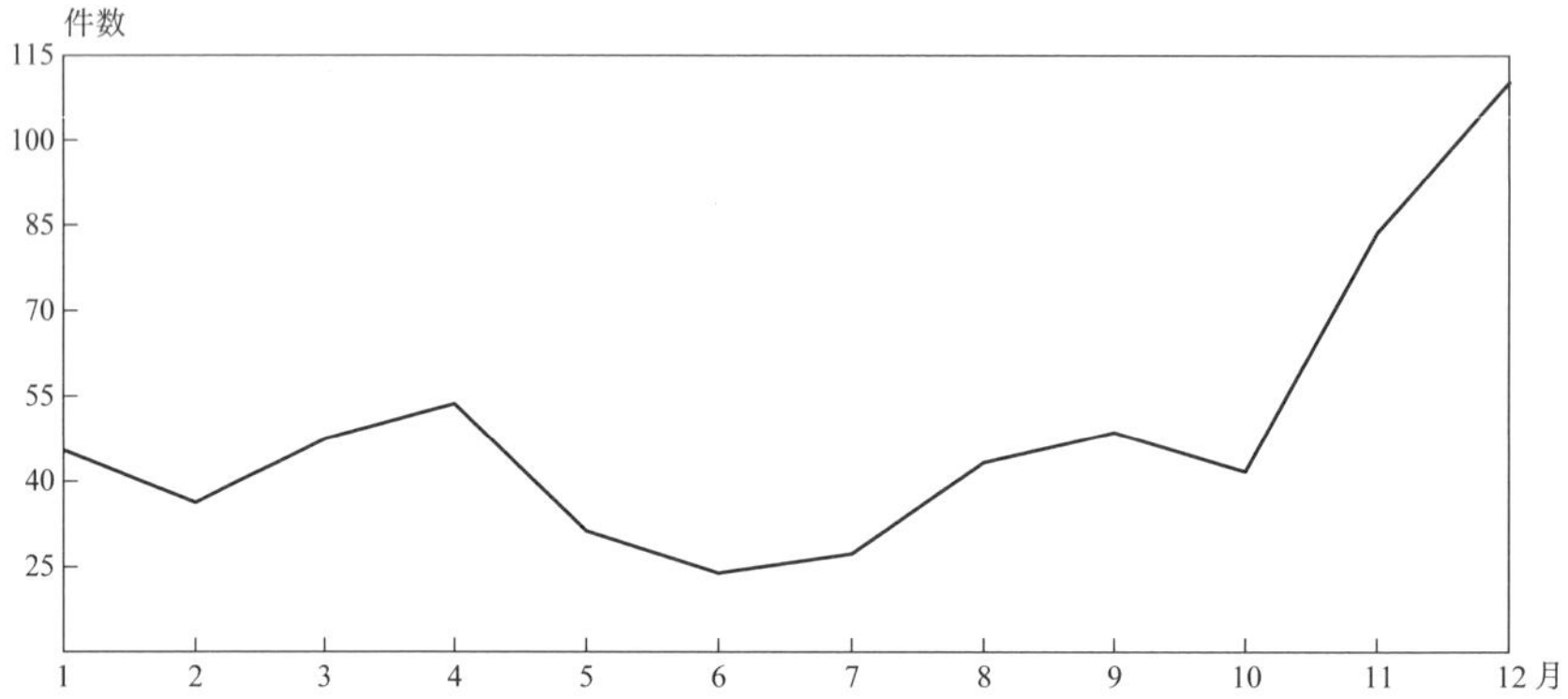

図 3-1　広東省の盗案（強盗事件）の月別分布（1796〜1839 年）

典拠）安楽博「盗匪的社会経済根源——十九世紀早期広東省之研究」（葉顕恩主編『清代区域社会経済研究』上，1992 年）539 頁より転載。

中期的動向＝季節分布については、まずR・J・アントニー（安楽博）の研究を簡単に紹介しておくことにしよう。アントニーは嘉慶（一七九六〜一八二〇年）・道光（一八二一〜五〇年）年間の広東省における犯罪発生件数の中期的動向＝季節分布をグラフ化し（図3-1）、それを当該地域の農業サイクルとの連動関係から説明しようと試みる。水稲の二期作（海南島は三期作）が一般的な広東省では、通常陰暦二月に播種し、五〜七月間に最初の、つづく九〜十月間に二度目の収穫を迎える。蔗糖・煙草などの農業副産品も水稲作とほぼ同じ周期を形成する。したがって、農繁期の夏には、最初の収穫期と二度目の播種とが接近することもあり、多数の雇工を必要とする。しかし二度目の収穫後（十一〜十二月）、多くの労働力を必要としないため、〝生存のための一手段〟としての盗匪が選択されることになる。[21] 以上のように、アントニーは農業サイクル、特に労働力の雇用状況の影響を強く受けた〝冬の犯罪〟を強調する。アントニーの議論の前提には、犯罪者を職業別に分類すると、「雇工」＝農繁期の被臨時雇用者が大半を占めるという事実が存在する。[22]

一方、江南デルタでも〝冬の犯罪〟を推定し得る。表3-1のIIⓐⓒは蘇州・松江の犯罪が江蘇省で最も多く、かつ「盗賊の出没はつねに晩秋・冬季に甚だしい」[23]と語っている。またVでは、江蘇巡撫張楷《ちょうかい》が江蘇省の盗案をあげ、昨年すなわち雍正二年（一七二四）一年間で一百八十五件の盗案があったが、今年はすでに一〜四月に八十一件、五〜九月に四十四件、合計一百二十五件の盗案の報告を受けており、なおかつ今後冬季における犯罪の増加が心配されることから、十月以降の見通しについて「蘇州・松江が豊収で、貧窮の民が容易に生活できるならば、将来の盗案は、あるいは漸次減少するでありましょう(24)」と結び、今秋の収穫の豊凶次第であるとする。仮に雍正二年の年間盗案発生件数（一百八十五件）を雍正三年にもあてはめれば、十〜十二月には六十件前後の盗案が発生すると試算され、なおかつ張楷の報告の文脈からすれば、これは最低限の数値と考えられるから、それ以上発生する可能性は極めて高かったものと推測される。そして五〜九月の盗案発生件数は、その前後に比べ、非常に少ない数値を示すことから、〝夏の犯罪〟よりむしろ〝冬の犯罪〟を想定し得る。ではこの〝冬の犯罪〟の背景をどのように説明すべきであろうか。アントニーは犯罪者の大半が雇工であることを前提とした。ところが、江南デルタでは太湖の船上生活漁民や踹《せん》布《ぷ》業に従事する手工業労働者など、周辺農村から析出され、江南デルタへと流動してきた人々が、潜在的犯罪者の中核と見なされる場合が多いことから(25)、農業サイクルのみでは十分に説明できないと考えられる。

ところで、十六世紀末、すでに人口圧力の発生を見た江南デルタでは、耕地面積の過少が生計の恒常的な不足を招き、副業たる家内手工業の貨幣収入が少なからぬ比重を占めるようになっていった。その結果、水稲栽培を主とする農民でも恒常的に飯米を購入するようになり、米価および棉製品などの手工業産品の価格が生活上の切実な問題となったことが、小山正明・濱島敦俊によって夙に指摘されている(26)。したがって、盗案発生件数と米価動向との連関性の有無は十分検討するに値しよう。清代江南の米価動向に関しては、物価史研究の立場から長期的な傾向を分析した岸本美緒の貴重な研究成果があるが、ここでは微視的な視点から短期的動向を丹念に研究した則松彰文の論攷を参照しながら考察を進めることにしたい(27)。雍正三年（一七二五）四月〜同四年（一七二六）四月の蘇州の米

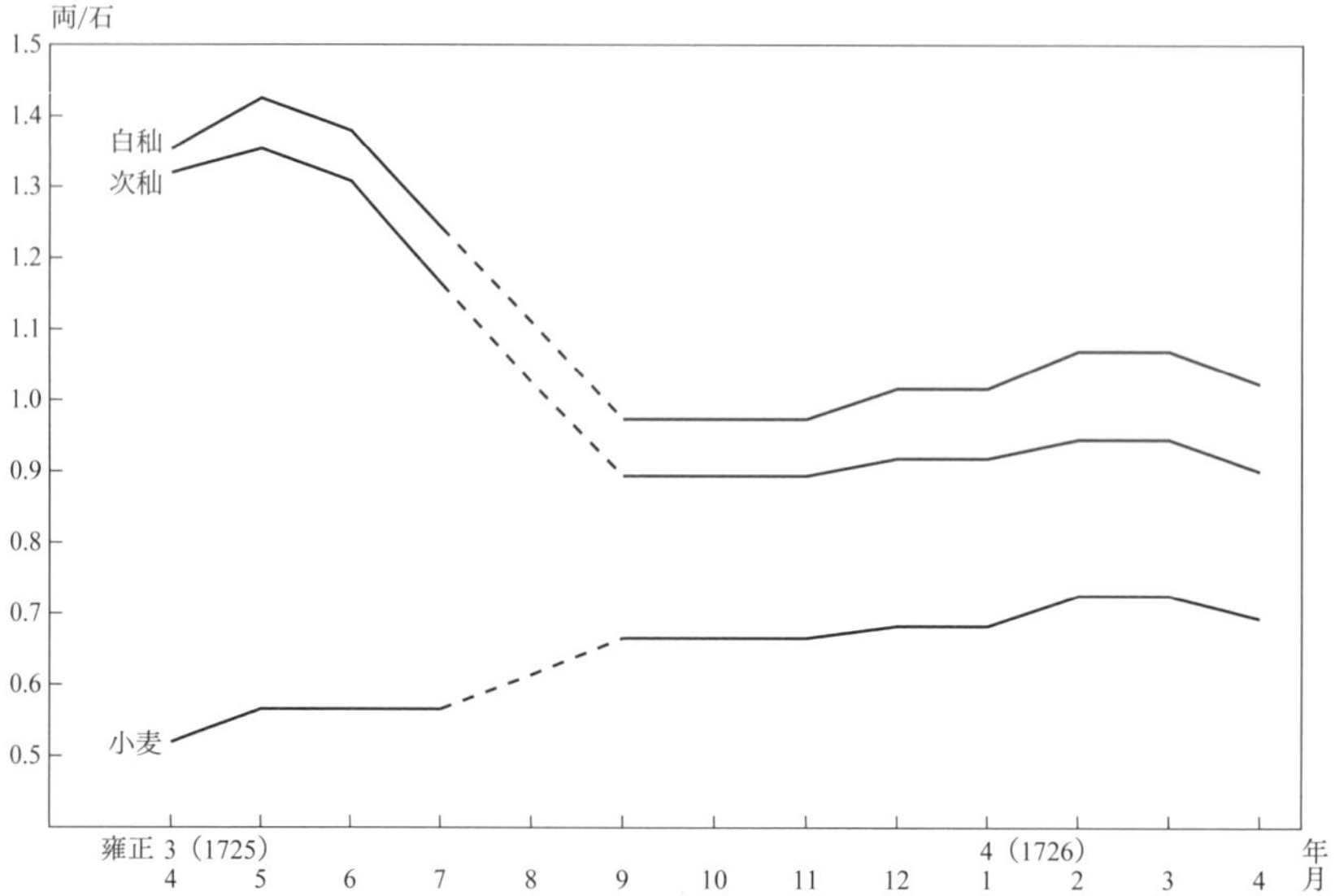

図 **3-2**　蘇州における秈米（うるち）と小麦価格の推移（1725〜26 年）

典拠）則松彰文「雍正期における米穀流通と米価変動」（『九州大学東洋史論集』14 号，1985 年）159 頁より転載。

価動向をグラフ化した則松は（図 3-2）、雍正三年五月までの騰貴の原因が、端境期・収穫期などの季節変動や豊凶に基づく生産量の増減のみならず、江西・湖広からの客米搬入量の減少、商人・富戸の買い占めにもよることを明らかにした。つまり当該時期の他地域からの移入などに強く規定されたと強調するのである[28]。

かかる点を考慮しつつ盗案発生件数を見直してみると、雍正三年五月までの米価騰貴に伴う高い犯罪発生率が、六月以降の下落に歩調を合わせるかのように急速に減少することがわかる。史料が零細なために断言は留保するが、ここに江蘇巡撫張楷の報告に見える盗案発生件数と米価動向の連動を推定できないであろうか。かかる推定の根底には、小山が指摘した恒常的に飯米を購入する農民層の存在がある。米作農民すら恒常的に飯米を購入する以上、米価動向の影響を避けることはできず、ましてや周辺農村から析出され都市で手工業労働に従事する者の生活は、さらに強く米価動向の影響を受けたであろう。犯罪の季節変動と穀物の価格変動の関係を否定し、穀物価格は犯罪行為にいかなる直接的影響も及ぼさないと主張する研究も存在するが[29]、安易な捨象は再考を要するのではなかろうか[30]。

ついで短期的動向＝時間分布を見ると、夕暮～夜間に発生する傾向が強い（Ⅲⓑ、Ⅵⓓ）。清代江南デルタでは犯罪予防の観点から夜間通行が禁止されていたが（Ⅴⓒ）、なぜ夜間に多くの盗案が発生したのであろうか。これには被害者の属性と密接な関係があったと思われる。雍正二年（一七二四）十月十六日、鴻臚寺少卿葛継孔は江蘇按察使在任中の審理案件を回顧しながら、「〔盗案は〕水路で襲撃する場合が多い。以前より河道では船舶の夜間航行を禁じていますが、江浙のように差務（公務による派遣）が非常に多いと、夜間だからといって停泊させるのは困難であります。ようやく銀米を徴収し終えた遠郷の糧戸（納税の義務を負った地主）は、罰せられないよう急いで県城に赴いて納入しようとします。雲のごとく集まった各地の客商も道のりを急ごうと心も焦ります。搭載する商品が水産物や時節の物であれば、余分な時間を費やすこともできません。特に年末や祝日には交易の機会を失うのを恐れています。各種の船戸（水運業者）も喜んで昼夜を分かたず〔運搬し〕、荷を引き渡すや否や、すぐさま別の荷を請負って搭載・運搬します。〔かかる状況のもとで〕もし一概に〔夜間航行を〕厳禁すれば、公私に多くの不便を生じましょう。しかし一度〔夜間航行の禁止を〕弛めれば、個々に航行する船舶は容易に〔賊匪に〕襲撃されてしまうに相違ありません[31]」と指摘する。糧戸・客商・船戸は、差務・商売の必要から夜間にも財貨を携えて移動・運搬せねばならなかったため、賊匪の襲撃を被りやすかったのである。江南デルタ以外の地域でも、当然に客商ないし運搬業者が賊匪の主要な襲撃対象の一つであったと考えられるが、商業活動の最も活発な地域の一つである江南デルタでは、かかる傾向が顕著であったに相違ない。

被害者の属性

④被害者の属性：右で検討してきたように、被害者は主に商人（客商）・水運業者（船戸）や財貨を携えた地主・農民であった（Ⅱⓓ）。いわゆる「商人」の範疇には、徽州商人のごとき客商のほか、商業を営む在地の下級知識人層＝監生・生員も包括される。時期はやや遡るが、康熙五十七年（一七一八）八月十三日、嘉興府桐郷県の鰟鮍《ほうひ》堰《えん》地方で発生した一つの盗案を検討してみよう(32)。被害に遭ったのは船戸丘鳴遠の航船(33)、犯人は首謀者の鍾五、これに倪二・章三・徐四・范刁《はんちょう》・徐三胖《じょさんはん》・張四を加えた七人であった。倪二・張四らの供述によれば、十三日夜、鍾五らは蘇州盤門外で集合し、そこで孫起雲なる人物から借りた手漕船＝揺船で南下、そのとき丘鳴遠の航船に偶然遭遇した。この桐郷県城から嘉興府城に赴く航船に乗り合わせて被害に遭った三名の証言は以下のとおりである。「わたくし（監生張京隆）は〔桐郷県〕東門内で米鋪を営んでおります。十三日夜、銀を持って嘉興府城で糴米《てきまい》（米の買い付け）しようと、丘鳴遠の航船に搭《の》りました(34)」。「わたくし（監生蔣大綬《しょうたいじゅ》）は南門外で米鋪を生業としております。十三日晩、弟に銀・布袋などを持たせて嘉興府城で糴米させようとし、北門外で丘鳴遠の航船に搭せました」。「わたくし（生員黄璋）は南門内に居住し、父・弟が南貨店鋪を経営しております。十三日晩、弟の黄琇《こうしゅう》が北門外で丘鳴遠の航船に趁《の》って、嘉興府城に雑貨を買い付けに行きました」。以上、三名はいずれも監生・生員で、本人あるいは父・弟が桐郷県城の内外で商売を営んでいたが、事件の夜、本人ないしその弟が嘉興府城に商品の買い付けに赴き、偶然被害に遭ったのである。このほかにも当時航船の襲撃が頻発したようで、桐郷県姚天祥(35)、仁和県張文生、呉県汪玉誠、呉江県陸賡言《りくこうげん》・鄒洵遠、嘉興県孟秀章・蔡允文の襲撃事件をも列挙することから、航船という個人経営(36)の乗り合い船が盛んに運航されていたこと、夜間運航の夜航船（丘鳴遠・姚天祥は夜航船、他は不明。昼間運航の日航船かもしれない）が商人らに大いに利用されたことが判明し、江南デルタの水上交通網の整備の一端を窺い得ると同時に、夜間という危険な時間帯に航行せざるを得ない夜航船が、多くの人・商品・貨物を運搬した

こと、[37]ゆえに賊匪の襲撃対象となりやすかったことがわかる。かかる状況——客商や下級知識人層＝監生・生員の商業活動、航船の隆盛、そして賊匪による航船の襲撃——が県城・府城のみならず、市鎮間でも見られたことは言を俟たないであろう。

州・県城など都市とそのごく周辺では、多くの場合、営級以上の部隊が配備され、治安上でも比較的安定していたはずである。それに対して市鎮本体あるいは州・県城と市鎮のあいだ、市鎮間、市鎮と農村のあいだといった主要交通路は、このような危険を内包していたのである。次節では、農村で発生した個別の盗案（強盗事件）と窃案（窃盗事件）を補充・紹介し、それらが実際にどのような手順で処理されたかを検討してみよう。

四　若干の強盗事件に関する分析

事件発生の現場と被害者

ここでは、表3-2[38]に整理した、A～Iの九つの強盗・窃盗事件を事例として前節で検討した諸点を確認するとともに、暴力装置・治安維持装置が農村で実際にいかに機能していたかを考えてみたい。これらの事件は雍正朝（一七二三～三五年）内閣漢文題本から江南デルタの主要交通路である水路を中心に農村で発生したものの一部——特に事件の詳細が判明するもの——である。

事件発生の現場と被害者については、わずかに九つの事例にすぎないために断定できることは少ないが、前節で指摘したように水路で襲撃された航船や船戸の船隻が見える。事例A・Bでは丘鳴遠（前節で検討）と姚天祥の各航船、事例Cでは安徽省旌徳《せいとく》県民の方聖一・朱廷模によって「雇（一船雇い切り）」われて貨物を販運していた船戸

表 3-2　康熙末〜雍正期江南デルタの犯罪データ

A. 雍正・内閣漢文題本／膠片 47／「為衝塘被劫事」／雍正三年三月二十五日／浙江巡撫法海／1455-1489

事件発生日	康熙五十七年（1718）八月十三日夜二更
被害者	丘鳴遠（航船）
犯行経緯	本文中で説明済み
犯罪者	倪二（35 歳，湖州府帰安県人），鍾五（首盗，在監病故），徐三胖（未獲），范刁（未獲），徐四（未獲），荘三（章三，在監病故），張四（在監）
責任者処罰	「応将専汛把総沈加徳，照例住俸，……俱限一年緝賊夥盗確数，査明報部」 「拋捕役姜相・張林稟称，切相等蒙差緝張京隆被劫一案盗犯。今訪得夥盗張四，住居丹陽，……康熙五十八年八月初八日，拋捕役姜相等稟称，相等同丹陽捕役童升，于七月二十日，拏獲張四，于孫起雲家，起出氈防陸頂」

B. 雍正・内閣漢文題本／膠片 47／「為航船被劫事」（首缺）／雍正三年三月二十五日／浙江巡撫法海／1435-1447

事件発生日	康熙五十七年（1718）十月三日夜二更
被害者	姚天祥（航船）
犯行経緯	「……同夥陸人，坐駕孫起雲的船，在蘇州齊門下船，揺到石頭漾地方，……遇著姚天祥航船」
犯罪者	沈二（39 歳，首盗，石門県人，在監，擬斬立決）：「小的只打□□呉県汪玉誠，呉江県陸賡言・鄒洵遠，嘉興県孟秀章・蔡允文各案，都已審結了。又仁和県張文生一案，還不会審結，小的照実供的」 姚二（未獲） 張四（已故） 王小臘梨（44 歳，蘇州人，在監，擬斬立決）：「小的是蘇州人，今年四十四歳了。康熙五十七年十月初三夜，打劫姚天祥航船。是沈二起意，同夥張四・姚二・于老兄弟・鍾大・沈二，連小的共六個人。于老兄弟執棚柱，先上船去，打傷水手。沈二・張四同小的拏縴板上船。姚二・鍾大在船看守，劫了銀銭・衣服等物。小的先蔵過了伍両銀子・一個小包。沈二作主，又分与小的十八両銀子，共二十三両，花用了。還有蚕絲・衣服，都是沈二拏去。小的初犯，竝不会打劫別処的」 于老兄弟（未獲） 鍾大（39 歳，秀水県人，在監，擬斬立決）：「小的初犯，没有行劫別処的」 孫起雲（已故） 「随有宋成美偶有沈二与胡成佐・丁鳴岐変売贓絲，探知与鍾大等夥劫情事，赴県首報」

C. 雍正・内閣漢文題本／膠片 49／「為劫擄殃民号叩法剿事」／雍正年間／江寧巡撫何天培／2626-2685

事件発生日	康熙五十七年（1718）十二月十四日夜
被害者	旌徳県民方聖一・朱廷模
犯行経緯	「是夜，行至張姆港地方，適遇先在官事主旌徳県民方聖一・朱廷模雇先在官船戸徐子孝之船回籍，比阿秀執未起木棍一根……」「上年（康熙五十七年）十二月十四日夜，在尹山過去地方，打劫船上……」
犯罪者	呉阿秀（29 歳，首盗，呉江県人）：「係不法匪類」 陸五（現獲，呉江県人，住王家浜地方） 梅二（現獲，呉江県人） 呉阿本（現獲，呉江県人）：「是在閶門趁工為活的」 沈阿四（馬韃阿四，在逃） 盛賢（現獲，呉江県人）：「在尖頭船上做工的」「是揺尖頭船的」 林七（実行犯ではない，現獲，呉江県人，即呉七，住在閶門外白蓮橋） 老季（即季顕臣）：「拋吐名老季，即係陸五供出寄贓之季顕臣称，有船幇水手陸五，寄売沙皮十把」

責任者処罰	「本月（十二月）十六日，抛木瀆汛把総周大仁呈，抛方聖一・朱廷模具為劫擄殃民号叩法剿事内称……」 「除厳勒汛兵，会同有司捕役，躧緝贓盗獲報外，理合解報等情」 「行至張姆港地方，被盗過船打劫的，小的（朱廷模）害怕，不敢叫喊是実。客人道，是小的不喊救，把小的交与営汛，解在案下」 「随同事主・船戸前詣該地方勘得，被失処所地名係張姆港，本県南三十一都二十三図地方，乃係曠野，両岸倶無居民。勘畢，訊問地方姜顧朋，那方聖一等行舟，在你地方上被盗，你既不救援，為何又不具報呢。供来回供，小的是輪当南三十一都二十三図的見総，住居在城裏，那方聖一們被失一案，没有来報小的，故此，小的不暁得，没有具報。因是曠野所在，居民都在腹裏，故此，也没有岸隣的等情」 「抛該事主稟汛，報営移県」 「去後，准呉江県関文開，抛差役趙勝稟称，即著落該地圩甲，遍査船戸，王大竝無著落」

D．雍正・内閣漢文題本／胶片 49／「為強盗殺劫事」／雍正年間／署理江寧巡撫何天培／951–1006

事件発生日	康熙五十九年（1720）八月四日
被害者	松江府差役平升・馮升
犯行経緯	「康熙五十九年八月初四日，行至〔長洲県〕澄河青浦廟地方，撞遇先在官事主平升等解犯差船，王五又不合，誤認客船，起意行劫」「〔康熙五十九年〕八月初四日，在澄河内青浦廟，有一隻尖頭船揺出来，看見了小的們的船，就上岸逃走了」
犯罪者	王五（35 歳，首盗，松江府婁県人，住在横路涇）：「五貧無聊頼」，顧八（現獲，住在婁県南門外），張八（現獲，婁県人，住在婁県南門外），陳九（現獲，婁県人，住在平湖県），朱三喜（現獲，婁県人），銭三（現獲，婁県人），許辰（即許三，現獲，婁県人），顧二（又叫沈六，現獲，婁県人），銭二（銭茂雲，現獲，青浦県人，住在秀水県許家港），沈四（現禁嘉善県監），許大（取供後病故，婁県人），顧天（取供後病故，婁県人），銭大（取供後病故，婁県人），陳秀（在婁県地方身死），戚三（在家病故），小銭大（並未獲），陸二（並未獲），銭四（並未獲，住在唯亭沙河南），沈大（並未獲）
責任者処罰	「那保長送小的們到城裏来」 「抛蔡寿・陸子昌同供，小的是中念六都十三図的保長。初四日有三隻強盗船，約有十八九箇人，追這差人的船。那差人到村裏来躲，那強盗也追来的，小的与衆居民，因郷人没有器械，故此不敢上前救護。他們打劫戳久，小的們看見的等供在巻。随即伝喚仵作査験。抛仵沈元験得……」 「将疎防各官題参前来，応将兼轄遊撃馬伏臣照例罰俸六箇月限，一年緝賊。専汛把総董運合已経参革離任，応毋庸議……」 「於康熙六十年六月十七日，抛禁卒張文呈報，盗犯顧天在監患病，前経稟蒙撥医，調治不痊。今於六月十七日寅時病故，理合報明，伏乞験埋等情到県。随即帯領仵作，親詣監内，験明該犯，実係病死，将屍棺殮，取具図結，報明本府，転報在案」 「於康熙六十一年五月初十日，抛禁卒呉全呈報，銭大在監患病，当経報蒙撥医，調治不痊。今於五月初十日申時病故，理合報明等情到県。抛此，当即帯領仵作，親詣監内，験明該犯，実係病故，将屍棺殮擡埋，併取図結，報明本府転報」 「将疎防長洲県知県鮑学沛等指参前来，除蘇州府知府梁穆已経病故毋庸議，未獲賊犯，交与接任官，照案緝拏外，応将長洲県知県鮑学沛・典史沈沢・署陳墓司巡検事本県主簿常文譲，均照例住俸，限一年緝拏」

E．雍正・内閣漢文題本／胶片 47／「為差船被盗事」／雍正三年七月十六日／江寧巡撫張楷／1937–1970

事件発生日	雍正元年（1723）十月二十九日夜二更
被害者	藩司差承聶士林・船戸繆慶
犯行経緯	揺船（周君瑞），自呉江蘆墟鎮至蘇州閶門（十月二十六〜二十七日），至太倉州西浮橋南馬頭地方（十月二十九日行劫），回到呉江県蘆墟北柵（十一月二日）
犯罪者	金二（35 歳，擬斬立決）：「紫紬棉襖一件，羊皮緞短馬褂一件」 陸五（在監病故，呉江県蘆墟人）：「白綿紬衫一件，銀一両二銭」 倪正立（在監病故，江寧県尹村人，向在呉江踹布）：「無色杭紬綾裏夾外套一件，棕色緞馬衣一件，銀一両二銭五分」 周君瑞：（在監病故，呉江県蘆墟南柵人）：「止得工銭」 胡太生（首盗，未獲）：「分得而散」 朱得十（未獲）　　〃

（つづく）

	魯君先（未獲）　〃 陳子傑（未獲）　〃 陳子林（未獲）　〃
責任者処罰	「疎防各官題参前来，応将専汛把総陸振奇，照例住俸，限一年緝賊」 「兼轄陞任遊撃鄧良臣・已補放金山営参将，応照離任官例，於新任内罰俸一年」 「将疎防太倉州知州張思閎等指参前来，応将太倉州知州張思閎・署州同事呉江県簡村司巡検王守礼，均照例住俸，限一年緝拏」

F. 雍正・内閣漢文題本／胶片 47／「為失窃叩追事」／雍正五年五月十七日／尚書塞爾図／2272-2291

事件発生日	雍正四年（1726）五月六日黄昏
被害者	杭所商人汪旦興（原籍徽州）・夥計方徳閏
犯行経緯	「商人汪旦興・夥計方徳閏自震沢〔鎮〕雇〔米〕船回寧，……船至長安鎮泥壩，徳閏雇夫起米過壩，阿福不合，乗人在船頭発米，即赴船艄，将被包暗行窃取。内有課銀一百五十両銀・信三封并衣被紬布等物，携至先到官已経出首之沈二家内」
犯罪者	沈阿福（30 歳，杭州府海寧県人，素係匪類）:「嗣於五月間，本撫院李衛査勘太湖，訪拿匪類。拠秀水県奉飭督捕，於本月十五日，将沈阿福解院」「査該犯又因姦漁婦章蔣氏致死案，擬援赦，応於本案帰結」 沈二（住居離壩上一里路）

G. 雍正・内閣漢文題本／胶片 48／「為元邑郷村行舟被劫等事」／雍正十一年五月二十五日／江寧巡撫喬世臣／270-276

事件発生日	雍正十年（1732）十一月十二日
被害者	嘉善県人沈晋公
犯行経緯	「雍正十年十一月十五日，拠嘉善県民沈晋公具為郷村行舟被刦事内称，窃身係嘉善県人，同姪沈大販載棉花，於本月初七日，至台治章練鎮，投行市，売得価，在鎮糴米。至十二日，開船回家，辰刻至〔元和県〕明因寺西南匯地方，斯時大霧初開，有一船猛傍身船，頭艄四人，各執器械，将身乱撃，拉身船至岸。身畏鋒，上岸逃命。盗将身船併在船什物揺去，奈在曠野喊救無人，当即報明彼処営汛，合行報明，伏乞緝盗追贓等情，併開失単到県。拠此随即会同営員，勘明被盗処所，所訊取事主各供附巻，一面勒緝贓盗務獲外，合先通報等情，通詳各上司」
犯罪者	潘武千（在監），夏大（在監），張祥（在監），金狗（金二，在監），周二（病故）
責任者処罰	「所有疎防文職，係元和県知県李世金・巡捕典史路雲登・陳墓司巡検周英・蘇州府総捕同知李正邦・同城蘇州府知府于本宏・兼轄蘇松巡道副使王澄慧等相応列参」

H. 雍正・内閣漢文題本／胶片 49／「為婁邑郷村被盗特参疎防武職事」／雍正年間／兵部尚書趙弘恩／1583-1586

事件発生日	雍正十三年（1735）閏四月十一日夜三更
被害者	婁県人李光序
犯行経緯	「雍正十三年閏四月十四日，准提標右営分防泗涇汛李〔天栄〕把総移為黒夜殺劫事内開，拠事主李光序報称，窃序住居三十七保三十一図，於今閏四月十一日夜三更時分，被賊打大門而入，明火執杖，刀槍雪白，面上搶黒，共有数人，将序打傷撲地，将刀架頸，不容叫喊。又打入房中，罄捲一光，開単呈電，事干大盗，理合報明等情。并開失単到営，拠此，除飭汛兵躧緝贓盗，務獲移究外，擬合移会，希即会勘通詳等因到県，准此当即会同営汛，前詣被盗地方勘明」「茲拠該府開報疎防職名前来，除批飭勒緝贓盗，務獲究報外，所有疎防武職，相応詳請檄営査参，失事地方離遠西口汛約六里，盗夥確数，有無窩家，応俟獲盗審供為定。此案疎防，例限以閏四月十一日夜被盗之日起，応於八月十一日満」
犯罪者	不明
責任者処罰	「所有疎防武職，専汛松江提標右営把総李天栄・協防外委把総鄭玉・兼轄前署該営遊撃事楊含営都司穆秉常相応指參。至被盗処所，離汛六里」

I. 雍正・内閣漢文題本／胶片 48／「為宜邑郷村停舟被盗等事」／雍正 13 年 9 月 3 日／江寧巡撫高其倬／3132-3137

事件発生日	雍正十三年（1735）四月二十八日夜
被害者	武進県人鈕雲襄・潘永太
犯行経緯	「二十八日夜，路経宜邑鍾離寺前小木橋外住歇，不料三更時分，有盗十餘人，揺船一隻，抽身之船。身即叫喊，無人答応。至河浜外，将身等打捉，綑縛受傷。船内銀銭豆衣帽等物搶擄」
犯罪者	不明
責任者処罰	「被盗地方相離関廟口墩汎二十里，並無巡検管轄」

徐子孝の船隻、事例Dでは「解犯（犯罪者の護送）」中に客船と誤認された松江府差役の平升・馮《ふう》升の差船がそれにあたる。

さらに事例Fを見ると「商人の汪旦興、夥計《てんいん》の方徳閏が震沢〔鎮〕から〔米〕船を「雇」って〔海〕寧〔州〕に回《かえ》ろうとし、……船隻が〔海寧州〕長安鎮の泥壩に至って、徳閏が人夫を雇い米を陸揚げし壩《は》（堰《えん》ともいい、河道の水位に上下があるところに設けて、船を引きあげるか滑り下ろすのに用いた）を越えようとしたとき、〔犯人の沈〕阿福はあろうことか、人々が船頭（船首）で米を下ろしているのに乗じ、ただちに船艄（船尾）に赴いて梱包された物を暗《ひそ》かに窃取した。なかには課銀（税）一百五十両、手紙三封ならびに衣被（衣服）・紬布などの物があり、〔沈阿福はこれらを〕すでに官に出頭した沈二の家に持っていった」とあり、徽州商人[39]の汪旦興が銀両・貨物・手紙などの窃盗に遭った。また事例Gでは「わたくし（沈晋公）は嘉善県人で、姪《おい》の沈大とともに棉花を運搬・売却に行き、本月（十一月）初七日、[40]台治の章練〔塘〕鎮に至って〔棉花〕行に持ち込み、売却して得た銭文で〔章練塘〕鎮で糴《てき》米《まい》しました。十二日に開船して家に回ろうとし、辰刻（午前八時頃）に〔元和県〕明因寺西南匯地方に至ると、このとき濃霧がはじめて開け、不意に一隻の船がわたくしの船に横づけし、船首と船尾に立つ四人はそれぞれ器械《ぶき》を持っていました」とあり、元和県章練塘鎮に棉花を持ち込み、その売価で糴米した沈晋公が潘武千・夏大らに襲撃され、船と貨物を強奪されている。

周知のごとく、江南デルタでは人や貨物の移動に水上交通が重要な役割を果たしていたが、一方でその裏返しとして水路はしばしば強盗・窃盗事件の現場となり、そこを貨物を携えて往来する商人、公務で移動する者などが主要な襲撃対象となった。密度の高い水路網の形成、商業活動の活発化が犯罪発生頻度の上昇に貢献したと考えられよう。

事件の季節分布・時間分布に関する検討は前節と同様、ほとんどあきらめざるを得ない。季節的には農暦十〜十二月がやや多く、時間的には夜間が圧倒する傾向を確認できる。

事件発生の通報と通報先

では都市や市鎮から遠く離れた農村で強盗事件に遭遇したとき、被害者はいかに処理したのであろうか。いくつかの個別具体的な事例を見てみよう。事例Gでは「〔被害者の〕嘉善県民沈晋公が提出した「具為郷村行舟被劫事」には「……〔犯人潘武千・夏大らは〕わたくしを殴りつけ、船を岸に着けました。わたくしは武器を畏れて岸に上がり命からがら逃げました。盗賊はわたくしの船と貨物を持ち去りましたが、仕方ありません、荒野ですから叫んでもだれも助けてくれないので、ただちに該地の営の汛（小汛）に報告し、〔失物についても〕報告しましたので、盗賊を追跡して失物を取り返してくれるよう願います」と記され、失物リストとともに〔この具文が汛から〕県に送られてきました。そこで〔県は蘇州営の〕営員と現場検証し、事主（被害者）から事情を聴取して供述書を作成し、犯人逮捕を厳命したほか、上司に報告しました」とある。この記載から簡単ではあるが、強盗事件を処理する過程が窺えよう。章練塘鎮から離れ、人気のない場所で盗賊に襲撃された被害者は、もしすぐに駆け込める汛がない場合、強盗事件の経緯を説明した文書および失物リストを作成したうえで、現場に近い「営汛」――「営と汛」でなく「営管下の汛」の意であろう――に訴え出る。これを受けた汛は県へ――直接に県へ通報するのでなく営を経由した可能性が高い――通報する。最終的に知県が佐雑に命じて――かような事件は知県ではなく、巡捕典史[41]が捕役を率いて任務にあたったと考えられる――営員とともに現場検証、事情聴取を行わせた。また事例Hでも提標右営（松江府）管下の分防泗涇汛[42]把総李天栄が、被害者李光序の通報を受け、汛兵に盗賊の追捕を命ずるとともに、県とも連絡を取って現場検証などを実施している。

同様の事態は事例Cにも見え、事件処理の手順がより明確に確認できる。木瀆《もくとく》汛[43]把総周大仁の呈文に「わたくしは汛兵に厳命して県の有司（具体的には佐雑であろう）や捕役と協力して盗賊を追捕させる」とあるほか、「〔わたくし朱廷模が〕張姆港《ちょうぼこう》地方に至ると、すれ違った船の盗賊に襲撃され、小的《わたくし》は怖くて叫べませんでした。これは事実です。〔しかし乗船していた〕客人は「小的が叫ばなかった」と道《い》って、小的を〔縛り上げて蘇州〕営管下の汛（小汛）に引き渡したのです」「その事主（被害者）は汛に稟文を送り、〔汛は〕営に報告し、〔営は〕県に移文を提出した」などの文言も見える。これらの記載から、第一に、強盗事件の通報後、木瀆鎮大汛の指揮官＝把総が汛兵を率いて、県側の捕役と協力して犯人逮捕にあたっていること、第二に、被害者が被疑者を捕まえた場合、まず該地の汛に引き渡していること、第三に、事件の通報は被害者→汛（小汛→大汛）→営→県と伝えられていることなどが判明しよう。

このように雍正年間、緑営の汛防制度はすでに警察機構として地域社会に定着していた。それは強盗事件発生の際、被害者が駆け込んだり、捕縛した被疑者を連行したりしたことに明示される。また史料中にしばしば登場する県側の捕役など、異なる系統の警察機構が存在したことも事実であり、これらとの協力関係や権限の相違を考える必要があろう。

事件の舞台に登場する人々

諸事例のなかには地域社会における治安を検討するうえで無視できない人々も舞台に登場する。断片的な記述に止まるが、生き生きとした姿を見せるから一考に値しよう。事例Dでは保長が見える。松江府差役の平升・馮升が審理に備えるため、徐恵生・林君玉・厳明益の三名を省城（江寧）まで護送し、青浦県澄河地方にまで来たところ、王五・顧八・張八らの強盗船（尖頭船）に客船と誤認・襲撃され、最寄りの一村落へと逃げ込んだ。その後の事情聴取の過程で、差役平升・馮升は「保長が小的們《わたくしたち》を城内まで送ってくれたのです」と、事後の保長による保護を語っている。また保長の蔡寿・陸子昌二名は次のように供述した。「小的《わたくし》は中念六都十三図の保長でございます。初四日、三隻の強盗船に約十八、九人が乗り込み、この差役たちの船を追跡していました。差役たちは村内にまで逃げ込んで隠れましたが、強盗たちも追ってきました。小的と多くの村民には器械《ぶき》がありません、ゆえに救護できませんでした。彼らは物を略奪し人を刺しました。小的們が見たのは以上のとおりで口供書に記されています」と。この後には仵作《ごさく》（州県の検屍役）の沈元も登場し、徐恵生・林君玉や船戸沈秀などの傷の確認を行っている。

連帯責任を伴う保甲制については制度史的な観点からの研究が多数蓄積されており[44]、贅言の必要はあるまい。保甲制が広く実施されたことは周知の事だが、十年一度の編成のため実際の運用や継続性は疑問視されている。ここには蔡寿・陸子昌という中念六都十三図所在の村落の二名の保長が登場する。該図にいくつの保があったかは判明しないが、当該地域では保甲制が厳然として実施され、治安面では一定程度の役割が期待されていたのであろう。しかし一方で、暴力を伴う強盗事件に対して、保甲制がほとんど無力であったことも事実である。かかる点からすれば、保甲制の役割は村落内における賭博など悪習に対する監視や窃盗事件など限定的なものであり、特に事件における暴力性の有無は保長の責任に大きな影響を与えたに相違ない。

強盗事件の場には仵作も登場する[45]。仵作は殺人・傷害事件などで屍体や受傷の検分を担当した。

一方、事例Cには地方《ぢかた》（現総）と圩甲が登場する。「［長洲県が］事主・船戸を伴って現場検証したところ、現場の地名は張姆港といい、本県の南三十一都二十三図地方で、荒野が広がり、両岸には居民もない。検証が終わると、「地方」の姜顧朋に、方聖一らが船であなたの地域を航行していて盗賊の被害に遭ったのに、あなたはなぜ救援もせず、報告もしなかったかと問いただした。姜は「小的《わたくし》は南三十一都二十三図の「見総（現総）」を輪番で務めており、城内に居住しています。方聖一らの強盗事件については小的に報告がなかったので知りませんし、自分自身も報告しませんでした。荒野のため居民はみな内地（腹裏）に住んでいて、近隣などもなかったからです」と供述した」。ここで興味深いのは、第一に、地方が見総とも呼ばれていること、第二に、見総が輪番であたる郷村役と考えられること、第三に、その任務内容には農村の治安に関する報告が含まれていたことなどであろう。特に第三の点は、蘇州近郊農村に見総なる郷村役があって、治安に関する事柄の報告を義務づけられ、保長と同様、地方末端の村落レヴェルにおける治安の一端を担っていたことを窺わせる。

この見総（現総）については、山本英史がすでに『洞庭山禁革現総案』（復旦大学図書館蔵）を用いて検討し、洞庭山地方の見総を事例に以下のように整理している。ⓐ見総の職責は、前身の経催が銭糧の催辦に限定されたのに対し、警察や臨時雑役割当の業務をも含み、往事の里甲正役のそれに近いものであった、ⓑ存在自体は里甲制的傜役の名目に出来するが、当時の制度にあっては非合法であり、地方官府から一切の権限が委ねられていなかった。ⓒしかし西洞庭山（西山）では実態として存在し、年番の形式さえも維持されていた[46]。また雍正二年（一七二四）の西山の碑文に見える「ただ洞庭西山だけは湖畔の辺鄙な所にあり、旧習がまだ残っているのであろう」との文言を紹介した[47]。事例Cはかかる山本の所論を補強するのみならず、禁革されたはずの見総が康熙五十七年（一七一八）の段階において同じ蘇州府の長洲県でも確認されたことを意味しよう。

最後に圩甲[48]の事例を見ておく。「その後、准《う》けたる呉江県の関文によれば、差役趙勝の稟文には、該地の圩甲に命じて、船戸を遍く査べさせましたが、王大については全く手がかりがありませんでした」と見える。犯行に使用された船隻の所有者として浮上した王大なる個人を特定するのに、呉江県→差役→圩甲の流れで捜査が命じられた。差役は犯人や関係者の身柄確保に向かうが、船戸をはじめ現地の状況に必ずしも通じていない。圩甲は徴税などの任務に従事するなかで、だれがいかなる生業に就いているかなど、その地域あるいは職務ならではの情報に通じており、地方官府も彼らに頼らざるを得なかったと推測される。

収監後の犯罪者と事件の責任者

情報不足から、残念ながら犯罪者の属性の検討はあきらめざるを得ないが、ここで注目したいのは収監後の犯罪者に病死者があまりに多い点である。檔案中ではすでに身柄を確保した者を「在監」「在官」「現獲」、逃亡中の者を「在逃」「未獲」などと記すのが一般的である。九つの事件では両者をあわせて五十六名の犯罪者が手配・逮捕されているが、うち十三名もが「在監病故（監獄内で病死）」あるいは「取供後病故（供述を取った後に病死）」しており、実に二〇％以上（十五名の「在逃」「未獲」を除けば三二％）にも達している。三ないし四名に一名が病死するのは常識的に考えて尋常でないであろう。かかる事態が何に起因するかは第六章において分析することにしたい。

つづいて事件の責任者について見てみよう。まず個々の案件中で責任を問われている者――監督責任を除く――は、事実上その現場を管轄区域としていたと判断してよい。たとえば、事例Eでは遊撃・参将を一年の罰俸（減俸）とするほか、専汎把総陸振奇について、例に照らして俸禄を停止、一年をかぎって緝賊（犯人逮捕）させるべきとする。一方、太倉州知州張思閎《こう》、署〔太倉〕州同事・呉江県簡村司巡検王守礼についても、例に照らして俸禄を停止、一年をかぎって緝拏させるべきとしている。すなわち雍正元年十月二十九日夜に太倉州西浮橋南馬頭地方で藩司（布政使）差承の聶《じょう》士《し》林《りん》・船戸繆《みょう》慶《けい》らの船隻が襲撃された事件では、遊撃・参将、知州が監督責任を問われたほかに、武官側の直接責任者として専汎把総陸振奇、文官側のそれとして署〔太倉〕州同事・呉江県簡村司巡検王守礼が責任を問われ、一年という時間をかぎって犯人の追捕が命じられているわけである。農村で発生した当該事件の現場は専汎把総と巡検が管轄区域とし、かつそれぞれが相互に重なり合っていたと考えてよかろう。[49]

さらに事例Hでは「事件現場は〔泗涇鎮〕西口汛を離れること約六里（三・五キロメートル）、盗賊の人数、窩家《かか》（盗賊を匿う家）の有無については、盗賊の逮捕および供述・審理を俟って確定すべきである。この事件の犯人逮捕の期限は事件発生日である閏四月十一日夜から八月十一日までとする」と、泗涇鎮西口汛の責任を問い、期限内（四ヶ月以内）に犯人を逮捕するよう明記している。ここには文官側の責任を問う記載が見られないが、それは事例Iに「被害現場は関廟口墩汛から二十里（一一・五キロメートル）離れ、巡検の管轄区域はない」とあるように、文官側の管轄区域外だったかもしれない[50]。

以上、強盗事件・窃盗事件の九つの事例を検討し、十八世紀＝清中期の江南デルタ農村の犯罪と警察機構のあり方について明らかにしてきた。当時、江南デルタでは商業活動の活発化と水路網の発達のなかで、人や物の移動が激化したが、その裏返しとして航船・船戸などをねらった強盗・窃盗事件が多発した。それらは都市・市鎮本体よりも、むしろ都市と市鎮あるいは農村を結ぶ水路を舞台とすることが多かった。盗賊側からすれば、管理が行き届き難いうえ、人や物が激しく行き交い、かつ容易に逃走し得る水路の選択は当然であった。

事件が一旦発生すると、様々な人物が舞台に上がることになる。被害者は幸運にも被疑者を捕獲できれば最寄りの警察機構たる汛に連行して引き渡すが、暴力を有する盗賊が相手ではほとんど不可能事であったから、被害届を提出し、犯人逮捕を依頼するよりほかなかった。被害届を受理した大汛の指揮官（千総・把総）はただちに営のみならず、州県側にも通報し、共同で現場検証・事情聴取を実施した。その際、捜査に協力したり責任を追及されたりするなど、農村の治安に少なからず関わった者には保長・見総（現総）・圩甲などがあり、傷害などがあれば仵作も動員された。そして次第に犯人像が絞り込まれていき、最終的には被害現場を管轄区域としていた汛兵（文官側の管轄区域もあれば文官側の捕役を含む）が期限内に犯人を捕縛するよう命ぜられたのであった。

ここに水路沿いに農村部にまで設置された、警察の駐在所・派出所たる汛に一定程度の有効性を看取することも十分に可能であろう。そこで次節では、個々の汛および汛防制度の整備とその目的について検討を進めることにしたい。

五　江南デルタにおける汛防制度の展開

汛の兵数・施設・装備

江南デルタの地方志の兵防の項目を見ると、十八世紀の清中期以降、汛防制度が本格的に農村部に展開されていくのがわかる。ここでは乾隆年間以降の地方志に依拠しながら、各汛（以下、特に断らないかぎり小汛をさす）の兵数・施設・装備について整理しておこう。

①汛兵の数：各汛約一～十名で、一般的には六～八名の事例が卓越する。たとえば乾隆年間の松江府には、江南提督管下の中・左・右・前・後の五営（提標）のほか、城守・金山・柘林・青村・南匯・川沙の各営を加えた十一営があり、各営管下の汛二百七十ヶ所に一千八百三十七名を分遣していた。これは毎汛六・八名の計算となり、汛が駐在所・派出所レベルの組織であったことを示していよう。なお当該地域の緑営兵のうち、汛に分遣された兵士の割合は、青村営の五一・八%、城守営の五一・三%を最多として、各営平均三〇・〇%にも達するから、約三分の一弱の兵士が営を離れて、各汛で勤務していたことになる。

②施設：主にⓐ官衙（千総・把総・外委の衙門）、ⓑ営房（汛房、兵士の詰め所・宿舎）、ⓒ木楼《ものみやぐら》（墩台・瞭高楼・望楼・瞭望台）、ⓓ煙墩《のろしだい》（烟竈、烟台）、ⓔ牌坊（木坊・記里木坊）、ⓕ旗杆（緑営兵の緑旗を掲げる）、ⓖ水柵などを確認できる（図3-3）。これら諸施設のうち、ⓐ官衙とⓑ営房は大汛の指揮官たる千総・把総・外委の有無や兵士の

図 3-3　江南デルタの汛の様子（清・徐揚『姑蘇繁華図』）

清代の蘇州を描いた『姑蘇繁華図』には，あわせて 10 個以上にものぼる汛を確認できる。汛の敷地内には汛兵らしき人物の姿も見える。この汛は蘇州城の南にある行春橋の傍らにあることから，乾隆『蘇州府志』巻一八，軍制記載の行春橋汛と推定される（ⓑ～ⓕは本文「②施設」の記号に対応する）。

多寡により設置数が異なっている。ⓒ木楼は約六～七メートル[51]の物見櫓で[52]、汛ごとに一座を設けた。ⓓ煙墩は各汛三座ないし五座ある場合が多い。三座ないし五座という数字の意味については判然としないが、有事に狼煙をあげ、他の汛と連絡するのに使用されたと考えられよう。ⓔ牌坊は汛ごとに一座を設けた。記里木坊とも称するように、汛の名称や県城からの距離（里数）を記したものであった[53]。以上、ⓐ～ⓕは多くの汛に確認できるから、汛の基本的な施設であったと断定できる。ⓖ水柵については、すでに川勝守の研究があり、主に市鎮の防衛機能および明代の巡検司による管理の側面から論じている。水柵は市鎮に通ずる水路中の要所に木柵を設けたもので、水路網の警備という水柵それ自体の性格から、太湖東南・南部の低湿地帯（低郷）のみに存在し、東部微高地（高郷）では確認されないという[54]。このほか、清代に至ると、汛防制度と水柵との連関も水郷地帯における最も効果的な水賊・湖賊対策として明確に認識されるようになる。たとえば、乾隆二十三年（一七五八）七月、江蘇巡撫陳弘謀が檄文のなかに引用する、蘇州元和県郷民唐寅周らの呈文によれば、同県官浦地方が太湖に接近し、かつ呉淞江・九里河・赭墩《しゃとん》河・鑊底《かくてい》潭が賊匪の巣窟となり、窃匪が横行して、民は枕を高くして眠れないとして、汛の設置と水柵の建設とをあわせて建言し、これが認可されている。(55)

③装備：主なものにⓐ巡船、ⓑ「弭盗安民」の巡旗、ⓒ木梆《ひょうしぎ》・銅鑼・海螺《ほらがい》、ⓓ明瓦灯、ⓔ大刀・鉤鎗・馬叉・巴棍（すべて武器の名称）、ⓕ木牌《たて》、ⓖ巡箒《ゆみ》、ⓗ木架《かせ》などがある。このうちⓐ巡船は低郷の汛を中心に江南デルタに最も普遍的に見られ、かつ最も重要な装備の一つであった。この巡船の大きさについて確認しておくと、雍正六年（一七二八）八月二十日、浙江省湖州知府唐紹祖は、近年、福建総督高其倬の建議により巡船（原文は哨船）の様式が大型化されたが、これは海防を主とする福建の状況に鑑みたもので、二つの理由から湖州の実状に適さないことを指摘し、地理的環境を考慮に入れた、小回りの利く小型の巡船の建造・配備を提案している。第一に、大型の巡船は運用に多くの人員を要し、汛兵の少ない汛には配備できず、汛の存在が無意味となる。第二に、湖州の窄狭で錯綜した水路では、大型船は小型で敏捷な賊船を追跡できず、賊匪をみすみす逃すこととなる。ゆえに大型船は指揮官の巡視用に少数の建造に止めるべきである。さらに小型船の一部はすでに臨時に調達した財源で配備されていることを述べ、今後は正規の財源で建造し、すべての汛に順次配備すべきことを提案、雍正八年（一七三〇）に施行された。(56)実際にこの頃、最も海抜の低い江蘇省松江府青浦、蘇州府呉江・震沢の各県ですべての汛に巡船一隻の配備を確認できる。(57)これは第三節の②—㋐「地理的環境の特殊性」に対応したものであり、江南デルタ水郷地帯の特色に配慮した、雍正年間における汛防制度整備の一環として位置づけることができよう。

以上、絵画資料をも用いつつ、汛の兵数・施設・装備について概観してきた。ここで確認された緑営の汛はもはや軍隊というより、むしろ警察の派出所ないし駐在所に近いものであったといっても過言ではあるまい。

汛設置の目的と空間的配置——江南デルタと他省との比較

つづいて、江南デルタにおける汛設置の目的と空間的配置の特色をより浮かび上がらせるために、他省の事例地域と比較検討することにしたい。そこでまず長江以北の各省（直隷・山西・山東・河南・安徽）の汛について分析を加え、その後、江南デルタの場合を検討することにしよう。

〔直隷省〕　雍正七年（一七二九）正月、直隷総督楊鯤《ようこん》は省内の汛九百六十八ヶ所を、「衝衢《しょうく》」五百八十六ヶ所、「次衝」一百六十ヶ所、「偏僻」二百二十二ヶ所の三種類に分類し、以下のように述べている。(58) ①「衝衢」とは盛京・山東・山西・河南など他省に通ずる大道で、高官や客商（商賈《しょうこ》）の往来の頻度が高い。②「次衝」とは省内の各府・州・県を結ぶ要路で、府・州・県城と農村とのあいだを往来する在地商人（負販）も多い。衝衢・次衝の汛はともに重要である。ただし衝衢はさらに外観を重んずるので、次衝よりも汛房など汛の施設に一層の装飾を加えねばならない。③「偏僻」とは交通路より離れた僻地の聚落や山道で、汛兵は汛房がなく、民房に居住しているか、あるいは汛房があっても茅葺きの小屋数間にすぎない。

この楊鯤が指摘する状況は、汛の設置と交通路（直隷の場合は陸路）とのあいだの密接な関係を十分に物語っている。各地の主要都市間を結ぶ国内商業網に位置していれば衝衢、都市—農村間を結ぶ地場流通網に位置すれば次衝というように、商業路としてのレヴェルによって汛の配置と規模が決定されていた。衝衢の汛が五百八十六ヶ所と全体の約六〇・五％を占めているのは、国内商業網の極めて重要な結節点たる京師（北京）の存在に帰せられるのではあるまいか。このように汛の直接的な保護対象は、主に官命を受けて旅行する者、商品・貨物の運搬に従事する者であったことは間違いない。そして官員を除けば、民間人のうち最も重視されたのが、全国を活動の場とする客商であり、これにつぐ地場流通の担い手たる在地商人（負販）であった。

〔山西省〕　雍正十三年（一七三五）六月、山西巡撫覚羅石麟はこれまでの汛の設置状況とその問題点を指摘し、自らの改革案を提示した。簡潔に整理すれば次のようになる。[59] ①雍正二年（一七二四）、前巡撫諾岷《だくびん》は汛兵に家族を携えて汛に居住・勤務せしめる方法を採用し、汛に汛房を増設した。諾岷は汛の性格を派出所から駐在所へと転換させようとしたわけである。[60] 雍正四年（一七二六）には、前太原総兵官袁立相が太原鎮標の管区に汛一百二十四ヶ所を増設し、汛兵六百二十名を増遣（毎汛五名の計算となる）した。②ところが、無用の地にまで汛を拡大し、多数の汛兵をいたずらに派遣したため、城門の警備や差役・訓練に支障を来すようになった。[61] ③汛の設置基準である交通路についていえば、一州県内でもその重要性は同じでなく、たとえば客商（商賈）が往来する大道であれば、当然に汛を設けるべきである。だがもし附近の住民や「小販」「経紀」と呼ばれる在地商人が往来する程度の小道や、聚落が連なり人家が密集する所では必ずしも設ける必要はない。

雍正初、山西省の汛防制度は巡撫諾岷・総兵官袁立相の時代に改革が実施され、かなりの拡大・発展を遂げたが、数年後には早くも弊害が指摘され、再整理・再統合を必要とした。覚羅石麟の再改革案は設置基準の明確化と勤務体制の改善の二点を骨子とするもので、その基準は交通路（陸路）の繁簡に置かれており、まさに直隷の事例と符合することが確認できる。汛の設置当初の状況については判然としないが、山西省の汛も客商など商人層の移動、流通の保護を目的としていたことがわかる。

〔山東省・河南省〕　管見のかぎり、河南省における汛設置の目的を直接に論じた史料を見出せないが、河南布政使・河南巡撫や河東総督を歴任した、かの田文鏡が、山東巡察御史蔣洽秀《しょうこうしゅう》の雍正六年（一七二八）十二月八日の汛防改革案を逐条批判したなかで、河南省の汛のあり方にも言及している。蔣洽秀は、山東省登州・萊州・青州三府が南北とも海に囲まれ、府内を大道が通っているにもかかわらず、二十里（約一一・五キロメートル）ないし三十里（約一七・三キロメートル）ごとに一汛と配置が手薄であり、賊匪に対する防備が十分でないのを理由として、中・東の両大路[62]の例にならって十里（約五・八キロメートル）ごとに一汛とし、各汛に汛房十間を建設すべきであると提案した。[63]これに対し、河南省で汛防制度を成功させた経験[64]をもつ田文鏡は「もし〔蔣洽秀の提案のとおり〕すべての交通路（陸路）に十里ごとに一汛を設けたなら、汛房の建設費が莫大であるだけでなく、汛兵も増遣するに足らないであろう。たとえば河南省は中原に位置し、九つの省に通ずるが、駅伝路[65]のみ十里ごとに一汛を設けるにすぎない。その他の多くの小道には汛はなく、もし客商（商賈）が往来する道路や危険な場所があれば、汛一、二ヶ所を設けて汛兵二〜四名を派遣するのみで、何処にでも設ければよいというものではない。……〔蔣洽秀が設置を請願した〕道路に至っては、附近の住民や「小販」「営生」と呼ばれる在地商人が往来するのみで、中・東両大路のごとく規模の大きな客商（巨商・富賈）や官の公務の旅行が絶えないのとは比べものにならないのである[66]」と論駁する。

田文鏡も⒜官が公務で旅行したり、規模の大きな客商（巨商・富賈）が往来する大路、⒝住民や在地商人が商売・往来する道路、⒞その他の小道と、公務・商業との関わりの程度から交通路（陸路）を三段階に分類し、各段階に応じて汛を設置すべきとし、蔣洽秀の提案を現実を無視した机上の空論として切り捨てている。

〔安徽省北部〕　これまでの検討から浮かび上がってきた汛と駅伝路・商業路との相関関係について、安徽省では試みにこれを地図上にプロットして確認してみよう。[67]じつは、かかる点については、清代に作成され汛の設置を図示した興味深い資料が存在する。それは『安徽省営制図』（図3-4）と呼ばれるもので、京都大学附属図書館に所蔵されている。図の右上は扉を開けた最初の頁で、非常に多くの汛を見てとれる。左上は「督標安慶営」管下、右下は「寿春鎮標泗州営」管下の諸汛で、前者は長江沿いに、後者は幹線陸路沿いへの多数の汛の配置が一瞥すれば判明する。そして部分図のように各汛には朱色で営房のほか、木楼・煙墩・旗杆などが描き込まれている。大雑把ではあるが、これら諸汛が水陸の幹線交通路と密接に関係していたことは容易に推測できよう。

つづいて、筆者が作成した図3-5を用いて分析してみたい。これは廬州府下の五つの州・県（合肥・舒城・廬

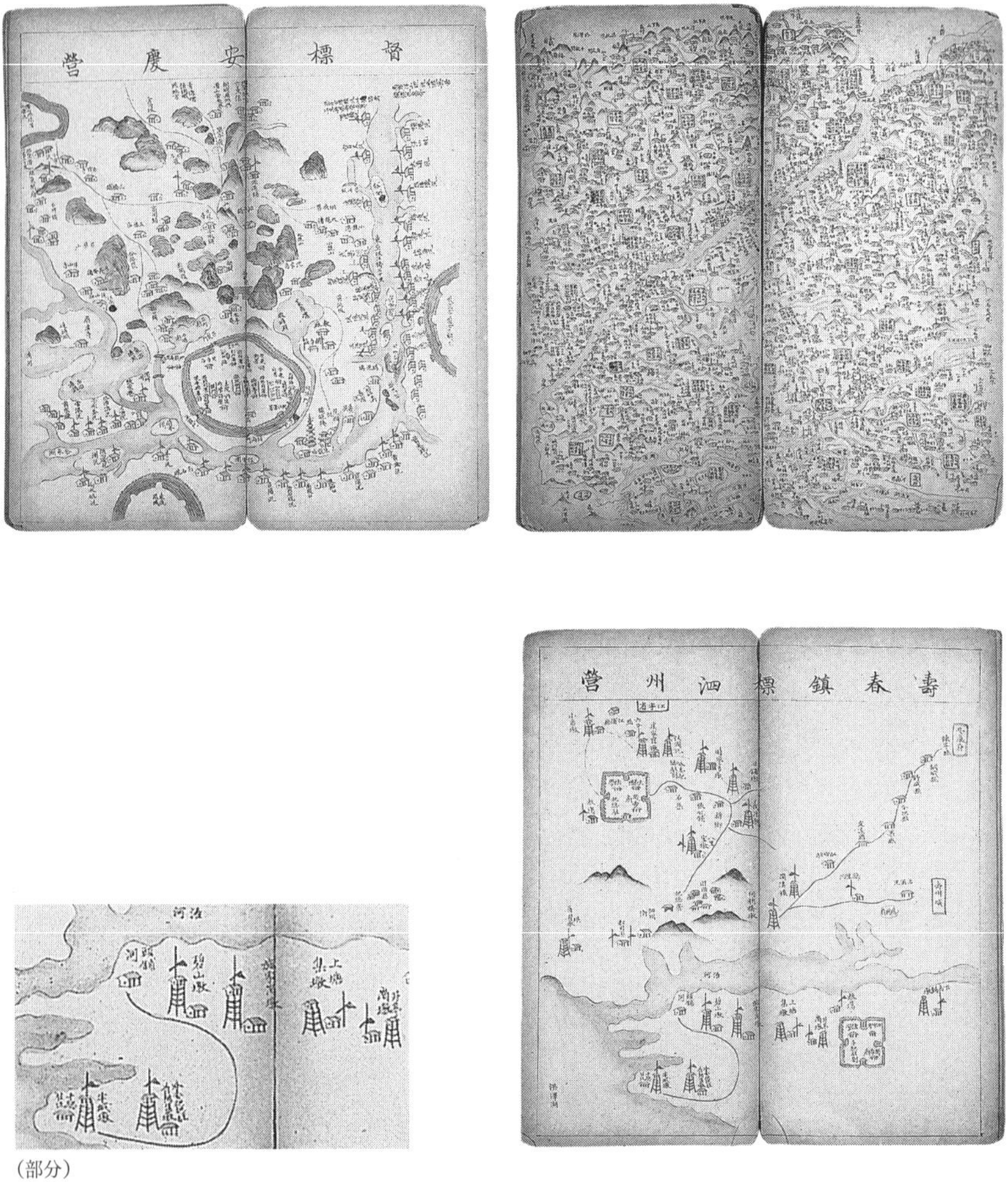

（部分）

図 3-4　安徽省における汛の設置（『安徽省営制図』）

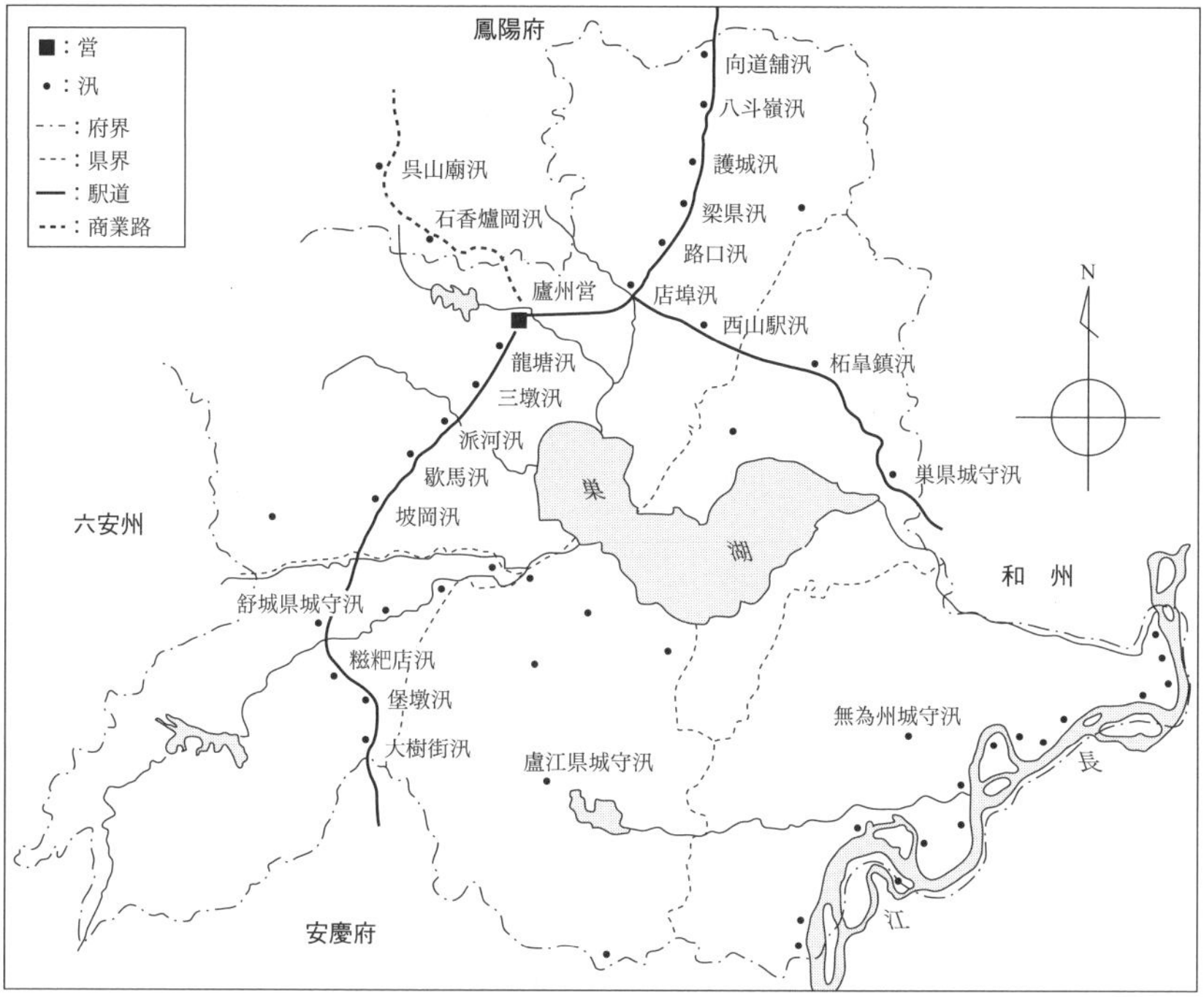

図 3-5　安徽省廬州府の汛と駅伝路・商業路

典拠）光緒『続修廬州府志』巻二〇，軍制志を基礎とし，各州県志を参照して作成。

江・巣・無為）の汛と駅伝路・商業路との関係を図示したものであり、ここから以下の知見が得られる。ⓐ駅伝路は廬州府の北に接する鳳陽府定遠県から府内に入り、府城から舒城県城へと向かい、安慶府桐城県へと南下する[68]。この幹線路とは別に府城—西山駅—巣県城から太平府当塗県・江蘇省南京へと抜けるローカル路も存在する。これら二本の駅伝路による公務の移動は、前者が向道舗汛—梁県汛—店埠汛—廬州営（府城）—派河汛—舒城県城守汛—大樹街汛、後者が廬州営（府城）—店埠汛—西山駅汛—柘皐《しゃこう》鎮汛—巣県城守汛と一定の間隔を保ちつつ配置された汛によって、制度上安全対策が図られていたといえよう。ⓑ各種路程書・商業書[69]を比較対照して商業路を復原すると、上記の駅伝幹線路・ローカル路に加えて、さらに河南省城（開封）—安徽省正陽—同省廬州府城とたどる陸路が存在した。この商業路では廬州営（府城）—石香爐岡汛—呉山廟汛というように汛が沿路の警備にあたっており、商業路への汛の配置の一端を窺い得る。ⓒ廬州府では駅伝路と商業路が概ね一致することから、府内の汛は駅伝路に集中する傾向が見られる。以上、実際の配置を地図上にプロットすることで、汛は駅伝路・商業路に配置され、人の移動、物資の流通を保護したことが判明した。

〔江南デルタ〕　現在のところ、江南デルタの汛の設置に関する史料は見出し得ていないため、安徽省北部の事例と同様、江蘇省松江府を事例として汛を地図上にプロットして考察を進めていくことにする。図3-6に松江府下の七県（華亭・婁・上海・金山・奉賢・南匯・青浦）・一庁（川沙）の汛と商業路を図示した。

まず指摘すべきは松江府には駅伝路が存在しないことである。江南デルタの駅伝路は、幹線路が江南運河に沿って鎮江—常州—無錫—蘇州—呉江—嘉興—杭州と南下するのみで、運河以東にはローカル路すら配されていない。鎮江—杭州間には五里（約二・九キロメートル）あるいは十里（約五・八キロメートル）ごとに汛が配置され、江南デルタでも駅伝路が重要な警備路線となっていたことがわかる。なお、蘇州府の呉興運河、爛渓、致和塘（蘇州—崑山間）といった重要な水路にも多数の汛が設置されていた。(70)

ついで商業路に目を転ずると、各種路程書・商業書から判明するだけでも、かなり高密度の商業網が形成されていた。代表的なものとしては、上海を起点に七宝鎮—泗涇《しけい》鎮—松江府—洙涇《しゅけい》鎮—楓涇《ふうけい》鎮と通過して杭州へと向かう幹線水路、松江府—金山衛城、松江府—閔行《びんこう》鎮—新場鎮—青村、松江府—周浦鎮などのローカル水路があげられる。これら商業路が汛によって保護されていたことは図3-6を見れば一目瞭然であろう。さらに一歩進めれば、たとえ路程書・商業書に記載されずとも、汛を配置した交通路は商業路であるとする推定も可能となる。たとえば、松江府から閔行汛—鄒家寺《すうかじ》汛—関上汛—朱家行汛—龍華汛と経過した後、上海県城を左手に見ながら、洋涇汛—東溝汛—対江墩汛をへて長江へと抜ける黄浦江、上海県城北の呉淞閘口《こうこう》汛—曹家渡口汛—新涇汛—野雞《やけい》墩汛—紀王廟汛

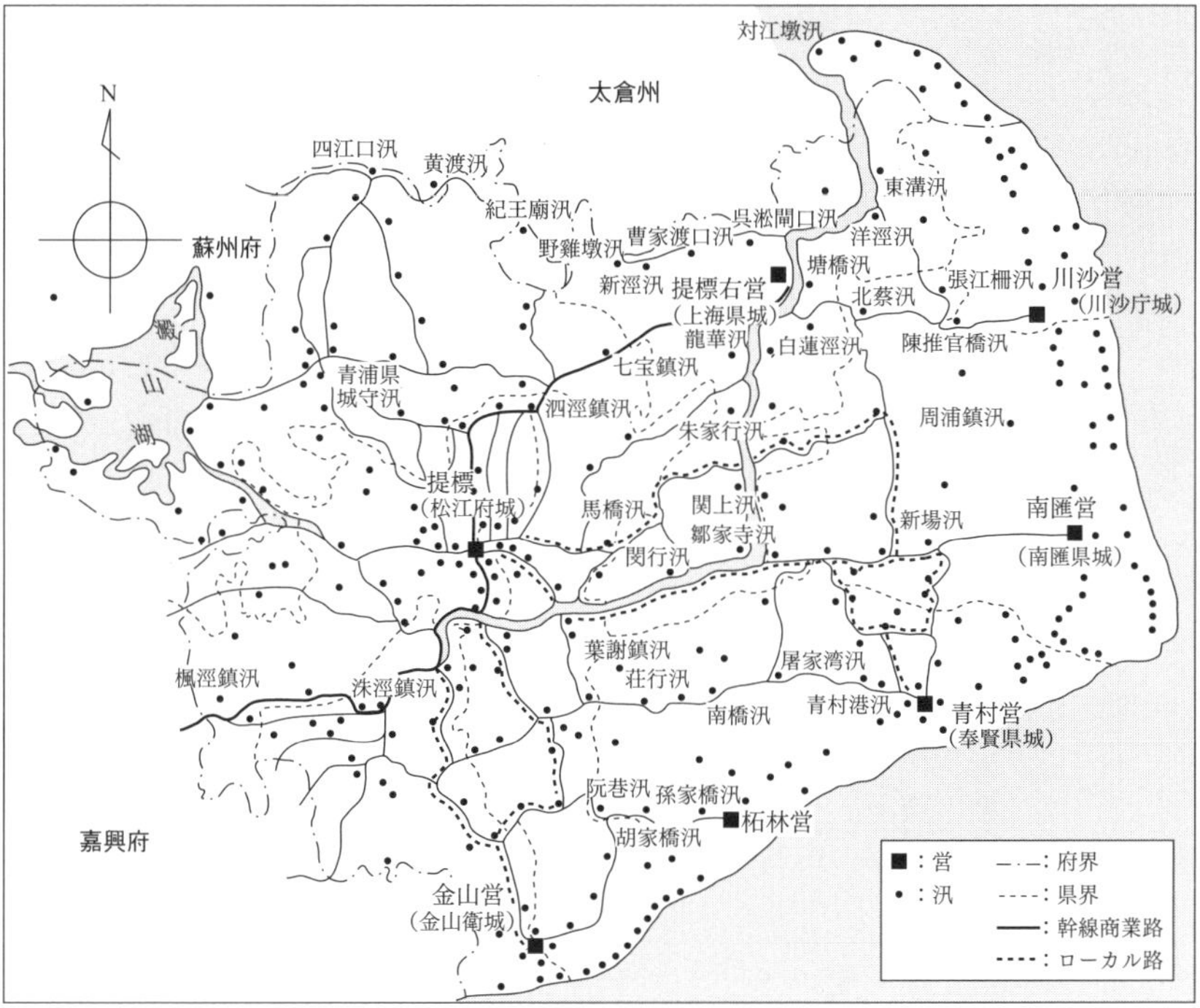

図 3-6　江蘇省松江府の汛と商業路

典拠）嘉慶『松江府志』巻三四，武備志を基礎とし，各庁県志を参照して作成。

―黄渡汛―四江口汛とつづく呉淞江をはじめとして、上海県城と川沙庁をつなぐ塘橋汛―白蓮涇汛―北蔡汛―陳推官橋汛間の水路や、川沙庁から陳推官橋汛―張江柵汛―洋涇汛と通過して長江へと出る水路などがあげられよう。これらはいずれも逆に汛の配置から重要な交通路であったことを推定できるのである。以上の水路では、夜間を中心として汛兵が巡邏や検問を実施し、船舶の安全な航行が図られていたことになる。

また、松江府では〝塩の道〟＝運塩河の警備も明瞭に看取される。青村港汛―屠家湾汛―南橋汛―荘行汛―葉謝鎮汛から黄浦江へと出る水路、柘林城汛―孫家橋汛―胡家橋汛―阮巷《げんこう》汛を結ぶ水路などがそれにあたる。これら諸汛の設置の目的が私塩（塩の密売）の取締りにあったことはいうまでもない[71]。

以上、長江以北諸省と江南デルタの汛について比較検討してきた。その結果を整理してみると、次のようにまとめることができよう。汛防制度はいずれの地域においても雍正年間までには本格的な整備に着手し、配置・勤務体制などにいくつかの改革を加えつつ、公務の旅行や客商・在地商人を中心とする人々の安全な移動、物資の円滑な流通の保護を主要な目的とする組織として確立されていった。ただし汛の設置数や配置状況まで視野に入れると、長江以北諸省と江南デルタとのあいだにかなりの差異があったことが明瞭になってくる。前者では駅伝路など比較的単純な路線（陸路）のみが保護の対象となったのに対し、後者では商業化の進展、つまり市鎮の簇生や高密度の商業流通網の形成が多数の汛の設置を必然ならしめ、結果的に密度の濃い警備路線網を生ぜしむることになった。換言すれば、江南デルタにおける汛防制度の高密度の展開が、当該地域の経済的発展に伴う人や物の空間移動の激化とそれに対応した犯罪発生件数の増加を明晰に物語っているのである。

六　汛防制度と江南デルタ市鎮住民

汛設置に至るまでの経緯——浙江省嘉興府石門県玉渓鎮を事例に

前節における検討によって、汛が近世国家たる清朝による直接的な商業・交通環境の安全確保を目的としたものであったことが判明した。かかる点を考慮に入れつつ、本節では、次なる課題として、個々の汛の設置に至るまでの具体的な経緯、それに附随する施設・装備の整備などを改めて俎上に載せ、あわせて経費の問題にまで論及してみたいと思う。

ここでは個別具体的な事例として、江南デルタ南部、浙江省嘉興府石門県の玉渓鎮汛を取り上げてみたい。この玉渓鎮汛は石門県城守汛把総の管下にあり、外委一員・汛兵六名が駐屯していた(72)。この汛については石門県知県の呂廷鑄《りょていちゅう》（在任期間：雍正四～七年（一七二六～二九））の「新建営房記」（以下、「営房記」と略す）が残されており、設置の経緯などに関して比較的詳細な状況を知り得る。やや長文であり、意味が十分に理解できない部分も若干あるが、必要な箇所を訳出してみよう（①～⑧は行論の便宜上、引用者が附した）。

①〔玉渓〕鎮は南北の交通の要衝に位置し、……江南運河は延長七百里にも及び、漕船（税糧を輸送する船隻）の往来や銀餉（税銀）の解送も頻繁である。しかし鎮の西側には、含山・白馬塘やその支流があり、東側は人気のない水面があって、人家が最も稀れなため、日中船舶・荷車が輻輳し、商人が雲集する際には、前任知県〔楊世照(73)〕のときの楊明州・畢超士《ひっちょうし》らのように、奸匪が潜伏し隙を窺って窃盗を行うのを免れない。余は着任以来、つねに該鎮に気を配ってきた。たまたま府城から帰る途上、鎮を巡覧したところ、南関外に商店街はなく、下塘の茅家涇・游屯涇は深く入り込み曲がりくねっているので、匪類の潜伏場所となっている。②そこで里中（本鎮）の士民と相談して、上塘（上流の意か）の楊家衖口《ようかこうこう》に汛を設置し、鎗炮《じゅう》を善くする汛兵五名に昼夜防守させ、事件が発生すれば、ただちに追跡・逮捕させることとした。③対岸の茅家涇口には木柵を設けて、汛兵ないし捕役に命じて開閉を司らしめ、④すべての規模の大きな客商（重商・大賈）の船舶を木柵内に停泊させ、〔匪類が様子を〕窺うのを防がしめた。⑤さらに游屯涇は営房からやや遠く離れているので、別に小艇一隻を建造し、営兵を派遣して早晩巡哨させるよう〔県城守汛把総〕に要請した。⑥余はさきに薄給を寄付し、士民らも「款助《かんじょ》（自発的な経費の寄付か）」を行ったが、不足分もあったので、若干の銀を工面してようやく告竣した。⑦営房の敷地一畝八厘については、もと范紹先の所有であったが薄姓に典売されていた北造字圩の桑

地を、余は代価を工面して買い戻してやり、その桑地の二割を営房の敷地とし、残りの八割は所有者の范紹先に返還した。その名義は十三都十二図三甲の范紹先のままとし、名義変更は行わない。「官」の名義に変更しなければ、狡猾な衙役も私欲を満たすようなことはできないであろう。また命じて書類を作成し、私占の弊害を永遠に防がねばならない。実際に取り戻した八割八分の桑地の収益で、敷地に収用した残りの二割の地税まで負担することについては、范姓の裕福な者が相談・承諾した。⑧また先頃、葉君藩の所有する桑地半畝が営房に近いので、これを買い取り、何人でも小作を認め、〔地代を徴収し、そこから〕地税を納めたほか、剰余は悉く「公処」[74]に儲え、木柵の修理や営房の警備の経費はここから用立てることとした。このようにすれば、水陸ともに心配なく、官民ともに利益があって、永遠に賊匪の患《うれ》いもなくなるであろう。[75]

この「営房記」では、まず①で玉渓鎮汎の設置の経緯が語られる。該鎮は蘇州―杭州を結ぶ江南運河の沿岸に位置し、公務による人や物資の移動が絶えないところであった。しかし地理的環境から、安全の維持に大きな困難を抱えていた。とりわけ商人や運搬業者が該鎮に多数集まる際には、そのなかに賊匪が紛れ込んで窃盗などに及ぶことがしばしばあったという。地域社会の治安が安定しているか否かが、市鎮の発展に重大な影響を与えたことは容易に想像されよう。

そこで清朝の警察機構たる汎の設置が企図されることになった。「営房記」の記述によれば、知県呂廷鑄が積極的推進者、②「里中」の士・民が協力者であり、両者の合議によって汎の施設整備・経費捻出の方法が決定されたかに見える。確かに、呂廷鑄は汎の設置に尽力した。しかし果たして鎮内の窃盗の発生など具体的な状況をどこまで実感していたであろうか。実際には、まず「里中」の士・民による、いわゆる「士民公議」[76]で汎の招来が決議され、さらに彼らによる知県への陳情・請願をへた後、知県自身が積極的な対応に乗り出したと考える方が自然ではなかろうか。然りとすれば、その提案・申請・決定（批准）・実施の過程が注目される。一般に暴力装置・治安維持装置の設置は、国家権力が〝上から〟一方的に行うものと考えられがちであるが、ここには鎮の住民の国家権力への〝期待〟を窺うことができるのである。果たしていつ頃から漢民族住民が清朝国家権力に治安上の〝期待〟を抱くようになったかは議論を必要とするが、ここに〝期待〟の一端を窺うことは十分に可能であろう。また「営房記」には緑営の武官が全く登場しないが、汎の設置に緑営の武官が関与しなかったとは考えにくく、②〜⑥の要請は知県から緑営の武官（直接的には同じ石門県城に駐箚する把総）に対して行われたと推定される。最終的には、各営の指揮官の承認（批准）をへて[77]、汎の設置、汎兵の分遣が実施されたのであろう。

「里中」の士・民

では、「里中」の士・民とはいかなる階層・生業の人々であったのだろうか。第二節冒頭で整理したとおり、士の範疇にあたるのは鎮在住の下級知識人層＝監生・生員と断定してまず誤りあるまい。「営房記」のなかにそれらしい人物は登場しないが、光緒『石門県志』巻七、選挙志、科目表の挙人の項目には、范紹文の名が見え、⑦の民＝范紹先と同輩の族人と考えられる。また「范姓の裕福な者」という文言のなかに、生員など下級知識人層の影を窺うことはできないだろうか。同県志の同じ箇所に葉姓の挙人の名も見出せるが、⑧の葉君藩といかなる関係にあったかは判然としない。

民の範疇に入る者としては⑦范紹先と⑧葉君藩の二名が登場する。彼らに共通するのは桑地を所有・経営していたと考えられる点である。かかる桑地経営は「桑秧行（桑苗商）から買入れる桑の苗から肥料に至るまで商品化していて多くの資本を要し、こうして植えた桑畑も五年後にはじめて葉を摘みうるのであるから、零細農民にとって桑畑経営は不可能事に近かった[78]」のであり、濱島敦俊によって検討された、南潯鎮の荘元臣の所有地経営でも「水田直営は放棄しても、荘元臣が桑地経営を放棄しなかったのは当然であった。ここに全地域が商業化し、農村でも手工業原料の工藝作物栽培が利潤率の最も高い農業となっている江南デルタの経済的特徴が鮮明に浮かび上がるのである」と述べられ、桑地経営（＝桑葉の売却）による収益は佃租収入・高利貸と並んで主要な収入源であった[79]。したがって、⑦范紹先と⑧葉君藩はともに零細農民とは到底考えられず、むしろ江南デルタに典型的な桑地直営を行う富裕地主（農民）層ではなかったかと推測されるのである。

また民の範疇には商人層も含まれたであろう。そもそも汛の設置は商業・交通環境の安定を主な目的の一つとすることから、商人層もこれを積極的に支援ないし協力したことは想像に難くない。ここにいう商人層には、鎮を拠点に活動する中小規模の在地商人や下級知識人層のみならず、④「重商大賈」＝客商も含めてよいであろう。国家の暴力装置・治安維持装置の誘致とそれによる治安の安定・維持を期待し、何かしらの協力を行ったと考えるのも、理論的には十分首肯し得ることである。

右のごとき士・民――監生・生員・地主・商人層を中心とする――と、親民官として国家権力を体現する知県は、地域社会の発展と安定という共通の目的のため、営房（②）や木柵（③④）の建設費・修理費の負担（⑥～⑧）を合議・提案し、遂に汛の設置を実現したのであった。

なぜ地域社会は国家の暴力を誘致したか

ところで、汛防制度の整備における最大の課題は財源不足であった。緑営の営房の建設費や軍器の製造・修理費は、基本的に正項銭糧・塩税などから支出されるはずであったが、実際には十分な費用を捻出できず、何とか工面した臨時の財源や他の経費の流用に頼らざるを得なかった。地方の文武官は地域社会の治安の安定に汛防制度が大きな役割を果たすと認識しながらも、経費の捻出に苦慮し、必要な資金を調達できずにいたと考えられるのである。

そこで登場するのが市鎮を活躍の場とする下級知識人層＝監生・生員層と商人であった。つまり市鎮を中核とする地域社会の順調な発展を妨げる民間の〝暴力〟に対し、彼らは国家の〝暴力〟に依存することで解決せんとしたのである。明清交替期に国家権力が消滅した際、地域社会や個人的に富裕な者は郷兵・家丁などの私的な〝暴力〟を雇用し、自らの生命・財産を守ったが、いったん新たな国家によって地域秩序が再形成されてくると、私的な〝暴力〟を解体し、その支配を受け入れるとともに、自らの地域社会の防衛と発展のために、国家の〝暴力〟を地域社会に迎え、その権力の庇護下に入っていったと考えられる。そして彼らは汛の各種の経費を肩代わりし（場合によっては給料すら負担したであろう）、汛はその見返りとして彼らの生命・財産を保護する。このようにして治安は安定し、地域社会の発展の基礎が築かれたとの推定も可能なのではなかろうか。かかる点からすれば、市鎮側による費用の負担を前提とした汛の誘致は「営房記」に記されるように、まさに「官民両益」であったといえよう。

このほか蘇州府呉江県盛沢鎮では、康熙十九年（一六八〇）に汛官の張騎龍が「里人」、すなわち盛沢鎮の鎮人とともに観音堂の旧址を購って署舎に改建したこと[80]、同県黎里鎮でも、外委千総が鎮の城隍廟・劉王廟に寓居したことが記されており[81]、玉渓鎮汛と同様、汛と「里人」＝鎮人とのあいだに密接な関係があったことを推定せしめる。

このような経緯――市鎮の士・民による誘致と経費負担――をへて設置された汛は、有事にどのような機能を果たしたであろうか。松江府青浦県小蒸鎮では、太平天国の混乱の最中、「県城が陥落したとき、上海・青浦の住民で蒸里（小蒸鎮）に逃げてくる者は紛々として絶えなかった。警報が頻りに小蒸に至ると、汛弁（ここでは把総）は汛兵に小蒸鎮の防衛を厳命し、富室も郷勇を募集して警戒にあたらせたので、人心はようやく安定し、幸いにも無事であった[82]」と述べるとおり、小蒸鎮の把総と汛兵は、管下の小汛などから情報を続々と入手しつつ、危険が迫れば郷勇とも協力して本鎮を防衛したのであった。本来、その規模からいっても警察の派出所・駐在所程度の汛に過大な期待はできなかったが、このささやかな事例からも、鎮を中核とする地域社会の治安の安定に一定程度貢献した汛の姿を垣間見ることができるであろう。[83]

七　小　結

最後に、清中期江南デルタの中間市場レヴェルの市鎮と緑営の汛防制度との関わりについて推測をも加えつつ、簡単に整理すれば以下のようになろう。①十八世紀半ば、清中期の江南デルタでは、太湖・澱山湖など巨大水面の存在、複雑な水路網の形成、流速が極めて緩慢な水路という地理的環境の特殊性、デルタが二省に跨るという行政区画上の問題、商業活動の活発化などの理由を背景とする犯罪発生率の増大が、司法官の注目を集めるようになっていた。特に明末清初の激動の収束、商品流通の発達に伴って、人や物資の空間移動が次第に激しくなると、貧富の格差拡大など社会構造的矛盾が露呈されることになり、商人・運搬業者をねらった強盗・窃盗など対物犯罪[84]を著しく増加させることとなった。②本章では必ずしも十分に検討できなかったが、犯罪者ないし潜在的犯罪者は清中期以降、次第に顕著となっていく人口圧力（人口爆発）を背景に周辺農村から析出された農民層と考えられていた。彼らは江南デルタ諸都市・市鎮へと流入し、手工業生産などに従事したが、わずかでも米価の上昇、手工業産品の価格や工価の下落があれば、ただちに生活に困窮し、犯罪発生件数の増大に貢献することになった。③かかる犯罪動向のもと、早ければ康熙五十年代、遅くとも雍正初までに、対物犯罪の増加に対する組織的な取り組みが地方行政上の急務となり、それまでの府城や一部の州・県城への営級以上の部隊の配備のみならず、営の配置されなかった一部の州・県城や市鎮本体、さらに州・県城と市鎮、各市鎮、市鎮と農村のあいだを結ぶ主要交通路（江南デルタでは水路）に多数の汛を配置していくことになった。すなわち近世国家がより直接的に商業・交通環境の安全確保に乗り出したのである。かかる汎による交通路の安全確保・機能維持を通じて、清代の交通の発展が質・量ともにさらに促進されたであろうことは想像に難くない。④このように国家の〝暴力〟がすみやかに地域社会へと埋め込まれていった背景には、地域社会の商業・交通環境、ひいては地域社会の治安の安定を図りたい地域社会側と利害が一致したことがあった。それが可能であったのは本書でいう中間市場社会であった。すなわち指導層たる下級知識人や商人の政治力・経済力があってはじめて誘致が可能になったといい得るのである。

ただしここで注意しておかねばならないのは、筆者の右のごとき結論が特定の階層を中心とする民間側の〝期待〟と、それに便乗する近世国家の姿のみを過度に強調するものでは決してないことである。近世国家はあくまで自己の利害と一致するときにのみ暴力装置・治安維持装置の投入に踏み切るのであって、清中期の場合、これまで述べてきたとおり、近世国家の感知・注視する犯罪や犯罪者（集団）と無縁ではあり得なかった。しかし敢えていうならば、これまで近世国家の暴力装置・治安維持装置と地域社会との関係を説明するとき、ともすれば〝上から〟の弾圧・抑圧の側面のみが一方的に強調される傾向にあった。当然にかかる視点の有効性は十分に認めつつも、本章では、特定の階層の人々を中心とする地域社会の近世国家に対する〝期待〟という、もう一つの側面を新たな視点として提出できたのではないかと考えている。

第四章　佐弐・雑職の市鎮への移駐と管轄区域

一　本章における問題設定

明清時代、省―府―州・県と下ってくる、近世国家の行政系列の最末端に位置した州県制度については、地域社会の研究に基礎的かつ不可欠な課題として、すでに多くの研究者によって明らかにされてきた。最も体系的な研究を行った瞿同祖《くどうそ》によれば、県には正印官の知県（正七品）、佐弐《さじ》官の県丞（正八品）・主簿（正九品）のほか、首領官の典史（未入流）、雑職の巡検（従九品）等の属官があって、それぞれ職務を分担していた。(1)ただし知県を除く佐弐官・首領官・雑職、すなわち「佐雑」（以下、佐雑と略す）については「数が少ないうえに、地方官府のなかで重要な役割を果たさなかった。河川管理・駅伝・警察・監獄など特定の任務にあたった者を除いて、彼らのほとんどは取るに足らない、ときとして何をしているかわからないような任務しか与えられなかった」「佐雑、特に間曹あるいは冗官と呼ばれた佐弐は地方官府でほとんど機能していなかった」(3)と述べ、州県の佐雑、とりわけ佐弐官の役割の非重要性が強調されている。川勝守は、明代農村の治安維持にあたった巡検と江南デルタ市鎮の防衛機能との関係を検討するなかで、明末の巡検司制度の弛緩と縮小を指摘した。(4)

ところが、管見によれば、十八世紀の清中期以降、江南デルタでは多数の県丞・主簿が「分防」するに至る。分防とは、県城（行政都市）で執務にあたっていた佐雑が、県城を離れ、特に明中期以後、農村社会に簇生した市鎮に移駐することである。[5] 川勝が指摘したように、明初より分防した巡検は、明中葉以降、その数を次第に減らしていく傾向にあったが、清代にもなお一定数が分防しつづけたこと、巡検のみならず県丞・主簿までもが分防するようになることに注目する必要があろう。また、本書でこれまで扱ってきた緑営の汛防制度が一定の安定を見た後（康熙五十年代～雍正年間ないし乾隆初）、その後を追うがごとく文官たる佐雑が県城を離れて市鎮を中心に展開されていく点は誠に興味深い。なぜなら本来ならば、衙役などを農村へ派遣する「下郷」は、農民を煩わす可能性があるものとして、極力これを避けようとする傾向があったからである。[6] このように佐雑のあり方に注目すべき変化が生じているにもかかわらず、現在のところ、西川喜久子が広東省南海県九江堡の主簿などの官に言及するのを除けば、佐弐・首領各官に関する専論は皆無であり、巡検についても川勝のほか、小島淑男、尹章義、濱島敦俊、片山剛による若干の論及を見るにすぎない。[7]

そこで本章では、清代江南デルタ――本章では史料上の制約から江蘇省松江府・蘇州府・太倉州・常州府、浙江省嘉興府・湖州府に限定して検討する――における佐雑の分防とその実態について、市鎮を中核とする地域社会との関わりから考察を加えてみたいと思う。この試みは、本書でこれまで検討してきた汛という警察機構とも関連して、近世国家たる清朝が市鎮本体あるいはそれを中核とする地域社会をどのように管理しようとしたか、また逆に市鎮住民は近世国家といかなる関係を取り結ぼうとしていたかを明らかにする作業となろう。

二　佐雑の定員数・分防開始期・駐箚地

まず府・州・県の地方志の記載に依拠して、佐雑の定員数について概観しておこう。表4-1によれば、江南デルタの一般的な州県では、県丞一名（設置率八七・八%）・典史一名（同一〇〇%）・巡検一〜三名（江蘇一三三・三%、浙江七八・六%）が設けられていたと考えてよい。ただし巡検には若干の地域差が見られる。たとえば、江蘇省松江府青浦、蘇州府呉・呉江・震沢、常州府宜興・荊渓、浙江省湖州府烏程・帰安・徳清のごとき太湖周辺の諸県では、各県二、三名もの巡検が配置されるのに対し、山間部の湖州府武康・安吉などの諸県では全く設けられていない。これは川勝守が指摘した、江南デルタ農村における主要な防衛施設＝水柵と巡検との密接な関係を想起させよう。主簿は約半数の州県に設置され（同五八・五%）、松江府華亭・婁、蘇州府呉・長洲・元和など府城に附郭の県や、松江府上海県といった〝大県〟に置かれた。瞿同祖が述べたように、糧務・水利など行政事務の繁雑な州県を中心に〝上から〟の論理で設置されたかに見えるのである。[9] 州県に常置される佐雑はほぼ以上に尽きるから、一州県には知県を含めてもわずかに三〜七名の官しか存在しなかったことになる。[10]

さて、これら佐雑のうち、明代から分防していたもの、および清代に分防したものを抽出・整理したのが表4-2である。ここから以下の知見が得られる。①分防した佐雑は県丞二十三名、主簿四名、巡検四十六名の計七十三名であった。当時、江南デルタには四十一個の州県があったから、農村部には行政都市数に二倍する官の駐箚地が存在したことになる。②県丞は三十五名のうち、じつに二十三名（六五・七%）が分防した。主簿の分防数は遠く県丞のそれに及ばないが、四例の分防を確認できた。③県丞・主簿の分防開始期を西暦で横軸に、分防開始件数を縦軸にとってグラフ化すると（図4-1）、一七二六〜七五年に十二名の県丞・主簿（四四・四%）が分防しはじめ

表 4-1　佐雑の定員数

江蘇省

府	県	県丞	主簿	典史	巡検
松江府	華亭県	1	1	1	1
	婁県	1	1	1	1
	奉賢県	1	0	1	1
	金山県	1	0	1	1
	上海県	1	1	1	2
	南匯県	1	0	1	1
	青浦県	1	1	1	2
蘇州府	呉県	1	1	1	3
	長洲県	1	1	1	1
	元和県	1	1	1	1
	崑山県	1	0	1	1
	新陽県	1*	0	1	1
	常熟県	1	0	1	1
	昭文県	0	1	1	1
	呉江県	1	1	1	2
	震沢県	1	0	1	2
太倉州	太倉州	1	0	1	1
	鎮洋県	0	0	1	1
	嘉定県	1	0	1	1
	宝山県	1	1	1	1
常州府	武進県	1	0	1	2
	陽湖県	0	1	1	1
	無錫県	1	0	1	1
	金匱県	0	1	1	1
	江陰県	1	1	1	1
	宜興県	1	0	1	2
	荊渓県	0	0	1	2
	計 設置率	22/27 81.5%	13/27 48.1%	27/27 100%	36/27 133.3%

浙江省

府	県	県丞	主簿	典史	巡検
嘉興府	嘉興県	1	1	1	0
	秀水県	1	1	1	0
	嘉善県	1	1	1	0
	海塩州	1	1	1	0
	平湖県	1	1	1	2
	石門県	1	1	1	0
	桐郷県	1	0	1	1
湖州府	烏程県	1	1	1	2
	帰安県	1	1	1	2
	長興県	1	1	1	1
	徳清県	1	1	1	2
	武康県	1	1	1	0
	安吉県	1	0	1	0
	孝豊県	1	0	1	1
	計 設置率	14/14 100%	11/14 78.6%	14/14 100%	11/14 78.6%

江南デルタ全域

府	県	県丞	主簿	典史	巡検
	計 設置率	36/41 87.8%	24/41 58.5%	41/41 100%	47/41 114.6%

典拠）嘉慶『松江府志』巻一四，建置志，光緒『蘇州府志』巻二一，公署，光緒『嘉興府志』巻六，公署，同治『湖州府志』巻一七，輿地志，公廨を基礎とし，常州府・太倉州については各州県志を利用して作成。
註）* 新陽県の県丞 1 名の駐箚地は新陽県域ではなく元和県章練塘鎮であった。設置率については註(8)を参照。

表 4-2　佐雜の分防狀況

府	県	官名	開始期	駐箚地
松江府	華亭県	県丞	乾隆年間	県城→漕涇鎮
		巡検	清初	亭林鎮
	婁　県	県丞	同治五年（1866）	県城→泗涇鎮
		小蒸巡検	清初	楓涇鎮
	奉賢県	県丞	〃	高橋鎮→四団鎮
		巡検	〃	南橋鎮
	金山県	県丞	〃	洙涇鎮
		泖橋巡検	〃	洙涇鎮→張堰鎮（道光十五年）
	上海県	黄浦巡検	〃	閔行鎮
		呉淞巡検	〃	呉淞江北鹹水渡→法華鎮（乾隆九年）
	南匯県	県丞	同治六年（1867）	県城→海塘外泥城
		三林荘巡検	清初	周浦鎮
	青浦県	県丞	乾隆十年（1745）	県城→七宝鎮
		澱山巡検	清初	安荘→朱家角鎮
		新涇巡検	〃	旧青浦鎮→章堰鎮（乾隆期）
蘇州府	呉　県	県丞	乾隆十一年（1746）	県城→木瀆鎮
		光福巡検	清初	木瀆鎮→光福鎮（乾隆十一年）
		角頭巡検	〃	洞庭西山
		東山巡検	〃	洞庭東山
	長洲県	呉塔巡検	清初	呉塔村→蠡口→滸墅関（雍正九年）
	元和県	元江青県丞	道光二十八年（1848）	県城→六直鎮
		周荘巡検	清初	六直鎮→周荘鎮（乾隆二十六年）
	崑山県	石浦巡検	〃	石浦鎮→千墩鎮
	新陽県	元崑新県丞	乾隆二十六年（1761）	県城→六直鎮→章練塘鎮（道光二十八年）
		巴城巡検	清初	真義浦東→県城
	常熟県	黄泗浦巡検	〃	黄泗浦港→恬荘鎮
	昭文県	白茆巡検	〃	白茆港口
	呉江県	県丞	乾隆五年（1740）	県城→盛沢鎮
		同里巡検	清初	同里鎮
		汾湖巡検	〃	蘆墟鎮→黎里鎮（乾隆初）
	震沢県	震沢巡検	〃	震沢鎮
		平望巡検	〃	平望鎮
太倉州	太倉州	州同	乾隆十一年（1746）	県城→茜涇鎮→劉河鎮（道光朝）
		七浦巡検	清初	浮橋鎮
	鎮洋県	甘草巡検	〃	甘草鎮→劉河鎮
		県丞	乾隆三十四年（1769）	県城→南翔鎮
	嘉定県	巡検	清初	江湾鎮→南翔鎮（雍正期）→諸翟鎮（乾隆三十年）
	宝山県	県丞	乾隆二十四年（1759）	県城→高橋鎮
		主簿	咸豊初	県城→胡巷鎮

府	県	県	開始期	駐箚地
	宝山県	顧荘巡検	清初	乾隆二十四年（1759）裁缺
常州府	武進県	奔牛巡検	清初	奔牛鎮
		小河巡検	〃	孟河鎮
	陽湖県	馬蹟巡検	〃	馬蹟山
	無錫県	高橋巡検	〃	五瀉河口
	金匱県	望亭巡検	〃	望亭鎮→蕩口鎮（乾隆三年）
	宜興県	県丞	乾隆三十年（1765）	県城→楊巷鎮
		鍾渓巡検	清初	和橋鎮
		下邾巡検	〃	周鉄橋鎮
	荊渓県	張渚巡検	〃	張渚鎮
		湖汶巡検	〃	蜀山鎮
嘉興府	嘉興県	県丞	太平天国以降	県城→王店鎮
	秀水県	県丞	光緒十一年（1885）	県城→新塍鎮
		主簿	道光二十二年（1842）	〃
	嘉善県	県丞	乾隆三十八年（1773）	県城→斜塘鎮
		主簿	乾隆六年（1741）	県城→楓涇鎮
	平湖県	県丞	同治三年（1864）	県城→新埭鎮
		乍浦巡検	清初	乍浦鎮
		白沙巡検	〃	新倉鎮
	桐郷県	県丞	乾隆五十一年（1786）	県城→青鎮
		巡検	清初	皂林鎮→青鎮（康熙三十六年）
湖州府	烏程県	県丞	同治十一年（1872）	県城→大銭鎮
		大銭巡検	清初	大銭湖口→新浦宝林鎮（乾隆初）→陳漊
		南潯巡検	〃	後潘村→南潯鎮（乾隆四年）
	帰安県	県丞	道光元年（1821）	県城→射村
		主簿	乾隆初	県城→菱湖鎮
		連市巡検	清初	双林鎮
		埭渓巡検	〃	埭頭鎮
	長興県	県丞	乾隆三十九年（1774）	県城→夾浦鎮
		四安巡検	清初	四安鎮
	徳清県	新市巡検	〃	新市鎮
		下塘巡検	〃	五林港→乾隆中裁缺
	安吉県	県丞	年次不明	県城→梅渓鎮
	孝豊県	天目巡検	清初	広苕郷

典拠）嘉慶『松江府志』巻一四，建置志，光緒『蘇州府志』巻二一，公署，光緒『嘉興府志』巻六，公署，同治『湖州府志』巻一七，輿地略を基礎とし，各州県志および郷鎮志を参照して作成。

註）「開始期」の項目に「清初」とあるのは，明代からの継続を意味する。巡検はすべて「清初」に該当する。→は移駐を意味する。

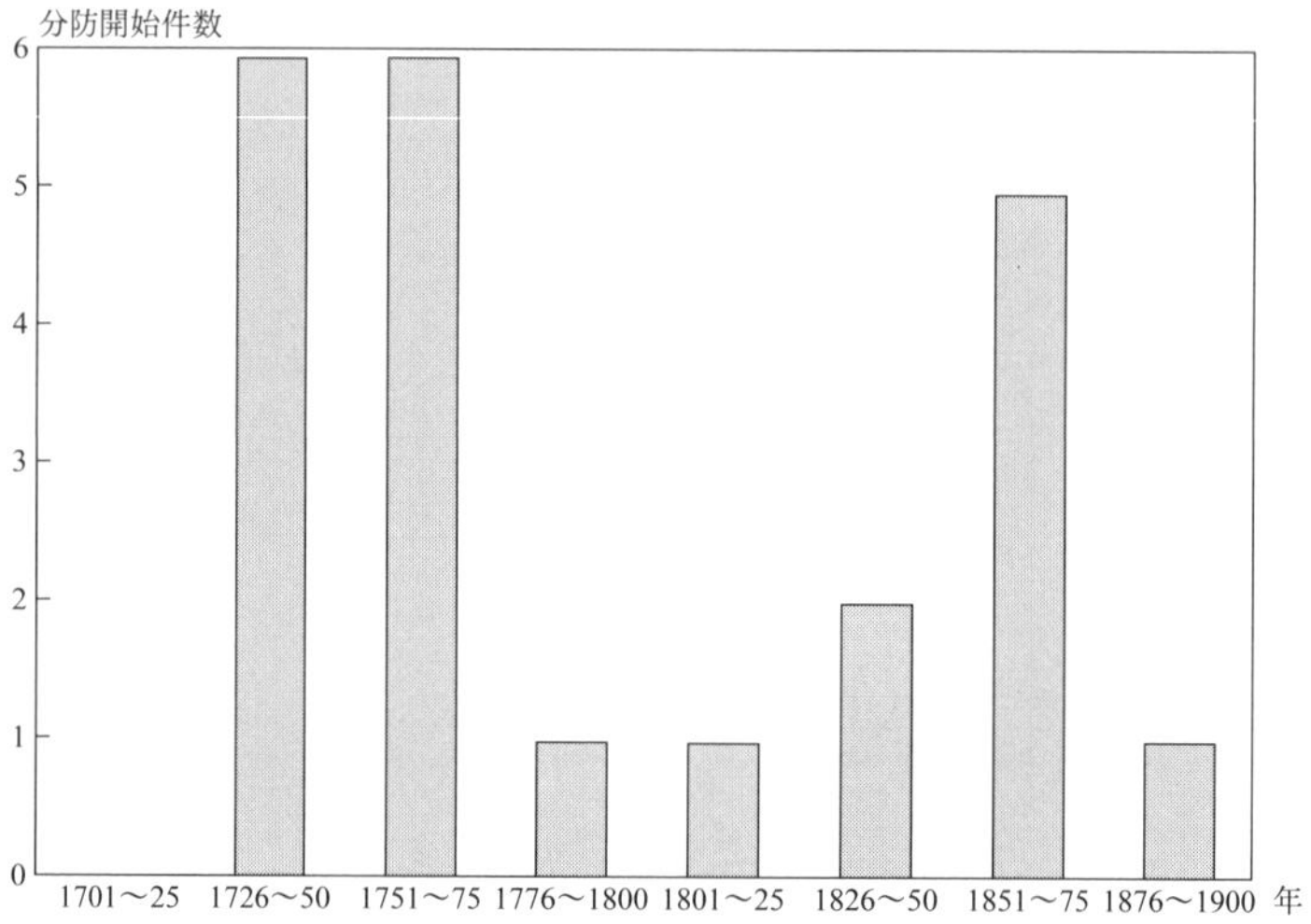

図 4-1　県丞・主簿の分防開始期

典拠）表 4-2 に同じ。
註）江南デルタでは県丞 23 名，主簿 4 名が分防したが，そのうち開始期の詳細が判明するのは，県丞 18 名，主簿 2 名である。これら 20 名のほか，「乾隆初」とある湖州府帰安主簿 1 名を 1726（雍正四年）～50 年（乾隆十五年）に，「咸豊初」とある太倉州宝山主簿 1 名を 1851（咸豊元年）～75 年（光緒元年）に含めたうえでグラフ化した。

ることがわかる。具体的には、乾隆十年（一七四五）の青浦県丞から同三十九年（一七七四）の長興県丞まで、約三十年間に分防開始期が集中しているので、県丞・主簿の分防は乾隆前中期に顕著であったといってよい。一八五一～七五年の咸豊・同治期にもやや多く確認される。なお、県丞・主簿ともに蘇州府盛沢鎮・章練塘鎮など大型市鎮への分防が卓越している。④巡検は明制を承襲した清代でも一つの例外（巴城巡検）を除いて分防していた。その主な駐箚地は濱島敦俊が指摘したとおり、交通の要所や市鎮であるが、[11]江南デルタでは県丞・主簿と同様、湖州府南潯鎮など巨大市鎮の事例が圧倒する。⑤典史は分防の事例を全く見出せない。明清時代を通じて常時県城に駐したと判断して間違いなかろう。これは職務の特殊性、すなわち監獄の囚人の稽査など監獄行政を主務としたことと密接に関わると考えられる。[12]

以上、清代江南デルタの県丞・主簿は乾隆前中期以降、県城を離れて巨大市鎮へと分防する傾向にあった。巡検はもとより、県丞・主簿までが分防するに至ったことは、州県制度における佐弐官と雑職の位置づけを考えるとき、注意を要する点であろう。なぜなら佐弐官の分防が職務の変容を伴うものであったこと、それが以前より分防していた巡検の職務にも何らかの影響を与えるものであったことを容易に想起せしめるからである。

三　佐雑の管轄区域と州県の領域

佐雑の管轄区域の設定

本節では、まず分防した県丞・主簿・巡検が管轄区域を有したか否かを問い、次にその管轄区域の設定基準、州県の領域との関係などについて検討することにしたい。

最初に、松江府青浦県七宝鎮に分防した青浦県丞の場合を検討してみる（表4-3ⓐ）。該県丞は青浦県の三十五保一区・二区の図十一個、三十四保四区の図一個を「管轄」したほか、婁県の三十五保一区の図九個、二区の図七個、上海県の二十九保の図二個を「兼轄」していた。管轄・兼轄とあるから、該県丞は管轄区域を有したと断定できよう。さらに同様の記載を地方志中に求めると、県志に県丞二名、巡検一名、郷鎮志に県丞三名、主簿二名、巡検十一名、あわせて十九名の事例を確認できる（表4-3）。これらの記事にも「管轄」「所轄」「分管」などの文言が見えるから、各佐雑が管轄区域を有したことは間違いない。しかもこれらの管轄区域は当該佐雑の固有ないし特殊な状況としては語られておらず、また特に管轄区域を記載せずとも、管轄区域を有したと推定できる分防の佐雑も若干見出せるから（次項の上海県黄浦巡検など）、他の分防の佐雑も管轄区域を有したと考えられる。

さて、佐雑の管轄区域はどのように設定されただろうか。表4-3によれば、たとえばⓘ泖橋巡検は、金山県の

表 4-3　佐雑の管轄区域

A　分防県丞

	官　名	駐箚地	管　轄　区　域　に　関　す　る　記　事
ⓐ	青浦県丞	七宝鎮	管轄邑境（青浦）三十五保一区・二区〈図共十一〉・三十四保四区〈七図。餘属諸翟巡司〉，兼轄婁境三十五保一区〈図共九〉・二区〈図共七〉，上海境廿九保〈二図・三図〉，共三十図（光緒『盤龍鎮志』，官署，咸豊『紫隄村志』巻三，官署）。
ⓑ	元江青県丞	章練塘鎮	章練塘元江青県丞，凡轄邑四境。元〔和〕二十八都一図・二図・三図・四図・五図・六図・七図・八図・九図・十図・十一図，〔呉〕江十二都副扇七図・二十九都正扇三十図，青〔浦〕四十一保一区・二区・三区，図共十七，四十二保一区・二区四区，図共十八，又三区三図・十一図・十五図，五区三十三四図・三十八図，八区二図・十二図・十三図・二十一図，四十三保一区一併二十六図・三区二十五図，餘図属澱山巡検。図共四十有六（民国『章練小志』巻一，区域沿革。管轄の聚落名称をも記載するが，ここでは省略）。
ⓒ	元崑新県丞	六直鎮	管轄元和県十七都二百三十一図・崑山県二十六図・新陽県三図（乾隆『呉郡甫里志』巻三，都図。管轄の聚落名称をも記載するが，ここでは省略）。
ⓓ	呉江県丞	盛沢鎮	〔県〕丞所轄者為五圩（西腸・充字・東腸・大適・大飽）（同治『盛湖志』巻一，界域）。
ⓔ	帰安県丞	射村	管轄十三・十六・十七・十八等区（光緒『帰安県志』巻二，輿地略二，公廨）。

B　分防主簿

	官　名	駐箚地	管　轄　区　域　に　関　す　る　記　事
ⓕ	嘉善主簿	楓涇鎮	轄奉賢郷五区（光緒『楓涇小志』，凡例，同巻二，志建置，官署）。
ⓖ	帰安主簿	菱湖鎮	管轄菱湖鎮及一百十一庄至一百三十庄，一百四十一庄至一百六十庄，一百七十庄至一百七十四庄地方（光緒『菱湖鎮志』巻二，公廨）。

C　巡　　検

	官　名	駐箚地	管　轄　区　域　に　関　す　る　記　事
ⓗ	小蒸巡検	楓涇鎮	轄一・二保・西三保（光緒『楓涇小志』，凡例，同巻二，志建置，官署）。
ⓘ	泖橋巡検	張堰鎮	胥浦郷六保一区十五図・十六図・十七八図・十九図・二十四図，二区十二図・十三図・十四図・二十図・二十三六図・二十五図・二十七図〈以上為張堰巡検分管〉。仙山郷七保二区二十二図・二十五図・二十七図・二十九図・三十四六図・三十五図・三十七図・三十八図〈以上張堰巡検分管〉（民国『重輯張堰志』巻一，志区域，郷保）。
ⓙ	澱山巡検	朱家角鎮	〔青浦〕県西一百二図盗案亦資巡緝。崑邑金区三図兼管焉（嘉慶『珠里小志』巻八，官署）。
ⓚ	新涇巡検	章堰鎮	凡轄東北境〈三十一保一区・二区，図共十，四十四保一区・二区，図共四，四十五保一区・二区・三区・四区，図共十七，四十六保一区・二区・三区・四区，図共十一，四十七保一区・二区，図共九，四十九保一区・二区・三区・四区，図共十七，三十四保二区，図共二，又三区一図・六図，三十八保二区・三区，図共十，三十三保一区一図・三図・五図，二区二図，餘図分属諸翟巡検〉，図共八十有六（光緒『青浦県志』巻三〇，補遺）。

官　名		官　名	管轄区域に関する記事
ⓛ	諸翟巡検	諸翟鎮	管轄嘉定字字号〈一図・三図・四図・五図・六図・七図〉・皇字号〈八図・十図・十一図・十二図・十三図・十四図〉・鹹字号〈十五図・十六図・十七図・十八図・十九図〉，上海三十保〈一図・二図・三図・四図・五図・六図・七図〉，青浦三十三保一区〈二図〉・二区〈一図・七図〉・三十四保一区〈東六八図・西六八図〉・三区〈九図〉・四区〈三図・十図〉，共三十二図（咸豊『紫隄村志』巻三，官署，光緒『盤龍鎮志』，官署）。
ⓜ	呉淞巡検	法華鎮	旧与黄浦〔巡検〕司分管城郷図保之半。乾隆三十二年，巡検田天祚以微員責重，通稟各憲，剖分丞・簿，就近管轄，立案准行。呉淞〔巡検〕司所轄共五十二図如下。法華・徐家匯・虹橋・曹家渡属二十八保〈一図・二図・三図・四図・五六図・七図・八九図・十併十一図・南十二図・北十二図・十六図・十七図・十八図・十九図〉，新閘・静安寺・江境廟属二十七保〈一図・二図・三図・四図・五図・六図・七図・八図・九図・十図・十一図・南十二図・北十二図・十三図〉，北新圩属二十九保〈一図・二図・三図・四図・五図・六図〉，杠橋属三十保〈八図・九図・十図・十二図〉，浦東・洋涇属二十三保〈十四図〉・二十四保〈十六図・十七図・十八図・十九図・二十図・二十一図・二十二図・二十三図・二十四図・二十五図・二十六図・四十七図・四十八図〉（民国『法華郷志』巻三，兵防，呉淞司）。
ⓝ	周荘巡検	周荘鎮	周荘巡検司所轄八都一百三十七図（光緒『周荘鎮志』，凡例）。二十四都正副扇三十図・中二十六都正副扇十一図・南二十六都正副扇十六図・二十七都正副扇十七図・二十九都正副扇十七図・南三十一都正副扇十三図・中三十一都正副扇十七図・北三十一都正副扇十六図（同巻二，公署。なお巻一，界域，「周荘巡検司所轄都図郷里村鎮橋梁」に管轄の聚落名称をも記載するが，ここでは省略）。
ⓞ	同里巡検	同里鎮	同里司所轄一都・二都・三都・六都・八都・十二都・十五都・十六都・二十三都・二十六都・二十七都・二十八都・二十九都（民国『同里志』巻八，土田）。
ⓟ	汾湖巡検	黎里鎮	轄黎里・蘆墟・北厙・莘塔・黄渓・平望・新杭里等鎮，共八百六十圩（光緒『黎里続志』巻二，官舎）。
ⓠ	平望巡検	平望鎮	雍正四年分県，所轄二都・三都・四都・五都・六都・七都・八都・十九都・二十七都（『平望鎮志』巻一，官舎）。 今併為二十七都一図・二図・三図・四図。其一図所属一鎮地声字圩・二図所属二鎮地東乙圩在下塘汾湖司所管，三図所属三鎮地奎字圩・四図所属六鎮地婁字圩・西乙圩・壁字圩・室字圩・常熟圩，平望司所管（同巻一，疆域）。 平望巡検司旧轄二百四十圩，……今轄九百六十七圩（同巻一，疆域）。
ⓡ	震沢巡検	震沢鎮	道光『震沢鎮志』巻一，郷都図圩に巡検司所轄の図圩を記載。
ⓢ	南潯巡検	南潯鎮	管轄南潯鎮及十七区至二十三区地方（民国『南潯志』巻二，公署）。

胥浦郷六保一区〜二区の図十二個、仙山郷七保二区の図八個、合計二十個の「図」[13]を管轄している。このように図（ないし「保」）を単位として管轄区域を設定する事例は、他にもⓐ青浦県丞、ⓗ婁県小蒸巡検、ⓛ嘉定県諸翟《しょてき》巡検、ⓜ上海県呉淞巡検などに見られる。その一方で、図をさらに区分する「圩」を基準として管轄区域を設定する場合もある。その代表的な事例がⓓ呉江県丞で、西腸・充字・東腸・大適・大飽の五圩のみを管轄していた。ⓟ呉江県汾湖巡検とⓠ震沢県平望巡検も管下の圩の合計数を記すから、二巡検の管轄区域が圩で設定されていたことを推測せしめる。後者の場合、『平望鎮志』巻一、官舎では「都」で管轄区域を設定するが、同鎮志巻一、疆域では圩を用いて管轄区域を接する他の巡検との境界を説明している。これは実際に都でなく圩ごとに管轄区域を設定していたことを示すものであろう。なぜなら一般に佐雑の管轄区域は広大で、すべての圩を列挙することは煩雑であったため、都・図を用いてその概略を示しておき、他の佐雑との交界地帯についてのみ圩ごとに管轄の所在を記載したものと推定できるからである。さらに管轄区域を圩で設定すると同時に、管下の「村」までも明示する事例が見出される。ⓖ帰安主簿の場合、管轄する村は順荘編里法[14]で編成された行政村で記されている。ⓑ元江青県丞、ⓒ元崑新県丞、ⓝ周荘巡検も村を列挙するが、行政村か自然村かは判然としない。

かような管轄区域の設定は、筆者が清朝の警察機構＝緑営の汎の管轄区域について検証した設定基準と地理的環境（地形の差異、聚落形態の相違）との関わり――高郷（東部微高地）では図、太湖周辺の低郷（西部圩田地帯）では圩を基準に管轄区域を設定する――を佐雑にも適用し得ることを示唆するかのようである。[15]なぜなら図や保を基準に管轄区域を明示するⓘ泖橋巡検などは高郷に、一方、圩で管轄区域を設定するⓓ呉江県丞などは低郷にそれぞれ位置するからである。さらに低郷で村をも明示する事例が確認できるのは（高郷では確認されない）、土地標記のための圩を用いて空間を分割しながらも、自然村ないし行政村が図や圩を跨いで集村を形成するため、村を明示した方が管轄区域の明瞭化に都合がよいこと、佐雑の職務が保甲の編成など治安と深いつながりを有し（次々項）、

〝人〟＝戸口の掌握を主たる目的とすることに由来すると考えられる。佐雑の管轄区域も、緑営の汛と同様、地理的環境に応じて設定基準が異なっていたと推定できるのである。

州県の領域の分割

ところで、かかる方法で設定された佐雑の管轄区域は、どのように州県の領域を分割していたであろうか。比較的詳細な状況が判明する若干の州県を事例に検討を加えることにしよう。

〔松江府上海県〕　ⓜ上海県呉淞巡検に関する記事によれば、乾隆三十二年（一七六七）以前の上海県は呉淞・黄浦の二巡検によって分割されていた。ただし二巡検の管轄区域が上海県全域を完全に蔽うものであったか、またどこまで厳密に設定されたかは不明である。ところが、乾隆三十二年に至ると、呉淞巡検田天祚《でんてんそ》の提案によって県丞・主簿をも加えたうえで再分割されることになった。上海県は県丞一・主簿一・巡検二によって四つの〝空間〟に分割されたのである。他県でも同様にⓐ青浦県丞に「その他〔の図〕は諸翟〔の管轄〕に属する」、ⓑ元江青県丞にも「その他の〔青浦県の〕図は澱山巡検の管轄に属する」などの文言を確認できるから、各佐雑のあいだでの管轄区域の分割が見られたこと、これらの管轄区域が空間的に連続するものであったことは明らかであろう。さらにここで注目すべきはⓜの上海県の記事に登場する県丞・主簿の場合、依然として分防せず県城に駐箚している点である。(16)つまり上海県では乾隆三十二年を境に、県城に駐する県丞・主簿であれ、城外に駐する巡検であれ――分防するや否やにかかわらず――、一定の空間を管轄することになったわけである（県城に駐する典史については不明）。かような事例は現在のところ、上海県以外に見出し得ていないが、一方で、県丞・主簿・巡検がすべて分防して管轄区域を有したと判断できる事例（宝山・秀水・嘉善・帰安）も若干ながら確認し得るから、他にも県内のすべての佐雑が管轄区域を有する場合があった可能性は高いのではないかと推測される。

〔松江府青浦県〕　松江府青浦県の県域は六名の佐雑によって完全に分割されていた[17]。そのうち青浦県丞（七宝鎮）・新涇巡検（章堰鎮）・澱山巡検（朱家角鎮）・典史（県城）の四名は青浦県の佐雑であるが、元江青県丞（章練塘鎮）・諸翟巡検（諸翟鎮）はそれぞれ元和県・嘉定県の佐雑であったから、青浦県の西・東北の交界地帯は隣県の佐雑の管轄に委ねていたことがわかる。なお、青浦主簿は県城に駐箚して管轄区域を有していない。

さて、ここから二つの興味深い事実が判明する。第一に、典史が管轄区域を有することである。第二節で検討したごとく、典史は分防しなかったが、青浦県の場合、城内・関廂に管轄区域を有したのである。当然にすべての典史が管轄区域を有したと即断するのは危険であるが、次に検討する呉江・震沢両県でも典史が管轄区域を有すること、県丞・主簿・巡検の管轄区域に城内を含む事例を見ないことを考慮すれば、典史が城内およびその周辺を管轄した可能性は高いかもしれない。

第二に、佐雑の管轄区域が複数の州県（ないし府）に跨ることである。かかる事例はⓑ元江青県丞、ⓛ諸翟巡検のみならず、ⓐ青浦県丞、ⓒ元崑新県丞、ⓙ澱山巡検のいずれも二、三の県に跨って管轄区域を有している。ⓑ元江青県丞に至っては、本来の新陽県内ではなく元和県章練塘鎮に駐箚するうえ、元和・呉江・青浦の三県に跨って管轄区域を有した。これらの事実は一種奇妙なようにも思われる。なぜなら佐雑は一州県の官である以上、その直接に権限を行使し得る〝空間〟も自ずと該県内部に限定されるのではないか、と一般には判断されるからである。

現在のところ、なぜ佐雑の管轄区域が府・州・県を跨ぐかについて十分な解釈を示し得ないが、ⓙ澱山巡検の職務に関する断片的な記述が一つの手がかりを与えてくれるのではなかろうか。すなわち「薛澱《せつでん》・蓮子《れんし》両湖の私塩（塩の密売）を取り締まる。〔青浦〕県西部の一百二個の図の盗案（強盗事件）についてもパトロールや犯人の逮捕を行わせ、崑山県金区の三個の図もあわせて管轄させる[18]」とあって、「私塩」「盗案」の取締りという具体的な目的を語っている。巡検の職務からすれば、パトロールや犯人の追捕は当然であるが、かかる治安に関わる職掌はその性格上〝人〟の管理を最大の目的とするため、府・州・県の行政領域は必ずしも有効なものとはなり得なかった。特に境界に大型市鎮――右の章練塘鎮はその典型的な事例であろう――が立地する場合にはなおさらであったろう。人や物資は市鎮を起点に放射状に移動・往来したはずであり、犯罪も市鎮本体よりも、むしろ交通路上を搬運される財貨をねらって発生するに相違ないからである。移動しない〝土地〟の掌握、すなわち確実な土地税の徴収を最大の目的の一つとする州県の行政領域と、頻繁に移動を繰り返す〝人〟の管理に重点を置く治安上の管轄区域とのあいだに〝空間〟的なズレが生じたとしても、それは当然のことではなかろうか。むしろ目的に応じて柔軟に管轄区域を設定し得たこと、それ自体に注目すべきであろう。

〔蘇州府呉江県・震沢県〕　乾隆十一年（一七四六）頃、呉江県には県丞（盛沢鎮）・主簿・典史（以上、県城）・同里巡検（同里鎮）・汾湖巡検（黎里鎮）、震沢県には県丞・典史（以上、県城）・震沢巡検（震沢鎮）・平望巡検（平望鎮）の計九名の佐雑がいた[19]。このうち城内の呉江主簿・震沢県丞は管轄区域を有しないから、従来どおり糧務・水利など県内行政の一部を分担したと推定される。一方、典史を含む他の佐雑はすべて管轄区域を有し、その管轄区域も両県が低郷に位置するという地理的環境に応じて、図ではなく圩にまで及ぶ詳細なものであった[20]。

佐雑による〝人〟の管理

加えて呉江・震沢両県では、佐雑による〝人〟の管理、すなわち各管轄区域内の戸口数も判明する（表4-4）。雍正九年（一七三一）、両県は初めて本格的な保甲の編成を実行し、戸数を確認した[21]。それは佐雑間の「戸」の分担管理を実行したもののようである。この時点で管轄区域＝〝空間〟の分担を伴ったかどうか判然としないが、雍正年間にすでに佐雑間で「戸」の分担管理の動きが見られたことは注目されてよい。乾隆九年（一七四四）には、呉江知県丁元正が保甲を再編し、戸数のみならず「口」数をも把握するようになった[22]。したがって、県志に記載の

表 4-4　呉江・震沢両県の佐雑の管轄戸口数

	駐　箚　地	雍正九年（1731）	乾隆九年（1744）	
汾湖巡検	蘆墟鎮→黎里鎮	戸 31, 970	戸 37, 567	口　140, 009
同里巡検	同里鎮	戸 12, 591	戸 17, 448	口
平望巡検	平望鎮	戸 23, 907	戸 35, 683	口（男）　68, 638
				（女）　55, 008
震沢巡検	震沢鎮	戸 25, 395	戸 35, 907	口（男）　53, 186
				（女）　61, 309
呉江県分防県丞	盛沢鎮	管轄なし	戸　4, 436	口　16, 682
呉江県典史	儀門外西	戸　4, 495	戸　4, 556	口　21, 882
震沢県典史	県城内	戸　4, 386	戸　4, 386	口（男）　5, 553
				（女）　6, 910

典拠）乾隆『呉江県志』巻五，戸口丁，乾隆『震沢県志』巻四，戸口より作成。
註）→は移駐を意味する。

戸口数は保甲冊の作成に関わって確認されたものと判断してよかろう。以上、乾隆十一年（一七四六）までに呉江県丞や各巡検は盛沢鎮・平望鎮・同里鎮など巨大市鎮に駐して該鎮本体と（若干の小鎮・大市等を含む）後背地農村を、両県の典史は城内に駐して県城内と関廂、あるいは県城に比較的近い農村を、[23]それぞれ〝人〟〝空間〟ともに分割するようになっていたという図式を描き得るのである。なお、表4-4で興味深いのは、雍正九年〜乾隆九年（一七三一〜四四）の十三年間に、農村部の戸数が大幅に増加したことである。典史が管轄する都市部の戸数がほぼ横這いなのに対し、各巡検の管轄区域のそれは五千弱から一万二千ほども増加している。この農村部の戸数の増加が何に起因するかは慎重な議論を必要とするが、自然増をいうより、むしろ社会増、すなわち盛沢鎮・平望鎮など市鎮本体に向かって他県の農民が流入した結果であるとの推測も可能かもしれない。

以上、州県の領域と佐雑の管轄区域の関係を整理すると、㋐分防するや否やを問わず、県域がすべての佐雑（典史は不明）によって分割される場合（上海）、㋑典史を除く佐雑すべてが分防して県域を分割する場合（宝山・秀水・嘉善・帰安）、㋒県丞ないし主簿は分防せず管轄区域も有さないが、他の佐雑が県域を分割する場合（青浦・呉江・震沢）、以上の三タイプに分類できた。ただし佐雑の管轄区域が必ずしも州県の領域内で完結していないことは上述のとおりである。では、このように管轄区域を有するようになった佐雑の職務は、それ以前に比較してどのように変化したであろうか。次節以下で検討することにしよう。

四　佐雑の分防と江南デルタ市鎮住民

従来指摘されてきた佐雑の職務

江南デルタの佐雑のうち、巡検の職務については、本章冒頭で述べたように、川勝守が水柵など市鎮の防衛機能との関わりから考察している。川勝は①巡検は宋・元・明・清の四時代にわたって州県の巡邏、盗賊の擒捕を掌った、兵部（ママ）[24]系統の地方衙門の末端に位置する職位であった、②明の嘉靖（一五二二〜六六年）・万暦（一五七三〜一六一九年）以降、巡検の数は全国的に縮小傾向にあった、③江南デルタの巡検も管下の弓兵《きゅうへい》による金銭の強要などを理由に規模の縮小が見られた、④一方で、巡検の必要性も認められ、巡検本人あるいは市鎮住民・徽州商人らの努力により衙門の維持が図られたと述べ、巡検司制度の縮小・弛緩を前提に市鎮住民の自治意識の萌芽が見られたと結論する。すなわち市鎮住民による市鎮防衛像を強調したのである[25]。また江南デルタの地主—佃戸（小作農）制の展開を考慮するとき、佃戸の抗租（小作料の納入拒否）・欠租（小作料の滞納）と地方官府の関係も重要な検討課題である。これについては濱島敦俊が地主の収奪システムの一部をなす巡検に言及するほか[26]、小島淑男も清末の官憲・地主一体の収租システム＝追租局を論ずるなかで、佐雑が追租局の業務を担当したと指摘する[27]。

諸先学の研究を整理すると、明代市鎮の防衛機能、ないしは清末の収租維持システムの解明という主に二つの視点から、巡検の職務が検討されてきたといい得る。では、これらの研究のはざまに位置する十八世紀の清中期に、大型市鎮に分防しかつ管轄区域を有した佐雑は、いかなる職務を遂行したであろうか。通説的には、県丞や主簿は水利・糧務などを掌るか、あるいは特定の職務はなかったと考えられ、警察業務を専掌した巡検とのあいだに職務上の相違も指摘されている。したがって、分防後、県丞・主簿の職務がどのように変化したか、それに伴って巡検の職務にも変化が生じたか否か、然りとすれば、どのような変化であったかを郷鎮志で確認することからはじめねばならないであろう。

〝期待〟された県丞像

まず、分防後の県丞・主簿の職掌に明確な変化があったことを示す記述から紹介・検討しよう。呉江県丞は、乾隆五年（一七四〇）まで県城に駐し、全県の水利・糧務を職掌としたが、盛沢鎮に分防した後は該鎮の水利を兼理しつつも、もっぱら賭博・娼婦・私宰（耕牛の屠殺）・私鋳・窩主《どろぼうやど》・盗賊・地棍《チンピラ》・打降《ヤクザ》の八事の取締りにあたり、それまでの職務はすべて県城の主簿に委任した。[28] 県丞の主要な職務は全県を対象とした一般行政から特定区域の警察業務へと移行したかのようである。乾隆二十六年（一七六一）、元崑新県丞は六直鎮周辺の複雑な水路網に起因する盗賊の出没を理由に該鎮へと分防した。その本来の職務は水利事務であったが、分防後はこれを主簿に委ね、自らは誘拐・逃盗（盗賊の庇護）・賭博・闘殴《けんか》・焼鍋（酒の密造）・私宰・異端・邪術などの摘発を担当するようになった。[29] 主簿の職務もほぼ同じ傾向を示し、たとえば、帰安主簿は菱湖《りょうこ》鎮に駐し、犯罪取締り・パトロールを専掌すると同時に水利を兼管している。[30] さらに個人の伝記から史料を補うと、嘉慶年間（一七九六〜一八二〇年）に青浦県丞（七宝鎮）に着任した黄文華は「地棍・酒徒を必ず厳しく懲治した。ゆえに黄公の在任中には地棍が店舗を索詐《おど》したり、酒徒が街坊で罵詈《ののしっ》たりすることは皆無であった。賭博・打降・私宰および花鼓戯など人を堕落させる悪習に至っては、特にこれを厳禁した」[31] という。ここに特定区域の警察業務に任ずる県丞・主簿の姿を確認できる。一見、農村の警察署長ともいうべき巡検と同様の職務に任じ、一定の警備区域を分担しあうようになったかに見えるのである。

ところが、県丞・主簿の駐する市鎮の郷鎮志の記載はこれだけに止まらない。そこにはさらに多様な職務を果たす県丞・主簿が描かれている。乾隆八年（一七四三）、呉江県丞（盛沢鎮）の熊晋は、賭場・妓館を禁止し、訟師・拳勇を厳しく懲治するとともに、賑粟・施棺（身寄りのない者の埋葬）などを奨励した。[32] 警察業務のほか、救恤・善挙などにも携わっていたのである。また次の二名の呉江県丞は裁判の前段階における調停のほか、軽微な刑事案件など州県自理案の審理をも代行していたようである。乾隆三十三年（一七六八）赴任の史尚確（山東楽陵県挙人）は生まれつき淳樸な人物で、清廉かつ慈愛があった。そのため、もめ事を判決すれば、にこやかに尋問・結審し、原告・被告ともに承服した。[33] 乾隆六十年（一七九五）着任の崔兆麟は窃盗犯を厳しく取り締まって懲治した。捕縛後、犯人を笞打って繋いでおき、外出の際には自らの輿の後に従わせ、「こいつは窃盗犯だぞ！」と人に叫ばせ市鎮住民に知らしめたので、窃盗はなくなったという。[34] 佐雑は本来審理の代行のみならず、訴状の受理さえも禁止されていたが（次節で検討）、佐弐官たる県丞が県城を遠く隔てた市鎮にあって審理を代行することは十分に推測可能な範囲ではあろう。ただし注意せねばならないのは、ここに確認された県丞のあり方が単によりリアルな事実を伝えるだけでなく、郷鎮志のなかで称讃された、いわば〝期待〟された県丞像としての性格を有することである。県丞の審理代行は市鎮住民にとって決して違法なものとは見なされず、むしろそれを前提に公平かつ厳格な処理が求められたのであった。

新たな巡検像

この市鎮住民の〝期待〟という観点から、郷鎮志における巡検像を再検討してみよう。嘉慶年間の元和県周荘巡検（周荘鎮）喩栄疆《ゆえいきょう》（江西南昌附監生）は悪党（暴）を除いて良民を安んじたので、該鎮の士民は悦服した。また文才にも長け、周荘鎮の鎮志『貞豊擬乗』の序言は彼の手筆になったという。[35] 悪党を除いたとあるから、巡検の本来の職務たる警察業務について高く評価されたようであるが、一方で『貞豊擬乗』の序言を執筆するなど、あたかも鎮長のごとき扱いを受けている点は注目してよい。咸豊・同治頃の周荘巡検（周荘鎮）袁鍾琳（浙江銭塘県附貢生）に至ると、該鎮在住の生員・童生を公館に集め、飲食を準備して毎月二回文会（学問・文章の集会）を主宰しただけでなく、彼らの文章を自ら批評し、甲乙を定めて優秀な者に書籍を贈呈した。その結果、文風大いに振るい、震沢県の荘人宝、呉江県の陳麟は郷試に合格したという。[36] ここに描かれた巡検の姿は想像される警察署長のそれとはかなり懸け離れたものであるが、それは必ずしも特殊なものではなかった。嘉慶二十一年（一八一六）着任の嘉定県の署諸翟巡検（諸翟鎮）魏邦魯は、循良・風雅な人物で、在任中よく文人と交際したほか、酒食を用意して文童の会課（＝文会）を催し、彼らの文章を地元の先達に評閲してもらい、彼自らが甲乙を定めた。そのため、この会から出た合格者が多かった。[37] 警察署長のみならず文人として市鎮の知識人層と交流する巡検像を強調した記述となっている。乾隆二十一年（一七五六）着任の呉江県同里巡検（同里鎮）陳箴《ちんしん》は市場でもめ事を見かければ、ただちに調停してやり一銭も取ることがなかった。前年からの凶作に対して救恤を行い、全く横領することもなかったので、士紳は彼に敬意を払った。[38] 乾隆三十五年（一七七〇）に署巡検となった蕭履堂《しょうりどう》（福建建寧人、国子監生）は廉潔を旨とし、非常に貧しかったが、職務に励んで毎晩巡邏を実施したので、市中における窃盗や賭博はなくなったという。[39] また澱山巡検（朱家角鎮）楊某は、乾隆二十年（一七五五）の飢饉の際、奉旨して朱家角鎮に粥廠《しゅくしょう》を設け、富室の援助を得て飢民に粥の炊き出しを行った。[40] これら諸事例は明らかに警察業務の評価だけでなく、巡検自身が清廉潔白で善挙を行ったこと、調停に努力を惜しまず金銭を強要しなかったこと、市鎮の知識人層と交流して敬意を払われる存在であったことなどに記述の重点を置いている。若干の誇張を考慮しても、ここに垣間見える巡検像は単に武骨な警察署長の一面のみを取り上げることが実態にそぐわず、県丞・主簿と同様、市鎮の知識人層と親しく交際する、あたかも〝鎮長〟のごとき存在であったことがわかる。

市鎮住民と佐雑への〝期待〟

このように分防した佐雑は、事実上県域を分割した、市鎮を中核とする一定空間の行政官＝〝鎮長〟のごとき役割を果たしていた。これは市鎮住民の〝期待〟に応えたものでもあったと考えられる。さすれば、分防が本当に市鎮住民の〝期待〟であったか否かが実証されねばならないが、それは分防が必ずしも〝上から〟の押しつけでなく、市鎮住民の積極的な招致・関与によって実現したことで傍証される。たとえば、青浦県丞（七宝鎮）は「黄文華が鎮に駐箚して自らの給料を支出し、また鎮の「郷衿《きょうきん》」も資金を寄付した」[41]ので衙門を建設できた。嘉定県丞（南翔鎮）衙門も該鎮の「紳士」張成績の主導のもと、「商民」が勇躍して出費し建設した[42]。海寧州判（長安鎮）衙門の敷地は該鎮の監生陳堯《ちんぎょう》の寄付によるものであった[43]。嘉定巡検は、乾隆三十年（一七六五）、諸翟鎮の「里人（＝鎮人）」沈世浩と「紳耆」が協力して請願した結果、南翔鎮から移駐することになった[44]。このように佐雑の分防の背景には、史料中で「郷衿」「紳士」「紳耆《しんき》」「商民」「里人」と表現される階層、すなわち該鎮の下級知識人・商人をはじめとする鎮の有力者層の〝期待〟が存在した。彼らの〝期待〟の中味こそが郷鎮志に垣間見られる佐雑像だったのではなかろうか。警察業務に止まらず、在鎮の官として多岐にわたる役割を期待したのである。

ところで、かような方法で佐雑が農村部へと移駐したことは、彼らが下級知識人・商人層（これらは地主に重なる）にかわって〝私権〟を行使する――そもそも地主の〝私権〟であったのが、表面的には公的外被を纏う――可能性を孕んでいた。その具現化されたものが「追租局」「押佃所」ではなかったか。なぜなら「追租局」など官・地主一体の暴力装置は、市鎮に招致された佐雑が運営していたからである。三木聰は雍正五年（一七二七）の抗租禁止条例を分析するなかで、佐弐官などが地主の告訴を受理し、抗租・欠租した佃戸に恣意的な刑罰を行使することを違法とする、康熙四十四年（一七〇五）の戸部など中央レヴェルの認識を紹介・検討している[45]。これは確かに佐弐官による抗租案件の処理を制度的に否定するものであろう。しかしかかる点をわざわざ確認せざるを得ないことが、逆にそれとは乖離した地方レヴェルの〝実態〟――抗租・欠租は本来ならば、知県が処理すべきであるが、「細事」であるがゆえに佐弐官などに委ねられる――を如実に表しているとも考えられるのである。然りとすれば、清末の官・地主一体の収租維持システムは、清中期（特に乾隆前中期）にまでその直接的な淵源を遡り得るといえるのではなかろうか。

五　佐雑の職務と『佐雑須知』

佐雑の裁判への関与の禁止

つづいて本節では、佐雑の職務のうち、裁判に関わる部分を取り上げ、制度と実態の乖離について、もう少し掘り下げた検討を行いたい。まず清代裁判制度で佐雑が制度上いかに位置づけられていたかを確認しておく。滋賀秀三は州県の司法的機能について以下のように指摘する。州県は正印官を裁判官とする単独制の裁判所というに相応しく、佐弐官以下は裁判権を有さず、正印官の不在時などに審理の一部を代行する場合を除いて、裁判への関与を許されなかった。盗賊の被害など緊急な事件が報ぜられれば、犯人逮捕に乗り出すが、捕縛した犯人はただちに正印官に引き渡さねばならなかった、と[46]。すなわち佐雑は訴状の受理にはじまるすべての裁判への関与が基本的に禁ぜられていた。勿論、訴状の受理は衙門の胥吏・衙役にとって魅力的であり、訴える側からすれば等しく〝おかみ〟であったから、しばしば禁が破られたが、あくまで制度上では関与を禁止されていた。

このように清代の一般的状況として佐雑の裁判に対する関与の禁止が指摘されるが、分防が本格化した乾隆期以降、いかなる状況が看取されるか。結論からいえば、やはり正式に佐雑に裁判権を附与するような制度改革は確認できない。むしろ右のごとく密かに訴状を受理する行為を厳禁するよう述べる事例が多い。たとえば乾隆二十八年（一七六三）十一月十九日、江蘇按察使銭琦は「佐雑の民事への巧みな関与は、正印官を厳《いまし》めねばならない」と題して次のように語っている（①〜④は行論の便宜上、引用者が附した）[47]。

査《しら》べたところ、①佐雑が擅《ほしいま》まに民の訴状を受理することは、定例で厳禁されています。ところが、江蘇〔省の〕佐雑等の官は擅まに受理し、例禁があっても、巧みに名目を作って、陰かに関与しています。〔佐雑等の〕官はまず自らの意図を書吏（胥吏）に話し、書吏は〔意図に従って〕地棍《チンピラ》・訟師を糾合して、雲を攫むような風評に借りて利を図り、殷実《ゆたか》な者から噬《むさぼ》りとろうと計画しています。架空話をでっち上げ、某々は娼家を営んでいる、某々は賭博を行っているなど、②告発があるわけでも、事実があるわけでもないのに、リストを作成して〔佐雑等の〕官に報告し、〔これを〕「送訪」と称しています。佐雑が州県に移文を送って調査・究明の結果を報告するのですが、〔そこには〕恨みを抱いて人を陥れる場合や、誣告して恐喝しようとする場合などが入り込んでいます。州県で審理すると〔それらが〕全くの架空話であることがわかり、郷民が受ける被害は甚だ大きいのです。③現に松江府経歴（正八品）の涂弘《とこう》のごときは、婁県人の王治南らを娼家を営んでいるとの風評で「訪聞」（たとえ告発がなくとも、自らが犯罪性を感知すれば捜査・逮捕できる）して県に解送しましたが、事実無根であり、ただちに釈放されました。〔しかし王〕治南は濡れ衣を着せられたことを恨み、該経歴の書役范朝桂らに賄賂して「衛大珍は人を聚めて賭博している（最初の風評は衛大珍が出したか）」とでっち上げさせ、捜査令状を出して究明するよう訴えました。〔すると〕該経歴はこれを受理して〔捜査令状を〕書役に発給し、書役はこれを王治南に渡したため、治南は捜査令状を持ち〔按察使〕司に赴いて告訴したのであります。〔この件に関しては〕現在すでに府に命じて厳究させ、理由を掲げて弾劾させているところです。④臣が思いますに、佐雑がかような問題を起こすのは、すべて正印官〔の知州・知県・知府〕が私情にとらわれているからであり、かような悪習を絶つには根源を除く必要があります。今後、佐雑が「訪案」と称して州県に調査・究明を願い出た場合、これは擅まに民詞を受理したとして〔罪を〕論ずる。正印官が定例に違って受理し、〔上級へ〕報告しなかったならば、「徇庇《じゅんひ》（私情にとらわれ庇護した）」の例に照らして、降三級調用と致しましょう。

江蘇按察使銭琦は、最初に①で佐雑による訴状の受理が定例で厳禁されていることを確認する。これは滋賀が紹介した、『吏部処分則例』巻四七に見える康熙十二年（一六七三）の定例であろう。しかし実際には、佐雑は巧みに訴状を受理していた。それは②〜④で「送訪」「訪聞」「訪案」と呼ばれる方法、聞き込みや風評に基づいて、職権をもって逮捕・尋問を行い得るのを利用したものであった(48)。つまり清朝では不告不理の原則はほとんど実際的な意味をなさず、たとえ告訴がなくとも、犯罪性を感知しさえすれば、自らの判断で捜査・逮捕などを含めた一連の裁判過程を開始することが可能だったわけである。そこに正印官でなく佐雑であっても裁判に関与する余地が提供された。その具体的事例として③松江府経歴の「訪聞」が批判的に取り上げられ、結果的に民間人を騒擾したにすぎないと断定された。④では今後佐雑による「訪案」を訴状の受理と同様に見なすことで否定し、それが正印官にまで上げられていたことが発覚すれば、正印官を「徇庇」の例に照らして処分すると提案している。

このように乾隆期中葉の司法官の議論を見ても、訴状の受理など佐雑の裁判への関与は制度上全く認められておらず、あくまで緊急時にのみ犯人を逮捕し、正印官に引き渡すことが求められたようである。では前節で検討した、調停は勿論、軽微な刑事案件など州県自理案の一部の審理をも代行していた佐雑像はどう理解すべきか。そこで佐雑向けに著されたと考えられる官箴書の一つ『佐雑須知』を取り上げてみたい。

『佐雑須知』という書物

『佐雑須知』（『増刪佐雑須知』会稽臥牛山人原編、琴城浩斎居士校訂）は、嘉慶元年（一七九六）の序を有する『州県須知』とともに、道光二十九年（一八四九）に合刻されたもので計四巻からなる。(49) 巻一では「粗知総要」「新選事宜」「接待上司」「接待紳士」など、佐雑の心構えや上司・紳士を接待する際の態度、巻二では「接待書役」「治衙役法」「治捕役法」など、胥吏や衙役との関係の結び方が紹介される。巻三では本節で分析する「雑員職守」をはじめ「審事規模」「巡捕事宜」「清獄事宜」など具体的な職務内容が記され、最後に巻四では「厳訓子姪」「款待幕友」「約束家人」のほか、様々な書類の書式が収録されている。本書全体に目を通すとわかるのは、本書が制度的な内容をわかりやすく解説した手引書のごとき性格を持ちつつも、「此れ秘訣なり」の語に示されるように〝実態〟として職務を遂行する際のコツや注意点をあげた虎の巻のごとき性格をも有していたことである。

では巻三、雑員職守の記事から検討してみよう。冒頭には「賭博・酗酒《くしゅ》（飲酒による騒動）・窃賊・奸拐・私宰（耕牛の屠殺）・忤逆《ごぎゃく》（親不孝）・闘殴・私塩など〔刑事案件〕の事柄は、〔訴状の〕受理を妨げない。戸口・婚姻・土地・家屋など〔戸婚田土案＝民事案件〕はみな受理すべき事柄でない。ただし賭博・拐騙（誘拐・詐欺）・闘殴に関わっている場合、堂翁《どうおう》（知県）との関係がよければ受理してもよい。〔そのときには〕優れた幕友と斟酌すれば、上司の翻駁を免れることができよう。つまり利を謀ろうとすればまず害を遠ざけること、これが秘訣である」と記される。(50) 職務に関する部分の冒頭にかかる記載が見られるのは興味深い。訴状の受理が佐雑の職務にとって極めて重要な位置を占めていたことを示唆するからであり、またかつての知県との職務分担とは異なる、分防を前提とするがごとき内容が見られるからである。ここでは訴状を賭博・暴力・窃盗など笞・杖刑に相当する軽微な刑事案件と、婚姻や不動産など民事案件とに分別したうえで、前者の受理を許可し、後者のそれを否定する。面白いのは後者を一概に否定するのでなく、案件の事実関係中に賭博や暴力が含まれていれば、知県との関係次第では受理してよいとし、案件処理に慣れた幕友に相談して実行すべしと秘訣を開陳していることである。少なくとも佐雑による訴状の受理は完全に否定されたのではなく、事実上、軽微な刑事案件を中心に行われ、民事に関わるものは状況次第――知県との個人的関係をも含めて――で判断されたと考えられよう。実際に引用部分の直後には、軽微な刑事案件に関わる訴状を受理したときの「批（評語）」の書き込み方が記されている。

次に審事規模の記事を見ると、原告・被告・証人の召喚、尋問の進め方、取調べ方法など、審理の具体的な過程・方法が懇切丁寧に語られている。勿論、これらは軽微な刑事案件を中心に佐雑が一定程度裁判に関与できたことを示す。たとえば賭博の場合、「賭具の購入先を供述すれば製造者を特定できる。製造者を特定したら知県に詳文を送って厳罰に処してもらう。もし偶然に賭博に興じていたならば、〔佐雑〕自らが〔笞・杖〕刑を執行し、必ずしも〔知県に〕詳文を送って手を煩わせなくともよい。詳文を提出せず、知県の意を仰いで執行するのもよい」と述べて、笞・杖刑レヴェルであれば、わざわざ知県の裁可を得ずとも、佐雑の判断で判決を下して執行してもよいとする。姦情の場合も同様で、「思うに、夫の父母や夫自身が売春させたのであれば、〔その婦女は佐雑自らが〕枷号を執行した後に釈放すべきである」と記し、やはり佐雑が判決を下して枷号を執行してよいとする。このように軽微な刑事案件であれば、佐雑による裁判は実質上行われていたといえる。

また被疑者が無辜の人と判明すれば、「道理として釈放すべき者はまた本人の隣佑・親族の甘結（誓約書）を取って保管すべきである。〔そうすれば〕後日、判決が覆り、失察の咎を受けるのを免れよう。もし責放（笞・杖刑で懲らしめて釈放する）の人があれば、小過であっても必ずや本人の自新甘結を取って保管すべきで[51]、そうしてはじめて釈放すべきである」とする。ここでは「責」の意が問題となるが、引用の直後に「さきに五、六板を責」するめる文字が見えるから、笞・杖刑のごとき〝懲らしめ〟は佐雑の判断で執行し得たと考えてよかろう。

また『佐雑須知』は民事案件についても巻一、到任諸件事宜に次のようにいう。「すべての巡庁の属員（佐雑）は〔分防により〕県城を遠く離れている。民事案件を受理して銭文《かね》を受け取り、堂翁（知県）に〔自らが送った〕詳文のとおりに裁決してもらいたい者は、もし親《みず》から知県の堂署に赴いて見《まみ》えることができなければ、詳文のほかに別に一つの稟帖《ひんちょう》（上級官僚への報告文書）を用いて恩を乞うべきである。ただし銭文をいくら受け取ったか決して書いてはならない。ただ稟帖内で力を入れて懇求すれば、堂翁は言わずとも喩《さと》るであろう」。この記載はむしろ合法的には佐雑が民事案件に関与できなかったことを示すが、一方で知県との関係次第で判決に手心を加えさせられることを赤裸々に語っており、該書の性格を考えるうえで、極めて面白い内容を含んでいる。

以上、『佐雑須知』を用いながら、佐雑の裁判権について簡単な検討を加えてきた。その結果、第一に、佐雑は賭博・暴力・窃盗など、笞・杖刑に相当する軽微な刑事案件であれば、自ら捜査・取調べを行って判決を下し、刑を執行することが可能であった、第二に、民事案件については基本的に関与を否定されたが、事実関係のうちに賭博・暴力・窃盗などを含めば、知県との関係次第で訴状を受理することができた、第三に、制度的に民事案件に介入できないとはいえ、現実には「訪案」の形式を採ったり、知県との関係を利用したりして、様々な方法で裁判に介入することができた、第四に、『佐雑須知』なる官箴書は佐雑の職務手引書としての性格を有しながらも、現実的な身の処し方、すなわち虎の巻的な意味合いを持ち、裁判に関するかぎり、合法的な刑事案件の処理を中心としつつ、非合法の民事案件についても現実的な要求——知県の裁く案件の増加、佐雑にとって訴状を受理することの旨味、市鎮住民の身近な〝おかみ〟の裁きの必要性——から受理し、知県との関係に依拠して手心を加えさせるよう説いていた、と整理することができよう。すなわち合法・非合法を含めて、ある意味で佐雑は県城に準ずる大型市鎮に駐箚して〝手軽な〟裁判・調停機関として機能していたともいい得るのではなかろうか。

六　小　結

本章では、江南デルタにおける佐雑——特に県丞・主簿・巡検——の分防の実態について考察した。その結果を整理すれば、以下のようになろう。①明代以来、江南デルタ農村の治安維持は主に巡検に委ねられてきた。ところが、十八世紀の乾隆前中期に至ると、佐弐官の県丞・主簿が県城（行政都市）を離れて「分防」するようになった。県丞・主簿・巡検はいずれも大型市鎮に駐箚する事例が卓越する。②これら佐雑はみな管轄区域を有し、市鎮本体および後背地農村（若干の小鎮・大市を含む）を管轄した。その管轄区域は地形の差異、聚落形態の相違など、地理的環境に対応して「図」「圩」ないし「村」ごとに明確に設定されていた。③分防する佐雑の任務は捕盗など警察業務に止まらず、軽微な刑事案件など一部の州県自理の案を裁いたり、欠租を審追するなど民事案件——仮に非合法であっても現実的な要求に沿って——にまで及ぶこともあり、事実上大型市鎮における〝おかみ〟の裁判・調停機関として機能したと推定される。④『佐雑須知』のような官箴書は制度的な職務手引書であると同時に、訴状の受理をはじめ裁判に関わる現実的な課題に〝秘訣〟を開陳するものであった。⑤右の分防の実態から見れば、佐雑の管轄区域は実質的に州県の領域を分割した一種の行政的な領域と見なせる。つまりある一定の社会的経済的レヴェルにまで到達した市鎮が、国家権力へと組み込まれたことを意味しよう。⑥ある一定の社会的経済的レヴェルとは、商業取引の活発化など市鎮の経済的な発展のみならず、下級知識人（生員・監生）・商人層をはじめとする政治的経済的力量を備えた階層の市鎮への多数の居住を条件とするものにほかならない。なぜならかかる階層の招致により佐雑の分防が実現する場合も少なくなかったからである。⑦以上の結果からすれば、乾隆前中期以降、県丞・主簿といった佐弐官と巡検とのあいだの職務上の差異が少なくなったようである。つまり佐弐官の〝巡検〟化、巡検の〝佐弐官〟化が進んだのである。⑧下級知識人・商人層が佐雑を招致した理由については判然としない部分も多いが、一つには彼らが自己の要求を直接的間接的に政治に反映させるため、上級の州県への回路をつなごうとしたこと（現実的目的）を想定できる。また森正夫の郷鎮志に関する議論を援用するならば[53]、市鎮という同じ地平に立った場合、少しでも他の市鎮に先んじて近世国家の行政体系へと近づこうとする「鎮人」の強い志向（観念的目的）が、近世国家の象徴としての分防を招致せしめたとも推測できるのではなかろうか。

ところで、第二章で検討したように、緑営の汛防制度――大汛と小汛の二階層からなる――は、雍正期以降江南デルタ農村に設置・展開され、本章で対象としてきた佐雑と同様、図・圩を用いた明確な管轄区域が設定されていた。緑営の汛は雍正年間、県丞・主簿の分防は乾隆中期という多少のタイムラグが存在するとはいえ、なぜこれらの時期、江南デルタ農村に新たな文・武官の管轄区域が出現したのであろうか。一つには、江南デルタ特有の現象として多数の市鎮がすでに出現していたことがあり、それに第一章で論じた、「清朝の平和」に伴う人口増加――特に農村部から都市へと人々が流れ込む社会増――がその大型化に拍車をかけたと推定される。すなわち人口増加による行政負担の激増は、従来の州県の行政処理能力を遥かに凌駕するに至ったが、祖制以来の制度の遵守という観念的な問題から、新たな州県の成立を見ることは少なかった。しかし州県の機能が破綻しかねない状況のもとで、採りうる現実的な手段として農村の市鎮への文武官の段階的な「分防」――ちなみに分防の語は佐雑だけでなく、営から汛へと派出された汛官についても使用されたことは第二章で指摘した――が行われたと考えられる。敢えていえば、雍正〜乾隆期という時代は、省―府―州・県と下る近世国家の行政系統の最末端に、政治・経済・社会的に無視できない地位を固めつつあった市鎮が実質的に位置づけられはじめた時期であったと見なせよう。

第五章　「犯罪取締りの歴史」と開発・発展の全体史

一　本章における問題設定

本書では、これまで清代雍正・乾隆年間（十八世紀）を中心に緑営の汛防制度と佐雑の分防について検討を加えてきた。汛防制度であれ佐雑であれ、いずれも「分防」が一つのキーワードとなっており、それは市鎮をはじめとする農村部への「下郷」を意味した。ここに市鎮が州県の下級行政単位として組み込まれはじめてきたことは明白であり、国家権力がかかる市鎮を中心として農村部までをも自らのより直接的な管理下に置こうとした点は、近世国家の性格を考えるうえで極めて重要な事実である。

では清代江南デルタにおける汛防制度や佐雑の分防といった警察機構の創出・展開は「犯罪取締りの歴史」のなかにいかに位置づけられるか。さらにそれは江南デルタの開発・発展の全体史とどのような関わりを有していたか。本章では、特に近世国家が〝秩序を脅かす者〟と判断した犯罪者ないし潜在的犯罪者に焦点をあてながら、これらの問題に取り組んでみたい。

かような試みは、第一章の冒頭で言及した、十六〜十八世紀の「近世」の各地域内部に何らかの共通性、あるいは同一の方向性は見られないか、「近代化」と区別し得る「近世化」という語の創出は可能か、という問題設定に向けての準備作業の一つとして位置づけられる。すなわち「中世（medieval）」でもなく「近代（modern）」でもない「近世」的なものがあったか――たとえば単なる「後期中世（late medieval）」や「早期近代（early modern）」としてではない――を中国近世を事例に分析・整理してみたいのである。かくしてはじめて他の地域との共通性、同一の方向性、あるいは相違点などを考える基礎が用意できると判断するからである。

そこで以下では、まず清朝成立初期と「清朝の平和」到来後のそれぞれの時期について、清朝国家が都市・農村部で感知・注視した犯罪と犯罪者（潜在的犯罪者）の動向を検討し、それが警察機構の創出・展開といかに関わっていたかを考える。さらに犯罪者（潜在的犯罪者）が江南デルタの開発・発展の全体史のなかでどのような役割を果たしてきた人々であったかを分析し、開発に不可欠な労働力の実態と彼らを取り巻く経済的環境のなかから〝生存のための一手段〟としての犯罪が選択されていく江南デルタの「近世化」の過程を整理してみたいと思う。

二　反清武装集団の活動とその鎮圧――十七世紀半ば～十八世紀初

明清交替期における海寇の活動と汎防制度の展開

明末清初の政権交替期、江南デルタ社会は混乱の真っ直中にあった。当時の状況を明晰な筆致にて描写した岸本美緒によれば、順治二年（一六四五）五月十六日、南京弘光政権が瓦解し、国家権力が地方社会から消滅すると、人々は我が身を守ろうと自衛のために狭く排他的な集団へと結集し、それがかえって地方社会の混乱を増幅させる結果を招いていた。上海県の周浦・新場・行頭等の諸鎮では郷兵などの暴力集団が形成され、互いに〝方向性なき衝突〟を繰り返したという(1)。

新たに任命された地方官の頭をさらに悩ませたのが、清朝の支配に抵抗し、江南デルタ各地に割拠した武装集団の存在であった。順治二年六月、進士呉易は挙人孫兆奎・生員華京らとともに太湖流域の漁民など約一千人を聚めて「白頭軍」と号し、太湖・祥符湖・長白蕩・澱山湖などで活動、各処で清軍に痛撃を加えている。蘇州府江陰県城では、清朝の薙髪令《ていはつれい》に反対する人々が典史陳明遇や閻応元を中心として、順治二年閏六月から八十一日間にわたって籠城した。同年閏六月初十日には、泖《ぼう》湖で抵抗する呉淞総兵官呉志葵《ごしき》・総兵官黄蜚《こうひ》に呼応した松江府城の沈猶《しんゆう》龍《りゅう》が、陳子龍・李待問らと清軍に抗戦している(2)。

国家権力の空白化のなかで誕生したかかる暴力・武装集団の多くは、新王朝によって官府が再建されると、猜疑心や恐怖心を次第に和らげて官の権威のもとに結集し、広域的な秩序に収斂されていく(3)。しかし正統性イデオロギーに固執したり、無政府状態のなかで利益を得るなどして、新王朝の秩序に組み込まれることを欲せず、頑強に抵抗しつづける勢力が存在したこともまた事実であった。清代江南デルタの地方志を繙くと、かかる集団の活動には枚挙に遑がない。彼らは清軍とまともに衝突しては敵わないと見て、東南沿海地帯や江南随一の巨大水面である太湖を活動の場として選択したため、海寇ないし湖寇と呼ばれた(4)。

たとえば、順治四年（一六四七）正月十三日、海寇一百艘余りが上海沖の海口に出現、内地の人々を震撼させた(5)。同十年には、海寇張名振が呉淞を犯したため、蘇州総兵官王燝《おうけい》を上海県小東門外に駐屯させたが、海寇は閔行鎮を襲撃し、略奪品を満載して出海した(6)。翌十一年には、賊が東溝・高橋・高家行・洋涇など沿海・沿江地帯の市鎮を攻撃・略奪し、提督張天禄が率いる緑営兵と激しく交戦している(7)。かような海寇の活動は康熙前半にまで及び、康熙二十一年（一六八二）三月五日にも海寇が濃霧のなか上海県の東岸に突入、緑営兵の反撃によって撃退された(8)。これら海寇は台湾の鄭成功と少なからぬ関係を有していたと考えられる(9)。一方、太湖の湖寇については、たとえば順治十七年（一六六〇）二月六日、湖寇が太湖東山の住民六百余家を焼き討ちし、多数を殺害して三十人ほどを連れ去った。その後も各地の商人・住民を襲撃し、太湖沿岸の木瀆《もくとく》鎮を拠点として活動をつづけたため、洞庭闔山《こうざん》の糧里であった呉義・沈丁明らは呉県衙門に赴いて、太湖の洞庭・東山で保甲を実施するよう願い出ている。[11] 康熙二年（一六六三）には、長興山の大盗張三が太湖に出入りして横山鎮・木瀆鎮を略奪し、富家の子弟を誘拐して身代金を巻き上げた。[12]

以上、挙例したように、清代江南デルタの地方志の順治年間〜康熙前半（十七世紀半ば〜十八世紀初）の記事の大半が、かかる海寇・湖寇など、清朝が創出する新たな秩序に服さない集団の活動に割かれていることは、当時の江南デルタ社会の治安が必ずしも安定していなかったことを意味する。かような状況のもとでは、地方官の治安上における最大の関心事の一つは一刻も早い海寇・湖寇勢力の掃討にあったはずであり、窃盗・強盗など一般犯罪については、局地的ないし場当たり的な対処はなし得ても、根本的な捜査・逮捕の体制を整えたり、犯罪予防的な手段を講じたりする余裕はほとんどなかったと考えられる。

かかる推測の当否については緑営の汛防制度の整備・展開——ここでは順治初年に上海県に配置された南匯営・川沙営[13]管下の汛を事例とする——から検証し得る。南匯・川沙両営は設置当初、それぞれ守備（正五品）を指揮官とし、千総（正六品）一・把総（正七品）二・兵三百を擁したが、康熙末までに南匯営は守備一・把総一・兵一百九十二、川沙営は参将（正三品）一・守備一・千総二・把総四・兵八百六十二に拡大・改編された。[14] 両営の兵士の多くは営が駐屯する堡城（南滙堡・川沙堡）内に勤務したが、一部は汛（墩を含む）に分遣された。図5-1は光緒『南匯県志』に見える「墩汛図」である。乾隆期までに南匯営は三十一個、川沙営は二十三個の汛を設置したが、[15] 年代別に見ると、内塘・外塘間の内墩十七個が明代と最も古く、その後、海岸線の東進に伴って康熙二年（一六六三）に外塘外側に外墩十七個を、順治・康熙年間に一団・四団・北六竃《そう》・下沙・行頭・魯家匯・閘《こう》港口・新場・杜

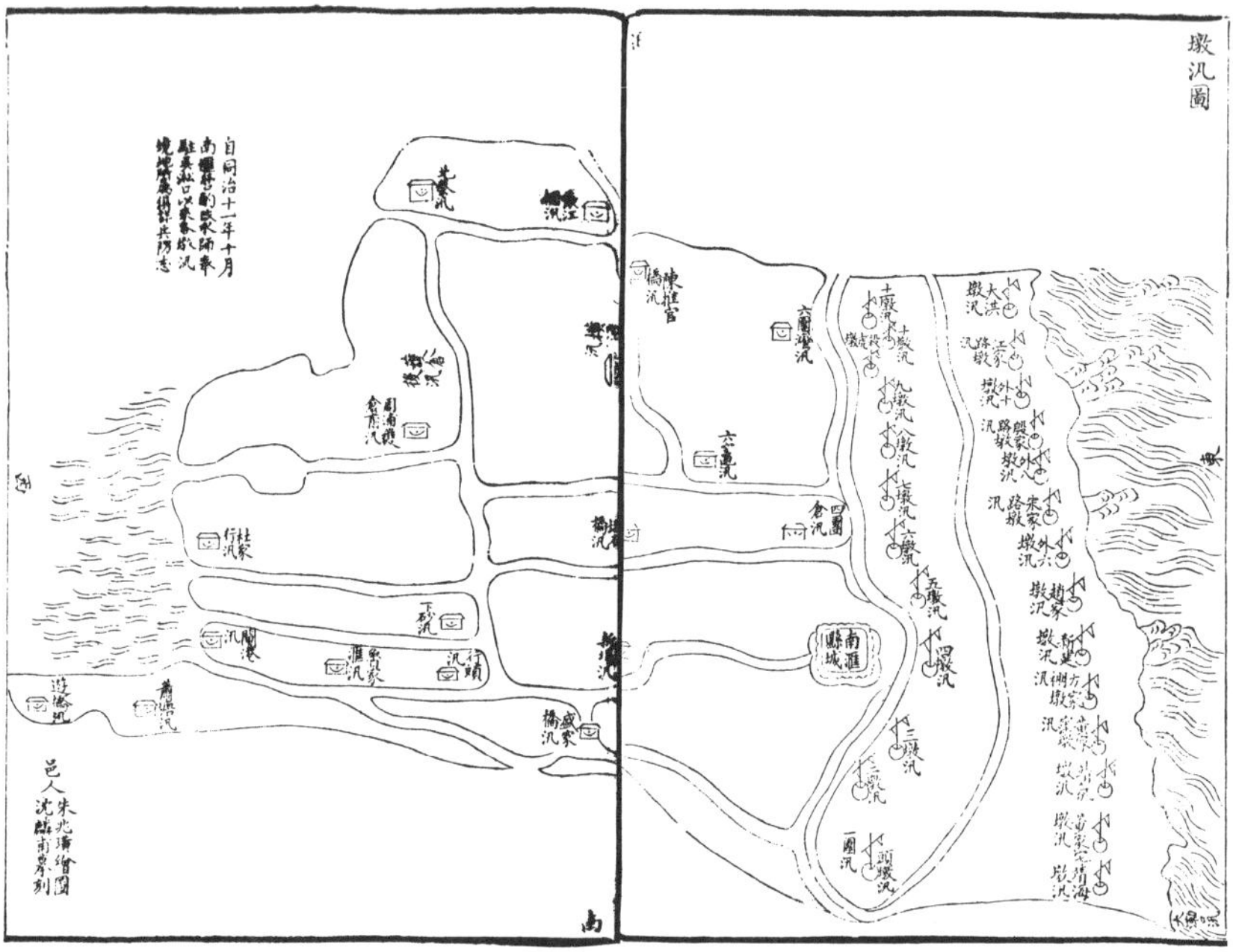

図 5-1　光緒『南匯県志』「墩汛図」

註）図中には外墩 14，内墩 12，汛 19 が描かれている。

家行の諸汛を相次いで設置した。さらに雍正五年（一七二七）に盛家橋・坦石橋の二汛[16]、乾隆三十一年（一七六六）に大勒口・二勒口の二汛と漸次増加していく[17]。かかる事例から判明するように、南匯・川沙両営管下の汛の大半は康熙年間までに設置され、沿海地帯から内陸に向けて整備される傾向にあった。これら沿海諸汛の主要な機能が対海寇警備にあったことはいうまでもないが、一団・下沙・行頭・新場などの諸鎮にいち早く設けられた汛は、岸本のいう郷兵など私的な暴力集団を解散させ、国家権力の広域的な秩序のもとへと一元的に統合する目的を有したという推測も可能かもしれない。順治年間～康熙前半の江南デルタの汛設置の特色の一つとして、沿海地帯および一部市鎮への設置を指摘し得るのである。

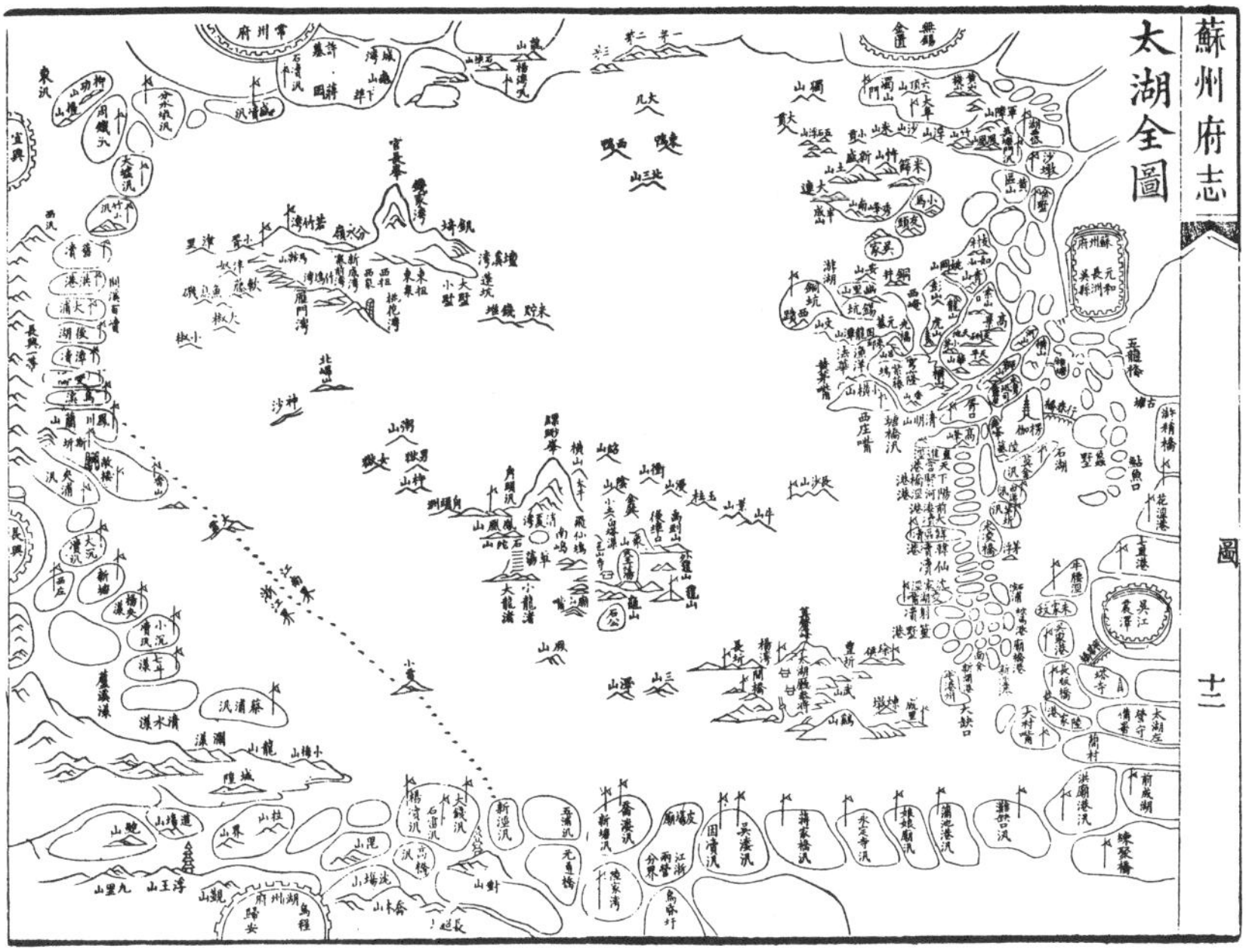

図 5-2　乾隆『蘇州府志』「太湖全図」

註）太湖の沿岸や湖中の島嶼に多数の汛（旗印）が見える。

太湖営管下の汛の設置と湖寇の弾圧

その一方で、湖寇の巣窟であった太湖に対する警備の強化も確認できる。まず康熙三年（一六六四）に湖寇を専門的に弾圧する部隊として江浙太湖営（指揮官＝遊撃、兵八百八十九）を設けた。雍正二年（一七二四）には旧江浙太湖営を中核として浙江太湖営（遊撃、兵四百二十五）を編成すると同時に、江蘇側にも太湖左営（参将、兵四百九十）・右営（守備、兵四百三十九）を増設して湖寇の根絶を図った。[18] これが雍正元年の上諭を発端とするものであり、湖寇に決定的な打撃を加えるに至ったことはすでに述べたが、[19] 清初以来の徹底した湖寇対策を概観すると、そこに湖寇の存在が極めて厄介なものであり、その弾圧・解散が治安維持上の最優先課題の一つであるという清朝の認識を十分に窺い得る。そして湖寇対策の有効な手段の一つが海寇の場合と同じく汛防制度であった。図5‐2は乾隆

『蘇州府志』に見える「太湖全図」である。湖寇の動静をさぐるため、沿岸のみならず、湖中の島嶼にも多数の汛が設置されていることがわかる。これら諸汛の機能とその有効性について呉荘「防湖論略」には、次のように記されている。[20]

太湖への水師の設置の目的は勿論、「防湖」であって「守山」ではない。湖岸の河口にそれぞれ汛を設けて瞭望用の墩台《ものみやぐら》を建てたが、肝要なのは巡船のパトロールである。盗賊は広大な湖面の救助が及ばない場所に多く出没し、民船を襲撃しようと窺っているからには、巡船が湖面になければ、だれが救助・追跡できようか。松江提督師懿徳は在任中、呉淞江・泖湖・澱山湖・黄浦江に多数の盗賊が出没したので、駅站・舗遞に倣って巡路を定め、「籤《わりふ》」を受け渡し、帳簿に到着・出発の日付・時刻を記載させ、遅延すれば罰を科した。汛も三里（約一・七キロメートル）・五里（約二・八キロメートル）ごとに配置した。かようにして巡船にパトロールさせ、事があれば即座に対処させたので、盗賊は次第に姿を消し、〔呉〕淞江一帯の水路も安寧を得るに至った。

呉荘はさらに引用部分の後で現在のパトロールが各汛のあいだを湖岸に沿って行うにすぎないとして、湖岸から離れた湖面をもパトロールするよう主張するのであるが、康熙末に松江提督師懿徳が実施した汛の巡船のパトロール方法の有効性はここに十分に表現されているといえよう。また太湖沿岸の汛の設置が「瀆《とく》」「漊《ろう》」「港」「浦」など水路七十二ヶ所、湖中の馬蹟山・西山・東山など島嶼二十五ヶ所、計九十七ヶ所にも及ぶことは[21]、清朝がどれほど太湖の警備を重視していたか、汛がいかに有用であったかを傍証するものである。

江南デルタの地方志によるかぎり、順治年間～康熙前半の汛はほぼ沿海地帯・太湖周辺にかぎって設置されているると断言してよい。清朝は、十六世紀半ば以来の国際商業ブームの盛り上がりのなかで、それを基盤に成長してきた商業＝軍事的新興勢力や、清朝の支配に抵抗する反清武装集団を鎮圧し、江南デルタ社会の治安を次第に回復・

安定させ、自らの創出する広域的な秩序のなかに組み込んでいったのである。かかる過程において汛防制度は沿海地帯や太湖沿岸での偵察活動やパトロールなどを通じて、江南デルタ社会の秩序回復の一端を担ったといえる。第二章、第三章で指摘した、康熙後半～乾隆初（十八世紀）における水路沿いへの設置をも考えあわせると、緑営の汛防制度の展開は近世国家の新たな治安の重点がどこにあったかを如実に反映するメルクマールたり得ることを示唆する。つまり明末清初についていえば、清朝は県レヴェル以上の都市での人心の収攬のほか[22]、沿海地帯や太湖沿岸で活動する海寇・湖寇など反清武装集団の掃討が急務であったこと、ゆえに農村部の治安回復までには十分には手が回らず、地方中小都市たる市鎮において「郷兵」など地方自衛集団を生み出す原因となっていたこと、その後、汛が市鎮に設置されるに伴って、「郷兵」などの暴力は必要でなくなり解体されていったことなどを推定できるのである。

三　太湖流域漁民と幹線水路の警備——十八世紀初～半ば

太湖流域漁民による強盗・窃盗案件

明末清初に猖獗を極めた海寇・湖寇の活動も、康熙二十二年（一六八三）の鄭氏政権崩壊、雍正二年（一七二四）の湖寇に対する徹底弾圧を直接的契機とし[23]、また緑営の汛防制度の展開とも相俟って次第に下火となり、江南デルタの治安は急速に回復していった。江南デルタの地方志もそれを裏づけるかのように、康熙後半から太平天国の乱直前まで特に目立った治安関連の記事を載せておらず、清朝政権は安定期を迎えたと判断できる。かかる「清朝の平和」の到来とともに、商人は明末にも増して商業・交易活動を漸次活発化させ、それが質・量ともに前代を遥かに凌駕するものとなり、就中江南デルタが未曾有の経済的活況を呈するに至ったことは周知のとおりである(24)。では当時江南デルタの司法官が感知・注視した犯罪とはいかなるものであったか。上述のごとく、それは主要水路内での商人・運搬業者に対する強盗事件であった。海寇・湖寇など反清武装集団による犯罪から強盗犯によるものへと次第に移っていったのである。これはある意味で江南デルタの治安の相対的安定を示すものかもしれない。かかる状況のもとで司法官はどのような人々を犯罪者・潜在的犯罪者と見なし、いかなる手段を講じたかを検討してみよう。

雍正年間以降の督撫の犯罪報告や地方志を見ると、清初以来の湖寇の猖獗の影響もあってか、太湖流域漁民と犯罪を結びつける事例が甚だ多い。換言すれば、太湖流域漁民に言及する場合、ほとんどが犯罪に関わる記載ばかりである(25)。これは当時の司法官や都市・市鎮の下級知識人層が太湖流域漁民に対して一定の先入観や懐疑の目をもって観察していたことを示唆しており、誠に興味深い。たとえば、雍正二年（一七二四）、浙江布政使佟《とう》吉図は「太湖は東南地域の巨大水面であり、……数府に跨って各処に通じているので、湖中には奸民《あくとう》が頗る多く、昼間は捕魚で生活をたてているが、夜間は襲撃強盗に早変わりする(26)」と述べる。ここでは太湖流域を俯瞰的に見て、「捕魚」する者、すなわち漁民が昼間に捕魚するが、夜間に強盗を行っていると断言する。布政使のごとき上級地方官は実際に漁民が犯罪に関わる報告を幾度も受けてきたのであろう。

文集・地方志から事例を拾ってみると、湖沼群が広く分布する蘇州府呉江県のものが多い。乾隆二十三年（一七五八）、蘇州巡撫陳弘謀は「〔蘇州府〕呉江県の七都〔鎮〕・八都〔鎮〕の白荘は漁船の大半が賊匪に関わり、小梁山とも呼ばれ、以前には官吏の逮捕を拒んだほどで、近日でも各漁船は依然として盗みを犯している(27)。渭字・称字・馬家・北乙・小和の諸圩には漁船が甚だ多く、事件が多発し、賊匪も少なくない。とりわけ渭字圩には寡婦の沈姓、別名「光棍小姐」がいて、馬快・刑房などと誼を通じ、たまたま漁船による事件が発生すれば、漁民を糾合し、

〔馬快らに〕銭文を握らせ、うまく処理してしまう」(28)と語り、太湖南岸の七都・八都両鎮、特に渭字・称字などの諸圩には、漁民が居住・生活する多数の漁船が集中停泊し、強盗・窃盗事件に関与したほか、「光棍小姐」と呼ばれる沈姓の女性が漁民を率い、馬快・刑房らとも関係を有して一大勢力を築いていたらしい。かかる記事は漁民中における女性の位置を考えるうえで興味深い一つの事例となろう。同じ呉江県の黎里鎮では光緒『黎里続志』に「嘉慶初、〔呉江県〕黎里鎮西郷の楊家港では、村民の多くが漁を生業としている。その船は一櫓両槳（一つの櫓《ろ》に二つの槳《かじ》）で、軽く掉《はし》ることまさに飛ぶがごときであった。昼に出て捕魚を行い、夜に盗賊になり、いわゆる「剪《せん》網船《もうせん》」と呼ばれるものである。楊家蕩で禍をなしたが、地方官府は捕縛できなかった。〔嘉慶〕十年（一八〇五）秋、知府（黄有蘭、湖南澧《れい》州人）が着任すると、ただちに親《みず》から督卒して頭目を捕縛し、漁船を破壊して、〔呉江営に〕詳文を送って汛兵を設け、巡徼（パトロール）させ、団保の法を立て、互いに監視させ、盗賊が隠れられないように提案した」(29)とある。呉江県東部に位置する黎里鎮西郷の楊家港では、漁民が船足の速い「剪網船」と呼ばれる漁船に乗り、昼間は捕魚、夜間は盗賊行為を行っていたことが語られている。この弾圧にあたった知府黄有蘭は、漁民対策の一つとして汛兵の派遣を求めている。なお団保の法の詳細は判明しないが、漁総のごとき疑似保甲ではなかろうか（次項を参照）。

　これとほぼ同じ記事が道光『分湖小識』（呉江県蘆墟鎮）にも見え、「分湖西南の楊家蕩はもとより盗賊の巣窟であった。その郷人の多くは漁を生業とし、いわゆる「剪網船」なるものがあって、百計を用い、一櫓両槳で軽く掉ることまさに飛ぶがごときであった。夜間に湖蕩に出没し、多くが横《ほしいま》まに強奪され、遠近から強盗事件を報ずる者が紛々と絶えなかった。しかし捕役は不正を行い、グルになって悪事を働いたので、卒《つい》に検挙できなかった。嘉慶十年秋、黄友《ママ》蘭知府が呉江に赴任すると、親から督卒して捕縛し、その船を破壊し、その頭目を梟首にしたため、〔盗賊行為は〕遂に息《や》んだ」(30)と、漁民が夜間に湖蕩に出没して強奪を繰り返したこと、捕役ら捕り手と結託して捕縛を免れていたことなどが指摘されている。

また光緒『平望続志』にも「呉江〔県〕は沼沢が多く、萑苻《すいふ》・張田・楊港の各区では、力《つと》めて保甲を編成し、なお実地調査して、はじめて渭字・稼字圩にまで達した。〔楊家か〕港南・港北は菱蕩（菱角を植えた蕩）が多く、両圩の民は多くが漁を生業とし、夜に出て暁に帰り、行き先は杳《よう》として知れない。……船は往々にして鋭い楕円形で、……あたかも疾駆するがごときである。はじめは肆《ほしいま》まに窃盗を行っていたが、継いで公務の者も襲うようになり、捕縛しようにも容易でない。〔したがって〕港外に柵を設け、出入りを稽査すべきである[31]」と記される。呉江県は域内に湖沼が広く分布し、太湖東南に接するという地理的環境の特色のほか、特に楊港――黎里・蘆墟両鎮でも言及された楊家港かと思われる――には後述のごとく非定住の船上生活漁民が多かったから、固定した家屋を基準として整備する保甲の編成が難しく、漁民は捕魚するとともに船を利用した強盗・窃盗をも行っていた。かような水上生活に慣れた漁民を取り締まるべく、港外に柵を設け、出入りをチェックしようというのである。

呉江県以外にも現在の無錫市にあたる清末『無錫斗門小志』では、太湖に濱する湖田地帯が凶作に見まわれた際について「民はみな紡織や捕魚を生業とする。悪むべきは市場の富商で、米価の値段をつり上げるため、飢民は生活に苦しむ。捕魚には必らず小船を用いるが、設《も》し窃《ぬす》まれたならば一家をあげて死を待つのみである。捕魚する人にも地方に害をなす者があり、小船で三々五々群をなし、黒夜に捕魚といいながら、水路で出会えば貨物を奪い、孤舟を狙って襲い、養魚池の魚や柴草などの物を盗むのである[32]」と語り、凶作時の米価高騰は、そもそも貧困生活を強いられている漁民に重大な影響を与え、自らの船を盗まれて捕魚もできずに飢餓に陥るか、あるいは捕魚と称して〝生存のための一手段〟としての強盗・窃盗に手を染めるか、究極の選択が準備されることになった。

船上生活漁民の疑似保甲と漁総

このように江南デルタの犯罪の多くが主に水面・水路で発生したため、犯人は実際に駕船に巧みな漁民であった、あるいはそうに違いないと、当時の司法官や知識人層から見なされていた。かかる認識の背景には陸上生活を営まず、流動性の高い船上生活をつづけ、日常生活においてほとんど接触することのない漁民に対する蔑視感（差別意識）・警戒感も存在したと考えられる。[33]

そもそも江南デルタ（太湖流域）の漁民を想定するとき、注意を要するのは、日本の一般的な漁村や漁民よりも、むしろ広島県の能地・吉和・二窓・豊島をはじめ、長崎県の五島列島や大分県などにかつて存在し、文字どおり「船をもって家となす」生活を営んでいた家船（エブネ・エンブ）と比較した方が理解しやすい点である。[34] なぜなら彼らもまた非定住の船上生活を送っていたからである。江南デルタの漁民に関する数少ない史料の一つである、清代『光福志』（呉県光福鎮）の記述を見ると、「水上生活する者は漁撈を生業としている〈呉（江蘇省南部）はもとより水郷であり、光福〔鎮〕もまた太湖の湖畔にある。漁をする者は十人中三、四人に及び、漁撈にたずさわる者が最も多い。……おもうに、厳寒の時期の漁業は、積雪結氷して、労苦は農耕より甚だしい。その漁撈の方法は、ある者は漁網で捕まえ、ある者は餌で釣り、ある者は澨滬《ぜいこ》で籪《かこ》いこむ。湖中の網船の最大のものは六扇篷《りくせんほう》（＝六桅《き》漁船）という。朱竹坨《しゅちくた》は「漁をする者は船をもって家となし、概ねよく豊かとなっている」と詠《よ》んでいる〉[35]」とあり、彼らが「船をもって家となす」水上生活を送り、漁網・釣餌・澨滬（捕魚の仕掛けの一種）を用いた漁撈を行っていたと述べる。二〇〇四～〇六年に筆者が行った現地調査でも、いまもなお高齢者を中心に船上生活をつづける漁民の存在が確認されている。ここでは六扇篷（六桅漁船、六本のマストを有する漁船）があたかも豊かであったかのように記しており、確かに漁民中で相対的に富裕であった可能性は否定できないものの、一般の漁民が極貧であったことは無錫等の事例で検討したとおりであり、さすればこそ〝生存のための一手段〟としての盗匪が選択されたのであった。ゆえに康熙二十三年（一六八四）、江蘇巡撫湯斌が漁税・丁銭を廃止したことは有名である(36)。

では「昼に出て捕魚を行い、夜に盗賊にな」ると認識されていた、非定住の船上生活漁民に対して、地方官府は何らかの対策を講じていたのか。ここでは疑似保甲ともいうべき漁総について検討しておきたい。漁総に関する史料は極めて零細なものに限定され、まとまった記載はほとんどないといってよい。かかる史料上の制約のなか、道光『治浙成規(37)』巻五、臬《げつ》政、「稽査漁匪各事宜」には、①浙江按察使台柱「呈詳為厳察漁船等事」（乾隆二十一年）のほか、旧詳案として②浙江按察使徳福「呈詳為遵批議覆事」（乾隆十六年）、③浙江按察使同徳「呈詳為遵批議詳事」（乾隆十八年）の計三つの呈文が収載されているから、時系列順に検討を進めていきたい。

まず②の冒頭には「漁舟の夜行を禁止し、船隻は双つの槳《かじ》を用いてはならず、葦蕩（葦《あし》が群生した水面）には水柵を設ける」と題した湖州知府の具稟が見える。かかる湖州府からの要請を受けた按察使徳福は「本司（按察使）が査べたところ、漁舟が匪賊となるのは〔江南デルタの〕どこにでも見られるが、湖州府一帯は最も甚だしい。稽査を密にしなければ黒夜に肆《ほしいまま》に擾害をなし、善良な人々は安住できない」と大意を述べたうえで、以下の諸点を提案する。ⓐ漁船が集結する場所には柵欄を設け、漁民は午前四時に出発、午後六時頃に帰柵とし、夜間の捕魚を許さない。ⓑ例に照らして、五人互結で字号を立て、各船の船尾には某県・某柵・某号・某人などと大書させた粉板（白い漆を塗った木板）を釘止めさせる。ⓒ漁戸から誠実な者を選んで漁総と称し、他の漁戸を不時に稽察させる。ⓓもし法に違うことがあれば漁総が捕縛し、漁総が隠匿すれば漁総および互結の漁戸とともに処罰する。ⓔ新しい船隻がある場合も帰柵編号させ、子船（捕魚用）・母船（居住用）の区別がある場合には母船にあわせて編号する。ⓕもし勝手に夜行して窃盗を犯す者があれば、漁総および互結の漁戸を重罰すると同時に、犯人を漁船集結の場所に枷示する。ⓖ双槳や櫓槳の禁止については緊急の公務や商旅の往来に影響を与えるからこれを採用しない。ⓗ葦蕩もすべてに水柵を設置するのは現実的でないため、逐一現地を調査したうえで柔軟に対応する。徳福は以上のように述べ、浙江巡撫永貴もこれらを杭州・嘉興等の府の水郷地帯に適用するよう通達を出している。つまり流動して水上生活を営む漁戸の漁船を、固定した柵欄に――あたかも家屋であるかのように――帰属させ、個々の漁戸を、漁総を中心とする疑似保甲に編成して、漁匪を取り締まろうというのである。

このわずか二年後、右の規定が弛緩してしまったためか、同様の問題が再び取り上げられる。③按察使同徳によれば、湖州府から巡検・県丞などの佐雜を派遣し、専門的に漁船の点検を行って欲しいとする稟文を受け取った。第四章と関わる佐弐・雑職の農村部への派遣である。これに対し、監察御史の某は「湖州府の窃盗が多いのは漁匪のせいである。保甲を編成し柵欄を設置しており、章程（規定）は定められたとはいえ、地方官は十分に施行しておらず、盗賊を除くことはできないでいる。佐雜を派遣して専門的に点検させるのはよいが、責任と賞罰を明らかにしなければ、不肖の佐雜が旧慣と見なすか、これを口実として事を起こすであろう」と佐雜の派遣には一定の懸念を示している。しかし同徳は有名無実となっている右の規定に実効性を附与するためにも、佐雜を派遣して緑営の汛弁とともに協力して点検させれば漁匪を取り締まれるだろうと佐雜の派遣に同意しつつ、一年以内に漁戸が法を遵守し、漁匪となる者がなければ佐雜の勤務評定に加味するなど、責任と処罰を詳細に規定し提案している。すなわち一定程度の懸念が示されながらも、佐雜の農村部への派遣の有効性が認識され、現実に実行されたのである。

さらに乾隆二十一年には①按察使台柱が②③の経緯を振り返ったうえで、次のように語っている。「ところが、近頃また漁匪が出現して憚るところがない。漁総が夜間に柵欄にもどらなかったことを報告することもなく、佐雜各員が不法の漁戸を捕縛したという報告も見ない」とまたもや制度がうまく機能していないことを指摘する。「主簿・巡検［などの佐雜］に命じてそれぞれの管轄区域内で逐一厳しく点検し、保甲を編成して帳簿を造らせよ」と述べているから、乾隆十八年の佐雜の派遣は実行され、なおかつ佐雜それぞれが自らの管轄区域を有し、区域内の漁戸の保甲の編成を担当していたことがわかる。

このように①〜③の呈文を検討してくると、地方官府が、流動性が高い水上生活を営む漁民たちの掌握にかなり苦慮していたことが判明する。船上生活を行う非定住の漁民を対象とするにもかかわらず、掌握の方法は一貫して陸上の農民と同じく保甲を編成しようとするものであった。そもそも保甲は動かない土地や家屋を前提とした制度であるから、[38]土地や家屋を持たず流動性の高い水上生活をつづける漁民に対しては有効ではなかった。そのため敢えて柵欄を設けて夜間には必ず帰柵させるという固定的な関係を作り上げ、それを基礎に漁総を任命するなど疑似保甲を編成しようとしたのである。そしてそれが弛緩し空文化してしまうと、県丞・主簿・巡検など佐弐・雑職や緑営の汛弁による点検を導入する。乾隆期において佐雑が県城外に明確な管轄区域を有していたこと、佐雑の職務内容に管内の漁戸の管理が含まれていたことは誠に興味深い事実であるが、陸上の農民を想定した制度のあり方がただちに立ちゆかなくなったことも厳然とした事実であった。流動性の高い者の掌握を苦手とする保甲の制度的限界が露呈したといえよう。ともあれ、雍正年間以降、太湖流域漁民は潜在的犯罪者として地方官府の注目を浴びることになり、その管理・掌握が試みられることになったが、有効な手立ては発見できなかった。

黄魚大王・滋泥大王ら盗賊集団による船舶襲撃事件

太湖流域漁民も含めて、十八世紀の江南デルタにおける犯罪の多くは水路で発生した。雍正三年（一七二五）に至ると、浙江巡撫李衛[39]（雍正五年に総督を兼任）が江南デルタ全域の本格的な水上交通の治安維持に着手する。雍正五年八月、李衛は江蘇・浙江の交界地帯で大規模な私塩を行っていた沈氏を捕縛した。沈氏は頭目徐二・張二・朱三宝らと大型船数百艘を連ねて武器をも携帯し、大量の私塩を運搬・販売していた密売集団の領袖であった。[40]当時の私塩集団はこのように武装して官吏にも堂々と暴力で抵抗したため、同じく暴力を有する緑営を前面に出さざるを得なかった。李衛は緑営の外委千総韓子儀（韓景琦）を指揮官とするパトロール船団を組織し、私塩集団を徹底的に弾圧したのである[41]。また松江提督柏之蕃の報告によれば、雍正六年三月～六月二十三日に管内で摘発された私塩は三十七件、没収された闇塩は二万五千七百余斛《こく》（清代一斛は約一百キログラム）、逮捕・接収された密売人は四十五名、運搬船は二十四隻を数えた。また同年六月十七日、金山営参将李必懋《りひつぼう》の報告では、金山県張堰鎮の航船（乗り合い船）の貨物を検査したところ、闇塩が発見され、かつ船の所有者はもと戸部郎中王国煒《おうこくい》の家人で、浦東場大使（塩場で塩の生産・販売にあたる）楊国英の甥も同乗していた。上海県七宝鎮でも蘇松巡道の差役が密売人として捕縛された。江南デルタで盛んに利用された日航船（昼間運航）・夜航船（夜間運航）は官僚・郷紳の家僕によって「包管（保証運営）」される場合がしばしば見られたようであるが、私塩に関わる場合も少なくなかったのである[42]。

かようにして李衛は江南デルタの治安維持に積極的に取り組んだが、雍正五年十二月初四日、突然に自らの職務怠慢を叱責する雍正帝の上諭を受け取ることになる。それは同年十月初九日に浙江省秀水県烏青鎮[43]地方で鴨嘴《おうし》船（船形が長く鴨の嘴に似ている）の襲撃事件が発生し、多数の人々が殺害されたにもかかわらず、なぜ犯人の黄魚大王・滋泥大王ら盗賊集団を捕縛・処罰しないかという厳しい内容のものであった。これに対し、李衛は次のように釈明する。

> この秋冬の盗案（強盗事件）の報告中にかかる事件は見あたりません。嘉湖道以下の各級文官、ならびに緑営の協・営・汛に通達して犯人の緊急逮捕を厳命したほか、さらに身内の者を商人に変装・捜査させましたが、「昨年の秋冬に烏鎮付近で事件は発生していません。ただし帰安県の含山地方で八月六日に船舶襲撃事件がありました……」とのことでした。さきに江蘇省の総督・巡撫・提督に密かに咨文《しぶん》を送って捜査への協力を依頼し、また蘇州・松江二府の各地や太湖・泖湖にも密偵を派遣したところ、江蘇省でも昨年正月二十七日に震沢

県濫渓《ママ》[44]地方で塩商人の汪姓[45]が襲撃され、一人が負傷し、汎船（巡船）が焼かれたことがあっただけで十月の事ではありません。……烏鎮を貫流する濫渓《ママ》は蘇州―杭州を結ぶ主要水路であり、官塘（江南運河）に較べて四十里（約二三・二キロメートル）ほど短いため、〔駅站の〕站船〔が江南運河を利用するの〕を除けば、他の客商の船舶はみなこの近道（濫渓《ママ》）を好んで航行し、日夜絶えることがありません。もし大盗賊が十数人を強奪・殺傷したならば、必ずや遠近に伝聞が広まるはずでありましょう[46]。

この史料から①太湖・泖湖など巨大水面や主要交通路たる水路を航行する航船をねらった襲撃強盗事件の頻発（地理的環境の特殊性）、②行政上（江蘇・浙江両省）の交界地帯に立地する市鎮＝烏鎮を舞台とした犯罪の発生（行政区画上の問題）、③被害者が貨物を運ぶ徽州商人であったこと（被害者の属性＝大量の貨物を搬運して移動する客商）、④汛の水路網への設置とパトロール（汛防制度＝警察機構の展開）、以上を断片的ではあるが再確認できる。この引用部分以外にも、烏鎮にほど近い厳墓鎮に居住する窩主《どろぼうやど》の周永明や、「漁船盗賊」の坐主《ボス》の挙人金士言らをあげ、彼ら市鎮在住の窩主・坐主が盗賊を庇護しているとする。こうした盗賊の横行の裏側に市鎮在住の知識人の存在が見られることは興味深い。地域社会の治安維持に尽力せねばならない立場にありながら、逮捕者が出れば大金を惜しまず救い出し、科挙有資格者として知県と親しく交際できるのをよいことに、江蘇・浙江両省の捕役が省界を越えて盗賊を追跡できないように石碑すら立てさせていたという[47]。

北方の犯罪と南方の犯罪

ここに登場する窩主と犯罪の関係について、李衛は別の犯罪報告中で、北方と南方を対比させながら、以下のように述べている[48]。

北方は陸路の盗賊が多く、窃盗・強盗はつねに夜間に発生します。一更（午後八時）に出発、二更（午後十時）に集合、風下で様子をさぐります。必ず三更（午前零時）以降、人々が寝静まるのを見計って家に押入り、銀銭・衣料・家畜を梱包して盗み出します。この頃すでに五更（午前四時）であります。ここから夜明けまでに逃走しますが、騎馬で二十里（約一一・五キロメートル）、徒歩で十里（約五・八キロメートル）逃げるのがやっとで、東の空が白むと人々が起き出して路上を往来します。もし盗賊が盗品を持って牛馬を牽くのを見れば、ただちに大挙して縛り上げるか、風聞が広まってしまうのです。十〜二十里の内に窩主がいなければ盗賊は隠れようがないわけで、これが北方では窩主が必ず近くにいる理由です。一方、南方の水郷地帯では水路網が複雑で、小舟はさらに盗賊行為をわかり難くします。よしんば正面に向かいあっても、さっと行き過ぎるので、事が露見しないですむからです。なお、盗むのは米などの穀物・生絲・棉布・塩漬けの魚・羊・豚〔などだれでも持っている物〕で、貴重品のごとく〔自分の物だと〕見分けのつく物ではありません。また市鎮の近くでは窩主・奸民が小店舗や屠殺業を営んでいて、生絲など品物の収買の札を公然と掛けています。五更、盗賊は品物を持ってくると軽く三回門を敲く。これが合図で、窩主はすぐ戸を開けて品物を見定め、わずかに市価の半値で買い上げる。被害者は自分の物だと思っても〔証拠がなく〕口に出せない。装飾品や衣類は中古品と称し、牙人（仲買人）が小舟で別の場所に搬運して売り払う。このように南方の窩主は遠かったり近かったり一定せず、足跡を残さないので、追跡は誠に困難なのであります。

当時、李衛は浙江総督であるから、史料中の南方とは江南デルタを念頭に置いていると考えてまず誤りない。そして江南デルタの犯罪態様は北方のそれと比較するとき、当該地域の社会的経済的な特色を色濃く反映している。米穀・生絲・棉布など、江南デルタの主要な農産品・手工業製品を強奪した盗賊は、巧みに小舟を駕して、ただちに市鎮へと運び込む。盗賊集団にとって市鎮は盗品を確実に現金に換えられる〝場〟であったに相違ない。県城レヴェル以上の都市に比べて、市鎮は官の統制・監視が十分ではなかったからであろう。[49] 当然に市鎮には盗品を買い上げる商人があって、盗賊から市価の半値で仕入れて他の商品に紛れ込ませて販売し利益を上げていた。さきの史料で見たように、なぜ市鎮在住の知識人層のなかに盗賊を庇護する者があったか、判然としない部分が多いが、やはり商品経済・貨幣経済の進展と少なからぬ関わりがあったのかもしれない。かくして市鎮にあって犯罪行為を助長し、そこに利益を見出そうとする知識人・商人があるかぎり、大量の商品を搬運して頻繁に往来する客商や運搬業者は、一攫千金をねらう盗賊にとって手頃な標的でありつづけたに相違ない。第三章において筆者は、江南デルタ市鎮を中核とする地域社会の治安維持に指導的役割を果たしていた市鎮の下級知識人・商人層に論及したが、ここではむしろ盗賊と一定の関係を持つことで江南デルタの裏社会に君臨する知識人・商人層の姿と、江南デルタ特有の犯罪の「再生産」構造を垣間見ることが可能なのである。[50]

周辺農村からの労働力の流入と犯罪

黄魚大王・滋泥大王ら盗賊集団に話をもどそう。[51] 署江南総督范時繹の報告によれば、雍正六年（一七二八）六月初四日、緑営の千総李朝宣・把総張文栄が蘇州上新橋地方で盗賊の一味魯三を逮捕したところ、その供述から黄魚大王・滋泥大王らの所在が判明した。そこで城守営副将張玉金・把総呉璉・把総楊明らが盗賊の拠点に急襲をかけ、黄魚大王＝徐盛、滋泥大王＝希貴卿、二大王＝夏士標らの捕縛に成功する。しかし三大王＝魯君選、貴卿の息子希元長、孫の希麻子らは呉江県地方に強盗に出ていたため逮捕を免れた。この盗賊集団は省境の楓涇鎮・烏青鎮一帯を中心に江蘇省丹陽・常州・太倉・崑山・呉江、浙江省嘉興・湖州など、江南デルタのほぼ全域を活動範囲とし、商人や運搬業者の船舶を頻りに襲撃していた。ここで注目すべきは希貴卿が江寧秣陵関、魯君選が三里湾、夏士標が安徽省太平府当塗県李崗頭地方と、江南デルタ周辺地域の出身者ないし居住者であった点である。

かかる事実は一体何を物語るか。それは第一章で述べた、清代の最も巨大な社会変動＝人口爆発との関わりを想起せしめる。清代の人口爆発については、何炳棣・葛剣雄・濱島敦俊・曹樹基らが論じており、①十七世紀初頭に中国の人口は一つのピークを迎え、一・五億〜二億に達したこと、②明清交替期の自然災害と戦乱は人口の減少をもたらしたが、清代に入ると人口は再び上昇に転じ、康熙三十九年（一七〇〇）に一・五億に回復、乾隆四十年代（一七七〇〜八〇）に二・八億に達したと推定されること、③かかる人口の激増を支えたのは水稲の技術改良、新大陸からの甘藷・玉米・落花生の導入、珠江デルタ・内蒙古・東北地区の開発であったことなどを指摘している。(52)

では清代の人口爆発は江南デルタの場合、どのように現象したか。巨視的に見たとき、江南デルタの人口も増加していたことはほぼ間違いないが、明中葉にすでに人口飽和状態・人口圧力を経験していた江南デルタでは、人口増加といっても自然増よりむしろ社会増（人口移動）の貢献度の方が高かったと推定される。とりわけ蘇州や松江など大都市圏には周辺農村から析出された大量の余剰労働力が流入していた。そしてかかる農村の安価な労働力をもとに資本の蓄積と成長をつづけた産業部門として、かつて横山英・寺田隆信が検討した踹《せん》布《ぷ》業（棉布のつや出し業）があげられる。その労働者はこれまで踹布職人と呼ばれる場合が多かったが、実際には職人と呼べるほどの技術があるわけではなく、単純な力仕事に従事する肉体労働者にすぎなかった（したがって、以下では踹布業労働者と呼ぶ）。彼らは江寧・太平・寧国など、主に江蘇省南西部・安徽省東部の農村から移動してきた出稼ぎ人で、「包頭」＝踹布作業請負業者のもとに統率されていた。人数も康熙末には総数一万人、雍正年間には二万人を上回ったともいわれている。(53)彼らの着実な増加は江南デルタの人口の社会増を典型的に表現していたと考えられる。

ところで、踹布業労働者の出身地は奇しくも黄魚大王・滋泥大王らのそれと一致するが、果たして偶然であろうか。かかる点について李衛は「さきに大盗賊の奚《ママ》貴卿がこっそり〔踹布業労働者を〕唆し、機会があれば悪事をなそうとしたが、いま貴卿が捕縛されたので、その一味は逃げ散り、この〔踹布業労働者の〕なかに紛れ込んでいる」と述べて、盗賊集団と踹布業労働者の密接な関係を強調する。また雍正元年（一七二三）十月二十九日夜に太倉州で発生した聶《じょう》士林の船隻の襲撃事件（表3-2のE）でも、犯人の一人倪《げい》正立は江寧県尹村の出身で、かつて呉江県で踹布業に従事していたことがあった。この倪正立と事件を起こし逃亡した魯君先は、黄魚大王の一味三大王＝魯君選の可能性が高い（先〔xian〕と選〔xuan〕は発音が似ている）[55]。つまり江南デルタ周辺農村から大都市圏への出稼ぎ労働者は潜在的犯罪者と見なされ、近世国家権力の重大な関心を集めるに至ったのである[56]。踹布業労働者の動静はまさに江南デルタの治安の安定を左右するカギとなった。次節では踹布業労働者と近世国家権力との関係について検討を加えることにしよう。

四　蘇州踹布業労働者とその監視体制の確立――十八世紀前半

清代蘇州踹布業の監視・抑圧体制と出稼ぎ労働者の犯罪

清代蘇州の踹布業に関する研究はすでに豊富に蓄積されている。その問題関心はいわゆる「中国資本主義萌芽論争」の盛行のなかで経営形態のあり方に重点が置かれ、中国農村手工業の発展に踹布業をいかに評価して位置づけるかが議論の中心にすえられてきた[57]。そこでは当然に基本的生産関係たる布商（棉布問屋）・包頭・労働者の三者関係にも説き及んでおり、たとえば横山英は康熙四十年（一七〇一）の「坊長制」、同五十九年（一七二〇）の「坊総制」[58]という近世国家権力・布商・包頭による二つの労働者抑圧体制を検討し、「〔布商は〕官憲の権力を露骨に利用して包頭および踹布職人に対する支配を維持し、それによって踹布業全体の支配を実現した[59]」と指摘している。

このように踹布業労働者の監視・抑圧体制についてはすでに検討されているが、ここで敢えて再び俎上に載せることとしたい。その理由は、第一に、これまで監視・抑圧体制に言及したとしても、それはあくまで踹布業の経営形態の解明をめざすものであって、犯罪者と近世国家権力による監視・抑圧との関係をさぐろうとする視点が微弱であること、第二に、浙江総督李衛が実施した新たな監視・抑圧体制「坊長―坊総制」はほとんど検討されてこなかったこと、以上の二点にある(60)。

まず踹布業労働者と犯罪に関する記述から再検討してみよう。康熙四十年に布商の要請で地方官が建立した石碑には「いま殺人を犯して法に服した者は一人として踹布業労働者でないものはない(61)」とある。また雍正元年（一七二三）に蘇州織造胡鳳翬《こほうき》が「強盗事件が発覚すれば、〔犯人は〕つねに踹布業労働者のなかにある(62)」と語るように、踹布業労働者は殺人・強盗など凶悪犯罪の犯人ないし潜在的犯罪者と見なされていた。これは江南デルタの治安の相対的安定とも相俟って、近世国家権力の感知・注視する犯罪が大都市圏へと移動した出稼ぎ労働者による強盗・窃盗事件へと移りつつあったことを示している。

ここで二つの監視・抑圧体制を概観しておく。坊長制は踹布業労働者取締りの責任を負うていた包頭を組織して制度上の責任者として位置づけたものである。包頭は十人で一甲を編成、一人の老練な者を選んで坊長とした。坊長は甲内の各包頭に循環簿なる帳簿を作り、労働者の本籍・保証人・就業日・退業日を毎月初に報告せしめた。一方、坊総制は坊総―甲長―包頭―坊長―労働者の組織からなり、坊長制に比して制度的にも整備されたが、包頭の責任は巧みに回避されていた。坊長は包頭が経営する各作業場の管理者であるが、これは包頭が複数の作業場を所有する場合に労働者を確実に掌握するために設けたものである。包頭は十二人で一甲を編成し、毎月輪番で甲長となり循環簿を管理した。さらに包頭から老成練達な者を選んで坊総に任じ、各甲を総括させた(63)。

これら二つの監視・抑圧体制の性格は従来いかに理解・評価されてきたか。まず横山は「〔坊総制は〕康熙四十年の「坊長制」の如く事実上の支配・従属関係とは一応別個の組織となり、制度自体が独自性をもった取締組織となったわけであって、形式的・制度的に整備された取締体制であった[64]」と評価し、踹布業労働者は厳しい監視と制限のもとに置かれたとする。ただし「制度自体が独自性をもった取締組織となった」との文言がいかなる意味なのか、いま一つ判然としない。寺田隆信も基本的に横山の評価を継承しつつ「これらの取締り体制をつうじて、包頭の役割が強められ、それが官憲によって制度化されるとともに、その従属関係は、一層強化される方向にあった[65]」と述べて、坊長制から坊総制への発展の意義を強調する。さらに横山は雍正九年（一七三一）に実施された「坊長—坊総制」についても、それまでの加工賃値上げ防止の観点から労働者弾圧体制を問題としたのとは異なり、刑事事件の防止それ自体、すなわち治安維持のための立法措置の立場から問題としたものであったが、これはあくまで表面的なものにすぎず、本質的にはこれまでどおり労働者の経済的要求を弾圧するための取締体制であって、賃上げ闘争を弾圧し、布商の利益を擁護する意図があったとし、実際には坊総制を蘇州府全体に統一的に確立しただけで、新しい点はなかったと断じている[66]。

雍正九年「坊長—坊総制」の再検討

かかる理解・評価を検証するために、ここで雍正九年の「坊長—坊総制」を再検討してみよう。その実施の背景には上述のごとく、滋泥大王＝希貴卿の残党が踹布業労働者のなかに紛れ込んだことがあった。以下では、李衛の九ヶ条にわたる提案のうち、本節での検討に直接に関わる七ヶ条について整理してみる[67]。

①労働者取締専門の文武官の設置：これまで労働者を専門的に取り締まる文官はなく、武官も千総が楓橋鎮に駐箚するにすぎなかった。そこで蘇州府経歴（文官、正八品）を社壇に駐せしめ、緑営の武官と協力して労働者を取り締まらせる。また蘇州城守営には守備一・把総二を新設し、「踹坊（作業場）」の最も多い社壇に守備一・把総一

を、黄埭《こうたい》鎮に把総一を分遣し、汛を設置して駐箚させる。楓橋鎮には従来どおり千総を配置する。半塘・南北濠・陸墓・王家角・長蕩河・冶長・許家湾・新塘橋などにも汛を設けて[68]、外委・汛兵に巡邏を実施させる。なお、ここに登場する楓橋鎮・社壇・黄埭鎮の三汛は本書でいう大汛、半塘以下の諸汛は小汛に相当する[69]。

②蘇州緑営営制の改革：蘇州城守営を二軍制から三軍制へ改編する。そのうち中軍は旧左軍の守備一・西城汛千総一（城内の諸汛を管轄）、周荘鎮汛把総一、木瀆鎮汛把総一、沙河汛把総一、左軍は新設の守備一・社壇汛把総一、黄埭鎮汛把総一、旧設の楓橋鎮汛千総一、滸墅関《こしょかん》汛把総一とし[70]、蘇州巡撫の指揮下に置く。すなわち中軍は蘇州城の東、左軍は西を、大型市鎮を中心に警備する。これら諸汛はすべて大汛で、管下に複数の小汛を有していた[71]。かかる汛兵の分遣という特色からすれば、この改編は軍隊というより、むしろ警察機構への機能的な変化と評価した方が適切であろう。

③「坊長―坊総―甲長―包頭―労働者」と下る疑似保甲の編成：約四百五十ヶ所に及ぶ蘇州の踹坊は東園・西園・北園・桑園・檀香堂・荷花池の六つの「坊」に分かち、それぞれ坊総一を置いている。包頭は十人で一甲を編成し、毎年輪番で甲長となる。さらに三ヶ月交替の坊長四を設けて坊総を監督させる。甲長が匪類を雇用すれば坊総の責任、坊総が任務を怠れば坊長の責任とする。

④坊主による労働者の管理・監視：滋泥大王＝希貴卿の残党捜索のため、労働者の雇用にあたる坊主は、坊長・坊総とともに踹石（踹布用の石塊）の個数、労働者の本籍・来歴・保証人・犯罪の有無などを調査し、帳簿（循環簿か）を駐防の文武官に提出する。

⑤労働者監視の強化：停工の日、労働者を厳しく監視する。指示に違う者は坊主・坊総が駐防の文武官に報告する。また労働者の集合場所を巡視し、集まりさわぐ者があれば、捕縛・枷示する。

⑥包頭に対する指導の強化：各「坊」には約五十～六十人の包頭がいるが、必ずしも淳良でないから、駐防の文

武官は労働者の平日の行動から包頭の優劣を判断し、もし監督不行届があれば、革退して二度と包頭に充当させてはならない。

⑦松江府の労働者取締り体制：松江府の踹坊は六十六ヶ所あり、労働者は約一千一百人にのぼる。雍正八年六月三十日には労働者の俞天聚らが賃金値上げを叫んでビラを撒き、家屋を破壊する事件が発生した。今後、婁県（松江府城に附郭）で疑似保甲を編成し、厳しく監視するとともに、同県の典史と松江城守営の把総に監督させる。

①〜⑦の李衛の現状説明および提案は、主に監視・抑圧体制への緑営＝警察機構の大規模投入（①②）と、疑似保甲たる「坊長―坊総制」の整備の二点を骨子とするものである。では以下、後者から検討をすすめていくことにしよう。

労働者の直接管理は④⑤に登場する坊主が行った。坊主は労働者の雇用・解雇に関わり、日常生活の世話・監視に重要な役割を果たしている。坊主は坊総制の坊長に相当すると考えてよかろう。

③の記載から包頭は十人で一甲を編成、年輪番制で甲長に充当されたことがわかる。これは坊総制の甲長が包頭十二人の月輪番制になっていたのと異なる。ただしその職務は坊総制の甲長が循環簿を管理し、甲内の労働者を掌握するのと同様、労働者雇用に関わると推定される。職務ではなく編成・勤務方法の改革が実施されたといえよう。編成上では坊長制の坊長に類似すると考えられ、坊総制の欠点が修正されたかのようである。坊総制の月輪番制では期間が短すぎ、責任の所在が曖昧になったからではなかろうか。

また③は横山の坊総制理解に若干の訂正を迫る。そのカギとなるのが「六坊」の語である。この「坊」が踹坊＝作業場の意味でないことは一目瞭然である。ここでは踹坊の集まった地域ブロックの意味で用いられていると考えられ、六ブロックに約四百五十ヶ所の作業場があったから、各ブロック平均七十五ヶ所の作業場があった計算となる。⑥では各「坊」に約五十〜六十人の包頭がいたとあるので、半数弱の包頭が複数の作業場を持っていた可能性がある。その各地域ブロックの代表が坊総であった。しかもこれは提案でなく、あくまで現状を述べているのであるから、坊総制の開始と同時に地域ブロックが編成され、坊総が選出されたと考えられる[72]。

これら地域ブロックの統轄者が坊長であった。これまで坊長の名称は複雑な用い方をされ、坊長制では包頭十人の代表、坊総制では包頭のもとで各作業場の監督を行う者をさした。「坊長―坊総制」の坊長はまさに蘇州踹布業全体の総責任者に位置づけられたのである[73]。

雍正九年に李衛が提案した「坊長―坊総制」は坊長―坊総―甲長―包頭―坊主―労働者と下ってくる組織を持つ疑似保甲であった。十八世紀の全国的な人口増加を背景として、周辺農村から江南デルタ大都市圏へと移動した出稼ぎ労働者は、多くが何の技術も要さない単純肉体労働の踹布業に身を投じて日銭を稼いだ。彼らの生活は常に不安定で、わずかな米価の上昇、工価の下落でも影響を受け、強盗事件などを惹起する場合も少なくなかったろう。近世国家権力からすれば、かかる出稼ぎ労働者こそ原籍地に駆逐し、保甲に編成して管束する必要があったのだが、実際にいかに原籍地へ送りかえすかという技術的な問題のほかに、彼らの人数の多さと流動性の高さ、そして何より踹布業を支えていたのが彼ら出稼ぎ労働者であったという現実がこれを不可能にしていた。そこで選択されたのが移動・移住先における疑似保甲の編成である。これは労働者が犯罪を行わないかぎり原籍地に駆逐せず、移動・移住先での居住・就業を許可することを前提に、在地の一般の保甲制とは切り離して疑似保甲を編成し、包頭・坊主らの責任のもと、労働者を固定・監視しようとしたものであった。当初は包頭十人から坊長一名を選出する極めて単純なものであったが（坊長制）、康熙末には六つの地域ブロック＝六「坊」が編成され（坊総制）、雍正年間には各地域ブロックの代表＝坊総の上に坊長が設けられた。蘇州の踹布業労働者の疑似保甲には個々の踹布業者から各地域ブロックへ、さらに地域ブロックの統合へという制度的な発展の図式を見出すことが可能である。これだけ疑似保甲が巨大化した背景には、周辺農村から大都市圏へと向かう余剰労働力の移動（江南デルタにおける社会増の貢献度の高さ）、かかる農村の安価な労働力を吸収し得る（技術・教育などを必要としない）踹布業の存在（雇用機会の創出と新規参入の容易さ）、同郷関係など出稼ぎネットワーク（踹布業を支える安価な労働力の提供）と踹布作業場を中心とした出稼ぎ労働者の集住ブロックの形成（農村からの移動者の都市生活への適応を容易にする）などの要因があったからにほかならない。

しかし近世国家権力による監視・抑圧を問題とするとき、疑似保甲の編成・整備を指摘するだけでは十分とはいえない。なぜなら踹布業労働者は漸次増加しつつあっただけでなく、その仕事内容とも相俟って強壮な者が多く、実際に殺人・強盗など凶悪事件に関わる場合が少なくなかったからである。さすればこそ警察機構＝緑営は大規模に投入されたのである。よしんば彼らの行動が経済的要求から出ようとも、労働者は要求を達成できねば打ち壊しなど手荒な行動に出たのであり、かような状況下では近世国家権力の武力を有する警察機構の介入は不可欠であった。

最初の坊長制では緑営の介入はほとんど確認されず、わずかに蘇州城守営が県の典史とともに巡邏を実施するにすぎなかったが、坊総制になると、踹坊（作業場）が集中する蘇州西門外の楓橋鎮に汛を設けて把総を駐せしめ、(74)より直接的な監視・抑圧体制を築きはじめる。楓橋鎮汛把総の任務は汛兵・巡役を統率し、管轄区域を分けて踹坊を昼夜巡回し、棉布の持ち逃げ・賭博・喧嘩・ストライキなどがあれば、ただちに犯人を捕縛して県に連行するというものであった。(75)そして雍正九年（一七三一）に至ると、さらに大規模な介入に踏み切る。①②および上奏の冒頭部分で緑営による労働者取締りを語るから、これが改革の重要な位置を占めたことは明白である。旧来の楓橋鎮汛はそのままに、社壇汛と黄埭鎮汛が増設され、労働者の監視にあたることになった。とりわけ社壇汛に守備までもが駐箚している点は注意すべきである。一般的に守備が大汛に配置される事例は極めて稀れで、府城・県城レヴェルの城守汛に準じた措置であり、社壇汛がいかに重視されていたかがわかるからである。これら三つの大汛の管下には、それぞれ約十個の小汛＝駐在所ないし派出所があり、合計三十前後もの小汛が踹布業労働者の作業場・居住空間に設置されるなど、多数の兵力が投入された。かかる暴力装置の存在を前提に「坊長―坊総制」ははじめて十分に機能を発揮し得たといっても過言ではない。

以上、清代蘇州の踹布業労働者の監視・抑圧体制について検討を加えてきたが、それは疑似保甲と汛防制度が併用されてはじめて十分に機能するものであった。とりわけ汛が近世国家権力の治安上の最重要課題と密接に連関して展開されたことは、これまで本書のなかで縷々述べてきたとおりである。然りとすれば、雍正年間の蘇州にかくも多数の汛が設置されたことは、とりもなおさず近世国家権力が踹布業労働者＝周辺農村からの出稼ぎ労働者を凶悪事件の潜在的犯罪者の根源と見なし、徹底的な取締りを図っていたことを物語るものといえよう。

五　江南デルタ開発・発展の全体史と犯罪取締りの歴史

江南デルタの「犯罪取締りの歴史」

これまで清前中期（順治～乾隆年間）の犯罪取締りの変遷について検討を加えてきた。その結果、ほぼ以下のような見取り図を描出することができた。①順治～康熙前半（十七世紀中葉～末）は明清交替期の激動から次第に清朝の支配確立へと移行する時期にあたる。当該時期は江南デルタ社会が清朝の創出する広域的な秩序のもとに収斂されていく時期と理解することが可能であるが、一方で、南明政権（一六四四～六一年）を支持し、正統性イデオロギーに固執する暴力・武装集団が沿海地域や太湖周辺で抵抗をつづけていた。これらの海寇・湖寇の弾圧こそが地方官の最大の課題の一つであり、これに対応するかたちで警察機構＝汛防制度が配置・展開されていった。②康熙後半～乾隆初（十八世紀初～中葉）は、康熙前半までの海寇・湖寇の鎮静化を受けて、地方官の注視・感知する犯罪形態が漸次反清活動から強盗・窃盗事件へと移っていく時期にあたる。これは清朝支配の浸透＝「清朝の平和」の到来、それに伴う治安の相対的な安定を示すものである。この時期、江南デルタの主要交通路＝水路で発生した強盗・窃盗事件は主に太湖流域の船上生活漁民ないしは踹布業労働者の犯行と見なされ、結果として疑似保甲や汛防制度など、犯罪取締りの装置が整備されることになった。

かかる検討結果を「犯罪取締りの歴史」として説明しようとすれば、そこには中国近世における旧来の国家権力の地域社会からの消滅と、新たな国家の地域社会への浸透の過程を見出すことが可能かもしれない。かつて岸本美緒が論じたごとく、旧来の明朝政権が江南デルタ社会の舞台上から突然に姿を消す。この国家権力の消滅という未曾有の事件のなかで大小様々な暴力・武装集団が出現・抬頭し、個々に自らがめざす秩序を模索して衝突を繰り返す。新たな国家権力の担い手として清朝が舞台上へと登場してくると、かかる暴力・武装集団は自然ないし暴力を伴った強制的な方法で解体が進み、広域的な秩序のもとに再び統合されていく[76]。そして一定の秩序が構築されると、清朝はさらに一歩進んだ治安維持へと乗り出す。緑営という軍隊の分遣、すなわち近世国家における警察機構の誕生ともいい得る汛防制度の成立・展開である。本来的には、汛防制度は反清武装集団や各地の中小暴力集団の動静の偵察を任務とし、鄭氏政権と深い関係を有した海寇、南明政権と関わる湖寇の鎮圧に一定の成果をあげたと考えられる。「清朝の平和」の到来とともに商業化が進展し、人や物の移動が激化してくると、急速な経済的発展を遂げた江南デルタでは他地域に比較して強盗事件など対物犯罪の発生頻度が高かったから、汛防制度はその後も継続というより、むしろさらに広域的に展開され、強盗事件をはじめ広く一般犯罪の捜査・逮捕にあたるのみならず、主要交通路たる水路を往来してハイウェイパトロール的な巡邏活動をも担うことになった。つまり犯罪に対する事後だけでなく予防措置的な役割をも果たすに至ったのである。かかる点に着目すれば、ここに警察機構の萌芽

――勿論、軍隊と完全に分離し、司法・政治・衛生などをも任務とする近代警察とは性格的に大いに異なるが――を見出すこともあながち誤りではなかろう。

序章でも述べたとおり、「中国警察史」的な先行研究においてすら汎防制度はほとんど言及されることがなかった。そこには緻密な研究成果というより、むしろ近代警察は西洋から輸入されてきたものであるという暗黙の前提があり、近世国家が十六世紀以来の商業化・流動化した社会を自らの存立基盤としながら立ち現れてくるなかで、同じ背景を抱えながら出現してきた近世的犯罪と犯罪者（集団）にいかに対応しようとしたかを追究しようとする視角はなかった。

本書でこれまで分析してきた、近世国家に萌芽した警察機構である汎防制度は、乾隆年間に基本的な整備を終え、清末を迎えるまでほとんど変化していないといってよい。むしろ以後は犯罪者（集団）や関係者の身柄を拘禁する空間、増加しつづける窃盗に対する処遇が重要な課題として浮上してくる。これらの問題は次章以降で検討することとし、江南デルタの汎防制度を中心に犯罪取締りの特徴を整理しておけば以下のようになろう。第一に、汎の広範囲にわたる設置である。県城レヴェル以上の都市部には標・協・営級の緑営の部隊が駐屯しており、都市住民は基本的にその庇護下にあったと考えてよい。本来ならば、かかる軍隊は日常レヴェルの治安には出動せず、保甲（総甲）など民間レヴェルの組織に担わせればよかったはずであるが、実際には、県城内に設けた駐在所ないし派出所にあたる汎に多数の兵士を派遣したほか、周辺の小県や市鎮、さらに農村部に広がる水路網にまで汎を設置して巡邏・捜査・追捕を行わしめた。第二に、都市部の潜在的犯罪者――西洋史分野におけるいわゆる「危険な階級」[77]――の監視である。商業化の進展、交通の発達、社会の流動化のなかで、多数の余剰労働力が農村から都市へと流動し、治安上の問題を惹起するに至った。特に十八世紀前半の蘇州・松江両府に流れ込んだ踹布業労働者は二万人を超えたうえ、仕事内容から強壮な者も多く、実際に強盗事件に関わるケースが少なくなかったから、その集住地区――「危険な地区」(78)――では疑似保甲の編成のほか、汛防制度を投入した大規模な監視体制が構築された。かかる方法の有効性はその後、踹布業労働者の暴力を伴うストライキや労働争議が姿を消していくことからも立証できよう。第三に、市鎮を中核として周辺農村が結合する地域社会に汛防制度は設けられた。江南デルタの農村部では、市鎮を起点として放射状に広がる水路網を利用した人や物の移動が見られたため、市場圏に基づく市鎮の〝領域《なわばり》〟意識と重なりあうように汛の管轄区域が設定され、水路を往来・巡邏する〝線〟だけでなく〝面〟としての責任分担が実施されていた。水路および市場圏を基準とした汛の設置と管轄区域の設定は、江南デルタの地理的社会的経済的環境に最も適したものであったといい得る。第四に、その中核に位置する市鎮には、乾隆年間に文官系統の佐雑までもが分防した。市鎮の経済的発展とそれに由来する大型化に伴い、無頼・光棍・悪少と称される人々が流入し、賭博・花鼓戯などの悪習が問題視された結果、各州県をいくつかに分割・管轄するかたちで佐雑が分防し、軽微な刑事案件から、ときには民事案件まで、実質上州県の下に位置する初級審的な役割を果たした。第五に、農村部には汛兵以外にも、保甲制による保長、見総（現総）・圩甲などの郷村役があり、一部警察的な任務を期待されるとともに、汛兵の捜査への協力が求められた。しかし殺人・強盗事件など暴力を伴う犯罪には極めて限定的な役割に止まらざるを得なかった。

右に整理した江南デルタの「犯罪取締りの歴史」の変遷と特徴は、必ずしも近世国家権力の一方的な社会への浸透を物語るものではないことにも注意する必要がある。対物犯罪の発生頻度の上昇に対する地域社会の対応も窺うこともまた可能なのである。ここにいう地域社会とは、江南デルタの場合、「郷脚」と呼ばれる、市鎮を中核として結合する一定の地域的な範囲内のうち、主としてG・W・スキナーのいう「中間市場」レヴェルの市鎮を中核としたものを想定できよう。こうした市鎮に居住する下級知識人・商人層は地域内の交通・商業環境の安定、ひいては地域社会の安全を確保するために、近世国家の警察機構を積極的に招致した。これはかつての郷兵など私的暴力集団による治安維持とは方法を明らかに異にする。近世国家の暴力装置に対する〝期待〟〝信頼〟の理由の所在を明確にすることは現在のところ不可能であるが、「清朝の平和」の到来と広域的な秩序のなかへ収斂されていく過程で、多数の選択肢のうち最も現実的な手段が採られた結果なのであろう。

ただし本書は汛防制度や佐雑の分防が何の問題もなく地域社会に受け入れられていたと強調するものではない。これら警察機構は制度（ハード）面では確かに江南デルタの地理的社会的経済的諸条件に対応して整備・展開された画期的なものであり、有効に機能もしていた。しかし最大の課題は人材（ソフト）面にあった。たとえば捕り手の捕役が生活に十分な収入もなく、裏の社会と通じ、捜査と称しては金品をゆすったのは、江戸の岡引きや目明しなどと似ている。また弓兵は本人のみならず子孫すらも賤役と見なされたし、緑営の汛兵も名義を借りて兵餉を受け取るのみで、実際には乞丐《こじき》などを雇って代わりに勤務させたり、主要交通路にあるのをよいことに通行税を私徴したりするなど、人々の恨みを買うことも少なくなかった。[79] かかる点が汛兵・捕役・差役・弓兵の悪弊とともに清末の近代警察導入をクローズアップさせる原因になったと考えられる。すなわち近世国家における警察は、それを担うべき人材の〝実態〟がしばしば〝制度〟と大いに乖離していたのであり、その克服は近代警察への模索のなかで最大の関心事となっていく。

江南デルタ開発・発展の全体史との関わり

では、このような「犯罪取締りの歴史」は江南デルタ開発・発展の全体史のなかにいかに位置づけることができるか。ここでは潜在的犯罪者と見なされたのが主に太湖流域の船上生活漁民と踹布業労働者であったという事実に着目することで考察の手がかりをつかむことにしたい。

すでに先行研究に明らかなとおり、江南デルタの開発は、唐中期の南京台地・天目山の支谷・デルタ内部の残存小丘陵の開発から、西部水郷地帯の低地開発、さらに東部砂質微高地の開発へと向かう。本格的な低地開発は唐末の呉越政権に着手され、北宋・南宋・元・明と継続的に行われていく。十五世紀前半には最も早く開発が始まった蘇州で開発適地が消滅し、外延的圩田開発は不可能となり、より高度な土地利用をめざした分圩が開始される。これは唐末以来厖大な人口を吸収しつづけてきた低地のフロンティアの消滅を意味した。そして十七世紀前半・中葉の呉江～青浦を最後に分圩活動が姿を消すと、江南デルタの低地圩田開発は終焉を告げ、「地狭人稠」と称される人口飽和状態が現出する。その後の江南デルタ開発は東部微高地にその比重を移していくことになる。(80)

以上が江南デルタ開発史の概略であるが、ではその開発の労働力はいかにして流入してきたであろうか。かかる点について現地調査の成果を踏まえながら、濱島敦俊は次のような興味深い見解を示している。

デルタ開発の過程で、労働力はどのように流入してきたであろうか。珠江デルタの調査で明瞭に確認できたのは、船上生活（捕魚と打工。流水柴と呼ばれる）から半定着（差し掛け小屋。農繁期の労働力不足の補充＝短工）へ、そして定着（落戸）農民へという、普遍的なコースであった。……江南デルタでも同様の痕跡を見出すことは可能である。最低地勢の青浦県のなかでも最も低い、朱家角鎮沙家埭行政村金家沙は、蘇北・紹興（蘇北からの再移住をも含む）からの移住村落であるが、船上生活（漁労＋打工）から「草棚（ほったてごや）」居住を経て、農民に移る（漁労も続ける）というコースを辿っている。江南デルタにあって、開発が晩期に属する東方微高地においては、その記憶はさらに鮮明であった。嘉定県最北部の婁塘鎮は、高郷の棉作地帯であるが、農民達の移住（清代）伝承のほとんどが、船で移動する途中に〝椀が落ちて〟そこに住み着いたというものであった。デルタは定住農民の世界であると同時に、非定住の船民の世界でもある。(81)

ここには婁塘鎮の事例があげられているが、いま少し現地調査から補ってみると、たとえば、青浦県では「解放前、戦争・飢饉等で江北・安徽・湖南・浙江等から流れてきた人々が、空き地を求めて住み着き、大水の無い年に耕作、水が出ると離れる生活を繰り返しながら、徐々に定住に移った人々がいた」[82]、同県朱家角鎮沙家埭行政村（洪阿龍氏）では「打魚で生活、停泊・打魚に固定地点は無し。放鴨の郭氏と、飼料の小魚の売買を通じて知り合い、その紹介で、四四年に金家沙の西面の草棚に定居」[83]、同県練塘鎮水産養殖場（陳阿五氏）では「漁民出身。曾祖父は呉江県の農民であった。所有していた牛が落雷にやられて、太湖に入って漁民となった。祖父は、漁業と農業を兼業。解放後の農・漁分離で父は漁民となる。……〔本人は〕十一才から漁撈＝揺船を開始、学校に殆ど行かぬ。当時は船上に住み、陸上に住居は無し（簡単な仮小屋を建てたことは有ったが、主として船上生活をしていた）」[84]、嘉定県では「明清交替期に蘇北から遁れて来た家も多い。従って婁江沿辺には、明末清初の移住伝説が多い。婁江沿岸から、朱家橋・徐行・唐行等内陸へと遷移」[85]といった聞き取り結果が得られている。ここから指摘できるのは、濱島が明晰に述べるごとく、江南デルタ開発の労働力の重要な部分は、船上生活漁民が担った可能性が高いことである。江北・安徽・湖南等から江南デルタへと流れ込んだ移住者は、当初から上陸・定住したわけでなく、打魚しながら船上生活を送り、その後、何らかの機会を捉えて上陸し半定着、さらに定着への道を進んでいくのである。

これら江南デルタ開発の労働力の定着過程を見ると、その各段階が案外これまで検討してきた潜在的犯罪者の態様と一致するのに気づく。商品経済の浸透、社会の流動化のなかで、個々の農民が離村する理由は様々であろうが、江寧・太平・寧国など江蘇南西部・安徽東部の農村から江南デルタへと移住ないし出稼ぎに来た人々は、太湖など巨大水面で捕魚しながら船上生活を営み、上陸の機会を窺っていた（この段階では同郷集団を形成し、某幇と呼ばれる）。明末清初において開発がすでに完了し、人口が飽和状態にあった江南デルタ低地にはもはやかつてのような人口吸収能力はなかったが、明中葉以降の全国的な棉布市場の成立を背景として社会的分業を形成していた踹布業が、清初以来蘇州・松江・呉江などで発展を遂げ、出稼ぎ・移住者にとってもう一つの選択肢として登場していた。

また技術や教育を必要としない単純肉体労働である踹布業は新規参入が比較的容易であった。ゆえに踹布業に多数の出稼ぎ・移住者が吸収されていったのであり、このことは踹布業の規模が明中葉から清中葉（十七世紀〜十八世紀中葉）にかけて急速に拡大していくことからも十分に推測できる。勿論、彼らは直接に踹布業に身を投ずる場合が多かったであろうが、船上生活をへたうえで上陸する、あるいは船上生活を継続しつつ踹布業に従事する場合——史料的な裏づけはできていないが、かつては蘇州付近にも多数の船上生活者があったことは間違いない——もあったかもしれない。

ただし注意せねばならないのは、漁撈であれ踹布業であれ、決して安定した収入を得られなかった点である。上述のごとく、踹布業は雇用関係が甚だ不安定なうえ、工価の上昇率も米価のそれに比較して低く、実質賃金は減少していた。棉布価格・踹布業工価のわずかな下落、米価のわずかな上昇でもただちに生活に困窮したのである[86]。江南デルタの低地開発完了に対する社会的地域的対応については、濱島が地主・富農・小農民に腑分けして詳細に考察しているが[87]、出稼ぎ・移住者も対応の一選択肢に踹布業を組み入れたものの、ときとして生活のために別の選択肢を準備する必要があった。その一つが盗賊（盗匪）であった。その結果、江南デルタでは漁船盗賊（漁匪）の横行が問題となり、船上生活漁民のほか、同様に流れ込んできた踹布業労働者が潜在的犯罪者と見なされた。江南デルタ低地開発の重要な部分を構成してきた漁民や出稼ぎ・移住者は、ここに至って近世国家権力にとって極めて厄介な存在へと転化することになったのである。当然に東部微高地開発の労働力として吸収されていった人々も少なくなかったが、低地では開発完了と人口飽和のなかで、出稼ぎ・移住者は合法・非合法を問わず多様な選択肢を持たざるを得なかったといえよう。

六　小　結

本章では、第Ⅰ部を締め括るにあたって、「犯罪取締りの歴史」を江南デルタの地方統治、開発・発展の全体史のなかで読みなおす作業を試みてきた。残された課題は多いが、「犯罪取締りの歴史」と江南デルタ開発史は奇しくも太湖流域の船上生活漁民に帰着することとなった。今後、太湖流域の船上生活漁民の研究が重要となるのは言を俟たないが、彼らを含めた下層労働力が江南デルタ社会でいかなる歴史的役割を演じてきたか、近世・近代の国家権力はこれにいかに対応しようとしたか、正負を問わず明らかにする必要がある。とりわけ国家権力の暴力（治安維持）装置を取り上げるとき、これまでの研究のほとんどは制度史的枠組みに止まってきたように思われる。序章において社会史としての意義を標榜したのは、かかる点を克服したかったからである。「犯罪取締りの歴史」——犯罪社会学的研究とも呼んできた——は、軍隊・警察・監獄など暴力（治安維持）装置を直接の研究対象としつつ、国家権力が上から行う監視・抑圧と、犯罪者ないし潜在的犯罪者が見せる下からの「現実」とを複合的に研究する方法として位置づけることができるのではないだろうか。

第II部　監獄の近世

第六章　近世旧監獄社会と牢頭

一　本章における問題設定

未決監――かつて宮崎市定が「獄」の語を適確に翻訳したように[1]、伝統中国には懲役刑を執行するための刑務所が存在しなかった。監獄はあくまで判決や刑の執行を待つ人間の身柄を拘束するための施設、すなわち未決囚の拘置所だったのである[2]。

監獄という漢字の原義を遡ってみると、監は臥と皿から成り、臥は人が臥して下方を視ること、皿は盤水に臨んでその姿を映すことを意味する。すなわち監とは上から監《み》ること、監視・監察の意である。一方、獄は言と二犬から成り、許慎『説文』巻一〇上では、獄を确《かく》（牢獄）の意とし、二犬を獄舎を守る犬に解した。しかし現在では、言は神への盟誓、二犬は当事者双方から犠牲として供された犬牲をさし、獄とは審判の開始、すなわち獄訟の意味に解すべきとする説が有力である。つまり監獄は審判の開始とそれに伴う関係者の拘禁、およびその監視を意味する語を合成したものといえる。

獄舎をさす語としては古く犴獄《かんごく》・夏台・均台・圜土《えんど》・羑里《ゆうり》・囹圄《れいご》などが用いられ、秦漢時代の頃から獄・監が定着していく。これら歴代王朝の定制の拘禁施設を理解するうえで重要な点をいくつかあげれば、以下のとおりとなろう。第一に、これらはもっぱら未決監（拘置所）であり、刑罰執行の手段として一定の刑期のあいだ拘禁して自由を奪う既決監（刑務所）をさすようになるのは近代まで俟たねばならなかったことである。これは中国古代の刑罰が生命刑・肉刑を中心とするため、既決囚を収容する必要がなく、自由刑・財産刑（罰金）を主とする近代的刑法とは刑罰思想のうえで異なっていたからであった。第二に、これらには被告のみならず、原告や証人（干連）までもが拘禁される場合があったことである。これは訴訟関係者の逃亡を防ぐとともに、いつでも必要に応じて出頭・訊問できるようにするためでもあった。このように歴代王朝、とりわけ秦漢以後の王朝が正式に承認する拘禁施設は獄・監にかぎられ、しかもそれは懲役刑を執行する刑務所でなく、未決監にすぎなかったのである。[3]

かかる性格を有した監獄には、一体どのような人間が監禁されていたのであろうか。清代の「監禁」について論じた滋賀秀三によれば、監獄の長期被収容者には、主に①「秋後」＝死刑の判決を受けたが、秋審（死刑執行の可否の審査）で緩決（執行延期）となった者、[4]②「待質《たいち》」＝共犯や重要参考人が出廷するまで判決を留保されている者、③「監追」＝官物横領などの弁償が済むまで繫がれている者、[5]④「永遠監禁」＝死刑の無期延期で、事実上の無期禁錮刑、⑤「瘋病鎖錮」＝殺人を犯した精神病者などがあったという。特に①「秋後」は、年に一度の秋審である年緩決となった者は、以後毎年緩決となるのが慣習であり、三年ほど監禁された後、遣（発遣＝強制移住）・軍（充軍）・流等の刑に処された。つまり実質的に見れば、監禁が附加刑として機能していたのである。[6]また②「待質」は命盗・奸拐等の重罪というより、むしろ「干連」なる証人や刑事案件の原告、ならびに戸婚田土等の軽罪の原・被告をさすカテゴリーであったが、[7]ときとして合法・非合法の理由で長期にわたり拘禁された。このように、監禁が漸次重要な位置を占めるようになった刑罰制度・監獄事情に加え、明中期以降、官府に持ち込まれる訴訟の激増とも相俟って、監獄には少なからぬ人間が監禁されることになったと想像される。

ところで、清末の諸改革のなかで行刑制度には他の分野に比較してむしろ不均衡に多大な努力が注がれたといわれる[8]。中国の旧監獄を表現する際の常套句である「狭隘汚穢、凌虐多端（狭く不潔で凌虐行為が多い）」の解消が、治外法権（領事裁判権）の撤廃には不可欠と考えられ、実際に議論・立案に多くの時間と人材が費やされ、実行に移されたからである[9]。ただし先行研究では史料上の制約もあって、近代的懲役刑執行場＝罪犯習藝所・模範監獄の誕生の経緯のみに注意が払われ、現実に伝統中国の監獄がいかなる状況を呈していたか、ひいては欧米諸国が何を恐れて治外法権（領事裁判権）を押しつけたかはほとんど語られてこなかった。「狭隘汚穢、凌虐多端」と把握するのみでは、秦漢時代以来の伝統中国における監獄の変化を認めないことになるし、清代の司法官が試みた監獄改革を見落とすことになってしまう（成功したか否かは別の問題である）。

そこで本章では、罪犯習藝所・模範監獄など清末行刑制度改革を再考するための第一歩として、監獄内部に視点を置き、そこに形成された監獄社会の秩序について検討してみたい。勿論、監獄社会という言葉には疑問を持たれる向きもあろう。なぜなら伝統中国の監獄は懲役刑執行場としての性格を有さず、被収容者も判決が下ればただちに刑を執行されるはずであったからである。しかし事実上監禁が長期化するなかで、次第に監獄社会とも呼びうる状況が現出して様々な問題が醸成されていった。それをまず明らかにする必要がある。

現在のところ、監獄内部に関する史料に劇的な変化があるわけではない。しかし中国第一歴史檔案館蔵の監獄類関連の檔案には「牢頭」などと呼ばれる牢獄（監獄）のボスに関する記述が残されている。この「牢頭」を手がかりに、監獄内部の人間関係と管理のあり方から中国の旧監獄の特色を描出することにしよう。

二　監獄への拘禁とその管理

監獄の外観

清代中国の州県における監獄はいかなる外観を呈していたであろうか。監獄の復原作業は容易でないが、監獄社会を検討するにあたり、まず地方志中の記載を分析しながら被収容者が置かれた空間を復原してみたい。

最初に江南デルタを事例に検討してみよう。勿論、江南デルタの各州県にも伝統的な監獄が設置されていた。しかし明中期以降になると、羈管亭・総舗・羈舗などの名称を持ち、舗倉と総称された非定制の拘禁施設が存在するようになっていく。[10] かかる諸施設は稽査が十分に及ばなかったため、康熙四十五年（一七〇六）の周清原の上奏を契機として禁止され、さらに雍正三年（一七二五）に至ると、刑部尚書励廷儀の上奏によって監獄を内監と外監に分かち、内監には重罪、外監には軽罪がそれぞれ監禁された。[11] たとえば張偉仁が掲げる、陳天錫（幕友経験者）が示した州県衙門の一般的プランには、確かに儀門外の東西にそれぞれ内監と外監が描かれている。[12] つまり内監・外監各一所をそれぞれ独立した別個の建物として描くのであるが、これは旧監獄を内監ないし外監にあて（その所在から考えて旧監獄を外監にあてたか）、いずれか一方を新築した結果であろう。ただし各地の地方志を博捜すると、じつはかかる事例が極めて稀れなことがわかる。[13] 多くの場合、旧監獄内部を監牆で二つの空間に区切り、内部の監房をそれぞれ内監・外監と呼び分けたにすぎなかった。多くは「獄」「監」とのみ記して区別を明確にしないが、たとえば図6-1に示した江蘇省松江府川沙庁の監獄は、内監と外監とを明確に書き分けた一例である。川沙庁の監獄は、他の多くの州県と同様、州県衙門の儀門・大門の西側に配置されており、内部が内監と外監に分かたれていた。

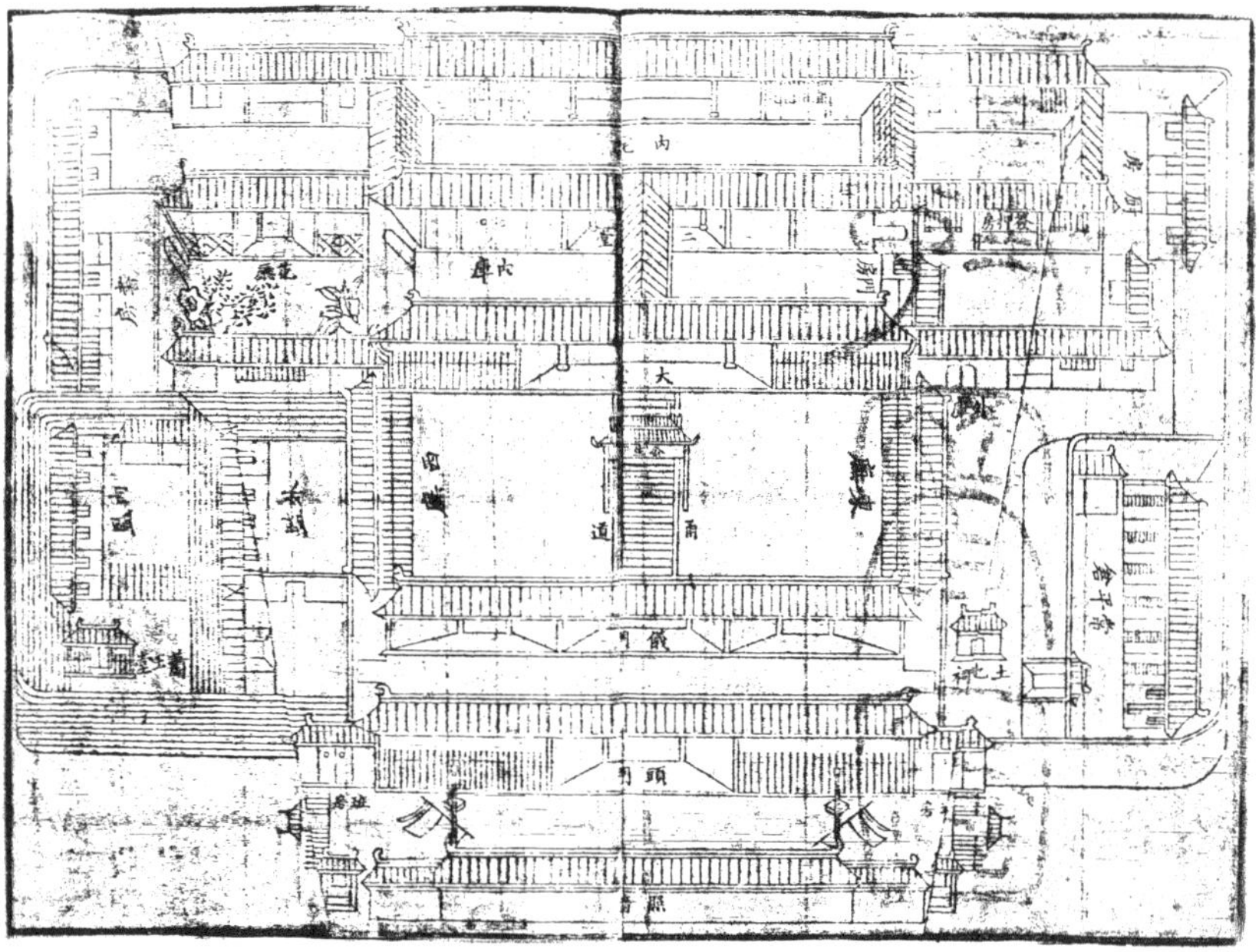

図 6-1　川沙庁衙門の内監・外監（光緒『川沙庁志』県署図）

監獄は一般的にどれぐらいの規模を有したか。たとえば江蘇省徐州府沛《はい》県の監獄は南北囲牆一一丈五尺（三六・八メートル）・東西囲牆九丈四尺（三〇・一メートル）・周囲四一丈八尺（一三三・八メートル）であったというから、[14] およそ一一〇七・七平方メートル（約三三四・七坪）の敷地を有したと考えられる。このほか同省松江府南匯県では周囲四四丈七尺（一四三メートル）・高さ一丈五尺（約四・八メートル）、同省蘇州府震沢県では周囲四〇丈（一二八メートル）、浙江省嘉興府嘉善県では外囲牆六〇丈（一九二メートル）・内囲牆四〇丈、同省温州府永嘉県では周囲七三丈八尺（二三六・二メートル）・高さ一丈三尺（四・二メートル）・厚さ五尺（約一六〇センチメートル）、広東省恵州府陸豊県では周囲五〇丈（一六〇メートル）・高さ一丈二尺（約三・八メートル）、広西省鬱林《うつりん》州では周囲四〇丈・高さ一丈二尺、四川省嘉定府犍《けん》為《い》県では厚さ三尺（約九六センチメートル）などの数値が得られるから、[15] 一般的な州県の監獄は、沛県のそれと大差ない面積を持ち、周囲には高さ約三・八〜四・八メートル、厚さ約九六〜一六〇センチメートルの囲牆が環らされていたと推定される[16]。

監獄の内部とその管理

かかる堅固な監獄の獄門をくぐると、しばしば指摘されるように、そこには〝この世の地獄〟が待ち受けていた。江蘇省蘇州府崑山県の監獄を事例として検討すると[17]、監獄内部は監牆で二つの空間に区切られ、さらにそれぞれが衙役の住房と獄神堂で二つに仕切られる構造となっていた（図8‐2）。内部の監房はすべて雑居房であり、夜間は施錠し、昼間は錠をはずしたので、被収容者は自由に中庭に出てときをすごせたという[18]。獄門の最も近くに位置する自新所二間は、第八章で詳述するように、窃盗の初犯ないし再犯で身柄の引き受け手がない既決囚を拘禁しつつ労働せしめる施設であった。清末光緒年間でもその機能が維持されていたか否かは判然としないが、たとえ変質していたにせよ、外監二間と同様、軽罪ないし民事案件の原告・被告・証人を収禁するなど、軽微な案件に関わる場合に用いられたであろう。自新所・外監の被収容者はいわば軽罪のカテゴリーに含まれたため、「散禁（散押・散寄）[19]」といって監禁の際に鉄鎖などの刑具を施すことなく、緩やかに監禁される程度であった。一方、監牆の監門の向こう側には、内監三間と女監一間があった。内監には重罪が監禁され、足には重い鉄鎖や木製の足枷が着けられていた。すべて脱獄を防ぐためである[20]。このように分類収監の原理には主に二つがあり、一つは予想される刑罰の軽重[21]、もう一つは男女の性別であった[22]。

囚人（監犯）など被収容者に対する待遇は、制度上「鎖杻《てぐさり》を常に洗滌し、席荐《むしろ》を常に鋪置し、冬は暖床を設け、夏は涼漿を備える。すべての囚犯には〔毎日〕倉米一升を、冬には絮衣《じょい》（棉衣）一件を支給し、病人には医薬を与える[23]」と規定されていた。しかし実際にはこれが遵守されず、「夏であれば、人が多く汚物が堆積し、疫瘴が立ちのぼり、冬であれば、厳寒で皮膚が裂け、寒さと飢えが迫り、死亡が相い継ぐ[24]」などと記されるように、劣悪な衛生状態のなかで毎年多数の人が病死していた。

ではそもそも監獄はいかに管理されていたか。有獄官と呼ばれる最高責任者には知州・知県、管獄官と称する直接責任者には首領官の吏目・典史があてられ[25]、そして実際には提牢吏・禁卒（獄卒・禁役）・更夫・看夫など吏役や、管獄官の家丁が看守の任務を果たしていた。提牢吏以下の人数は僅少で、禁卒が最も多く十名前後、他は数名にすぎなかった。禁卒が被収容者の管理で最も重要な役割を果たしたわけだが、彼らは皂隷・馬快・歩快・仵作・門子などとともに賤民に属したうえ、収入も極めて微々たるものであったから、被収容者をゆすったり凌虐を加えたりすることもあった[26]。ゆえに監獄を実質的に管理する禁卒は、監獄という閉じられた社会のなかで、被収容者とのあいだに様々な関係を結びながら、自らを頂点としたヒエラルキーを築いていくことになる。職務内容を見ると、提牢吏が庶務、禁卒・更夫・看夫が巡邏巡夜、囚犯の点呼、食事（粥）の配給などを分担した。禁卒らは頼まれれば、被収容者に代わって買物にも行ったという[27]。彼らは常に監獄内にあって、提牢房・更夫房（支更所[28]）・看房・禁卒房に詰め、始終被収容者を監視した。また被収容者の動静を探知・弾圧するため、緑営の獄汛・護監汛が設けられ、緑営の汛兵数名が配置される場合もあった[29]。

以上、清代中国の監獄について主に施設・監禁・管理の三つの側面から簡単な整理を試みてみた。すなわち物理的な建築物としての監獄施設、被収容者の身柄を拘束する監禁方法、管理人員の体制に関して、いわば制度にあたる部分を確認できたのである。実態についてはしばしば指摘されるごとく、監禁が極めて衛生状態が悪いなかで行われ、病死する者が多かったうえ、禁卒らによる被収容者への無心や恣意的な凌虐も少なからず見られた。清末にかの鄭観応が『盛世危言』の「獄囚」において「思うに、人生不幸にして、父母が、恒産がなく、また手業をもって食事を供することもない。貧困で何もできず、流れて匪類となり、法網に罹って、横《ほしいま》まに官刑を受ける。土室は棘の垣根をめぐらした暗黒の世界であり、囚人用の紅服と黒い帯を身につけさせられ、惨めにも手足がかじかむ。禁卒の害毒は虎狼のようで、〔獄内には〕臭気が満ちて疫病が発生する。斬・絞刑に及ばない罪人は死ぬはずはないのに、往々にして獄死する者がある。冤罪の場合の悲惨さはいうまでもなかろう」と語るとおりである。第三章で指摘した、収監後の多数の病死にはこうした背景があったのであろう。

ではかような監獄内部にはいかなる社会が形成されていたか。監獄社会があるとすれば、秩序はいかにして維持されたか。禁卒ら実質上の管理者と被収容者との関係を中心に分析しながら、さきに指摘した牢頭出現の過程を具体的な事例から検討することにしよう。

三　牢頭・鎖頭に関する四つの事例報告

牢頭に関する史料の発見

筆者がかつて中国第一歴史檔案館で史料調査を実施した際、軍機処録副・内政類のなかに偶然に牢頭に関する四件の報告を発見した。他の史料における牢頭の記載が簡潔にすぎるなかで、当該報告は比較的詳細に牢頭の実態を伝えている。したがって、ここでは内容を紹介し、そこに垣間見える監獄社会の形成とその維持について分析してみたい。

四件の報告は分析の都合上、年代順にA～Dと符合を附ける。これらの上奏年月日、上奏者、表題は以下のとおりである。

Ａ　乾隆二十四年（一七五九）八月初四日、浙江巡撫革職留任荘有恭「奏為遵例改擬奏聞請旨事」

Ｂ　道光十四年（一八三四）六月初三日、直隷総督琦善「奏為審明監犯自号牢頭、嚇詐同囚、並究出教令凌虐及受贓故縦、各犯将首従罪名遵照部示、按例分別定擬恭摺、奏祈聖鑑事」

Ｃ　道光二十年（一八四〇）六月初八日、直隷総督琦善「奏為監犯号充牢頭、凌虐同囚、索詐銭文、管獄家人曁禁卒知情分贓、審明分別定擬、並請将失察之知県典史交部議処恭摺、奏祈聖鑑事」

Ｄ　道光二十年（一八四〇）十月二十二日、湖広総督周天爵・湖北巡撫伍長華「奏為監犯号充牢頭、非刑虐詐同囚、審明分別定擬恭摺、奏祈聖鑑事」

これら四件の報告中、Ａが最も早期の乾隆中期のものであるが、他のＢ～Ｄはいずれも道光年間と清後期の史料に属する。乾隆中期、特に道光年間までに牢頭が監獄行政上の問題と化していた（誕生を意味しない）と推測されよう。以下、まず年代順に牢頭をめぐって各地で発生した事件の経緯を整理・紹介することにしたい。

浙江省湖州府長興県の牢頭

〔Ａ浙江〕　浙江巡撫革職留任荘有恭は、護理浙江巡撫兼布政使明山から受けた報告中に、湖州府長興県で監犯費雲海が他の囚人たちを凌虐・脅迫して蓄財した一案を見つけ、按察使李治運と明山に調査を命じ、自らも湖州府から護送されてきた犯人を訊問した結果、以下の事が判明した。

乾隆九年（一七四四）、費雲海は、すでに死刑執行された顧士元らとともに、金浩如ら二名を謀殺した案件で、「擬絞監候」の判決が下ったが、歴年の秋審で緩決（執行延期）となった。該犯（＝費雲海。以下すべて同じ）は長期間拘禁されて牢頭と称し、他の囚人たちも命令に従わない者はなかった。その後、禁卒はみな新参者となったから、新入り〔の罪囚〕があれば該犯に銭文《ツル》を脅し取られ、〔禁卒や他の囚人たちに〕分配された。乾隆二十一（一七五六）・二十二年になると、該犯は凶悪を肆《ほしいま》まにし、他の囚人から身の回りの金品を奪い、なければ害毒を加えた。二十二年、革職の捕役施明すなわち費鳴皐《ひめいこう》は、該犯と兄弟の契りを結び、該犯の家族と同居し、ときに入監して〔該犯の〕様子を見に行った。二十三年五月、該犯は費鳴皐に依頼し〔監獄の〕鑰匙《かぎ》二つをもらい、夜間に自ら〔監門を〕開いたうえ、親しい囚人であった殺人犯の徐文学・楊文炯《ようぶんけい》・管世選らを解放してやった。

同年六月、殺人犯の王国治は入監のときに銭文《ツル》を渡さなかったから、該犯に肆まに殴打され、手枷を用いて拘束された。王国治が苦痛に堪えられずにいたところ、彼の娘婿の銭応和は情況が悲惨なのを知り、銭三千文を工面して該犯に送り、〔該犯はそのうち〕銭八百文を禁卒姚昇らに、二千二百文を自らの手元に残して分けたため、王国治はようやく解放された。

また窃盗犯の韓阿七が逮捕・収監された際、該犯は、前按察使のときに韓阿七が〔該犯を密告して〕訪拏[30]させた盗賊だとわかると、足枷で拘束して全く食事させなかった。韓阿七は切羽詰まり、弟の韓復興に手紙で知らせて銭十千文を工面させたが、該犯はさらに銀五十両を求めた。韓復興は家屋を売り払って九折銀三十九両を払い、ようやく足枷を外された。該犯は銭七千文を牢書・禁卒に分け、三千文と九折銀三十九両を懐に入れた。

殺人犯の潘泰成も銭文《ツル》を渡さなかったため、該犯は凌虐を加えて銀一百両を要求し、〔支払えば〕供述を翻して減罪できる方法を教えると約束した。潘泰成は捕役の費鳴皐を通じて弟の潘賓臣を呼び出して〔金銭を〕要求することを許したが、潘賓臣に支払い能力がなかったので、減額して七折銭三十五千文を工面させ、費鳴皐から該犯へと手渡し、二十四千余を手元に残して十一千文を牢書・禁卒に分配した。

さらに囚人の王貴籠を脅したが支払えなかったので、無辜でありながら仕置きを受けた董天成を入監させてゆすろうと計画したが、〔王貴籠は〕長興県の審理をへて釈放されたために幸いにも免れた。

乾隆二十三年八月、該県知県劉光汾《りゅうこうふん》が〔かかる情況を〕察知して該犯を訊問、事態に気づかなかった典史を弾劾・革職し、陞任浙江巡撫楊廷璋・護理浙江撫臣明山に供述書を上申した。

直隷通州の牢頭・鎖頭

〔B直隷①〕　直隷総督琦善は、直隷通州の監犯童三、梁三らが他の囚人たちを凌虐して銭文を脅し取った案件を処理しようとしたが、首従の罪名例に関する専條がないため、刑部の判断を仰いだ。道光十四年（一八三四）五月十二日に刑部から返答があり、童三は牢頭となって他の囚人たちの銭文を脅し取った罪で、原罪名で立決（即時執行）、梁三は「監犯強横不法例」に照らして手枷・足枷を施したうえで改めて擬罪、本年の秋審で審理するとした。しかし秋審に間に合わないと考えた琦善は、保定府知府から直隷按察使をへて書類を調べ、護送の犯人を尋問した。その過程で以下の事が判明した。

童三（童幗俊《どうかくしゅん》）・梁三（小梁三）・張二・劉六はみな通州籍であった。童三・張二は道光十二年の郭二に対する暴行致死事件に関わり、童三は「共殴人致死律」で「擬絞監候」、張二は「兇器傷人例」で「擬発近辺充軍」となったが、秋審に入れられず、配所も決まっていなかった。梁三は嘉慶二十三年（一八一八）、張沛の幼女を強姦した事件が発覚、審理の結果「強姦十二歳以下幼女例」で「擬斬監候」、秋審に加えられ、情実ともに符合していた。嘉慶二十五年八月二十七日、恩詔があり刑の執行を停止、緩決十三回の罪囚である。劉六は道光九年（一八二九）の梁二に対する暴行致死事件で「擬絞」となり緩決二回の罪囚である。

道光十三年三月、童三・張二は牢頭、梁三・劉六は鎖頭とそれぞれ称した。まず童三は殺人犯の張斌から京銭四十千文をゆすろうと、梁三らと女監の空屋に連れ込んで足枷を施して暴行した。張斌が苦痛に堪えられず銭文の支払いを認めると解放し、監獄を訪れた親族を通じて十二千二百文を受けとった。しかし金額不足であったため、夜間に鼾をかいて熟睡する張斌の顔を火で焼いた。殺人犯の楊二が入監すると、手枷に釘を打ち込み、〔釘を抜くのを条件に〕京銭一百千文、鋪銭《ほせん》（囚人が窮屈な場所での睡眠を嫌い、広々とした寝床で就寝したい場合に支払う銭文）五十千文を脅し取った。さらに童三は李泳汰に鋪銭を要求、京銭一百二十千文を受け取ったほか、その表弟（母方の従弟）の褚明和からも銭文をとろうと、劉六に手枷を施して脅迫させ、夜間に寝床に上がらせず、糞尿桶の側で寝させて、李泳汰から京銭一百千文を得た。

四月、童三は張秉恒に鋪銭を求めたが応じなかったため、張二に手枷を施させて京銭八十千文を奪った。三河県からの護送犯王進孝が入監すると、童三は京銭四十千文を要求、〔まず〕十三千二百文を、後にさらに七千文を受け取った。

五月、童三は雑案（分類し難い案件の総称）の罪囚であった韓大に手枷を施して脅し、京銭六十千文を払わせた。雑案の人犯の李二が入監した際には、梁三が張二とともに李二に私刑を加え、京銭十千文を払わせ、取り分どおりに分配した。しかしその後、署任吏目楊鳴鑑が離任し、新任の周日章が着任すると、家人の趙二を当直として派遣して獄神廟内に住まわせ、毎晩厳しく査察させた。童三らは心中快く思わず、相談して銭文を〔趙二に〕分けないことを決め、〔以後〕取り分は四人で分けた。

六月、雑案の罪囚であった蘇七は〔童三らを〕畏れて京銭八十千文を渡した。また当月は人命案件が激減したため、徒犯の焦添玉が配所から護送されて入監すると、童三は銭文を要求し手枷をつけて脅し、京銭四十千文を受け取り、張二と協力してさらに鋪銭四十千文を払わせた。雑案の罪囚であった丁二・姚八・薛四は童三と顔見知りで銭文を払わなかったが、梁三はひそかに脅迫し、丁二・姚八から京銭十千文、薛四から三十千文を奪った。

七月、殺人犯の王四が入監すると、童三は彼の家が富裕であることを知り、京銭二百千文を要求、王四が拒否すると、梁三ともに言葉で脅して京銭一百千文のほか、鋪銭三十千文を払わせた。劉六もひそかに王四を脅して京銭二十千文を得た。童三はさらに雑案の罪囚であった譚五・侯二に手枷を施し、譚五から京銭四十三千文、侯二から二十七千文を受け取った。なお四月から八月までのあいだ、さらに前後して入監した雑案の罪囚の葛老鼠《かつろうそ》・王二・王玉・郝沛旺《かくはいおう》・郭譲・戴徳・隋四・黄三・王泳功、殺人犯の何五、三河・武清等の県からの護送犯の楊維泰・葉八・劉明らも童三・梁三らの虐待・ゆすりを受けたが、みな貧困で実際に銭文を払えなかった。

以上が童三・梁三・張二・劉六の監獄内における主な罪状である。しかし事態が発覚した経緯は記されていない。

直隷房山県の牢頭

〔C直隷②〕　Bと同様、直隷総督琦善による報告である。署房山県知県王貽穀《おういこく》から、監犯李昇が病死したが、親族は囚人の劉璧《りゅうへき》による虐待死だと訴えているとの稟文を受けた。琦善は順天府尹と按察使金応麟に調査を命じた。その後、涿州知州王賡《おうこう》らの検屍では、李昇は確かに病死との報告を受けたが、他の囚人たちや関係文書を省城（保定府）まで送り届けさせ、保定府知府李徳《りけい》に調べさせると、脅迫・凌虐があったのは事実と判明した。そこで調査を継続した琦善らは次の事実に到達した。

劉璧・崔升・馬四・張寛はそれぞれ祁州《きしゅう》・南宮県・景州・房山県籍である。劉璧は道光十七年（一八三七）、房山県で李旺を石で殴打・死亡させた事件で「闘殺律」により「擬絞監候」、秋審に加えられ、十九年の秋審で緩決、房山県に監禁された。該県の禁卒の馬四・張寛は、内監・外監に分けて三日ごとに交替し、囚人の監への出入りの監視にあたっていた。崔升は典史呉治愷《ごちがい》のもとで服役し、監獄に派遣されて監視役を命じられていた。

道光十九年十月、劉璧は牢頭たらんとし、馬四と誼を通じて崔升に話をつけ、刑具を解放してもらった。以後、監獄内の罪囚はみな劉璧の管理を受けることになった。

同年十一月二十六日、亡父が租佃していた旗地の字拠（契約文書）を実兄の李幅から奪い、憤慨した李幅が自殺した事件で取調べを受けていた李昇が、十二月二十五日に収禁されてきた。息子の李添瑞が監獄に父親を見舞った際、父親には激しい脱腸の病状があるから、劉璧および囚人で「問擬軍流」の鄭八と王大に世話をしてくれるよう依頼した。劉璧は李昇の家が裕福であると知ってゆすろうとし、これまで新入りがあれば、獄内の槐樹《えんじゅ》に数日間縛り付けて性格を改めてきたと騙し、もし京銭一百六十千文を払えば、刑具を解放し、縛り付けるのも免除するというと、李添瑞は後日工面すると約束した。二十八日と翌年正月十五日の二度にわたり、李添瑞が李昇に京銭五十三千文を手渡すと、李昇は鄭八・王大の世話に感謝して京銭五千余文を渡し、残り四十八千文を劉璧に差し出し、不足の一百二《ママ》十二千文は待つように頼んだ。その後〔残額が〕払われると、劉璧は崔升に二十千文、馬四・張寛にそれぞれ五千文を渡し、さきのやりとりを話して李昇の手枷・足枷を外した。典史呉治愷の点検や、県衙門の家人による〔罪囚の〕入監があるときには、刑具を附けさせたから発覚しなかった。しかし李添瑞が残額を払わないので、二月初三日に劉璧は李昇に催促したが、言を左右にしたので怒り、馬四に命じて手枷・足枷を再び施し、槐樹に一日中つないだ。翌日、李添瑞が見舞うと、李昇は状況を話して急いで工面するように頼んだため、李添瑞は家にもどり、不動産を売り払って工面しようとした。しかし初五日早朝、李昇は脱腸を再発させたほか、暑気中りの症状も見せ、耐え難いほどの腹痛だと話した。馬四は〔民間療法の一つとして〕両方の太腿と脛をこすったが効果もなかったので、張寛をして前署知県王貽穀に報告して医者の診察を受けさせようとしたが、李昇は治療の甲斐もなく翌日死亡した。以上が事件発覚までの経緯である。

湖北省随州の牢頭

〔**D湖北**〕　湖北巡撫伍長華は道光十九年（一八三九）、按察使林紱《りんふつ》の報告のなかに、随州籍の張作輔が妻の李氏を切りつけて殺害した案件で、罪状明白にもかかわらず、供述を二転三転させ、あたかもほかに怯えているかのようだったので問い詰めると、本案件について異論はないが、随州監獄の牢頭方元林をはじめ高三・董成棠・李漢表・魏学保に凌虐されて多額の銭文を要求されているが未払いで、随州にもどれば再び私刑を受けるから供述を翻すことで省城での取調べを遅延させようと図ったと話しているとあった。その後、伍長華らの調査で以下の事実が判明する。

方元林は襄陽県籍、高三・董成棠・魏学保・劉安・李忠は随州籍、羅方・呉進は安陸県籍である。方元林は道光四年三月初三日夜、張么《ちょうよう》とともに羅幗安《らかくあん》の家で窃盗しようとしたが、事にのぞんで強盗となり、外で盗品を受け取る役割を果たした。審理では情状酌量の余地があるとし「免死発遣」とされたが、主犯が未獲のために監獄で待質（共犯や重要参考人が出廷するまで判決を留保されている者）[31]となっていた。高三は弟の妻の高王氏を奪い〔逃亡したが〕、道光十一年三月に捕縛、「擬絞監候」となり、すでに秋審で緩決八回の罪囚である。董成棠は万珍を殴って死亡させた案件で、道光十五年四月に自首、収禁された。その後「擬絞監候」の判決を受け、現在まで緩決四回を受けた。魏学保は堂兄（父方の同姓の従兄）の魏正太を殴打・死亡させた事件で、十六年八月に捕縛、「擬斬〔立決」とされ、九月に省城に護送されたが、前撫臣（湖北巡撫周之琦、道光十六～十八年在任）が故殺でないとして「斬監候」に改め、緩決一回となっている。劉安・李忠・羅方・呉進、すでに免職となり逃亡中の安太・金友、病死した安才・金梅はみな該州の禁卒である。

十六年十一月、方元林は長期間監獄にあって銭文がなかったので、牢頭になって新入りから銭文《ツル》を奪おうと企んだ。そこで高三・董成棠、および殺人犯で「擬絞」から配流に減刑されて現在配所から逃亡している李漢表と、新入りから銭文を脅し取って山分けしようと語らい、短い鎖で新入りの頭を糞桶上に縛って顔を背けられないようにする「観金魚缸（金魚鉢を覗き込む）」などの酷刑を考え出した。しかし禁卒に頼らねば刑具を外して事を進めるのは難しいと考え、禁卒劉安・李忠・羅方・呉進・安太・金友・安才・金梅に事情を説明し、新入りが入監するのを待って刑具をはずしてもらい、分け前は四（禁卒）・六（罪囚）と定めた。十六年十一月十五日、葉尚群から銭十九千文、十七年四月十七日、何連銭から八十四千文、五月初一日、費悰志《ひそうし》から銭十八千文、五月初七日、劉芬《りゅうふん》から銭二十一千文と、新入りを脅迫して銭文を受け取った。十七年八月には魏学保が省城から護送、監禁されてきたので、事情を話して仲間に加え、十一月二十九日から十九年五月までに、陸汶成《りくぶんせい》・鄧崇志・易長発・梁正潰《りょうせいかい》・耿秉才《こうへいさい》・王導軒・成紹洪・曽広学・趙洪太・張汶導などから計二百七十四千文を脅し取った。十八年十二月十二日、張作輔が収禁されると、方元林らは酷刑を用いて凌虐し銭文を要求したため、張作輔は一百千文を渡すと約束し、母親に手紙を書いたが、しばらくして張作輔は審理のために省城に護送された結果、湖北巡撫伍長華によって事件が発覚・究明されることになる。

牢頭・鎖頭をめぐる五つの問題

以上、A～Dの四つの案件について、牢頭あるいは鎖頭の存在、監獄内における彼らの不法行為および禁卒らとの関わりなどの諸点を中心に整理してきた。これらの事例からいくつかの牢頭をめぐる問題に関して掘り下げた検討を行ってみたい。

第一に、どのような罪囚が牢頭ないし鎖頭となったかである。Aの牢頭費雲海は顧士元（すでに死刑執行）らと金浩如ら二名を謀殺し、「擬絞監候」の判決を受けている。つまり「謀殺二命」の罪で絞刑の判決を受けたが、立決（即時執行）でなく監候(32)とされたため、刑は執行されず毎年秋審で緩決（執行延期）となり（実際には十四回ほど緩決となったと考えられる）、事実上の長期監禁状態となっていた(33)。Bの牢頭童三・張二はともに暴行致死事件に関わり、前者は「共殴人致死律」で絞刑・監候、後者は「兇器傷人例」で近辺充軍、一方、鎖頭の梁三は「強姦十二歳以下幼女例」で斬刑・監候とされて緩決十三回、同じく鎖頭の劉六は暴行致死事件で絞刑・監候とされて緩決二回となっている。またCの牢頭劉璧は「闘殺律」で絞刑・監候とされて緩決一回、Dの牢頭方元林は強盗事件で情状酌量の措置を受け、死刑を免れて発遣とされていた。その他、牢頭・鎖頭の名称こそ見えないものの、積極的に凌虐・ゆすりに関わったDの高三が「娶親属妻妾律」で絞刑・監候とされて緩決八回、董成棠が暴行致死事件で絞刑・監候とされて緩決四回、魏学保が堂兄の魏正太の暴行致死事件で斬刑・監候とされて緩決一回といった事例を確認できる。

すなわち本章の冒頭において指摘した、中国の歴代王朝の定制の拘禁施設の特徴の一つである、既決監（刑務所）ではなく未決監（拘置所）であったことに間違いはないが、これらの事例から監禁が将来的な減刑（可能性）への附加刑として機能しており――Bの張二は充軍、Dの方元林は発遣であるから、配所が決定して出監するまでの臨時的な措置であろう――、かつかような長期監禁の罪囚は特殊な事例とは見なせないから、各地に少なからず存在したことが予想される。絞斬刑を受けながらも監候となり、毎年緩決となる慣例が、こうした事実上の罪囚の滞留、長期監禁をもたらし、監獄内で新たな犯行を惹起させる基礎的な条件を準備したと見なせよう。

第二に、牢頭・鎖頭はいかにして出現したかである。たとえば「該犯は長期間拘禁されて牢頭と称し、他の囚人たちも命令に従わない者はなかった」（A費雲海）、「劉璧は牢頭たらんとし、馬四と誼を通じて崔升に話をつけ、刑具を解放してもらった。以後、監獄内の罪囚はみな劉璧の管理を受けることになった」（C劉璧）、「方元林は長期間監獄にあって銭文がなかったので、牢頭になって新入りから銭文を奪おうと企んだ」（D方元林）と、本人自らが企図して牢頭となった点を強調する事例が多い。

しかし一方で、監獄行政上の問題から牢頭が必要と見なされ、吏目・典史のような管獄官が私的に任命した場合もある。Bには「該州（通州）監内は前後両院に分けられ、各院の北房三間は、みな東西の二間に木櫳《もくろう》（監房）を設けて罪囚を入れ、そのあいだの一間に禁卒を住まわせた。傍らに偏院一所があり、内に女監を設けた。管獄〔官の〕吏目は監獄内が前後に分かれ、禁卒の目が行き届かないのを心配して、以前より殺人犯から二名を選び、罪囚らを管理させ、〔その結果、彼らは〕遂に牢頭と称するようになった。もし牢頭が〔刑が執行され〕配所へ向けて出獄したならば、別の罪囚に〔牢頭を〕引き継がせた。さらに〔吏目は〕家丁一人を派遣して〔監獄内の〕獄神廟内に住んで監視させた。牢頭も罪囚二名を選んで手伝わせ、鎖頭と称し、以前より私蔵されていた鑰匙《かぎ》数本を渡して管理させ、まず自から手枷・足枷を外した」とあり、監獄内部の構造上、少数の禁卒では罪囚の管理に不安があったため、吏目自らが殺人犯中より牢頭二名を選び、さらに牢頭が二名の鎖頭を指名し、他の罪囚を管理させたこと、牢頭に対する刑が執行されて出獄すれば、他の罪囚が新たに牢頭にあてられたことなどがわかる。ここに罪囚本人の企図でなく管獄官の吏目に承認・指名された牢頭・鎖頭の存在を確認できよう。それは江戸時代における囚獄（牢屋奉行）の石出帯刀と牢内役人（牢名主等）の関係にも比定し得るかのようである。つまり牢頭・鎖頭の出現には罪囚本人の個人的な欲望による場合と、監獄行政上の必要から管獄官によって指名される場合とがあったといえよう。

第三に、牢頭・鎖頭は継承されるか否かである。ACDはすぐれて個人的な事例で、継承性は薄いように見えるが、Bでは刑の執行で出獄したときに別の罪囚によって継承されている。Bではさらに具体的に「〔嘉慶二十三年に入監した〕梁三は強姦事件に関わっていたので、牢頭となるのを准されなかったが[34]、道光七年にはじめて董五とともに鎖頭となった。同十二年、劉六・董和尚が牢頭だったとき、董五はすでに配所へ出発し、梁三一人が鎖頭となった。同年六月、梁三は劉六・董和尚とともにアヘン吸引の罪囚の杜方沾《とほうせん》から放堂銭を脅し取ろうとし、張秉恒に京控（越訴）されて省城で訊問を受けた。梁三らは重罪となるのを恐れ、杜方沾から銭文を奪ったことは認めたものの、牢頭・鎖頭や諸名目の費用については供述しなかったため、梁三・劉六・董和尚は「斬絞之犯強横不法例」によって該州（通州）にもどし杖責を加えて監禁し[35]、手枷・足枷を施して、放堂銭などを廃止することとした。また別に囚人の劉泳伶すなわち劉六、張泳和すなわち張胖子《ちょうはんし》が〔牢頭に〕選ばれ、衆囚を管理することになり、劉泳伶らはすぐに梁三・劉六を指名して鎖頭とした。……十三年三月、張泳和・劉泳伶が前後して配所へ出発して出獄すると、前署吏目楊鳴鑑は童三・張二に引き継がせたので、童三は遂に張二とともに牢頭となった」「梁三の記憶によれば、〔彼が〕初めて入監したとき、当時の牢頭金文奎らの話では、いつのことだかはっきりしないが、牢頭魏矬子《ぎざし》の頃は罪囚に対する管理は甚だ厳しかったという」と記し、少なくとも通州の監獄では、魏矬子→…→金文奎→…→劉六・董和尚→劉泳伶・張泳和→童三・張二という牢頭の継承があり、それに伴って鎖頭も継承されたことが判明する。これをどこまで普遍化できるかは、史料上の制約から断定し難いが、死刑執行上の慣例、監獄の構造、監獄行政のあり方などを踏まえれば、かかる事態を特殊な事例として捉えるよりは、他の監獄にも類似の状況があったと想定する方が自然なのではなかろうか。

第四に、「牢法」とまでは呼べないものの、牢頭・鎖頭を中心に牢内のしきたりらしきものが看取されることである。勿論、各監獄によって状況は異なるだろうが、Bの事例によれば、手枷・足枷など刑具を外してもらうために鎖頭二人に「挑子銭」、窮屈な場所での睡眠を嫌い、広々とした寝床で就寝したい場合には牢頭二人に「鋪銭」、新入りで家が富裕な場合には各罪囚および禁卒らに「放堂銭」、審理に備えて他の州県から庁・道に罪囚を護送する途上、臨時的に通州の監獄に羈《つな》ぐために、牢頭・鎖頭および秋審を受けた罪囚、禁卒らに「使費」などを払うしきたりがあったといい、「積弊は相い沿い、すでに一日にあらず」とあって、これらが綿々と続いてきたことを窺わせる。また、ここでは詳述しないが、監獄内では牢頭・鎖頭による様々な私刑（非刑）が行われていた。江戸の小伝馬町牢屋ほど明確に描出されていないが、金銭の授受や暴力を手段とする、牢頭・鎖頭を中心とした監獄社会の秩序の一端を垣間見ることができよう。

第五に、牢頭・鎖頭は看守役の禁卒などと馴れ合い、親密な関係を築いていたことである。A～Dには禁卒のほか、刑書・捕役・皂役《そうえき》・散役などの胥吏・衙役、管獄官の家丁（家人）が登場する。たとえばAの捕役施明（費鳴皐）は牢頭と兄弟の契りを結び、その家族と同居までしていた。Bでは吏目の家丁の蘇栄、皂役（監獄外側の巡邏、罪囚の出入の監視を任務とする）の張啓興・劉洪亮、散役の張三・劉大、禁卒頭役の尹二（尹汶祥）らを含む、じつに二十名もの衙役・家丁が牢頭と取り分を協議しあい、「各人の利益が図られ、永遠に露顕しないであろう」と考えていた。Cの禁卒の馬四・張寛、典史の家丁の崔升の三名は牢頭とともに虐待・ゆすりの中心的な役割を果たし、特に張寛は「監犯許吉明・安秉貴・張啓敬も別の木櫳（監房）の牢頭にあてた」と虚偽の供述まで行っている。Dでも牢頭と馴れ合った禁卒の劉安・李忠・羅方・呉進らは事件発覚後に「蠹役《とえき》」（蠹とは内部にあって害毒を及ぼすものの意）と呼ばれた。かくして禁卒・捕役・家丁などと協力することで、牢頭・鎖頭ははじめて凌虐・ゆすりを行い得た。A～Dにも頻見するとおり、監獄内の罪囚をゆすろうとも多額の銭文を所持するはずもないため、監獄の外側から親族に持ち込ませようとしたとき、また入手した銭文を購物や賭博などに用いようとしたとき、いずれも禁卒らとの関係の構築は不可欠であった。またすでに検討したように、管獄官が一部の罪囚を牢頭にあて、監獄行政の最末端に組み込むような場合、牢頭の立場から見れば、それは関係のネットワークがすでに禁卒らを超え、管獄官にまで及んでいたと見なせよう。

以上、A～Dの四つの事例から、牢頭をめぐる五つの問題について分析を加えてきた。これらの事実を踏まえたうえで、次節では、史料を補いながら伝統中国の旧監獄社会の特徴について議論を深めてみたいと思う。

四　牢頭を中心とする監獄社会と国家権力

普遍的に確認できる牢頭の存在

これまで中国第一歴史檔案館で偶目した四つの史料を用いて牢頭の実態を明らかにしてきた。それは対象地域である浙江省湖州府長興県、直隷通州・房山県、湖北省随州の監獄にかぎられた特殊なものであったのであろうか。あるいは牢頭の存在それ自体はある程度全国的に普遍化させることが可能なのであろうか。まずかかる点から検討することにしよう。

地方志を繙いてみると、わずかながら牢頭に関する記載を見出せる。たとえば、四川省成都府崇慶州に見える「羈繋《こうきん》する所のごときは不潔で汚く、一たびそのなかに入れば、人間の世界と異なり、禁卒や老罪囚の様々な凌虐にあう[36]」の「老罪囚」は、牢頭の語こそ用いていないが、牢頭をさすことは間違いない。雲南省曲靖府宣威県にも「前清と比較すれば、監獄は当然に次第に改善されつつあるが、徒らに戦争・土匪による騒乱が連綿とつづいたため、罪人が多く、収容空間が不足している。不肖の官吏も金儲けの機会と考え、罪の大小、情の虚実を問わず、一律に入監させ、ゆすりの対象とする。監獄内は込み合い、臭気が立ちこめ、湿気・暑気の強い季節には、死亡する者がじつに多く、また新入りが入獄すると、老犯のゆすりは甚だ苛酷である。もし意を遂げられなければ私刑を加える。ある者は小さな質屋を開いて他の囚人から搾取し、俗に充軍の罪囚から多くの利益を得るという[37]」の文言が見え、この私刑を加えたり監獄内で質屋を営んだりする「老犯」も、実際には牢頭に相当すると考えられる。また湖北省安陸府鍾祥県では民国二十年（一九三一）の「管獄員李占春呈擬辦法十條」に「一つ、牢頭などの代表名目を廃止し、一律平等に待遇する[38]」とある。この記事は民国期の管獄員が建議した監獄改革に関する条文の一つであるが、民国期にも牢頭がなお存続していたことを窺えよう。さらに貴州省開州開陽県には「清末、死罪・重罪の者は六監および上卡《じょうそう》の二ヶ所に分禁された。軽罪の者は下卡に拘禁された。みな県衙門の頭門内の右側にある。牢屋は暗くて狭く、空気は通らず、臭気が立ちこめて近づき難い。看守する者には卡差と獄頭がある。また旧犯から狡猾で凶暴な者を択び、これを火頭と呼んで、監獄内の罪囚を管理させたが、卡差・獄頭とともに凌虐も行った。すべての新入りは例として多額の銭文《ツル》を要求され、門衛、監卡を管理する者、鑰匙を掌る者から、卡差・獄頭・火頭に至るまで、均しく山分けされた。また酒肉を旧犯に遍く御馳走しなければならない、これを団籠と謂う。……民国初期、監獄・刑事管理所・民事看守所の三つに分け、均しく典獄員に管理させることとした。旧弊は多く排除されたが、管理する者はなおこれを利益を得る機会と見なしたから、罪囚の生活もいまだに改善されていない」[39]との記述があり、開陽県では旧犯から狡猾で凶暴な者を択んで火頭と称したこと、新入りに多額の銭文を要求したり、在監の罪囚に御馳走させたりする慣例があったことがわかる。

またA～Dと同じく軍機処録副・内政類には、広東省広州府順徳県の監獄の状況について「監候すべき罪囚がはじめて入監するとき、禁卒は旧罪囚を率いていって拳で三回殴る、これを見礼、あるいは発利市という。そのゆする金銭は多額で、これを焼紙銭、あるいは派監口という。在監の旧犯で大哥頭《だいかとう》と称し、脅し取った銀を不肖の典史と山分けする者があり、もし新入りが払わねば、ただちに横《ほしいま》まに凌虐し、私刑を加える、これを打焼紙という」と述べられ、さらに広東省の監獄の一般的な状況について「監獄のなかに老犯で頭目と自称し、禁卒と通じて、肆《ほしいま》まにゆすりを行う者があれば、あわせて厳罰に処する」[40]とも記されており、監獄内の様々な慣例、大哥頭ないし頭目とも称された牢頭の存在を指摘するほか、禁卒のみならず典史すらもが牢頭と馴れ合っていたことを語っている。

これらの記載に前節で検討したA～Dの事例もあわせると、牢頭・鎖頭・火頭・大哥頭・頭目などと呼ばれる罪囚が各地で広く確認されたことになる。しかし個々の事例の集合にすぎない点があるうえ、もし本当に牢頭が全国的に存在し、凌虐・ゆすりなどの問題を惹起していたとすれば、もう少し網羅的な議論が行われていてもおかしくない。そこで以下では三つの史料を検討してみたい。

官僚たちの牢頭に関する議論（一）

まず代表的な官箴書の一つ『福恵全書』である。該書には牢頭に関する記載が少なからず残されている。[41] 康熙三十三年（一六九四）刊であるから、時間的に最も遡るものとなる。勿論、著者黄六鴻の経験は山東省郯城《たんじょう》県・直隷東光県知県の頃のものであろうから、これをもってただちに普遍化できるわけでないが、地方行政の実務の参考に広く供しようとする官箴書の性格からすれば、その内容は極めて興味深いものとなろう（①〜③は行論の都合上、引用者が附した。傍点も引用者による）。

①別犯（死罪を除く）の婦人に至っては、断じて監獄に送るべきでない。監獄内の軽薄な罪囚や牢頭・獄卒に猥褻な振舞いをされるからである。

②牢頭・獄卒が他の囚人に害毒を流すことは枚挙に遑がない。ここにいくつかを略述し、その悪行を明らかにする。上にあることを願う者は、これを留意して観察し、これを除けば、幸福をもたらすこと計り知れないであろう。本管牢頭と衆牢頭が群れて来て袋叩きにする、これを打攢盤《ださんばん》という。新入りが入監して富裕な者であれば、本管牢頭はまず酒席を設けて歓待し、ひそかに鎖を解いて拘束を鬆《ゆる》め、恩恵を示す。翌朝、衆牢頭が〔本管牢頭と〕一緒に来るので、〔新入りは〕挨拶して贈物を渡す。三日目、本管牢頭は使った費用を〔新入りに〕請求する、これを鋪監という。牢頭は十分に銭文を脅し取り、あるいは散犯（軽罪で散押されている罪囚）を唆して各五、六文を出させ、鶏肉などを買って新入りに送る。本管牢頭はまた請求書を渡し、

もし意を遂げられなければ、散犯に集団で暴行させる、これを打抽豊という。
③交通上の要地にあって人口が多い大きな州県では罪囚が多い。もし牢頭の管理がなければ、罪囚の性格はみな凶暴であるからいつも騒動が絶えない。ただし牢頭は入監して久しい罪囚であり、例として頂首銭（牢頭になる際に支払う銭文と推測されるが、だれに支払うかは不明）を払わなければならず、獄卒が〔罪囚間の〕仲介に立って取引する。ゆえに一たび牢頭となれば、肆《ほしいま》まに悪事を働いて、金品を脅し取る。

牢頭の語が最初に見えるのは①の婦女の監禁について述べた部分で、禁卒（獄卒）・牢頭・罪囚から猥褻な行為を受けるから、死罪囚を除く婦女を監獄に送致してはならないと指摘する。これも牢頭の悪行の一つであろう。つづいて②ではいくつかの悪行を列挙する。しかしここで注目したいのは牢頭を本管牢頭と衆牢頭に書き分けている点である。史料上の制約から断言は留保せざるを得ないが、文脈から判断すれば、本管牢頭とはいくつかある監房のうち、罪囚から見て自らが拘禁されている監房を管理する牢頭、衆牢頭とは他の監房を管理する牢頭たちと考えられる。これは監房ごとに牢頭が置かれ、一つの監獄に複数の牢頭がいた場合もあったことを示唆しよう。然りとすれば、Bに登場した童三・張二の二人の牢頭も監房の数に対応したものかもしれない。黄六鴻は牢頭の存在を前提に、彼らを注意深く観察するように警告している。③でも必要悪としての牢頭の存在が語られる。牢頭の力を借りなければ、禁卒（獄卒）は勿論、管獄官も監獄内の秩序を十分に維持することは不可能であった。引用の直後で黄六鴻は新旧の罪囚が輪番で管理する五長制を新設することで、牢頭の廃止を提案しているが、管見のかぎり五長制の実施は確認できないから、殺人犯を含む多数の罪囚管理が極めて難しく、事実上牢頭に頼らざるを得なかった点があったことを示唆しよう。

官僚たちの牢頭に関する議論（二）

次に浙江巡撫荘有恭の一文である。これは上述した牢頭費雲海に関する報告Aの末尾に附されたもので、さらに広い観点から牢頭の問題について提起したものである。

牢頭の名目は各省にみなあって、該犯は自身が重罪を犯し、これ以上〔刑を〕加えられないのを恃み、また監獄にあること久しいので、他の罪囚を唆すことができ、新入りが入監するたびに金銭を要求し、もし遂げられなければ、罪囚を率いて恣《ほしいま》まに凌虐する。牢書・禁卒もその威力に藉《か》りてゆすりの仲立ちをする。これら凶悪な罪囚は多く矜《あわれ》んで減罪されることもないので、獄中に居座って恣まに不法をなし、誠に監獄の大害となっている。各省の有獄官（知県・知州）に厳命して、監獄にあること久しい罪囚を不時に査察し、もし敢えてなお牢頭の名目に藉りて、新入りに凌虐・ゆすりを行う者があれば、〔情状が〕軽ければただちに杖責とし、重ければ総督・巡撫に詳文で報告して取り調べ立件し、秋審のときを俟って案件として秋審に加え、分別して擬罪すれば、禁獄の一端を整理できよう。

ここでは牢頭の問題が費雲海個人でなく各省にも存在することを指摘したうえで、牢頭の廃絶を提案している。かかる提案の背景には勿論、実際に牢頭が各省の監獄に厳然として存在していた事実があること、容易に想像されよう。さすればこそ、荘有恭の上奏は乾隆帝に嘉納されて立法化の道をたどることになる。

報告A以前、こうした監獄内の罪囚の犯罪に対する規定には、以下の二つがあった。一つは獄囚脱監及反獄在逃律に見える雍正十一年（一七三三）定例で「一つ、在監の斬絞人犯は、もし強横《ほしいま》まに不法行為および賭博などに及べば、杖一百とし、なお厳しく手枷・足枷を施し、秋審を俟ってそれぞれ擬罪する」(42)、もう一つは闘殴及故殺人律に見える乾隆十八年（一七五三）定例で「一つ、すべての死罪を犯して監候となった人犯で、在監中にまた凶行に及んで人を死に至らしめた者は、入監前・入監後に犯した斬・絞罪名のうち、重い方に従って擬罪して立決とする」[43]とある。前者が各種不法行為や賭博などを杖責のみで処理するのに対し、後者は監内殺人事件に対して立決正法で応ずるという、罪の軽重が極端な二つの規定しか持たなかったことになる。つまり被害者が死亡さえしなければ、いかなる暴力を伴おうとも直接的には前者を適用せざるを得なかった――勿論、他律に比附（比照）[44]することは可能ではある――と考えられる。ちなみに前者は窃盗律の「四十両、杖一百」、ないし雑犯・賭博律の「すべての賭博は兵民を分かたず、みな枷号二ヶ月、杖一百」の罪にしか相当しない[45]。報告Aの牢頭費雲海も殺人を犯していないとはいえ、前者を適用しては罪が軽きにすぎると感じたであろう荘有恭は「臣が費雲海一犯を査べたところ、もともと謀殺二命で「擬絞監候」となり、毎年の秋審で恩を蒙って緩決されたが、該犯は監獄にあること久しく敢えて牢頭と自ら号し、外は免職された捕役と通じ、内は刑書・禁卒と馴れ合い、他の囚人を凌虐し、肆《ほしいま》まにゆすり、決して尋常の監犯で強横まに不法を行った者と比すべきでない」と牢頭の凶暴性を強調している。その結果、荘有恭の提案は乾隆二十六年（一七六一）定例として結実し、「一つ、斬絞人犯のなかで、もし監獄にあること久しく、牢頭と自ら号し、禁卒・捕役と通じ、他の囚人を脅して、財物を奪い、偽証させ、少しでも意を遂げられなければ、恣《ほしいま》まに凌虐を加え、凶悪なこと顕著な者は、審理の結果、事実であれば、ただちに「死罪人犯が在監中に凶行に及んで人を死に至らしめた」例に照らして、原罪名によって立決に擬する。尋常の犯行については酌量して厳しく懲治する」[46]を内容とする牢頭に関する専條が規定された。これによってとりあえず各省に存在する牢頭を一律に処罰できるような法的整備が完了したといえよう。

官僚たちの牢頭に関する議論（三）

最後に検討するのは『刑案匯覧続編』所載の刑部事宜である。これは御史朱潮の上奏に対し、刑部が上諭を受け

るかたちで同治元年（一八六二）に覆奏したものにあたる。(47)

臣らが〔上諭に〕遵って該御史の原奏を査べたところ、以下のようにありました。刑部の獄囚を総管する者は、名づけて牢頭と曰い、手伝って看守する者は、名づけて所《ママ》（鎖か）頭と曰う。牢頭は大半が重罪犯で、この役にあてられ、掌櫃と称し、自らの手で〔監獄内を〕支配し、ゆすっても遂げられなかったり、あるいは人（被害者など）の賄賂を受けたりして、人（罪囚）を死に追いやる。殺害方法は紙を用いて顔に貼り付け、水を噴きつけ〔呼吸できないようにして〕悶死させる。病死と偽って報告しても、全く傷痕がなく、検屍しても証拠がない。残忍な事このとおりである。所頭は〔牢頭〕を助けて凌虐を行い、〔その役は〕公事でありながら私物化され、父兄子弟が監獄内に盤踞し、一犯が入監するたびにゆすって賄賂を受けとり、〔罪囚は〕昼には炮烙《ほうらく》の刑〔のような私刑〕を受け、夜には厠所に詰め込まれる。近頃一人の罪囚が按察使司で審理・訊問されたとき、泣いて涼水一杯を賜るよう求め、すでに五日も水を飲んでいないと云った。官犯(48)に至っては、動もすれば数千金をも賄賂し、娼妓・優伶でも服装を換えて禁地（監獄）にひそかに入れ、官犯の歓楽に供されることもあった。様々な不法については言い尽くせない。もし提牢庁が真剣に調査しようとすれば、三〜五日以内に必ずやひそかに重罪囚を放って逃走させる。管獄官は免職処分となって去るが、牢頭・所頭は首になるものの、〔その地位は〕私物化されて自在で、なお自らの親族を〔牢頭・所頭に〕あてて、依然として恙ない。ゆえに提牢官らは自らの功名を保つのに、これ（牢頭・所頭）を虎のごとく畏れ、敢えて訓戒・処分しようとしない。〔提牢官は〕毎晩申し訳程度に任務を果たし、帳簿のとおりに点呼するが、点呼されているのがだれかも全く知らない。官が役（牢頭）のためにかような状態にあるのに、黒い海のなかに幽閉された冤罪については、だれがかかる重大な弊害を訴えられようか。刑部の堂司《かんりょう》は周知しないものはないが、みな法で禁止し難く、遂にいかんともしようがない。

この史料にも牢頭・所頭（鎖頭の間違いか、以下、鎖頭に統一）が登場するが、最も重要な点は中央の刑部附設の監獄ですら牢頭・鎖頭が存在して監獄内を管理していたこと、それが公事と見なされていたことである。刑部附設の監獄がかような状況であれば、地方監獄は敢えていうまでもなかろう。しかも鎖頭に関する部分——牢頭も同様と考えられる——に見えるように、父兄子弟など親族によって継承される場合もあったようである。然りとすれば、牢頭・鎖頭にあてられる罪囚は、父兄子弟も監獄に拘禁される暴力集団の首領のような人物であったと想定される。かような人物に対して提牢官は保身のために敢えて悪行を告発せず、たとえ告発してもむしろ自身が免職処分となり、一方、牢頭・鎖頭は親族に継承させるだけで、監獄内で以前と変わりない生活を送っていた。さきに乾隆二十六年定例の成立を検討したが、同治元年（一八六二）に至って、刑部の監獄ですら廃止できないほど、牢頭・鎖頭は監獄社会に根づいていた。これは罪囚のみが閉じ込められた特殊な社会のもと、長期監禁が進むなかで自然発生的に牢頭・鎖頭が誕生し、実質的に彼らに頼らなければ秩序を維持しきれなかったことを推測せしめるものであろう。

監獄社会における牢頭の位置と国家権力

以上、牢頭をめぐる諸問題を検討してきた。ここでこれまで整理・検討してきた牢頭・鎖頭などの実態、禁卒・刑書や管獄官との関係、牢頭に対する法的整備などを総合的に分析し、監獄社会の秩序のあり方とその特色、監獄社会における牢頭の位置と国家権力との関わりについて、推測をも加えつつ整理しておく必要があろう。

まず牢頭（鎖頭・火頭・大哥頭・頭目）がなぜ出現したかを考えてみたい。本章冒頭で紹介したように、伝統中国の監獄はもっぱら未決監（拘置所）であり、刑罰執行の手段として一定の刑期のあいだ拘禁して自由を奪う既決監（刑務所）ではなかった。したがって本来ならば、刑罰が確定すればただちに執行され、牢頭が出現する余地はなかったはずである。しかし年に一度行われる秋審で緩決となった者は以後毎年緩決となることが事実上の慣例となると、「擬斬（絞）監候」の罪囚が多数長期監禁されるようになった。ここに清代の司法システム上に牢頭が生成する基礎的条件が準備されたのである。また監獄の構造上、こうした罪囚はいくつかの監房に分禁しなければならなかったが、実際に配置された禁卒は十分な人数でなく管理上に問題があったうえ、滞留する罪囚は殺人犯など凶悪犯罪に関わった者が多かったことから、禁卒のみでは監獄内の秩序維持が困難であり、厳格な内部統制を行い得る人物に事実上頼らざるを得なかったに相違ない。さらに罪囚の側からすれば、監禁の長期化が進むとともに、監獄という一つの閉じられた空間において他の罪囚と社会関係を生ずるに至り、それぞれの罪囚個人の性格（凶暴性など）、入監前の暴力集団内における地位などが絡み合って、自然発生的に牢頭の類が出現したのではなかろうか。すなわち牢頭とは、現場における監獄行政上の必要性と、罪囚間で自然に形成されてきた権力関係が、監獄社会の秩序維持の一点において思惑の一致を見た結果、生み出されたものであったのではないかと推測するのである。

かくしていわば江戸時代の牢内役人に相当する牢頭や鎖頭が出現したわけであるが、これら牢頭・鎖頭をいかに評価すべきか。それは三つの側面から論ずることが可能かと思われる。第一に、現場の司法官の立場からである。上述のごとく、現場で監獄を管理するのは有獄官（知県・知州）と管獄官（典史・吏目）であった。特に管獄官は監獄行政を専掌していたから、監獄の秩序維持は自らの考察（勤務評定）に関わる重大事であった。しかし実際の管理となると、数名から十数名程度の禁卒にすぎず、牢内役人たる牢頭に他の罪囚の管理を委ねるほかなかった。現場の管獄官にとって牢頭は必要悪的な存在であり、むしろ彼らなしでは職務怠慢の責任を負わされかねない危機感もあったであろう。つまりときとして知県をも含む、現場の司法官は、罪囚の一部をも国家権力の最末端に取り込み、ある程度の既得権益を承認しつつ——場合によっては自らもその一端に加わりながら——、在任期間中に脱獄や反獄などが発生しないように企図したと考えられる。禁卒にとっても自らの力のみで監獄内の秩序を維持することは困難であったし、たとえ不正な手段であっても監獄社会の慣例の範囲内で牢頭と利益を共有できることはまさに一石二鳥であったに相違ない。

第二に、牢頭をも含む監獄社会の立場からである。さきに牢頭は監禁が長期化するなかで自生的に出現したと推測したが、牢頭からすれば斬絞刑・充軍・発遣となった以上、恐れるものは何もない、いつかは刑が執行されるという発想もあるものの、監獄社会で獲得した自らの権威をいかに高め、どこまで権力を伸張し得るかも重要であったと思われる。特定の罪囚が一部の罪囚と語らって牢頭たらんとしても、他の罪囚を権力下に置かなければ不可能な場合もあったろう。勿論、他の罪囚を権力下に置こうとも、監獄社会内部に配置され、直接的な管理にあたった最末端の人員＝禁卒などと協力しなければ、ゆすりによる金銭の授受、私刑による凌虐、入手した金銭を用いた購物・賭博は不可能であった。また現状を安定・発展させるには、さらに監獄社会の外側に位置する管獄官をも自らの権力の及ぶ範囲内に取り込むことが求められた。牢頭の監獄社会における権威は①牢頭自らの能力、②監獄社会内部の国家権力の最末端＝禁卒らとのつながり、③管獄官から実質的な監獄管理を委ねられるというより高次な国家権力とのつながり、以上の三つの段階を想定できる。第一で指摘した点も考慮すれば、現場の司法官は自らの管理がどこまで及ぶか、牢頭は自らの勢力をどこまで伸張し得るかで、上から下ってきた最末端の国家権力と、下から自生してきた監獄社会とがせめぎあっていたと見なせよう。

第三に、総督・巡撫をも含む国家権力（中央）の立場からである。本章で検討したA～Dの事例はすべて総督・巡撫による報告であったが、刑部のような司法機関はさておき、督撫以上の官僚は監獄管理の現場から極めて遠くに位置した。彼らからすれば、牢頭は極悪人以外の何者でもなく、専條の制定など法的整備を進めて、牢頭による

図6-2　暴力によって牢頭が交替する（『点石斎画報』「犯斃牢頭」）

獄内犯罪に厳罰化の方向でのぞむ必要があった。しかし牢頭に代替し得る管理方法を提示することはなく、現場が直面している問題に正面から対処することはなかった。

最後に、清代中国の監獄社会はいかなる特徴を有していたかについて考えてみよう。前述のとおり、確かに未決監（拘置所）であった監獄に社会関係が生ずる余地は全くないかのようである。しかし縷々述べてきたように、監禁の長期化が進むなかで監獄内部にも多くの罪囚が滞留した結果、様々な社会関係を生ずるに至った。なるほど刑が執行されれば、その罪囚は監獄社会から忽然と姿を消し、またある日突然、新たな犯罪者が監獄社会に加わったが、そうした入退場の有無にかかわらず、自然発生的に生成されてきた牢頭・鎖頭や監獄内の慣例は杜絶することなく継承されつづけたと考えられる。清末の『点石斎画報』「犯甃牢頭」の説明に「牢頭とは禁獄中のボスである。これにあてられる者は必ずや犯罪者である」と見えるとおりである（図6-2）。ただし江戸時代の日本における牢名主以下の牢内役人が幕府から公認され、形式的には自治的な組織を持っていたのとは異なり(49)、清代中国の監獄社会の牢頭は公認されたものでなく——監獄管理の現場では公事と見なされている場合もあったが——、全く自治的な組織ではなかった。アジアにおいて江戸幕府と清朝は刑罰・監獄制度など類似した司法システムを有していたが、その執行段階において国家権力と個人とのあいだに出現し、私的な利益を見出そうとする者に対し、両者は全く異なる態度でのぞんだかに見える。日本が牢内役人を公認して制度内に位置づけていこうとするのに対し、清朝の場合は法的制度的に牢頭を公認することはなかった。しかし重大な問題さえ惹起しなければ、現場は現場の論理で運営され、牢頭は厳然として存在しつづけたのである。

五　小　結

本章では、清代中国の監獄を取り上げ、それが現実にいかなる状況を呈していたか、数少ない史料を分析しながら明らかにしてきた。なぜなら欧米諸国が治外法権（領事裁判権）を押しつけた理由として、日本や中国をはじめとするアジア諸国が近代的な司法システムを持たなかったためとされながらも、清代中国の監獄は「狭隘汚穢、凌虐多端」であったと極めて不十分な理解に止まり、実際に閉じられた空間＝監獄で何が起きていたか、なぜかかる表現が常套句となったかを、いままで掘り下げて考えてこなかったからである。そして本章で検討した結果、清代中国の監獄にも江戸時代の日本の牢屋に存在した牢名主制度に似た監獄管理が確認された。確かに監獄社会は重罪犯である牢頭を中心に、禁卒・刑書などと協力して統制・管理することで、罪囚間の矛盾・紛糾が処理され、一定の秩序が維持された可能性も否めないであろう。ただし注意すべきはそこで用いられた主要な手段が暴力や金銭の授受などであったことである。勿論、監獄の施設の寛狭や衛生など、ハード面の問題も見落とせないが、それ以上に重要なのは実質的な管理を行う人材、すなわちソフト面にあったといえる。かかる課題の克服こそが旧監獄から近代監獄へと生まれ変わるための最大の課題であり難問であったに相違ない。

この人材育成を中心とする清末の司法（監獄）改革については、第十章で言及するが、監獄の看守（看守人）の養成に関しては、たとえば清末の『申報』宣統元年（一九〇九）九月十三日の記事に、以下のような文章が掲載されている(50)。

> 江蘇按察使が決定した、江蘇省罪囚習藝所内に官吏養成所および看守養成所を附設する件に関しては、すでに以前に記事で紹介した。現在、聞くところでは、罪囚習藝所および官吏養成所は均しく開設の経費が一千有余両かかり、なお工面しているところで、十一月頃にはじめて開設できる。そこでまず看守養成所を開設し、すでに江蘇按察使が派遣した、日本の警察・監獄学校の卒業生施伯栄、前六合県典史陳爾音の二名を教習にあて、蘇州府知府何某を総理とし、警務公所から警兵三十名を選抜して送り、また文理に少し通じて道楽を犯さない者三十名を募集して、合計六十名を入所させ、看守に関する各種の規則、兵式体操などを教授する。課程の科目の分類は甚だ多いが、二ヶ月で卒業して、将来的にはそれぞれ監所・押所に配属して看守人に任命し、監獄を管理する牢頭や禁卒の撤廃を期したいとのことである。すでに本月十一日に開設しており、毎月の経費は二百数十両であるという。

宣統元年（一九〇九）、まさに司法（監獄）改革の真っ直中にあって、江蘇按察使左孝同は日本の警察・監獄学校の留学生らを登用して看守養成所をスタートさせている。文末に明確に記されるように、その目的は旧来の牢頭・禁卒を廃止して、専門教育を受けた人材である看守人に置換することにあった。この記事のみでは、その後、看守養成所とそこで養成された看守人がいかなる道をたどったかは判明しない。しかし少なくとも清末において監獄制度上の克服すべき課題として牢頭・禁卒が認識されていたことは間違いなかろう。

第七章　訴訟と歇家

一　本章における問題設定

本章では、都市における身柄の管理の問題に絡んで、明清時代の文献史料にしばしば登場する「歇家《けっか》」——飯店・飯歇・歇店・保歇などともいう——について主に訴訟との関わりから初歩的な考察を加える。歇家とは旅館(宿屋)ないし旅館主を意味し、農村の人々が訴訟や納税のために遠方から都市に出向いた際に投宿した場所であった。しかも歇家は役所の手続きに熟知し、ときとして訴訟・納税手続きの代行や様々な便宜・情報を提供した。訴訟から見れば江戸時代の日本の公事宿に相当すること、滋賀秀三が夙に指摘するとおりである(1)。

歇家＝旅館・旅館主の存在は社会経済史・法制史分野で指摘されてきた。宋代では「安停人」「停保人」「保識人」「茶食人」がこれにあたるとされる。渡辺紘良は宋代の訴訟手続きを検討したなかで在地の事情に通じかつ官衙につながりを持った者、すなわち国家の末端支配を補完し得る存在としての安停人・停保人に論及する。彼らを「居停人」＝倉庫業・旅館業・問屋を兼ねる邸店経営者に比定し、農村の人々が訴訟を起こすか否かが彼らの判断に委ねられたこと、彼らの役割が明清時代の歇家に類似することを指摘した(2)。一方、明版『清明集』に散見する茶食人に注目したのが高橋芳郎である。高橋は彼らが当時の訴訟関係史料に登場する保識人や、渡辺の安停人・停保人と同一の実体を持った者であるとし、訴訟関係者を呼出しがあるまで待機させて身元保証したこと、訴えの内容を事前にチェックする場合があったことを明らかにした[3]。

明清時代の歇家については滋賀、金弘吉、夫馬進、M・A・アルー[4]、M・A・マコーレー、趙暁華[5]、岸本美緒らが言及する。滋賀は台湾の淡新檔案の書式を分析し、「呈（訴状）」に歇家の名を記さねばならなかったこと、それが県城で投宿する宿屋であったことを紹介した[6]。初の本格的な罷市《ひし》（商店の営業停止によるストライキ）研究を行った金は、罷市における保歇の役割に注目、保歇・訟師・棍徒を非特権有力戸、すなわち地域の裏の有力者として検討の必要性を提起した[7]。夫馬は明清時代の訟師と訴訟制度を検討したなかで、歇家についても官箴書・省例等から史料を収集しつつ、①官庁の呼出しに備えて原告・被告は歇家に宿を取ることが望まれたこと、②歇家は官庁に委託されて被告を拘留し、判決を受けた被告の保釈保証人ともなったこと、③歇家は訴訟手続きや官庁内の事情を知らない宿泊者にアドバイスと情報を与えたこと、④歇家は訟師の活動拠点や上控の取次先となったことを指摘し、最も明確な歇家像を提示した[8]。さらにマコーレーは、歇家（inns）の主人あるいはそこに出入りする訟師（pettifogger）が胥吏・差役との接触の機会、県衙門スタッフへの特別の請願の可能性を訴訟当事者に提供したという[9]。近年、岸本は「訴訟手続きや税務の知識を持たない一般庶民にとって、歇家は国家権力の荒々しい触手との間の緩衝機構として必須のものであったが、歇家がそうした媒介機能を私的営業化してそこから利益を吸い取るのも当然の勢いであった」と歇家の性格を適確に表現した[10]。そのほか、納税面から西村元照、山本英史、谷口規矩雄が歇家を分析している[11]。

先行研究を概観すると、訴訟に関わって登場する歇家の具体像は次第に明確な輪郭をもって描かれつつあることがわかる。しかし専論はいまだ皆無であり、訴訟システムの解明をめざすなかでいわば副産物的に触れられてきたにすぎない。これは纏まった史料の欠如に由来するのであろうが、法制史分野の研究の進展で訴訟システムの全体像が明確になりつつある現在、歇家を再検討・再整理する必要があるように思われる。そこで本章では、まず明清時代の歇家それ自体の性格、すなわち旅館主としての歇家は一体いかなる人物であったかという問題を検討してみたい。その際に比較対象となるのが、これまで俎上に載せられてきた訟師・胥吏・衙役など訴訟の周辺にある人々である。歇家が彼らといかなる関係を有していたかを明らかにすることは、訴訟システムにおける歇家の位置を検討する手がかりとなろう。さらに官府が裁判を順調に進めるために訴訟関係者の身柄をいかに掌握・管理しようとしたか、歇家との関係から分析したい。そして最後に歇家に期待された訴訟関係者の身柄管理＝管押が収監と保釈のあいだにあって当時の司法官からどのように認識されていたかについて考えてみたいと思う。

二　官箴書・地方志に見える歇家――訟師・胥吏・衙役との関わり

裁判の開始と訴状の代作

本節では、訴訟に関わって登場する歇家＝旅館主の実像を中心に検討し、あわせて原告・被告など訴訟関係者が訟師・胥吏・衙役にたどりつくまでの過程を考えてみたい。先行研究で指摘されてきたように、紛争が発生して諸方面からの和解・調停の努力にもかかわらず、原告が満足できず裁判で争おうとすれば、原告は被告が居住する州県に提出する訴状（告状）を作成しなければならなかった[12]。たとえ原告に訴状を書く能力がなくとも、訴訟プロとしての訟師のほか、胥吏、風水先生、村塾の教師、幕僚、出版業従事者など下級識字層に代作してもらうことができた。彼らは都市部のみならず鎮・市・集など農村部にも居住し、読み書きができない人々のために訴状・契約文書・遺書・手紙などを代作して生活していた[13]。ゆえに原告は彼らをたずねて依頼すればよかったのであり――親族や友人から紹介してもらったのであろう――、彼らも手頃な料金で請け負ったと思われる。親族・友人を除けば、彼らは原告にとって最も身近な距離に位置する訴状代作者であったに相違ない。もし首尾よく訴状を書いてもらえたならば、原告はそれを持って県城へと赴き、放告の日（官府が毎月定期的に訴状を受け付ける日）に官庁に訴状を提出すればよかった。ただし清代には提出に先だって訴状を官代書[14]に持ち込んでチェックし戳記《たくき》を押印してもらう必要があった。そして知県から裁判案件として受理する批准が得られれば、ようやく審理が開始されることとなる。

では原告・被告は訴状受理の後、どこで呼出しを待ち、どのように訟師と接触したか。被告や干連（証人）の所在はいかに確認され、身柄は確保されたか。在城の者（県城など都市居住者）は人命・強盗など身柄拘束を必要とする刑事案件ではなく、戸婚田土など民事案件であれば、自宅で呼出しを待てばよかったであろう。しかし農村部、とりわけ県城から遠距離の農村に居住する場合、任意に取調べができるように公廷のある県衙門に可能なかぎり近いところで待つことが要求されたのは想像に難くない。ここに旅館としての歇家が重要な意味を有することになる。

歇家と訟師

具体的に史料をあげて検討してみる。たとえば趙暁華が紹介した光緒『桐郷県志』巻二、疆域下、風俗[15]には「〔浙江省嘉興府桐郷〕県内の悪習にはいくつかある。一つは訟師でみな県城内にいる。原告・被告は直接に公廷に赴かず必ず訟師に身を投ずる。名づけて歇家と曰う。証人が出頭するか否かは、票伝（身柄拘束命令）を持っていたとしても、原差（担当差役）ではどうしようもなく、ただ訟師の言に従うだけである。……甚だしきに至っては、原告・被告が訴訟を息《や》めたいと欲しても訟師は允《ゆる》さない。官府がすでに結審しても訟師はあきらめない。往々にして判決を受けて釈放された人があっても、訟師が原差とグルになって私押（非合法の拘禁）するのは、賄賂が欲望を満たせなかったからである」とある。ここにいう歇家の語はあたかも原告・被告が訟師に身を投ずる行為をさすかのようである。しかし本来、歇家＝旅館（主）であるから、かような認識は原告・被告が公廷に赴く以前に訟師と接触しようとした場合、その場が歇家であったことに由来するのであろう。原告・被告が自らの意思で歇家を訪れて訟師の指南を受けようとし、実際に訟師の意のままに操られていることが批判されている。特に官府の指定した歇家に投宿するわけでなく、訴訟関係者が任意に選択し、必要であれば訟師との出会いの機会が提供されたかのようである。

さらに夫馬進が検討した『湖南省例成案』刑律訴訟、巻一〇、教唆詞訟、厳査歇家息訟安民には「すべての郷民はたまたま官に赴いて訴訟するような事件があれば、あるいは近くは府・州・県城で、あるいは遠くは省城にまで至って、必ず歇家を藉《たよ》って停足（宿泊）の地とする。……訪聞[16]して知り得たところでは、不法の徒が外は寄寓に名を借りて、じつは詞状《そじょう》を包攬《うけおい》し、自身が積慣訟師でなければ訟師とグルになって互いに助けあっている」と記されており、一連の訴訟のなかで都市へと出向いてきた訴訟関係者は歇家に宿泊せざるを得ないうえ、ときとして歇家の主人自身が旅館主に止まらず「積慣訟師（古株の訴訟プロ）」であったことを窺わせている。

また黄六鴻『福恵全書』巻一一、刑名、詞訟、設便民房は次のように記載する。「郷人（農民）は訴訟のために県城に入ると必ず歇家に身を投ずる。歇家は「官司《そしょう》」を包攬する人でなければ、「官司」させて銭を賺《かせ》ごうと希図する人である。〔黄六〕鴻は着任したとき、公事で出入するたびに県衙門前に甚だ多くの酒肆・飯館が立ちならび、饍饈《ごちそう》が豊かに列べられ、樽《たる》榼が横ならびになっているのを見て、この地の人が飲食に贅沢しているのではないかと意《おも》った。そこで詳細に訪《しら》べると、勢力のある郷紳・生員が営業しているものであった。郷人で訴訟に来た者は、原告・被告を問わず、みな必ずここに宿をとる。内外の関廂は郷紳・生員の意に忤《もと》るのを懼れて、竟《つい》に留《とど》止めようとする者はない。郷人はここに舎《とま》るほか、また他に宿泊する所もないのでここに居停《しゅくはく》する。一切《すべて》の衙門関係の事を料理《きりもり》するのは「紀綱之僕[17]」である。求情（請願）・嘱託（依頼）に至っては、またみな〔歇家の〕主人の稼ぎ口となっている。ゆえに郷人もまた憑依《たよ》ってみな一緒に身を投じてここに宿ることになる」。まず黄六鴻は歇家の主人のことを「「官司」を包攬する人でなければ、「官司」させて銭を賺ごうと希図する人」であると述べる。前半は狭義の「包攬詞訟（訴訟を請け負う）」と同じく胥吏・差役との交渉を意味したと考えられ、訟師に対して用いられた常套句である。つまり歇家自らが訴訟アドバイスを行っていると見なされていたのである。『湖南省例成案』の記事も考えあわせれば、歇家もときとして「訟師」のラベルを貼り付けられる範疇に属する者であったといってよいかもしれない。実際に彼らは本業の旅館業からしてもある程度の識字層であったろうし、県衙門前に立地していれば胥吏・衙役らとの交渉能力を有していてもおかしくない。

なお、黄六鴻は自らの目撃譚[18]を根拠にあたかも訴訟に来た農民がすべて県衙門前の酒肆・飯館に宿泊したかのように語っている。しかしたとえ原告・被告など訴訟関係者が呼出しに備えて県城に宿泊することが求められようとも、常識的に考えて酒肆・飯館レヴェルの〝贅沢〟な歇家にすべての農民が泊まったとは到底考えにくい。これは黄六鴻のかぎられた見聞・経験から語られたにすぎず、かかる豪奢な歇家を利用し、賄賂を贈って求情・嘱託を行い得たのは一定程度の富裕層にすぎなかったと見る方が自然であろう。

つづいて江西省と山東省（登州府萊陽県）の事例を検討してみる。凌燽『西江視臬紀事』巻四、條教には「私は江西按察使に着任して久しく民情を知悉している。不逞の「訟棍（訴訟ゴロ）」は小事を大事とし、無を有といい、さらに何を信用すべきか難しくしている。そこで証拠のないものは軽々しく詞状《そじょう》を受理しなかったので、訴訟を請け負って唆している「訟棍」も技の施しようがなかった。すると遂に一種の愍《うれ》うべき死を畏れない歇店（歇家）が出現し、訟師を養い、訴状を出す人を窺って、財産の多い者があれば請託するといって賄賂を求め、告状の提出を代理したり、告状が受理される仕事を請け負ったりしている。甚だしい場合には文書を偽造し、状榜〔衙門の掲示板〕に貼り付けて、無知の人々を愚弄し、銀を騙し取ってわずかのあいだに仲間で山分けにする。これまことに魑魅魍魎のようでありながら白昼堂々と行っているのである。私はしらべ捕まえて厳しく処罰してきたが、しかしなお訟棍の涂才《とさい》・李周升・藍少林、歇店の劉旭万が南康県の武生王佐才から銀両を騙し取ったという事件があった(19)」とあって、江西按察使は「訟棍」と歇店（歇家）とが極めて密接に結びついていたことを指摘している。

ここで糾弾された歇店の一連の訴訟サービスは、すべて夫馬・唐澤靖彦の研究に訟師の所業として紹介されているものばかりである。また最後にあげられた「訟棍」涂才・李周升・藍少林と歇店劉旭万とのあいだに実際にどの程度の役割上の差異があったかは判然としないが、文脈からすれば、さきに「訟棍」と歇店という個別のカテゴリーありきに考えるより、むしろ訴訟に関わって許容できない詐欺行為があり、そこで詐欺行為と判断された訴訟サービスの舞台となった旅館の主人を歇店、その他の者を「訟棍」と呼んだと考えた方がよいのではないだろうか。歇店は表向き旅館業という禁止できない職業を標榜していたから、「白昼堂々」と店内で訴訟アドバイスを行い得たのである。かかる点からすれば、歇家は訴訟アドバイザー・訴状作成サービス業者のいわば〝隠れ蓑〟にすぎなかったともいえよう。

さらに荘綸裔『盧郷公牘』巻二、「示諭厳禁飯店包攬訟事条告文」には「〔山東省〕莱陽県は訴訟が多く、民情は狡猾で、裁判が息まないので、民の生活も不安である。本県が理由を推し量るに、〔これらは〕みな「訟棍」が〔訴訟を〕包攬・教唆し、また城廂の「飯店（歇家）」を拠点としているからである。「飯店」とは「訟棍」が巣窟とし、胥吏が策謀をめぐらして弊害を惹き起こす場所である。本県が訪聞したところでは、該県で飯店を開設した者は、概ね護符に仗《たよ》り(20)、そのなかに広く「訟棍」を集め、財物を騙し取るなど悪としてなさないことはない。甚だしきに至っては訴訟費用を立て替え払いし食事代を水増しするなど、次第に金額を上げていき、そこから利益を貪るため、被害を受けた者は家を傾けて財産を使い果たし債務を償えず、じつに吾民の無窮の害となっている。……城内には毎《つね》に一種の士農工商に属さない者があり、日々県衙門前の「飯店」に出入りしたり住宿したりして訴訟を包攬し、行動を秘匿している。……たとえば「訟棍」邢錦堂が「飯店」〔の主人〕邢桂廷を、財産を騙し取ったとして訴えた一案がある。邢桂廷はもとより不法の者であり、邢錦堂もまたかつて城内で「飯店」を営んでしばしば訴訟を起こし、均《とも》に分をわきまえた者ではなかった。邢桂廷は竟《つい》に倒店した同義号の戳記《たくき》（印鑑）を借りて、期票（小切手）を出し、自ら写《か》き込み用いて詐欺行為を企んだ。……このほか、城内・関廂内外の「飯店」が訴訟に関わる事は数え切れないほどである。〔これらを〕逐一密かに取り調べて懲罰を加えるほか、亟《すみや》かに示諭して厳禁する。該県の軍民人等は知悉せよ。爾等は知るべきである、「飯店」の経営はもともと交易に関わるのであって、ただ旅客を接待するにすぎない。どうして游棍・訟師を留めてそのなかに盤踞させ、訴訟をでっち上げて教唆させるのか」とあり、萊陽県の城内・関廂の「飯店（歇家）」には「訟棍」自らが経営したり、訟師に出入り・盤踞させ、訴訟に関わって都市に出向いてきた者から訴訟費用の水増しなど様々な手段を用いて多額の金銭を奪い取ろうとする場合があったことが記されている。

これは取り締まる官府の論理のもとに書かれているため、当然にすべての飯店（歇家）に一般化することには注意を要するが、それにしても城内・関廂、特に県衙門前の歇家は都市に出向いてくる訴訟関係者を主な宿泊客とし、それに応じたサービスの一種として訴訟費用を立て替えたり、訴状代作・訴訟アドバイスなどのサービスを提供したものと思われる。後半に登場する邢錦堂・邢桂廷は飯店を経営しているか経営していた経験を有しており、とりわけ邢錦堂が「訟棍」と呼ばれる理由は、かつて城内で飯店を経営し、盛んに訴訟（健訟）させていたことにあったのであり、「訟棍」が飯店を経営していたというよりは、飯店を経営しながらも宿泊客の訴訟に許容範囲以上に関わったからこそ、旅館主自身が「訟棍」と呼ばれるに至ったと考えられる。

では歇家と訟師とのあいだにはいかなる区別があったか。確かになるほど旅館を所有・経営しているか否かを除けば、歇家と訟師との区別は極めて曖昧であった。歇家の主人が官府の許容範囲を超える訴訟アドバイスをすれば、「あの歇家は訟師が経営している」「あの歇家には訟師が盤踞している」と批判されたであろうし、逆にすでに官府から「訟棍」「積慣訟師」あるいは「著名訟師」のラベルを貼られた者が歇家を経営する場合もあったろう。敢えて歇家と訟師を区別するとすれば、旅館業を営んでいるか否か、ないしはさきの文言の後半のごとく裁判を長期化させることで、宿泊費・食事代など本来の旅館業務で利益を得ようとするだけの者も存在した――これとて官府から見れば「教唆」しているといえるかもしれないが――、つまり旅館業を営むのみで自身で訴状を代作したり訴訟に関わったりする能力を有さない者も存在した――「訟師（訴訟プロ）」ではなく「訟棍（訴訟ゴロ）」というべきであろう――のではないだろうか。日本のように非公認＝公事師、公認＝公事宿といった図式は存在せず[21]、歇家であれ訟師であれ訴訟に関与することは基本的に否定されていた。

歇家と胥吏・衙役・下級知識人層

これまで歇家と訟師の関わりを検討してきた。しかし訴状代作・訴訟アドバイスなどの提供という観点からすれば、県衙門で訴訟に携わった胥吏・衙役との関係も検討する必要があろう。明・佘健吾《しゃけんご》『治譜』巻四、詞訟門には「狡猾な地方には多くの保歇があって詐り欺き、ひそかに訴訟関係者に向かって「よく「打点衙門（訴訟当事者に代わり承行《たんとう》胥吏・差役と案件の処理を交渉する）」できる、よく「関通相公掌稿（相公（知県）の判決に手心を加えさせる）」できる」と云って、銀若干を袋に詰めさせ、判決が下った後にこれを受け取る。すべての事の善悪には必ずや勝負があって、負家（敗訴者）の原銀が勝家（勝訴者）に還されても、これらの輩に騙され奪われてしまう。かかる行為はどこにでも多くある。四川・雲南・貴州では「順風旗」と謂い、河南・江南・湖広では「撞《とう》太歳」と謂い、北直隷では近日「撞木鐘」と謂う。ゆえにかような保歇は明示して厳禁すべきである。もし衙役が保歇をすれば官府にとって最も不便であり、地方官はときおり人を差して密かに訪《しら》べ、あるいはときおり審理中の訴訟関係者に問いただすべきである」[22]とあり、保歇（歇家）が「案件の処理を交渉する」「知県の判決に手心を加えさせる」など、訟師に常套句として用いられる訴訟アドバイス・サービスを行って金銭を騙し取っていることが批判されるほか、特に衙役が保歇にあたることが禁じられており、これは逆にかかる例がしばしば見られ弊害を生じていたことを示唆しよう。官府は衙門内部の諸事情に通じた衙役が許容範囲以上に訴訟に関与するのを警戒したのである。なお、歇家と同義の名詞として「保歇」の語が用いられているが、それは訴訟関係者の逃亡を恐れて在城（都市）の居住場所から保証を取り、呼出し・身元保証の便とする「保」と、農村に居住する訴訟関係者に都市へと赴かせて食事・住宿の提供を意味する「歇」とが熟した言葉であろう。[23]また「順風旗」など名称は違えども、保歇が各地で訴訟アドバイスを行って金品・礼金を得ていたことは間違いない。

『西江政要』巻一〇では、胥吏・衙役による歇家の経営があったことが明確に述べられている。「棍徒《ならずもの》で「飯歇」を営む者はなかば胥吏・衙役で「歇戸」と呼ばれている。……訟師を住まわせて訴訟を教唆・捏造させることで、郷愚（農村の愚かな者）は仲間だと思うようになる。〔飯歇は〕官府と往来できると曰ったりパイプがあると云ったりして、銀銭を騙し取ったり機に乗じて呑噬《どんぜい》（私腹を肥や）したりする。控訴（上訴）は已《や》まず幾多の年月にもわたる。〔飯歇・訟師には〕それぞれ目的とする利益があり、〔裁判を〕楽しんで引き延ばしている。官事（裁判）がいまだ剖判《はんけつ》を叩《う》けていないのに、〔郷愚の〕資嚢《さいふ》はすでに空になってしまう。審問に及んでは、また情節を捏造したり教唆して堅く供述させたりするので、問官はどのように剖判したらよいかわからなくなってしまう。……これは訟棍の源を駆逐しようと欲すれば、必ずやまず歇家の弊害を厳査すべきことを示すものである。〔そこで〕各州県に命じて衙役がひそかに「飯歇」を営業していないか否かを確実に査べさせ、また「積慣訟棍」についてはただちに厳しく逮捕して分別して懲しめ、別の生業に改めさせるべきである」(24)。この史料では飯歇（歇家）の主人の半ばが胥吏・衙役であり、それが歇戸と呼ばれていたとする。彼らは訟師とともに官府とのつながりを利用し、訴訟で県城へとやって来た農民から多額の費用を取り、様々なアドバイスを行って訴訟を有利に進めたり長期化させたりしようとしたらしい。胥吏・衙役が城内でひそかに飯歇を経営し、不法な訴訟アドバイスを行っていたのは明白であり、官府もそれを認識しながら、なかなか有効な手段を講じ得なかったと推測される。

また清・熊賓『三邑治略』巻三、「飭書吏査規費諭帳　天門県稿」には「照らし得たるに、各県では案件を結審するのにみな審理の場で甘結（結審するときの誓約書）を書いて画押《サイン》する。しかしこの県（天門県）ではみな歇家が主となって行い、宿で甘結を書くのはもってのほかである。結局この甘結は担当の経承が代写したのか、あるいは招房・値堂房が整えたのか。……この県では案件を審理・結審するのにこれまで審理の場で甘結を書かず、原差（担当差役）が〔被告を〕歇家につれていき、そこで書き終えてから県署内へと持っていく。〔出〕結費は数串《かん》もかかり、かかる弊害は一々あげられないほどである。往々にして訊問されて事実が明らかとなり、審理の場では首をうなだれて言葉もなく心からのぞんで甘結を出したのに、宿に帰ってから人の教唆を聴き、ただちに翻って再び訴え出る者がある。原告・被告は県城に至って審理を待ち、様々な禍に遭うことすでに久しいのに、さらに〔出〕結費を出すとは、かような多額の銀銭をどこから集めてこられるというのか(25)」とあり、湖北省安陸府天門県では県衙門で記すべき結審の甘結が歇家で書かれ、衙役らが高額の出結費を私徴していた事実があって厳しく糾弾されている。ただし知県熊賓は出結費等に制限を加えつつ裁判費用の軽減を図っているが、すべてを不法徴収として禁止するのでなく点単（リスト）・録供（口書き）・紙筆費は必要経費として認めている。

また同書、巻三、「勧諭各房書吏子弟入学堂稿」でも「各房の胥吏らは知悉せよ。……胥吏らは読書（科挙）がうまく行かず儒を棄てて吏となった。それは生活のためであり、いつか再び名声を得ることを期待しているとはいえ、往々にして一人で官府に入り、遂に習気に染まって自分の利益を図って弊害をなし、それを自分の能力と考えるようになる。甚だしい場合には暴利を貪ろうとし、歇家を経営して訴訟関係者に代わって謀略を張りめぐらす。あるときは悪賢く供述させ、あるときは上級官庁に上控させ、己一人の利益を逞しくし、依頼者の家を傾けて破産させ、家族全体を不安にさせている」[26]と述べて、胥吏が歇家を経営することの弊害を語っている。

訟師・胥吏・衙役が歇家を経営していた事例は枚挙に遑がない。そのほか、『福恵全書』のごとく生員・監生との関係を指摘する史料もある。『西江政要』巻三六、嘉慶二年「按察使汪厳禁地方弊端条示」には「一つ、劣生・悪監が歇家を開いて「包訟（包攬詞訟）」するのは民の最大の害である。……甚だしきはもっぱら歇店を営業し、郷民で〔県城に〕赴いて訴えようとする者は必ずまず歇家に〔身を〕投じて〔訴訟費用を〕相談・決定しなければならず、〔かくして〕はじめて〔呈〕状（訴状）を提出できた。経承・原差は悉く〔歇家の〕指揮を仰ぎ、定められた〔呈〕詞（訴状）の作成、出票（信票、逮捕状の発行）・発簽（出頭・拘束命令の発行）および「牌」（出頭命令）の交付、鋪堂（陋規）などの銀銭（費用）については胥吏・差役等と四分六の比率で分けあった。歇家に投じた者は訴えれば必ず受理され、たとえ鼠牙雀角の争いであれ、よく天を驚かせて地を動かす。歇家に投じない者は道理があっても伸ばせず……両造（原告と被告）の「歇家」が満足すれば和解を勧め、また和息礼・致謝礼を取る。「包訟」して民に殃《わざわ》いをなすのは蟊《ぼう》賊（悪人）より甚だしい。一たび逮捕すれば必ずや訟棍〔の例〕に照らして治罪せよ」とあり、訴訟に関わって違法行為を行う生員・監生が歇店（歇家）を開業して「包訟」する場合があったこと、訴訟の継続にせよ、和解（私和）にせよ様々な名目で礼金を貪り、郷民の被害は計り知れないこと、胥吏や衙役がその指揮で動いていたことなどが縷々語られている。

歇家と公事宿

かくして城内・関廂、特に県衙門前に立地する歇家は地域によって飯店・飯歇・歇店・保歇と名称を異とし、経営主体も単なる旅館主から訟師、胥吏、衙役、生員、監生などのカテゴリーに含まれる者まで多種多様であった。歇家の宿泊客は必ずしも都市に出向いてきた訴訟関係者だけではなかったが、彼らに対して一般の旅館業務は勿論、本来の業務とは直接的な関係を有さない訴訟サービスまで提供していた。その内容は訴訟当事者の財力等に応じて訴状の作成、訴訟アドバイスから請託・求情にまで及んだ。旅館主自身が訟師のときは勿論、それ以外の場合も県衙門前の歇家の多くが訴訟関係者と訟師・胥吏・衙役との出会い・接触の場を提供する機能を有していたといってよかろう。訴訟のために県城に出向いた農民にとって歇家、とりわけ県衙門前の歇家は手頃な〝訟師紹介所〟であったと考えられる。「すべての訟棍の踪跡《ゆくえ》は、歇家が周知しないものはない」(27)と称される所以である。

確かに、歇家が唯一のものではなく、丁日昌『撫呉公牘』巻六、「批阜寧県稟清理積案並察査地方情形」に「聞くに該県（江蘇省阜寧県）の大街にある正興字号は外観は麺館であるが、内には密室二所があり、一つは衙役の巣窟、一つは訟棍のそれとなっている」と見えるように、旅館たる歇家のほか、城内の飯館や酒肆などもそうした機能を持っていた。これまで検討してきた諸史料も決して統計的な数値を示すものではなく、官府の側から〝健訟のイメージ〟のなかに歇家が位置づけられたにすぎず、筆者の意図もまたすべての歇家に普遍化しようとするものではない。ただし現在裁判所の周辺に法律事務所などが立ちならぶがごとく、県衙門前の歇家が「包攬詞訟」「打点衙門」の機能を有するに至ったとしても不思議ではなく、そうした意味において日本の公事宿と類似していたといい得る。

しかし訴訟への必要以上の関与は公認されておらず基本的に厳禁されていたのであって、これまで見てきた所行はすべて違法行為であった。たとえ県衙門前に立地すれども、歇家は一般の旅館と同じく旅客の接待に従事すべきであると考えられ、訴訟関係者のみを対象に特別なサービスを行うことは期待されていなかった。訴訟関係者用に専門化した旅館ではなかったのである。つまり歇家と日本の公事宿とは正確にいえば性格を異としたといえよう。こうした公事宿・歇家の公認・非公認の位置づけの相違は、第六章で検討した牢名主・牢頭の場合と同様である。かかる状況は可能なかぎり公認化してシステム内に取り込んでいこうとする日本と、非公認のままシステム外に留め置いて大きな問題を惹起しないかぎり放任する中国との現実問題への対応の違いを示しているかのように思われる。

ところで清末に至ると、訴訟関係者を対象に専門的にサービスを行っていたと推測される「官司飯店」「訟店」の呼称も出現する。『盧郷公牘』巻一、「上登州府憲呉諭上控情弊虚実稟」には「卑職（荘綸裔）が訪聞したところ、卑（山東省莱陽）県の「著名訟棍」秦堯はかつて懲らしめ管押していたが脱逃し、現在は省垣（省城）で「官司飯店」を経営し、ゆえに卑県の省に訴え出る者はみな秦堯の店に宿泊するが、それは秦堯が招いたのである」とあり、莱陽県の「著名訟棍」秦堯が省垣（済南）で経営していた旅館を「官司飯店」と呼ぶ。これはすでに「著名訟棍」というラベルを貼られた人物が飯店（歇家）を経営する例である。また同書巻二、「王義控高興業案呈批」には「本県が訪聞したところ、高興業はもともと戯子《やくしゃ》で、〔莱陽県〕城で「訟店」を開き、婦女を留めて風俗を害し、悪いことでなさない事はないほどである」と、戯子（役者の蔑称）が「訟店」を経営した例が紹介されている。「官司飯店」「訟店」は名称から訴訟関係者に宿泊客を限定するかに見えるが、ここでは取締り対象として登場している。「官司飯店」「訟店」自体が取締り対象なのか、秦堯や高興業の行為に由来する個別の問題なのか、史料は明確に語っていないが、訴訟の増加によって歇家の性格にも時代的な変化が生じている可能性は十分にある。

三　歇家による身元保証と管押――都市に出向いてきた者をいかに捉えるか

歇家に期待された役割（一）――身元保証

前節では、県衙門前の歇家が単なる旅館主のみならず訟師・胥吏・衙役によって経営された場合も少なくないこと、訴訟に関わって都市に出向いてきた者を主要な対象に宿泊・食事など本来的なサービスは勿論、訴訟アドバイスまでも提供していたこと、かかる実態から見れば表向きの旅館とは異なり、事実上訟師との接触の場を準備した〝訟師の隠れ蓑〟〝訟師紹介所〟であった可能性が十分にあることなどを指摘した。これに対し、官府は歇家に適正な価格での宿泊・食事の提供を求めると同時に、訴訟への関与は好ましくない行為として禁じようとした。

しかし一方で、歇家は多数の人々を収容し得る物理的な建築物を有していたため、訴訟に関わっていくつかの役割が期待されていた。それは主に訴訟関係者の身元保証や身柄管理などいわゆる「宿預」に類するものである。

第一に、訴訟関係者の身元保証人である。かつて夫馬進が分析した訟師秘本の一つである『法筆驚天雷（法家驚天雷）』歇保人犯には次の一文がある。「在甫某坊の歇家某、いま本県老爺の御前において、確かに原告・被告・犯人幾名の身元を保証し、県衙門外で審理まで待機、あるいは公廷まで出頭させ、不慮の事故のないように致します。その犯人についてはよく認知しており、敢えて情理を脱《はな》れて偽って保証するようなことは致しません。以上、相違ございません(28)」。これは歇家が官府へ提出する身元保証書の文例である。夫馬の訟師秘本一覧に見える『法筆驚天雷』は筆者所蔵本も含めて大部分が清刊本であるが、内容的には明代の訴訟制度を反映していたという夫馬の指摘を踏まえれば(29)、かかる歇家による身元保証書の提出は少なくとも明代までには出現していたと考えてよい。また夫馬は告詞―訴詞―判決形式の訴訟文例はフィクションであるとしたが(30)、この文例は実際の保証書と比較すれば実際に使用されたものであることがわかる。なお身元保証の対象は被告・犯人のみならず原告にまで及んでいる。これは訴訟に関わって都市へ出向いてきた者がすべて官府に所在を知らせ身元を保証してもらう必要があったことを意味しよう。かような身元保証書の実例は『徽州千年契約文書』のなかにいくつか見出せる。[31]一つの事例として巻二「隆慶四年（一五七〇）徽州府程欽保結犯人文書[32]」をあげて検討してみたい。

潮水門歇家程欽今当
　処実保到休寧県四都四図犯人四名金三図等保管在外聴候不致違悞所保是実
　　准保
隆慶四年五月　十八　日
　　　　　　　　　　　　委保　歇家程欽 押 保
　　　　　　　　　　　　的保　犯人金三図 押
　　　　　　　　　　　　　　　　金富 押
　　　　　　　　　　　　　　　　金寄福 押
　　　　　　　　　　　　　　　　金馬 押
　　　　　　　　　　押保皂隷許応祥

管見のかぎり『徽州千年契約文書』には他に四つの事例が掲載されているが、すべて犯人の身元を保証するものである。ここには「潮水門の歇家程欽は、いま確かに休寧県四都四図の犯人四名金三図らの身柄を保証し、県衙門外で審理に備えて待機させ、不慮の事故のないように致します。以上、相違ございません」との表現が見え、形式的には『法筆驚天雷』の文例とほぼ一致し、また知県によって「保を准す」の語が書き込まれている。ここで注目したいのは歇家＝旅館主の程欽を「委保」、被保証者たる金三図ら四名の犯人を「的保」、さらに皂隷（衙役の一種）

の許応祥を「押保」と書き分けている点である。被保証者の「的保」の身柄は「押保」の皂隷と「委保」の歇家の二者の手によって請け出されていたことがわかる。「押保」は官府から命ぜられて管理責任を請け負うこと〔押は身柄の拘束・拘禁を意味する〕、「委保」はその管理責任者から実際の監視・拘束を委ねられることをそれぞれさすものと考えられる。

かかる身元保証のあり方について史料を補って検討してみよう。『治譜』巻四、詞訟門「上司原告討保差人」は次のように記す。「惟《おも》うに撫院（巡撫）・（按察）司・道・府の原告は、按院（巡按御史）の原告のように〔告状を〕受理された後、ただちに身柄を拘束し〔県に差し戻し〕問官に送られるのとは異なっている。もし告訴した事情がいまだ必ずしもじつを尽くしていなかったり、あるいはすでに和解を申し出たりした場合に、〔原告の〕多くがこっそりと逃げてしまっても訴えを取り消せないのは最も恨むべきことである。今後もし告状が提出されてから久しくして人（原告）が来なければ、〔訴えを〕季ごとに取り消すべきである。もし受理した後に〔原告が〕本県に出頭すれば、皂隷を用いて「押保」し、依然として快手（犯人逮捕や両造・証人の身柄拘束などを行う役）を用いて他の人（訴訟関係者）を呼び出すたびに号簿（帳簿）に記載せねばならない。上司の事を処理するのに緩めてはならず、また再び逃亡するのを恐れるから、勢い仕方のないことである。ただし「保家」は呉楚（江南・湖広）では「安保」と呼ぶが、最悪の人が「保家」に方《あた》ったならば、家には多くの場合、監禁用の刑具があり、銀を得ようとして意を遂げられねば拷問を加える。官府側の経費は有力・稍力（財力による分類）を分けるにすぎないのに、これら輩のなかには家が富裕だとか事件が大事に関わるとか理由を付けて数十金をゆすり取る者があるから、告示を出して厳禁せねばならない」。

この記事は訴状受理の後、訴訟関係者の身柄をいかにして確保すべきかが問題となっていたことを物語る。そこで原告を含む訴訟関係者が出頭しない場合は季ごとに訴え自体を取り消すほか、原告が出頭したときには皂隷に

「押保」させ、他の関係者は快手に命じて身柄を拘束させ号簿に記載させることが確認されている[33]。ここにも皂隷による「押保」が見られるほか、さらに具体的な身柄管理の担い手として「保家」が登場する。江南・湖広では「安保」とも呼ばれた「保家」は歇家と考えて誤りないと思われるが、歇家が訴訟関係者の身柄管理に座敷牢のごとき監禁場所と刑具を用いていたことが推測される。さきの実際の身元保証書に見えたように原告・被告から犯罪者まで「宿預」を請け負った歇家にとって、意図しない関係者の逃亡は責任重大だったのであろう。ここに「保家」と訴訟関係者とのあいだに従来何の関係もなかったこと、「保家」における待遇は訴訟関係者の財力次第で極めて苛酷なものとなり得たことが判明する。

さらに同書、巻四、詞訟門、「取保発地方之殊」にも「家族を持つ者は〔家族が〕銭を出して「押保」「承保」の人に与えられれば、「保状（保証書）」はただちに官に提出されて訴訟文書に附される。〔さすれば〕その人の〔身柄の〕進退は思いのままである。これは富民だからである。赤貧の民は〔貧窮のため〕「差人」が「押保」してくれず、「安保」が「承保」してくれず、かつまた〔差人・安保が〕脱逃の累が及ぶのを恐れ〔て身元を保証しなかっ〕たならば、ただ身柄を拘束して「地方《ぢかた》」に送るのを求めるだけである。「地方」の家では杻鎖《くさり》で縛られてあたかも監獄のようであり、親戚があれば食物を送ってもらえるが、なければ飢えることになる。これは貧民だからである。「地方」のなかにはまま良心のある者があり、人を〔手首に鎖を施したまま〕外に出して物乞いさせるが、そうさせねば餓えて病に罹って非命に倒れる者があるのは、甚だ憫むべきである。有司（知県・知州）はここにおいて切に留意せねばならない。しかし富民にもまた苦情があり、常々かえって世間体に拘って人の磨索（弱味につけ込んだ強要）を受けるが、何度も嚇詐（恐喝）されるのは堪え難い。また「差人」があって、はじめは「押保」して連れ出してくれても、〔保家の〕保状を提出するときに及んで、また〔保家が〕だれも承保してくれないことがあるのは、その大半が強要して得た金額が少ないのを嫌って、次の人から多く取れるのを期待しているからで、ゆえに〔差人・保家が」「地方」に改めて送ることを欲しているのであってこれを聴《ゆる》してはならない。ただし〔差人については〕順番に冊籍（帳簿）内の姓名に照らして「押去（押保と同義と考えられる）」させればよい。もし〔地方に〕改めて送る者があれば、これもまた一回の「押保」に数えれば、金銭を酷く強要する悪人を減らすことができるであろう」とある。

ここにも訴訟関係者の身柄をめぐって「押保」「承保」の語が見えるほか、そうした身元保証それ自体が訴訟関係者の財力と関係していたことを記している。すなわち比較的裕福な者であれば簡単に差人（前出の皂隷であろう）の「押保」、安保（保家）の「承保」（委保と同義と考えられる）を受けられ保証書も提出されて、身柄が厳しく拘束されることなくその行動は自由である。しかし貧民で金銭を支払えないうえに逃亡の恐れもあれば、「押保」「承保」ともに得られず、その結果「地方」に身柄を送られる。貧民の身柄を預かった地方の待遇がまさにさきに登場した〝最悪の保家〟と同様のものであることは贅言を要すまい。

これらの記述からすると、皂隷（差人）・歇家（保家、安保）・地方と訴訟関係者の関係はあたかも後者の財力次第であったかのようである。官箴書という史料の性格上、かような事例を記載・誇張することで皂隷、歇家、地方等に対する統制を強化して不法行為を放置・黙認しないよう地方官に促すねらいがあったと考えられ、これのみをもって歇家を評価すれば訟師と同じく〝悪役〟としての歇家像しか描出し得ないことになってしまう。歇家は単なる犯罪者集団の巣窟となり、訴訟で都市に出向いた者にとって頼りとなるどころか、生命にも関わる極めて危険な場所ということになる。かかる評価は歇家を正しく表現したとはいえない。ただしまた一方でその重要な一面を示しているともいい得る。つまり訴訟関係者が特に官府の指定でなく任意に歇家を選択できるとすれば、多々ある歇家のなかからいかなるレヴェルの歇家を選択するかは訴訟関係者の財力次第であったということである。当然に右に見たとおり、不幸に非命に倒れる者もあったであろう。しかしそれはむしろ特殊な事例に属するのであって、大多数の訴訟関係者には『福恵全書』に見えた豪奢な飯館・酒肆のごとき歇家から、「押保」「承保」を受けられず最終的に地方に身柄を強制的に預けられるまで、様々な選択肢が存在していたと考えるのが自然ではないか。むしろ公廷がある都市には様々なレヴェルの財力を有する訴訟関係者を対象として多様なサービスを提供する歇家――地方など歇家以外、後述のごとく監獄といった選択肢も含めて――が準備されていたと考えられる。

ただし金銭的な満足が得られた、あるいはその可能性があれば、歇家は訴訟関係者のために尽力した。かの馮夢龍が編纂した福建省寿寧県の地方志である崇禎『寿寧待誌』巻上、獄訟には次のような実例が記されている。「寿寧人には凶猛で普通では考えられない行為に出る者がある。青竹嶺村人の姜廷盛はすごい剣幕でやって来て、弟とともに糧を徴して三望洋地方に至ると劉世童に糧を強奪されて弟を砍《き》りつけられたと謂った。「保家」は鑿鑿《さくさく》と(明快に)証言し、傷を験べたところ刀の創《きず》は畏しかった。しばらくして〔劉〕世童もまたやって来て、訴えて〔姜〕廷盛は自ら弟を砍って欺こうとしているのですと云った。余は兄に弟を砍る道理はなく、かつ白昼に自ら砍ってどうして欺くことができようかと念《おも》った。しかし〔姜〕廷盛は汚くて近づけず、逆に〔劉〕世童は衣服や履物も普段のようで受け答えも余裕を持っていて、とてもかつて争った者には見えず、かつそれぞれ「保家」を連れていた。……余はそこで〔姜〕廷盛を重撲(不応為重律で杖刑と)し、「保家」の甘結を取って弟を連れて帰らせ療治させた」。

これは青竹嶺村人の姜廷盛が強盗罪で劉世童を訴え出た事例と考えられるが、最終的には姜廷盛が別件で劉世童を恨んで陥れようとしていたことが発覚し、逆に姜廷盛の方が不応為重律を適用されて杖刑を科されている。しかしここで注目したいのは原告姜廷盛・被告劉世童がともに伴っている「保家」の存在である。「保家」は単に両者の身元保証だけでなく、公廷で証言まで行ったり甘結を提出して姜廷盛の弟を請け出し傷の治療を受けさせたりしている。当然ながら「保家」が目撃した証人として出廷したわけでなく、身元保証された者(ここでは姜廷盛)の為人について証言したもの——たとえば姜廷盛は仕事熱心な正直者で決して嘘をつくような人物ではないなど——と推測される。すなわち「保家」は身柄の請け出しのみならず、ときとして証言も含めて原告・被告のために積極的に訴訟に関わったのである。それが官箴書では「包攬詞訟」「打点衙門」と批判され、官府側からすれば歇家はあたかも不法行為の温床の一つと見なされがちであったが、原告・被告など訴訟関係者の立場からすれば訴訟に不案内な自分たちを勝訴へと導いてくれる頼りがいのある存在として認識されていたのであろう。かかる点は同じく獄訟の項に「小民の県城にある者は歇保を生業としている。原告・被告の両造は「保人」を通さなければ身柄を拘束できない。「保人」はそれぞれ主人のために自らが訴訟を起こしたかのごとく頑張る。もし和解を願うのであれば、また〔両造〕二人の「保人」のみが事を進めていく。ただし往々にして私和・不正請求などの弊害があるから観察しないわけにはいかない」とあることにも示されている。「保人」は「保家」をさすと考えられ、金銭の授受には触れないものの、原告・被告それぞれの身元保証人となった「保人」があたかも自らが当事者であるかのごとく訴訟に関与した。私和や不正請求などの弊害は存在するが、許容範囲内であれば訴訟関係者も歇家を利用し、訴訟を有利に進めようと企図したと思われる。

歇家に期待された役割（二）——病人の身柄の請け出し

第二に、病人の身柄の請け出しである。すでに『寿寧待誌』巻上、獄訟に見えた姜廷盛の弟のように、本来ならば収監すべき人物の身柄を、官府が怪我や病気を理由に歇家に預けて治療を受けさせるというものである。

病人の請け出しの事例は枚挙に遑がない。丁日昌『撫呉公牘』巻四〇の記載では「査べるに、監禁されている犯罪者で病気を患って別室監禁（提禁）すべき者があれば、分別して歇家に請け負わせ保証書を取って治療させる」とあり、さらに罪名未定の孫首夫が別室監禁されたまま死亡し、遺体を獄神堂に放置したのは、本来歇家から保証書を取って治療に専念させるべきところを在監のまま病死させたとして、管獄官など関係者の処罰を述べている。[34]また『刑幕要略』断獄には、賊犯が病気を患って別室監禁の必要があれば、保証書を取って客店で治療させる。闘殴・人命案件の犯人の場合は許さない。徒罪以下の人犯は保証書を取って客店に出して治療を受けさせるとある。このように身柄を拘束されて監獄にある犯罪者が病気を患った場合、凶悪犯罪に関わる者を除いて、基本的に別室に隔離監禁した後、状況次第で歇家（客店）に請け出させて治療させていたことがわかる。

以上の身元保証や病人の請け出しが前節で検討した訴訟サービスと異なる最も重要な点は、これらが官府側から歇家に期待された役割だったことであろう。明中期以降、里甲制の崩壊に伴って在来の自律的な秩序維持機能が失われると、かつては里老人制のもとで調停・処理されてきた在地の様々な紛争の多くが官府に持ち込まれるようになった。それが「好訟」「健訟」の風俗として官箴書・文集・地方志の類に書き残されたこと、具体的物理的問題として訴訟関係者を拘禁する空間の不足を惹起したこと、すでに夫馬・濱島敦俊が指摘したとおりである。[35]かような傾向は清代に至るとますます顕著となっていく。夫馬の指摘のごとく一県ですら年間一～二万枚もの訴状が提出されたならば、[36]原告以外に多数の被告・干連（証人）が訴訟に関わって農村から都市へ出向くことを余儀なくされたに相違なく、仮に右のとおりの訴状が受理されたとすれば、都市住民を除いても数万人にも及ぶ農村の訴訟関係者が都市へと出向いた可能性がある。県城からさほど遠くない距離であれば帰宅して呼出しを待てばよかったが、遠ければ裁判に先だって県城に投宿する必要があったことはいうまでもなく、かつこれほど多くの都市に出向いてきた者をいかに確実に掌握・管理するかは官府側にとって極めて重大な問題であったと考えられる。なぜなら確実に訴訟関係者を掌握・管理できねば、官府側の訴訟システムが順調に機能せず、訴訟関係者の呼出しに無駄な時間を費やし訴訟の長期化を招きかねない可能性を内包していたからである。

都市へ出向いてきた訴訟関係者をいかに掌握・管理するか

後に第八章で論ずるように、清代は地域社会の治安維持を基層レヴェルでは里甲制に替わって登場した保甲制に担わせていた。家屋を単位に編成された保甲制は、有効性・継続性が疑問視されるものの、万人を一律に組み込み、移動の自由の制限、不審者の監視と密告など在地の治安に関わる役割が期待されていた。すなわち保甲制は現居住地主義に則りながら家屋を単位に移動する人々を掌握しようとするものであったのである。ただし流動貧困層のような固定した住処がない人々の場合は、家屋を単位に編成するという制度的な特質からこれを苦手とし、棲流所・養済院・夥房など臨時的な住処を与えて疑似保甲を編成せざるを得なかった[37]。

これら流動貧困層と訴訟関係者とのあいだには一つの重要な共通点が存する。それは両者がともに農村から都市へと出向いてきたことである。官府側は前者の管理のために仮の住処を与えることで疑似保甲に編成したが、後者の場合にはどうしたか。勿論、彼らは基本的に保甲に編成されていたが、訴訟で都市に出向くことで一時的に在地の保甲から離脱することになった。保甲的な秩序から一時的に離脱した者をいかに掌握・管理するか、保甲制では一般の歇家（旅館）に旅客や荷物のチェックが義務づけられていたが[38]、訴訟関係者について特に手段は準備されていない。そこで流動貧困層と同様、県城・関廂、特に県衙門前の歇家に臨時的に宿泊場所を貸し与えて身元保証するよう求めたのであった。ここに歇家は国家権力の治安維持機構の最末端に位置づけられ、訴訟で都市へと出向いてきた者を掌握・管理する任務を委ねられることとなった。歇家の場合、知り合いの紹介の可能性もあるものの、多くが見知らぬ者の身柄を引き受ける点に特徴があり、臨時的で特殊な状況であったといえる。

多数の訴訟関係者を十分に掌握・管理できるだけの物理的空間＝家屋と経費および人材を欠く国家権力からすれば、彼らを管理し得る物理的空間は勿論、本来的に移動する人々に宿泊・食事を提供する能力を備えた歇家の存在は極めて魅力的であったろう。しかし訴訟に関わるとはいえ、人々の身体を管理する任務を民間に委ねたことは附与された権限を背景に官府側の期待から逸脱した行為までをも招くことになる。これをいかに処理すべきか、官府の試行錯誤はつづくことになる。次節ではかかる点について史料をあげながら具体的に検討してみよう。

四　歇家と管押――収監と保釈のあいだ

多様な場所に拘禁される訴訟関係者

同治年間[39]、江蘇省蘇州府城の元和県内の張氏宅から出火、その火は隣接する孫筠福《そんいんふく》の飯歇にまで燃え広がった。当時この飯歇にはあわせて二十六名の人証（訴訟関係者・犯罪者）が管押＝管理・拘束されており、十七名は無事救出されたものの、陸盛・朱裕・慶林の三名は軽度の火傷を負った。残りの九名のうち朱万春を含む計四名の焼死体は発見されたが（三名は身元不明）、五名は発見されず逃亡したのではないかと報告された[40]。これは孫筠福という個人の経営する飯歇（歇家）に二十六名にも及ぶ訴訟関係者が管押されていた事実を伝えている。焼死した四名の詳細は判明しないが、監禁されたまま脱出できなかった可能性もある。

同時期には以下の報告も見える。①江蘇省通州如皐《じょこう》県では押犯と牌示――被管押者の姓名・場所等を記した布告を県衙門の掲示板に貼り出したもの――とが一致しないものが四ヶ所あった。県大堂西偏にある壮班房には十四名の押犯がおり、うち左語福・湯広太・陸扣《りくこう》の三名は「差保」が管押した者で、牌示に名が見えず、馮錦剛も牌示に名がなかった。県署東首の皂班房には押犯八名がいたが、うち陳長林・沈二常・葛接兒の三名は牌示に名がなかった。県南首の慶和堂客寓内には監生の邵廷宣一名が管押されていたが、牌示に名がなく、南盛楼官飯店にも浦大和・浦二和・孫守成・施万源・張子牧・張鴻翔の押犯六名がいたが、全員牌示に名がなく、該店の粉牌――白い漆を塗った木牌で店内に掛けられたもの――の上には各人の姓名と原差の姓名が記されていた。通州でも周姓の飯歇に郭王春一名が管押されていたが、牌示に名がなかった。[41] ②揚州府東台県でも同様の状況が二ヶ所で確認された。一つは蔣席儒が管押されていた大興楼、いま一つは女犯の張蕭氏・葉夏氏の二名がいた官媒（公認の婚姻紹介所兼女犯の身柄預かり所）の潘張氏の家で、ともに牌示に名がなかった。[42] ③同府泰州でも二ヶ所が報告された。馬快班房内には沈麻子・顧草亭の二名、州衙門照牆後方にある朝西門内の官飯歇内には陳芝燦・鄭《てい》遐《か》・趙愷の三名がそれぞれ管押されていたが、牌示に名はなかった。一方、同府興化県の飯歇内にも葛成之・葛宗之の二名がいて、葛成之の言ではともに「銭債追繳（借金追徴）」で管押されたという。[43] ①～③の史料に見える管押の場所は⒜各種衙役の詰所＝「壮班房」「皂班房」「馬快班房」、⒝民間人の経営する歇家＝「慶和堂客寓」「周姓飯歇」「大興楼」、⒞「官」「県」の文字を冠する歇家＝「南盛楼官飯店」「官飯歇」「興化県飯歇」、⒟その他の「官媒潘張氏家」に分類でき、冒頭の「孫筠福飯歇」は⒝に含まれよう。

まず⒜は民壮・皂隷・馬快が待機した「班房」である。「班」は衙役・差役をさし、州県衙門内の詰所を「班房」、衙門外のそれを「班館」と称したようである。この不法に拘禁施設として転用されていた班房・班館には訴訟関係者のほか、犯罪者（窃盗犯などの軽罪犯）も収禁されていた可能性が高い。[44] 訴訟関係者・犯罪者の身柄を請け負った衙役が本来ならば歇家に委託するところをそのまま詰所に管押したと考えられる。一方、⒝と⒞はともに本章でいう歇家に相当する。両者の違いは、前者が史料から判断するかぎり民間人の経営する歇家で、官府側と関わりなく訴訟関係者を宿泊させたか、犯罪者の身柄を委託されて管押していたと思われるのに対し、後者は「官」「県」の文字を含んだ明らかに官府側とのつながりを推定させる歇家で、官府側が民間人の経営する歇家を「官飯歇」に認定したもの、あるいは州県衙門の建築物の一部を民間人に貸し出すか何らかの方法で経営させたもの、官府自らの手で建設・経営したいわば官営のものなどが想定される。

官飯歇とは何か

では©官飯歇の史料を補ってみよう。『江蘇省例』臬《げつ》、同治七年（一八六八）「詞訟人証不准与盗賊同押」には次の記述がある。「照らし得たるに、各州県で監押されている訴訟関係者・犯罪者についてはすでに章程を定めて通達し毎月報告させている。被管押者の姓名は粉牌に書いて常に掛けさせ随時登録・釈放させた。ここに査べるに、各地方官は現行の冊報牌示章程をもともと様々な方法で実行してきた。しかし本巡撫（丁日昌）が訪聞したかぎり、管押の訴訟関係者を原差に管理させて、一定の固定した場所が決してなく、実際に管押されている者と牌上で管押されているはずの者の人数が一致せず、それをチェックしていない場合がある。また詞訟（民事）案件の関係者と逮捕・収監した盗賊とが同一の場所に拘禁されて区別のない場合がある。牌示には四月から現在に至るまで、某日に収押、某日に開除（除名）とあるが、〔管押の〕時間が長すぎ、期限が明確でなく一目見て曖昧な場合がある。亟《すみや》かにそれぞれ章程を定めて慎重を期さねばならない。今後各州県の詞訟（民事）案件のなかで、情節が比較的軽い訴訟関係者はただちに酌量して保証を取って釈放し、濫りに管押すべきでない。必ず管押しなければならない者があれば、官飯歇二、三家を設けて管押し、原差が勝手に連れ出して管押したり、官飯歇以外に別に訴訟関係者を管押する施設を設けてはならない。さすれば稽査に便利で賄賂をとって釈放したり私押したりするなどの弊害はなくなるだろう。もしもとより〔衙門内に〕押所を設けて原差に引き渡さず、また外の飯歇に送っていないならば、これは公事（訴訟）を慎重に期すためであって以前のとおりに行うべきである。……同治七年十一月十四日、通達する」[45]。本史料は江蘇巡撫丁日昌の手になるものである。丁日昌は蘇松太兵備道、両淮塩運史、江蘇布政使、江蘇巡撫、福州船政大臣と江蘇・福建両省の要職を歴任した人物で、その文章を纏めた『藩呉公牘』一五巻、『撫呉公牘』には江蘇布政使・江蘇巡撫在任中に記した、訴訟・拘禁の弊害に関わる数多くの報告や改革案が収められている。さて『江蘇省例』所載の文章の前半部分は、牌示上の人数と実態との乖離など、本節の冒頭で分析した『撫呉公牘』の記載と対応した内容となっており、丁日昌が訴訟関係者の管押に伴う種々の弊害を鋭く見抜いていたことを示す。後半部分ではほぼ以下のような内容の具体的な対応策が提示されている。①各州県の詞訟（民事）案件の関係者は特別の事情がないかぎり保証を取って釈放し、皂隷・衙役などに身柄を引き渡して管押させてはならない。②特に管押の必要があれば官飯歇にすべきである。③官飯歇以外に訴訟関係者を私押するような施設を置いたり、民間の歇家に身柄を送致して管押させたりしてはならない。

ここから丁日昌の改革案の骨子を整理すると、まず①で民事案件の関係者は保証を取って釈放するという基本方針を示している。官府側による民事案件の関係者の身柄管理を廃止することで訴訟の爆発的な増加に対応しようとしたのではないかと思われる。その背景には③で言及されているように班房・班館は勿論、民間の歇家にも問題ありとし、②のごとく、どうしても必要な関係者のみ官飯歇への管押を許すというものであった。

さらに民国『南匯県続志』を繙くと「旧時自新所・省悟所は左右に分れて列《なら》び、ともに典史署の西側にあった。また東待質所があって俗に東飯歇と呼ばれ、またここ（典史署の西側）に設けられていた。いまではみな看守所に合併された〈別に西待質所があって俗に西飯歇と呼ばれた。現在は班房・茶館の一部分となっている〉[46]」とあって、江蘇省松江府南匯県では自新所・省悟所――軽微な窃盗罪を犯した既決囚のうち、身柄の引き受け手のない者を所内に拘禁しつつ労働せしめる施設と考えられる[47]――のほか、東待質所・西待質所があり、それぞれ東飯歇・西飯歇とも称されていたことがわかる。清・余治『得一録』巻一六にも「羈所はまた班房とも保歇ともいう。もともと官営で旧章程があるが、惟《おも》うに日久しくして弊害が生じ、動もすれば生命に関わる。当事者は見なれ聞きなれて意にも介さない。そのなかに冤罪を含むことを知らないのである。不満を抱いたまま死ぬ者は多い。もしかかる人の立場に立てば一刻として安んじ難く、少し考えれば多くの人の生命が助かる[48]」と見え、班房が羈所・保歇と名称を変更されたこと、しかし改革も空しく再び無辜の者を管押して死に至らしめる弊害を惹起するようになっていたことが判明する。史料中の東飯歇・西飯歇・保歇などの施設は官府側の施設であって民間人の経営するものではないようである。これらは待質所・羈所とも呼ばれたが、なかでも待質所——待質とは審理中で判決を受けていないことをさす——は候質所・候審所などとも称され、「詞訟（民事）案件が民に及ぼす害悪が最も甚だしく、各案件の原告、関連する証人および戸婚田土案で罪とは関係ない訴訟関係者が無辜にして累を受けるのはさらに憐れむべきである」[49]という事情に対応し、かかる訴訟関係者の管押のために清末光緒年間に至って登場したものであった。少なくとも官飯歇を前身とする待質所は⒜衙役による各種班房・班館への拘禁と金銭の強要・凌虐、⒝民間の歇家と胥吏・衙役の結託による訴訟の長期化と経費の水増しなどの弊害を未然に防止する目的を有したのであり、班房・歇家に委ねていた訴訟関係者の管押を廃止し、官府自らが直接管理しようとしたと推測される。

では官飯歇それ自体は実際にどのような施設であったか。これを明らかにするには史料があまりに少ない。ここではわずかな史料から推測してみたいと思う。図7-1は道光『泰和県志』（江西省吉安府）巻首の絵図である。県衙門正門前、照壁内側の左右に申明亭、旌義亭《せいぎてい》と並んで「官店」が設けられている。この「官店」について県志は何の説明も加えていないが「官飯店（官歇店）」に類するものではなかろうか。また図7-2は光緒『泰興県志』（江蘇省揚州府）巻首、県署図である。同じく県衙門正門前、照壁内側左列に皂班房、馬快房と並んで「飯歇」の文字が見えている。これは本節の冒頭で検討した揚州府下の諸県の事例と酷似しており、図7-2は図像でもそれが確認されたことを意味しよう。官飯歇の左に見える「外寓」も類似の施設の可能性がある。

ただしここで素朴な疑問が生じてくる。県衙門内にありかつ皂班房、馬快房などと隣接するならば、結局他の班房と変わりなく皂隷や衙役が出入りする詰所にすぎないのではないかと。かかる疑問に明確に答える史料は見出しえていないが、丁日昌『撫呉公牘』巻三八、「札飭将薛挙之通案人証提集訊辦由」の内容は若干ながら手がかりを与えてくれる。すなわち薛挙・薛建霞父子が訟師の殷尚潡に教唆され蘇州に赴いて投案（自首）した際、「薛挙は

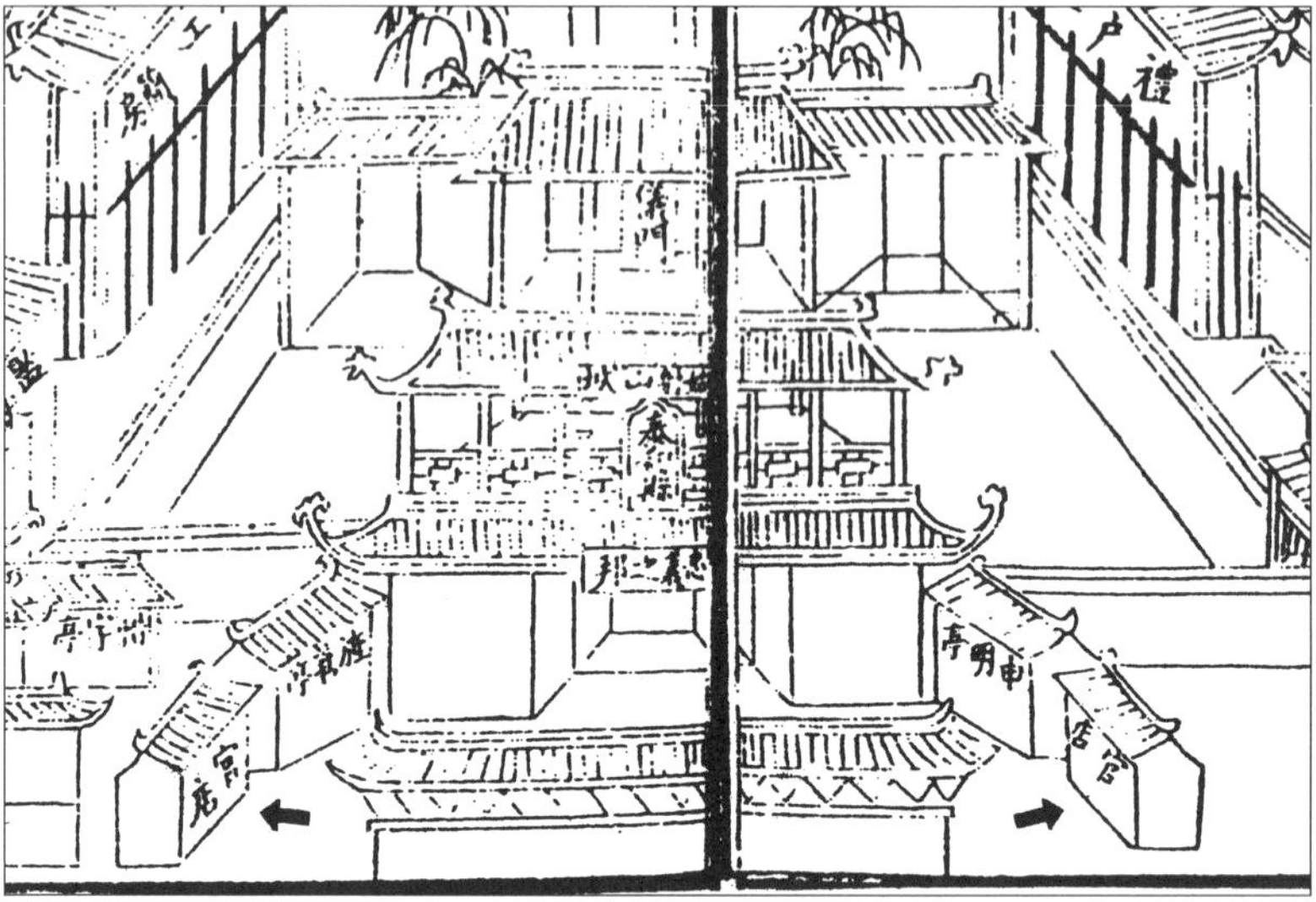

図 7-1　道光『泰和県志』巻首，絵図

註）➡が官店。

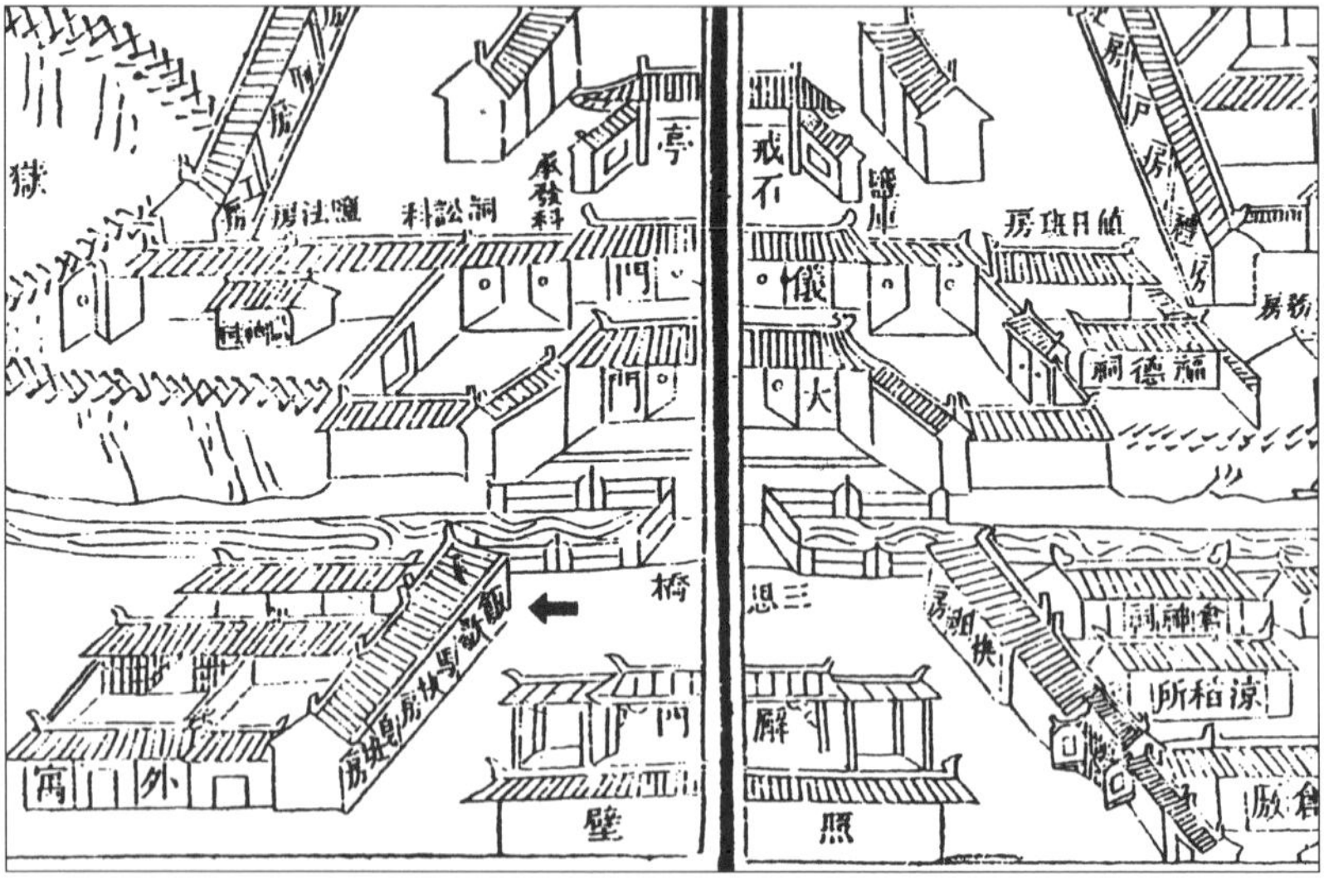

図 7-2　光緒『泰興県志』巻首，県署図

註）➡が飯歇。

呉県〔の県監〕に収押・看管され、薛建霞は官飯歇の朱錫圭に身柄を渡して収管され審理を待つこととなった」とあり、息子の薛建霞が官飯歇に管押されている。そこで注目すべきは「官飯歇の朱錫圭」と記されていることである。これをいかに解釈すべきであろうか。史料は詳細を語らないが、官飯歇の経営主と考えるのが自然ではなかろうか。もし皂隷や衙役なら本名を書くことはなく、単に「官飯歇の皂隷（ないし衙役）」と記すはずである。わざわざ「官飯歇の朱錫圭」と個人名をあげるからには官飯歇の経営主が朱錫圭であったと考えられる。ここから敷衍していえば、官飯歇は衙門の入口に設けられた班房の一部を民間の個人に委ねて飯歇＝歇家を経営させたのではなかろうか。さすれば官府側の管理・統制も十分に可能であり、かつ皂隷・胥吏・衙役などの直接的な関与を防ぐことができる。現在のところ、史料上の制約が大きいのでこのように推定するに止めたい。

管押の意味——収監と保釈のあいだ

歇家をめぐる様々な施策を検討してくると、当時の司法官にとって訴訟関係者の管押が重要な問題となっていたことがわかる。そもそも管押は訴訟制度や大清律例ではどのように位置づけられていたのだろうか。かかる問題は当時の司法官のあいだでも議論の対象となっていたらしい。

たとえば汪輝祖は『学治説贅』のなかで「管押の名称は律に著されていないがやむを得ずに用いている。随時管押し随時〔管押簿に〕記すのは、概ね賊盗の待質（審理中で判決を受けていない）の者が最も多い。審理が終了すれば〔罪の〕重い者は監禁し、軽い者は保証を取って釈放し、無罪の者は釈放し、ただちに〔管押簿から〕削除する。人命案件の牽連（干連＝証人）は即時に詰問して保証を取〔って釈放す〕る。もしすぐに結審できない者でも、四、五日以内には必ず結審しなければならない。詞訟（民事）案件ならば、当然に保証を取って再尋問を待たせるべきで、差役に命じて管押させるのはよくない。政〔治〕による民への累〔害〕のうち管押以上のものはない。かつ関わる事柄が甚だ重大であり、たとえば賊盗を管押すれば捕役が〔その賊盗に〕窃盗をさせたり、殺人犯を管押すればば〔その殺人犯が〕累〔害〕を懼れて自殺することになり、詞訟（民事）案件に至っては、管押すれば様々な名目に借りて騙してゆすり、弊害が百出する。かつては班房があり、夜間に官（典史）が親《みず》から見回って〔衙役が〕賄賂をもらって解き放つのを防いだ。数年前、班房の名目は禁革され、原差に引き渡して私家に管押させるようになったので、さらに稽察が難しくなり、公所に管押する方がましであった。〔衙〕役の貪欲で狡猾な者は人命案件であれ、詞訟（民事）案件であれ、および正真正銘の盗賊でなくとも、〔管押を命ずる〕「諭（上司の命令）」を口実として管押して恣《ほしいま》まに金銭を強要する。いつも不潔で堪えられない場所につないで、暑いときはむしむしと暑苦しく臭いが立ちこめ、寒いときは凍えて飢えることになるため、保釈されて病死する者に至っては少なくない。ゆえにやむを得ない場合でなければ、断じて管押すべきではない。管押したならば官自らが親査すべきである。……この〔管押〕簿を設けなければ忘れる場合がある。勢い長い年月をへて忘れられることがあり、民は大害を被ることになる」[50]と述べている。

すなわち管押それ自体が律には記載されておらず、やむを得ない場合に用いられる臨時的な方法であった。しかしその「やむを得ない場合」というのが極めて曖昧であり、本来的には「待質」の賊盗を対象に適用されるはずのものであったが、実際には詞訟（民事）案件の関係者にまで用いられていた。管押の場所も最初は班房であったが、これが禁革されると差役の私家に管押されるようになって、弊害が甚だしくなったという。汪輝祖は基本的に管押してはならず、やむを得ず管押するならば管押簿に正確に記載し、衙役らに任せることなく官自らがしっかり管理すべきことを述べるが、現実として管押を用いざるを得ず、管押をめぐる状況は極めて複雑であった。

また『西江政要』巻一〇、「議詳禁革班房」には以下のように記されている。「本（江西）按察使仏徳が査べ得た事例によれば、すべての内外大小の問刑衙門には監獄が設置されているが、重罪犯の監禁を除けば、その他の干連やすべての軽罪犯は、すなわち地保（保甲の責任者の総称）に命じて保証を取り審理を候たせる。もし不肖の官員のなかに擅《ほしいま》まに倉・舗・所・店等の名目を設けて、軽罪犯をひそかに監禁したり、監禁されたまま死亡する者があったりすれば、ただちに弾劾して律に照らし擬律・断罪する等の語があった。このようにすべての訴訟関係者はもともと随時出頭して随時審理すべきで、重罪犯は〔監獄に〕収禁し、軽罪犯は保証を取〔って釈放す〕べきこと、定例に昭らかである。もし別に倉・舗・所・店の名目を設けたり、各役の班房に私押したりすれば、奸書・蠹役（狡猾な胥吏や衙役）がそこで恐喝したり、ゆすって拷問を加えたりするのは、勢い必ずやあることである。該知府は稟請して班房に管押するのを厳禁せねばならない。これもまた悪事・弊害を防ぐためである。ただ訴訟当事者の情況と犯した罪がもとより重大であるが、訊問しても自らの犯行を認める供述がない場合、証人がいると供述したので呼び出して訊問すべき場合、別に贓挖《ぞうきょ》（盗品の隠し場所）があるので調査せねばならずさらに時間を要する場合、異籍（他の州県に本籍がある）の訴訟関係者で本地（本県）に全く親属がない場合には、このとき拘束された者を囹圄《れいご》（監獄）に閉じ込めて濫禁の誤りを犯すのはよろしくないし、また保証を取って〔釈放してしまうことで、身柄の〕管理を疎かにしてしまう心配があるのもよろしくない。もし飯歇に引き渡して〔衙〕役に看守させたならば、奸蠹は肆《ほしいま》まに恐喝でき、私家・班房に管押するのと何の違いがあろうか。単に〔弊害を〕防ぎ難いだけでなく〔制度も〕有名無実となってしまう。査べ得たところでは、江蘇の各州県はみなそれぞれ捐資（寄附）して、衙署附近あるいは頭二門内の空き地で官府の出入りに必ず通過する所に、房屋一、二間を建て、周囲を柵欄で囲んで人房と名づけている(51)」。

さらに覚羅烏爾通阿『居官日省録』は『学治説贅』の記述を引用しながら、次のようにつづける。「差役が班館を私設し、無辜の者を羈押（つなぎ止めて拘禁）するようになって久しい。〔班館に対する〕禁令は甚だ厳しく、各州県はこの弊害を悉く除いた。しかし条例に〔収禁せねばならないのに〕収禁しなかったという罪がある。また関係者をさらに訊問せねばならない案件がある。詳細に訊問して指示を候《ま》っている案件もある。こうした場合、保証を取〔って釈放す〕るわけにはいかず、皂隷・衙役に命じてそれぞれ管理させた。これもまた案件を慎重にし、そのなかに簡便な方法を採ることであって、差役の喚び出しや票（逮捕状）の発行による逮捕によってまた問題を惹起するのを免れるのである。たとえば旧時の倉房（舗倉）の法では、しばらく数日間つなぐにすぎなかった。しかし事は差役に関わることであり、弊害が生ずることになった。官府側はすべてを調べられないので、〔差役らは〕ひそかに管押の場所を設けて、あるいは歇店に名を借りて、訴訟関係者をまずひそかに羈押し、様々な方法で脅してゆすり、任意に凌虐を加えた。一日でも彼らの欲望を満たさなければ、到着の届け出を行わないで、案件は宙に浮いたまま結審できず、平民にわざわいをもらたす。甚だしい場合には、脅して意を遂げられねば人命案件にまで至り、わざわいは知県にも及ぶなど、様々な弊害が起こって指を折って数えられないほどになる。ゆえに班房を設ける場合、衙門の頭門・二門内の知県が出入りに通過する場所にすべきである、さすれば単に稽査に便利なだけでなく、また〔身柄の〕管理を疎かにしてしまう心配もなく、知県自らが不時に赴いて凌虐などの弊害の有無を調べられる[52]」。

『西江政要』の記事は引用部分の後に「乾隆三十五年（一七七〇）正月二十七日」と見えるから、それ以前の事に言及したと判断してよい。前半部分は康煕末年の周清原の上奏によるもので、重罪犯は収監、軽罪犯は保証を取って釈放というのが基本方針であり、倉・舗・所・店などいわゆる「舗倉」の設置を厳禁した[53]。班房とて然りである。しかし後半部分の指摘のごとく、現実には様々な理由から審理に時間がかかり、訴訟関係者の管押が必要であった。かかる訴訟関係者をどうすべきか。監獄に収監すれば犯罪者と同じ扱いとなり、衛生面や雑居房などに問題を残したし、保証を取って釈放すれば逃亡する可能性もある。民間の歇家に身柄を預けたとしても皂隷・胥吏・衙役などと結託して様々に金銭を強要する。つまり当時の司法官の認識としては、衙門内の舗倉・班房であれ、衙門外の歇家（飯歇）・班館であれ、たとえ管押簿などの制度が整備されても、現実にはそれを動かす皀隷・胥吏・衙役によって内面から掘り崩されて有名無実化してしまっているという考えが一般的であり、管押問題は皀隷・胥吏・衙役の問題として認識されていた。咸豊年間の『居官日省録』もほぼ同様であり、裁判を進めるにあたっては管押せざるを得ない場合があり、皀隷・衙役の果たす役割に一定の理解を示しつつも、管押問題の根源をやはり皀隷・衙役に求め、その悪影響をいかに排除するかがカギと見なしている点では変わりないといえよう。

そして両者ともに管押問題を解決する方法として衙門の頭門・二門内の、知県・知州など官による直接的なチェックが可能な場所に新たな施設――人房などと呼ばれている――を設けるよう提案する。これらは設置場所からしても機能からしても、まさにさきに検討した官飯歇ないし待質所として実現したと考えられる。しかしそもそも班房と隣接していたため皀隷らの関与は完全には排除できず、ゆすり・凌虐など弊害が絶えず報告され、光緒年間には早くも各地で撤廃を求める動きが見られた[54]。明清時代の中国においてこの管押問題は最後まで根本的な決着を見ることができないまま民国期を迎えることになるのである。

五　小　結

最後に、本章で検討した内容について推定を加えつつ整理しておきたい。第一に、原告・被告など訴訟関係者は歇家を通じて訟師にたどりつく場合が少なくなかったと考えられる。歇家はしばしば訟師・胥吏・衙役等によって経営され、あたかも〝訟師の隠れ蓑〟〝訟師紹介所〟のような役割を担っていた。訴訟関係者がいかにして歇家にたどりついたかについては、史料上の制約から残念ながら十分な検討はできなかったが、特に官府側から指定されることなく、自らの財力を考慮に入れながら判断して適当な歇家を選んだと推定される。第二に、訴訟関係者を都市・関廂、特に県衙門前で待ち受ける歇家には豪奢な酒肆・飯館から普通の旅館まで様々なランクが存在したと考えられる。最終的にいずれのレヴェルの歇家の身元保証を受けられるかは、当人の財力による部分が大きかった。第三に、経費が十分に準備できない貧困層は最悪の場合、地方《ぢかた》に管押されたり監獄に拘禁されたりすることもあった。第三に、「健訟の風」と呼ばれる訴訟の劇的な増加に伴って多数の訴訟関係者が都市に出向いてくるようになると、国家権力にとって彼らをいかに捕捉するかが重要な問題となり、保甲制的に身柄を旅館である歇家に縛り付けることで掌握・管理しようとした。しかし保甲制的ではありながら一次性・臨時性という特殊な状況に特徴があった。第四に、明清時代の司法官は訴訟関係者の管押に伴う様々な弊害を、皂隷・胥吏・衙役の不法行為の問題として認識しながらも、どこに管押すべきかという小手先の方法のみが問われ、実際にかかる問題の根源にある、皂隷らの仕事に対する報酬の不十分さという根本的な欠陥を改善する方向に進むことはなかった[55]。第五に、マクロな視点から観察したとき、清中期以降、中国では人口爆発を経験したが、司法機関をも兼ねる行政最末端の州県は増置されず、人口爆発による訴訟案件の増加に対して有効な手が打たれることはなかった。敢えていうならば、第四章で検討した、農村部の大型市鎮に分防した佐雑による軽微な刑事案件および民事案件の処理が現実的な初審の一部として機能したことぐらいであろうか。つまり増加しつづける訴訟関係者の人数は州県の許容範囲をすでに越えており、様々な弊害を認識しながらも歇家に頼らざるを得ないのが現実であったと考えられる。

第八章　「自新所」の誕生

一　本章における問題設定

本章では、これまで従来の諸研究でほとんど検討されることのなかった拘禁施設「自新所」を取り上げ、それがどのような施設であったかを明らかにするとともに、他の暴力（治安維持）装置——とりわけ責任連座を伴った、住民間の相互監視システムとしての「保甲制」——といかに連関して地域社会の抱える諸問題に対応しようとするものであったかについて、清中期（主に十八世紀の乾隆年間）の江南デルタを中心に考察を加える。これら拘禁施設や相互監視システムをめぐる問題は、国家権力が犯罪者ないし潜在的犯罪者といった〝秩序を脅かす〟と見なされる者をいかに監視・管理・処罰しようとしたかなど、すぐれて政治的な仕組みを集約的に表現すると同時に、犯罪者・潜在的犯罪者といわゆる「良民」とから構成される地域社会の生活空間・秩序構造のあり方とも密接な関係を有していたことを考慮すれば、国制史・制度史・法制史のみならず、さらには社会史研究においても看過できない課題となるはずであるが、かかる点については、これまで十分には議論されてこなかった。

さて、「監（獄）」など拘禁施設に関しては、小河滋三郎・滋賀秀三・島田正郎・濱島敦俊・目黒克彦・可児弘明・高遠拓児・吉澤誠一郎、趙暁華らの論攷があり、制度史・法制史的な視点から多くの成果が蓄積されてきた。[1]しかし地域社会との連関を自覚的に意識しつつ論じたのは、わずかに濱島・吉澤のみのようである。

明清時代の地方監獄について考察した濱島は、国家が正式に承認する牢獄「監」に加えて、明後期の江南デルタに初めて登場した非定制・非合法の拘置所「舗倉」の機能とその普及状況を確認した後、かかる舗倉出現の背景に、江南デルタ農村でヘゲモニーを握っていた郷居地主＝糧長層の消滅、秩序の自律的維持能力の弱体化、官府に持ち込まれる訴訟の増加、拘禁スペースの極端な不足といった一連の筋書きを想定した。一方、吉澤は天津の津河広仁堂という善堂を事例に、その運営理念の変遷を検討したなかで、清末の実業振興や貧困問題の解決など政治的社会的要請によって、善堂と清末の司法改革で新たに登場した刑務所＝習藝所とが類似した性格を有するに至ったことを指摘する。このように濱島・吉澤の研究はそれぞれ明末の江南デルタ、清末の直隷（天津）と時期・地域に差異こそあれ、舗倉の出現、善堂の運営理念の変遷と習藝所の登場を、商業化・都市化、近代化といった巨大な社会変動のなかで理解しようとする点において一致しており、単なる「監獄発達史」の枠組みに止まらない新たな視角を拘禁施設の研究に提供した点で特筆に値する。ただし本章冒頭で述べたごとく、新たな拘禁施設の出現とそこへの拘禁が、犯罪者個人は勿論、彼らが本来属すべき地域社会全体の秩序のあり方にどのような役割を果たしたかについては、いまなお検討すべき課題として残されたままである。

相互監視システム＝保甲制に関しては、聞鈞天・松本善海など先駆的な研究のほか、目黒・三木聰らの業績がある。[2]これらの研究は主に保甲制の制度的変遷を明らかにしたもので、筆者も大いに示唆を受けた。就中、三木の研究は制度史的枠組みに止まらず、明中期以降の福建を事例としつつ、里甲制体制の解体とそれに伴う保甲制出現の背景を検討し、そこに農民闘争の激化、とりわけ抗租に代表される地主―佃戸関係の危機、その克服を目的とする国家権力の直接的介入を読み取った貴重な成果といえよう。しかし三木自身が指摘するように、抗租など農民闘争が相対的に鎮静化した清中期の保甲制と地域社会との関係、保甲制の実施面における諸問題などについては、ほとんど考察されていないのが現状である。

そこで本章では、次のような手順を踏みながら、かかる課題に取り組んでいくことにしたい。まず清中期の江南デルタにおける自新所の誕生を史料的に確認した後、自新所が一体どのような拘禁施設であったかについて検討を加え、これまで未解明であった自新所の機能を明らかにする。つづいて自新所誕生の背景をさぐるなかで、相互監視システム＝保甲制といかなる連関関係を有していたか、具体的には保甲制がどのような限界をもち、自新所はそれにいかに対応しようとするものであったかを分析する。そして最後に自新所ないしは保甲制の検討を通して見えてきた地域社会の秩序構造について整理することにしたい。

二　自新所とは何か

蘇州における自新所の誕生

まず明清時代の拘禁施設について必要なかぎりにおいて概観しておこう。明初以来、国家の定制の牢獄はわずかに監のみであった。しかし中期以降、江蘇・浙江など沿海地区では、商業化の進展に伴って在地権力構造が解体すると、訴訟の飛躍的増加、拘禁スペースの不足を招き、遂には新牢獄の増設へと結果することになる。その呼称は非定制だけあって一定せず、江南デルタでは羈管亭《きかんてい》・総舗・羈舗・羈所・羈候所などと呼ばれ、一般的には舗倉と総称された。機能的には監が重罪を、舗倉が軽罪(3)や原告・証人を拘禁することで区別される。かかる機能分化は清初にも基本的に引き継がれていくが、康熙四十五年（一七〇六）に至って、舗倉はすべて析毀される。非定制の牢

表 8-1　清代江南デルタの非定制の拘禁施設

府	県	名称・設置年代	典　　拠
松江	華亭県	自新所（乾隆五十六年以前）	乾隆『華亭県志』県署図および巻二，建置
	南匯県	〃　（乾隆二十九年）	光緒『南匯県志』県署図および巻三，建置
	上海県	〃　・待質所（光緒三十四年）	民国『上海県続志』巻二，建置上
	青浦県	〃　・待質公所（光緒二年）	民国『青浦県続志』巻三，建置
蘇州	呉　県	自新所（乾隆十年）	本文・註(5)を参照
	長洲県	〃　（　〃　）	〃
	元和県	〃　（　〃　）	〃
	崑山県	〃　（乾隆二十二年）	光緒『崑新両県続修合志』監獄図および巻三，公署
	新陽県	〃　（　〃　）	〃
太	宝山県	自新所（乾隆二十三年）・待質所	民国『宝山県続志』巻三，局所
常州	江陰県	自新所（道光十八年）	道光『江陰県志』城隍図および巻一，建置
	靖江県	管押〔所〕	光緒『靖江県志』県公廨図
鎮	丹陽県	待質公所・女待質公所	光緒『重修丹陽県志』〔県署図〕
嘉興	嘉善県	遷善公所（光緒十一年） 待質公所	光緒『嘉善県志』県署図および巻五，建置上
	嘉興県	〃	康熙『嘉興県志』県治図および巻四，公署
	石門県	羈所（康熙四年）	光緒『石門県志』巻二，公署
湖	孝豊県	羈候所	光緒『孝豊県志』巻三，建置志

註）太は太倉州，鎮は鎮江府，湖は湖州府をさす。

獄は稽査が及び難く、地方官・胥吏・衙役の恣意的な誅求の場となっていたからである。雍正三年（一七二五）には、刑部尚書励廷儀の上奏で、監は「内監」と「外監」に分かたれ、前者に重罪、後者に軽罪を収禁することとした。これら一連の改革で非定制の舗倉は否定され、その機能は定制の外監に継承されるはずであったが、実際には遵守されず〝陽奉陰違〟されたこと、濱島敦俊が夙に指摘するとおりである[4]。

　ところで、清代江南デルタの地方志などには、雍正三年以降定制となった監獄＝内監・外監以外にじつに多くの祖制に非ざる牢獄を確認できる（表8-1）。そこには「自新所」（華亭・南匯・上海・青浦・呉・長洲・元和・崑山・新陽・宝山・江陰）、「待質《たいち》（公）所」（上海・青浦・宝山・丹陽・嘉善・嘉興）、「管押〔所〕」（靖江）、「遷善公所」（嘉善）、「羈所」（石門）、「羈候所」（孝豊）など様々な名称を

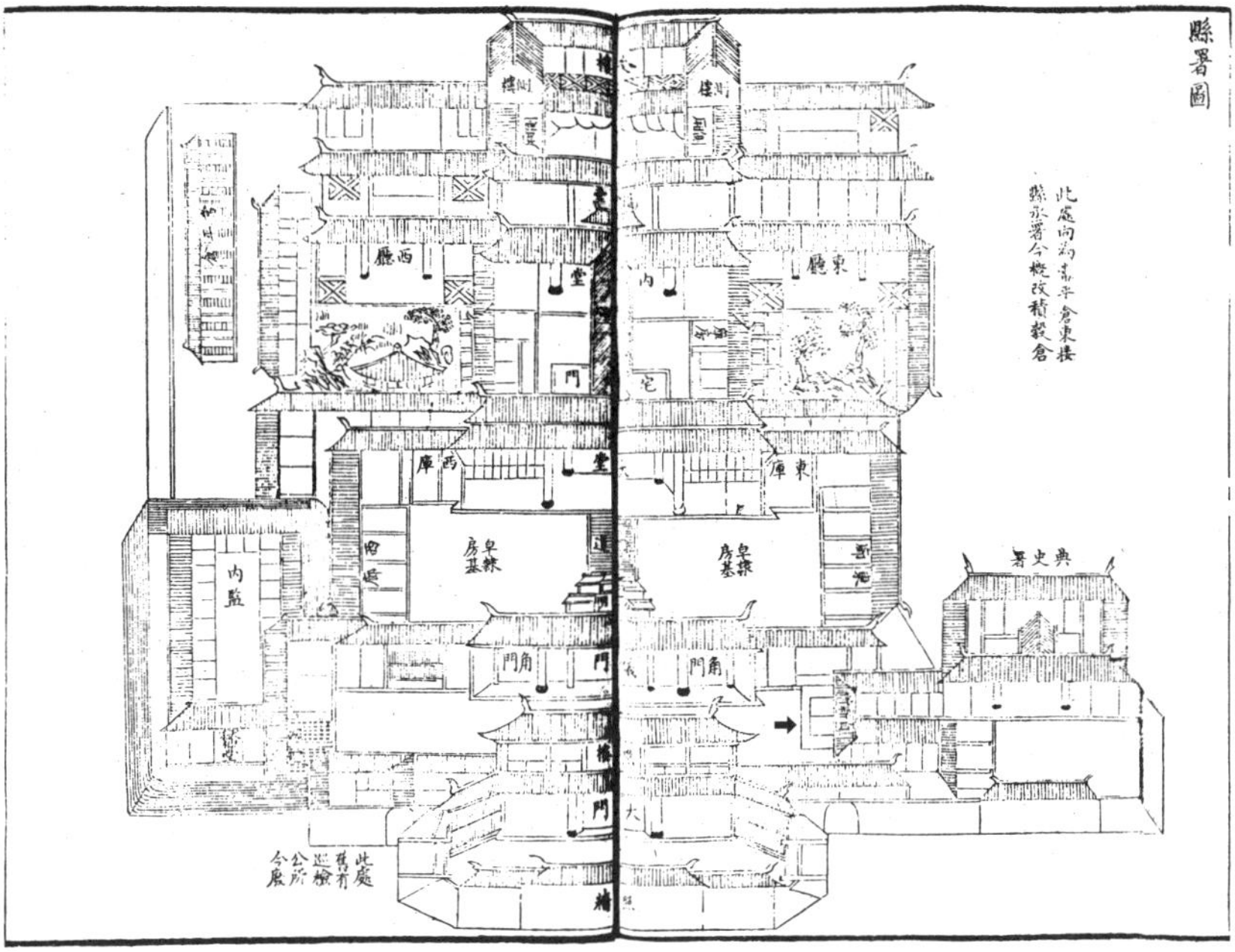

図 8-1　光緒『南匯県志』県署図

註）➡が自新所。

見出し得るが、最も特徴的なのは自新所が圧倒的多数を占めることであろう。そこで以下では、この自新所を中心に議論を進めることにしたい。

　管見のかぎり、自新所は乾隆十年（一七四五）の呉・長洲・元和三県を嚆矢として、[5] 乾隆二十二年（一七五七）に崑山県（附郭の新陽県にも同時に建てられた可能性が高い）、乾隆二十三年（一七五八）に宝山県、乾隆二十九年（一七六四）に南匯県、乾隆五十六年（一七九一）以前に華亭県にそれぞれ出現した。図8-1の南匯県衙門図では、儀門外の東側に自新所、西側に監が描かれている。図中には内監のみで外監の文字が見えないが、監の北側の獄室のみが内監、すなわち重罪の収禁に用いられ、他の獄室はみな外監として機能したと考えられるから、[6] 内監・外監と自新所は明確に区別されていたことがわかる。

　崑山・新陽両県では、これとは若干異なる

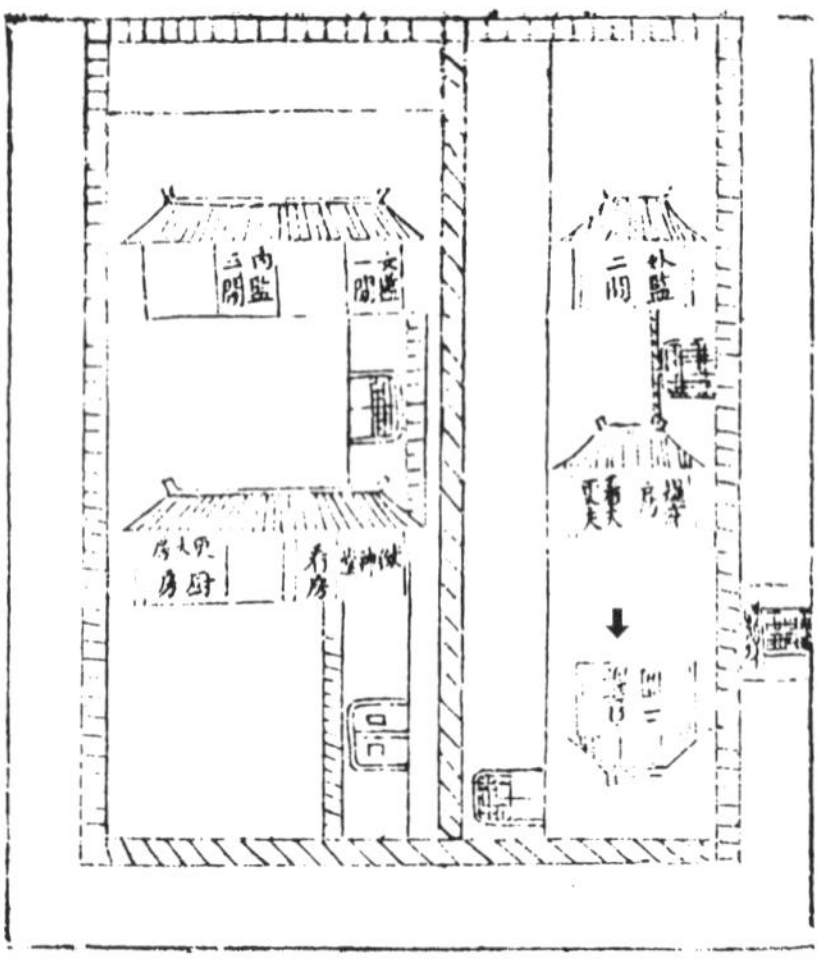

図 8-2　光緒『崑新両県続修合志』崑山県監獄図

註）➡が自新所。

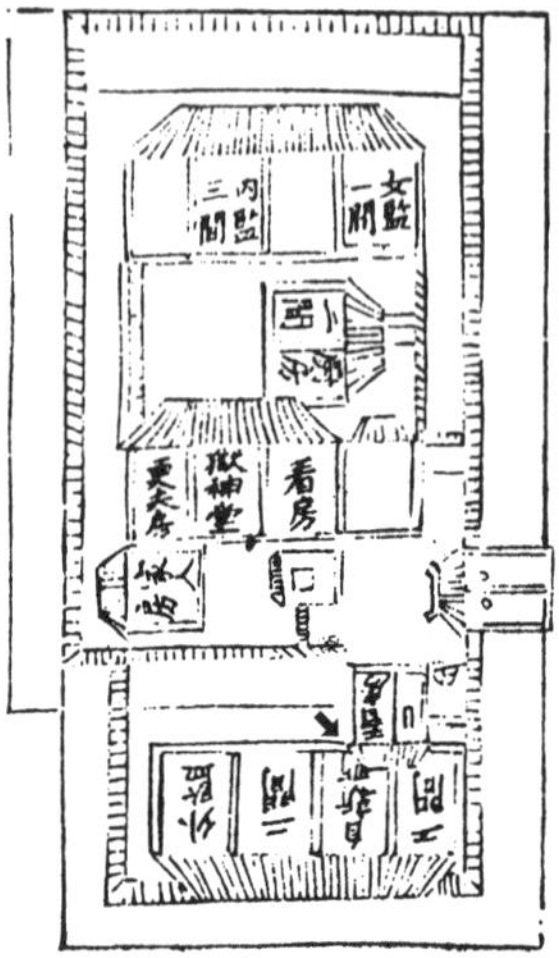

図 8-3　光緒『崑新両県続修合志』新陽県監獄図

註）➡が自新所。

状況が看取される。図8－2・図8－3は光緒年間のものではあるが、監内部の建築物の名称と配置を窺うことができて興味深い。崑山県の監は南北を走る監牆で東西に仕切られ、西側に内監三間・女監一間を、東側に外監二間・自新所二間を配する。一方、新陽県では監を南北に分かつが、やはり北側に内監三間・女監一間を、南側に外監二間・自新所二間を配する。これは自新所の機能が内監よりは外監に類似することを推定せしめる。では、自新所と外監とのあいだに機能上いかなる区別があったか。道光『崑新両県続修合志』巻三、公署では、崑山県の自新所は「罪あって訊問を待つ者を置く」ところとされ[7]、非定制の舗倉ないしその機能を合法的に受け継いだ外監と同様、軽罪の未決囚を拘禁したかのようである。然りとすれば、自新所はこれらとのあいだに機能上の区別がなかったことになる。

ところが、他の自新所についても検討を加えてみると、崑山県の自新所が道光年間（一八二一～五〇年）までに実態として右のごとく変質していたという解釈であれば十分に首肯し得るが、少なくとも原初的な機能はこれとは些か異なった様相を呈していたことが判明する。たとえば乾隆十三年（一七四八）の江蘇按察使翁藻の自新所に関する上奏所引の呉・長洲・元和三県の詳文には、次のような記述がある。(8)

> 屋十余間を建て、垣牆を環らして、自新所と名づけ、〔呉・長洲・元和の三県は〕それぞれ罪を犯すこと一、二回かつは(9)引き渡すべき嫡属のない旧賊《ふるどろぼう》を所内に拘禁した。(10)〔彼らには〕囚糧の例に照らして、毎名毎日米一升・銭五文を給し、さらに資本を与えて、紵《ちょ》（麻の一種）・綿を紡ぎ、屨《く》（麻の履物）・蓆《むしろ》を織ることなどを習わしめ、その技藝の習熟、生活の資の蓄積を俟ち、口糧の支給を停止して一年の後、〝悔過遷善（罪を悔いて改心する）〟したか否かを観察したうえで、保釈して親族・近隣に引き渡し、毎晩典史に責任を持って稽査せしめ自由な移動を許さず、なお衙役を撥して看守させた。〔自新所の〕試行以来、すでに三年を経過したが、〔三県の〕盗賊が絶えたとはいえないまでも、窃盗は以前に較べて減少している。ただし口糧は地方官の寄附のみに頼っていたので、昨年の冬に支給できなくなってしまい、盗賊を引き続き拘禁する者と釈放する者に分け〔て一部を釈放し〕たところ、蘇州城内に狐鼠《こそどろ》が増加するようになった。そこで臣は県・府を厳しく監督して捜査せしめ、釈放後、再び窃盗を犯す者があれば、姓名を照合したうえで〔自新所に〕拘禁したので、民間の人々はようやく安心した。

この史料から以下の知見が得られる。①これは窃盗の初犯・再犯の拘禁方法に関して述べたものであるから、乾隆十年（一七四五）、蘇州に出現した自新所は徒刑以上の重罪でなく、軽微な窃盗罪を犯して杖・笞刑を科された既決囚を拘禁する施設であった。②自新所の設置やその後の運営状況は、呉・長洲・元和三県の知県から（知府→）按察使→（刑部→）皇帝へと報告されているので決して非合法とはいえない。③収所者は比較的長期――文言によるかぎり「悔過遷善」までと特に制限を設けていない――にわたって拘禁され、監犯と同様、囚糧として米一升・

銭五文を与えられた[11]。④しかし監犯に対する処遇とは明らかに異なり、収所者には、囚糧のほか、資本金が支給され、それを元手に紡棉・草履作り・むしろ織りなどの手業を習わしめた。内容から見れば、農民の極めて零細な生業ではあるが、江南デルタで日銭を稼ぐのに最も適したものが選択されている。⑤所収者は習得・改心を認められれば、保釈・出所を許される。その身柄は親族・近隣[12]に引き渡された。⑥自新所運営の最大の問題点は財源をいかに確保するかであった。これは所収者の囚糧や労働に相当の経費を必要としたことを示す。⑦史料の性格から過大評価は避けねばならないが、官憲側のみならず民間側も地域秩序の安定に果たす自新所の一定程度の有効性を認識していた。⑧自新所における拘禁・労働の性格を考えるうえで注意すべきは、収所者が窃盗の初犯・再犯であるのみならず、身柄の引き受け手のない者であったこと、枷・笞刑執行後の保釈にあたって身柄を引き受ける主体があれば、自新所における拘禁の方向へとは進まないことの二点である。

常州府江陰県の自新所

また道光『江陰県志』巻一、建置、刑獄は、道光十八年（一八三八）、江陰県城内に設けられた自新所について「東西の59屋《へや》あわせて十一間半、窃賊の初犯を拘禁する」と述べた後、次のような記事を載せる。

〔自新所では囚人に〕毎名資本銭五百文を、毎日口糧・薪菜銭を与える。夏には扇・蓆《むしろ》を、冬には棉衣を支給する。諭言一道〔聖諭広訓か〕を発し、刑書に三日に一度囚人たちに向かって一通り講誦させ、囚人を改心・更生させる。囚人のうち草鞋・縄《なわ》索を編んだり棉を紡いだりするなどの技藝を有する者は、それぞれ材料を与えて工作させ、技藝のない者は看役が指導してやる。もし一月すぎてもうまくできない場合は、炊事をさせて偸惰を許さない。また別に内丁・看役・吏夫各二名を撥し、所内に駐宿せしめ、稽察・巡防に責任を負わしめる。

入用の材料や器具は、誠実な副役一名を選んで、〔囚人本人に〕代わって購入させる。また帳簿を設け、どの囚人にどんな技藝があるかを記載し、〔囚人の製品を〕毎日副役に売却させ、売上金若干・支給した資本若干を本人に代わって貯蓄してやる。もし改心・更生する者があれば、該犯の親族ないし近隣の保証を取ったうえで保釈・出所を許可する。貯蓄した銭文はすべてその場の県衙門で〔今後の生活の資として〕発給してやる。

江陰県の自新所について整理すれば以下のようになる。①江陰県の自新所は窃盗の初犯（再犯を含まない）を収禁する既決囚の拘禁施設として登場した。②収所者は口糧・薪菜銭のほか、資本金五百文――この値は乾隆末でいえば、雇役（人夫）のほぼ十日分の賃金（福建・浙江・江蘇の場合）に相当する[13]――を支給され、それを元手に草鞋や縄作り、紡棉などの労働に従事せしめられた。うまくできない者には職業指導も実施されている。③改心すれば保釈・出所を許された。ここでも保釈にあたって親族ないし近隣の保証が要求されている。④自新所の副役が囚人本人に代わって製品を売却してやり、その売上代金――材料代その他諸経費を差し引かれたことは十分に想像される――が労賃として支給された。⑤刑書（刑房の書吏）に命じて「諭言」を講誦させた。その実行の有無には疑問が残らないわけではないが、犯罪者に対する精神訓化が明確に意識されている。⑥夏に扇と蓆、冬に棉衣を支給するなど人道的配慮も見られた。

さらに図8-4によれば、この自新所は県城北西の県衙門内ではなく、県衙門東南の大街と賢俊街との交差地点にあった。このことは、自新所が、随時の尋問が可能なように未決囚を拘禁したり、刑の執行までに既決囚を臨時的に収禁したりしておく監とは性格上異なり、軽微な窃盗罪を犯した既決囚を拘禁・労働させることを目的としていたため、必ずしも衙門内に設けなくてもよかったことを推定させる。また本来県衙門内にあったものが機能や収容人数の拡大のなかで広い敷地を求めて衙門の外に移ったとの推測も可能かもしれない。

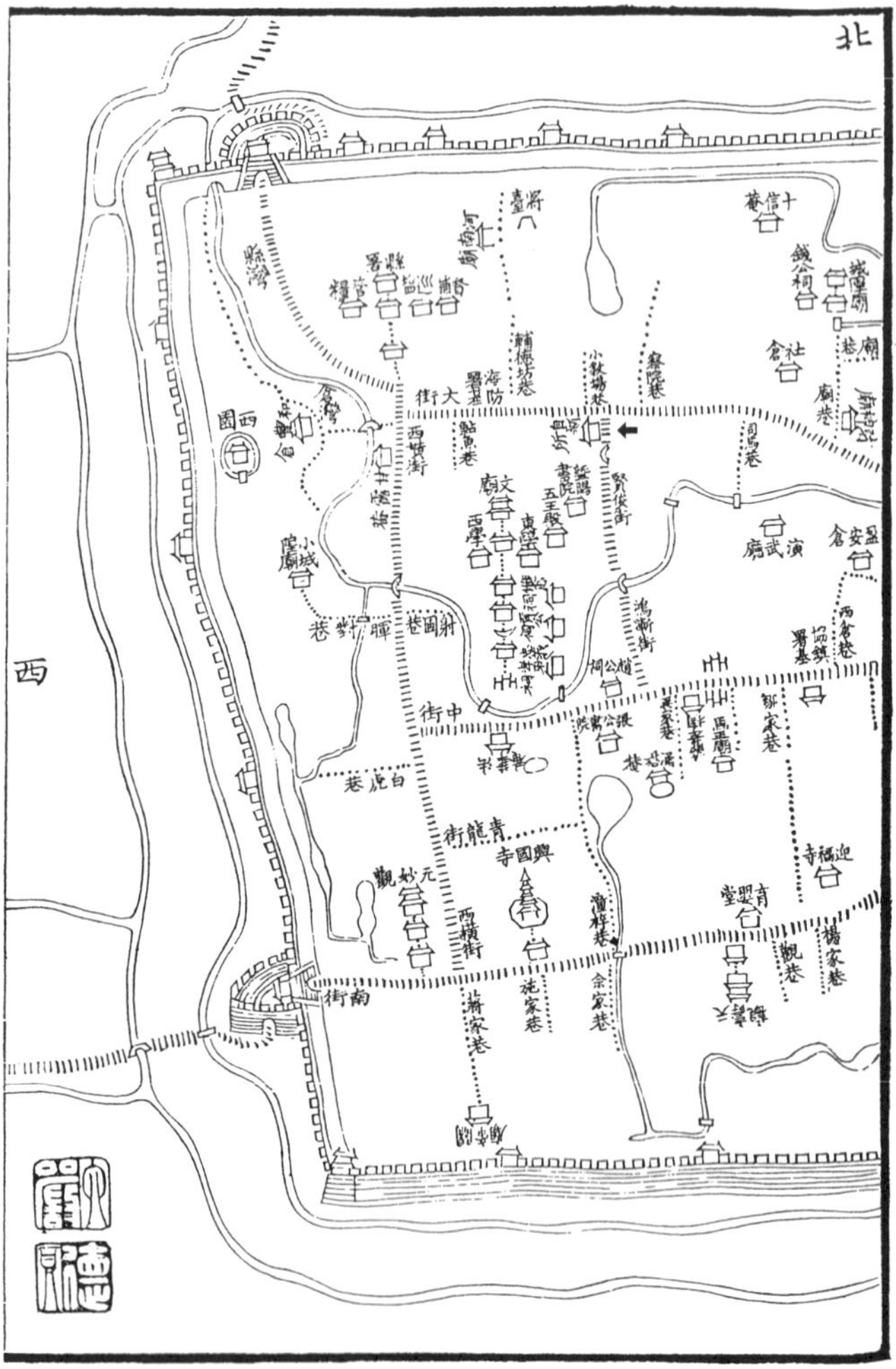

図 8-4　道光『江陰県志』城隍図（一部）

註）➡が自新所。

以上、乾隆十年の蘇州を嚆矢として江南デルタの各州県に次々と出現した自新所は、軽微な窃盗罪を犯した既決囚のうち、身柄の引き受け手のない者を所内に拘禁しつつ労働せしめる施設であったといい得る。かかる施設の存在を確認した現在、さらに一歩進めて問題とせねばならないのは、これらを成立・機能せしめた司法官の犯罪・犯罪者観、刑罰思想、および社会的背景であろう。そこで以下では、一人の司法官＝按察使の犯罪対策を取り上げ、それを検証することで考察の手がかりをつかむことにしたい。その人物とは乾隆年間の江蘇省で敏腕を振るった、かの陳弘謀(14)である。

三　窃盗事件への注視と潜在的犯罪者の疑似保甲

「無産無業の人」と窃盗案件

本節では、乾隆五～六年（一七四〇～四一）に江蘇按察使、乾隆二十二年（一七五七）六～十二月および二十三年（一七五八）四月～二十七年（一七六二）に江蘇巡撫と、司法に直接的間接的に関わる要職を歴任した陳弘謀を取り上げ、その犯罪・犯罪者観、刑罰思想の一端を窺うことにしたい。しかし陳弘謀を取り上げる理由は単に江蘇按察使・江蘇巡撫を歴任したことだけに止まらない。その在任期間は前節で論じた蘇州の自新所誕生の前後に当たり、当時の司法に関わった代表的人物として検討に値するからである。しかも『培遠堂偶存稿』文檄、巻一〇には、陳弘謀が江蘇按察使在任中、両江総督楊超曽に呈した「弭《び》盗《とう》議詳」（以下、「弭盗A」。弭盗とは「盗みを防ぐ」の意）、その一部に関して再度意見を上申した同名の詳文（以下、「弭盗B」）が収められ、自新所誕生直前の刑罰について貴重な情報を提供する。以下では、二つの「弭盗議詳」を検討し、陳弘謀の犯罪対策とその理念を窺うと同時に、それがその後の刑罰のあり方にいかなる影響を及ぼしたかについて検証することにしたい。

最初に、陳弘謀が「弭盗A」の冒頭で述べる、当時の江蘇省の犯罪の一般的概況と陳弘謀自身の犯罪者観について分析してみよう（ⓐ～ⓓは行論の便宜上、引用者が附した）。

ⓐ江蘇省は土地が広くて人口が多く、長江・大海にのぞんでいる。水路網は縦横に走り、船舶は自在に通行できる。南北の商品・貨物はここに雲集し、様々な人間が集まってきて、盗賊は最も潜伏しやすい。また商業区が連なっているので、郊外では窃盗・強盗が頻りに報告されている。ⓑ近頃、強盗は漸次減少しつつある。よしんば強盗が発生しても、文武官弁には処罰規定があって相互に巡邏を実施し、〔強盗犯の〕多くを追跡・逮捕できるからである。ⓒただし窃盗のみは各州県数十件から一百件以上にものぼり、警邏を厳しくしても、〔窃盗犯の〕逮捕はほとんど不可能で、前の事件が解決しないうちに、新しい事件が発生する有り様である。……ⓓ本司〔陳弘謀〕が専心検討した結果、窩線《てさき》や旧匪《ふるどろぼう》を野放しにすべきではなく、「無産無業の人」で心の邪な者もまた手段を講じて予防し、本業に就かしめねばならないと判断した。窃盗の減少を欲すれば、まず窃盗を行う者に対策を講ずるのが最良だからである。では、窃盗をさせないようにするにはどうしたらよいかといえば、最善の策は彼ら〔の生活〕を安定させて窃盗しなくともよくすること、次策は彼らを厳しく管理して窃盗できなくすること、さらにその次は厳しく詰問して懲罰を加え、罪を犯せば必ずや罰せられることを知らしめることであり、そうすれば一度窃盗を行えども二度と行わないであろう。

まずⓐで乾隆初の江蘇の地理的経済的環境と犯罪との関わりについて語っている。ここにいう江蘇は当然省全体を視野に入れているが、後述の各条を検討すると、陳弘謀は江南デルタ――とりわけ蘇州とその周辺――を念頭に置くかのようである。陳弘謀の認識によれば、江蘇における水路網の発達（地理的環境）と商業活動の活発化（経済的環境）と強盗・窃盗など対物犯罪の増加は一定の比例関係にあった。商業・交易活動の活発化と対物犯罪の関係は必ずしも比例せず、雇用機会の増加、生活手段の獲得による対物犯罪の減少など、反比例する場合も想定し得るが、当時の雇用関係が極めて不安定なことを考えれば、陳弘謀の認識もあながち間違いでもないように思われる。

ⓑでは、近年における強盗の減少と警察関係者の処罰に関する法的な整備、警邏任務の徹底を述べる。これは緑営の汛防制度の農村への展開や、県丞・主簿・巡検など佐雑の市鎮への分防と密接な関係があったに相違ない[15]。こうした警察・行政機構の整備に伴って、強盗は相対的な減少傾向にあったといえよう。

ところが、ⓒでは窃盗の増加と犯人逮捕の限界が示され、強盗に代わって窃盗が犯罪取締りの最重要事項に浮上してきたことを指摘する。そこに商業化・都市化に伴う周辺農村からの貧困層の流入、商業・交換の発展による誘惑の増大を主な原因とする、食糧や商品の盗みの絶対数の増加を推測することも可能ではあるが、これは必ずしも単純に強盗の減少、窃盗の増加に帰着するものではなく、むしろ司法官の目に窃盗が重要な犯罪として映るようになってきたことに注目すべきであろう。

最後に、ⓓにおいて陳弘謀の犯罪者に対する基本的な認識が示される。陳弘謀は窃盗事件の関係者を窩線《てさき》、旧匪《ふるどろぼう》および「無産無業の人」の三つのカテゴリーに分類する[16]。これらのうち実行犯は後二者であり、「無産無業の人」が窃盗を重ねれば旧匪になると考えるとき、陳弘謀にとってまさに「無産無業の人」こそ窃盗犯の根源であった。ここにいう「産業」は耕地・家屋など不動産ないしは生業をさすから、「無産無業の人」とは耕地・家屋・生業などを失い、地域社会から切り離された人々を意味しよう。すなわち十八世紀以降の人口増加と商業化の進展のなかで、農村部から析出されて都市部へと流動した貧困農民のうち、日々の生活にさえ窮した者が犯罪に手を染める場合も少なくなかったのである。陳弘謀はかような貧困層を潜在的犯罪者と見なし、その危険性を指摘した。そこで議論されるのが「無産無業の人」の管理＝犯罪予防、刑執行後の旧匪に対する処遇＝再犯防止であった。

このように陳弘謀は乾隆初の江蘇——とりわけ江南デルタ——の犯罪状況を分析し、自らの犯罪・犯罪者観を述べた後、具体的な犯罪予防・再犯防止について提起する。本節では、それらのうち「無産無業の人」の管理＝犯罪予防を取り上げ、刑執行後の旧匪に対する処遇＝再犯防止については、次節で検討することにしたい。

流動貧困層の閉じ込めと疑似保甲

さて、陳弘謀のいう「無産無業の人」とは具体的にいかなる人々をさしているのであろうか。「弭盗A」の記載によれば、それは①乞丐《こじき》（物乞い）、②駅夫（駅站の人夫）、③孤貧（養済院の被収容者）であった。彼らの存在形態とその具体的な管理方法について、陳弘謀はさきの引用部分につづいて以下のように述べている。

①乞丐の管理：乞丐は物乞いを生活の糧とする。昼間は各家を歩きまわって物乞いし、夜間は気儘勝手に何処にでも住宿する。……都市や農村の窃盗の大半はみなこの奴輩《やから》の仕業である。都市・市鎮などには先頃「丐頭《こじきがしら》」を設けた。もし地元住民に祝祭日・結婚・葬式等の事があれば、〔丐頭に〕銭米を賞給してもっぱら乞丐を厳しく管理せしめ、ゆすりやたかりを許さないようにしている。ところが、冊籍（帳簿）を造らず責任を明確にしなかったので、丐頭すら稽査・管理し難かった。そこで……僻地に小屋を建てるか空廟を利用して「群丐《こじきたち》」の居住場所を固定し、各乞丐に「腰牌」を支給して管轄の丐頭、本人の姓名などを記入せしめたうえで、常に腰に掛けさせ、昼間は各処での物乞いを許すが、夜間は固定の場所に帰らせる。丐頭には「丐牌」を頒給して保甲牌式のごとく丐頭の姓名、管下の乞丐の本籍・年齢を記載し、居住場所に掛けさせて点呼・稽査の便とする。もし〔乞丐が〕夜間に帰らねば、丐頭にその乞丐を県に送って取り調べるのを許し、もし罪を犯した乞丐があれば、丐頭も連座処罰する。もしゆすりなどを行った乞丐があれば、腰牌で確認して罰するが、もし腰牌がなければ、匪賊として官に送って厳罰に処する。現在、蘇州城内三県（呉県・長洲・元和）の六門には「棲流所」を設置し、もっぱら乞丐を安置しているが、老疾残廃にかぎって入所を許しており、少壮の者は自ら物乞いさせて入所を許していない。いま養丐（乞丐を養う）のなかに弭盗（盗みを防ぐ）の意を含むからには、少壮の者をも入所せしめるべきで、〔そうすれば、彼らを〕約束《こうそく》できるであろう。外来の「流丐」につい

ては駆逐すべきとの意見もあるが、……これら物乞いの窮民はその場で収容して物乞いをさせ、駆逐すべきではない。……もし棲流所の部屋が収容するに足らねば、ただちに増建し、各府・州・県のうち、棲流所のないものは方法を案じて建設させ、報告せしめればよい。その年齢が若く体力があって技藝を有し、雇用労働に従事せしめるべき者、あるいは自分の土地を所有しないが他人に雇用されるのを嫌がってやむを得ず乞丐となっている者があれば、本人に問いただし、ただちに地隣・郷保を諭して雇主をさがして労働させ、さらに郷保・地隣・親族に共同で立契せしめ、もし〔雇用した乞丐が〕罪を犯しても雇主は連座しないことを約すれば、雇う側も〔乞丐を〕忌むこともなく雇用するであろう。このように一人を収養させ、一人でも窃盗犯を少なくすれば、これもまた弭盗の一環となる。

②駅夫の管理：交通の要衝の大站にはみな駅夫がいて、船曳きや荷担ぎなどの労役に従事している。若輩《やつら》は「無家無業」でなかば良善ではなく、かかる労役がなければ〔生活に窮し〕、外で物乞いし何処にでも住宿するので、窃盗を行うことも少なくない。現在、各駅の駅夫には「罡頭《こうとう》」を設けて専管せしめ、「夥房《かぼう》」を建設して居住させているから、各管駅官に彼らを管理せしめ、姓名清冊を揃えさせ、〔各駅夫に〕腰牌を給して管轄の罡頭、本夫の姓名を記入せしめたうえで、腰に掛けて稽査に備え、五人ごとに互保させ〔責任連座制を取らせ〕るべきである。さらに保甲式に照らして「門牌」を夥房に掛けて罡頭に監視させ、〔駅夫が〕昼間外出するのを許すが、夜間は夥房に帰らせる。駅夫が宿駅附近や街道沿いで窃盗すれば、互保の駅夫とともに罪にあてる。管轄の駅丞は毎晩夥房に赴いて点呼し、ひそかに外出した者があれば、ただちに捕縛し、罡頭にも不時の通報を許す。

③孤貧の管理：養済院収容の孤貧のなかで物乞いする者があれば、やはり腰牌を支給して〔昼間の物乞いを許し〕、夜間は養済院で住宿させる。〔孤貧は〕「孤貧頭」に管理させ、もし〔孤貧頭が自らの管理する孤貧の〕窃盗

を隠匿したならば、例に照らして治罪する。

陳弘謀は①～③を窃盗犯の母体と見なし、その管理の強化を提言している。①～③のみを窃盗犯の母体と見なし得るか否かは必ずしも妥当とはいえない面もあるが、かかる認識は陳弘謀の按察使としての経験に裏打ちされたものと考えられる。ところで、これらのうち②駅夫については史料が非常に少なく、③孤貧・孤貧頭とこれを収容する養済院に関しては、星斌夫・夫馬進をはじめ多数の研究が存在するため[17]、ここでは主に①乞丐を中心に論ずることとし、②と③については必要なかぎりにおいて言及するのみとすることを、予め断っておきたい。

さて、陳弘謀は都市・農村を問わず、窃盗の大半が乞丐によると断言する。その是非はともかく、かかる指摘は他の史料中にも散見し、強盗犯・窃盗犯のうち、五、六〇%を乞丐が占めたともいう[18]。彼らの窃盗はいわば生存のための行為ではあったが、物乞いにおける彼らの横暴な振舞いには目に余るものがあった。地元住民に冠婚葬祭等のことがあると、集まり騒いで酒食や銀両《かね》などを要求し、欲求が満たされないと叫んで罵ったり、その場所を穢汚《よご》したりした[19]。県城から遠く離れた市鎮や農村では、群を成して廟宇や龍骨車（水田灌漑のための木製の揚水機）の車棚を占拠するだけでなく、物乞いに名を借りたゆすりや窃盗まで行ったため、住民が駆逐しようとすると、遂には龍骨車を焼き払うなどした[20]。

ただしここで注意すべきは、一言で乞丐といっても、地元の乞丐と外来のそれとのあいだに区別があり、前者が後述の一定の秩序に従っていたのに対し、後者こそが騒擾の主役〝悪丐〟と考えられていたことである[21]。たとえば「乞丐は養済院に名を列するからには稽査せねばならない。ただ民間の貧困・病気に苦しむ者が乞丐に名を列するのを欲さず、自ら物乞いするのは、これも一時的なもので仕方のないことであり、また彼らには居住すべき場所もある。これとは別に流丐（外来の乞丐）があって、どこから来たかわからず、残疾（障害）者のふりをして道を遮ったり跪いたりして泣き叫んで哀願する」[22]と語り、窃盗や図頼[23]などの不法行為を糾弾するのはその典型的な例であろう。

そして乞丐の従うべき秩序とは、地保[24]—丐頭—乞丐からなる、乞丐のみを対象とした疑似保甲であった。陳弘謀はこれまでの疑似保甲の不備を指摘しつつ、ⓐ乞丐の住処の固定（家屋を単位とした疑似保甲を編成するための基礎作業）、ⓑ丐牌・腰牌の頒給（疑似保甲の編成と責任の明確化）、ⓒ夜間の閉じ込め、ⓓ少壮の乞丐の棲流所への収容、ⓔ外来の乞丐の疑似保甲への編入、ⓕ乞丐に対する雇用労働の斡旋、以上の六点を提案する。これらがどこまで確実に実行に移されたか、疑問が残らないわけではないが[25]、大変興味深い内容を含んでいるので、順次検討を加えていくことにしよう。

まず丐頭（甲頭）[26]には乞丐のボスがあてられた[27]。これは彼らを疑似保甲の最末端に組み込むことで、治安維持の効果を高めるねらいがあったと推定される。丐頭は管轄の乞丐、物乞いの区域《なわばり》を定められ、他の乞丐の日常的な監視を事実上委ねられていた[28]。しかし各乞丐に配給され、官憲・丐頭の監視のよりどころとなる腰牌については、蘇州の乞丐に対して実際にどこまで実施されたか不明な点が多い。ただし乞丐の不法行為に対する責任の所在の明確化の有効な手段であることを考慮すれば、実施された可能性は少なくない。

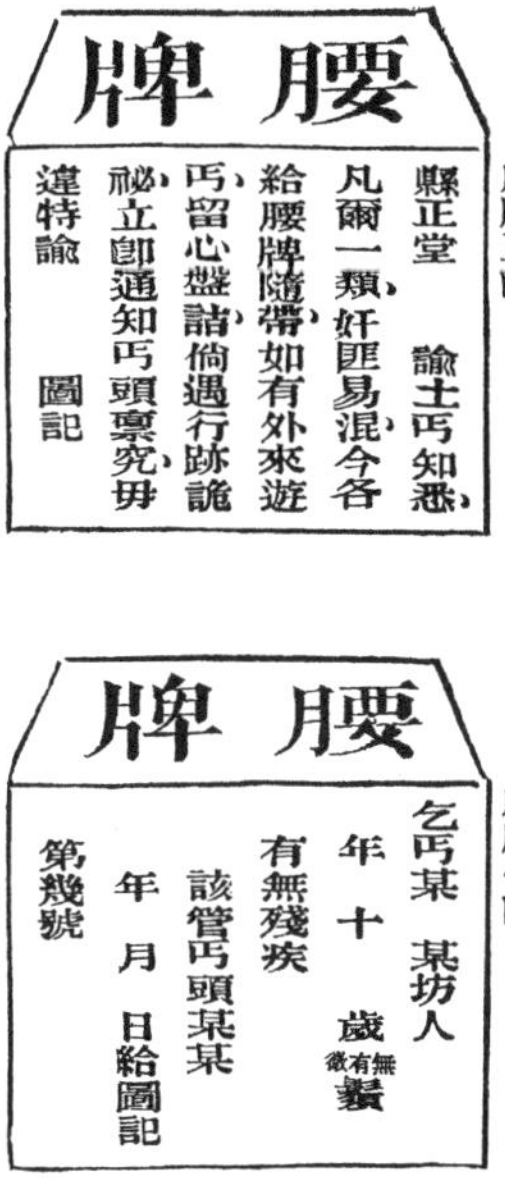
腰牌
腰牌正面
縣正堂　諭土丐知悉、
凡爾一類、奸匪易混、今各
給腰牌隨帶、如有外來遊
丐、留心盤詰、倘遇行跡詭
祕、立卽通知丐頭禀究、毋
違特諭　　圖記
腰牌
腰牌合面
乞丐某　某坊人
年十　歲　無有徵鬚
有無殘疾
該管丐頭某某
年　月　日給圖記
第幾號

図 **8-5**　乞丐の「腰牌」（徐棟『保甲書』巻二，成規）

やや時期は下るが、江南デルタで使用された腰牌が徐棟『保甲書』巻二、成規上[29]に見える（図8-5）。これは嘉慶十九年（一八一四）頃、嘉興府平湖県知県王鳳生が用いたもので[30]、陳弘謀の腰牌と直接的な関係はないが、乞丐の疑似保甲のあり方を窺い得るから少しく検討しておきたい。まず牌の裏側（図下）には、乞丐の姓名・住所・年齢・髭の有無・残疾の有無、管轄の丐頭の姓名、発給の年月日、〔腰牌の〕通し番号などが記されている。これは乞丐個人の情報を記載した部分に相当し、この腰牌を所有する乞丐の管理を目的としたものと考えられる。一方、表側（図上）には、「土丐」、すなわち腰牌を持って地元の乞丐と認定された者に、外来の遊丐で不審な者を見つければ、ただちに丐頭に報告するよう命ずる知県の文章を載せている。これは官憲が土丐と同様、あるいはそれ以上に管理の及ばない外来の遊丐を危険視していたことを示す。外来の遊丐は見つけ次第、保甲に編入して管理・統制せねばならなかったのである[31]。

かような外来の乞丐に対する警戒感は、乾隆二十三年（一七五八）四月、湖北で発生した流丐の騒擾事件[32]を契機としてさらに増幅される。このとき江蘇巡撫陳弘謀・浙江巡撫楊廷璋は両省の地保・丐頭に流丐を厳しく管理せしめ、昼間の物乞いは許すが、夜間は棲流所等に収容するよう命じている[33]。棲流所はもともと貧窮者救済の福祉施設であったが、ここに閉じ込めの機能を明確に看取できるのである[34]。陳弘謀のいう「いま養丐のなかに弭盗の意を含む」はまさに現実化しつつあったといえよう。

しかし陳弘謀が疑似保甲への編入、棲流所などへの閉じ込めのみを、乞丐に対する最良の管理方法とは考えていなかったことにも注目せねばなるまい。技藝があって若く体力のある者、他人の雇用を厭って乞丐となっている者については、郷保（郷《むら》の地保）・地隣・親族などに命じて雇用先をさがさせるほか、雇主に責任連座を及ばないようにするなど、乞丐が地域社会に再定着し得るよう様々な行政的法的措置を講じている。陳弘謀の方針はあくまで身柄の引き受け手をさがすことを第一としており、それが不可能な場合にはじめて疑似保甲への編入などへ進むものであったと考えてよいであろう。

ここまで検討してきた乞丐と②駅夫③孤貧に対する管理のあり方にいかなる共通点を見出し得るであろうか。最も重要な点は、これらのいずれもが農村部から都市部へと流動してきた貧困層を特定の場所に固定して監視し、夜間を中心に閉じ込めを図ったことである。かかる流動貧困層は固定した住処がなく、家屋を単位に編成される保甲制[35]では掌握し難いため――一般の保甲制はこうした流動貧困層が苦手である――、犯罪を行いやすい夜間を中心に棲流所・夥房・養済院など固定の場所に居住せしめることで監視・閉じ込めを容易にし、こうした官憲の与えた仮の住処を基礎に乞丐・駅夫・孤貧のそれぞれの疑似保甲――やはり保甲制に頼らざるを得ない点が面白い――を編成したのである。ここに国家は本来福祉的な性格を有していた棲流所・養済院に閉じ込めの機能を見出したといえよう。ただしかかる方向へと進む前提として、身柄の引き受け、地域社会への再定着の試みがあったことはすでに述べたとおりである。

「貧不守分（貧にして分を守らず）」――「分」の秩序概念

ところで、かような措置を講じた陳弘謀ら当時の地方官は、これら「無産無業の人」と彼らを析出した地域社会に対して、一体どのような危機意識を抱いていたのであろうか。ここで注目すべきは、さきの流丐の騒擾事件に関する上奏文のなかで、「人々を糾合して事を起こさなければ、その分に安んじて物乞いをするのを聴《ゆる》す」「もしその〔乞丐が〕馴良であって分に安んずれば、地保に命じて稽察させるにすぎない」「分に安んずれば自由に物乞いさせ、事を起こせば稟報して厳しく懲らす[36]」と「安分」の語が繰り返し用いられている点である（傍点は引用者による）。この「分」の秩序概念については、仁井田陞が「分」とは十世紀以降の中国社会の法の主要な基礎、現実のありのままの秩序を尊重する見方であり、「分」を守ってそれを越えないことが求められたため、支配権力にとって好都合な理論であったと述べている[37]。かかる「分」概念の強調が決してこの事件にかぎられたものでないことは、強盗・窃盗に関する檔案中に「貧不守分（貧にして分を守らず）」の語が頻見することからも傍証される[38]。つまりこにいう「分」とは「富―貧」という経済的な秩序概念に関わるものであり、「安分」とは貧困層に「貧」としての「分」を守ってそれを越えないことを求めたものであった。

このように当時の社会関係の様々な秩序概念のうち「貧」、とりわけ「貧不守分」者に対する警戒感が、地方官に強烈に意識されるようになったのはなぜか。それは森正夫が指摘するような「富―貧」の差の拡大、「貧」民の増加、「富―貧」間の共同体的な相互扶助関係の喪失など[39]、「貧」をめぐる社会的矛盾がますます鮮明化しつつあったからではなかろうか。明中葉以降、商業化・都市化が進み、在地の共同体的な相互扶助関係が徐々に失われていくと、「貧」民は生存のために保甲に編成された土地から離れて流動し、駅夫や物乞いなどをして食いつなぐほかなかった。そして彼らはゆすりや窃盗など犯罪行為へと走る場合も少なくなかったため、地方官の目には「不守分」の可能性の高い者として映るようになっていく。当然に地方官には彼らを地域社会に再定着させる――原籍地に帰し、旧来の保甲に再編入させる――ことが求められ、実際に試みた場合もあったであろうが、事実上それはほとんど不可能事に近かった。その結果、地方官の選択し得る最後の、かつ最も現実的な方法こそ、流動する「貧」民を移動先で仮の住処を与えて固定し、それに基づきつつ疑似保甲を編成することだったと考えられるのである。

四　犯罪者に対する地域社会の排除姿勢と自新所への拘禁

犯罪者を排除する地域社会と陳弘謀による新たな処遇の提案

つづいて本節では、陳弘謀が提案した刑執行後の旧匪《ふるどろぼう》に対する処遇とその理念的な背景について論じたい。陳弘謀はこの問題を「弭盗A」のなかで一度上申したが、その一部分について再検討を命ぜられ、「弭盗B」で再び報告している。これら二つの史料はかつてチャン・チェン（Chang Chen、張陳富美）が部分的に分析したが[40]、その史料解釈およびそこから導き出された論理には疑問を呈さざるを得ない部分が少なくないため、ここではもう一度、陳弘謀の提案から検討しなおすことにしたい。

まず「弭盗A」で「安置旧賊」と題された旧賊《ふるどろぼう》の処遇に関する一ヶ条、その冒頭部分から検討をはじめることにしよう。なぜならそこには陳弘謀の犯罪者に対する認識と刑罰思想が明確に表現されているからである。

> 現行の窃盗律では贓《ぞう》（盗品）の価格によって定罪する。銀五十両以下であれば、罪は杖刑に止まり、数件同時に発覚しても、最も重いものを選んで論罪するので[41]、法が軽々しく犯されるのは免れ難いが、たとえふとしたことから窃盗に及んでしまった者が、その後改心したとしても、顔面には窃盗の二字が刺字《いれずみ》され[42]、「招牌（官府による監視に関わるか）」に列し、郷の近隣も彼と同列にされるのを嫌がる。手工業など雇用労働に出ようとしても、人々は畏れて雇ってくれず、自活するのも非常に難しい。さらに事件の発覚後から捕役がやって来ては金を貪り取るので、改心しようとしても不可能となり、行きつくところ積匪《ふるどろぼう》となりはてるのである。そして一人の賊が捕えられれば、数件の事件に関与する場合もあり、ときとして今日結審しても、翌日また罪を重ねることすらある。一人の積匪のもとには、多くの賊が群がって指揮に従っており、仲間も日々増加して手の施しようがない。前任の按察使〔包括、乾隆四～五年在任〕が数案同時に発覚すれば、件数をあわせて枷刑の期間を延長するよう提案したのは、犯罪に厳罰をもってのぞむ態度を示したものではあるが、これらの若輩《やから》が賊となるか否かは、枷刑の期間の長短ではなく、じつは生活できるか否かにかかっている[43]。

ここで陳弘謀は、一度でも窃盗を行って処罰を受けた者が、なぜその後も窃盗を繰り返すのか、その原因を分析している。そしてそれは窃盗犯に対する刑罰が決して緩すぎるからではなく、地域社会の側の排除姿勢、それに由来する自活手段の欠如にこそ原因があると結論する。たとえ窃盗犯が前非を悔いて正業に就こうとしても、周りの環境はそれを許さず、関わりを恐れて雇用してくれないため、遂には生活に困窮して積匪となるのである。これら積匪は生存のために盗みを生業とするから、今日叩き出しても翌日再び舞いもどってくる。このように受刑・釈放された後、地域社会に再定着できない者をどのようにすればよいのか、彼らによる犯罪の再発はいかにして防げるのか、陳弘謀はあくまで窃盗犯＝軽罪という限定を加えつつ、こうした積匪に対する処遇の根本的な見直しを提言する。

従来の窃盗に関する刑罰は『大清律例』巻二四、賊盗中、窃盗および同巻二五、賊盗下、起除刺字の二つの律文に分けて記載されている。これらの律文によれば、窃盗犯は贓（盗品）の価格や前科の有無に応じて定罪・執行される。(44) 贓の価格が五十両以下で、なおかつ①初犯②再犯であれば、肘に刺字を施したうえで原籍地に帰され、逃亡できないよう枷鈴を帯して「充警」せしめられた。充警とは巡警として捕盗などの任務にあてるものである。(45) ただし③三犯はすでに更生の見込みがないものとして軍流・発遣ないし絞刑に処された。(46) かかる現状を踏まえて、陳弘謀は従来どおり、窃盗犯を①〜③の三つのカテゴリーに分類し、新たな措置を提案する。③三犯はこれまで同様、発遣ないし絞刑に擬するとしているから、社会復帰を前提とした①初犯と②再犯についてのみ分析を加えていくことにしたい。

①初犯は贓の価格によって定罪・執行・刺字した後、知県が犯罪者の親族・近隣・坊保（坊《まち》の地保）を召集して「領回」（身柄の引き受け手をさがして保釈し、その後の管理を請け負わせる）せしめ、雇用労働の斡旋を行う。ただし前節の乞丐と同様、雇主は窃盗犯が再び盗賊と往来して罪を犯すのを恐れて尻込みする可能性があるので、雇主には累が及ばないよう予め約束する。(47) かかる措置の背景には初犯の「改過自新《かいしん》」への期待があり、彼らを地域社会へ

再定着させていこうとする陳弘謀の意図を看取することも可能である。

②再犯は親族・近隣が「保回」（領回とほぼ同じ意味であろう）を願い出れば認めるが、なければ前例のごとく、枷鈴を帯したうえで充警せしめる。[48] ただしこれまでの充警はその期間中、食糧を支給せず物乞いさせていたので、再び窃盗を犯すなど管理・生活の方法に問題を残していた。[49] そこで陳弘謀の提案するのが、ⓐ城内の柵欄の看守、ⓑ農村・市鎮における「支更」（時を打って夜回りする）、ⓒ蘇州銭局の各爐の磨銭（鋳造した銅銭を磨いて整える）・淘沙（原料を篩にかけて選別する）等の役、ⓓ「羈候所」への拘禁の四つの方法である。ⓐは城内の商人・住民、ⓑは農村・市鎮の居民が資金を出して雇用するもので、ⓒも工食（労賃）が支給されるため、生活に窮する心配はなく、内容的にも充警と大差なく、また足枷を施せば、逃亡も不可能であるとして、その有用性を強調する。[50] ただしⓐ〜ⓒはいずれも多くの人を必要としなかったり、場合によっては全く必要としないこともあるため、その補完的な手段として、ⓓ羈候所への拘禁を提案する。ここに羈候所が登場することは、以下の二点において興味深い。第一に、陳弘謀の念頭には、明後期江南デルタに出現した非定制・非合法の拘禁施設＝羈候所があったはずで、かつこれが康熙年間に禁止されたことは当然に認識されていたはずである。にもかかわらず、同名の拘禁施設の設置を要求する点である。その背景には禁止されながらも、〝陽奉陰違〟されて命脈を保ちつづける羈候所の存在が推定される。第二に、同名でも従来の羈候所の機能は軽罪の未決囚や原告・証人を拘禁することにあったが、ここでは既決囚を拘禁して衙役に看守させ、囚糧を支給したうえで「手藝工作」に従事させる施設へと変化を遂げている。[51] 既決囚の拘禁施設の設置が要求されていること、被拘禁者を労働に従事せしめようとしていることの二点に注目しておきたい。

陳弘謀の刑罰思想と犯罪者の身柄の受け皿

この「安置旧賊」（「弭盗A」）は江蘇按察使陳弘謀から両江総督楊超曽・江蘇巡撫徐士林に上申される。しかし楊・徐は②再犯の部分を批駁したうえ、さらに陳弘謀に江蘇省の各州県に命じて意見を具申せしめ、それらを整理して再度提案するよう指示した。その結果、再提出されたのが「弭盗B」である。そこではまず初犯であっても複数の案件が同時に発覚してすでに積賊《ふるどろぼう》となっている者と、逆に再犯であってもなお生業があって積賊ではない者とを区別すべきこと、このうち積賊はもともと多くはなく、さらに親族など身柄の引き受け手があって就くべき生業がある者を除けば、各州県の積賊はわずかに数名程度であることを述べたうえで、「改過自新」を望み難い積賊の拘禁方法を次の三つに分類している。㋐長洲・元和・呉県・無錫・金匱・溧水・丹徒・江都・宝山・銅山・豊県・山陽・塩城・海州など江南デルタを中心とする州県は、積賊に小枷・長鎗・木狗《あしかせ》等の刑具を施して逃亡できないようにし、昼間は城内で物乞い、夜間は州県衙門の「班房」に拘禁して衙役に看守させ、捕衙（典史）に朝晩点検させるよう提案する。手細工・扇子作り・蓆織り・紡花や官衙での土木建築に耐え得る者は、口食（食糧）を支給して労働させ、夜間は班房に拘禁する。騒擾・逃亡など問題を起こした者があれば、終日班房に閉じ込めて外出を許さない。㋑江北地域の銅山・桃源などの州県は城内の街市がそれほど繁華でないため、積賊を駅丞・巡検などの駐箚する村鎮に分散して拘禁するよう提議する。昼間は近くの聚落で物乞いさせ、夜間は駅丞・巡検衙門の班房に拘禁する。その他の労働などについては㋐と同様の方法を用いる。㋒運河沿いの陽湖などの州県は、積賊のなかに強壮な者があれば、駅の「縴夫《けんぷ》」（船曳人夫）にあて、罡頭の管理のもとで工食を支給するよう建議する(52)。

陳弘謀は諸州県の提案を整理・紹介した後、積賊のうちに「改過自新」した者があれば、自ら地保を説得させ、その保証を得られれば釈放を許すとする。このように各州県の事情にあわせて多様な方法を選択させれば、昼間は生活の手段があり、夜間は管理の方法があるので、窃盗の必要もないしできないであろうと断言する。

ところで、「弭盗A」と「弭盗B」の内容にかなりの相違があることは一目瞭然である。この点につき、チャン・チェンは、陳弘謀が犯罪者に官憲と協力させることで社会復帰の機会を与えようとしたが（「弭盗A」）、多くの州県官は彼らを乞丐としておくのが最良であるとする伝統的保守的な方法で解決することを選択した（「弭盗B」）と解釈する。さらにこの選択は、犯罪者は社会に害悪を与えたのであるから厳罰に処すべきであるとする主張や、彼らを社会復帰させる厄介な任務を免れたいといった州県官の意図によって正当化されたと推測している。[53]

しかし残念ながら、筆者はチャン・チェンの論理に同意できない。まず「弭盗A」について犯罪者の社会復帰の機会の提供と評価しているが、果たしてそうであろうか。然りとすれば、当然に「弭盗A」以前の状況が問題となるが、これについてチャン・チェンは犯罪者に枷鈴を帯して物乞いさせていただけであったかのように理解している。しかし陳弘謀は「前例に照らして枷鈴を帯して充警させ、半月ごとに官衙に出頭させる」[54]と語るほか、看柵や支更についても「充警の律に符合する」[55]と述べるから、「弭盗A」が基本的に充警を継承するものであったことは明白である。つまり「弭盗A」を新たな刑罰思想を内包した処遇の登場と考えることは不可能なのである。むしろそこで一貫して意識されているのは、身柄の受け皿の問題であった。初犯・再犯のうち「改過自新」の期待を持てる者に対しては、極力その身柄の受け皿を地域社会に求め、地域秩序の内部へと再定着させようとする。たとえ身柄の引き受け手がなくとも、期間中の生活の保証、夜間を中心とした身柄の拘束に配慮がなされ、より確実性の高い看柵や支更などが選択された。ただし後者の場合、地域社会の側の排除姿勢に押されるかたちで、地域秩序の外側に附着させざるを得なかったのである。

このように考えるとき、「弭盗B」も窃盗犯を乞丐として扱うことを最良の手段とする伝統的かつ保守的な方法ではなかったことがわかる。チャン・チェンは「弭盗B」を福祉的な懲罰方法を主張する陳弘謀とそれに抵抗する州県官との妥協の産物として捉えるのであるが、やはりこれも身柄の受け皿を中心として読み解く方が無理がないようである。つまり充警は生活が保証されないうえ、地保に夜間の管理を命じても余分な部屋もなく、結局車棚や古廟に寝泊まりするなど窃盗犯の管理に大いに問題があるため、これを完全に廃止し（「弭盗B」は充警には全く言及しない）、身柄の引き受け手がないすべての窃盗犯を、典史（県城）、駅丞・巡検（市鎮・村落）の班房に拘禁して、物乞いないしは一定の労働に従事させようとしたのである。

ところで、「弭盗B」では班房への拘禁が重要な役割を果たしている。衙役の詰所であった班房の拘禁施設への転用はすでに濱島敦俊が指摘しているが、[56]ここでは捕衙の語を確認できるから、典史管下の捕役[57]の詰所と考えられよう。陳弘謀によれば、窃盗犯の盗品は一般に発見時に持主に返還されるが、不足の場合、本人から比追（取り立て）して返還させた。ところが、窃盗犯の多くが「無産無業の人」のため、刑の執行後も継続して取り立てねばならず、しかも保釈すれば逃亡し、監に拘禁すれば苦痛が多いので、捕役に身柄を引き渡して管理させることが多かった。その結果、繁華な州県では一人の捕役が十数人もの窃盗犯を管理することすらあったという。[58]班房の拘禁施設としての機能はかかる便宜的な措置に由来するのかもしれない。ただしここで注意すべきは羈候所と同様、班房でも扇子作り・蓆織り・紡花・土木建築など一定の労働が想定されていることである。陳弘謀は「弭盗A」「弭盗B」ともに一貫してかかる労働を提唱しており、第二節で検討した自新所での労働を想起させるものである。なお、ここでは羈候所ではなく班房への拘禁を提案するが、これは単に名称のみの変更で、物理的な建築物としては同じものと考えられる。

さて、「弭盗B」はその後の旧匪の処遇のあり方にいかなる影響を与えたであろうか。陳弘謀自身はまもなく按察使を離任し、特にそのことについて何の記載も残していない。ただしすでに紹介した江蘇按察使翁藻は「弭盗B」の提案後二、三年の状況について「これまでの旧匪の管理方法は、身柄を近隣・地保に引き渡して管理させるか、半月ごとに点検するか、首に小枷を施すか、身体に鉄鎗を背負わせるか、首に鈴を懸けるか、足に木狗を施すか、地域の実状によって選択させていて法的には整備されている。ところが、刑具を壊して逃亡したり、甚だしい場合には管理は形骸化したりしていて、点検も有名無実となっている。しかも良民は彼らと行動をともにするのを恥とするので、悪党（猾匪）が彼らを仲間に引き入れてしまい、改心させようにも方法がなく、遂に罪を重ねても後悔しなくなるのである」(59)と述べている。ここに小枷・鉄鎗（弭盗Bでは長鎗）・響鈴・木狗等の刑具の使用、「地域の実状による選択（随地制宜）」の方針の採用、充警に関する記述の欠如を確認できるから、「弭盗B」はある程度実施されたと判断してよい。夜間の班房への拘禁については語っていないが、実行された可能性は十分にある。しかし羈候所・班房での労働に関する記載は一切見られず、「弭盗B」のうちただちに実行されたのはあくまで昼間の刑具を施した物乞いと夜間の班房への拘禁のみではなかったか、またはこれらのみが先行して実施されたのではないかと推定される。そしてこれらが翁藻の文言のごとく失敗に帰したとき、拘禁と労働の機能をあわせ持った施設＝自新所——羈候所、班房と変更された名称は最終的に自新所に落ち着いたのであろう——が遂に誕生したのであった。

自新所誕生の社会的背景

ここに至って親族・近隣など身柄の引き受け手のない初犯・再犯は自新所に拘禁されることになる。身柄の受け皿の問題から見れば、自新所とはまさにだれの引き受け手もなく、積賊となってしまう者のために、国家権力自らが設けた受け皿であった。しかし自新所の目的が拘禁するだけではなく、犯罪者の「改過自新」、技藝の習熟、生活の資の蓄積など改悛・教育的な意味をも内包していたことは、上述のとおりである。

では、かような性格を有する自新所を当時の人々はどのように見ていたのであろうか。第二節で検討した江陰県の自新所について、道光『江陰県志』巻九、風俗、遊民には「窃盗犯は自新所を設けて養うようになって二年というものすっかり減少した」とあって、窃盗犯の減少に対する自新所の貢献が語られている。また浙江省平湖県の人で乾隆四十二年（一七七七）の挙人であった張諴《ちょうかん》[60]は「昔日、李知県が〔自新所を〕創建したときには、窃盗犯が天子の徳の感化に浴していないのに忍びず、各人銭百文を支給して手業を習得せしめ、自活できるようにしようと手枷・足枷を施さなかった。そして一年後、特に問題を起こすようなことがなければ再び良民としたのである。この自新所は名称からして「囹圄《れいご》（＝監）」とは異なり、創建の目的も当然ながら甚だよいものであった[61]」と記し、窃盗犯に手枷・足枷などを施さず、資本を給して各種の手業を習わしめ、「改過自新」すれば「良民」として地域社会に再定着させることを目的とした自新所が、当時の人々から賞賛されるべきものであったことを述べている。

以上、自新所誕生に至るまでの経緯、自新所の性格、自新所に対する評価について検討してきた。ここで最後に、これまで検討してきた疑似保甲や自新所を通して見えてくる地域社会の秩序構造、すなわち地域社会という舞台をかたちづくる「良民」と犯罪者・潜在的犯罪者との関係、そしてそこに設けられた疑似保甲・自新所という国家権力の暴力（治安維持）装置とその役割について、いま一度整理しておく必要があるように思われる。

まず疑似保甲への編成、自新所での拘禁へと進む以前に求められていたのは何であったか考えてみよう。それは親族、近隣（地隣）、坊保・郷保（坊《まち》・郷《むら》の地保）による「領回」「保回」など身柄の受け入れであった。これら受け入れ主体に近隣（地隣）、坊保・郷保が含まれていたことは、身柄の受け皿＝地域社会が保甲制的に編成された秩序構造をとっていたことを示している。しかしかかる地域社会に生きる住民は「郷の近隣も彼〔犯罪者〕と同列にされるのを嫌がる」（陳弘謀）、「良民は彼ら〔犯罪者〕と行動をともにするのを恥とする」（翁藻）という文言に示されるごとく、乞丐や前科者とは同じ保甲に編成されることを望まなかった。国家権力は潜在的犯罪者や犯罪者こそ保甲に編成して監視したかったのであるが、地域社会はそれを排除する姿勢をとるのである。

かような一般の保甲制の無力を前提として、乞丐や駅夫のみを対象とした疑似保甲や、だれも引き受け手のない犯罪者を収禁する自新所が登場してくる。そしてここでとりわけ注目したいのは、自新所が従来の保甲の機能を代替するものとして犯罪者の受け皿となるのみならず、犯罪者を「良民」に、すなわち「賤」を「良」へと転換させ[62]、「良民」からなる地域社会へと再定着させる役割をもあわせ持っていたことである。それは「特に問題を起こすようなことがなければ再び良民とした」（張誠）という記述に典型的に表現されている。では、ここにいう「良民とする」とはいかなる意味であろうか。『大清律例』巻二五、刑律、賊盗下、起除刺字、乾隆五年定例に[63]、自新所登場以前の処遇であった充警について「窃盗犯は刺字・発落の後、巡警に充当し、よく悔い改めて二、三年間過失がなく、強盗犯二名以上ないしは窃盗犯五名以上を捕縛した者は、刺字を除いて「良民」とし、地方官に保甲に編入させ、それぞれ生業につかせるのを聴《ゆる》す」とあるとおり、刑を受けて「賤」に貶められた犯罪者は充警によって成果をあげることで、前科者たることを可視化する刻印としての刺字を除去され、再び一般の保甲へと編入されたのである[64]。かかる点が充警の代替措置として登場した自新所でも同様であったことは、張誠の言から十分に類推されよう。このように「賤」から「良」への回路において、自新所は犯罪者に労働させ、「改過自新」すれば刺字を除去するという重要な役割を果たす装置として機能している。自新所で行われる内容から見るとき、「良民」になるとは、自新所で手業を習得して生業を身につけ、刺字を除去することで、受け皿となる地域社会の一般の保甲に受け入れてもらえる人間になることだったといえよう。つまり「良民」からなる保甲制的な秩序構造を有した地域社会に受け入れてもらえる人間をつくり出す新たな装置、それが自新所だったのである。

五　小　結

周知のごとく、清朝は主に治安維持を目的として全国に保甲制を施行した。この保甲制にどの程度の有効性・継続性があったかは議論の分かれるところでもある。ただし、本章で検討したように、潜在的犯罪者・犯罪者の身柄の受け皿という視点から地域社会を眺めてみると、換言すれば、清代法律上の「良—賤」関係から地域秩序を透視すると、そこでは保甲制的な秩序構造——それがどこまで有効であったか、どの程度定着していたかはともかく——を持つ社会であることが前提とされていたことがわかる。清朝は皇帝を頂点とした一元的な支配のもと、万人を基本的に区別を設けることなく、一律に保甲に組み込み、移動の自由の制限、不審者の監視と密告など治安に関わる任務を担わせようとしたのである。ところが、「良民」からなる地域社会には「貧にして分を守らない」可能性が高い者や一度でも罪を犯して「賤」に貶められた者を嫌って差別・排除しようとする傾向があった。ここにおいて保甲制的な秩序は限界を露呈する。清朝はあくまでもそうした者たちの一般の保甲への再編入を基本方針としてはいたが、ときには地域社会の右のような排除姿勢に押されざるを得なかったし、またそれを利用することすらあった。具体的には、地域社会の一般の保甲制的な秩序から排除された者を別の受け皿＝疑似保甲に収容することで監視を容易にしたり、自新所における労働など、本来の保甲制的な秩序構造を持つ社会で期待されている内容を行わせることで「良」へと転換させるような恩恵を施したりしたのである。

次に自新所における拘禁と労働の性格をいかに理解したらよいであろうか。滋賀秀三が指摘するように、清末の監獄改革に関する上奏には、自新所に類する拘禁施設の存在（具体的には遷善所・改過所などをあげる）が意識されている場合がしばしば見られた(65)。かかる拘禁施設の存在は当時の官僚たちのあいだで明確に認識されていたのであり、程なく誕生する近代的懲役刑執行場＝「罪犯習藝所」もこれと決して無関係ではない。ただしこの罪犯習藝所が対象とするのは発遣・充軍・流刑・徒刑の各犯であって、杖刑・笞刑相当の者を対象とする自新所とは明らかに異なっている。したがって、自新所における拘禁と労働を罪犯習藝所に先だつ新たな刑罰の誕生とは見なし難い。然りとすれば、理論的には杖刑・笞刑に対する附加刑、ないしは事後措置程度に考えるのが妥当かと思われるが、これについても明確な解答を出す史料を持ちあわせてはいない。上述のごとく、自新所で想定されている労働は本来保甲制で期待されていたものにすぎず、聖諭広訓の講誦などの精神訓化についてもまた同様である。かかる点からすれば、これを附加刑と見なすのには些か無理があり、事後措置程度に考えるのが無難であろう。しかし「拘禁」という一点を考慮に含めれば、案外「刑」の外ではないのかもしれない。附加刑と見なす余地もわずかながら残されているのである。本章はこの問題に明確な解答を示すことを目的とするわけではないから、これ以上の深入りは避けるが、敢えていうならば、保甲制との連関関係から考えて、事後措置程度に理解しておくのが適当かと思われる。

最後に、なぜ自新所は乾隆年間の江南デルタ、とりわけ蘇州に誕生したかについて検討しておこう。かかる問題については、いまだ十分な解答を見出すことはできないが、ある程度の推測と見通しを述べておけば以下のようになろう。ここで敢えて指摘するまでもなく、明中葉以降の江南デルタは商業化・都市化という巨大な社会的経済的変動を経験した。その後、明末清初の激動期に一時的に断絶したものの、「清朝の平和」の到来とともに急速に回復していく。そしてこの平和を背景として、さらに全国的な人口増加と貧困層の流動（中央から周縁への奔流のほか、農村から都市へというもう一つの流れも存在した。江南デルタの人口変動をいう場合、自然増より社会増に注目すべきであろう）が江南デルタに少なからぬ影響を与えるようになってくる。[66] その一つが治安上の問題、すなわち強盗・窃盗事件など犯罪発生頻度の急激な上昇にほかならない。かかる現象に対して厳刑をもって対処しようとする動きも見られたが――「良」から「賤」へと貶める威嚇主義・応報刑主義的な刑罰の強化――、根本的な対策とはならなかった。これはかつての「良」から「賤」へと貶めるような刑罰制度のみでは、社会構造の変動とそれに伴う犯罪現象の変化に対応しきれなくなったことを意味する。そこではむしろ「賤」から「良」への回路こそが求められた。その結果として自新所は誕生したのであり、それが蘇州という江南デルタ随一の大都市であったことには、歴史的な必然性が存在したのである。

第九章　清末湖州府南潯鎮社会と洗心遷善局

一　本章における問題設定

清中期以降の中国では、旧監獄（未決監、拘置所）とは設立の主旨からして大いに異なる拘禁施設＝自新所・遷善所・改過所が県城以上の都市を中心に出現していた（第八章のほか、第十章も参照）。その継続性には疑問が残るといわざるを得ない部分もあるが、窃盗の初犯・再犯で身柄の引き受け手がない者を拘禁しつつ、手業を習わしめ、更生させていこうとする施設の登場が、中国の監獄（拘禁施設）の歴史上特筆すべき事実であったこと、第八章で明らかにしたとおりである。(1)

ところが、かかる自新所・遷善所・改過所などの施設の所在地は、必ずしも県城以上の都市のみでなかった。特に江南デルタの場合、農村の中心地たる市鎮にも設置される場合が見られた。それが本章で検討する浙江省湖州府烏程県南潯鎮の洗心遷善局である。確かに南潯鎮は県城にも匹敵ないしはそれをも凌駕するような巨大市鎮であり、例外的な事例であるかもしれない。しかし設置の経緯や運営方法は都市のそれとは異なる可能性があり、遷善所の性格を知るうえで検討するに値すると考えられる。また洗心遷善局と呼ばれるように、洗心局も併設されていた。

管見のかぎり、洗心局に関する専論はなく、張研がこの洗心遷善局の存在を簡単に紹介しているが[2]、十分な検討は行われていない。したがって洗心局の場合、それ自体がいかなる施設であったかという点から明らかにしていく必要があろう。

そこで以下では、次のような手順で検討を進めていきたい。まず南潯鎮の洗心遷善局の設立とその性格について民国『南潯志』巻二、公署、洗心遷善局所載の「洗心遷善局碑記」（蔣錫紳撰）「設立洗心局公呈」「湖州府知府丁鶴年通稟」の三つの史料から分析し、さらに「洗心遷善公所章程」「光緒三十三年続増章程」の二章程を加えて検討することで、洗心遷善局のその後の変遷をもたどってみたい。つづいて洗心遷善局との比較対象として大都市蘇州に設立された洗心局を取り上げて復原する。そして最後に、清末南潯鎮社会における洗心遷善局の誕生の背景、運営の実態と地域社会との関係について掘り下げてみたいと思う。

二　湖州府南潯鎮の洗心遷善局

南潯鎮における洗心遷善局の設立

宋代以降、生糸（湖絲）の集散地として繁栄してきた南潯鎮は、清代には呉江県の盛沢鎮、桐郷県の烏青鎮などとならぶ巨大市鎮として成長した。特に生糸（湖絲）の交易は非常に有名で、河鰭源治、秦惟人、古田和子など多数の研究者がこれを取り上げている[3]。現在の南潯鎮は湖州市に所属、蘇州市の南六〇キロメートル、湖州市の東三〇キロメートルの、湖州市と呉江市の市境に位置し、呉興運河が鎮の北端を通過する。本章で検討対象とする清末には、鎮の面積二四四ヘクタール、人口四万二千人ほどと推定され、民国期には大規模な生糸問屋三つ、製糸工場

二つ、商店八百三十ほどがあったという。(4)

清末の光緒十三年（一八八七）、この南潯鎮に洗心遷善局が誕生する。張星斎なる人物が該鎮東柵(5)の懼字圩にある晏公廟西側の地、計二畝一釐を供出、費二千余緡をかけて南向き平屋五間三進の施設を建設したという。経費は富商の自発的な寄付や、湖絲一包あたり一角の寄付で工面されるなど、民間側の自弁となっていた。しかし該局には湖州府から佐雜一員（同知・通判・推官）が派遣されて管理にあたった。すなわち土地や施設は南潯鎮側が準備し、実際の運営は地方官府の直接の統制下に置かれたのである。(6)

洗心遷善局はいかなる経緯で設けられたか。蔣錫紳「洗心遷善局碑記」（以下、「碑記」と略す）の冒頭には「〔湖州府〕烏程県の東部には十数の巨鎮があり、そのうち南潯鎮は最も名声がある。南潯鎮は県城から七十里（約三九・三キロメートル）あるが、近頃では市廛《いちば》が連なり、多数の人家が建ちならんでいる。また江蘇省と隣接するので、夜盗が潜みやすく、鎮の不逞な輩と結んで、市中に横行し、わずかな遺恨でも必ず復讐する。鎮内で結婚や葬儀があれば、常に互いに連れ立って門に造《いた》り、求めても〔意を〕遂げられなければ一緒に罵り、必ずや欲望を満たした後に去る。ある者が官府に訴えて捕縛しても、しばらくすれば再び現れ、もとのごとく横《ほしいま》まに振る舞う。鎮の人々はみなこれを患って、いかに処置すべきかを相談したところ、みな「ただ湖州府城の洗心遷善局の方法のみ最良である」と曰《い》うことになった。洗心遷善局とは前太守（知府）で現観察（道台）の鄒恵清が設けたものである。洗心と曰うは、名門旧家の愚かな子弟を居らしめ、遷善と曰うは、市井の無頼を居らしめ、一室に禁錮し、朝夕巡邏・看守するのである。局の司事は日々善事を講説し、もし従わない者があれば、有司（知県・知州）は董《ただ》す。久しく禁錮され、心に悔いて慚《はじ》が萌し、あるいは親族が来て保証すれば、これを釈放し、その更生を許《みと》めれば、往々にして良民となって去る。鎮の人々の議論がなり、それを府県および憲司（按察使）に上申すると、みなよろしいとのことであった」と語られている。

「碑記」は光緒十四年（一八八八）二月、南潯鎮出身の蔣錫紳なる人物が記したもので、光緒五年（一八七九）に生員身分を獲得、父蔣維基・兄蔣錫綸とともに民国『南潯志』に立伝されている。伝によれば、蔣錫紳は字は書箴、号は葵生、別号は嬰寧居士といい、七歳で詩文をよくし、十一歳で十三経を学び終えた。その後、生員・挙人と進んだが、何度か会試に失敗、入貲（捐納）して内閣中書舎人となった。かかる履歴は江南デルタ市鎮の他の下級知識人のそれと比較してさして特筆すべき点もないが、興味深いのは「碑記」中に海門との往来を記すうえ、かの張謇が「嬰寧居士墓志」を著しており、張謇と親しい関係にあったことが推測される点であろう。「経世の学を究めた」と伝中に見えるうえ、清末中国の近代化に大きな足跡を残した張謇と親交のあった蔣錫紳が、「碑記」を親筆したことは、彼がこの洗心遷善局に「近代性」なるものを見出していたからかもしれない。[7][8]

さて、「碑記」の冒頭の記述から次の諸点を指摘しておきたい。第一に、南潯鎮の人々は鎮本体をめぐる治安状況を明確に認識し対応していた。浙江省湖州府烏程県と江蘇省蘇州府震沢県の交界という県城から離れた地に立地したうえに、多くの人口を抱え、商店・家屋が連なって巨大市鎮を形成するなかで、鎮人は窃盗事件の頻発、「不逞な輩」＝無頼の横行に頭を悩ませていた。そして対策を協議した結果、湖州府城の洗心遷善局へとたどりついた。第二に、洗心遷善局の遷善とは市井の無頼を拘禁する――「地方の痞棍《ごろつき》を懲治・拘禁する」とも記される――施設であった。一方、洗心とは名門旧家の不肖の子弟を収容する施設であった。この記述のみではいかなる条件の無頼（痞棍）や不肖の子弟を対象としたか判断できないから、「洗心遷善公所章程」を検討する際に論ずることにしよう。第三に、禁錮された無頼と不肖の子弟は、局の司事の講話を聞いて、自らの行為を悔いて更生することが求められた。湖州府城の洗心遷善局では良民となって出局したという。特に遷善局の場合、講話を聞く以外に、何らかの工藝が義務づけられたか、ここからは判明しない。以下、検討を進めるなかで明らかにしていきたい。[9]

次に「設立洗心局公呈」「湖州府知府丁鶴年通稟」（以下、「公呈」「通稟」と略す）から洗心遷善局の設置理由を抜き出して検討したい。まず「公呈」には「窃かに〔思うに〕南潯の一鎮は、人家が稠密で、善人・悪人混ざり合い、名門旧家の子弟は誘惑され、洋烟《アヘン》・賭博をしない者はない。父兄が止めさせようとしても従わず、官に送って懲治しようと欲しても、面子が妨げとなって躊躇してしまい、流れて匪類となる。伏して念《おも》うに、前府憲（知府）の鄒〔恵清〕は〔湖州〕郡（府）城で遷善洗心局を創設し、すべての不肖の子弟および流れて無頼となった者を、父兄が遷善洗心局に送って羈管《こうきん》するのを准し、彼らを更生させたので、裨益するところ少なくなかった。ただ郡（府）城に設けた公局は、房屋が多くなく、もし南潯鎮からも送致したならば、勢い収容し難い。そこで職（陸墉《りくよう》）らは合議し、南潯鎮附近に郡（府）城の遷善洗心章程に倣って、遷善洗心局を設立するよう請願し、もし不肖の子弟や棍徒があれば、ただちに遷善洗心局に送って羈管し、後悔・更生するよう期待するとともに、委員を派遣して監督・運営させるよう請願する」と記される。

　ここでは洗心局に限定して設置理由を示している。まず洗心局に収容する名門旧家の子弟について、アヘン・賭博という具体的な条件が見える。確かにアヘン吸飲はすぐれて清末特有の社会問題であり、それ自体が犯罪（杖一百・枷号二ヶ月の軽罪）であったが、[10]一方、賭博は以前より悪習として認識されたうえ、やはり賭博律で杖責を受ける犯罪（軽罪）であったから、[11]官に送致されるか、遷善局に拘禁されてもおかしくない。かかる点を踏まえるとき、洗心局の設立は清末の新たな犯罪（動向）への対応と同時に、清中期以降に普及・拡大した自新所・遷善所――直接的には湖州府城の洗心遷善局――の有効性に着目したものであり、洗心局への収容は名門旧家の子弟＝一定程度の富裕層を対象とした点に特徴があるといえよう。

　では、なぜ洗心局が必要とされたか。「公呈」には、①子弟が父兄の命に従わないこと、②父兄も面子を失うのを恐れて官に送致できないことがあげられている。これはいくつかの興味深い問題を推測せしめる。①は家族制度の弛緩の問題である。すなわち都市はともかく、市鎮を含む農村部では家父長を中心とした鞏固な伝統的家族観念が存在したはずであるが、南潯鎮のごとき巨大市鎮では、何かを契機として清末までに相対的に弛緩し、名門旧家であっても家父長の権威が絶対的なものでなくなり――権威の失墜――、成員を統制し難くなっていたことを示すのではないかという点である。②は私的領域と公的領域の区別の問題である。確かに官への送致は父兄にとって面子を失うことであっただろうが、それがゆえにわざわざ半官半民の機関が設けられ、家族の私的領域に介入するのをいかに考えるべきか――私的領域と公的領域の二項対立的な把握には慎重でなければならないであろうが――という点である。これら二つの興味深い問題については、さらに史料を補いつつ検討することにしたい。

つづいて湖州府知府丁鶴年（漢軍八旗）の「通稟」には「公呈」を受けて「南潯鎮は烏程県下の一大市で、居民は軒をならべている。良人はもとより多いが、悪人も少なくない。自らの赴任後は、常に県紳を督して郷約を宣講せしめ、[12]一歩一歩教え導き、ゆっくりと感化せんとしているが、惜しいかな、素早い効果は収め難い。悪人が即時に善人となれないのは、誠に陸墉らの稟文のとおりである。一たび子弟が誘惑されて分別がつかなくなると、父兄は教え諭すのも容易でなく、〔子弟が〕匪類となるのは免れ難い。〔ただし〕一概に官法をもって縄すれば、それも教えずに誅するようなもので、悪を化して良となすには、洗心遷善公所に送るほかない。身足を禁錮することで、強情・不遜な気を消し、良心を発しさせることで、愧じ悔いる気持ちを芽生えさせれば、誠に地方の悪を変じて善となす良法となろう」と語られる。「通稟」「公呈」はともに洗心遷善局に言及するが、遷善局に関して踏み込んだ記載はなく、洗心局の設置に主眼があるかのようである。「公呈」に見えるように、府城の洗心遷善局の分局的な位置づけである以上、洗心遷善局として設置を請願するが、南潯鎮社会としては特に洗心局の機能に注目していたと考えられる。知府丁鶴年は宣講郷約の効果と限界を述べつつ、洗心局の教化的側面を強調した。すなわち不肖の子弟の非行・放蕩が重大な犯罪へと変化する以前に、禁錮して改悛の機会を与えるべきだというのである。しかし子弟がお縄にかかることに配慮を示すなど、ここでも父兄ないし家族の名誉が問題視されているかのように見える。

以上、「碑記」「公呈」「通稟」の三つの史料を検討してきた。それぞれ作成者の立場に関係すると考えられるが、「碑記」は遷善・洗心両局を取り上げ、「公呈」「通稟」はほとんど洗心局に限定して記述する。同じ洗心遷善局でありながら、南潯鎮社会が洗心局に着目したのは、無頼よりむしろ不肖の子弟の問題が深刻であったからに相違なく、模範とした府城の洗心遷善局とやや趣を異にしており興味深い。

洗心遷善局の運営

では南潯鎮の洗心遷善局はいかに運営されたか。「洗心遷善公所章程」「光緒三十三年続増章程」（以下、「章程」「続章」と略す）から洗心遷善局のあるべき姿を分析してみよう。[13]「章程」には特にいつ制定されたかが明記されていないが、光緒十三年の開設時のものと考えて誤りないと思われる。全十二條からなるが、まず洗心遷善局全体に関わる部分から整理したい。洗心遷善局の人員については「委員の薪水・飯食は悉く郡章に照らして支給するほか、司事一名、看役二名、把門・聴差各一名、水火夫二名を設け、毎月の各種の薪水・工食は、司事が月ごとに分別して発給することとし、前借りは准さない」とある。現在のところ、府城の「洗心遷善局章程」が未見であるため、詳細は判明しないが、実務にあたる有給者には委員、司事（事務員）一名、看役（看守）二名、把門（門番）一名、聴差（小間使い）一名、水火夫（炊事係）二名があった。「公呈」を検討した部分にも登場したように、委員は府から派遣されて監督・運営にあたる者であったから、前項冒頭で述べたごとく府の佐雑をさすと考えられる。さらに洗心遷善局には無給の董事、経理もあったらしく「公所（洗心遷善局）の設置はそもそも地方の善挙であるから、董事らは給与を支払われない。公所の諸事については毎月董事二名が経理十二名と輪番で担当し、互いになすりつけあってはならない」とあり、無給の理由を地方善挙に求めている。さきに洗心遷善局を半官半民と記したが、ここに本来的には従来の伝統的な善堂と同様であるとする認識が示されており、清末における善堂の性格的な変化

――民間人によって運営される慈善団体が、官の監督・運営下に入るようになった点において――を看取できよう。[14]

経費は上述のとおり、士紳・富商（紳富）の自発的な寄付、湖絲一包あたり一角の寄付のほか、残額があれば典当（質屋）に交して運営させる――董事による私的な流用を防ぐため――など、民間で準備された資金を運用し、地方官府の資金が投入されることはなかった。しかし司事は毎月月総（収支報告書）一本を清書、按察使と董事に提出して監査を受けると同時に、年末には徴信録（収支報告書）を発行し、府・県衙門や士紳・富商に送付せねばならなかった。ここにも従来の善堂と同じ方法を見出せるが、按察使から府・県衙門にまで指導を仰ぐ点に洗心遷善局の半官半民的な性格を確認できよう。

次に洗心遷善局を遷善局と洗心局に分けて具体的な機能を検討してみたい。まず遷善局は「もとより賭博・窃盗（小窃）および喧嘩を好み（好勇闘狠）、動もすれば面倒を起こすが、官法をもって縄するに及ばない者を羈管する。もし誘拐・盗賊・暴力などで罪が徒流刑以上の者は、地方官に送って懲治し、〔遷善〕公所に拘禁してはならない。かくして慎重を昭かにする」と見え、賭博・窃盗・暴力などを行ったが、官法をもって縄するに及ばない者、すなわち杖笞刑など軽微な刑事案件に相当する軽罪の初犯ないし再犯が拘禁の対象とされたことがわかる。府の佐雑が管理・運営したことも考慮すれば、仕置き程度の杖笞刑が判決・執行された可能性は十分にあろう。かかる点は筆者がさきに指摘した、佐雑の市鎮への移駐と軽微な刑事案件の審理代行とも連関するものと思われる。[15] つまり、少なくとも清末の南潯鎮では、佐雑による軽微な刑事案件の審理代行および事後措置がともに鎮本体上において実施されるようになっていたと考えられる。なお被収容者の定員は十名（後に十二名に増加）であった。[16] また「遷善所に入ったすべての人は少しでも識字できれば善書を熟読させ、その能力に随って工藝を課す」とあるから、文字が読める者には善書を読ませるとともに、能力に応じて工藝を課している。かかる内容からすれば、遷善局は明らかに第八章で論じた自新所の系譜を引く施設であったと判断できよう。

一方、洗心局は「もっぱら士・商などの子弟で、父兄の教訓に遵わず、喫煙・賭博・游蕩する者を収容する。数ヶ月から一年ほど禁錮し、悔悟の気持ちが芽生えたか否かを見定め、本人の父兄・親族〔の保証〕によって釈放する」とあり、南潯鎮在住の下級知識人・商人層の子弟でアヘン・賭博・游蕩などに耽る者が対象となっている。既述のとおり、アヘン吸飲・賭博は犯罪であったが、「父兄の教訓に遵わず」と見えるから、局側の感知よりむしろ父兄の依頼により洗心局への収容が行われたものと考えられる。収容後は「よく文字を読める者は善書を熟読させて、更生への資とさせ、成績を決める。もし成績の良くない者があれば随時戒告する。以前より手藝を習う者があれば随時工作させ、その志気を振るわせる」とあって、内容的には遷善局と大差ないが、遷善局に比較して被収容者個人の能力を重視して選択させているように見える。さらに遷善局にない洗心局の特色として「公所の経費には制限がある。洗心所に入る者はすべてもとより人家子弟の面目に関わるものであるから、毎年飯資銭三十千文を支払わせる」と、局側は経費の限界を理由に被収容者の父兄・親族に経費の一部を負担させている。ここに局側が遷善局の無業の犯罪者と洗心局の不肖の子弟とのあいだに一定の区別を設けていたことがわかる。洗心局の性格の一端――依頼拘禁による少年の更生施設――を垣間見られよう。

なお、遷善・洗心両局ともに被収容者が病気を患った場合、医者に治療させるが、洗心局では重病のとき父兄・親族に身柄を預けるものの、遷善局ではかかる処置をせず、不測の事態が起きたときにのみ父兄・親族による買棺・埋葬を許し、父兄・親族がなければ師善堂なる善堂が代わって埋葬したようである。

洗心遷善局をめぐる諸問題

以上、「章程」から創設当時の洗心遷善局のあるべき姿を確認できた。ではついで光緒三十三年（一九〇七）の

「続章」を分析してみよう。「章程」の約二十年後に制定され――洗心遷善局が二十年間は継続して存続したことを推測せしめる――、全八条からなる「続章」も勿論、あるべき姿を記したものであるが、「章程」と決定的に異なるのは、「章程」が極めて理想的なあり方を示すのに対し、「続章」は開設後に発生した現実問題への対処をも含めたものであることである。ゆえに「続章」に見える新規定の裏側には当然に洗心遷善局で現実に発生した問題が存在するはずである。以下、かかる点を認識しつつ、整理・検討してみたい。

第一に、衙役の看役への充当である。条文には「看役はときに増減があるが、衙役を混充させてはならない。もし増減があるならば、董事が承認し、流弊を防がねばならない」と見える。県衙門で雑務に従事する衙役が不法な手数料を取り立てたり、恐喝・ゆすりなどの問題を惹起していたことは有名であるが、半官半民とはいえ、洗心遷善局のごとき善堂にまで衙役が入り込み、被収容者およびその関係者に不法行為を働いていた可能性がある。

第二に、本来の目的と異なる者が拘禁された。たとえば「該所に章程に違いて「暫寄代押（口実を設けてしばらく拘禁する）」することなどがあれば、当月担当の董事には特別に摘発し、その肩書きで弾劾する権利がある。もし見逃すことがあれば同罪とする」「民事案件の案犯に至っては擅《ほしいま》まに収容してはならない」との文言が新附された背景には、洗心遷善局に民事案件の関係者や、ときには欠租の佃農などが拘禁された事実があったのではないか。舗倉などかつて非定制の拘禁施設に見られたものと同様の事態が洗心遷善局にも発生したため、「続章」で禁止したと考えられる。

第三に、飯資銭三十千文を負担できねば、被収容者を父兄・親族に引き取らせた。すなわち「洗心の飯資〔銭〕はただちに取り立てるべきである。支払いが完了すれば、とりあえず三ヶ月間収容し、もし〔飯資銭を〕一ヶ月以上滞納したときには引き取らせ、原保（父兄・親族）自らが管理することとする」とあって、洗心局は名門子弟を対象とする少年更生施設である以上、相応の経費の負担が要求された。かかる背景には少なからぬ飯資銭の滞納や、ときには拘禁をもってよしとする身勝手な考え方があったものと推定される。

史料上の制約から十分な検討は果たせなかったが、十九世紀末の南潯鎮社会に誕生した洗心遷善局の姿をわずかながら復原できたように思う。清末の南潯鎮社会はアヘン・賭博など風俗の頽廃が問題となるなかで、民間自らの取り組みとして洗心遷善局の招致を企図し、実際に光緒十三年に開設されることになった。これは当時すでに湖州府城に存在した洗心遷善局に範を取ったもので、遷善局には地方の痞棍・無頼、洗心局には名門旧家の不肖の子弟が収容された。前者は賭博・窃盗・暴力など軽微な刑事案件に相当する軽罪の初犯ないし再犯――主に貧困層――、後者は父兄の教訓に遵わず、アヘン吸飲や賭博を行った在鎮の下級知識人・商人層の子弟――主に一定程度の富裕層――を対象とし、善書の熟読による教化、工藝を課すことによる職業訓練がめざされた。あくまで相対的ではあるが、南潯鎮社会としては後者の洗心局に期待していたかに見える。この社会更生施設ともいうべき洗心遷善局は、「章程」「続章」から少なくとも二十年以上にわたって継続運営されたと推定される。しかし運営に問題なしとはせず、衙役が混充されたり、本来の目的とは異なる者が拘禁されたりするなど、かつての非定制の拘禁施設と同様の問題がここにも発生していた。

さらに次節では、南潯鎮の洗心局の特色を浮きぼりにするため、比較対象として同じ江南デルタの大都市蘇州府呉県に出現した洗心局について紹介・整理してみたい。

三　蘇州府呉県の洗心局

蘇州における洗心局の登場

第八章では、遷善局の濫觴をなす、蘇州府呉・長洲・元和三県の自新所（乾隆十一年（一七四六）設立）について検討を加えたが[17]、本節で取り上げる、同じく蘇州府呉県の洗心局は、南潯鎮の洗心遷善局と異なり、自新所と直接的な連関なく設立されたと考えられる。地方志の記載によれば、洗心局は同治十年（一八七一）に蘇州府の馮芳植なる人物によって名門旧家の不肖の子弟を収容するために、城内の翦金橋巷に創建された施設であった。号舎（監舎）が若干設けられ、被収容者を厳しく禁錮したという。経費としては、布政使の藩庫から毎年支出される銀六百両で七ヶ所の民房を借り受け、その貸借料八十千文を典当に運用させ、結果として得られる毎季の利息銀五十両をあてたほか、茶捐の一割すなわち毎季一百数十千文からも支出されていた。しかし約四十年後の宣統末には財政困難に陥り、停止のやむなきに至っている。また該局に類似する施設として興仁局（在滚繡《こんしゅう》坊巷）や帰善局（在芹香堂後）の名も見えるから、かかる名門旧家の不肖の子弟を対象とした収容施設は蘇州城内の他の場所にも存在したと判断してよい[18]。

この呉県の洗心局も南潯鎮と同様、史料上の制約は大きいが、余治『得一録』巻一六に「蘇郡洗心局章程」「保送条約」「局規」「号規」が掲載され、少なくともその制度上のあり方については分析・確認できる[19]。また南潯鎮の「章程」「続章」の記載に比してやや豊富であるから、可能なかぎり詳細に復原すれば、南潯鎮の不明な部分の類推にも適用できよう。

「蘇郡洗心局章程」は全十条からなる。以下、そのうち八条を検討してみたい（①～⑧は行論の都合上、引用者が附した)。

①一つ、この挙は兵燹《へいせん》(戦乱)旧族の子弟で教育を受けられず誤って下層へと身を落とした者のために行われたものである。年齢は二十歳前後とする。旧家子弟でない者や、年齢が高く悪行が多すぎる者は概ね収容してはならない。

②一つ、子弟を保証して送り入局させる場合には、〔手続きとして〕予め登録し、局から〔司〕友が訪問して詳しい経緯を明らかにした後に〔ようやく〕収容する。現在号舎は四十間に限定されている。〔今後〕経費が十分なとき再び号舎を増設し、さらに収容できるようにする。

③一つ、子弟を入局させる場合、保証人として局に送ってきた父兄ないし親戚から誓約書を取る。もし疾病など思いがけない事態が発生したとき、〔それは〕それぞれ天命であるから、局とは一切渉りないものとする。

④一つ、在局の子弟は一号(独居房)に入れ、大勢が雑居して揉め事を起こすのを防ぐ。毎日一粥・両飯および飯菜とし、〔それは〕局中の司友と同じとする。衣服や布団の類は均しく自弁させるが、極貧で不可能な者には局の方から支給する。

⑤一つ、局中では司友が責任を持って任務にあたるほか、別に教習一人に依頼して、〔被収容者の〕勧導(教化)を専門的に担当してもらう。子弟を入局させるとき、保送人(身柄保証人)は本人の平日の性格・品行、およびかつて読書したり手業を習ったりしたことがあるか否か、現在犯した過ちはいかなるものかなどを、詳細に口上書一紙にしたためて局に提出し、折を見て教訓する助けとすべきである。

⑥一つ、在局の子弟に対する警備は厳密なものとし、〔勝手に〕外出させない。ただ毎月朔日と十五日には、みな衙門に赴くから、教習の聖諭宣講(20)を聴かしめる。宣講が畢《おわ》れば、ただちに号舎にもどらせる。

⑦一つ、局中の号舎は大小に分けて区別を明らかにする。在局の子弟はまず小さな号舎に住まわせ、もし局規を遵守して数ヶ月間も過失がなければ、大きな号舎に遷らせる。もし過ちを悔いて心を入れかえれば、抜擢して号長とし、局董・教習が素質・才能を調べて、それぞれ読書したり手業を習わせたりする。〔子弟が〕号舎を出る日は、その保送人に局まで出頭させ、身柄を引き取らせる。

⑧一つ、在局の子弟が、もし約束に遵わず、改悛することを知らず、我が儘な振舞いをすれば、教習が厳しく叱責する。不服の者は保送人に引き取らせる。

まず①に見える「兵燹」とは時期から考えて太平天国の乱(21)（一八五一～六四年）と判断して誤りあるまい。太平天国に占領された蘇州府城は戦場となって荒廃し、官僚・知識人・商人層を含む多数の都市住民が離散・犠牲になったと考えられる。蘇州府城内で一体どれぐらいの被害があったか、以前の機能を回復するまで幾年の歳月を必要としたかなど、不明な点は多いが、もし洗心局が太平天国の影響のもとで設立されたとすれば、終焉から約七年後にようやくかかる子弟への配慮がなされたこと、戦乱の影響はいまだ冷めやらぬ状態にあったことがわかる。また洗心局への収容対象者は旧家子弟＝富裕層で、かつ二十歳前後に限定されている。十代に戦乱に遭遇した子弟であったことになろう。

②③⑧は洗心局の善堂的な性格を示唆する。洗心局には佐雑など官が駐箚せず、官憲側が捕縛した犯罪者とは全く無関係であった。対象者はあくまで父兄・親族の依頼に基づいて収容されるのであり、該局は戦乱で身を落とし放蕩・非行に走った名門旧家の子弟を矯正改悛させる施設であった。もし手に負えなければ身柄保証人に引き取らせている。

④～⑦は洗心局収容者に対する待遇を規定する。④では独居房への拘禁と、食事以外の生活用品の自弁、⑤～⑦

では教習による勧導（教化）、その方法としての工藝、読書、聖諭宣講などが語られている。洗心局の設立は勿論、習藝所誕生以前であるから、これらは自新所・遷善所などを模範とした可能性が高いと考えられよう。

洗心局の運営

ここで洗心局の人員について明らかにしておく。詳細は判明しないが、②④⑤には「司友」なる者が登場し、局の実務を取り仕切っている。「局規」「号規」など他の史料もあわせて検討すると、局には「局董」「司事」「教習」「局使」「厨役」があったらしい。(22)「局規」（全十条）によれば、「局中には司事六名があり、うち号舎の管理者は四名、毎名それぞれ十間の号舎を管理する。さらに会計および雑務一名、寄付金の管理や物品購入にあたる者一名がある」「司事のほか教習一名が号舎中の子弟を勧導（教化）したり大小の号舎の配当を決定したりする」「該局は子弟を教化するために設立された。在局の司事はそれぞれ模範たることを知るべきで、門牌《ママ》（カルタ）および一切の游戯などは、概ね戒めて絶つべきである」「司事は専門的な担当があり、それぞれ責任を負うが、一体となって慎重に事にあたるべきである。怠けて職務を果たさない者はただちに辞職すべきである」とあるから、司事六名（管号四名、会計・事務各一名）、教習一名があったことが判明するとともに、右の最後の一文と⑤の類似性から司事と司友は同一の人員をさすと考えてよかろう。そのほか、教習については「号規」（全十条）に「局中に功過簿一冊を設け、(23)教習が各子弟の毎日の功課勤惰および一切の発言・行動について功過を分けて書き込み、随時の審査に備える」とあり、教習が子弟の教化にあたりつつ、功過簿なる帳簿に読書・工藝等の勤惰を書き留めていたことが判明し、局董についても「子弟は入局後、局董・教習による管理・勧導（教化）を受け、務めて心静かに落ち着くべきで、大声で話したり私的な話をしたりしてはならない」と見え、局董は教習と並列されているが、実態としては南潯鎮の洗心遷善局の董事と同じく、寄付金の供出等で局を支えた知識人・商人層ではなかったか。なお「局使」「厨役」はほとんど史料中に見えないが、後掲史料や名称から洗心遷善局にいう聴差（小間使い）＝局使、水火夫（炊事係）＝厨役であろうと推測される。

さらに「局規」「号規」から洗心局収容者に関わる興味深い部分を紹介してみよう。たとえば「局規」には、ⓐ「局の門は辰時（午前七〜九時）に啓き、酉時（午後五〜七時）に閉じる。特別な事がなければ、擅《ほしいま》まに開いてはならない。鑰匙《かぎ》は会計が担当する。門房（門衛の詰所）に帳簿一冊を設け、局中の人が出入りする際には、随時に登記し、査察に備える」、ⓑ「局中の警備は厳重にすべきであり、号舎の門は最も大切である。随時に鎖閉して点検し、手を抜いてはならない」、ⓒ「局使は号舎内の子弟が担当するが、代わりにアヘンや食物を持ち込んだり消息を伝えたりすることは准さない。違う者は解雇し、あわせて処罰を加える」など、洗心局からの出入り、かぎの管理、収容者の拘禁、外部からの持ち込みや情報の統制にかなりの配慮がなされている。犯罪者でない子弟にここまでの厳格な処置を求めるとすれば、そこに清末における自新所・遷善所の普及の影響を見出すことは難しくない。確かに洗心局は組織的に見れば善堂的な施設であるが、実質的には拘禁と労働に矯正としての機能を見出しており、拘禁施設としての意味合いが強いといえよう。

また「号規」には、ⓓ「入局時、子弟が持ち込む寝具・衣類はすべて司事の検閲を受ける。もし携帯すべきでない物があれば、発見次第保送人に引き渡す」、ⓔ「入局時、もし子弟にアヘンを吸う習慣があれば、局側は林文忠公（林則徐）戒烟方（アヘンを断つ方法）に照らして丸薬を配合し、習慣の程度に応じて服薬させ、治るまで継続する」、ⓕ「子弟は早朝起床し、洗顔・粥食の後、書道や算術を習う。昼食の後、各自の性格にあわせ一技を習う。夕飯後は、ただちに穏やかに休息し、概ねランプ・蠟燭を用いず、早寝早起を心掛ける」、ⓖ「子弟が入局してすでに久しいにもかかわらず悔い改めないなら、〔聖諭〕宣講のたびに罰として跪いて聴かせることとする」、ⓗ「子弟は初めて入局する際、まず小さな号舎に入れる。もし局規を遵守すれば大きな号舎に移す。さらに奮励努力し痛切に後悔すれば号長に抜擢すべきである。すべて旧習が除かれたならば、局側から親族に通知して引き取らせ、それぞれ読書・工藝させればよい」、ⓘ「子弟が努力して得たものは、多寡を論ぜず、管号の司事がしばらく管理し、逐一登記しておく。〔父兄・親族が〕引き取るとき、金額をすべて支給し、今後の正しい用途に使わせる。平日の理髪や筆紙等の代金は、概ね局側が準備し、並《いささ》かも本人に支払わせてはならない」と、入局後の収容者の取扱いについて詳細な規定が設けられている。入局時の検閲は入監と同様であるし、(24) 入居後は起床から就寝まで活動内容が予め決定されていた。自省して読書・工藝に励めば号長にも抜擢され、やがて父兄・親族が身柄を引き受けるかたちで出局し、社会復帰を果たした。また入局中に製作した工藝品などの売却金額も受領できたようである。逆に非行・放蕩を悔い改めねば、罰則を受け、号舎の寛狭にも影響した。かくして洗心局収容者に対する管理は相当に厳格で、従来の善堂とは性格を大いに異にしたと考えられる。特に注目すべきはアヘン吸飲の習慣がある者に禁煙の措置を講じたことであろう。これは市鎮レヴェルにまでアヘン吸飲が広まっていたこと、清末におけるアヘン吸飲が市鎮レヴェルでも深刻な問題となっていたことを示唆している。(25)

洗心局に収容される者たち

最後に、洗心局と保送人＝身柄保証人との関係について「保送条約」（全十条）から分析してみたい。まず冒頭に「子弟を入局させる際、保送人（身柄保証人）は局の定めた書式に従って保送結（請願書）一紙を提出し、局に保存する必要がある。請願書の提出を願わない場合には収容しない。〔保送人が〕引き取るときには領結（引取同意書）を提出する」とあるように、父兄・親族の請願によってはじめて収容され、同意のもとに出局できた。洗心局への収容の背景には、父兄・親族など広い意味での家族内に当事者に対する不快感ないし不名誉感があり、それを拘禁と労働により矯正してもらいたいとする家族の要請があったと推測される。しかしかような処置を選択し得たのは名門旧家の子弟、つまり一定程度の富裕層であった。貧困層であれば見捨てられるか、あるいは県や遷善局へと送致されたのであろう。

収容対象が一定程度の富裕層であったことは「子弟を保証して送り入局させるすべての者は、局規を遵守すべきで、ひそかに個人的な食事の差入れなどを行い、子弟に妄想を抱かせてはならない。衣服の洗濯や着替えも局使が号舎に送るのであって、親族が号舎まで持ち込んではならず、嫌疑を避けて弊害を杜《ふせ》がねばならない」「子弟が入局後、もし肆《ほしいま》まに振る舞えば当然に厳しく管理すべきで、親族らも甘やかして、依頼して取りなし、局規を紊乱してはならない」「子弟が入局後、粗暴な性格が矯正し難く勝手に逃げ帰れば、親族がまた送致するのを准す。ただし厳しく仕置きし、今後の戒めとする」「子弟の在局時間の長短は局側が判断する。親族らがすでにアヘンを断ったなどと口実を設けて引き取ってはならない」などの条文からも傍証されよう。寝具や衣服が自弁であったうえ、差入れや依頼・取りなしなどを行い得るのは、貧困層では不可能だからである。

また一方で、「本局は人に代わって管理しているにすぎない。もし子弟が入局して久しく、すでに悔い改めていれば、親族らは自ら引き取り、読書・工藝させるべきである。これを度外視して〔局に放置し〕、今後入局させたい者を滞らせてはならない」と、不快な存在を洗心局に拘禁することのみで解決したと見なさないよう身柄保証人に促している。さきの②にも見えたとおり、父兄・親族の依頼による以上、依頼自体が正しいか、拘禁をもって解決したと安易に考えていないかなどが問題となるのは当然であり、洗心局が更生施設でなく、単なる拘禁施設となることが懸念されたと思われる。

以上、蘇州の洗心局について分析を加えてきたが、推測をも加えつつ、その主な特徴を整理すれば次のようになろう。第一に、洗心局設立の背景には太平天国後の混乱があった。戦乱を通じて多数の官僚・知識人・商人層をはじめとする富裕層も大きな被害を受けたことは想像に難くないが、これはその救済が約七年後の蘇州社会にあっても重要な課題であったことを示唆しており、興仁局や帰善局も同じ目的で設立された蓋然性が高い。第二に、洗心局の財政は蘇州布政使の藩庫のほか、茶捐の一部など商人層からの寄付金に頼っていたが、実際の運営は官憲側と無関係で、局董と称する知識人・商人層に委ねられており、官憲側の拘禁施設をいうより、むしろ善堂的な施設であったといい得る。第三に、洗心局は父兄・親族の依頼によって非行・放蕩——特にアヘン吸飲——に走った名門旧家の子弟を拘禁し、読書・工藝を通して矯正させようとする施設であった。「局規」「号規」を検討するかぎり、その拘禁や課された作業など収容者に対する管理は厳格であり、そこに価値を見出した洗心局は善堂より、むしろ自新所・遷善所の系譜につながるとも見なせよう。つまり清末における自新所・遷善所の普及が善堂の性格を強く規定したのである。

四　洗心遷善局設立の意義と地域社会

太平天国前後における地域秩序の担い手の連続性と断絶性

これまで湖州府烏程県南潯鎮の洗心遷善局および蘇州府呉県の洗心局について、それぞれ「章程」などの史料を用いつつ、詳細な復原を試みてきた。事例が限定的であり、遷善局を併設しているか否かなど両者のあいだに制度的な差異はあるものの、当時、両者が抱えていた社会的背景を俎上に載せる場合、興味深い論点となるのは——特に洗心局の場合——、さしあたり第二節で提起した①家族制度の弛緩、②私的領域と公的領域の区別の二つの問題となろう。

まずここにいう①家族制度の弛緩を考えるとき、重要な事実となるのは、第一に、洗心局に収容されたいずれの子弟もが父兄・親族の教訓を遵守せず、アヘン・賭博など非行・放蕩に耽り、親族を含む広い家族にとって厄介な存在と見なされていたこと、第二に、かかる厄介者に対する処置として拘禁、読書・工藝が有効と判断され、父兄・親族の依頼によってはじめて収容されたこと、第三に、しかし洗心局への収容対象は名門旧家の子弟と明記され、貧困層でなくあくまで一定程度の富裕層の子弟であったと推定されること、以上であろう。

第一の問題については、なぜかかる状況が強く認識されるに至ったかが問題となる。蘇州の洗心局はすでに論じたように、南潯鎮の洗心遷善局に比して十五年ほど前に設立され、その背景には太平天国の乱による社会的混乱が存在した。こうした事態が同じく太平天国の際に戦場となった南潯鎮(26)にもあった可能性はないのだろうか。

たとえば同治元年（一八六二）、蘇州城が太平天国軍に包囲され、多数の人々が上海に難を避けたとき、米穀を買い付けて政府軍を救援した顧福昌は、同三年の克復後、蘇州で橋梁や道路の補修に力を傾け、南潯鎮では育嬰堂・師善堂の建設に尽力している。孤児の世話や身元不明の屍体の埋葬を行う施設の設置は、それのみで蘇州から南潯鎮一帯の混乱の一端を垣間見せている(27)。絲捐公所を創設した蔣維城は、太平天国以前より槍船(28)が軍器を持って賭博を開き、淫劇を演じさせていたことに対し、首領銭栄荘を捕縛して県に引き渡し厳治させたのみならず、太平天国軍が去った同治九年（一八七〇）には、南潯鎮にもどり、書院・育嬰堂・師善堂・義塾・節孝祠の復興に一役を買っている(29)。これらの事例だけからでも太平天国後の南潯鎮がいかに混乱・荒廃していたかが容易に理解できる。ただし洗心遷善局の登場はさらに十七年後のことであるから、直接的な影響は考え難いが、幼い頃に戦乱のため一家が離散したというような事例は十分に想定可能であろう。

第二・第三の問題については連関するものとして同時に検討してみたい。まず確認したいのは、官のお縄を頂戴すること→名門旧家の面子が失われる→名門旧家＝富裕層の子弟のみを対象とする更生施設の必要性→自新所・遷善所の有効性への着目→洗心遷善局の招致→拘禁・読書・工藝による更生という流れをここに見出すことが可能な点である。では、洗心遷善局の招致は実際にいかにして進められたか、南潯鎮の洗心遷善局の創設に関わった人々について詳細に分析し、どのような人々が尽力したかを考えてみたい。

第二節で分析した「碑記」「公呈」内には、多数の人々の姓名が列記されている。彼らは洗心遷善局の創設に主導的な役割を果たした人物であろう。「碑記」には、蔣錫紳（挙人）のほか、丁鶴年（知府、漢軍八旗）、瞿永嘉（同知、上海県出身）、劉克成（通判、甘泉県出身）、徐振翰（知県、延津県出身）、張麟石（南潯司巡検、嘉応州出身）、方洪亮（候補巡検、歙県出身）ら、湖州府ないし烏程県の地方官僚たちが名を連ねており、「碑記」が府・県レヴェルの地方官僚によって書かれたこと、南潯鎮の洗心遷善局の性格が官憲側と深く関わっていたことを如実に示している。すなわち湖州府の洗心遷善局の、いわば分局にあたる南潯鎮の洗心遷善局の誕生に、地方官僚たちも有効性を見出していたといってよい。また一方で、それは南潯鎮という市鎮の行政上における地位の上昇――市鎮を県の下に位置づけていく――を意味するものであったともいえよう。

一方、「公呈」を見ると、陸墉（前福建漳浦県知県）のほか、談熊江（職員）、周慶賢（挙人）、張爾欽、陸熊祥（以上、廩生）、唐宗堯（増生）、徐星年（監生）、梅福墉、張為弼、張為第、蔣選銭（以上、附生）、劉墉、龐雲鏳《ほううんそう》、張鴻順、張成績、邱其樑、金桐、邢基（以上、紳富）、周申昌、梅恒裕、沈天長（以上、絲業）ら二十名の姓名を確認できる。そこには「紳富」と呼ばれる士紳・富商、挙人や各種の生員など下級知識人層、南潯鎮の主要産業たる「絲業」＝生糸（湖絲）に携わる商人などが登場している。[30]「碑記」が府・県レヴェルの地方官僚など行政上上級のレヴェルから記されたものであったのに対し、「公呈」は現場である南潯鎮社会の指導層＝士紳・下級知識人・商人層を中心に提出されたものであったといえよう。

これらの人々のなかには民国『南潯志』に立伝されている者もある。たとえば、陸墉は「字は小園、福建省で任官し、佐弐官を振り出しに、かつて寧徳県の代理知県を務め、退職して里（南潯鎮）にもどった。里の人々は彼の誠実さを欽《うやま》い、絲業の董事に推した。天寿を全うした[31]」、龐雲鐨は「字は芸皋《げいこう》。幼くして読書し、愕然と悟ること尋常でなく、十五歳にして絲業を習い、利弊を究めた。……咸豊十一年（一八六一）に粤匪（太平天国軍）が湖州を犯し、南潯を陥落させると、上海に避難した。数ヶ月して父が亡くなると、喪に服して外出しなかった。〔太平天国の戦乱が終わると〕旧業に復帰し、市場の趨勢を視て、商売を行い、巨大な利益を獲得した。数年して〔上海を〕離れ、資産を里（南潯鎮）に持ち帰り、田宅を購入し、宗祠を設け、祀産（族産）を置き、義荘を建てるなど、望族へと成長していった。南潯では溺女（新生の女児溺殺）の習俗があったので、育嬰堂の設立を呼びかけ、巨額を出資し、躬《みずか》ら董事となり、〔ゆえに〕生きながらえた子供は無数にあった。……また湖郡（湖州府）の棲流所を設けたり、鎮市の橋梁を修築したりした[32]」、唐宗堯は「字は賓穆、諸生である、品行は端正で、学問を好んで倦まなかった。……また蔣錫紳・周慶賢らと洗心局を創設し、子弟の游惰を懲らしめたが、〔子弟たちを〕同胞と見なして丁寧に扱ったので、人々はみな〔唐宗堯を〕尊敬した[33]」とそれぞれの事績が紹介されている[34]。

　わずかに三名の事例にすぎないが、いずれも善挙や絲業を通じ、南潯鎮社会において指導的な役割を果たしていたことがわかる。勿論、彼らの個人的な資質に負う部分も少なくないが、龐雲鐨のように望族＝名門の家柄と称される者もあった。こうした鎮社会の指導者層のあり方は、これまで先行研究で指摘されてきた指導者像と特に異なったものでなく、俯瞰的に見れば秩序の担い手の連続性を看取することも可能である。しかしそうした場合でも太平天国の戦乱の影響は明瞭であり、その直接的間接的影響のもと、衰落した名門の家柄の者が少なからずあったこと――個別的な事例から見た秩序の担い手の断絶性――を推測せしめる。「公呈」を記した者たちはかかる状況を憂いて危機感を有しながら南潯鎮社会の立て直しを図った。その際、治安問題の解決が優先課題の一つであったことは容易に想像でき、名門旧家の子弟を更生させる施設として洗心局、賭博・窃盗など軽微な刑事案件に関わる軽罪犯を処理しつつ更生を図る機関として遷善局が準備されたのではないだろうか。

洗心遷善局をめぐる私的領域と公的領域

次に②の私的領域と公的領域について考えるにあたって、夫馬進が取り上げた杭州善挙連合体を簡単に紹介しておきたい。夫馬によれば、光緒九年（一八八三）の杭州善挙連合体には普済堂・同善堂・育嬰堂などのほか、遷善所（附属洗心所）が含まれていたという。この施設は「遷善所は遷善公所または自新所と呼ばれ、光緒五年（一八七九）の創設である。これは府州県が直接に管理する監獄とは違い、軽微な罪人を収容して扇子の絵書き草履作りなどの手藝を教え、出所してから更生自活できるのを目的にした。このためここの労働で得た稼ぎの七割は本人のものとなり、出所後の生活資金とするよう決められていた。遷善所、遷善公所または自新所と呼ぶのはこのためであり、そのような行政に深く関与する行為も善挙と考えられていたのである。さらに光緒一五年（一八八九）になると、年少の者や旧家の不良子弟をこのような罪人と一緒にできないというので、これとは別に洗心所という付属施設がつくられた。ここでは『同善録』を暗唱させ、毎日『感応篇』『陰隲文』『覚世経』二、三千字を書き写させた。因みにここに収容された第一号は、親不孝であるとされた一生員であった[35]」とあることから、本章における洗心遷善局の設立と時期がほぼ同じであり、機能的にも大きな差異は見られないが、地方官の駐箚を確認できないため、軽微な刑事案件を審査代行するような機能は附与されず、県城以上に設けられた遷善所・自新所と同様、事後措置のみを担ったと推測される。

では、この杭州善挙連合体下の遷善所（附属洗心所）は国家といかなる関係にあったであろうか。夫馬は次のように説明する。「まず連合体が運営する事業のなかには、本来国家が担当すべきものだと考えられていたものがあり、地方官の委託を受けて代行しているものがあった。例えば遷善所がそれである。それがいかに軽犯罪者の収容所であったとしても監獄であることに相違はなく、これはもともと地方官が運営すべきものと考えられていた。すでに見たように連合体の収入の一項目に遷善領款というものがある。これは連合体が遷善所を代わって運営するためにと、その経費として国家から下付されたものであった」[36]。ここで夫馬は遷善所のみに言及し、それは本来ならば国家が行うべき事業を民間組織である連合体に委託・代行させたものであり、かような連合体は地方官府の強い指導と監督を受けたとする。確かに管見のかぎり、乾隆期に登場して以来、自新所・遷善所は官営の機関である。したがって、この遷善所に限定していえば、軽微な刑事案件に相当する軽罪犯の事後措置が、地方官の監督のもとにあったとはいえ、一部民間に委ねられた事例であったといい得るのである。

かような遷善所に比較するとき、南潯鎮の洗心遷善局は湖州府から派遣された佐雑一員が駐箚する点において、より直接的な官権力の招致が図られていたことがわかる。なるほどあたかも第四章で筆者が論じた佐雑の市鎮への移駐と同じ方法が選択されたかのようである。当然ながら、遷善所における軽微な刑事案件の判決・執行・事後措置はやはり官権力が担うべきと判断されたものと思われる。ゆえに南潯鎮の洗心遷善局は半官半民の組織として立ち上がってきたのであろう。また果たすべき機能も軽微な刑事案件に関わる公的領域に限定されていた。

ところが、南潯鎮の洗心局は蘇州の事例——夫馬の杭州の事例でも同様と推測されるが——でも検討したように、遷善局とは大いに異なる機能を期待されていた。太平天国の乱後という特殊な状況下、戦乱の影響とアヘン・賭博の流行といった風俗の頽廃のなかで、鎮の機能回復を望む在地知識人・商人層が拠金を行って鎮の総合的な立て直しを図った。それは様々な善堂（たとえば育嬰堂や師善堂）のかたちをとって実現された。そうしたなかの一つとして、名門旧家の子弟でありながら戦乱で被害を受けて身を落とす者、アヘン吸飲に耽るようになった者などを対象とする善挙が行われたわけであるが、それは官憲側の刑罰とは一線を画したものであったため、一種の少年更生施設＝洗心局として結実したのである（管見のかぎり、太平天国以前にその系譜を遡ることはできない）。洗心局は創設に関わった在地知識人・商人層など名門旧家の面子に配慮したもので、拘禁、読書・工藝によってこれまでの習慣を悔い改め、社会更生させようとした。つまり従来の善堂には見られなかった新式の善堂が誕生したのであり、それは素行の悪い名門旧家の子弟（犯罪者でない）を対象とした――流氓・貧困層はこれに与ることができない――更生施設とでも呼ぶべき、公的領域と私的領域の混淆した空間として成立したのであった。勿論、その方法から見るかぎり、犯罪者更生施設＝自新所・遷善所の影響を強く受けたものであったと想像される。この洗心局はほとんど民間組織＝善堂と考えてよいが、遷善局との併設を考慮すれば、鎮全体の秩序再建のために官の権威が調達されたともいえるかもしれない。

以上、清末の南潯鎮社会に出現した洗心遷善局は、太平天国以降の治安の危機的な状況のもと、在鎮知識人層や商人層の発意と努力によって招致・設置された。これは洗心局と遷善局が合併されたような組織であったが、土地・房屋・経費は右の民間側によって負担され、実際の運営には府から派遣されてきた佐雑があたった。これは権威の調達という面でも重要な意味を有したであろう。かかる点では該局は単なる善堂の範疇に収まるものではなく、半官半民の性格を有していたといい得る。そして南潯鎮社会で発生した軽微な刑事案件は遷善局が判決から刑の執行、事後措置までを担当し、刑の執行兼更生施設としての役割を果たした。かような機能を有する遷善局の存在はやや特殊な事例に属するかもしれないが、清中期（乾隆期）以降の市鎮のさらなる成長と行政上の位置の上昇を踏まえれば、安易に例外として切り捨てることはできないと思われる。一方、洗心局は太平天国以降の風俗の頽廃のなかで出現した一種の新式善堂であった。そこに収容される者は名門旧家の不肖の子弟であり、犯罪者とは一線を画していたが、拘禁・労働・教化に価値を見出していたことを考えれば、遷善所・自新所の影響を見て取ることも可能であろう。

南潯鎮の洗心遷善局は、系譜的には乾隆期以降の自新所・遷善所に由来する部分と太平天国以後の創出にかかる部分とをあわせ持つとともに、人員・経費等の面から見れば「官」と「民」、機能の面から見れば公的領域と私的領域に跨がる性格を有したものであった。かような洗心遷善局の招致に成功した南潯鎮社会は、もはや経済力のみならず、政治的にも社会的にも相当の力量を備えた地域社会として成長していたことを意味しよう。

五　小　結

その後、南潯鎮の洗心遷善局はどうなったのであろうか。上述のように、「続章」の存在から光緒三十三年（一九〇七）まで維持されたことを推定できるが、残念ながらこれ以降については明確な記載を欠き、検討は不可能である。そこでここでは最後にいわゆる新地方志を繙いて民国期南潯鎮の更生施設について概観しておきたい。

朱従亮主編『南潯鎮新志（民国部分）』の「五、群衆団体」[37]によれば、民国期の該鎮には南潯游民習藝所なる施設が設けられていたらしい。それは民国二十二年（一九三三）に設立され、南潯鎮の無業の游民を管理したが、民国二十六年（一九三七）十一月に日本軍によって鎮が陥落すると活動を停止した。右書に引用された張和孚『南潯小志』には「游民習藝所、民国二十二年春、游民感化所を改組したもので（游民感化所は民国十八年（一九二九）に本鎮の紳商らによって棲流所旧址に設けられ、二十一年に停止した）、富紳が資本を集めて原料を購入し、紡・織両科を置いて、技師を招聘し教習させたが、二十六年に活動を停止した」と見える。かような習藝所についてはじめて本格的に言及した島田正郎は、奉天省立貧民習藝所——宣統元年（一九〇九）の政治官報の記載——を検討したなかで「技能衣食の無い人が飢寒に迫られ、已むを得ず悪事を企てる……そこで貧民に生業を授け、遊民を無からしめて、地方の久安を図ろうとし[38]」たこと、「天津罪犯習藝所附設の遊民習藝所（紳辦創立のち官補助）や、江蘇罪犯習藝所附設の遊民号舎などがあったが、先にも触れた改過所・遷善所・自新所など、様々な名称を有するものも亦、この類型（島田のいう第三の類型）に入る[39]」ことを指摘し、清極末に出現した貧民（遊民）習藝所なる施設が貧民を収容して授産を行うような保安処分の場であったことを述べるほか、自新所や遷善所などとの関連性をすでに推測しており誠に興味深い。

では、南潯游民習藝所とはいかなる施設であったか。『南潯鎮新志』には「游民習藝所簡章」（以下、「簡章」と略す）が掲載されているから、それを以下に紹介しよう。

一、本所はもっぱら本鎮の游民および良家の子弟で正業に務めない者を収容し、分別して紡紗・織布などの工藝を教え、さらに社会矯正教育を施し、悔い改めて自活できるようになることを冀《ねが》いこれを宗旨とする。
二、本所は南潯の南柵すなわち旧感化所の房屋に設け、別に平屋十間を増建する。
三、本所の経費として、かつての本鎮の丐捐（乞丐救済金）毎年一千元を発給するほか、敷《た》らない場合には、すべて本鎮の紳商が工面する。
四、本所における游民の収容定数は暫定五十名とする。
五、本鎮の区域内のすべての無業の游民のうち、以下の一つにでも該当する者は、一律に強制的に入所習藝させる。ただし男性に限る。（甲）ゆすり・たかりなど街市で乞食する者。（乙）挙動不審で、身柄の保証を得られない者。（丙）匪類と結びつき、終日ぶらぶらしている者。（丁）かつての兵卒で、〔本鎮に〕逗留して去らない者。（戊）正業に務めず、家長の言に従わない者。
六、右に該当する者のうち、甲・乙にあたる場合には、本鎮の公安局から警察を派遣して、〔本鎮の区域〕外に駆逐し、本所は概ね収容しない。（甲）残疾者。（乙）精神病者。
七、良家の子弟で正業に務めない者は、〔本〕所に送致するとき、必ず本所、父母あるいは親族有服の尊長による保証を得、さらに必ず本人の年齢・性格および送致の理由を本所に報告すべきである。

八、良家の子弟を送致して入所させる者は、必ず本人の帳子《かや》・舗蓋《ふとん》および日常の衣服・鞋《くつ》・袜《くつした》などの物を携帯し、さらに三ヶ月分の飯資（食事代）、毎月大洋〔銀〕五元を支払わねばならない。

八《ママ》、本所には董事会を設け、本所の一切の事柄を議決し、本鎮の紳商から推薦された七人によって組織される。

九、本所には所長一人を設け、〔本〕鎮の紳商から推薦し、県政府に申請して委任されるものとする。

九《ママ》、本所の工藝主任一員、技師・事務員・工役若干人は、所長が招聘し雇用するものとする。

十、入所習藝した後、本所がすでに悔い改めたと判断し工藝を身につけた者は、〔本〕所が相当の工賃を支払い、さらに保証を得れば出所させ、家属が〔本〕所に送致した者ならば、家属に「領回」（身柄の引き受け手をさがして保釈し、その後の管理を請け負わせる）させる。

十一、本章程に不十分な部分があれば、董事会による議論と修正をへて、県政府に申請し批准・改正できる。

右の「簡章」の各条を一読すればわかるとおり、南潯游民習藝所は明らかに清末の洗心遷善局の機能を継承したものであった[40]。つまり「無業の游民」と「良家の子弟で正業に務めない者」を一定期間拘禁し、工藝（紡紗・織布と明確に記されている）を身につけさせる更生施設だったのである。また『南潯鎮新志』の記載から総合的に判断すれば、南潯鎮では洗心遷善局→游民感化所→游民習藝所という系譜関係があったと推定される。清末の南潯鎮に誕生した洗心遷善局は名称を変更しつつも、その機能は民国期まで綿々と――財政難や戦争などによって開辦と停止を繰り返しながらも――受け継がれていった。これは乾隆期に出現した自新所や遷善所の意義・影響がその後の中国社会にとって極めて大きかったことを意味しているといってよかろう。

第十章　自新所・遷善所・改過所から習藝所へ

一　本章における問題設定

本章では、第八章で論じた、乾隆十年（一七四五）の蘇州（呉・長洲・元和三県）に誕生した自新所が、江南デルタに止まらず、その後、いかに全国に普及・展開していったかを検討する。すなわち自新所が蘇州のみに見られた特殊な事例にすぎなかったか、それともある程度全国的な普及を見せたかを明らかにしたい。なぜなら筆者はさきに自新所における拘禁と労働について、対象者が窃盗など軽微な刑事案件の初犯・再犯であり、かつ身柄の引き受け手がない者にかぎられていたため、笞杖刑に対する附加刑と考える余地をわずかに残しつつも、事後措置程度に見なすのが適当であろうと結論したが、清末の司法改革で登場する近代的懲役刑執行場＝「罪犯習藝所」との機能的な系譜関係はさらなる分析を必要とするからである。

確かに光緒二十八年（一九〇二）、全国に設置を命じられた罪犯習藝所は、発遣・充軍・流刑・徒刑という重罪犯を対象とし[1]、軽罪犯を対象とする自新所とは性格を異としていた。ただし島田正郎が三類型――第一類型は京師習藝所、第二類型は保定・天津両習藝所、第三類型は奉天省立貧民習藝所をそれぞれ代表とする――に分かったように、いわゆる習藝所と呼ばれる施設にも様々な機能を有したものがあり、自新所と全く無関係であったとは考え難い[2]。本章では、かかる点を考慮しながら、自新所が誕生した乾隆十年から、近代的懲役刑を象徴する罪犯習藝所や新式監獄である模範監獄が登場する直前の光緒年間まで、対象とするスパンをかなり広く設定し、各地に設立されていく自新所と、名称は違えども類似の機能を有した遷善所・改過所（改過局）を取り上げ——以下、自新所と総称する——、これら施設の目的や機能を明らかにするとともに、そこで課された拘禁と労働の性格について分析・整理を行ってみたい。

自新所に関する先行研究は皆無に等しいが、清末までをも対象に含めたとき、唯一湖南省の遷善所に関して目黒克彦の研究があり、主に『湘報類纂』所収の「湖南遷善所章程」を用いつつ、光緒二十四年（一八九八）頃、長沙に開設された遷善所についてはじめて本格的な分析を行っている。史料上の制約などから、湖南の変法派による創建を強調しすぎているものの、罪犯習藝所以前の遷善所が犯罪者のみならず、無業・失業の人々を収容して職業訓練を施す施設であったことを発見・紹介した最初の論攷であり、清代刑罰史・監獄制度史に新たな事実を提出した点で注目に値する。またほかにも、署湖南按察使黄遵憲が湖南省の遷善所は湖北省遷善所に倣ったと述べていること、湖広総督張之洞が他省にも自新所なる同様の施設があると指摘していることにも言及しており[3]、本章における検討とも極めて密接な関係を有している。

ここでは遷善所の設置の意図に関する、目黒の次のような指摘に注目しておこう。「変法派が事新しく遷善所と名付けて設置した意図は、保衛局によって治安の確保を図り、これを乱す者は、まだ教化されず、又職業を持たないが為に不法・非法を為す者と理解し、彼らを遷善所という矯化・授産の施設に収容し、彼らを手工技術・職業を持つ社会人に改造し、湖南の産業の振興・発展に貢献させようとする[4]」、「彼らの様な従来莠民として切り捨てられ、弾圧・取締りの対象となっていた人々を体制内に再び組織化し、社会に有用な人間として改造し、湖南省の、更には中国の商工業の振興・発展に貢献させようとした点を重視すべきであろう。……この様な無知・蒙昧として、無視・切り捨て・取締りの対象とされた人々を、中国社会にとってより有用な人材として組織しようとする考えに基づくものであったと考える[5]」。

「手工技術・職業を持つ社会人に改造」「中国社会にとってより有用な人材として組織しようとする」といった表現に見られるように、目黒は遷善所の矯正・授産施設としての意義を強調している。これは「遷善」という名称に対する目黒の拘泥とも密接な関係を有しているのであろうが、十八世紀半ばにおける自新所の登場という事実を前提として再検討を加える必要があるように思われる。

そこで以下では、次のような手順を踏みながら、いわゆる中国近世に登場した自新所・遷善所・改過所について初歩的な検討を試みたい。第一に、主に地方志・檔案・雑誌類などを利用しつつ清代における自新所の全国的な普及・展開とその時期を確認する。第二に、清後期から清末にかけて設立された自新所の具体的な事例の一つとして、湖南省遷善所が模範とした湖北省遷善所について分析を加える。なぜなら東京大学東洋文化研究所仁井田陞文庫には「湖北闔《こう》省遷善所章程一巻」（光緒中、官撰）が所蔵されており、遷善所設立の経緯や制度的側面について詳細な内容を知り得るからである。第三に、罪犯習藝所登場以前の光緒年間の上海に出現した改過所（改過局）を組上に載せ、『申報』の記事を取り上げながら、個別具体的な運営状況を可能なかぎり紹介・分析するとともに、改過所に拘禁された人々や、該所における拘禁と労働の刑罰史上の意義について再検討する。そして最後に、これら自新所の延長上に誕生する習藝所や近代監獄＝模範監獄との系譜関係について簡単に論及してみたい。

二　自新所の普及と展開

地方志に見える自新所

十八世紀中葉、江南デルタの大都市蘇州に出現した自新所なる施設はその後いかに推移したか。自新所は蘇州ないし周辺州県に一時的に誕生した特殊な事例であったか、それとも清代を通じて全国的な普及・展開を見せたか。かような問いに明確に答えることは、史料上の制約から不可能事に近い。しかし州県レヴェルの地方志を繙いただけでも、蘇州の特殊な事例でないことに気づく。全国各省の州県志に見える自新所・遷善所・改過所――遷善所・改過所が名称の違いだけで、実際には自新所と同じ機能を有したことは後に検討する――を整理した表10-1から判明することを列挙すれば、以下のとおりとなろう。

第一に、清代地方志に依拠するかぎり、江蘇・浙江・安徽・四川の四省のみに確認されるにすぎない。しかしこれは他省にかかる施設が存在しなかったことを意味しない。なぜなら、目黒克彦が論じた湖南省遷善所、次節で取り上げる湖北省遷善所、第九章で検討した浙江省湖州府南潯鎮の洗心遷善局など、州県志以外の史料に確認できるものですら全く記載されておらず、他省にもこれら施設が設けられたことは十分に推測できるからである。記載の欠如は州県志の編集方針、施設の継続性に関わるのであろう。

第二に、右の前提を踏まえたうえで、まず指摘しておくべきは、多くが罪犯習藝所の誕生した光緒二十八年（一九〇二）以前に創設されている点である。したがって、自新所・遷善所・改過所が習藝所の影響を受けて設立されたものでないことは明白であり、むしろ習藝所はこれら施設の存在を明確に認識したうえで建設されたに相違ない。

第三に、四省の傾向を分析すると、自新所が蘇州で誕生したこともあってか、江蘇省における普及・展開が最も

表 10-1　地方志に見える自新所・遷善所等の施設

番号	省府県別	名称	設立年	典拠
①	江蘇省松江府華亭県	自新所	同治（1862～74 年）以前	光緒『華亭県志』図説および巻二，建置
②	〃　南匯県	〃	乾隆二十九（1764）年	光緒『南匯県志』県署図および巻三，建置志
③	〃　上海県	〃 改過局	光緒三十四（1908）年 光緒二十（1894）年	民国『上海県志』巻二，建置上 〃
④	〃　青浦県	自新所	光緒二（1876）年	民国『青浦県続志』巻三，建置
⑤	蘇州府呉県	〃	乾隆十（1745）年	本書・第八章・第二節を参照
⑥	〃　長洲県	〃	〃	〃
⑦	〃　元和県	〃	〃	〃
⑧	〃　崑山県	〃	乾隆二十二（1757）年	光緒『崑新両県続修合志』監獄図および巻三，公署
⑨	〃　新陽県	〃	〃	〃
⑩	太倉州宝山県	〃	乾隆二十三（1758）年	民国『宝山県続志』巻三，局所
⑪	常州府江陰県	〃	道光十八（1838）年	道光『江陰県志』城隍図および巻一，建置
⑫	徐州府睢寧県	〃	光緒十三（1887）年以前	光緒『睢寧県志』県署図
⑬	淮安府阜寧県	〃	同治年間（1862～74 年）	光緒『阜寧県志』県署図および巻二，建置
⑭	〃　塩城県	〃	光緒二十一（1895）年以前	光緒『塩城県志』県署図
⑮	浙江省嘉興府嘉善県	遷善公所	光緒十一（1885）年以前	光緒『嘉善県志』県署図および巻五，建置志上
⑯	紹興府蕭山県	遷善所 工藝所	不明 光緒三十一（1905）年	民国『蕭山県志稿』巻七，建置門 〃
⑰	台州府臨海県	遷善所	光緒二十（1894）年	民国『臨海県志』巻五，建置
⑱	温州府永嘉県	自新所	乾隆三十（1765）年	光緒『永嘉県志』巻四，建置
⑲	厳州府建徳県	遷善所	不明	民国『建徳県志』巻六，建築
⑳	〃　遂安県	〃	不明	民国『遂安県志』巻二，営建
㉑	安徽省六安州英山県	自新所	光緒年間（1875～1908 年）	民国『英山県志』巻二，建置志
㉒	寧国府南陵県	〃	光緒二十五（1899）年以前	光緒『南陵小志』県署図
㉓	徽州府休寧県	〃	嘉慶二十（1815）年以前	嘉慶『休寧県志』県治図および巻二，営建
㉔	四川省成都府彭県	自新所	乾隆五十（1785）年	光緒『彭県志』巻二，衙署志
㉕	重慶府江津県	遷善所	不明	民国『江津県志』巻二，衙署
㉖	嘉定府犍為県	自新所 遷善所	光緒十（1884）年 光緒三十（1904）年	民国『犍為県志』建置 〃
㉗	〃　夾江県	自新所	光緒二十（1894）年	民国『夾江県志』巻三，公署
㉘	順慶府広安州	〃	光緒三十三（1907）年以前	光緒『広安州新志』巻二，城廨志
㉙	成都府崇慶州	〃	不明	民国『崇慶県志』民政四，訟獄

早く、表中②および⑤〜⑩のように乾隆年間（十八世紀中）に登場したものも少なくない。特に蘇州府・松江府・太倉州といった江南デルタ中東部でいち早く普及したと推定できる。他省は光緒年間（十九世紀末〜二十世紀初）に設置された事例が圧倒するが、⑱浙江省永嘉県、㉓安徽省休寧県、㉔四川省彭県の各自新所のごとく例外的に早期に創設されたものもあった。かかる事実はこれら施設が全国的な定制として一律に普及を命ぜられたものでなかったことを示唆しよう。

第四に、わずかに四省の事例からの類推ではあるが、光緒年間における罪犯習藝所の誕生前夜には、相当数の自新所・遷善所が各地に設立されていた可能性が高い。すなわち習藝所の誕生の際にはこれら施設の有効性が認識されていたと推測される（目黒は張之洞による遷善習藝所の設置を紹介している[6]）。

第五に、名称のみに着目すれば、江蘇・安徽・四川の各省には自新所、浙江省には遷善所が多いようである。名称は章程の制定などを通じて、省を単位としてある程度統一される方向にあったであろうが、最終的には各州県レヴェルで決定されたと考えられる。改過所（改過局）は江蘇省上海県のみで確認できるにすぎない[7]。ただし「自新」「遷善」「改過」はいずれも社会更生を示す一般動詞として史料中に頻見する語であるから、いずれの名称を採用しようとも、その意味するところは同じであったと見なしてよい。

さしあたり表10-1から指摘し得ることは以上であるが、次に州県志の記事についても検討を加えておこう。たとえば㉘四川省広安州には「自新所は、光緒年間、署〔知〕州董紹勛《くん》が大監〔監獄〕の後方に建設し、「罪軽くして待質せる人犯」を収容した[8]」とあって、「待質」＝「罪状が軽く様々な理由から判決を留保されおる者」が対象とされており、軽罪の既決囚でなく、あたかも未決囚を拘禁したかに見える。また⑬江蘇省阜寧県にも「同治年間、知県沈国翰が〔県衙門の〕二門外東首に、詳文を提出して自新所を設置し、「羈管之犯」を収禁した[9]」とある。この「羈管之犯」＝「臨時的に繋がれ管理されおる者」という表現も具体的にいかなる人々をさすかは極めて曖昧である。

しかし第八章で指摘したように、これらの記述は自新所の原初的な機能でなく、変質した後の姿を伝えたものと判断される。なぜなら、阜寧県では巻首に掲げた県署図の署内に自新所、署外に待質公所がそれぞれ確認できるうえ、後者については「待質公所は県署の東南にある。すべて瓦・草葺きで二十檻あり、知県阮本焱《げんほんえん》が資金を寄付して創建し、待質の者を収禁した」[10]と語られ、自新所と待質公所は本来、収容の対象を明確に区別していたと考えられるからである。

一方、遷善所については⑳浙江省遂安《すいあん》県に「遷善所。すべての積窃《ふるどろぼう》や土棍《ごろつき》は該所に羈押（繋ぎ留めて拘禁）し、姑《しば》らくその〝改過自新《かいかしん》〟を待った」[11]とあり、極めて簡潔な表現であるが、自新所に類する機能を有したことを推測せしめる。またこれら自新所・遷善所に関わって興味深い変遷を見せるのが㉖四川省犍為《けんい》県である。「県衙門の大堂の西側は、かつて上・下両卡《そう》に分かれていた。光緒十年（一八八四）、上卡は自新所に改められ、〔光緒〕三十年（一九〇四）、知県李端概が遷善所に改め、軽罪を犯した者を収容して工藝を習わしめた。〔光緒〕三十三年（一九〇七）、知県賀家澂が改めて習藝所と称し、土地を拓げて工廠を建て、紳に委ねて運営させた」[12]と述べて、物理的には同じ建築物が卡→自新所→遷善所→習藝所と改称されたことがわかる。管見のかぎり、卡は中国西南および南部の史料中に散見し、衙役の詰所をさしたと考えられる。問題は物理的な建築物が同じであっても機能に変動があったか否かである。かかる点から見るとき、卡と自新所のあいだには断絶が想定されるものの、その後の自新所・遷善所・習藝所のあいだは名称の変更のみで、機能的な変化が認められない。勿論、右で指摘したごとく、原初的な機能が次第に変質した――つまり安易に軽罪の未決囚を拘禁するようになった――ため、再度制度的な見直しが図られた可能性もあるが、むしろ司法改革による政治的な要請のなかで、基本的な機能のあり方はそのままに、名称のみ場当たり的に相応しいものに変更されたにすぎなかったのではなかろうか。

なお、③江蘇省上海県の改過所（改過局）については「光緒二十年（一八九四）十二月、巡道劉麒祥は省の章程に仿《なら》って稟文をもって総督・巡撫に命じ、資金を集めて創設させた。五間続きで両進式の局屋、押所二百間を建て、章程十条を定め、悪事を悔い改めず揉め事を惹起する流氓（無業の民）を専門的に収禁した。はじめは県丞・主簿に委ねて輪番で局に駐在し査察させたが、後に専門の委員に運営させた[13]」と記され、改過局が押所二百間をも有する大規模なものであったこと、流氓を中心に「改過（過ちを改める）」すべき者が拘禁されたこと、少なくとも当初は県丞・主簿など佐弐官が管理していた[14]ことなどが判明しよう。

以上、地方志の記載から、習藝所登場以前における自新所の普及・展開を検討してきた。地方志の記載の精粗から統計的な分析を行うことは不可能であるが、早くて乾隆年間の十八世紀中葉以降、遅くとも習藝所登場前夜の十九世紀末～二十世紀初には、自新所に類する施設が各地に出現していたこと明白であろう。乾隆十年、蘇州に誕生した自新所は決して特殊な事例に止まらず、その後、江蘇・浙江両省を皮切りに――全国一律に設置を命ぜられることはなく、各州県の正堂の判断に委ねられたが――広く普及・展開していったものと推測できる。

檔案・雑誌に見える自新所（一）――領事裁判権の回収との関わりから

つづいて檔案・雑誌から自新所に関する記載を取り上げて分析を加えてみることにしよう。ただしこれら史料の性格から、ほとんどが十九世紀末～二十世紀初の光緒年間のものであること、予めお断りしておきたい。

最も早期の史料としては、乾隆二十八年（一七六三）十一月初三日の河南巡撫何煟《かい》の上奏がある。そこには大意、次のように記されている。「河南省は本年豊収で、民情は安らかでした。市集における穀物価格は非常に安かったので、無業の小民や傭工も食に困ることはなく、なお余裕があり、地方の村落は至るところ平穏でした。〔しかし〕この冬、臣は乞丐《こじき》らが寒さと飢えに迫られ〔問題を惹起す〕るのを恐れ、前例に照らし、十一月初一日より都市と農村に〔粥〕廠数ヶ処を設け、貧民を収容し、口食と棉衣の支給を開始しました。地方の「旧犯窃案之人《ふるどろぼう》」も再び旧態にもどるかもしれないため、各県[15]の自新所に命じて〔彼らを〕収容し、しっかりと所内に拘禁して口糧を支給し、春になったら釈放する予定であります。現在、各県からの稟報によれば、各〔粥〕廠がそれぞれ収容した貧民は数十余名、〔各自新所に〕拘禁した「旧窃」は二、三から七、八名程度であるとのことでした」[16]。河南巡撫何煟の報告から次の諸点が判明しよう。①地方志に確認できないものの、乾隆二十八年の時点で河南省の各県に自新所がすでに設置されていた。つまり地方志の記載なくとも自新所が存在する可能性は少なくない。②冬季の治安対策として乞丐など貧困者を粥廠に[17]、「旧犯窃案之人《ふるどろぼう》（旧窃）」を自新所にそれぞれ収容・拘禁して食糧・衣服などを支給していた、③自新所の詳細な機能は判明しないが、無罪の貧困層を対象とする粥廠とは明確に区別され、「旧犯窃案之人」を対象とする施設であった、④「旧犯窃案之人」は矯正・更生して社会復帰すれども、必要（予想される犯罪）に応じていつでも自新所に予防拘禁できる体制――保甲制による監視と連動するか――となっていた。以上の諸点から総合的に判断するとき、自新所は第八章で指摘したごとく笞杖刑の事後措置のほか、さらに予防拘禁施設としての機能をも有していたことになり、わずかな事例からではあるが、地域社会の秩序維持における自新所のもう一つの側面を看取できる。

次に『東方雑誌』の記事から、罪犯習藝所の登場（光緒二十八年）以降にも存在した自新所について検討を加えておく。結論を先取りすれば、清極末の自新所の場合、従来の地域社会の秩序維持との連関のほか、さらに以下の二つの政治的な背景を想定すべきであると考えられる。一つは領事裁判権（治外法権）の回収に関わる司法（監獄）改革、もう一つは実業振興政策である。

まず司法改革の事例から分析してみたい。たとえば、光緒三十年（一九〇四）の記事に「現在、黎観察（道台）は〔福建省〕廈門に工藝自新局を建設し、もっぱら青年の痞棍《ごろつき》および〔廈門〕庁監獄の軽罪犯を収禁し、局内で技藝を習わしめ、悔い改めさせるほか、斎一所を設け、良家子弟の学習・習藝の場所にしようと計画している。章程は完備され、近日ただちに着工すると聞く」[18]とあって、福建省の廈門に工藝自新局なる施設の建設が計画されている。特に廈門が選ばれた理由は間違いなくそこが開港場だったからであろう。領事裁判権（治外法権）の回収を最優先に、欧米諸国をはじめとする諸外国に司法（監獄）改革の進捗状況を見せるために自新所が設置されたと推定される。またここに見える「斎一所」はその機能からして、第九章で言及した洗心所と同様の施設と判断してよかろう。

広西省では罪犯習藝所の設立に関連して「ここに〔情報に〕よれば、〔広西〕按察使劉心源は布政使張廷燎とともに、署桂林府知府呉徴鰲《ごちょうごう》に通達し、〔罪犯習藝所について〕実施方法を計画、章程六条を作成し、詳・咨文をもって報告してきた。臣（広西巡撫柯逢時）の調査では、呉徴鰲は光緒十八年（一八九二）に署臨桂県知県の任にあったとき、かつて稟文をもって遷善公所を設けて章程を作成し、窃盗犯および情罪が稍《や》や軽い者、待質せる未定罪の者を、一定の期限のあいだ、所内に収容して習藝させようとし、毎月善後局から銀八十両を、臨桂県から捐銀二十両を支出し、尽く所内の費用にあてて〔彼らが〕遷善《かいしん》してくれるよう願った。その後〔光緒〕二十八年に該所は失火により屋宇の大半を焼失した。そこで原設の遷善所を拡張しようと、資金を準備して再建し、その名を易えて自新工廠とした。布政・按察両使は人件・材料費や建物の構造を実地調査し、〔工〕廠内に習藝の人犯一百二十名を収容できるようにした。現在、もとより遷善所に収容されていた人犯は多くないので、まず〔彼らを〕入廠・習藝せしめた。毎月の経費は〔右の〕銀一百両で十分に足りている。ただし本省各道ではなお〔工〕廠を設けておらず、各道は発配を赦免された単《ママ》（軍）・流・徒刑の各犯をば判決が下った後に、ただちに省城の自新工廠に送致し、一同に習藝させている。各道の工廠の建設を俟って、再び分別して収容させることとする」[19]という記述が確認される。ここから第一に、署桂林府知府呉徴鰲は署臨桂県知県であった光緒十八年にすでに遷善公所を建設、窃盗・軽罪犯を収容して習藝させていたこと、すなわち罪犯習藝所登場以前に自新所が存在し、その有効性が認められていたこと、第二に、十年後に屋宇の一部を焼失するものの、罪犯習藝所の登場に伴って再建・拡張を計画、一百二十人収容可能な大規模な施設に改修され、自新工廠と改称されたこと、第三に、それは遷善公所が自新工廠＝罪犯習藝所へと引き継がれたことを意味し、遷善公所本来の窃盗・軽罪犯は勿論、罪犯習藝所が扱うべき軍・流・徒刑に相当する重罪犯までもが収容・習藝せしめられた（両者が全く同じ条件下で習藝したか否かは不明）ことなどが判明する。つまり、地域社会の秩序維持のために設けられた遷善公所が、清末の司法（監獄）改革のなかで機能を拡充され、自新工廠と称する罪犯習藝所にまで発展を遂げた事例であるといえよう。やはり遷善所（自新所）と罪犯習藝所のあいだには一定程度の連続性――軽罪犯から重罪犯まで対象を拡大していくという流れ――を推定しても問題ないようである。また廈門の場合にも見られたとおり、光緒年間においては「道」を単位に自新所など工廠の設置が図られていた点にも注目しておきたい。

その他にも光緒三十一年（一九〇五）の山東省の事例として「利津県城にはさきに書院一区があった。近頃〔これを〕すでに自新習藝所に改め、工師三名を招聘して、監獄中より賊犯のうち罪の軽い者を選んで〔入所せしめ〕、帽辮《ぼうし》・蒲蓆《むしろ》・篠筐《かご》などの技藝を教えた[20]」、同年の浙江省の事例として「平湖県は近頃遷善局を設け、もっぱら游民を収容して毛巾《タオル》などの紡織に従事させた[21]」、光緒三十二年（一九〇六）の四川省の事例として「宜賓県は遷善所を創設し、軽罪犯のうち丈夫で聡い者を択んで入所せしめ、各項の工藝を教えた[22]」、同年の江西省の事例として「江西省の自新習藝所は近頃知県許復初が任職した後、すべての方法に大いに改良が加えられ、匠師を招聘して押犯を教え導き、各種の洋式の木器・鋼絲《はりがね》・椅榻《いす》および寧波式の厨桌《テーブル》・椅榻を学習させた。式様《デザイン》は精緻で雅やか、色彩は鮮明で、購買者は非常に喜んで先を争っ〔て購入し〕たと云う[23]」などの記載が見え、それぞれ自新習藝所・遷善局・遷善所が工師（匠師）を招聘して軽罪犯に帽子・むしろ・かご・タオル、西洋式の木器や針金、寧波式のテーブルや椅子などの工藝を教授している。これらも清末の司法（監獄）改革のなかで軽罪を犯した貧困層を対象として各種工藝の学習を通じた矯正を図ると同時に、釈放後の生業も考慮に入れた職業指導を行った事例と考えられる。ただし江西省の事例に見えるように、製品は実際に販売されたから、実業振興政策による労働者育成の影響を看取することもでき、自新所をめぐる司法改革と実業振興が截然とは区別できない密接不可分の関係にあったことを推定させる。そして山東省では「日照県は省憲〔巡撫〕より改良監獄に関する札飭を奉《う》けて以来、ただちに丙午〔光緒三十二年〕閏四月に工程を開始、南北監獄・養病室・厠屋・女監・内外禁卒吏屋および自新所・待質公所など、あわせて二十七間を修築し、一律に瓦屋に改修し、天津の獄式に仿って、監牆・窓枠はみな極めて鞏固なものとした。近頃すでにすべての工程が完了した」[24]とあって、いわゆる模範〔改良〕監獄[25]建設の勅諭が下されたなかで、自新所も同時に修築されている。この自新所がいかなる機能を有したかは明確でないが、これまで検討したように、工藝を学習させるための工廠であった可能性が高く、なおかつ司法〔監獄〕改革の対象として重要な位置にあったことは容易に推測されよう。

檔案・雑誌に見える自新所（二）——実業振興政策との関わりから

ついで清末における実業振興政策[26]との連関を見ておこう。光緒三十年（一九〇四）の四川省では「四川通省勧工局総辦・按察使馮煦、成綿道沈幼南は、現在〔四川省の〕各県に通達して勧工遷善所を創建し、技藝〔習得〕を普及させようとしている。将来は人員を派遣して調査させ、実施状況の優劣を見て勤務評価を行うとのことである」[27]と記され、四川通省勧工局総辦馮煦らによって勧工遷善所なる施設の建設が提唱されている。[28]勧工遷善所が技藝の学習を目的としたものであることは間違いない。またいかなる人々を対象としているかは明らかでないが、「遷善所」と称していることから類推すれば、既決囚を想定することは十分に可能であろう。これに関連して湖北省では「宜昌〔県知県〕趙は〔県衙門の〕署内に勧工遷善習藝所を設け、「羈繋軽犯」を督して入所せしめ、簡単な技藝を学習させた。製品はすべて県署の東側に設けた店で販売した」[29]とあって、収容された軽罪犯に技藝の習得を課している。山東省では「館陶県が以前に設けた工藝局・自新所の両処に命じ、工〔徒〕を招いて草辮（編物細工）・篾席《むしろ》・棉帯《ベルト》・布毡《フェルト》などの類の製作を学ばせたところ頗る成果があった。近頃また李官荘の産棉の所に機器軋花廠を設立させたが、事半ばにして功は倍に達する成功を収めた」[30]と見え、工徒（貧困層ではあるが犯罪とは無関係かと推測される）が、それぞれ工藝局・自新所で技藝の習得にあてられた。すなわち実業振興に関わる場合には、犯罪の有無にかかわらず、犯罪者であれ潜在的犯罪者であれ、その母体である貧困層が自新所における工藝習得の対象とされていたと考えられよう。各種習藝所など近代的懲役刑執行場および職業指導施設の登場後も、以前から類似した機能を有していた自新所や遷善所がその対象・機能の範囲を拡大させながら習藝所や模範監獄と並存する、ないしはそれらに代替するものとして機能していたのである。

三　湖北闔省遷善所

湖北闔省遷善所登場の社会経済的背景

本節では、罪犯習藝所登場以前の遷善所の具体的事例として、湖北闔省遷善所を取り上げ、設立の経緯や期待された遷善所のあり方を検討してみたい。目黒克彦が指摘したとおり、当該遷善所は湖南遷善所の設置の際にモデルとされたが、「何時、誰によって、如何なる内容のものとして作られたものか、現在の所、全く明らかでない」[31]とあるように、これまでその詳細は不明とされてきた。しかし筆者は東京大学東洋文化研究所・仁井田陞文庫所蔵本のなかに偶然に「湖北闔省遷善所章程一巻」（光緒中、官撰、以下「章程」と略す）を発見した。当該史料は光緒年間のものではあるが、罪犯習藝所登場以前の遷善所としては、湖南省のそれよりも原初的な態様を示すと判断されるから、ここで詳察することにしたい。まず「章程」の冒頭部分の記載から検討を始めることにしよう（①〜⑤は行論の便宜上、引用者が付した）。

窃かに維《おも》うに、①鄂《がく》省（湖北省）の境域は、山水がほとんどその半分を占め、可耕地は耕作可能な農民に給するに足らず、水による利益と被害は常に相い半ばし、連年の旱《ひでり》や澇《ろう》（低地であるため水が浮き上がる）は災害をなした。民間では貯蔵が欠乏しているので、一年でも凶作があれば、散り散りとなって食を求め、流浪してもどれず、故郷に帰ることもなく、遂に惰民《こじき》となってしまう。②凶暴な者は、恣《ほしいま》まに略奪し、法網に触れる。気が弱い者は法を畏れる気持ちがあるものの、自らを救う手立てはない。〔そのため〕暮夜には〔人の〕篋《はこ》をこっそり胠《あ》け〔盗みを行い〕、白昼には嚢《さいふ》をかすめ取り、「狗窃鼠偸《こそどろ》」を働いて何でもやる。有司（知県・知州）は法によってお縄にしようとも、情として不憫に思い、……③伏して思うに、小民が生計を図ることができるのは農と工のみであり、また工のみが耕作（農）に代わることができることは、『周礼』の「司圜《しえん》」には「罷民（五刑に該当しない悪人）を収容して〔技藝を〕教えることを掌る」、「これに仕事を課す」とあるとおりである。④近今《ちかごろ》、自新所・遷善所などを設置したのは、かかる精神に基づいたものである。湖北省城には以前より遷善所一区があり、附郭の江夏県の小窃《こそどろ》人犯を収容して技藝を教え、それを身につけて生計を図り、悔い改めて遷善《かいしん》できるよう冀《ねが》っている。毎年約十数人が頗る成果を収めている。ただし経費が多くないため、〔自新所や遷善所は〕いまだに普及していない。⑤本司（臬《げつ》司＝按察使）・道台らは巡撫の意を汲み取り、ここに武昌府知府の李方、署江夏県知県の徐士彦と〔旧遷善所の〕拡充を検討し、候審所[32]の東側に土地を購入して資材を庀《そな》え、闔省遷善所を創建し、各府州県の小窃綽白《こそどろ》[33]や商店街で騒ぎを起こすような者など軽罪の游手・人犯を収容し、彼らに技藝を教え、それを身につけて過ちを悔いるようになれば釈放する。いま経費を工面し房舎を購って、二百人ほどの収容を見込んでいる。

ここから判明する湖北闔省遷善所設立の経緯を整理すれば、以下のようになろう。まず①で湖北省の自然・経済環境などをめぐる概況が説明される。一般に、湖北省は西高東低の地勢となっており、湖南省の洞庭湖北方にあたる湖北省東部は雲夢大沢と呼ばれ、水田開発が進められた結果、清代には有名な穀倉地帯となったとされる。①はかかる状況を述べたものであろう。しかし農民たちの生活は決して安定しておらず、一年でも凶作があれば、食を求めて農村を離れ、都市部へと流入して物乞いしたのではないかと推定される。②ではこうした都市部へと流入した者には、強盗など暴力を伴った犯罪へと走る者、民家に忍び込んで窃盗に及ぶ者など様々な犯罪へと発展していく場合があったことが語られる。ここでは特に後者に対して関心が払われ、〝生存のための一手段〟としての犯罪＝こそどろやスリの類を行わざるを得ない者をいかに処遇すべきかが、州県自理案の審理を担当する知県の頭を悩ませていたことを窺わせる。③では小民の生計の手段として農と工があげられ、そのうち農を基幹と見なしつつも工によって代替することが可能であるという考え方が示されたうえで、その由来を『周礼』の「司圜（秋官の大司寇のもとにある官）」の記述に求める。これは有名な「圜土《えんど》」について記したもので、罷民（五刑に該当しない悪人）を収容して教化する施設（監獄）をさすといわれている。勿論、その真偽は問うべくもないが、清末に自新所・遷善所を語るとき、しばしば引き合いに出される有名な一文である（第五節を参照）。④はかかる「圜土」の理念を体現したものとして自新所・遷善所に言及する。この記載から見るかぎり、湖北省城にはすでに以前から遷善所が存在しており——地方志に記載がなくとも存在したことは明白である——、「小窃人犯」、すなわち軽罪の既決囚を収禁し、技藝を習得せしめ、教化を図っていた。しかも毎年十数人の人犯が更生・出所したという。ただし経費の不足から十分な普及を見なかったらしい（全国一律に設置されたのではないことを示唆しよう）。そして最後に⑤で巡撫の意を受けた按察使・道台・知府・知県が旧遷善所をより規模の大きな施設へと増建し、湖北省内の各州県の窃盗犯など軽罪の既決囚約二百人を収禁できるようにした。これが湖北闔省遷善所であった。つまり湖北闔省遷善所は清末に突如として出現したのではなく、旧来より存在した――具体的な時期は残念ながら不明であるが――遷善所を拡充するかたちで成立したことがわかる。

では、湖北闔省遷善所はいつ頃成立したか。「章程」の冒頭には「本年八月に起工して建設を進める予定である」とあるのみで、「本年」がいつをさすかは明確でない。しかし「章程」の第九条には「一つ、〔遷善所の拡充にあたって〕土地を購買して房屋を建造する費用は、省城の按察使・道台・知府・知県が工面するのみではなお不足している。惟《おも》うに本年末には〔闔省遷善所は〕いまだ開所できない。すべての州県には官職のポストに関わる捐款[34]（寄付）があり、支出先も決まっていないから、ただちにこれを流用して建設の経費とし、設備を整えさせ、ここ（捐款）から支出することとする。光緒二十一年（一八九五）の春に、時期を択んで開所する」と見えるから、「本年」とは光緒二十年（一八九四）のことであり、光緒二十年に増築工事を開始し、同二十一年に完成・開所を予定していたと考えられる。然りとすれば、旧遷善所の誕生が少なくとも光緒二十年以前に遡ることは間違いない。

湖北闔省遷善所の被拘禁者

つづいて章程中の計九条のうち、細かな職名・給与・経費などについて列挙した第六条~第八条を除く（第九条は前項ですでに紹介した）、他の条文を詳細に見ていくことで、湖北闔省遷善所の制度上のあり方について具体像を描き出してみよう。最初に当該遷善所にはいかなる人々が収禁され、彼らに対してどのような処遇がなされたかを検討してみたい。第一条~第三条には以下のように記されている。

一つ、〔湖北〕省城の〔武昌〕府の監獄前には以前から遷善所一処があり、もっぱら江夏〔県の〕小窃《こそどろ》人犯を収禁し、彼らに手藝を学習せしめ、その改過自新《かいしん》を冀《ねが》ったところ、頗る成果があった。いま手段を講じて拡充し闔省遷善所とする。〔湖北〕省内の各府州県において、衣食に迫られ、軽罪を犯し、〔捕縛されて〕官に送致されたすべての人犯、たとえば小窃綽白や商店街で騒ぎを起こすような無頼の徒は、犯した枷責などの罪がすでに審理・判決されたうえ、そもそも不動産（恒産恒業）を有しておらず、〔今後〕さらに悪事を行うことは免れず、なお収容すべき者があれば、すべて酌量して身柄を〔闔省遷善所に〕護送してくることを准す。ただし、まず各州県が当該人犯の姓名・籍貫（本籍）・関わった事件の経緯について冊籍（帳簿）を作成し〔武昌府に送り〕、武昌府が批准して〔各州県に許可を〕通知したとき、はじめて省城〔の闔省遷善所〕に護送を行うこととする。〔しかし〕重大な案件の人犯や永遠枷号・永遠監禁の人犯、あるいは顔面に刺青《いれずみ》された積窃《ふるどろぼう》などの類は、概ね護送してくるのを准さず、制限を設ける。いま予定の経費や建設する房舎は、勘案して二百人ほどの収容を見込むこととする。もし定員に達したならば、欠員が出るのを俟って、武昌府が〔州県から来る収禁の依頼の〕順番を確認し、各州県に通知して、時期を定めて護送させれば、〔衙役などが〕寄押（管押[35]）する憂いを免れるであろう。

一つ、各州県が護送してきた人犯には、〔闔省遷善〕所に到着後、毎日蔬飯を支給する。冬には絮被《ふとん》と棉襖（厚手の衣服）を、夏には蒲蓆や蕉扇を支給し、本所の委員がその〔人犯の〕資質を観察したうえで、各教習に一藝を教えさせ、たとえば衣服や布の織り方、刻字（彫刻）、結辮（髪結い）、鞋《わらじ》や帽子の製り方、箸筷《はし》の作り方など、それぞれ長けたものを選ばせる。必要な材料については本所が購入して支給する。仕事がうまくできるようになれば、委員が〔その製品を〕販売してやる。材料費を差し引いて、さらに余剰があれば、三割を本犯にお小遣いとして支給し、七割は〔闔省遷善所の方で〕貯蓄して帳簿に記し、当該人犯が出所するときを俟って支給し、今後の生活の資としてやる。各人犯の出所の時期については、所内の委員が随時に観察して決定する。もし悔い改めて、志を立てて善をなし、さらに技藝が成熟したならば、はじめて総理・委員に報告し、首府（武昌府）・県（江夏県）〔の知府・知県〕とともに調査して、それが事実であれば〔出所を〕准し、保証人を取って釈放する。もし釈放後、なお凶暴さに怙《たよ》って悔い改めない者がいたり、あるいは保証人が訴え出たり、あるいは別の案件が発覚したりすれば、ただちに各州県が事実によりつつ報告し、按察使は詳文を送って永遠枷号・永遠監禁とするよう願い出て〔今後の〕戒めとする。

一つ、かつての遷善所は敷地にかぎりがあって〔それ以上〕拡充することができなかった。いま候審所の東側に土地を購入し、号房十二所を建設、各所はすべて墻垣で囲み、号門の柵欄を立てた。所ごとに房舎四間を設け、毎間五人を収禁すれば、一所に二十人、十所でかかる人犯あわせて二百人を収容できる。所ごとに庁事一間を建てて二十人の習藝処とした。その他の二所は、一所を教習の住室兼人犯の医務室とし、もう一所を人犯で教えに背いて口げんかしたり、もめ事を起こしたりした者を閉じ込める場所とし、また各所の前後に厨房を設ける。すべての委員・司事・看役人らは、〔各所の〕前後に房舎数処を建ててそこに居住させる。所内には圊厠《かわや》を設置し、随時掃除を行い、汚穢を免れる。所外は高墻で囲み、池塘を浚って水を蓄え、〔脱逃などの〕不虞に備える。

ここから湖北闔省遷善所が次のような施設であったことがわかる。第一に、冒頭の部分にも見られたように、かつてすでに遷善所なる施設が存在し、省城に附郭する江夏県の窃盗など軽罪犯を収禁して、技藝を学習せしめ、教化を図っていたが、かような機能の有効性が認められた結果として、湖北省内の各州県の軽罪犯をもあわせて収禁できるよう、規模が拡充——毎間五人の雑居房とし、計二百人もの人犯を収禁可能とする——されたことである。

無論、かつての遷善所はこれより遙かに規模の小さな施設であったと推定されるが、少なくとも罪犯習藝所の登場以前から、湖北省でも遷善所が設けられ、軽罪の既決囚の教化に一定の役割を担っていたことは明らかである。

第二に、収禁の対象は一貫して窃盗犯など州県自理案レヴェルの軽罪犯で、重罪犯や累犯などは対象外とされた。このように湖北闔省遷善所の段階では旧来の遷善所の機能をそのまま継承するのみに止まり、後の罪犯習藝所のごとく重罪犯をも対象に含めることはなかった。すなわちかかる時点では、拘禁と労働を重罪犯にまで対象を拡大しようとする刑罰思想はいまだ持ち合わせていなかったといえる。

第三に、身柄の受け皿の視点から見るとき、「そもそも不動産を有しておらず、〔今後〕さらに悪事を行うことは免れず、なお収容すべき者」という表現は、耕作する土地がなく、身柄の引き受け手がない場合に収禁すると解釈できるから、かつての自新所と同様、身柄の引き受け手さえあれば、遷善所への収禁へとは進まなかったと判断できよう。このようにすべての軽罪犯が遷善所に収禁されたわけではないことを考慮すれば、第八章で述べたとおり、新たな刑罰の登場とはいえず、事後措置程度に考えた方がよい。

第四に、収禁された軽罪犯に課された労働については、衣服や布の織り方、刻字（彫刻）、結辮（髪結い）、鞋や帽子の製り方、箸筷の作り方など、具体的な内容が記されているうえ、製品は湖北闔省遷善所の委員によって代理販売され、材料費を差し引いた売上げの一部を小遣いとして、残りを出所後に支給するなど、第八章で検討した、蘇州（呉・長洲・元和三県）や江陰県の自新所の事例と類似する状況を看取できる。乾隆十年（一七四五）に出現した自新所の機能が、一百五十年後の光緒二十一年（一八九五）にまでも受け継がれようとしていたことがわかる。この一百五十年という期間をいかに考えるかは判断に難しいが、一百五十年ものあいだ、特に大きな変化が見られなかった、刑罰思想は発展することなく停滞したままであったと評価するより、むしろ通説的に西洋近代の産物――ウエスタン・インパクトを強調する――であるとされてきた自由刑的なものが、たとえ軽罪犯に限定されたものであろうとも、近代的自由刑の登場が唱えられてきた光緒二十八年（一九〇二）よりも約一百五十年前の中国近世に、すでに出現していた点に注目すべきであろう（その継続性については疑問を呈さざるを得ない部分も存在する）。

湖北闔省遷善所の管理・運営方法

第四条・第五条には、遷善所の具体的な管理・運営方法が示されている。

一つ、〔遷善〕所内には二百人もの人犯を収禁するから、常駐の委員がいなければ、管理・統制することは難しいので、経験豊かな候補佐雜二名を選んで輪番で詰めさせ、責任を明確にする。五日ごとに交替させ、所内に詰めない者は、毎日〔遷善〕所にやって来て監督し、七〜九時に出勤、十七〜十九時に退出する。各員には月給として銭二十千文を支給する。〔遷善〕所内の一切の事務や銀銭の収支の総合的な処理については、ただちに候審所の委員を派遣して兼任させ、すでに給与がある場合にはさらに支給することはしない。また巡撫に請うて局に命じて鈐記《けんき》（印章）を製ってもらい、責務を明らかにし、〔鈐記には〕「湖北総理遷善所委員鈐記」と刻む。毎月初二・十六両日には、按察使が省城の知府・知県を率いて、親《みず》から所内に赴き、一切の事柄を視察する。

一つ、〔遷善〕所の門は七〜九時に開き、十七〜十九時に閉じて、夜間は往来を禁止する。毎日、所の門を閉じる前に、委員が各人犯を一度点呼し、〔人犯が〕各号房にもどって休んだのを確認した後、ただちに号門に鍵を掛ける。……すべての各人犯ははじめて〔遷善〕所に入るとき、委員が号房に振り分け、さらに人犯の身体を調べて、もし凶器の類や、アヘン・煙具（吸飲の道具）、タバコ・水タバコ、洋火（マッチ）・火石（火打ち石）、火刀（鉄製火打ち石）・銀銭などを身につけていたならば、すべて提出させ、帳簿に登記させる。凶器の類を除いて、保釈時には、すべて〔本人に〕返却する。はじめて入所するときには、しばらく鎖鈕《くさり》を施して脱逃を免れるようにする。一ヶ月後、委員が随時観察して、確かに分に安んじて技藝を学習しているならば、鎖鈕を庸《もち》いず、奨励の姿勢を示してやる。各人犯は毎日技藝を学習し、必ずや一定の作業を行うべきである。もし命令に従わなかったり、口げんかや殴り合いをしたり、同室の者を欺凌《いじめ》たりする人犯があったならば、委員はただちに総理に報告し、懲治して〔反省室などに〕閉じ込める。もしそれでも悔いなければ、按察使や省城の知府・知県が所にやって来た折に、報告書を提出し、厳しく枷号を施して懲治する。再三再四行って〔本人が〕改過遷善《かいしん》するまでつづける。

第四条では、さきの章程の冒頭部分と同様、湖北闔省遷善所には二百人にものぼる収容人数が予定されていたことが記され、十分な管理・統制の実施には常駐の委員が不可欠であると述べている。そこで起用されたのが候補佐雜であった。候補佐雜とは佐雜ポストの空缺（欠員）を待つ者――清代中期以降はほとんど捐納出身者であり、任官したことがない者であった[36]――の意であるから、実質的には新任の佐雜が想定されていたと考えてよかろう。実質的な運営責任者の観点から見れば、第九章の洗心遷善局とほぼ同様であったことが確認できる。さらに按察使・知府・知県が視察するとあるから、当然ながら湖北闔省遷善所は非定制・非合法の施設（牢獄）ではなく、むしろ旧監獄とは性格の異なる新たな矯正施設であることは間違いない。さらにかかる性格は旧遷善所や乾隆年間の自新所の歴史的意義を考えるうえにも適用可能であるかもしれない。第五条は遷善所内における具体的な生活の一部を規定したものである。この条文とほぼ同じ内容について目黒も言及しているから、湖南遷善所にも踏襲されていたと判断できよう[37]。

以上、本節では、章程という史料の性格上の限界——開所後の実態や問題点を解明できない——を踏まえたうえで、制度上のあるべき姿としての湖北闔省遷善所を描出してきた。そこで最も重要なのは、章程のなかにも明記されていたとおり、清極末に至って遷善所が突如として出現したわけではなく、すでにそれ以前から存在していた同名の施設の存在が意識されていることである。湖北闔省遷善所それ自体の直接的な淵源がどこまで遡りうるかは不明であるが、第八章以降で縷々述べてきたことを総合的に勘案すれば、乾隆十年（一七四五）の蘇州に誕生した自新所にそれを求めることも可能なのではなかろうか。たとえ直接的な系譜関係はなくとも、蘇州の自新所が果した機能は、ときに変化し、ときに断絶しながらも、綿々と受け継がれてきたと推測できる。『周礼』の圜土が実在したか否かはともかく、中国近世には自新所・遷善所・改過所なる施設がすでに誕生しており、それが結果として機能・規模を拡充させながら、近代の到来とともに生み出された罪犯習藝所へと変化を遂げていった事実は注目されて然るべきであろう。それは近世のなかに近代的な部分を見出すというよりは、むしろ近世に生み出されたものが結果として近代的なるものに偶然にも結びついていったと評価すべきなのではなかろうか。

四　上海県改過所（改過局）

『申報』で報道された改過所

最後に本節では、前節における章程を用いたあるべき姿としての遷善所の分析を踏まえ、すでに第二節で確認した、罪犯習藝所登場以前の光緒二十年（一八九四）十二月に誕生した上海の改過所（改過局とも記す、以下、原文以外は改過所に統一する）について、新聞『申報』から記事を拾って実際の運営状況を明らかにしてみたい。なぜなら『申報』は設置時から改過所に注目していたようで、改過所をめぐる出来事について頻りに報道を行っているからである。その記事の件数は極めて多数にのぼるから、ここではその一部のみを取り上げて整理し、検討を加えてみたいと思う。

改過所開所当時の報道から見てみよう。『申報』光緒二十年十一月三十日、験収工作には、開所直前の改過所について次のように記している。

> さきに江海道関《ママ》の観察〔道台〕劉康侯は、前保甲総巡の〔松江府〕同知葉臨恭、上海県知県黄愛棠に命じて、〔上海〕本城の老北門内にある九畝地営房橋の左傍に、資金を工面して改過所を建設し、流氓を拘禁させようとした。本年（一八九四）九月に着工、その屋宇は南向きの三開間（二本の柱の空間を一開間という）、両側に大庁があり、号所（押所）は二百間ある。各間は縦横それぞれ六尺（二メートル弱）、一間にはただ一人のみを収容し、外は木柵で囲み、四囲には夾弄《きょうろう》（狭い通道）をつくり、夜間には更夫を派遣して巡邏させる。外面は風火高牆（防火用の高い壁）で囲み、門の前には小浜《ひょう》（小河）があるから、浜に沿って竹の柵を築いた。すでに竣工したので、〔黄〕知県は〔劉〕観察に昨日〔午後〕二時に出向いて視察するよう要請した。随行した者は知県および総巡の翁明府（知府）、工程局委員の姜明府、水利庁の林〔珍虞〕小尹（主簿）で、親兵営管帯の婁遊撃、程守備がやってきて、作頭（工事責任者）を呼び出し、逐一点験した。畢《おわ》ると、各官は庁中において座って雑談した。やや久しくして、〔劉〕観察は「各流氓については本所に収容した後、かつていかなる生業に就いていたかを訊問し、以前どおり工作に従事させるべきであり、怠けさせてはならない」と謂った後、ただちに乗輿して衙門へと帰って行った。

まず江海関道台の劉康侯、松江府同知の葉臨恭、上海県知県の黄愛棠など、改過所の建設に関わった地方官の名前を列挙した後、新設の改過所の構造をやや詳細に語っている。ここでは改過所が二百間もの押所を有する大規模なものであったこと、押所がすべて独居房であったこと、改過所が技藝・労働によって更生を図る施設であったこと、しかしそれは清末の近代社会に対応した新たな生業を習得させるというより、むしろ工作の習慣を身につけさせて怠惰を禁ずるものであったことに注目しておきたい。

約四十日後の光緒二十一年（一八九五）正月初十日の『申報』道批彙録の記事には、「上海県の黄〔愛棠〕知県は〔かつて〕江海関道劉〔康侯〕観察の飭（命令）を奉《う》けて、改過所を設置しようと章程を作成し、意見を請うたところ、章程を見るに妥当であると評価され、呂〔蘭階〕県丞・林〔珍虞〕主簿に輪番で〔改過〕所に駐箚して管理にあたらせることで、慎重を昭らかにすべきであるとされた。惟《おも》うに、改過所の設置は悪党を押さえ良民を安んずるものであり、もともと地方官が行うべきことであって、地方に一人の問題を起こす頑民が少なくなれば、一人の分に安んずる良民が多くなり、民間は安静を期待でき、獄訟（裁判）は頻繁に行われなくなり、官民には均しく裨益がある」とあり、改過所の章程の原案が知県によって作成されたこと、県丞ないし主簿が輪番で改過所に駐して管理にあたったこと、改過所における拘禁と労働による矯正がすでに地方官の責務と考えられるようになっていたことが判明する。改過所が県丞・主簿といった佐弐官によって監督されていた点は、第九章の洗心遷善局や本章の湖北闔省遷善所が佐雜や候補佐雜の管理下にあったこととほぼ符合する措置と考えてよかろう。

さらに四日後の光緒二十一年正月十四日の『申報』罪犯習労には、以下のような記載が確認される。「改過所に羈収（収禁）された人犯は、朝夕やる事がないので、口げんかや問題を起こすのを免れない。稽査委員の県丞呂〔蘭階〕は江海関劉観察（道台）の諭飭（命令）を奉《う》け、人犯らを査べ、もしもともとの生業が手藝である者は、ただちにその業を行わせ、もし手藝に慣れていない者があれば、局差に命じて栄昌自来火行に赴かせ、自来火匣（マッチ）を持ってきて、人犯らに黏《ね》って製らせ、これによって暇つぶしとさせ、問題を起こすのを免れる。得られた工賃は、半分は小遣いとして支給し、半分は〔改過〕局で貯金し、釈放の日に発給してやれば、該犯は出所した後に小経営を行うことができ、前轍を踏むことを免れるであろう。これは法として良く、その意もすばらしいものであると謂える」。これは開所直後の所内の生活について語ったものであろう。被収禁者は工作・手藝が要求され、特に手藝を身につけていなければマッチを製らされたらしい。工賃は江陰県の自新所や湖北闔省遷善所の場合と同様、半分を小遣いとして支給し、半分を改過所側が貯蓄し、当人が出所する際に発給していたことがわかる。製品の販売による利益は出所後これを資本に小経営ができるほどであったようである。

改過所の被拘禁者

かかる改過所にはいかなる人々が収禁されたのであろうか。第二節で確認した地方志と同じく、右の『申報』の記事でも「流氓」とのみ記し、具体像を示していない。また本章冒頭で述べたごとく、改過所における拘禁と労働は事後措置なのか、あるいは附加刑と見なしてもよいかについて検討する必要があろう。以下では、表10-2に訳出した『申報』の記事を中心に分析を加えることにしたい。

表10-2には個別具体的な事例を可能なかぎり多数提示するため、計二十六個の記事を列挙した。上述のとおり、改過所に関する『申報』の記事はあまりに多いから、設立直後のものを中心に時系列的に整理したが、なかには重複する案件を取り上げたものも見られる。表10-2を分析しつつ、さしあたり以下の三点、ⓐ被拘禁者、ⓑ審理・判決の担当者、ⓒ判決から見た拘禁と労働の性格を明らかにしてみたい。

ⓐ**被拘禁者**：改過所の被拘禁者は主に二つのカテゴリーに分類できる。一つは軽微な刑事案件の既決囚である。具体的には「賭棍」(②)、「犯賭滋事之徒」(⑩)の博徒、「竊犯」(②・⑪・⑭・㉒)、「行竊」(⑮)、「積竊」(④・⑮・⑱・⑳)、「積慣老賊」(㉑)の窃盗犯（累犯も含む）、「兇犯」(②)、「兇横」(⑲)の暴力犯、「索詐図訛」(③)、「訛詐」(㉕)の

表 10-2　『申報』所載の改過所に関する記事

①『申報』光緒二十年（1894）十二月二十五日，上海県署瑣案
先日，江海関道の劉〔康侯〕観察は「忤逆違訓（親不孝者）」の顧金生を捕縛し，県に送致して厳しく訊問し，改過所に収禁した。
②『申報』光緒二十一年（1895）正月初四日，人犯入所
昨年の十二月二十日以後，本（上海）県の黄〔愛棠〕知県，保甲総巡の翁明府はまず張長慶を改過所に収禁し，三十日までに九名の人犯を該所に移管させた。虹口の賭棍（博徒）の崔慶福・朱木木・関阿大・張海和・徐阿金，窃盗犯の周雨卿，巡丁と偽った徐金標，兇犯（暴力事件の犯人）の土阿宝・姜福寿で，みな〔上海〕県の自新所に拘禁されていたが，いま黄知県の命令を受けて改過所に移し，更生を期待することとした。
③『申報』光緒二十一年（1895）二月初二日，移請発所
毛桂栄なる者は金銭を浪費する無頼で，賄賂を求めて詐欺をはたらき，輪船支応局といかなる関係にあったかはわからないが，何度も赴いて局員を欺こうとしたのは深く悪むべきである。昨日亟《すみ》やかに上海県に移送し改過所に収容して懲らしめるよう求めた。当日差役が黄知県に知らせ，〔黄知県が〕取り調べを行って供述書を取り，その後〔改過〕所に送った。
④『申報』光緒二十一年（1895）三月初四日，流氓収所
本（上海）県がさきに准《う》けた通知によれば，英公堂が積窃《ぶるどろぼう》の王阿根・顧阿九，誘拐犯の朱東生の身柄を送り取り調べを依頼してきたので，黄知県はしばらく自新所に収容して取り調べを行った。……〔黄知県は〕判決を下して三人をあわせて改過所に送り，十年間収禁することとした。
⑤『申報』光緒二十一年（1895）三月十五日，上海県署瑣案
李成裕は逆子（親不孝者）の李阿狗を送って県に出頭し〔彼を〕改過所に収容してくれるよう依頼してきた。翁知府が取り調べを行ったところ，李〔成裕〕が訴えるには，小的《わたくしめ》には三人の息子がおり，次男は二十四歳，三男は二十一歳で，阿狗は長男です。十三歳のときに，師に従って業を習いましたが，その後，放蕩に耽ることになり，もっぱら賭棍（博徒）と仲間になり，ときには小的《わたくしめ》に向かって金銭をせびり，少しでもその意に違えば，たちまち肆《ほしいまま》に暴力を振るいました。……知府は判決を下し，改過所に送って五年間羈押《きおう》（収禁）することとした。
⑥『申報』光緒二十一年（1895）三月二十三日，所犯釘鐐
本城（上海県）の改過局はさきに〔改過〕所に収禁した張海和・姜福寿ら三犯が脱走したため，その後，委員の呂〔蘭階〕二尹（県丞）・林〔珍虞〕小尹（主簿）が道憲（道台）の劉観察の諭令（命令）を奉《う》け，親不孝者〔で収禁した者〕を除き，概ね釘鐐《あしかせ》を施すこととし，ただちに命じて脚鐐《あしかせ》一百副を取り揃え，〔改過〕局に準備させた。
⑦『申報』光緒二十一年（1895）三月二十三日，県案彙録
姚金氏は逆子（親不孝者）の姚巧生を送って〔上海〕県にやって来て，以下のように訴えた。巧生は……金銭を求めて無駄遣いし，少しでも意を遂げられねば，肆《ほしいまま》に殴ったり罵ったりした。……改過所に収禁してもらいたいと。……〔黄愛棠〕知県は〔姚巧生を〕一喝し，笞一百板のうえ，改過所へ送って三年間収禁とし，悔い改めることを期待した。
⑧『申報』光緒二十一年（1895）三月二十七日，上海県署瑣案
銭氏は逆子（親不孝者）の某甲を縛り上げて〔上海〕県にやって来て訴えるに，息子は縄業を学んだが，もっぱら無頼と仲間になり，アヘンを吸ったり賭博を嗜んだりして，〔悪事として〕やらないものはないため，改過所に送って収禁して欲しいとのことである。黄〔愛棠〕知県は諭して当番の差役に〔身柄を〕管理させて訊問を候たせた。
⑨『申報』光緒二十一年（1895）四月初二日，上海県署瑣案

戴顕遠は外甥の王晋彪を送ってきて究明して欲しいと請うた。翁知府が訊問したところ，戴は次のように訴えた。職員《わたし》は鎮海人であり，租界に某字号〔という店〕を開設しています。王甥は職員の姉が産んだ子で，姉はすでに逝去しています。職員はしばしば王甥に商売をするよう薦めましたが，店の規定を守らないばかりか，さらに着服まで行い，職員は多大の被害を受けました。その後，薦めて測海兵輪船へ赴いて水手にならせましたが，思わぬことに旧習（悪習）が抜けておらず，もっぱら下流と仲間となり，統帯〔官〕に解雇され，店にもどるとたびたび金銭をせびりました。ですから翁知府に厳しく諭していただきたいと。……翁知府は「おまえの姿を観れば不肖の子弟であることはわかる。もともと笞責すべきだがしばらく大目に見てやる。自新所に収禁三ヶ月とし，もしよく反省して王姓の族人が引き受け手となれば請け出させてやるが，もしなお向上心がなければ改めて改過所に五年間収禁する」と語った。

⑩『申報』光緒二十一年（1895）四月十二日，県案彙録

彭大鵬は本邑（上海県）南郷の閔行鎮で賭博を行って罪を犯した。さきに黄〔愛棠〕知県が訪聞して身柄を確保し，〔上海〕県へ護送して自新所に収禁した。……〔黄知県の調べによれば〕彭大鵬は名声が轟いており，もっぱら賭博を行って問題を起こす者であり，人々はその凶暴さを畏れている。現在，押所に収禁しているが，また問題を起こしたので，命じて改めて改過所に収禁して儆《いまし》めることとする。

⑪『申報』光緒二十一年（1895）四月二十二日，永羈窃犯

窃盗犯の薛阿桃は，かつて道轅号房で箱中の帳簿を盗み，上海県の捕役に捕縛され，巡防南局へと護送された。……夏芝蓀知府の厳しい訊問のもとで，〔薛は〕しばしば窃盗を行ったことを自供しており，何度も罪を犯しても，なお悔い改めることもなく，民間の被害は甚しく，わずかに枷責するのみでは，儆《いまし》めるに足らないから，今後，改過局に送って永遠に収禁することとする。〔改過〕局に到着後，委員の呂蘭階県丞と林珍虞主簿は数語訊問した後，命じてただちに釘鐐《あしかせ》を施して所中に収禁した。

⑫『申報』光緒二十一年（1895）五月十五日，送所改過

本地人の沈桂松は，年齢二十歳，正業に務めず，娼婦や賭博など金銭を無駄遣いし，〔悪事として〕やらないものはなく，父親の沈某がしばしば説教しても，改めようとはしなかった。〔そこで〕やむを得ず水利局総辦の周秋江同知に求めて，改過所へと送り，委員の呂蘭階県丞に，沈〔桂松〕を〔改過所に〕収禁し，悔い改めさせるように願った。

⑬『申報』光緒二十一年（1895）五月十七日，悪棍成擒

近ごろ著名流氓の海和頭すなわち張海和一名を捕縛した。張はもともと改過所の脱走犯で，また五虎将中の巨魁である。

⑭『申報』光緒二十一年（1895）五月二十五日，県案彙録

窃盗犯の張阿三は以前，上海の南の高昌廟一帯でたびたび窃盗をはたらき，なおかつ賭博を行ったので，高昌廟巡防局委員の魯介彭主簿に捕縛され，上海県へ送られて取り調べを受けた。……〔夏芝蓀〕知府は張が年齢が若いにもかかわらず，正業に務めず，もっぱら窃盗・賭博を行って地方に害を与えていたので，判決を下して改過局に送り，呂〔蘭階〕県丞に張を永遠に収禁するよう申しつけた。局に到着後，呂県丞は例に照らして目の前で釘鐐《あしかせ》を施し〔改過〕所に収禁した。

⑮『申報』光緒二十一年（1895）五月二十六日，逃犯即獲

本城（上海県）の改過所に収禁されている人犯は多くが凶暴・傲慢で従わない。昨晩三更（十二時）頃，英公廨から送られてきて収禁されている積窃の王阿根と，道轅号房に入り込み窃盗を行った薛阿桃は，まず脚《あし》鐐《かせ》を銼断《せつだん》し，然る後に牆壁を穿ち，麻縄を用いて囲牆上に懸け，これを縋《つた》って下りていき，急いで逃亡した。……〔その後，彼らを捕縛して〕県丞が訊問したところ，両犯は次のように自供した。小的《わたくしめ》は改過所に収禁されると，永遠に釈放されないと聞いたので，慌てて脱走しましたと。県丞は怒り，大喝してそれぞれ笞九百板とし，さらに鐐銬《あしかせ》を施し，所中に収禁し，看役・更夫に厳しく監視させた。

⑯『申報』光緒二十一年（1895）閏五月初四日，県案彙録

法公堂から移送されてきた王順生一名については，母親の訴えによれば，彼が親不孝で刀を持って凶行（殺害）に及ぼうとしたため，改過所に収禁して欲しいという。……〔夏芝蓀〕知府は，彼の病が重いのは本当

（つづく）

であると見て取り曰《い》った。刀を持って親不孝をしたからには亟《すみ》やかに改過所に収禁し，永遠に監禁すべきであるが，患病に配慮して，しばらく自新所に収容し，官医を派遣して治療させ，病が癒えるのを俟って，再び改過所に収禁すると。

⑰『申報』光緒二十一年（1895）閏五月初九日，県案彙録

さきに閔行司巡検の陳から移送されてきた親不孝者の蘇福生一名については，〔上海〕県に到着後，所に収容し，訊問を候たせていた。昨晩もまた夏〔芝蓀〕知府が引き出して諭して次のように曰《い》った。おまえの母は閔行司の衙門に来て訴え，おまえが平日家産を無駄遣いし，もっぱら無頼と仲間となり，ときに母親に向かって無心し，金銭がないと，ただちに暴力を振るおうとして，法を犯すことすでに極まっていると。……知府は，おまえが法を犯したことは軽しく恕《ゆる》すことはできないから，改過所に送り，呂県丞に永遠に収禁させることにする。悔い改めたならば，身柄を受け渡して保釈するのを准すと曰《い》った。

⑱『申報』光緒二十一年（1895）閏五月二十一日，県案彙登

積犯の蘇阿狗はさきに法界で罪を犯し，原籍に送り返されたが，ここへ来て再び舞いもどり，某日，某洋行の門前で窃盗を図ったが，捕縛されて上海県に転送され，取り調べを依頼された。……〔夏芝蓀〕知府は，本来ならば笞責すべきところであるが，まだ盗品が見つかっていないことを考慮し，緩めて笞責は免除し，改過所に収禁し，永遠監禁とすると曰《い》った。

⑲『申報』光緒二十一年（1895）閏五月二十二日，従寛発落

粤（広東）人の劉阿庭はさきに楊樹浦の薙髪店で髪を結ってもらったとき，剃匠の張錫華と口論となり，すぐさま流氓の周関生・周活生と殴打しあい，また張煥栄に太腿を刀で切られた。……〔上海知県の黄は〕「おまえはまだ若年であるのに，このように凶暴とは」と曰い，大喝して笞八百板とし，脚鐐を施したうえで，改過所に送り，永遠羈収（監禁）とした。

⑳『申報』光緒二十一年（1895）七月初二日，羈収積犯

積窃の王阿樹・王敬堂は本邑（上海）の南郷の閔行鎮で窃盗を犯し，黄浦司巡検の陳に捕縛され，〔陳は〕取り調べて懲治するよう依頼してきたので，県に到着した後，〔上海県の〕黄知県は捕役に命じて〔身柄を〕管理させた。昨日，呼び出して訊問したところ，阿樹は，小的《わたくしめ》は敬堂の兄で，二十一保十七図に住み，耕作して日々を過ごしております。敬堂はもともと正業に務めず，「鼠窃狗偸《こそどろ》」をしておりました。……と供述した。敬堂は，小的《わたくしめ》はかつて秦栄光らの家で，酒壺・短衫《シャツ》・布褲《ズボン》を窃《ぬす》みましたが，盗品はすでに黄浦司の陳老爺によって没収され，失主（被害者）が持ち帰りました，と供述した。〔黄〕知県は〔敬堂は〕笞二百板のうえ，改過所に収禁すると判決を下した。阿樹についてもまた〔改過〕所内に収容し，地保の顧永汀がやって来て訊問を受けるのを候って，再び審議するものとした。

㉑『申報』光緒二十一年（1895）七月初七日，県案二則

閔行黄浦司巡検の陳がさきに〔身柄を〕送ってきた窃賊の王阿樹・王敬堂兄弟は県に到着すると，黄知県の訊問を受け，王敬堂は窃盗を認めたので改過所に収禁したが，王阿樹は認めなかったので，しばらく自新所に収容して，地保の顧永汀の訊問を候つことにしたという情報については，前報に紀《しる》したとおりである。昨晩，地保の顧〔永汀〕が到着したので，黄知県がただちに簽押房で訊問したところ，王兄弟は均《とも》に「積慣老賊《ふるどろぼう》」で，王阿樹は近ごろもまた某の航船の布疋を盗んだが，事件は今なお未解決であるから，大老爺（知県）に究明して欲しい，決して冤罪ではありませんと供述した。知県はかかる供述を得ると，王阿樹を改過所に送り，永遠羈収（監禁）とし，地保の顧は退出させた。

㉒『申報』光緒二十一年（1895）八月十三日，罪人斯得

本城（上海県）の改過所に先日，収禁された朱木木・張海和ら十五名は脱逃し，現在に至っても〔身柄は〕確保されていない。昨晩，また周雨卿・陳栄根の二人の窃盗犯がそれを真似て，鏉水（何らかの薬品か）を用いて脚鐐《あしかせ》を壊し，壁に穴を穿ちて，首を出したところで看守に発見され，〔看守が〕大声をあげたため，看役たちが一斉に集まり，その場で捕縛し，稽査委員の呂二尹（県丞）・林少尹（主簿）に報告した。彼らの訊問の結果，陳栄根が発意したことがわかり，独《ひと》り笞一千板，周雨卿は〔陳に〕追従して脱逃しただけなので，笞五百板とし，堅く鐐銬《あしかせ》を施したうえで，ただちに〔改過〕所に収禁した。

㉓『申報』光緒二十一年（1895）十月二十一日，県案彙録

陸子卿は逆子（親不孝者）の陸雪香を連れてきて上海県に到着し，次のように訴えた。この息子は正業に務めず，親不孝者であると。黄知県は差役に命じて〔身柄を〕管理し，訊問を候たせた。昨晩，委員曽知府が花庁（お白洲）に上がり，案件について訊問した。……陸雪香は，〔私は〕本邑（上海県）の西郷の廿九保五図地方に住んでおり，年齢は二十四歳，耕作して日々を過ごし，もともと分に安んじて，親不孝などしておらず，父親が家で教育するときにも，特に変わったことはありませんでした。昨年五月，従叔祖（父方の目上の親戚）の〔陸〕月香が楡樹一株を借りに来て，現在に至るまで還さないため，催促した際，その言葉が逆鱗に触れ，父親も怒って〔私をここへ〕送ってきたのです。いま恩情にすがってお宥しくださいますようお願い申し上げます。以後，前非を悔い改めますと供述した。知府は判決を下し，笞二百板のうえ，改過所に送って収禁し，「改悔自新《かいしん》」するのを候って，再度審議するとした。

㉔『申報』光緒二十二年（1896）三月十六日，法捕房発落瑣案

窃盗犯の朱春濤・陸俊発・王阿富は，枷期がすでに終わったので，枷をはずし，原判決のとおり，朱は笞五百板，陸・王はそれぞれ笞四百板とし，朱は父親の朱国長に引き渡し，身柄の保証を取ったうえで，厳しく管理させることとした。陸・王はさらに監禁して身柄の引き受け手をさがすべきであるが，もし保証人を得なければ，再度審議したうえで，改過所に送り，永遠監禁とする。

㉕『申報』光緒二十四年（1898）八月初四日，上海県署瑣案

また以前に訊問を受けた唐阿茂を再度訊問したが，唐はまたも詐欺を認めなかった，〔李〕県丞が査べ得たところでは，唐はさきに改過所に収禁され，釈放された後もなお悔い改めていないのは，極めて悪むべきであるとのことから，〔笞〕三百板のうえ，さらに改過局に二年間収禁すると判決を下した。

㉖『申報』光緒二十四年（1898）八月十四日，上海県署瑣案

李金宝は，高鑑泉が李の妾王氏を誘拐した件で訴え，西門外巡防局から県へと送られてきた。昨晩，李県丞が訊問したところ，李〔金宝〕は，王氏はもともと「烟被（娼婦）」でしたが，小的《わたくしめ》が出資し，請け出して娶り□室としました。小的《わたくしめ》は「橋□」を設け，高鑑泉を夥計《てんいん》として雇用し，三年となります。昨年，高が王氏を誘拐して川沙〔県〕にひそみ隠れ，いまようやく〔身柄を〕確保しましたので，ただちに究明して懲治してくださいますようお願いいたしますと述べた。王氏は，李金宝が小婦人《わたくし》を娶ったとき，正室とすると約束しましたが，その後，彼の家に行くと，正室は別にいたため，やむを得ず「小星（妾室）」となりました。〔正室に〕しばしば虐待を受けたので，高に随って〔高の〕故郷へ回ったのですと供述した。高は，王氏は自ら希望して小的《わたくしめ》の故郷へ回って一緒に住んだのであって，決して誘拐ではございませんといった。県丞は大いに怒り，叱りつけて〔笞〕四百板のうえ，改過所に送って二年間収禁することとした。王氏は李〔金宝〕に連れて帰らせた。

詐欺犯、「誘拐」㉖の誘拐犯のほか、「著名流氓」⑬や「冒充巡丁」[38]②といった表現も見られる。これらの記事内容からすれば、初犯のみならず累犯や暴力犯を含むとはいえ、悪意性が比較的低いと判断された者が多いようである。しかし湖北闔省遷善所では収禁を禁じていた「積窃」や「積慣老賊」「著名流氓」など常習累犯であっても改過所への拘禁が行われている事例を確認できるから、拘禁と労働を適用する範囲が想像以上に幅広く設定されていたと考えられる。かかる点はⓒで検討してみたい。

これら被拘禁者がいかにして改過所にたどり着いたかを考えてみると、②・④・⑩・⑪・⑭では（保甲局あるいは巡防局→）上海県署（→自新所）→改過所という大筋の流れが想定でき、当初自新所に収禁されたのが改過所へと移されている。これは上海県の自新所の性格と改過所のそれが異なるものであったことを示す。他の『申報』の記事をも参照すると、この自新所は何らかの理由で判決を保留されている者を収容する施設、いわば待質所に近い機能を有していたと推定できる。新たな改過所の登場とともに矯正施設としての機能が自新所から奪い去られたとも考えられるかもしれない。また最初の身柄確保は④・⑮では英公堂、⑯では法公堂、⑳・㉑では黄埔司巡検によって行われ、その後護送されてきているから、租界も含めて上海県各地の治安維持組織から身柄が送致されてきていたと見なしてよいであろう。

このように改過所への身柄送致が実施される一方で、改過所からの逃亡もしばしば報告されている。⑥では②に登場する張海和・姜福寿らの脱走が語られ、結果として改過所でも被拘禁者に脚鐐を施すようになったことが述べられている。第八章の自新所でも言及したとおり、矯正施設という本来の機能からすれば、手枷・脚鐐の類を施すことは避けられていたが、この脱走事件を契機として、次に述べる「違訓（親不孝による依頼拘禁）」を除く、他の刑事犯たちは基本的に刑具を施すようになったと思われる。

もう一つのカテゴリーは「忤逆違訓」①、「違忤」⑯・⑰、「逆子」⑤・⑦・⑧・㉓、「不肖子弟」⑨、「不務正業」（⑫）などと記載される素行の悪い親不孝者である。これらの被拘禁者は賭博・アヘン・娼婦など放蕩に耽ったり、親に金銭を無心したり、場合によっては親を殴る罵るといった様々な暴力行為に出たりした者であった。⑨には「専与下流為伍（もっぱら下流と仲間となる）」「甘入下流（甘んじて下流に入る）」などの表現も見え、親の教訓も顧みずに社会の下層へと身を落としていった若者が拘禁されているようである。

たとえば父母を罵るという一事を取り上げれば、『大清律例』刑律、罵詈には「罵祖父母父母」の条が立てられており、「［自分の］祖父母・父母を罵る者、および妻・妾で夫の祖父母・父母を罵る者は、すべて絞刑とする。親告によって罪に問われる」[39]という罵詈律と呼ばれる条文が存在したことは有名な事実であるが、これは親告罪とされながらも、父母に対して罵詈雑言を浴びせた者に対して、社会秩序維持の目的から「絞」という極めて厳しい刑が適用されていた。親告罪であるからこの律が現実に適用される可能性は少なかったとも考えられるが、右の第二のカテゴリーそれ自体が、改過所への拘禁と労働が罵詈律に代わる現実的な対応となっていたことを示唆するのではなかろうか。

では、彼らはいかにして改過所にたどり着いたか。まず重要なのはすべて父母ないし親族による依頼拘禁であった点であろう。父母・親族は放蕩生活を送る息子（⑤・⑦・⑧・⑫・⑯・⑰・㉓）あるいは外甥（⑨）を上海県署や巡検（⑰・㉑）のもとへと連行し、改過所に拘禁して労働させることで悔い改めさせて欲しいと依頼したのである。

これら二つのカテゴリーを総合的に勘案すれば、改過所の機能が第九章で論及した洗心遷善局に極めて類似することがわかる。第一のカテゴリーは該局の遷善所に拘禁された軽罪犯、第二のカテゴリーは洗心所に拘禁された良家子弟にそれぞれ該当すると見なせるからである。すなわち上海県の改過所は第三節の湖北闔省遷善所の機能に止まらず、第九章第三節の呉県洗心局のそれをも加えたものであったといい得る。そしてその二百人を収容し得る規模の大きさから考えても、上海県の改過所は一大更生センターであったと断言してもよいであろう。

改過所における審理と判決

ⓑ審理・判決の担当者：被拘禁者が上海県署ないし改過所に送致された後、審理・判決はいかなる人物によって行われたであろうか。判決を下した具体的な人物がわかる記事を分類・整理すると、道台一件（①）、知府八件（⑤・⑨・⑪・⑭・⑯・⑰・⑱・㉓）、知県九件（②・③・④・⑦・⑧・⑩・⑲・⑳・㉑）、県丞五件（⑫・⑮・㉒・㉕・㉖）となる。道台の事例はわずかに①のみであり、記載もやや省略があるかもしれないため、例外的なものと見なしてよいであろう。一方、最も多いのは知県、ついで知府であるが、清代裁判制度に関する一般的な理解では、初審を担当するのは知県であるから、これが多くなるのは当然であるといってよい。しかし知府が初審以降の審理において重要な役割を果たしたとは指摘されてこなかったが、改過所への拘禁をめぐっては、上海県署に連行されようとも、知府が審理・判決を行っている場合（⑤・⑨・⑭・⑰・⑱・㉓）が少なくない。これは改過所が松江府をも含めた広い地域からの送致を認めていたからであろうか。

また佐弐官の県丞が審理・判決を行う場合があったことは注目すべきである。上述のとおり、県丞は改過所の直接的な監督責任者であったが、ときとして審理・判決を代行することがあったのである。第四章で検討した、乾隆年間以降における市鎮に移駐した佐雑の裁判への関与とあわせて考えると、極めて興味深い事実であるといえよう。

ⓒ判決から見た拘禁と労働の性格：改過所への拘禁を言い渡された判決に関する文言のみを見てみると、「判令三人一併発改過所、以十年為期」（④）、「判令発改過所、覊押五年」（⑤）、「改収改過所五年」（⑨）というように、改過所への拘禁を命ずるとともに、その期間も年を単位に――少数例ではあるが月を単位に――明確に判決されていた。かつての自新所が技藝を身につけて「改過自新《かいしん》」するまでと曖昧な表現に終始していたのとは明らかに異なっている。改過所への拘禁が単なる事後措置でなく、あたかも一種の刑のように扱われているかのように見えるのである。

では、改過所ではもはや旧来の笞杖刑などが拘禁（収改過所）に読み替えられていたかといえばそうではない。たとえば「笞一百板、発改過所三年、以期改悔」⑦、「判令笞責二百板、発収改過所」⑳、「笞五百板、釘上堅固鐐銬、即行収所」㉒、「判令笞責二百板、発改過所羈収、候其改悔自新、再行核辦」㉓、「判責三百板、仍収押改過局両年」㉕、「喝責四百板、発改過所収押両年」㉖とあって、笞刑を言い渡したうえで、さらに改過所への拘禁が附加的に命ぜられている。つまり肉刑としての笞杖刑（杖刑は判然としない）はなお残存しており、拘禁はその附加刑として機能していたといえよう。

ところが一方で、凶悪犯でなく、累犯などで従来ならば発遣・充軍・流刑・徒刑として処分されていた者が拘禁に読み替えられたのではないかと推測させる事例がしばしば見出される。それは五年から十年という比較的長期にわたる拘禁は勿論、とりわけ「永遠監禁」＝無期懲役刑の判決が頻出する点にある。「永遠監禁」それ自体は、管見のかぎり、清代中期以降の史料中にも散見するが、多くは精神病者による殺人などへの人道的配慮であった[40]。しかし『申報』の記事のなかには「送改過局永遠羈収」⑪、「判令送交改過局……永遠収禁」⑭、「亟宜収入改過所、永遠羈囚」⑯、「著収改過所、永遠羈収」⑱、「喝拿下重笞八百板、釘上脚鐐、発改過所、永遠羈収」⑲、「発改過所、永遠羈収」㉑のように、窃盗の累犯（積窃）などに対して「永遠監禁」の判決を下した事例が少なからず見られる。「永遠監禁」という長期に及ぶ拘禁期間は軽罪犯を対象としたものとは到底考え難く、窃盗の累犯などのように、個別の罪自体はさほど重罪ではないが、過ちを悔いず繰り返し犯行に及ぶといった常習性を伴った案件の場合、かつてのように発遣・充軍・流刑・徒刑に擬するのではなく、笞刑と改過所への拘禁に読み替えられていったのではないかという推測も可能なのである。ただし、かような判決を受けた事例が本当に「永遠監禁」されたかといえば、必ずしもそうではなく、「陸王還押覓保、如無人具保、……発改過所、永遠監禁」㉔と見えるように、身柄の引き受け手となる保証人が現れれば拘禁を免れたり、「発交改過所、……永収所中。以冀悔悟、再准覓保」⑰のごとく、「永遠監禁」中であっても悔い改めれば、保証人を取ったうえで釈放されたりしたようである。かような事例も存在するとはいえ、「永遠監禁」の判決は被拘禁者に一定の恐怖感を与えたらしく、「小的聞已収改過所、即永遠不能開釈、是以情急脱逃」⑮と、被拘禁者が「改過所に拘禁されたまま永遠に釈放されない」と焦りを募らせた結果、脱逃という手段に出た事例が確認される。このように見てくると、改過所への拘禁はもはや事後措置でなく、附加刑であるといっても過言ではない。上海県改過所の事例をもって中国全体に普遍化させるのには無理があるが、少なくとも改過所ではすでに一部の旧刑法の拘禁刑への読み替えが試みられていたと考えられるのである。

改過所における刑の読み替えとその発見の意義

このように改過所において一部の発遣・充軍・流刑・徒刑の、笞刑（〝懲らしめ〟的な意味あいが強いか）と幾年かの拘禁への読み替えを発見できたことは、これまでの近代的刑務所誕生の歴史に若干の修正を迫るものとなろう。中国法制史研究者の島田正郎はやや長文であるが、かつて次のように指摘した。

懲役刑を執行するための刑務所なるものは、中国に伝統的に存在せず、それが造られたのは、清末、西洋の影響を受け始めて以来のことであり、直接には日本の制度に学んだものであることは、既に早く「清国行政法」の指摘するところであり、……光緒二七年八月癸丑、両江総督劉坤一、湖広総督張之洞が連名して……従来の監獄を改修すべきこと、各州県の獄に工藝房を附設して、囚人に労働を課すべきこと、徒・流等の刑が逃亡容易で懲戒の実を失っている故、これを罰金と羈禁幾年との併科に代えるべきことなどが上言されている。さらに翌二八年一一月己卯には、護理山西巡撫趙爾巽は、軍・流・徒等の罪名、本意全く失われ、流弊滋多なる現状に鑑み、新たに各省に「罪犯習藝所」を設け、遣・軍・流・徒等の罪犯をここに収容し、年限の長短をもって罪の軽重とすべきことを上奏、刑部修律大臣沈家本・伍廷芳これを検討して実行案を提出し、光緒二九年四月三日、裁可されて法となった。この新章の成立によって、遣・軍・流・徒はすべて幾年かの「収所習藝」に読み替えられることとなり、同時に各省都と道台駐劄地とに習藝所を設ける方針が打ち出され、かくしてここに、中国における近代的懲役刑は誕生した。(41)

かような島田の指摘は現在もなお有効であり、筆者もこれを否定しようとするものではない。確かに西洋の影響、いわゆるウエスタン・インパクトを完全に否定することは不可能であり、いわゆる「近代的懲役刑」の登場は清末習藝所の誕生を俟たねばなるまい。しかしこのように西洋生まれの「近代的懲役刑」への完全なる一致を中国に求めようとすれば、かかる回答にならざるを得ないが、それは歴史を遡って類似の事象をさがし求めようとする行為にほかならず、筆者はここに疑問を呈したいのである。本書で縷々述べてきたとおり、乾隆十年（一七四五）の蘇州に誕生した自新所（遷善所・改過所）は拘禁と労働によって矯正を図ろうとする施設であり、その後、全国一律とはいえないものの、各地域に広く普及・展開を見せ、清後期の光緒年間までには都市部のみならず、浙江省南潯鎮のごとく巨大市鎮にも出現するに至った。被拘禁者も軽罪の既決囚だけであったのが、賭博・アヘン・娼婦など放蕩に耽る不肖の子弟をも含むようになったうえ、省城では湖北闔省遷善所のように収容人数自体も大幅に増加されていき、機能も規模も漸次拡充されていく傾向にあった。そうした中国近世以来の刑罰思想の延長上に上海県の改過所は登場したのであり、一部の発遣・充軍・流刑・徒刑の、笞刑と幾年かの拘禁への読み替えが現実化したのである。そしてそのさらに延長上に罪犯習藝所や模範監獄が位置することは、島田が右に述べたとおりである。したがって、蘇州の自新所、上海の改過所の誕生はそれぞれ中国近世から近代にかけての刑罰思想の変遷を見るうえでエポックメイキングな出来事であり、かような歴史の流れのなかに罪犯習藝所・模範監獄を位置づけていく必要があろう。すなわち刑罰制度上における拘禁と労働への着目はすでに中国近世に芽生えていたのであり、試行錯誤を繰り返しながら次第にその適用範囲を拡大してゆき、ウエスタン・インパクトによっていわゆる「近代的懲役刑」へとたどり着いたと理解すべきなのである。

五　小結

鄭観応は清末の光緒十八年（一八九二）に刊行した『盛世危言』獄囚のなかで次のように述べている(42)。

近ごろ聞くに各省の州県の多くには自新所が設けられ、軽罪犯を処遇しており、法としては誠によい。もしさらに西洋の法を参考にして推し広げ、〔死刑を除く〕軍流以下についてもみな自新《かいしん》して更生できたなら、民の〔命の〕保全は必ずや多く、〔犯罪者の〕処遇もまた行いやすい。政治システムを整えて広く陰功を積むことも、仁人（仁徳ある人）が深く許すところであるべきであろう。
西洋の事例をもって中国と比較すれば、法には軽重があり、律には寛厳があるとはいえ（それぞれ異なるとはいえ）、〔いずれも〕工作にあてることはじつに今日の刑書（法典）の闕を補うことができるだろう。漢代の城旦・鬼薪の類のごときは、古えの意がいまだに尽くは亡くなっていないことを示すものであり、〔それは〕じつに『周礼』に本《もと》づき、その源を追究すれば、『周礼』の「圜土をもって罷民を聚教す」〔という記載〕にたどり着く。圜土とは都市の牢獄であり、罪ある者をこれに入れて工作させ、改心するのを俟って釈放する。そもそも悪人が法を犯せば半ば飢えと寒さに迫られ、拘禁されれば生活は益々窮し、釈放されれば依然として貧困であり、少しでも死を緩めてやれば、必ずやもとのごとく罪を犯す。もし〔官憲側が彼らに〕代わって籌《はか》らねば、罪に服したとしても生きていく路はない。

この文言を見れば、鄭観応は中国の刑罰制度のあり方を正確に認識していた。無論、淵源を『周礼』の圜土に求めるなど、当時の知識人の中華主義的な文明観が如実に看取される部分もあるものの、「拘禁」と「労働」に積極的な意義を見出し、それを具現化したものとして自新所に最大限の評価を与え、これに西洋の法を参考にしつつ軍流以下にも敷衍できたらと述べている。かかる認識は本書が自新所の刑罰史上の意義に着目してきたことと奇しくも一致している。あたかも鄭観応が本書の意義を代弁してくれているかのようであり、筆者にとっては極めて示唆的な叙述である。

ここで言及しておきたいのは自新所における「労働」の意味である。それは鄭観応が語るとおり、貧困のために罪を犯した者が再び犯罪に手を染めないように生計の手段を授けようとするものであった。第八章でも指摘したように、地域社会に受け入れられる人間になることが最も望ましかったが、仮に受け入れられなくとも生きていけるよう「労働」の方法と習慣を身につけさせようとしたにすぎなかった。したがって「中国社会にとってより有用な人材として組織しようとする」というほどの目的があったわけではなく――もちろん実業振興政策とも少なからぬ連関性を有していたが――、いかにして罪を犯さない程度の生業を身につけさせるかが重要であった。すなわち〝生存のための一手段〟としての犯罪に対して厳罰主義をもって対処するのではなく、生業の習得によってより根本的な解決をめざすものであったと評価すべきであろう。

最後に、本書冒頭で言及した治外法権撤廃に向けての中国と日本の歩みを、清朝官僚による日本警察・監獄視察報告から一瞥しておくことにしよう。なぜなら、清末中国で司法など様々な改革が進められるなかで、直接に欧米に範を取るより、むしろすでに近代化を遂げた日本を介した方が言語上容易であるし、距離的にも近くて便利であると考えられ、多くの官僚が視察したからである。実際にどれぐらいの官僚が日本の警察・監獄を訪問したかは判明しないが、主な訪問先としては内務省警保局、八重洲町警視庁、日本橋警察署、巣鴨監獄、東京監獄、市谷監獄などがあげられる。

実例を見てみよう。光緒三十年（一九〇四）四月二十七日から日本を訪れた胡玉縉の『甲辰東遊日記』には「〔六月〕四日午前八時、麹町区八重洲町警視庁を訪問し、第二部長警視松井茂と会談した。〔その言によれば……〕日本〔の警察〕は三十年の研鑽を重ねて、ようやくかかる体裁を整え、〔欧米〕各国に勝るものとなった。〔欧米〕各国の巡査は強さが求められるが、日本の場合は強さとともに、道徳が最も重んぜられる。規則や制服も、〔欧米〕各国は国内でも不揃いであるが、日本は内務省の訓令によって全国一律である。……警察の創設は明治五年（一八七二）から七年（一八七四）頃で、警視庁が設立され、いくらかの変遷をへて現在に至り、欧米〔の警察〕と比較され、欧米人も褒め称えている。我が国中国にも警察があるが、名を借りて民の財を奪い、ほしいままに威嚇し、盗賊と通じている。ときには京師《ペキン》、湖北や江蘇などの省のように、成果がなく、弊害が著しいのはなぜであろうか。彼ら（日本）には学問があり、我ら（中国）には学問がないからである」と語られている。

胡玉縉が訪問したのは戦前の代表的警察官僚かつ法学博士で、後に韓国内部警務局長にもなった松井茂である。松井は日本警察が払ってきた努力を強調し、欧米諸国に勝ると自負しているが、胡玉縉が特に注目したのは警察官の人材養成であった。引用の直後には、日本で巡査になるには憲法・行政法・刑法・刑事訴訟法など諸法規の大意に通じて、試験に合格せねばならないことを特筆し、学問を根本とすれば必ずや成功を収め、差役などの弊害を防ぐことができると記している。

光緒三十一年（一九〇五）に来日した段献増は東京監獄・市谷監獄視察の後、『三島雪鴻』で以下のように感想を述べている。

「〔これらの監獄は〕人類が互いに応接する道を全うし、誠に聖王の教養の功を兼ね備えている。ああ、めでたいかな。監獄の改良はかように成果が明らかで、右の表現に適うものであるが、実際に運営する人が、もし教育を受けてきて、みなそれぞれ義務を尽くすことを知らなければ、そのなかから利益を貪って法を枉げ、凌虐を加えてゆするなどの弊害が続出するであろう。獄吏の責任の重大さは、人に痛恨させるほどのものなのである。法を正しく用いるには執行する人に頼るのであって、それがどうして監獄のみにかぎられようか」。

また、光緒三十年（一九〇四）と翌々年の二回、日本視察に赴いた金保福は『扶桑考察筆記』のなかで、司法省の事務官兼経理課長真木、参事官谷野、監獄局小河〔滋次郎〕らと議論を交えたことを次のように回顧している。

「日本は獄制を改良して以来、治外法権を回収したので〈英露独仏各国の人々も獄に繋がれている〉、職員は必ず法学の出身で、官僚は職責を尽くさないで俸給を受けることもなく、事態が隠蔽されることもない。しかし三先生はなお多くの問題点があり、今後の研究に俟ちたいと述べた。国家が文明的であればあるほど、競争・進化の心が強くなる。それがここに見られる」。

段献増と金保福の監獄に関する論旨は明快である。日本は近代監獄を整えることに成功した。しかし教育を施さなければ、また旧監獄のごとき弊害が表出する。つまり法の運用は人に委ねられているのであり、ゆえに人材の育成が重要である。日本の官僚は成功してもなお努力を惜しまない。かかる競争・進化こそが文明国たる所以なのである、と。

清朝は日本視察の成果に基づいて警察・監獄改革に取り組む。近代警察や模範監獄のほか、警務・監獄学堂を設け、人材育成にも着手した。しかし残念ながら、辛亥革命によって清朝は改革なかばにして命運尽きた。治外法権撤廃は民国期の課題として残されたのである。

終　章　東アジア史・世界史のなかの中国「近世」

一　中国近世の犯罪と警察・監獄

最後に、本書において述べてきた中国近世の罪と罰——犯罪、警察および監獄——について推測をも加えながら再整理し、さらに日本やヨーロッパなど他の世界（地域）との比較検討を試みてみたい。

中国近世の犯罪

第一章で論じたように、十六〜十八世紀の中国、すなわち中国近世においては、人や物の空間的移動の激化、貨幣経済の浸透、交通の発達、円滑な商品流通など、一般に各世界（東アジア世界、ヨーロッパ世界、東南アジア世界など）の近世社会においても確認される社会発展の特徴が現出した。一方、そうした発展の裏返しとも見なしうる、農村から切り離されて街道筋や都市部へと流動した貧困層を母胎とする無頼層の登場とその増加、都市部において悪少と呼ばれた素行に問題のある若年層の出現のほか、交通路上や流通網の結節点に位置した市鎮における強盗・窃盗事件の発生頻度の増加、都市部へと流入した単純肉体労働者や、彼らとともに貧困層を形成する船上生活漁民による暴力・盗み、司法官に「分」を越えたと判断された乞丐の物乞い、「傷風敗俗」と批判された賭博・娼婦・花鼓戯などの諸現象が表出していた。これらの諸犯罪や犯罪者（集団）は必ずしも近世のみに特有のものとは言い難いが、右の近世における社会発展に伴って都市のみならず、市鎮を含む農村にまで広く確認できるようになった点で、近世的犯罪、近世的犯罪者（集団）と呼ぶことも可能であろう。かような事態が近世国家を少なからず恐怖させ、後述するような警察による社会管理や、刑罰・監獄制度のあり方に一定程度の変革を余儀なくさせたことは疑いない。十六世紀における急激な商品経済の活発化、社会の流動化、かかる状況を背景とした新たな国家の誕生、新しい秩序の形成という東アジアを呑み込んだ巨大な波動のなかで、犯罪・犯罪者（集団）にも近世という時代の刻印がなされ、さらにそれらへの対応に迫られた近世国家の性格すらもが規定されていくことになったのである。

かかる中国近世の犯罪の分析から得られる結果を、試みに他の世界の事例と比較してみたい。日本近世史の成果については、すでに第一章で阿部昭の研究を引用しつつ概観したが、ここではさらに安丸良夫の議論を紹介することにしよう。

安丸は「権力と犯罪と国民」のなかで、近世の犯罪と国家権力に関連して、本書における議論につながる以下の二つの論点を提出している(1)。「①無宿と博徒に代表される逸脱的社会層は、十八世紀末から明治十年代までの間、かなりの厚さで存在しつづけ、絶えず社会秩序と権力支配を脅かしてきた。無宿と博徒の背景には、日雇いや小商いで生活を支える多くの貧しい人びとが存在し、また乞食・通り者・道心者などの浮浪型の人びとがいた。村のなかでも、若者組の反秩序性が増大し、祭礼をめぐる緊張も高まっていた(2)」。「②近世では、政治権力と社会とは、身分制と社団的編成を通して連続しているが、犯罪とその取締りシステムとの結合・交錯は、社会全体のこうしたあり方の重要な一側面であった。こうした刑罰と取締りシステムのもとでは、犯罪の抑圧と刑罰がまた新しい犯罪の可能性をもたらすのであって、一種の悪循環を免れることができない(3)」。これら二点を指摘したうえで、さらに

「国家は公共的正義と秩序とを代表し、犯罪者はその対極にあって悪と反秩序とを集約しているように見えるかもしれない。しかし、それぞれの国家がなにを犯罪とし誰を犯罪者とするかを選ぶとともに、犯罪と犯罪者のあり方が国家を規定し返す。国家と犯罪とは社会という同一物から生まれた双生児であり、一見対極的に見えて、じつは明快に照応しあっているともいえる。そして、どの国民もみずからに相応しい政治をもつといわれるように、どの国民もおのれに相応しい犯罪をもつ。……どんな社会においても、犯罪と刑罰は、数からいえば少数派に属する特殊な問題でありながらも、じつはより一般的な問題の集約され先鋭化された表象であり、犯罪と刑罰のなかにその社会の特徴がもっとも明截に表現されるともいえる」[4]と結んでいる。

ここに安丸が①で言及する無宿と博徒は、本書で言及した中国近世の無頼と賭徒に対応するであろうし、若者組は悪少と必ずしも一致するわけではないものの、相通ずる点がありそうである。②は具体的には小伝馬町の牢内で「囚人自治」が行われ、厳しい牢法が存在する一方で、犯罪技術習得の場となっていたことをさしているが、やはり本書で論証したように、中国近世の監獄においても牢名主に似た牢頭を中心とした社会関係が構築されていた。こうした悪循環を断ち切る試みとして日本近世では人足寄場が登場し、中国近世では自新所が誕生したのである。これら二つの論点については、本書における議論とも符合しており、筆者も基本的に同意できる。

ただしその後に引用した、国家・犯罪と社会の関係を分析するうえでの安丸の見解については、提言としては十分な魅力を有するものの、残念ながら実証性については乏しいといわざるを得ない。たとえば「どの国民もおのれに相応しい犯罪をもつ」という場合、安丸が研究対象とする日本の国民に相応しい犯罪について説明が欲しかったところだが、具体的な言及は避けている。誤解を恐れずにいえば、筆者は、「国民」という言葉自体、近代を標榜する用語であるから、その使用に躊躇してしまうが、仮に王朝国家の存在を前提とした「国民」を想定するとき、確かに国家が法を制定することで犯罪がはじめて生まれるのであるが、それでもやはり「国民」に「相応しい犯罪」があるというより、むしろ社会のあり方に「相応しい犯罪」があるといった方が有意義なのではなかろうかと考える。なぜなら、中国（たとえば清朝）には中国に相応しい犯罪があると指摘することの意義を決して否定するわけではないが、近世には近世という時代に相応しい犯罪があるといった方が、一国史の枠組みに囚われない、グローバルな環境のもとでの〝リズムの共通性〟に着目した研究が可能になるように思われるからである。

ついで西洋史分野に目を転じてみよう。たとえばイングランドについては、ジョン・ブリッグス、クリストファー・ハリソン、アンガス・マッキネス、デヴィッド・ヴィンセント[5]が十六・十七世紀以降（初期近代）の犯罪者を中世のそれとを比較しながら次のように述べている。「中世の原型的犯罪者は無法者だった。文字通り、法の埒外に生きた人間である。彼らは集団で行動し、暴力や誘拐や殺人で、特定地域の法の支配をほとんど停止させたりした。無法者は悪辣であり、中世の風景の中でもたしかに望まれざる者たちだった。……〔近代初期の〕チューダー朝になると、原型的犯罪者は無法者から浮浪者に変わった[6]」。そして浮浪者を注視するようになった背景には、支配者たちが庶民を脅威と感じはじめたことがあったとし、本書と関わりを有するものとして主に二つの理由――①十六世紀末における急激な人口増加、②物価、特に食糧価格の上昇による実質賃金の低下――を掲げている。かかる状況を背景に多数の土地を持たない労働者が生み出され、彼ら（浮浪者）が「初期近代の犯罪者の基本的性格とな[7]」ったと指摘するのである。さらに産業革命後の十九世紀に至ると、労働者階級のうちに犯罪者があるという見方が広がり、実際に都市スラムで犯罪が多発したという[8]。

一方、十八世紀のフランスを対象としたピエール・デイヨン[9]の研究では、以下のように述べている。「パリにおいては、シャトレの文書によって判断するならば、盗みと詐欺とで、訴追され有罪にされた犯罪の、九二％以上をしめるのである！　これらの比率とは、暴力と衝動による犯罪行為を第二列に追いやる。……侮辱、殴打、傷害、故意であるか否かをとわず殺人、これらの件数は、相対的にも、しばしば絶対数においてすら、減少している。この暴力の後退はなぜであろうか、と問うことができる」[10]「実際のところ、この盗みの増大が、十八世紀において新たな問題をつきつけていると思われるのは、都市においてなのである。都市においては、住民のより大きな可動性と、商業および交換の発展とが、誘惑の機会をふやし、身を隠したり逃亡したりする手段を増す」[11]「一七二〇年におけるその組織再編以来、機動警察《マレショセ》は、ことに乞食に関する諸王令の執行に注意を払い、その代理官や司令官たちは浮浪者を専断的に収容し、控訴なしの有罪にすることができるようになっていた。しかし、この裁判の即決的な性格は、根なし草《デラシネ》や放浪者たちの数を減少させることに成功しない。一七八九年にこれらの浮浪者たちが吹きこむ恐怖の感覚は、まさに大恐怖を生じさせ、広めることに役割をはたすほど、大きなものだったのである」[12]。

　このようにイギリスであれフランスであれ、西洋史分野における犯罪社会学的研究に共通する指摘は、近世社会では暴力の後退が顕著化する一方、盗みが犯罪中で司法官の最も関心を集めるものとして浮上してきたこと、その背景には人口増加や物価（特に食糧価格）の上昇が想定されること、主な担い手が浮浪者であったこと、以上の三点であろう。これらが本書で検討対象としてきた中国近世の事例と奇しくも基本的に一致することは、決して偶然ではないと思われる。人口増加、商業化・都市化の進展、商品経済の浸透、交通の発達などを諸特徴とする近世社会の到来が、結果として、司法官たちの目を暴力や衝動による犯罪行為より、むしろ街道筋や都市部へと流動してきた貧困層による〝生存のための一手段〟としての窃盗・強盗へと向けさせたといってよかろう。

　ただし近世という時代を強調する場合、十分に注意せねばならないのは、近世という時代区分それ自体が世界史においていまだ十分には定着しておらず、各研究者により定義の仕方もバラバラである点である。よしんば右で述べた諸特徴を持つ社会を近世と定義したとしても、その到来には各世界・各地域によりタイムラグが存在するであろうことは言を俟たない。そもそも各世界すべてにかような近世社会が到来するとはかぎらないともいい得る。それでも敢えてここで指摘したいのは、十六〜十八世紀の中国・日本・西洋などの社会を俯瞰的に眺めてみると、それらには共通した政治的社会的経済的諸変動が看取されるだけでなく、こうした変動と密接な関係を有しつつ発生する、犯罪をめぐる諸現象についても少なからぬ共通点が見出されることである。

中国近世の警察

序章でも述べたように、敢えて極言すれば、近世国家における「治安」とは皇帝所在の帝都（京師）防衛、ひいては皇帝の身辺警護に相対的に近いものであったといい得る。なるほど地域社会の「秩序」といった下から形成されてくるものもあろうが(13)、国家から見れば、それらも最終的に皇帝を頂点とした支配—被支配関係という上からの「秩序」に影響を及ぼすものでさえなければ、統治を補完するものとして基本的に放置されていた。したがって、近世国家における警察などの治安維持装置には、近代以降に整備される、農村をも対象とした社会管理組織が含まれることは極めて稀れであった。

ところが、実際には「清朝の平和」の到来、安定した支配体制の確立がかような「治安」のあり方に少しずつ変化をもたらしていた。

十六〜十八世紀の中国で農村をも巻き込んで展開した商業活動の活発化、流通網の形成、人や財貨の移動の激化は、流動性の低い静的な社会を前提に土地税の徴収・納入や犯罪者の拘引など徭役システムとして機能した「固い」明代里甲制を根本から掘り崩し、新たな政権に流動性の高い社会に対応し得る「柔らかな」体制の整備を余儀なくさせていく。たとえば、賦役改革において里甲制の「村請《むらうけ》」的な団体責任が解消され、納税者による直接納税「自封投櫃」が原則となるなど、流動的な社会体制において運用し得る制度が整えられたことは周知の事実である(14)。

こうした社会の諸変動は「治安」にも新たな課題を突きつけた。人口掌握における原籍地主義の放棄と現居住地主義の採用、農村の流通網の結節点たる大型市鎮（市場町）の管理強化、交通路を往来する人や財貨の安全確保といった、流動的な人間関係と表裏一体となって表れてきた諸問題が、近世国家自らが存続するために取り組むべき課題として認識されるに至ったのである。つまりアジアを席巻して明朝を崩壊させた国際交易ブームは十七世紀半ばには鎮静化し、新国家を出現せしめたが、ひとたび動き出した社会流動の加速化の巨大な波は、新国家の体制のあり方をも規定し、頻繁に移動を繰り返す人をいかに管理・掌握するかという新たな「治安」の領域を生み出したのであった[15]。

ここでは大型市鎮の管理強化、交通路の安全確保について言及してみたい。漢代以来、中国では人口が増加して行政事務が拡大したにもかかわらず、州県の設置数がほとんど変化しなかったことはしばしば指摘されるとおりである[16]。しかし清朝は一部行政官庁の「下郷」、すなわち農村への移駐を試みた。大型市鎮本体に佐雑——佐弐官（県丞・主簿）、首領官（典史）、雑職（巡検）——を「分防」せしめたのである。佐雑の多くは本来、正印官の知県とともに県城にあったが「数が少ないうえに、地方政府のなかで重要な役割を果たさなかった。河川管理・駅伝・警察・監獄など特定の任務にあたった者を除いて、彼らのほとんどは取るに足らない、ときとして何をしているかわからないような任務しか与えられなかった[17]」。

ところが「分防」後、その職掌に明確な変化が生ずる。水利・糧務を兼理しつつも、もっぱら賭博・娼婦・私宰（耕牛の屠殺）・私鋳・窩主《どろぼうやど》・盗賊・地棍《チンピラ》・打降《ヤクザ》の取締りにあたるようになったのである。市鎮における賭博・私鋳などの犯罪の発生、無頼の活動の活発化は貨幣経済の農村への浸透後に顕著となった現象であるから、佐雑はまさに近世的犯罪および犯罪者（集団）に対応すべく移駐したことがわかる。また、ときとして軽微な刑事案件など一部の州県自理案を裁いたり、欠租を審追するなど、市鎮にあって審理を代行することすらあった。佐雑は警察業務を中心にあたかも鎮長のごとき職務に任じたといえよう。

かかる変化に伴って佐雑は市鎮本体のみならず、農村までをも含む、明確に分割された管轄区域を有するようになる。従来は交通の要衝にあって人の往来の検問に重点が置かれたが[18]、十八世紀以降、他の佐雑とともに州県の行政領域を複数に分割するに至った。これらの管轄区域は地理的環境に応じて土地標記の「図」「圩」や自然村・行政村を用いて分割されたうえ、空間的にも連続しており、複数の府・州・県に跨がる場合も見られた。移動しない土地の掌握、土地税の確実な徴収を最大の目的の一つとする行政領域と、頻繁に移動を繰り返す人の管理に重点を置く治安上の管轄区域とのあいだに、若干の空間的なズレが生じたわけであるが、むしろ目的に応じて柔軟に管轄区域を設定し得たこと、それ自体に注目すべきであろう。

その一方で交通路の安全確保はむしろ軍隊が担っていく。清朝は八旗・緑営の二種類の軍隊を擁したが、漢人からなる後者六十万人のうち三分の一にあたる約二十万人を現在の駐在所・派出所に相当する「汛」に展開・配置した[19]。この新たな治安維持装置は国家の命令伝達組織＝駅伝制度、南北交通の大動脈たる運河を用いた漕運制度の維持はもちろん、各地の交通路（陸路・水路）を、主要都市間を結ぶ国内商業網、都市―農村間を結ぶ地場流通網ないし僻路などに分類したうえで重要度に応じて設置された。その主要な任務は各汛の四～五名の汛兵が交通路を昼夜を分かたず往来・巡視し、もし不審者や窃盗・強盗事件があれば、各汛が呼応して盗賊を一網打尽にするというものであった。つまり国家の命令伝達・国家的物流に関わる人々、大量の財貨を携えて往来する商人層を中心に安全な移動と円滑な流通の保護を主要な目的とする組織であった。ゆえに市鎮が簇生して高密度の水路網が形成された江南デルタでは、他の地域に比較して密度の高い警備路線網が作り出されていったのである。

さらに汛は佐雑より広範囲にわたる市鎮に設けられ、下士官級の千総・把総が駐箚して、一定範囲内の交通路ないし農村に展開された複数の汛を統率した。これら複数の汛は佐雑の管轄区域をさらに分割した管轄区域を有し、それは市鎮を中核とする一定の空間的広がり――いわゆる「市場圏」とほぼ重なり、これを市鎮側から見るとき、市鎮の〝領域《なわばり》〟と見なされる――に設定されていた。これは清朝が市鎮を中核とする空間こそ農村をも含んだ治安維持を図るうえで、最も効率的な空間であると判断したからにほかならない。

このように見るとき、緑営はもはや軍隊というより警察といった方が理解しやすい。もちろん都市部に大規模に駐屯する事例も見られるが、多くは数名程度の汛に分散して日常の警察任務にあたったのである。しばしば清朝の軍隊としての緑営の弱体化が語られるが、「清朝の平和」のなかで緑営に期待される任務にも変化が起こり、結果として警察に極めて類似した組織へと再編されていったと考えられよう。

以上、佐雑・汛兵の移駐（分防）と管轄区域の設定の背景には、農村の流通網の結節点たる市鎮、市鎮を中核とする交通網の警備・管理を強化しようとする近世国家の意図があった。しかし近世国家の意図のみを強調することはもう一つの重要な側面を見落とすことになる。それは市鎮住民側の期待である。市鎮は経済的発展に伴って下級知識人（生員）・商人層をはじめとする政治的経済的力量を備えた階層を吸引したが、今後のさらなる発展を考慮すれば、地域社会の商業・交通環境の安全確保は不可欠であった。そのため下級知識人・商人ら「鎮人」が自らの努力で佐雑・汛兵の移駐を実現した場合も少なくなかった。そこには省―府―州・県と下ってくる国家の行政体系に自らの市鎮を近づけようとする強い志向が働いており、その結果、国家権力による暴力の独占を認めたうえで、その象徴としての佐雑・汛兵が招致されたのである。

一方、同時期の日本では、戦国期以来形成された地域的小国家を温存したまま、徳川政権が誕生した。「徳川の平和」は武装した幕藩領主が連合することで実現したのである[20]。かかる状況下では幕府領・大名領・旗本領の区別なく取締りにあたる治安維持装置の成立は難しかった。ここではやや時期は下るが、十九世紀初の関東取締出役に注目してみたい。

関東取締出役の性格については諸説あるようだが、その登場の背景に、江戸や街道沿いの在郷町・宿場町において賭博（博奕）の横行や盗賊・無宿の徘徊、殺人その他訴訟事を含めた在方の秩序の混乱があったのは確かである。

幕府はかかる治安・風俗の取締りを進めるなかで、幕府領や私領など錯綜した知行形態に対応するため、関東取締出役を設けて賭博の横行、無宿・悪党者の徘徊を専門的に取り締まらせたのであった。[21] また警察業務だけでなく、教諭によって「改心帰農」させることも重要な任務であった。すなわち関東取締出役も「徳川の平和」のもとで数を激増させた無宿・悪党者、賭博のような近世的犯罪に対応した点で、近世的統治システムの一端を担っていたといってよいであろう。

なお、安易な比較は控えるべきであろうが、序章でも少し取り上げたように、十七世紀末〜十八世紀初のフランスではマレショーセという機動警察が誕生した。これは田園地帯、幹線道路上の治安維持を担う軍隊組織として登場し、乞食・浮浪者・脱走兵・密輸業者のごとき移動をよくする「犯罪者」のみならず、管轄区域の住民の動向を定期的に監視する任務を有していた。[22] マレショーセ登場の社会的背景は判明しないが、日常的な監視、犯罪を未然に防ぐ予防的な活動を行う組織がやはり近世に誕生していたことは興味深い事実であるといえよう。

以上、近世的な「治安」のあり方には明確な変化が見られた。一方の端に皇帝の身辺警護、もう一方の端に人々の生活にまで及ぶ監視・管理があるとすれば、近世的な「治安」は後者へと少なからず振り子が動きはじめた時期だったのではないか。ただしそれは近代国家におけるフーコー的監視・管理とは性格を異にするものであった。さすれば、一歩進んで検討すべきは取締対象としての犯罪者・潜在的犯罪者に対する処遇であろう。

中国近世の監獄

犯罪者・潜在的犯罪者——本論中で述べたように、乞食や浮浪者のほか、荷担ぎなど特別な技術を必要としない単純肉体労働者などをさす——の処遇を考えるとき、日本近世における人足寄場の登場は無視できない。法制史研究では、近代的自由刑・教育刑はいつ誕生したかという観点から人足寄場の設立に注目が集まってきた。かかる視点の有効性は勿論、認めるが、本書ではむしろなぜ人足寄場――しばしば比較対象とされる、オランダの「研磨の館」「紡ぎの館」も然り――が十六〜十八世紀の近世に出現したかを地域の歴史的文脈のなかで問い直す必要があると考える。

日本の人足寄場は軽犯者・無宿・浮浪者対策として設立された。無宿問題は江戸前期から存在したが、十八世紀後半以後、次第に犯罪の凶暴化が目立つようになってくる。[23]舞台は主に江戸や街道筋の町場であったが、無宿問題は人口増加、商品経済の進展、交通の発達に伴う、農村をも巻き込んだ人間関係の流動化のなかで顕在化してきたものであった。人足寄場の機能には時期によって変化があったが、基本的には有罪（軽犯）の無宿を収容して授産・更生させる懲役刑的なもので、無罪の無宿・浮浪者は最終的には「旧里帰農」によって処置すべきであるとされた。[24]前者は引取人なく野に放てば再び罪を犯す危険性があると認知されたからであったが、[25]然りとすれば、後者も引取人を見つけたうえで「旧里帰農」させたであろうと推測される。

一方、ヨーロッパに目を移してみると、すでに紹介したオランダの「研磨の館」「紡ぎの館」では、怠惰な貧民を監禁と強制労働で矯正すべきことが主張され、糸紡ぎや裁縫などの労働が課された。イギリスでは一五五三年にエドワード六世の勅許に基づき、ロンドンにブライドウェル・ホスピタルが創設された。これは貧民問題に苦慮していたロンドン市当局によって管理され、労働を拒否する浮浪者を中心に、強制労働を課して怠惰の矯正を試みるものであった。ドイツでは十七世紀前半にブレーメン・ハンブルクなどの都市に「矯正院（Zuchthaus）」が設立され、貧民の収容が期待されたが、次第に犯罪者の収容施設へと変化していった。フランスでは十六世紀末に貧民を労働させる労役場の建設が唱えられ、十七世紀以降の「一般施療院（Hôpital Général）」へと結実していく。これらフランスの施設は重商主義政策に則り、安価な労働力としての貧民を有利に雇用する目的で設けられたが、次第に貧民の道徳化を主眼とするものへと変質していった。イタリアでは十六世紀後半から物乞い者を閉じ込める試みがなされ、ローマに物乞い収容所が設立されたほか、テュルリ、モデナにも類似の施設が設けられた。スペインでは一五八一年にトレドに、ついでマドリッド、バルセロナにも物乞い者の監禁施設が建設された[26]。

このように十六世紀半ば以降、ヨーロッパ各地で貧民を監禁するための施設が次々と誕生し、象徴的な意味において「大いなる閉じ込め[27]」の時代が到来する。ミシェル・フーコーが名著『狂気の歴史』『監獄の誕生[28]』で近代的社会管理システムの起源としたパノプティコン（panopticon）——イギリスの思想家ジェレミー・ベンサムが提案した円形の刑務所施設——の出現を俟つまでもなく、すでに近世初期のヨーロッパに類似の施設が出現していたのである。しかし筆者はここで近代的自由刑・教育刑の起源を強調したいのではない。またこれまで「近代」的とされたものを「近世」に読み取ろうとするのでもない。施設の誕生を地域の歴史的文脈から考えたうえで、比較検討することを試みたいのである。

ヨーロッパは筆者の全くの専門外であるから立ち入った検討はできないが、「重商主義時代のみが強制労働を伴う監獄を発明できた」と評されたように、司法官・思想家たちは労働可能な物乞い者、怠惰な者、盗賊などを自らの労働力を無駄にしている者と考えたし、拘禁施設はしばしば商業・産業施設の様相を呈し、労働可能な者のみが収容され、利潤追求や職業教育が強調された[29]。すなわち都市を中心とする商工業発展のなかで労働力不足に悩んだヨーロッパでは、貧民・浮浪者・盗賊が安価な労働力と見なされ、彼らを「閉じ込め」て道徳化しようと図ったのである。統治者をしてかかる政策を選択せしめた背景には〝爆発的な〟人口増加の欠如の影響を想定できるのではなかろうか。

これに対し〝爆発的な〟人口増加を経験したアジアではどうであったか。第八章で論じたごとく、清代中国にも日本の人足寄場に類似した施設が出現していた。乾隆十年（一七四五）に大都市蘇州に創設された自新所である。自新所は遷善所・改過所などとも呼ばれ、軽微な刑事案件によって杖・笞刑を科された既決囚を拘禁し、資金を支給して紡棉・草履作り・むしろ織りなどの手業を習わしめる施設であった。その製品は売却され、売上金を本人に代わって貯蓄し、改心・更生して出所する際に生活の資として支給してやった。かかる人足寄場にも似た自新所なる施設はその後、江南デルタを中心に拡大し、十九世紀末〜二十世紀初の監獄改革のなかで各地に広く設置されていく。

この自新所の創設・展開の背景には、やはり商業化・都市化の進展という巨大な社会的経済的変動とともに、「清朝の平和」を前提とする〝爆発的な〟人口増加と貧困層の流動があった。清朝は社会の諸変動に対応した「柔らかな」統治システムを構築したが、人口掌握においても固定的な原籍地主義ではなく、移動・移住に対応するために現居住地主義に則った保甲制を採用した。これは万人を一律に組み込み、現住の家屋を単位に編成したものであった。しかし農村から都市へと流動した貧困層は多くが固定した住処がなく、正確な掌握は難しかった。国家はかような流動層こそ保甲に編成して監視したかったのだが、保甲は制度的にそれを苦手としていた。また保甲制は責任連座制を伴っていたため、「良民」からなる地域社会には「貧にして分を守らない」可能性の高い者や刑余者を嫌って差別・排除しようとする傾向があった。保甲制のみでは流動化する社会に対応し得なかったといえよう。

かかる一般の保甲制の限界を前提に、農村から都市へと流れ込んだ乞丐《こじき》や単純肉体労働者など特定の人々のみを対象とした疑似保甲や、だれも身柄の引き受け手のない犯罪者を収禁する自新所が登場してきた（引き受け手があれば自新所拘禁の方向へと進まない。すなわち自新所への拘禁は新たな刑罰というより事後措置に近い）。自新所は保甲の機能の一部を代替するものとして引き受け手のない犯罪者の受け皿となるとともに、「改過自新《かいしん》」した者を地域社会へと再定着させる役割を果たしたのである。

このように中国近世に出現した自新所を概観してくると、その背後にある社会的背景や刑罰思想が人足寄場とかなり類似していることがわかる。二つの施設で科される強制労働の内容・意味は勿論、もっぱら身柄の引き受け手のない犯罪者（軽犯）の受け皿として機能したこと、最終的な目的がヨーロッパのような安価な労働力の供給といった経済的な側面ではなく——蘇州の踹布業のごとき、周辺農村から流入した労働力によって成り立つ部門も存在したが——、基本的には農本思想に基づく「帰農」といった、本籍のある地域社会への復帰にあったこと、そして何より二つの施設の誕生・性格に〝爆発的な〟人口増加や社会の流動化の影響が看取されることなどがあげられよう。

一方、十六～十八世紀、近世のヨーロッパとアジアを比較すると、ともに近代的自由刑・教育刑の萌芽とも見なしうる施設が誕生している——確かに若干のタイムラグは存在するが、それは先進システムからの伝播を意味するのではない——が、それはあくまで偶然であり、背後に抱える社会的経済的問題は全く異なるうえ、施設への拘禁が最終的にめざす方向性にもヨーロッパとアジアとでは明確な相違があった。

ただし偶然であれ、新たな「拘禁」がそれまでの監獄で行われていた拘禁（未決囚に判決が下るまで、あるいは既決囚に刑が執行されるまで拘禁する）と明らかに異質のものであったことは興味深い。またそこで実施される「労働」（これもかつての苦役としての強制労働とは異なり、矯正的教育的な意味を見出した点が新しい）も然りである。すなわち近世においては洋の東西を問わず、「拘禁」と「労働」に社会管理上、国家は一定の有効性を認識するに至った点で奇妙な一致を見せるのである。

二　犯罪と治安から「近世」「近世化」を考える

本書を締め括るにあたって、中国史分野で一般に用いられる「近代（modern）」「近代化（modernization）」に対して「近世（early modern）」「近世化（early modernization）」の語は、果たして成立し得るか、これらの語をいかに定義すべきかについて考えておきたい。かつて『歴史学研究』において特集「近世化を考える」[30]が組まれた際、編集委員会は以下のような提言を行っている[31]。

近世（early modern）という時代区分用語の用法は、地域によって異なり、定着したものとはいえないが、ここではとりあえず十六世紀から十八世紀を中心とした時期をさすものと考えたい。近世の各地域をグローバルな観点から考察しようとする従来の研究は、この時期の特色としての「国境を超えた」人や物、貨幣の流れに注目する傾向があった。一方、そのような広域的な交流と相表裏する現象として、この時期の各地域内部の歴史的動向に何らかの共通の特質ないし方向性が見られるのか、という点については、一致した観点は必ずしも存在しないといってよいだろう。「近代化」という語がアカデミズムにおいてもまた一般的な用語としても盛んに用いられてきたのに対し、「近世化」という語はほとんど目にすることがない理由の一端もそこにあろう。

このように当該特集の主旨は、十六世紀から十八世紀という時期における各地域の秩序形成の多様なあり方のなかに、何らかの共通の「近世性」を見出そうとするところにある。すなわち、かつて行われた「各地域で継起的に出現する社会発展の或る段階」「区分可能な質的構造の断絶を伴う転化」としての「近世」を想定し、それがいつ頃出現したかを云々するような議論をいったん止揚して、さしあたり一つのサイクルを看取できると考えられている十六～十八世紀を「近世」として措定しつつ、当該時期における各地域内部の特質や方向性をさぐってみようというのである。

かような問題提起に対し、池上裕子（日本史）・宮嶋博史（朝鮮を中心とする東アジア史）・岸本美緒（中国史）・水島司（インド史）・皆川卓（ドイツ史）・三森のぞみ（イタリア史）・堀井優（オスマン期エジプト史）および筆者（中国史）の計八名が論攷を寄せた。[32] これら各分野の専門家が執筆した諸論攷を批評する能力は、残念ながら筆者にはない。ただし以下では、右の筆者の論攷の一部分を修正・再録し、もう一度、十六～十八世紀の中国の犯罪と治安の分析から「近世」「近世化」の語について考えてみることにしたい。

本書を通観してくると、少なくとも東アジア世界の近世における犯罪と治安のあり方には、一定の共通性を見出すことが可能かもしれない。いやむしろ筆者はこれを強調して描き出してきたとの指摘を受けるかもしれない。たとえば、平和の到来、人口の〝爆発的な〟増加、商業化の進展、社会の流動化、交通の発達といった近世アジアを特徴づける諸要因は、交通路における襲撃強盗など犯罪発生率の増大、賭博・娼婦など近世的犯罪の市鎮（市場町）・農村への浸透、無頼・無宿の活動の活発化という負の側面をも持ちあわせていた。十六世紀以来の商業化・流動化した社会を基盤として登場した近世国家は、やはりかかる背景を抱えて出現してきた近世的犯罪と犯罪者（集団）に対応せざるを得なかった。それこそが街道筋や市鎮（市場町・宿場町・在郷町）・農村で警察業務を専門的に行う組織――徳川日本の関東取締出役、清代中国の佐雜と緑営――の展開であり、「拘禁」と「労働」に有効性を見出した拘禁施設――徳川日本の人足寄場、清代中国の自新所――の創設であった。

近世ヨーロッパでもフランスでマレショーセ（機動警察）、ヨーロッパ各地で施療院のごとき施設が出現したことは先述のとおりである。しかし川北稔が指摘するごとく、我々は「共通要因さがし」に陥ってはならない。[33] 本書でも共通点さがしに目的があるわけではない。ただ、治安と犯罪の問題に着目しつつ俯瞰してみると、近世と呼ぶ時代の各地域にいくつかの興味深い「類似性」が看取されたことをまずは確認したいのである。

さて、ここで筆者の専門である中国史ないし東アジア史に限定すると、本書の第一章で紹介した岸本「近世」論について、吉澤誠一郎は自らの専門である中国近代史と比較しながら次のように述べている。「岸本「近世」論は、一六～一七世紀の世界的な経済変動を共通の課題としつつも、ヨーロッパや東アジアなど各地で、やや異なる対応がとられたため、各々特徴的な「伝統」社会を生み出したという点を骨子としている。すなわち、この「近世」論は、世界大で時代設定をしつつ、各地での多様性・分化を強調するという特徴をもっている。これを踏まえたうえで、近代とは、世界各地での類似性の拡大の傾向が多様化を凌駕してゆく時代と想定すべきだろう。……では、なぜ類似する趨勢が見られるのかと言えば、まずは理念化された「西洋近代」が世界標準として意識された点にあろう」[34]と。吉澤「近代」論は、各地域の多様性・分化が進むなかで伝統社会が形成されていくという岸本「近世」論の妥当性を認めながら、世界レヴェルで「西洋近代」を世界標準として認識した類似性が凌駕していく時代として「近代」を対置する点に特徴がある。吉澤ならではの極めて明快かつ正鵠を射た指摘であるといえよう。

では、犯罪と治安の問題はかかる「近世」「近代」をめぐる議論に何を加えることができるか。これまで縷々述べてきたごとく、十六〜十八世紀の近世に特有の犯罪・犯罪者（集団）の問題に直面するなかで、各地域の国家は偶然にも同一の（あるいは同一に見える）方向へと解決策を見出す場合が見られた。勿論、それらは先進システムからの伝播ではなかったし、あたかも同じような外形を有するものとして登場したものの、実際には各地域の歴史的文脈のなかで生まれてきたもので、当然にその裏側にある背景・目的は異なっていた。外形上の類似・一致は偶然にすぎなかったのである。十九世紀に至って、吉澤の指摘のごとく、西欧・北米の経済的・軍事的優位を前提として「理念化された「西洋近代」が世界標準として意識され」るようになると、外形上のみならず実質的にも類似性が拡大しはじめる。特に本書で検討対象となった警察や監獄は、治外法権の撤廃が清末の政治・外交上の重要な課題となるなかで、〝遅れた（停滞した）アジア〟を象徴するものとしてその克服が急務と見なされ、西洋からの直接的な、ないしは日本を経由した間接的な方法で「西洋近代」がほとんどそのまま移植されてくる。[35]それはもはや多様性をもった各地域のなかで生み出された偶然の類似性ではなく、「西洋近代」なるものを意識的に模倣した必然的な類似性であった。近代の類似性は自覚的であったのに対し、近世のそれはどちらかといえば無自覚的なものであったといえよう。

しかし無自覚であったとはいえ、全くの偶然であったと強調するより、むしろ近世というグローバルなリズムに共鳴するなかで、各地域（ヨーロッパ世界や東アジア世界など）に誕生・存在した近世国家はそうした選択肢を選ばざるを得ない条件下にあったと考えるべきではなかろうか。そもそも近世国家は近代以降のそれとは異なり、行政・財政的な能力の限界から、人々の生活・暮らしすべてに介入することは到底できず、統治上に重大な問題さえ発生しなければ、基本的に放置して地域社会の「秩序」に任せていた。「我々が遊んでくらそうが盗賊となろうが、政府は我関せずで、我々が自生自滅するにまかせるのみである」という梁啓超の言葉を引用して、清朝の放任的な部分が強調される所以である。(36)

ただし当然に清朝も必要な部分では放置せず積極的に関与していった（結果的に成功したか否かは別だが）。繰り返すが、人々が基本的に地域社会の「秩序」のなかに安住しさえすれば、国家は放置したままでも問題なかった。たとえば、農村レヴェルの治安ではせいぜい十年に一度保甲を編成するのみで、現在の研究者の目から見れば、持続性・有効性が疑問視されるほどである。しかし近世に商業化・流動化が進んで人や財貨の移動が激しくなるなかで、市場規模の拡大による商人・商品の移動に加えて、地域社会の「秩序」から切り離されたり排除されたりする者が出現し、都市や市鎮（市場町）へと流れ込んでいった。しかもその数は増大する一方で、流動を繰り返して固定した住処もなかったから、一般の保甲では掌握しきれなかった。ここに商業化の進展、社会の流動化のなかで誕生した近世国家としての清朝も放置できない恐怖を感知し、新たな治安維持装置の創出に踏み切らざるを得なくなった。それが市鎮（市場町）や交通路を管理する警察組織、固定した住処のない者（犯罪者、潜在的犯罪者）に仮の住まいを与えて管理・矯正する拘禁施設であったのである。

かくして近代警察・監獄に類似したものが誕生したわけだが、これをもって近世国家と近代国家とのあいだに連続性を見ることを補強することもできよう。なるほど治安と犯罪の側面からも近世に「early modern」的な部分を発見することも一見可能なように見える。しかし後に東アジアに移植された「西洋近代」なるものをあわせて考えるとき、近世にその起源を求めることは無理があろう。人口増加、商業化の進展、社会の流動化を主な特徴とする近世の東アジアにあって、清朝国家や江戸幕藩制国家は頻繁に往来する人や財貨の安全確保に必要性を見出すようになり、とりわけ流動貧困層を〝秩序を脅かす者〟と見なして管理・監視しようと試みたにすぎなかったからである。したがって、国家が担う警察業務は交通路における犯罪予防的なパトロールや犯人の追跡・逮捕にかぎられ、近代警察のように衛生など人々の生活のすみずみにまで及ぶものではなかったし、拘禁施設における「拘禁」と「労働」もむしろ事後措置に近く、新たな刑罰の登場を意味するものとはいい難かった。

このように犯罪と治安から見たとき、東アジアの「近世化」とは、人口爆発、商業化・都市化の進展、社会の流動化のなかから立ち現れてきた新国家が、そうした流れを暴力で押し止めようとするのではなく、むしろそこで顕在化してきた阻害要因を可能なかぎり排除しながら、新たな「秩序」を模索・構築していく過程であった。犯罪と治安に焦点をあてるならば、かかる過程で有効性を認識されはじめたのが統治手段としての、流動する浮浪者など貧困層に対する「拘禁」「監視」であり「事後措置（矯正）」ではなかったか。こうした点のみを捉えれば、案外「近世」=「早期近代（early modern）」説も可能かもしれない。人口掌握、警察制度、犯罪者・潜在的犯罪者の処遇という社会管理において、近世国家は模索をつづけ、新たな段階へと進んだのである。しかしその手法は物理的なハード面、人的なソフト面ともに旧来の〝荒々しさ〟を払拭するものではなかった。それは西洋的な外被を纏い、類似性が拡大する「近代」についてすら同様であったと思われる。敢えていえば、「近世」という時代は、「近代」と異なって西洋との関係もいまだ相対的に薄く、各地域がそれぞれ多様性を保持しながら、いわゆる伝統社会を形成しつつも、商業化・都市化や社会の流動化——地域によって程度に差があるが——といったグローバルな波が押し寄せるなかで、いずれの国家も否応なしに治安の範囲を都市部から市鎮（市場町）や交通路にまで拡大せざるを得ず、また厳罰（刑罰の強化）よりもむしろ「拘禁」「監視」「事後措置」に新たな犯罪対策を見出そうとする、かような共通性を有した統治システムが発見された時代だったといえよう。

かつて人足寄場顕彰会会長・瀧川政次郎は「而も此の制度（人足寄場）たるや、唐制の模倣にも非ず、また欧米諸国の真似にも非ず、全く日本人の人情味から生れた日本独自の制度であって、日本の法律文化として世界に誇るべきものである」[37]と近世の人足寄場を讃えた。しかしすでに本書で見たように、類似した施設はヨーロッパや清代中国にも誕生していた。とりわけ本書によってはじめて本格的に検討された自新所は、乾隆十年（一七四五）に大都市蘇州に創設されており、人足寄場の登場を遡ること四十五年であった。勿論、人足寄場と自新所とのあいだにいかなる系譜関係があるかは史料上の制約もあって明らかにできないが、もしかしたら長谷川平蔵は何らかの方法で自新所の情報を聞きつけ、これを参考にしたのかもしれない。ただしここで強調したいのは近世というグローバルな波こそがかような装置の登場を必然ならしめた点である。

刑罰制度から中国近世を見ると、斬・絞・凌遅処死のごとき残酷な、中世の残滓を色濃く残した死刑制度を保持する一方で、近代自由刑・教育刑の前身ともいうべき自新所を出現させていた。かような状態は決して中国のみに限定されたことではなく、ヨーロッパや日本にも類似した現象を確認できる。罪と罰から近世を眺めると、いずれの世界でもこうした風景が人々の目に飛び込んでくるのである。そこには一般予防（応報刑）主義と特別予防主義が矛盾なく併存しているのである。しかし共通の方向性の問題に焦点をあてるならば、近世社会とは、個別の各世界が独自性を形成し、全体としては多様性を保ちつつも、かといって全く異なる方向性を有しているのではなく、自然に太陽の方向へと伸びてゆくひまわりの群生に喩えられるような共通性を有していたといえるのではなかろうか。

たとえばフーコーは、自由（懲役）刑が新たな刑罰として登場してきたのは、ヒューマニズムや人権の尊重などに由来するのではなく、産業社会に役に立つ労働力や規律化された軍隊に組み入れるための兵士を生み出すシステムとして適していたからであると説明する。本書で検討した自新所は、犯罪に手を染めた者たち——農村から都市部へと流入した者のうち移動先で成功した者を除く——をいわゆる「良民」へともどす回路としての役割を果たし、「良民」は農業社会を基本とする地域社会へと再定着することが求められた。このように産業社会の労働者や兵士、農業社会へと回帰する者と、西洋と東洋では社会的背景も自由刑に期待された結果も異なっていた。

しかしそこに設けられた装置には少なからぬ類似点が発見された。それはこれら装置があくまで軽罪犯や浮浪者を対象した点である。すなわち次のように推測できよう。規模の多少の差こそあれ人口増加、農村から都市部への人口流入、それに伴う「大衆」——特に踹布業労働者など都市部で生まれつつあったいわゆる「危険な階級」——の形成を背景として、国家は「大衆」「危険な階級」に対して恐怖感を抱くに至った。そこで矯正の見込みが少ないと判断された重罪犯は従来どおりとしたまま、軽罪犯や浮浪者については「拘禁」「労働」「監視」といった手段を通して「事後措置（矯正）」し、再び社会すなわち「大衆」のなかへと埋めもどそうとした。誤解を恐れずにいうならば、国家は「リスクの社会化」を図りはじめたと考えられる。つまり増えつづける「大衆」「危険な階級」を厳罰化によって処遇・管理することの限界を感じ取った国家は、かかる方法を放棄して、軽罪犯や浮浪者のみに社会更生の機会を与え、最終的には「大衆」の階級的な「危険性」を削ぎ落とそうと試みたのである。

やや冗長な議論を展開してきた。繰り返しになるが、最後に整理しておこう。一般に説明される「西洋近代」なるものは突然移植されたわけでなく、近世社会において共通の下地となる社会問題が出現しはじめ、結果として受け皿となる制度や管理体制が準備されていたのである。かかる点からすれば、近世社会＝「早期近代（early modern）」ともいい得るかもしれないが、それは「近代（modern）」の類似性を所与の前提として歴史をあたかも遡行するかのようであり採用し難い。むしろ不可逆的な歴史の流れを前提として、中世（medieval）の「閉じられた」個別の各世界の殻を破るような、グローバルな流動性の未曾有の高まりのなかで、「半開きとなった」各世界間に類似した社会現象が表出し、個別の国家が無自覚ながらも共通性を有した制度・管理の体制を構築しはじめると考えた方がよかろう。東アジアの場合、十六〜十七世紀にはじまった、グローバルな社会経済的諸現象の拡大と旧来の国家の崩壊、新国家の誕生と新たな統治手段の模索過程を「近世化」、その後も流動化は加速度的に進展するが、それに対応した共通性を有する統治手段——たとえば警察組織を生み出したり、「拘禁」「労働」「監視」に新たな意味を附与したりする——を新国家が発見した段階を「近世」——ここではさしあたり後期中世（later medieval）説も早期近代（early modern）説も採用せず、そのまま「*Kinsei*」[38]としておきたい——とそれぞれ呼び得ると試論を提出し、本書を終えることにしたい。

註

序章

（1）画報『良友』については『アジア遊学一〇三　『良友』画報とその時代』（勉誠出版、二〇〇七年）が参考になる。

（2）ピエール・デイヨン（著）、福井憲彦（訳）『監獄の時代――近代フランスにおける犯罪の歴史と懲治監獄体制の起源に関する試論』（新評論、一九八二年）二五〇～二五一頁。

（3）ミシェル・フーコー（著）、田村俶（訳）『監獄の誕生――監視と処罰』（新潮社、一九七七年）。

（4）フランスのアンシャン・レジーム期の犯罪社会学的研究に関しては、志垣嘉夫「アンシアン・レジームの犯罪社会学的研究――最近の諸研究について」（『史淵』一一三号、一九七六年）、濱田道夫「アンシァン・レジーム期犯罪史研究の諸問題――「暴力から窃盗へ」の仮説、その後」（神戸商科大学『商大論集』四七巻一号、一九九五年）で詳細な研究史整理・先行研究批判が行われている。イギリス・ドイツの近世～近代期については、それぞれ川北稔「イギリス近世都市と犯罪――帝国形成の社会史」（『都市史をめぐる諸問題』共同研究論集、第二輯、大阪大学文学部、一九八四年、所収）、矢野久「フーコーと下からの社会史」（竹岡敬温他編『社会史への途』有斐閣選書、一九九五年、所収）を参照されたい。

（5）志垣前掲論文、濱田前掲論文を参照。

（6）夫馬進「明清時代の訟師と訴訟制度」（梅原郁編『中国近世の法制と社会』京都大学人文科学研究所、一九九三年、所収）、山本英史「健訟の認識と実態――清初の江西吉安府の場合」（大島立子編『宋―清代の法と地域社会』東洋文庫、二〇〇六年、所収）。

（7）清代の裁判制度については滋賀秀三『清代中国の法と裁判』（創文社、一九八四年）を参照。

（8）中村茂夫「不応為考――「罪刑法定主義」の存否をも巡って」（『金沢法学』二六巻一号、一九八三年）。

（9）滋賀秀三『中国家族法の原理』（創文社、一九六七年）、滋賀前掲『清代中国の法と裁判』、Philip C. C. Huang（黄宗智）, *Civil Justice in China ; Representation and Practice in the Qing*, Stanford : Stanford University Press 1996、寺田浩明「清代民事司法論における「裁判」と「調停」――フィリップ・ホアン（Philip C. C. Huang）氏の近業に寄せて」（『中国史学』五巻、一九九五年）、同「権利と冤抑――清代聴訟世界の全体像」（東北大学『法学』六一巻五号、一九九七年）、三木聰「明代里老人制の再検討」（『海南史学』三〇号、一九九二年、後に同著『明清福建農村社会の研究』北海道大学図書刊行会、二〇〇二年、所収）、中島楽章「明代中期の老人制と郷村裁判――越訴問題と懲罰権をめぐって」(『史滴』一五号、一九九四年、後に同著『明代郷村の紛争と秩序――徽州文書を史料として』汲古書院、二〇〇二年、所収)等を参照。

(10) 三木聰①「抗租と図頼――『点石斎画報』「刁佃」の世界」(『海南史学』三二号、一九九四年)、同②「軽生図頼考――特に〝威逼〟との関連について」(『史朋』二七号、一九九五年)、同③「死骸の恐喝――中国近世の図頼」(泥棒研究会編著『盗みの文化誌』青弓社、一九九五年、所収)、同④「伝統中国における図頼の構図――明清時代の福建を中心として」(歴史学研究会編『紛争と訴訟の文化史』〈シリーズ歴史学の現在2〉青木書店、二〇〇〇年、所収)、同⑤「清代前期の福建汀州府社会と図頼事件――王廷倫『臨汀考言』の世界」(『史朋』四〇号、二〇〇七年、以上、①②④は後に三木前掲『明清福建農村社会の研究』所収)、上田信「そこにある死体――事件理解の方法」(『東洋文化』七六号、一九九六年)、同「明末清初・江南の都市の「無頼」をめぐる社会関係――打行と脚夫」(『史学雑誌』九〇編一一号、一九八一年)、谷井俊仁「乾隆時代の一広域犯罪事件と国家の対応――割辮案の社会史的素描」(『史林』七〇巻六号、一九八七年)、同「清代外省の警察機能について――割辮案を例に」(『東洋史研究』四六巻四号、一九八八年)、フィリップ・キューン(著)、谷井俊仁・谷井陽子(訳)『中国近世の霊魂泥棒』(平凡社、一九九六年)、川勝守「明末清初における打行と訪行――旧中国社会における無頼の諸史料」(『史淵』一一九、一九八二年)。

(11) R・J・アントニー(安楽博)「盗匪的社会経済根源――十九世紀早期広東省之研究」(葉顕恩主編『清代区域社会経済研究』上、中華書局、一九九二年、所収)。

(12) 近年、三木聰、高橋芳郎、山本英史らが中国・日本・アメリカにおいて本格的な判牘・判語の所蔵調査を実施した。その成果は『伝統中国判牘資料目録稿(明清篇)』(二〇〇四~〇六年、科学研究補助金、基盤研究(B)、「伝統中国の訴訟・裁判史料に関する調査研究」、後に三木聰・山本英史・高橋芳郎編『伝統中国判牘資料目録』汲古書院、二〇一〇年として出版)として刊行されている。

(13) このほか国家権力によって編成され民間で治安維持機能を果たした里甲制・保甲制、地方官府や民間で召募・組織された民壮・郷兵を取り上げている。

(14) 王家儉『清末民初我国警察制度現代化的歴程(一九〇一~一九二八)』(台北、台湾商務印書館、一九八四年)、韓延龍主編『中国近代警察制度』(北京、中国人民公安大学出版社、一九九三年)。

(15) 丁易『明代的特務政治』(群集出版社、一九八三年)、Philip A. Kuhn, *Rebellion and Its Enemies in Late Imperial China : Militarization and Social Structure, 1796–1864*, Cambridge, Mass. and London, Harvard University Press, 1980.

(16) 大日方純夫「近代日本警察のなかのヨーロッパ――地域・民衆とのかかわり」(林田敏子・大日方純夫編著『近代ヨーロッパの探究13　警察』ミネルヴァ書房、二〇一二年、所収)三二五頁。なお大日方には『日本近代国家の成立と警察』(校倉書房、一九九二年）、『近代日本の警察と地域社会』（筑摩書房、二〇〇〇年）などもあるから参照されたい。
(17) 林田敏子「警察の比較研究に向けて」（林田・大日方前掲書、所収）三頁。
(18) 大日方前掲論文、三二五頁。
(19) 松本尚子「近世ドイツの治安イメージとポリツァイ――廷吏から治安部隊へ」（林田・大日方前掲書、所収）六一頁。
(20) 松本前掲論文、一九頁。
(21) 正本忍「フランス絶対王政期の騎馬警察――マレショーセ研究の射程」（林田・大日方前掲書、所収）七三～七四頁。このほか正本には「一七二〇年のマレショーセ改革――フランス絶対王政の統治構造との関連から」（『史学雑誌』一一〇編二号、二〇〇一年）、「近世フランスにおける地方警察の創設――オート＝ノルマンディー地方のマレショーセ（一七二〇～一七二二年）」（『法制史研究』五七号、二〇〇七年）などの論攷がある。
(22) 正本前掲「フランス絶対王政期の騎馬警察」八二～八三頁。
(23) 大日方前掲論文、三四三および三五三頁。
(24) 石井良助『江戸の刑罰』（中公新書、一九六四年）、平松義郎「幕末期における犯罪と刑罰の実態――江戸小伝馬町牢屋記録による」（『国家学会雑誌』七一巻三号、一九五七年）、同「刑罰の歴史――日本（近代的自由刑の成立）」（荘子邦雄他編『刑罰の理論と現実』岩波書店、一九七二年、所収）、小河滋次郎「清国の獄制（上・下）」（『刑事法評林』二巻九、一〇号、一九一〇年）、滋賀秀三「刑罰の歴史――東洋」（荘子前掲書、所収）、島田正郎「清末の習藝所」（人足寄場顕彰会編『人足寄場史――我が国自由刑・保安処分の源流』創文社、一九七四年、所収）、同「清末の獄制改革と小河滋次郎」（手塚豊教授退職記念論文集『明治法制史政治史の諸問題』慶應通信、一九七七年、所収）同「罪犯習藝所と模範監獄――大清監獄則草案の編定に関連して」（同著『清末における近代的法典の編纂』創文社、一九八〇年、所収）、仁井田陞「中国における刑罰体系の変遷――とくに『自由刑』の発達」（同著『中国法制史研究（刑法）』東京大学出版会、一九五九年、所収）を参照した。
(25) 平松義郎「人足寄場の成立（一～三）」（名古屋大学『法政論集』三三～三五号、一九六五～六六年）。
(26) 平松前掲「人足寄場の成立（一）」七頁。
(27) 平松前掲「人足寄場の成立（二）」一六～一八頁。
(28) 冨谷至「秦漢の労役刑」（『東方学報（京都）』五五冊、一九八三年）一〇五頁。
(29) 仁井田前掲論文、五五頁、滋賀前掲論文、一〇九～一一四頁、島田前掲「罪犯習藝所と模範監獄」一三三～一六五頁。
(30) 宋代の江南デルタ市鎮については、斯波義信「宋代江南の村市（market）と廟市（fair）（上・下）」（『東洋学報』四四巻一、二号、一九六一年）、同「宋代湖州における鎮市の発展」（『榎博士還暦記念・東洋史論叢』山川出版社、一九七五年）、梅原郁「宋代地方小都市の一面――鎮の変遷を中心として」(『史林』四一巻六号、一九五八年)、同「宋代の地方都市」(『歴史教育』一四巻一二号、一九六六年)、明清時代以降のそれについては、森正夫編『江南デルタ市鎮研究――歴史学と地理学からの接近』(名古屋大学出版会、一九九二年)、川勝守『明清江南市鎮社会史研究――空間と社会形成の歴史学』(汲古書院、一九九九年)、濱島敦俊・片山剛・高橋正「華中・南デルタ農村実地調査報告書」(『大阪大学文学部紀要』三四巻、一九九四年)、劉石吉『明清時代江南市鎮研究』(中国社会科学出版社、一九八七年)、樊樹志『明清江南市鎮探微』(復旦大学出版社、一九九〇年)、陳学文『明清時期杭嘉湖市鎮史研究』(北京群言出版社、一九九三年)、費孝通「小城鎮　大問題」(『江南学刊』一九八四年第一期、後に費孝通(著)、大里浩秋・並木頼寿(訳)『江南農村の工業化――〝小城鎮〟建設の記録　一九八三～八四』研文出版、一九八八年、所収)などを参照。詳細は本文中でも紹介する。また地理学からの研究成果としては、石原潤「華中東部における明・清・民国時代の伝統的市(market)について」(『人文地理』三二巻三号、一九八〇年)、同著『定期市の研究――機能と構造』(名古屋大学出版会、一九八七年)、林和生「中国近世の地方都市の一側面――太湖平原の鎮市と交通路について」(京都大学文学部地理学研究室編『空間・景観・イメージ』地人書房、一九八三年、所収)、同「中国近世における地方都市の発展――太湖平原烏青鎮の場合」(梅原郁編『中国近世の都市と文化』京都大学人文科学研究所、一九八四年、所収)などがあげられる。

(31) 森正夫「清代江南デルタの郷鎮志と地域社会」(『東洋史研究』五八巻二号、一九九九年)を参照。

(32) 木田知生「中国近世の官箴書について――史料学の視点から」(『東洋史苑』八〇号、二〇一三年)。

(33) 夫馬進『中国明清時代における官箴書・公牘書目作成』(平成十五年度・平成十六年度科学研究費補助金、特定領域研究(一)、研究成果報告書、京都大学大学院文学研究科、二〇〇五年)。

第一章

(1) かつての内藤湖南・宮崎市定の近世論については、それぞれ内藤湖南「概括的唐宋時代観」(『歴史と地理』九巻五号、一九二二年、後に同著『内藤湖南全集』第八巻、筑摩書房、一九六九年、所収)、宮崎市定『東洋的近世』(教育タイムス社、一九五〇年、後に同著『アジア史論考』上、朝日新聞社、一九七六年、同著『宮崎市定全集』第二巻、岩波書店、一九九二年、所収)を参照。内藤・宮崎近世論の特徴は谷井俊仁「明清近世論」(『古代文化』四六巻一一号、一九九四年)が詳細に論じているので、ここでは特に言及しない。

(2) 特に断らないかぎり、岸本美緒の以下の諸論文を参照した。岸本美緒「清朝とユーラシア」(歴史学研究会編『講座世界史2　近代世界への道――変容と摩擦』東京大学出版会、一九九五年、所収)、同「風俗と時代観」(『古代文化』四八巻二号、一九九六年)、同著『東アジアの「近世」』(世界史リブレット13、山川出版社、一九九八年)、同「時代区分論」(『岩波講座世界歴史1　世界史へのアプローチ』岩波書店、一九九八年、所収）、同「東アジア・東南アジア伝統社会の形成」（『岩波講座世界歴史13　東アジア・東南アジア伝統社会の形成――一六～一八世紀』岩波書店、一九九八年、所収）、同「時代区分論の現在」（歴史学研究会編『現代歴史学の成果と課題Ｉ　歴史学における方法的転回』青木書店、二〇〇二年、所収）。

（3）近藤和彦「近世ヨーロッパ」（『岩波講座世界歴史16　主権国家と啓蒙――一六～一八世紀』岩波書店、一九九九年、所収）。

（4）岡崎勝世「三区分法の現在」（歴史学研究会編『現代歴史学の成果と課題Ｉ　歴史学における方法的転回』青木書店、二〇〇二年、所収）、朝尾直弘「時代区分論」（『岩波講座日本通史　別巻一』岩波書店、一九九五年、所収）。

（5）註（2）の岸本論文および『歴史学研究』「特集「近世化」を考える（一・二）」（八二一、八二二号、二〇〇六年）、永井和「特集「「近世化」を考える」によせて」（『歴史学研究』八三六号、二〇〇八年）、田中比呂志「「近世」論をめぐる対話の試み」（『歴史学研究』八三九号、二〇〇八年）。

（6）山本英史『清代中国の地域支配』（慶應義塾大学出版会、二〇〇七年）。

（7）Joseph Fletcher, "Integrative History : Parallels and Interconnections in the Early Modern Period, 1500–1800", *Journal of Turkish Studies*, 9, 1985.

（8）速水融『歴史人口学の世界』（岩波書店、一九九七年）、坪内良博『東南アジア人口民族誌』（勁草書房、一九八六年）。

（9）葛剣雄『中国人口発展史』（福建人民出版社、一九九一年）。他の歴史人口学的研究に、尾上悦三「近代中国人口史」（原覚天編『アジア経済の発展構造』勁草書房、一九七七年、所収）、斎藤修「アジア人口史展望」（『経済研究』四八巻一号、一九九七年）、同「伝統中国の歴史人口学」（『社会経済史学』六八巻二号、二〇〇二年）、葛剣雄編著『中国人口史』全七冊（上海、復旦大学、二〇〇五年）などがある。

（10）十八世紀半ばのヨーロッパでは、大部分の国家で人口が減少しているとする人口減少論が唱えられた。しかし近年の歴史人口学ではこれは誤っており、微増ないし停滞していたことが明らかにされている。阪上孝『近代的統治の誕生』（岩波書店、一九九九年）「人口という対象」を参照。

（11）岸本前掲「東アジア・東南アジア伝統社会の形成」。

（12）註（9）の諸論文のほか、羅爾綱「太平天国革命前人口圧迫問題」（同著『太平天国史叢考丙集』三聯書店、一九九五年、所収）、Ping-ti Ho, *Studies on the Population of China, 1368–1953*, Cambridge : Harvard University Press, 1959 を参照。

（13）江南デルタ市鎮に関する研究は多数ある。代表的な著作として劉石吉『明清時代江南市鎮研究』（中国社会科学出版社、一九八七年）、樊樹志『明清江南市鎮探微』（復旦大学出版社、一九九二年）、森正夫編『江南デルタ市鎮研究――歴史学と地理学からの接近』（名古屋大学出版会、一九九二年）、川勝守『明清江南市鎮社会史研究――空間と社会形成の歴史学』（汲古書院、一九九九年）、太田出・佐藤仁史編『太湖流域社会の歴史学的研究——地方文献と現地調査からのアプローチ』（汲古書院、二〇〇七年）をあげておきたい。

（14）費孝通「小城鎮　大問題」（『江海学刊』一九八四年第一期）。なお現在、筆者と佐藤仁史が二〇〇四年から進めているヒアリング調査によれば、「郷脚」の語は呉江でも特に黎里鎮地方の方言であったらしい。

（15）太田出「清代江南デルタ佐雑「分防」考」（大阪大学『待兼山論叢』史学篇、三三号、一九九九年、本書・第四章、所収）。

（16）近世・近代中国の移動・移住に着目した研究としては山田賢『移住民の秩序——清代四川地域社会史研究』（名古屋大学出版会、一九九五年）、菊池秀明『広西移民社会と太平天国』（風響社、一九九八年）、同著『清代中国南部の社会変容と太平天国』（汲古書院、二〇〇八年）、荒武達朗『近代満洲の開発と移民——渤海を渡った人びと』（汲古書院、二〇〇八年）などがある。また、交通面から近世中国を捉えなおした谷井前掲論文も興味深い。

（17）濱島敦俊「農村社会——覚書」（森正夫他編『明清時代史の基本問題』汲古書院、一九九七年、所収）。

（18）上田信「明末清初・江南の都市の「無頼」をめぐる社会関係」（『史学雑誌』九〇編一一号、一九八一年）。

（19）太田出「清代江南デルタ社会と犯罪取締りの変遷」（岩井茂樹編『中国近世社会の秩序形成』京都大学人文科学研究所、二〇〇四年、所収、本書・第五章、所収）。

（20）清代『七宝鎮小志』巻一、風俗。

（21）地棍とほぼ同じ意味で用いられる「光棍」については、山本英史「光棍例の成立とその背景——清初における秩序形成の一過程」（同編『中国近世の規範と秩序』東洋文庫、研文出版、二〇一四年）を参照。

（22）民国『璜涇志稿』巻一、風俗志、流習。

（23）「図頼」については三木聰の諸論文を参照されたい。本書・序章の註(10)を参照。

（24）上海博物館図書資料室編『上海碑刻資料選輯』（上海人民出版社、一九八〇年）「両江総督為厳禁自尽図頼以重民命告示碑」四四五～四四七頁。

（25）太田出「清中期江南デルタ市鎮をめぐる犯罪と治安——緑営の汛防制度の展開を中心として」（『法制史研究』五〇号、二〇〇〇年、本書・第三章、所収）。

（26）吉澤誠一郎『天津の近代——清末都市における政治文化と社会統合』（名古屋大学出版会、二〇〇二年）「風俗の変遷」三六三～三六四頁。このほか風俗については森正夫「明末における秩序変動再考」（『中国——社会と文化』一〇、一九九五年）、岸本美緒「風俗と時代観」（『古代文化』四八巻二号、一九九七年）を参照。

（27）濱島敦俊『総管信仰——近世江南農村社会と民間信仰』（研文出版、二〇〇一年）。

（28）阪上前掲書、六〜七頁。
（29）光緒『南匯県志』巻二〇、風俗志、風俗。
（30）光緒『青浦県志』巻二、風俗、丐頭。
（31）道光『江陰県志』巻九、風俗、遊民。
（32）ピエール・ディヨン（著）、福井憲彦（訳）『監獄の時代――近代フランスにおける犯罪の歴史と懲治監獄体制に関する試論』（新評論、一九八二年）、特に「行政を軸とした王政と「閉じ込め」の政治」を参照。
（33）「分」の秩序概念については本書・第八章で詳論する。
（34）民国『南潯志』巻三三、風俗。
（35）塚田孝『身分制社会と市民社会――近世日本の社会と法』（柏書房、一九九二年）四七〜四九頁。
（36）光緒『南匯県志』巻二〇、風俗志、風俗。
（37）都市・市鎮所在の茶館・茶坊については、その情報交換場所としての機能がしばしば指摘されてきた。鈴木智夫「清末江浙の茶館について」（酒井忠夫先生古稀祝賀記念の会編『歴史における民衆と文化――酒井忠夫先生古稀祝賀記念論文集』国書刊行会、一九八二年）、西沢治彦「現代中国の茶館――四川省成都の事例から」（『風俗』二六巻四号、一九八七年）、長井裕子「文学に見る「茶館」――清末民初の情報基地」（北海道大学『言語文化部研究報告叢書』三四巻、一九九九年）を参照。
（38）光緒『宝山県志』巻一四、風俗。
（39）江南デルタの地方志の風俗には、訟師・訟棍（欧米では訟師を pettifogger＝「インチキ弁護士」と訳すが、日本では「訴訟ゴロ」という。訟棍は「師」ではないから、訟師ほどの〝プロ〟ではなかったと推測される）を「傷風敗俗」として記載する例が少なくない。訟師・訟棍については夫馬進「明清時代の訟師と訴訟制度」（梅原郁編『中国近世の法制と社会』京都大学人文科学研究所、一九九三年、所収）、同「訟師秘本『蕭曹遺筆』の出現」（『史林』七七巻二号、一九九四年）、同「訟師秘本の世界」（小野和子編『明末清初の社会と文化』京都大学人文科学研究所、一九九六年）、川勝守「明末清初の訟師について――旧中国社会における無頼知識人の一形態」（『九州大学東洋史論集』九号、一九八一年）が詳論しているからここでは検討対象としない。なお、本書・第七章でも歇家を検討する際に訟師・訟棍について言及する。
（40）道光『江陰県志』巻九、風俗、遊民。
（41）光緒『華亭県志』巻二三、雑志上、風俗。
（42）光緒『崑新両県続修合志』巻一、風俗占候。
（43）『読例存疑』刑律、雑犯、賭博によれば、「すべての財物を賭博する者は、みな杖八十。……その賭坊を開帳する者も同罪」とある。筆者の見るかぎり「枷号」に関する明確な規定は見出せない。
(44)乾隆『青浦県志』巻二、風俗。
(45)民国『璜涇志稿』巻一、風俗志、流習。
(46)民国『厙村志』風俗。
(47)清代『双鳳里志』流習。
(48)咸豊『紫隄村志』巻二、風俗。
(49)光緒『南匯県志』巻二〇、風俗志、風俗。
(50)咸豊『紫隄村志』巻二、風俗。
(51)光緒『宝山県志』巻一四、風俗。
(52)清代『七宝鎮小志』巻一、風俗には「最も風俗を敗壊する者ありて花鼓戯と曰い、最も良家子弟を誘惑して堕落させる者ありて賭博と曰う」とある。
(53)清刊(民国抄本)『儒林六都志』風俗。
(54)バーン・ブーロー、ボニー・ブーロー(著)、香川檀・岩倉桂子・家本清美(訳)『売春の社会史――古代オリエントから現代まで』(筑摩書房、一九九一年)、大口勇次郎『女性のいる近世』(勁草書房、一九九五年)、曽根ひろみ『娼婦と近世社会』(吉川弘文館、二〇〇三年)。
(55)清代『七宝鎮小志』巻一、風俗。
(56)道光『江陰県志』巻九、風俗、遊民。
(57)阿部昭『江戸のアウトロー――無宿と博徒』(講談社選書メチエ、一九九九年)。

第二章
(1)羅爾綱『緑営兵志』(商務印書館、一九八四年に中華書局より再版)二一六頁。
(2)羅爾綱の先駆的業績により、緑営の最末端単位を汛と称することが定説となっている。実際には「汛」「大汛」「小汛」「塘」「墩《とん》」「堆」など、地域によって多種多様な呼称が用いられていた。本書でも、特に必要があるときを除いて、羅爾綱と同様に一括して汛と呼ぶこととする。
(3)羅爾綱前掲書、二六三～二六九頁。
(4)檜木野宣「清代における城市郷村の治安維持について――緑旗兵営汛の任務と府州県・保甲との関係」(『史潮』四九号、一九五三年）。
（5）谷井俊仁「清代外省の警察機能について――割辮案を例に」（『東洋史研究』四六巻四号、一九八八年）一〇一頁。
（6）佐々木寛「清朝の軍隊と兵変の背景」（『社会文化史学』九号、一九七三年）、同「緑営軍と勇軍」（『木村正雄先生退官記念　東洋史論集』汲古書院、一九七六年、所収）。
（7）日本における本格的な緑営研究は櫓木野宣によって開始された。その後、佐々木寛は緑営兵による兵変の背景を、大谷敏夫は雍正年間における営制の整備と財政基盤の確立を分析した。また大谷は別稿で清朝軍制の研究整理と展望をも行っており、非常に有益である。なお、台湾の緑営に関しては、台湾中央研究院近代史研究所（現在は台湾史研究所に所属）の許雪姫による網羅的な研究がある。櫓木野宣「清代の緑旗兵――三藩の乱を中心として」（『群馬大学紀要』人文科学編、二巻、一九五二年）、同「創設当時の緑旗兵――林起龍の緑旗兵更定論等を中心として」（『東洋史学論叢』一号、一九五三年）、大谷敏夫「清朝軍制の覚書――八旗・緑営制の経済的基盤を中心として」（『東洋史研究』三三巻一号、一九七四年）、同「雍正期を中心とした清代緑営軍制に関する一考察――特に営制・財政問題を中心として」（『東洋史研究』三四巻三号、一九七五年）、許雪姫『清代台湾的緑営』（台湾中央研究院近代史研究所専刊（五四）、一九八七年）を参照。
（8）行政階層の分類に関しては斯波義信「社会と経済の環境」（橋本萬太郎編『民族の世界史5　漢民族と中国社会』山川出版社、一九八三年、所収）を参照。
（9）たとえば寿春鎮標は安徽省鳳陽府ではなく寿州・鳳台県に、崇明鎮標は江蘇省太倉州ではなく崇明県にそれぞれ駐屯していた。営も明代に倭寇対策として築かれた堡や、マーケットタウン＝市鎮に駐屯することがしばしばある。これらの多くは海防・河防を目的として沿海・沿江地域に設置されたものであった。その一方で、鳳陽府や潁州府には営級以上の部隊が駐屯していない。
（10）雍正『安東県志』巻三、職官志、武職、雍正三年「詳請安東留防守営弁」。
（11）光緒『塩城県志』巻六、武備。
（12）千総・把総・外委は「営弁」「汛弁」とも称される。「弁」は下士官クラスをさすものと考えてよかろう。
（13）光緒『溧水県志』巻一〇、武備志には、雍正七年（一七二九）に外委千総一員が三十一名の兵士を率いて県城に駐屯した事例が見える。管見のかぎり、塩城県を除けば、江蘇・安徽両省で外委が城守汛の指揮官となった唯一の事例である。
（14）道光『宝応県志』巻六、営制。
（15）江蘇省の地方志では、汛を列挙するとき、それらを「内汛」「外汛」の二項目に区別する事例がしばしば見られる（たとえば光緒『泰興県志』経世志四、営伍）。ここでは史料用語をそのまま用いることとした。なお、宝応城守汛の場合、把総が「内汛」を、該把総指揮下にある外委が「外汛」を管轄した可能性が高い。

（16）乾隆『鎮洋県志』巻六、兵防海防類。
（17）乾隆『塩城県志』巻二、兵防。
（18）濱島敦俊『明代江南農村社会の研究』（東京大学出版会、一九八二年）五三八頁によれば、「浜」は原来は船溜りを意味し、また漢字としても新しく、江南デルタに特有かつ普遍的な水面・聚落呼称であった。
（19）乾隆『蘇州府志』巻一八、軍制。
（20）汛地の語義・語源に関しては定説が存在しない。清代嘉慶・道光年間の人、朱駿声が著した『説文通訓定声』坤部、第一六、汛に「訊たり。按ずるに、いま用いる汛地の語は、往来する人々を詰問するところだからであろう」とあることから、「訊地」が本来の意味かもしれないが、これは清代の用法の影響を受けたものである可能性も高い。私見によれば、「汛兵」「汛地」の語はすでに明代の地方志中にも散見しており、かつそれらが東南沿海部の倭寇来襲の時期＝「汛期」（海面の潮位が上がる一定期間を汛期というが、水が深く内地まで入ることから、倭寇はこの時期をねらって来襲することが多い）に衛所から臨時的に派出される官兵およびその駐防地点をさすことから、むしろ対倭寇防備との関わりを想定することも可能かもしれない。明代軍制史の一つの課題たり得よう。
（21）嘉慶『松江府志』巻三四、武備志、兵制。
（22）海津正倫「中国江南デルタの地形形成と市鎮の立地」（森正夫編『江南デルタ市鎮研究——歴史学と地理学からの接近』名古屋大学出版会、一九九二年、所収）三二〜三七頁。
（23）雍正『分建南匯県志』巻一、「南匯県境水陸各営巡守汛地図」および同志、巻六、建設条目下、海塘。
（24）十四墩汛は明代に倭寇警備用に設置された内墩十七座の一つ。その後、海岸線の前進によってその機能が失われたため、康熙二年（一六三三）、外捍海塘の外側に外墩十七座が新たに設けられた。内墩は順次撤廃されたが、十四墩汛は以後も整備・維持された結果、管轄区域を持つに至ったと推測される。ただし外墩の管轄区域の有無については不明。
（25）江南デルタの海塘の変遷については、G. B. Cressey, *China's Geographical Foundation : A Survey of the Land and Its People*, New York & London, The Pamir Press, 1934 に詳しい。
（26）濱島敦俊「明清時代、江南農村の社と土地廟」（『山根幸夫教授退休記念　明代史論叢』下、汲古書院、一九九〇年、所収）一三五六頁上、同「明清江南城隍考・補考」（唐代史研究会編『中国の都市と農村』汲古書院、一九九二年）五二一頁。
（27）管轄区域の設定は果たしていつ頃から開始されたか。かかる疑問に対し、筆者は残念ながら明確に答える史料を見出し得ないでいる。ただし他の地域の史料も博捜すると、『宮中檔雍正朝奏摺』第六輯、雍正四年（一七二六）九月缺日、直隷正定鎮総兵官楊鯤に「それぞれ管轄する道路や村庄を往来・巡邏する」とあることや、同書第一三輯、雍正七年（一七二九）七月十五日、福建漳州総兵官初有徳にも「かつて毎月一日と十五日に行う聖諭広訓の宣講は、わずかに城内の一ヶ所にすぎず、関廂に遍く及ばないどころか、さらに農村にまで及ぶことはありませんでした。いま臣は文武各員と共同して、明倫堂で条ごとに宣講すると同時に、城の四隅四廂の八ヶ所に分けて、府の汛弁に佐弐・雑職などの官とともに、約保や在地の紳衿・耆民を伝集し、各境社・廟宇で宣講させ、寒暑間断なく、聖諭広訓を刊行・頒布させました。臣標九営の各汛弁は管轄の村庄・市鎮で紳士・郷望・兵民を聚集し、遍く開講させております」とあって、聖諭広訓の宣講のために、漳州総兵官管下の鎮標九営の汛弁（千総・把総・外委）に命じて、それぞれ管轄の聚落・市鎮で紳士らを召集させていることから、少なくとも雍正年間までには、汛ごとに管轄区域を設定する場合があったことがわかる。ただし本章で論ずるような、地理的区画による設定を確認できるのは、管見のかぎり、乾隆年間が初出である。たとえば安徽省の嘉慶『寧国府志』巻二〇、武備志、営汛には「乾隆五十四年（一七八九）、外委把総一員を設け、涇県の査村に駐させ、兵士十二名を率いて、涇県の六都十二図および太平県峻嶺・盛村山等の地方を専管させた」とあり、外委把総が「六都十二図」を管轄していたことがわかる。この「六都十二図」とは、乾隆『寧国府志』巻一〇、武備に見える県丞の管轄区域＝「田中都三・四図、水南都一・二図、十二都一・二図、十一都一・二・三図、十都一・二図および九都一図、あわせて六都十二図」と一致すると考えられる。文官の県丞の管轄区域と武官の外委把総のそれとが完全に一致することは、興味を引く事実であるが、県丞ら佐弐・雑職の管轄区域は本書・第四章で検討することとし、ここでは乾隆年間にすでに地理的区画＝図による設定が存在したことを確認するに止める。

(28) 光緒『青浦県志』巻一〇、兵防は、各小汛の管轄区域の記載方法が一定しておらず、理解に苦しむ点が少なくない。たとえば前半では「某汛交界」として図分を記すのに対し、後半では「某汛轄県境各図」とすることから、両者を同一に扱ってよいかという問題が生じてくる。また記載された図分がすべての管轄区域を示さない可能性もある。ここでは少なくとも記載された図分を管轄すると判断して考察を進めることとする。

(29) 光緒『婁県続志』巻八、軍政志、防汛から得られる知見のうち、本文中で言及できない点を若干指摘しておきたい。第一に、管轄区域の広狭。これは小汛の立地密度に反比例し、密度の高いところでは管轄区域が狭く、低いところでは広くなる。前者の事例として、水雲亭汛が東半里（約〇・二九キロメートル）・南西北各一里（約〇・五八キロメートル）という半径約〇・五キロの範囲を管轄するのに対して、後者の事例に属する福田寺汛は東九里（約五・一八キロメートル）・南西各三里（約一・七三キロメートル）・北一二里（約六・九一キロメートル）という広大な管轄区域を有していた。このように各小汛の管轄区域の広狭に一定の原則が看取されない。第二に、城門に設置された小汛には管轄区域がない。城門汛の場合、「各城門汛兵四名」とだけ記載され、管轄すべき空間はなかったようである。これは城門汛の主な機能が城内外への出入りのチェックにあるためと推定される。最後に、城内の小汛も管轄区域を有した。たとえば妙厳寺汛の記載に「東半里にして西城門に至り、北半城の蕭王廟汛と界を接する」とあって、城内蕭王廟汎の管轄区域と空間的に接していたことがわかる。なお、蕭王廟汎はその名称から県の監獄に設置されたもの――蕭王廟は監獄内の祭祀施設である――と推定され、乾隆『華亭県志』巻一、兵防、「城内県防汎」に確認できる。

(30)「圩」の意味には、丈量や図冊の作成に際して、所在標記のために土地を区画した、いわゆる「字圩」「字号」と、地理的形態としての「圩」がある。ここでは前者の意味で用いることとする。濱島前掲「明清時代、江南農村の社と土地廟」一三五五〜一三五六頁を参照。

(31)土地廟に関して、濱島は「様々な祭神を有するこのような（地縁的社会集団の性格を持つ――引用者補）郷村の廟を全体的に総称するとすれば、江南郷村の地域社会つまり「社」の中核にある廟は、所謂「土地廟」となるであろう」と述べる。濱島前掲「明清時代、江南農村の社と土地廟」一三三五頁を参照。

(32)濱島前掲「明清時代、江南農村の社と土地廟」一三二九頁、同前掲「明清江南城隍考・補考」五一五頁。

(33)濱島前掲「明清時代、江南農村の社と土地廟」一三二八頁。

(34)濱島前掲「明清時代、江南農村の社と土地廟」一三五四頁。

(35)一聚落の規模が相対的に大きい華北平原では、実際にそのような事例が確認できる。緑営のみを専門的に取り扱った珍しい地方志、道光『揚州営志』巻五、疆域志の冒頭では「営は周囲千里を管轄し、所属の汎防（本書でいう大汎にあたる）にも一定の管轄区域があり、さらに〔そこから〕分派された墩塘（小汎にあたる）もそれぞれ管轄区域があり、大小つながっていても、明らかで曖昧なことはない」と記したうえで、たとえば碾子頭墩（小汎）について「〔邵伯北壩〕汎（大汎）の南二十七里（一六・二キロメートル）にある。東は三里で草湖辺に至り稽《けい》家《か》閘《こう》汎と、西は運河の真ん中で黄珏《かく》橋汎と、南は一里で灰馬頭に至り邵伯汎と、北は四里で滚水壩に至り稽家閘汎と、それぞれ管轄区域を接する。按ずるに、その墩地（墩の管轄区域）は〔邵伯〕鎮の北にあたり、民家は稠密である。邵伯鎮・八鋪半・顧家荘・下橋北半郷・官荘廟・符郭二荘・李家上下二荘を専管する」と語り、管轄区域の四至を簡単に示した後、具体的な聚落の名称をあげている。『揚州営志』巻五、疆域志には、かような小汎の管轄区域が多数掲載されており、極めて興味深い史料である。

(36)青山一郎「明代の新県設置と地域社会――福建漳州府寧洋県の場合」（『史学雑誌』一〇一編二号、一九九二年）八二頁。明清時代の新県設置について「同城分治（既存県城内に新県衙門を附設）」のほか、「異城分治（新たに県城を設置）」「名目的設置」等に分類した。

(37)江南デルタ市鎮をめぐる社会経済的な研究は甚だ多い。さしあたり劉石吉『明清時代江南市鎮研究』（中国社会科学出版社、一九八七年）、樊樹志『明清江南市鎮探微』（復旦大学出版社、一九九二年）、森正夫編『江南デルタ市鎮研究――歴史学と地理学からの接近』（名古屋大学出版会、一九九二年）、川勝守『明清江南市鎮社会史研究――空間と社会形成の歴史学』（汲古書院、一九九九九年）、太田出・佐藤仁史編『太湖流域社会の歴史学的研究――地方文献と現地調査からのアプローチ』（汲古書院、二〇〇七年）を参照。また森前掲書の巻末には一九九二年までの研究目録、森正夫・稲田清一編「市鎮研究文献目録稿」が附されており有用である。

(38) 林和生「中国近世の地方都市の一面――太湖平原の鎮市と交通路について」（京都大学文学部地理学教室編『空間・景観・イメージ』地人書房、一九八三年）、同「中国近世における地方都市の発展――太湖平原烏青鎮の場合」（梅原郁編『中国近世の都市と文化』京都大学人文科学研究所、一九八四年）。

(39) 同治『盛湖志』巻一、界域。

(40) 本章・第二節の塩城営と同様、千総や把総は輪番制を採用していたが、ここでは仮に乾隆『呉江県志』巻九、営汛、乾隆『震沢県志』巻七、営汛の記事に従った。

(41) 乾隆『呉江県志』巻八、官制。

(42) 緑営の書識に関しては佐々木前掲「清朝の軍隊と兵変の背景」、随丁（親丁）名糧に関しては羅爾綱前掲書、三四三頁、大谷前掲「雍正期を中心とした清代緑営軍制に関する一考察」九八～一〇二頁を参照。

(43) 湖賊の出没・被害などについては清刊（民国抄本）『儒林六都志』上巻、官署など、江南デルタ低郷の郷鎮志中に散見する。

(44) 江南デルタ市鎮の防備施設としては水路に設けた木柵＝「水柵」があり、川勝守「明代、鎮市の水柵と巡検司制度――長江デルタ地域について」（『東方学』七四号、一九八七年、後に川勝前掲書、第九章、所収）が詳察している。また、濱島敦俊・片山剛・高橋正「華中・南デルタ農村実地調査報告書」（『大阪大学文学部紀要』三四巻、一九九四年）一一二頁でも「看柵」に言及する。

(45) 陳弘謀『培遠堂偶存稿』文檄、巻四三、乾隆二十三年七月「厳飭塘汛巡緝盗賊檄」。

(46) 圩を分割する事例も存在する。たとえば充字圩の東半を東口汛が、西半を西口汛が管轄した。「分圩」に関わるのではあるまいか。分圩については濱島前掲書、一〇六～一二一頁を参照。

(47) 同治『盛湖志』巻一、郷都図圩、按語。

(48) 疆域表中の記述、たとえば二十八都三図小西角圩の割註に「今の汛冊は小角となす、なお県冊による」とあることは、疆域表それ自体が「汛地鈔冊」と県志との比較対照により作成されたものであることを示唆しよう。

(49) 小汛の管轄区域がどのような空間に設定されたか、史料上の制約から判然としない点が多い。ここでもう一度、前節の青浦県の場合のⓓを想起してみたい。これら小汛はみな市鎮に設置されていたが、すべてが千総・把総が駐する小汛（大汛の中核）というわけでなく、兵士のみの小汛の場合もあった。これは、大汛の中核となりうる市鎮の規模――かのスキナーの分類のいずれの経済階層に該当するか――に関連するかもしれない。たとえば金沢大汛は商場汛・西岑汛のほかに七汛を管轄した。そのうち管轄区域が記されているのは、市鎮に設置された前三者のみである。すなわち金沢鎮は商場鎮や西岑市より上位の経済階層にあり、これらを包括する市場圏を形成していたため、大汛が設置された。一方、商場鎮と西岑市にも小汛が設けられ、それぞれ管轄区域を持っていた。それが各市鎮の市場圏に対応しており、何らかの必要から記載された。以上のごとき推測も可能なのではなかろうか。しかし註(28)で指摘したように、記載方法に統一性を欠くため、推測に止めざるを得ない。

(50) 費孝通「小城鎮　大問題」(『江海学刊』一九八四年一期)一一頁。

(51) 谷井俊仁「明清近世論」(『古代文化』四六巻一一号、一九九四年)三二〜三三頁。

(52) 和田清編『中国地方自治発達史』(汲古書院、一九七五年)一八一頁。

(53) 稲田清一「清末江南の鎮董について――松江府・太倉州を中心として」(森前掲書、所収)、同「清代江南における救荒と市鎮――宝山県・嘉定県の「廠」をめぐって」(『甲南大学紀要』文学編、八六号、一九九二年)、同「清末、江南における「地方公事」と鎮董」(『甲南大学紀要』文学編、一〇九号、一九九九年)、同「清末、江蘇省嘉定県における入市地調査と区域問題――市場圏と地方自治」(『甲南大学紀要』文学編、一一三号、二〇〇〇年)。

(54) 稲田前掲「清代江南における救荒と市鎮」二九頁によれば、廠は救荒に際しての粥の炊出し場、あるいはそれを配る施設をさすのみならず、施設としての一つの廠が賑給を受け持つ領域を含意していた。

(55) 煮粥活動のなかで注目すべきは、その基礎作業として「戸」の所在・数量がまず確認されることであろう。濱島前掲書、五三七〜五三八頁、同前掲「明清時代、江南農村の社と土地廟」一三二八〜一三二九頁。

(56) 小島泰雄「(書評)森正夫編『江南デルタ市鎮研究――歴史学と地理学からの接近』」(『東洋史研究』五二巻二号、一九九四年)一五二頁。

(57) 森正夫「清代の郷鎮志における地域社会観――江南デルタに即して」(同編『旧中国における地域社会の特質』平成二〜五年度科学研究費補助金、一般研究(A)研究成果報告書、友人社、一九九四年、所収)、同「清代江南デルタの郷鎮志と地域社会」(『東洋史研究』五八巻二号、一九九九年)。

(58) 濱島敦俊「明清江南城隍考」(唐代史研究会編『中国都市の歴史的研究』刀水書房、一九八八年、所収)。

(59) 濱島敦俊「中国中世における村落共同体」(『中世史講座2　中世の農村』学生社、一九八六年、所収)。

(60) 塍と城は音通である。

(61) 嘉慶『嘉興府志』巻三一、武備。ただし小汛とはいえ、計十名にも及ぶ汛兵が駐することは、かつて鎮であったことを窺わせるものである。

(62) 林前掲「中国近世における地方都市の発展」四四七〜四四八頁。

（63）G. W. Skinner, "Marketing and Social Structure in Rural China", Part 1, 2, 3, *Journal of Asian Studies*, Vol. 24, 1964/1965. なお、邦訳として今井清一他訳『中国農村の市場・社会構造』（法律文化社、一九七九年）がある。

（64）稲田前掲「清末、江蘇省嘉定県における入市地調査と区域問題」一〇五～一〇六頁。

（65）濱島前掲「中国中世における村落共同体」。

第三章

（1）G. W. Skinner, "Marketing and Social Structure in Rural China", Part 1, 2, 3, *Journal of Asian Studies*, Vol. 24, 1964/1965. なお、邦訳として今井清一他訳『中国農村の市場・社会構造』（法律文化社、一九七九年）がある（以下、頁数は原文による）。

（2）羅爾綱『緑営兵志』（商務印書館、一九四五年に中華書局より再版）、檜木野宣「創設当時の緑旗兵――林起龍の緑旗兵更定論等を中心として」（『東洋史学論叢』一号、一九五三年）。

（3）斯波義信「（書評）中国農村社会における市場・社会構造」（『東洋学報』四九巻二号、一九六六年）一〇四～一〇五頁。

（4）林和生「中国近世における地方都市の発展――太湖平原烏青鎮の場合」（梅原郁編『中国近世の都市と文化』京都大学人文科学研究所、一九八四年、所収）、濱島敦俊「明清江南城隍考」（唐代史研究会編『中国都市の歴史的研究』刀水書房、一九八八年、所収）、森正夫「朱家角鎮略史」（同編『江南デルタ市鎮研究――歴史学と地理学からの接近』名古屋大学出版会、一九九二年、所収）などを参照。

（5）Skinner, *op. cit.*, Part 1, p. 42、斯波前掲論文、七一頁。

（6）濱島敦俊「農村社会――覚書」（森正夫他編『明清時代史の基本問題』汲古書院、一九九七年、所収）一七七頁。

（7）稲田清一「清末江南の鎮董について――松江府・太倉州を中心として」（森前掲書、所収）。

（8）関連する研究は多いため、ここでは濱島前掲論文、同「明清江南城隍考・補考」（唐代史研究会編『中国の都市と農村』汲古書院、一九九二年、所収）、林前掲論文、同「中国近世の地方都市の一面」（京都大学文学部地理学教室編『空間・景観・イメージ』地人書房、一九八三年、所収）、川勝守『明清江南市鎮社会史研究――空間と社会形成の歴史学』（汲古書院、一九九九年）をあげておく。

（9）森正夫「清代の郷鎮志における地域社会観――江南デルタに即して」（同他編『旧中国における地域社会の特質』平成二～五（一九九〇～一九九三）年度科学研究費補助金一般研究（A）研究成果報告書、一九九四年、所収）、同「江南デルタの郷鎮志について――明後半期を中心に」（岩見宏・谷口規矩雄編『明末清初期の研究』京都大学人文科学研究所、一九八九年、所収）、同「清代江南デルタの郷鎮志と地域社会」（『東洋史研究』五八巻二号、一九九九年、以上、後に同著『森正夫明清史論集　地域社会・研

究方法』第三巻、汲古書院、二〇〇六年、所収)。

(10) 濱島敦俊「中国中世における村落共同体」(『中世史講座2 中世の農村』学生社、一九八七年、所収)。

(11) 清代『七宝鎮小志』風俗。

(12) 現在、淡新檔案は『淡新檔案』三十六冊(台北、国立台湾大学図書館、二〇一〇年)として容易に閲覧できるようになった。また台湾大学図書館はウェブ上でも公開し、検索も可能となっており大変便利である。

(13) このほかに犯罪者の属性、すなわち犯罪者の職業上の分類や年齢などについても言及されている。また督撫がどのような人々を潜在的犯罪者と見なし、いかなる予防措置を講じようとしていたかを述べる場合もある。これら近世国家による犯罪抑圧の変遷と地域社会の商業化・都市化の進展ないし人口圧力との関係は、社会秩序形成などの問題とも深く関わる重要な課題であるから、本書・第五章で検討することにしたい。

(14) 康熙五十年代以前の状況については本書・第五章、乾隆中頃以降については本書・第一章および第四章でそれぞれ詳察しているので参照されたい。

(15) 濱島敦俊・片山剛・高橋正編「華中・南デルタ農村実地調査報告書」(『大阪大学文学部紀要』三四巻、一九九四年)八頁は、解放前、澱山湖沿岸の聚落を襲撃した水賊に関する農民の回想を記録している。

(16)『世宗実録』巻一〇、雍正元年八月十二日の條。

(17)『宮中檔雍正朝奏摺』第三輯、雍正二年十月十六日、鴻臚寺少卿葛継孔「奏明水郷添撥巡防弭盗摺」。

(18) 乾隆『江南通志』巻九四、武備志、兵制、太湖営。

(19)『宮中檔雍正朝奏摺』第五輯、雍正四年五月初六日、江南提督魏経国「奏報地方営汛摺」。

(20) 商業化の進展と犯罪との関係を分析するには、当然に商業化という巨大な経済変動を迎える直前の明初・中期との比較が必要であり、明清時代を通じた犯罪の長期的趨勢の検討が不可欠となろう。しかし現時点では、史料上の制約もあるため、今後の研究の進展を俟つことにしたい。

(21) R・J・アントニー(安楽博)「盗匪的社会経済根源——十九世紀早期広東省之研究」(葉顕恩主編『清代区域社会経済研究』上、中華書局、一九九二年、所収)五三八〜五四〇頁。

(22) アントニー前掲論文、五三五〜五三九頁。

(23)『宮中檔雍正朝奏摺』第一輯、雍正元年七月二十六日、署江寧巡撫何天培「奏陳緝盗安民摺」。

(24)『宮中檔雍正朝奏摺』第五輯、雍正三年九月二十日、江蘇巡撫張楷「奏報請厳明捕盗之責任摺」。

(25) 太湖の水上生活漁民や踹布業労働者については本書・第五章で検討を加える。

(26) 小山正明『明清社会経済史研究』（東京大学出版会、一九九二年）二八九〜二九二頁、濱島敦俊『明代江南農村社会の研究』（東京大学出版会、一九八二年）五〜六頁、一七五〜一七八頁。
(27) 岸本美緒「清代前期江南の米価動向」（『史学雑誌』八七編九号、一九七八年、後に同著『清代中国の物価と経済変動』研文出版、一九九七年、所収）、則松彰文「雍正期における米穀流通と米価変動――蘇州と福建の連関を中心として」（『九州大学東洋史論集』一四号、一九八五年）。
(28) 則松前掲論文、一五七〜一六八頁。
(29) ラボー（Laveau）は十八世紀のボルドー地方における物価リズムと窃盗発生リズムの相関関係について考察し、両者のあいだに全く直接的な影響が見られないという結論を導き出した。志垣嘉夫「アンシアン・レジームの犯罪社会学的研究――最近の諸研究について」（『史淵』一一三号、一九七六年）二〇五〜二〇六頁を参照。
(30) ここで手工業産品の価格動向との関わりも簡単に見ておきたい。岸本美緒「清代前期江南の物価動向」（『東洋史研究』三七巻四号、一九七八年）五七二頁では、棉布価格の趨勢を康熙の低落→乾隆の騰貴と説明し、また蘇州の踹布業工価の上昇率も、米価のそれに比して非常に低く、実質賃金は減少していたとする。これまで筆者はかかる棉布価格・踹布業工価の動向と犯罪発生件数の関係を直接的に示す史料を見出し得ていないが、康熙年間に引き続き棉布価格の低落傾向が見られたと推定される雍正年間には、踹布業労働者の激しい賃上げ闘争が繰り広げられたこと、彼らが賊匪の巣窟と見なされ、犯罪が発生すればすぐさま捜査対象となっていたこと（たとえば『宮中檔雍正朝奏摺』第一七輯、雍正七年十二月初二日、浙江総督李衛、三八一頁）などを考慮すれば、かかる職業に従事する人々は米価のわずかな値上がり、手工業産品・工価のわずかな値下がりでも、ただちに生活に支障を来して困窮し、犯罪発生件数の増加に貢献したと推定されるのである。
(31)『宮中檔雍正朝奏摺』第三輯、雍正二年十月十六日、鴻臚寺少卿葛継孔「奏明水郷添撥巡防弭盗摺」。
(32) 中国第一歴史檔案館蔵、雍正朝内閣漢文題本、浙江省賊匪類、フィルム番号四七（一四五五〜八九）、雍正三年三月二十五日、浙江巡撫法海「為衛塘被劫事」。
(33) 航船とは乗り合い船のことである。費孝通「小城鎮　大問題」（『江海学刊』一九八四年一期）、谷井俊仁「路程書の時代」（小野和子編『明末清初の社会と文化』京都大学人文科学研究所、一九九六年、所収）四四三〜四四四頁を参照。
(34) 自家用船でなく、民間の船に乗る場合、「搭」と「雇」の二通りの乗船方法があった。前者は乗り合いを、後者は一船雇い切りを意味する。谷井前掲論文、四四三頁。
(35) 姚天祥の航船の行劫事件は、中国第一歴史檔案館蔵、雍正朝内閣漢文題本、浙江省賊匪類、フィルム番号四七（一四三五〜四七）、雍正三年三月二十五日、浙江巡撫法海「為航船被劫事」に詳しい。張四・孫起雲はどうやらこの事件にも関与していたらしい。

(36) 林和生「中国近世の地方都市の一面――太湖平原の鎮市と交通路について」(京都大学文学部地理学教室編『空間・景観・イメージ』地人書房、一九八三年、所収)では、光緒『烏程県志』巻二九、物産、舟輿之属の記載を引用し、「各県・各村鎮に所属」(詳細不明。該地の船行に所属するの意味か)するものを航船としている。ここでは船戸個人の名を冠した、個人所有にかかると思われる航船が多数登場する。

(37) 本書では検討できなかったが、各航船の襲撃事件では、強奪された物品のリストも掲載されており、銀や棉布・生絲など極めて大量の商品・貨物の名称、数量、価格などが列挙されている。

(38) 裁判文書の記述は極めて長文であるうえ、重複部分も少なくない。したがって、ここでは原文のまま整理し、必要に応じて本文中で翻訳・解釈する。

(39) 徽州(新安)商人については、藤井宏「新安商人の研究(一)～(四)」(『東洋学報』三六巻一～四号、一九五三～五四年)を参照。

(40)「台治」とは道台が駐箚していることを示すものであろうか。

(41) 佐雑の「分防」と職務の変化については太田出「清代江南デルタ佐雑「分防」考」(大阪大学『待兼山論叢』史学篇、三三号、本書・第四章、所収)で論じたが、巡捕典史の職称は監獄管理を主務とする典史も城外で犯罪者の逮捕にあたったことを推測せしめる。

(42) 本書でいう大汎にあたる。同治『上海県志』巻一一、兵防に確認できる。

(43) 本汎も本書でいう大汎にあたる。光緒『蘇州府志』巻二八、軍制に確認できる。

(44) たとえば聞鈞天『中国保甲制度』(商務印書館、一九三五年)、目黒克彦「清朝初期の保甲法に関する一考察――浙江省臨安県の場合」(『愛知教育大学研究報告』人文科学・社会科学、二五号、一九七六年)、同「清朝中期の保甲制について――嘉慶期浙江平湖県の場合」(『愛知教育大学研究報告』社会科学、二九号、一九八〇年)、三木聰「明末の福建における保甲制」(『東洋学報』六一巻一・二合併号、一九七九年、後に同著『明清福建農村社会の研究』北海道大学図書刊行会、二〇〇二年、第七章、所収)。

(45) 仵作については岸本美緒「仵作」(『歴史学事典9　法と秩序』弘文堂、二〇〇二年、二二四頁)を参照。

(46) 山本英史「清代の郷村組織と地方文献――蘇州洞庭山地方の郷村役を例にして」(『東洋史研究』五八巻三号、一九九九年、後に同著『清代中国の地域支配』慶應義塾大学出版会、二〇〇七年、所収、本書での頁数は後者による)、特に五六九頁を参照。

(47) 山本前掲書、五六八～五六九頁。

(48) 圩甲に関して山本英史は「俗称を圩長といい、宋代以降、圩の水利工事を督率した者である。明末清初の江南においては、圩長は税糧徴収の簿冊作成・運用その他をも担当した事例が存在し、ここでは催徴業務を肩代わりさせられたと思われる」(山本前掲書、三四一頁)と述べ、水利・徴税に携わっていたとする。

(49) 巡検など州県の佐雑の管轄区域については、太田前掲論文を参照。

(50) 太田前掲論文で論じたごとく、乾隆年間（一七三六～九五年）以降、佐雑の「分防」が展開されるなかで、州県全域にわたって佐雑による管轄区域の設定がなされていく。これより以前の雍正年間（一七二三～三五年）においては、多くの州県が巡検のみ「分防」させている。つまり州県全域に文官側（佐雑）の管轄区域が設定されていなかった可能性が高い。かかる点からも乾隆年間の「分防」による州県全域の分管が治安維持上大きな変化であったことがわかる。

(51) 道光『宿松県志』巻一五、武備志、兵制には「瞭楼一座あり、梯長一丈八尺五寸」とあって、瞭楼に掛けられた梯子の長さが約五・九メートルあったと考えられる。したがって、瞭楼それ自体の高さは約六～七メートル程度ではなかったかと推定した。

(52) 一般には墩台と総称される場合が多い。江南デルタでは木製であったため、特に木楼と呼び、華北の土墩・磚墩《せんとん》と大きく異なっていた。木製であった理由は、それが水路沿いに建てられ、かつ民田に接近するため、土石を用いるのを便とせず、また木製の方が費用も安上がりであったからという。『宮中檔雍正朝奏摺』第一二輯、雍正七年正月缺日期、直隷総督楊鯤《ようこん》、三六八頁、同第二四輯、雍正十三年五月初八日、江南総督趙弘恩、六五一～六五二頁、同第二四輯、雍正十三年正月初六日、江南提督補熙、一二～一三頁。

(53) 同治『太湖県志』巻一四、武備志、兵制には「牌坊ありて、墩名・里数を書く」とある。

(54) 川勝守「明代、鎮市の水柵と巡検司制度——長江デルタ地域について」（『東方学』七四号、一九八七年、後に同著『明清江南市鎮社会史研究——空間と社会形成の歴史学』汲古書院、一九九九年、第九章、所収）。

(55) 陳弘謀『培遠堂偶存稿』文檄、巻四三、乾隆二十三年七月「査設水柵檄」。

(56) 同治『湖州府志』巻四一、経政略、兵制。これが嘉興府でも実施されたことは、光緒『嘉興府志』巻三一、武備志の記事から判明する。なお、乾隆『江南通志』巻九三、武備志、兵制にも、江寧巡撫馬祜《ばこ》「請造営汛巡船疏」（康熙十二～十五年頃）を載せ、江南デルタの各汛に巡船を配備するよう述べている。ただし当該時期の汛の設置数はいまだかなり少なく、汛防制度の本格的な展開は康熙五十年代以降を俟たねばならないから、本章で論ずる時期とはその規模・展開において大いに異なっていたと考えられる。

(57) 乾隆『青浦県志』巻一二、兵防、乾隆『呉江県志』巻九、営汛、乾隆『震沢県志』巻七、営汛。

(58) 『宮中檔雍正朝奏摺』第一二輯、雍正七年正月缺日期、直隷総督楊鯤「奏報地方墩塘之情形摺」。

(59) 『宮中檔雍正朝奏摺』第二四輯、雍正十三年六月十三日、山西巡撫覚羅石麟「奏報与河南交界処添設汛防摺」。

(60) 汛の勤務体制については、汛兵が単身で汛に赴き、数ヶ月、四季、あるいは一年ごとに交替する「輪流替換」から、家族を伴って汛に居住・勤務する「携眷同居」へと移行し、その後さらに両者が各地の状況を勘案しながら併用されていくという一連の流れを多数の省で確認できる。史料は一々あげないが、『宮中檔雍正朝奏摺』には汛の勤務体制に関する史料が多数収録されている。

(61) 原文には「城禁」「差操」とある。このうち「差操」が差役・操演に区別されることは羅爾綱前掲書、第八章第一節第一項「差操考」、差役の具体的な内容については同書、二五二～二五七頁をそれぞれ参照のこと。

(62) 原文中では「中・東両大路」について何も説明を加えていない。前者は直隷の正定府から山東省城＝済南を通過し、江蘇省徐州府へと抜ける陸路、後者は済南から青州府を通って萊州府へと至る陸路ではないかと推定される。

(63)『宮中檔雍正朝奏摺』第一二輯、雍正六年十二月初八日、巡察山東等処監察御史蔣洽秀「奏報地方事務摺」。

(64) 河南省で田文鏡が実施した汛防制度改革（勤務体制の改革を中心とする）については、『宮中檔雍正朝奏摺』第二輯、雍正二年閏四月二十八日、河南布政使田文鏡、六二五頁、同書第五輯、雍正三年十一月初十日、河南巡撫田文鏡、三三三～三三四頁などに詳しい。これら一連の改革の結果、雍正帝が河南省の汛防制度を各省の模範とすべきと認識していたことは、『雍正硃批諭旨』第三冊、第五函、署湖広提督、一三九〇頁（『宮中檔雍正朝奏摺』第九輯、雍正五年十一月十三日、二九五頁にも同文を収載する）の硃批に見える「湖広の塘汛は廃弛してしまっている。朕が知るところでは、河南省が最もよいから、模範（表式）とすべきである」という文言に明確に表現されている。

(65) 駅伝制とは王朝の命令・意志伝達のために全国に展開された一種の交通システムである。星斌夫『明清時代交通史の研究』（山川出版社、一九七一年）を参照。

(66)『宮中檔雍正朝奏摺』第一二輯、雍正七年正月二十九日、河東総督田文鏡「奏報山東巡察蔣洽秀官箴摺」。

(67) 安徽省は華中に属し、直隷・山西・山東・河南など華北諸省とは異なる特色を有する可能性がある。しかし私見では、汛防制度は交通地理的環境の影響を強く受けると考えられ、なだらかな平原の広がる長江以北の地域はほぼ同じ交通地理的環境にあったと見なせる。実際に、安徽省北部の汛防制度もこれまで検討してきた華北諸省のそれと同じ特徴を示すことは、本文中で明らかにされるであろう。

(68) 駅伝路は星前掲『明清時代交通史の研究』の巻末に附された「明代駅伝路略図」を参考にして復原した。

(69) ここでは明・黄汴撰『一統路程図記』（隆慶四年刊、内閣文庫蔵）、清・呉中孚纂輯『商賈便覧』（乾隆五十七年刊、東京大学東洋文化研究所大木文庫蔵。以上、徽州商人編纂）、清・鶴和堂輯『示我周行』（康熙三十三年刊、北京首都図書館蔵）、清・姚時勉彙選『酬世宝要全書』（乾隆四十六年刊、筆者蔵。以上、福建商人編纂）を用いた。なお、山根幸夫「明代の路程書について」（『明代史研究』二二号、一九九四年）は頼盛遠編『示我周行』三巻（乾隆三十五年刊、内閣文庫蔵）をあげるが、筆者は中国人民大学留学中（一九九五～九七年）に北京首都図書館にて康熙三十三年の序を有する『示我周行』を偶目したのでこれを利用した。また管見のかぎり、『酬世宝要全書』は他に所在を確認できない。表紙裏面の上部には「商賈便覧」とある。内容は天下路程・江湖機関・尺牘家礼・帖式称呼・分関立継・契約法程・新聯婚啓・慶賀類詩・題贈匾額・喪家遺規・男婦誄《るい》章・各項祝文から構成されている。

なお、路程書・商業書については山根前掲「明代の路程書について」のほか、臼井佐知子「徽州文書と徽州研究」（森正夫他編『明清時代史の基本問題』汲古書院、一九九七年、所収）、谷井前掲論文もある。

（70）本書・第二章の図2-3も参照されたい。

（71）羅爾綱前掲書、二五三頁。このほか、松江府の汛の特徴として沿海地域への配置（海防）を指摘すべきであろう。

（72）光緒『嘉興府志』巻三一、武備。

（73）光緒『石門県志』巻六、文職表。

（74）この「公処」が具体的にどこをさすかは判然としない。

（75）光緒『石門県志』巻五、武備志、呂廷鑄「新建営房記」。

（76）明末清初の江南デルタの諸都市では、郷紳・士人らが一同に会して公事を議する「地方公議」の場が成立していた。夫馬進「明末反地方官士変」（『東方学報』京都、五二号、一九八〇年）を参照。

（77）一般的に、総督・巡撫管下の督標・撫標の兵士は汛に分遣されることはなく、提督・総兵官管下の提標・鎮標、副将管下の協、あるいは参将・遊撃・都司・守備管下の営の兵士が分遣された。したがって、最終的には営官（参将～守備）から提督・総兵官にまで報告されたであろうことは十分に推測される。しかしどのレヴェルに汛の設置・撤廃の最終決定権があったか、現在のところ判然としない。

（78）田中正俊・佐伯有一「一六・七世紀の中国農村製糸・絹織物業」（『世界史講座Ⅰ　東アジア世界の形成』東洋経済新報社、一九五五年、所収）二四三～二四四頁。

（79）濱島敦俊「明末江南郷紳の具体像――南潯・荘氏について」（岩見宏・谷口規矩雄編『明末清初期の研究』京都大学人文科学研究所、一九八九年、所収）一九三～一九五頁。

（80）同治『盛湖志』巻四、営汛。

（81）嘉慶『黎里志』巻三、汛地。

（82）宣統『蒸里志略』巻五、兵防、兵事。

（83）ただし郷勇を募集し得る財力を有した「富室」（これまた下級知識人・商人層の可能性が高い）の〝おかかえガードマン〟であった可能性も否めず、手放しの評価は控えねばならないだろう。

（84）強盗・窃盗などの対物犯罪は当然に遙か以前から存在したはずである。ただし筆者は明中期以降の商業化の進展のなかで、人や物資の空間移動が歴史上未曾有の激化を見せ、貧富の格差拡大なども相俟って、対物犯罪が増加したと考えている。また強盗のみならず、窃盗も増加したという認識は清中期の司法官の記録中にも多数見出せる。

第四章

（1）滋賀秀三『清代中国の法と裁判』（創文社、一九八四年）一八頁によれば、明清時代、各官庁は正官（官庁としての意志決定を行う。複数からなり、第一席・第二席などの序列に分かれる）・首領官（部外からの案件を受け付け、属官に分配するなど、事務の進行に全般的に目を配る）・属官から構成された。地方官庁の場合、ややこれと異なり、正官のうち第一席に権限が集中する。これが印官であり、第二席以下は佐弐官として区別された。他面、地方には属官が置かれず、雑職のみが置かれたため、首領官も本来の意味を失い、佐弐・雑職と同類に見られたという。これに対し、中国の研究者は首領官・雑職などを属官と見なす場合が多い。たとえば劉子揚『清代地方官制考』（北京紫禁城出版社、一九九四年）一一二頁を参照。

（2）州には正印官の知州（従五品）、佐弐官の州同（従六品）・州判（従七品）、首領官の吏目（従九品）、雑職の巡検（従九品）などがあった。ただし本章で検討対象とする江南デルタは太倉（直隷州）・海塩（属州）の二州のみであるから、必要がないかぎり県で代表させることとする。なお本章では、州県の佐弐・雑職のみを対象とし、府の佐雜を含めないことを予め断っておく。

（3）T'ung-tsu Ch'ü（瞿同祖）, *Local Government in China under the Ch'ing*, Harvard Council East Asian Studies, 1962, pp. 12–13.

（4）川勝守「明代、鎮市の水柵と巡検司制度——長江デルタ地域について」（『東方学』七四号、一九八七年、後に同著『明清江南市鎮社会史研究——空間と社会形成の歴史学』汲古書院、一九九九年、第九章、所収、本書での頁数は後者による）一〇九～一一四頁。

（5）滋賀前掲書、一一～一二頁では、佐弐官の説明のなかで「同城」と「分防」に言及する。前者は印官と同一の都市、すなわち州城・県城に駐箚する場合、後者は管内の他の要地にあって出張所としての役割を果たす場合をさした。

（6）和田博徳「明代における地方官の久任と保留——長期在任と留任請願」（創価大学『アジア研究』二二号、二〇〇一年）。

（7）西川喜久子「珠江三角洲の地域社会と宗族・郷紳——南海県九江堡のばあい」（『北陸大学紀要』一四号、一九九〇年）、小島淑男「辛亥革命前夜における蘇州府の農村社会と農民闘争」（東京教育大学アジア史研究会編『近代中国農村社会史研究』大安、一九六七年、所収）、尹章義「新荘巡検之設置及其職権与功能」（『食貨月刊』復刊、一一巻八・九号、一九八一年）、濱島敦俊「明清時代、中国の地方監獄——初歩的考察」（『法制史研究』三三号、一九八三年）、片山剛「珠江デルタの集落と「村」——清末の南海県と順徳県」（大阪大学『待兼山論叢』史学篇、二八号、一九九四年）。

（8）県丞・主簿・巡検・典史はともに各県一名を基準として算出した。すなわち一〇〇％で各県一名の設置を意味する。江蘇省の巡検の場合一三三・三％であるから、三県に一県は二名の巡検を設けた計算になる。

（9）T'ung-tsu Ch'ü（瞿同祖）前掲書、一一～一二頁。

（10）駅丞・税課大使・倉大使・河泊所などの佐雜もあったが、未入流で官品は低く、存廃常ならざる状態にあった。

（11）濱島前掲論文、一二頁。
（12）T'ung-tsu Ch'ü（瞿同祖）前掲書、九頁。
（13）本書・第二章でも説明したとおり、図とは「(県―）都（保・区）―図―字圩―坵」と表現される、江南デルタの魚鱗図冊における土地所在の標記方式であった。
（14）浙江省の順荘編里法については、伊原弘介「清朝郷村支配の構造――浙江省順荘法に基づいて」（横山英他編『中国社会史の諸相』勁草書房、一九八八年、所収）、同「清朝郷村支配の構造――順荘法に基づいて（1）浙西杭嘉湖3府の場合」（『静岡大学教養部研究報告』人文・社会科学篇、二四巻二号、一九八八年）、同「清朝郷村支配の構造――順荘法に基づいて（2）湖州府・杭州府の場合」（『静岡大学教養部研究報告』人文・社会科学篇、二六巻一号、一九九〇年）を参照。
（15）本書・第二章・第三節。
（16）嘉慶『松江府志』巻一四、建置志、上海県。
（17）光緒『青浦県志』巻三〇、雑記。
（18）嘉慶『珠里小志』巻八、官署。
（19）乾隆『呉江県志』巻八、公署、乾隆『震沢県志』巻七、公署。
（20）乾隆『呉江県志』巻三、郷都図圩、乾隆『震沢県志』巻三、郷都図圩は、各佐雑の管轄区域を詳細に記すが、煩雑なためここでは省略する。各管轄区域が図と無関係に設定されていたことは、たとえば呉江県「二都副扇二十図」の「柳胥圩」のみ典史の管轄、他圩はすべて同里巡検が管轄したこと、同県「十二都副扇七図」も「西城圩」のみ典史の管轄、他圩はすべて澱山巡検の管下にあったことから判明する。
（21）乾隆『呉江県志』巻五、戸口丁によれば、分県した雍正四年にも保甲の清査を命じている。しかし遵守されなかったのか、雍正九年に至って厳しく保甲を実施したと述べる。乾隆『震沢県志』巻四、人丁、戸口にも同様の記載がある。
（22）乾隆『震沢県志』巻四、人丁、戸口の記載から、震沢県でも同時に保甲を再編したことが判明する。
（23）乾隆『呉江県志』巻九、営汛、水柵によれば、典史は巡検と同じく県城に近い水柵を管轄している。また盛沢鎮に分防した呉江県丞（管理盛沢鎮事務県丞とも称する）の職務は、他の県丞に比してやや特殊であり、鎮本体のみを管轄したようである。本書・第二章・第四節を参照。
（24）明代の巡検は兵部に属するが、清代では州県（吏部）系統に属している。正徳『大明会典』巻一一三、兵部八、関津一、設置巡検司および光緒『大清会典』巻五、吏部、巡検司を参照。
（25）川勝前掲論文、一〇九〜一一四頁。

(26) 濱島前掲論文、一二〜一三頁。
(27) 小島前掲論文、三一八〜三二六頁。
(28) 同治『盛湖志』巻七、官制、呉江県丞。
(29) 乾隆『呉郡甫里志』巻二、設官。
(30) 光緒『菱湖鎮志』巻二、公廨。
(31) 清代『七宝鎮小志』巻二、官師、県丞署。
(32) 同治『盛湖志』巻七、政績、熊晋。
(33) 同治『盛湖志』巻七、政績、史尚確。
(34) 同治『盛湖志』巻七、政績、崔兆麟。
(35) 光緒『周荘鎮志』巻二、公署。
(36) 光緒『周荘鎮志』巻二、公署。
(37) 咸豊『紫隄村志』巻三、官署、諸翟司循吏。
(38) 民国『同里志』巻一九、人物志一〇、官蹟、陳箴。
(39) 民国『同里志』巻一九、人物志一〇、官蹟、蕭履堂。
(40) 清代『珠里小志』巻一八、雑記。
(41) 清代『七宝鎮小志』巻二、官師、県丞署。
(42) 嘉慶『南翔鎮志』巻二、営建、分防県丞署、「重修南翔分防庁碑記」。
(43) 同治『修川小志』巻上、官署、州判署。
(44) 光緒『盤龍鎮志』官署、諸翟鎮巡検司。
(45) 三木聰「抗租と法・裁判——雍正五年（一七二七）の《抗租禁止条例》をめぐって」（『北海道大学文学部紀要』三七巻一号、一九八八年、後に同著『明清福建農村の研究』北海道大学出版会、二〇〇二年、所収、本書の頁数は後者による）一五〇頁。
(46) 滋賀前掲書、五六頁および六〇頁。
(47) 中国第一歴史檔案館蔵、乾隆朝軍機処録副、内政、乾隆二十八年十一月十九日、江蘇按察使銭琦「奏為敬陳末議仰祈睿鑑事」。
(48) 滋賀前掲書、六五〜六六頁。
(49)『佐雑須知』は東京大学東洋文化研究所、京都大学人文科学研究所にも所蔵されているようであるが、ここでは北京首都図書館蔵のものを利用した。

(50) 幕友については、宮崎市定「清代の胥吏と幕友——特に雍正朝を中心として」（『東洋史研究』一六巻四号、一九五八年）、中島楽章「明末清初の紹興の幕友」（『山根幸夫教授退休記念　明代史論叢記念』下、汲古書院、一九九〇年、所収）を参照。
(51) 『佐雑須知』巻四、自新遵依式に甘結の形式が掲載されている。
(52) 「巡庁の属員」の語が巡検だけなのか、巡検を含む佐雑をさすのか、判断は難しい。しかし本章で検討してきたように、すべての佐雑が県城から遠く離れて分防する可能性があったから、現実に分防しているすべての佐雑を含むと考えてよいと思われる。
(53) 森正夫「清代江南デルタの郷鎮志と地域社会」（『東洋史研究』五八巻二号、一九九九年、後に同著『森正夫明清史論集　地域社会・研究方法』第三巻、汲古書院、二〇〇六年、所収）。

第五章

(1) 岸本美緒「順治二年夏の中国江南社会」（『創文』三〇七、一九九〇年）、同「明清交替期の江南社会」（『歴史と地理』四八三、一九九五年）。
(2) 謝国禎『南明史略』（上海人民出版社、一九五七年）七九～九〇頁、L. A. Struve, *The Southern Ming, 1644-1662*, New Haven : Yale University Press, 1984, pp. 65-67、岸本前掲「明清交替期の江南社会」六～七頁。
(3) 岸本前掲「順治二年夏の中国江南社会」一七頁、同「明清交替期の江南社会」九頁。
(4) 謝国禎は「太湖は東南地域の抗清の重要な拠点であったから、［ここによって抵抗する者を］清朝統治者は〝湖賊〟と呼んだ」と述べる。謝国禎前掲書、五一～五二頁。
(5) 乾隆『上海県志』巻一一、兵燹。
(6) 雍正『分建南匯県志』巻一三、経略志、兵略。
(7) 乾隆『上海県志』巻一一、兵燹。
(8) 乾隆『上海県志』巻一一、兵燹。
(9) かかる点に言及する論攷は多い。さしあたり鄧孔昭「清政府対鄭氏集団的招降政策及其影響」（『鄭成功研究論文選・続集』福建人民出版社、一九八四年）を参照。
(10) 糧里については、森正夫『明代江南土地制度の研究』（同朋舎出版、一九八八年）二〇二頁を参照。
(11) 民国『郷志類稿』湖防、記兵。
(12) 民国『郷志類稿』湖防、記兵。
(13) 南匯営は上海県南匯堡に、川沙営は同県川沙堡にそれぞれ設けられた。なお、南匯堡は雍正二年（一七二四）に南匯県に、川沙堡は嘉慶十七年（一八一二）に川沙庁となった。
（14）雍正『分建南匯県志』巻六、建設條目下、武衛。
（15）乾隆『南匯県新志』巻八、武備志、営制。
（16）雍正『分建南匯県志』巻六、建設條目下、武衛。
（17）乾隆『南匯県新志』巻八、武備志、営制。
（18）同治『蘇州府志』巻二八、軍制。
（19）太田出「清中期江南デルタ市鎮をめぐる犯罪と治安――緑営の汎防制度の展開を中心として」（『法制史研究』五〇号、二〇〇〇年、本書・第三章、所収）。
（20）民国『郷志類稿』湖防、呉荘「防湖論略」。
（21）同治『蘇州府志』巻二八、軍制、民国『郷志類稿』湖防、呉荘「防湖論略」。
（22）清朝が順治年間、主に県城レヴェル以上の都市に緑営を配置したことについては、太田出「清代緑営の管轄区域とその機能――江南デルタの汎を中心に」（『史学雑誌』一〇七編一〇号、一九九八年、本書・第二章、所収）を参照。
（23）同治『蘇州府志』巻二八、軍制、所引の乾隆十二年（一七四七）の両江総督尹継善等の上奏には「太湖一営を〔三営に〕分割して以来、いまに至るまで二十年ほど、奸匪は鮮《すくな》くなり、〔太湖の〕湖面は頗る安静となっている」とあって、雍正初の湖寇弾圧の後、太湖はほぼ平静を保っていることがわかる。
（24）たとえば、藤井宏「新安商人の研究（一）～（四）」（『東洋学報』三六巻一～四号、一九五三～五四年）、谷井俊仁「路程書の時代」（小野和子編『明末清初の社会と文化』京都大学人文科学研究所、一九九六年、所収）を参照。
（25）清末に漁業振興が注目されると、沿海地域を中心として地方志に実業の項目がたてられ、漁業・漁民に言及するようになるが、それ以前はほとんどといってよいほど取り上げることはない。唯一例外的に乾隆『呉江県志』、乾隆『震沢県志』が生業の項目を設け、当該地域の漁撈に触れている。
（26）『宮中檔雍正朝奏摺』第二輯、浙江布政使佟吉図、七六七～七六九頁。
（27）雍正四年（一七二六）、呉江県の江南運河以西を割いて震沢県が設置された。七都鎮・八都鎮は原来呉江県の最西端に位置したが、震沢県成立後は該県に所属した。したがってここは震沢県の誤りではないかと考えられる。
（28）陳弘謀『培遠堂偶存稿』文檄、巻四四、乾隆二十三年十二月「会緝濱湖積賊論」。
（29）光緒『黎里続志』巻一二、雑録。
（30）道光『分湖小識』巻五、別録上、軼事。

(31)光緒『平望続志』巻一〇、集詩。
(32)清末『無錫斗門小志』。
(33)江南デルタ（太湖流域）の漁民が都市民や農民から「網船鬼」と呼ばれて蔑視されてきたことに関しては、近年の筆者らの漁民調査によって明らかにされつつある。特に太田出「民国期の青浦県老宅鎮社会と太湖流域漁民――「郷鎮戸口調査表」の分析を中心に」、同「太湖流域漁民の「社」「会」とその共同性――呉江市漁業村の聴取記録を手がかりに」（ともに太田出・佐藤仁史編『太湖流域社会の歴史学的研究――地方文献と現地調査からのアプローチ』汲古書院、二〇〇七年、所収）、同「清末民国期の太湖流域漁民――漂泊・漁撈生活と入漁慣行」（加藤雄三他編『東アジア内海世界の交流史――周縁地域における社会制度の形成』人文書院、二〇〇八年、所収）を参照。他に濱島敦俊・片山剛・高橋正「華中・南デルタ農村実地調査報告書」（『大阪大学文学部紀要』三四号、一九九四年）二七六～二七八頁、陳俊才「太湖漁民信仰習俗調査」（『中国民間文化』五号、学林出版社、一九九二年）、同著『情係太湖』（中国文史出版社、二〇〇五年）も参考になる。
(34)太田出「連家漁船から陸上定居へ――太湖流域漁民と漁業村の成立」（佐藤仁史・太田出・稲田清一・呉滔編『中国農村の信仰と生活――太湖流域社会史口述記録集』汲古書院、二〇〇八年、所収）二一九～二二〇頁。
(35)清代『光福志』巻一、風俗。
(36)『太湖備考』巻一六、雑記、民国『香山小志』寺観、馬当廟。
(37)官箴書集成編纂委員会編『官箴書集成』第六冊（黄山書社、一九九七年）、所収。
(38)疑似保甲の編成については本書・第八章を参照されたい。
(39)李衛については宮崎市定『雍正帝――中国の独裁君主』岩波新書（後に『宮崎市定全集』第一四巻、岩波書店、一九九一年、所収、本書の頁数は後者による）九〇～九三頁に詳しい。
(40)『宮中檔雍正朝奏摺』第八輯、浙江巡撫李衛、七四二～七四六頁、同書、第八輯、蘇州巡撫陳時夏、八七八～八八〇頁を参照。この沈氏の塩密売集団については佐伯富『中国塩政史の研究』（法律文化社、一九八七年）六一五頁、宮崎前掲書、九一頁でも論及されている。
(41)韓子儀はもと鏢局（現在の保安業）の主人であった。宮崎前掲書、九一頁、『宮中檔雍正朝奏摺』第九輯、浙江総督李衛、四四二～四四三頁、同書、第九輯、浙江観察整俗使徐鼎、四四八頁、同書、第一四輯、浙江総督李衛、一六四頁を参照。
(42)『宮中檔雍正朝奏摺』第一〇輯、六八八～六八九頁。
(43)烏鎮とそれに隣接する青鎮、すなわち烏青鎮については林和生「中国近世における地方都市の発展――太湖平原烏青鎮の場合」（梅原郁編『中国近世の都市と文化』京都大学人文科学研究所、一九八四年、所収）を参照。

(44)「濫」は「爛」が正しい。江南運河・爛渓など蘇州南部の水系と市鎮との地理的な位置関係については本書・第二章の図2-3を参照。
(45)襲撃された商人は姓が汪で、かつ塩商であるから徽州商人と断定してほぼ誤りない。
(46)『宮中檔雍正朝奏摺』第九輯、六〇八〜六〇九頁。
(47)金士言の事件は冤罪だったという説も存在する。同治『蘇州府志』巻一四八、雑記を参照。
(48)『宮中檔雍正朝奏摺』第一五輯、七〜八頁。
(49)烏青鎮はまさにその典型的な事例といい得る。ゆえに烏青鎮では新県を設置することで治安問題を解決しようとした。林前掲論文、四三九〜四四一頁。
(50)ここにいう商人の範疇には商業活動のなかから不正な手段で利益を抽出しようとする「無頼」をも含む。無頼の活動については本書・第一章を参照されたい。
(51)『宮中檔雍正朝奏摺』第一三輯、六四〇〜六四一頁。
(52)Ping-ti Ho(何炳棣), *Studies on the Population of China, 1368–1953*, Cambridge, Mass.: Harvard University Press, 1959、葛剣雄『中国人口発展史』(福建人民出版社、一九九一年)、濱島敦俊「漢民族の拡大——清代前期の社会と経済」(『世界歴史大系　中国史4　明清』山川出版社、第二章、一九九九年、所収)、曹樹基『中国人口史　第五巻　清時期』(復旦大学出版社、二〇〇一年)。
(53)寺田隆信「蘇州踹布業の経営形態」(『東北大学文学部研究年報』一八号、一九六八年)一三九〜一四〇頁。
(54)『宮中檔雍正朝奏摺』第一六輯、一六四頁。
(55)中国第一歴史檔案館蔵、雍正朝内閣漢文題本、江蘇省賊匪類、フィルム番号一九三七〜七〇、江蘇巡撫張楷「題為差船被盗事」。
(56)官憲が踹布業労働者を潜在的犯罪者と見なしたことについては、寺田前掲論文、一三七頁でも指摘されている。
(57)宮崎市定「明清時代の蘇州と軽工業の発達」(『東方学』二号、一九五一年)、彭沢益「十七世紀末到十九世紀初中国封建社会的工場手工業」(中国人民大学中国歴史教研室編『中国資本主義萌芽問題討論集』上、三聯書店、一九五七年、所収)、寺田隆信「蘇・松地方に於ける都市の棉業商人について」(『史林』四一巻六号、一九五八年)、同前掲「蘇州踹布業の経営形態」、横山英「清代における踹布業の経営形態(上・下)」(『東洋史研究』一九巻三、四号、一九六一年)、同「清代における包頭制の展開——踹布業の推転過程について(一・二)」(『史学雑誌』七一編一、二号、一九六二年)、岩井茂樹「明清時期の商品生産をめぐって」(谷川道雄編『戦後日本の中国史論争』河合文化教育研究所、一九九三年、所収)。
(58)「坊長制」「坊総制」の名称は横山英による。横山前掲「清代における踹布業の経営形態(上)」三四頁、同前掲「清代における包頭制の展開(一)」五八〜六八頁。後述の「坊長―坊総制」は筆者が名づけたものである。

(59) 横山前掲「清代における踹布業の経営形態（下）」三二頁。

(60) 横山英・寺田隆信はわずかながら浙江総督李衛の改革に言及する。しかし当時、この改革に関する史料は『雍正硃批諭旨』にかぎられていたうえ、それは李衛の上奏のかなりの部分を節略して載せたため、網羅的な検討はいまだに行われていない。現在では『宮中檔雍正朝奏摺』のなかに全文を確認できる。

(61) 康熙四十年十月「遵奉督撫各憲定例永禁碑記」（江蘇省博物館編『江蘇省明清以来碑刻資料選集』三聯書店、一九五九年、所収）。

(62) 『宮中檔雍正朝奏摺』第一輯、雍正元年四月初五日、蘇州織造胡鳳翬、一六三頁。

(63) 横山前掲「清代における包頭制の展開（一）」六〇～六二頁。

(64) 横山前掲「清代における包頭制の展開（一）」六三～六四頁。

(65) 寺田前掲「蘇州踹布業の経営形態」一四四頁。

(66) 横山前掲「清代における包頭制の展開（一）」六四～六六頁。

(67) 『宮中檔雍正朝奏摺』第一六輯、雍正八年七月二十五日、浙江総督李衛、七四七～七五三頁。

(68) 乾隆『蘇州府志』巻一八、軍制に記載された汛のなかに、北濠・陸墓鎮・王家角・新塘橋の四汛を確認できる。他の汛については詳細不明であるが、地方志中の汛名と上奏中の地名（土名）とが必ずしも一致するとはかぎらないため、設置された可能性は十分にある。

(69) 太田出「清代緑営の管轄区域とその機能――江南デルタの汛を中心に」（『史学雑誌』一〇七編一〇号、一九九八年、本書・第二章、所収）。

(70) 右軍は上奏中に登場しないが、光緒『蘇州府志』巻二八、軍制によれば、守備を指揮官として府下の崑山県に駐屯し、崑山・新陽両県方面の警備にあたっていた。

(71) 『蘇州府志』『呉県志』など当該地域の地方志から各大汛管下の小汛の設置数を確認しておくと、中軍の西城汛管下に四十三、周荘鎮汛に十三、木瀆鎮汛に十四、沙河汛に七、左軍の楓橋鎮汛に九、社壇汛に九、滸墅関汛に六、黄埭鎮汛に十、計一百一十にも及ぶ小汛＝駐在所ないし派出所が設置されていたことになる。

(72) 「六坊」の語は他の史料中にも散見し、かかる地域ブロックが実質的な意味を持っていたことを推定しうる。『江蘇省明清以来碑刻資料選集』所収の乾隆六十年碑記（五一頁）には「査べるに蘇州府六坊の踹布の工賃については、すでに〔長洲・呉県・元和の〕三県が合議した」、道光十二年碑記（五三頁）には「このために六坊の坊戸人らに示して通達する」（傍点は引用者による）と見える。

(73) 『皇朝文献通考』巻二三、職役考三には「〔雍正〕九年、江南蘇州踹坊に坊総・甲長を設けた。……保甲の法に照らして甲長を設け、すでにある坊総とともに互いに稽査するように請うた。部議してこのとおりとした」とあって、坊長の名称が見えない。ただし次の史料中に坊長の存在を確認できるから、蘇州踹布業の総責任者としての坊長は存在したと断定してよい。たとえば、『江蘇省明清以来碑刻資料選集』所収の乾隆四年碑記（四八頁）には「このために長〔洲〕・元〔和〕・呉〔三県〕の布商・踹坊坊長・坊総・総甲に示して諭す」とあって、坊長が布商と坊総とのあいだに位置すること、道光十四年碑記（五四頁）には「坊長・〔坊〕総が布商の誓約書を取るように請うた」とあり、坊長・坊総が踹布業者を代表して、知府ないし知県に呈文を上申していることがわかる。

(74) 李衛の上奏には千総とあるが、『江蘇省明清以来碑刻資料選集』所収の「長呉二県踹匠条約碑」では把総とする。本書・第二章でも述べたとおり、千総・把総の輪番制だったのであろう。

(75) 横山前掲「清代における包頭制の展開（一）」六一頁、寺田前掲「蘇州踹布業の経営形態」一四二～一四三頁。

(76) 主として岸本前掲「順治二年夏の中国江南社会」、同前掲「明清交替期の江南社会」を参照した。

(77) ルイ・シュヴァリエ（著）、喜安朗他（訳）『労働階級と危険な階級――一九世紀前半のパリ』（みすず書房、一九九三年）。

(78) 阪上孝『近代的統治の誕生――人口・世論・家族』（岩波書店、一九九九年）三三三頁、註(13)を参照。

(79) 佐々木寛「清朝の軍隊と兵変の背景」（『社会文化史学』九、一九七三年）。

(80) 岡崎文夫・池田静夫『江南文化開発史――その地理的基礎研究』（弘文堂、一九四〇年）、周藤吉之「宋代浙西地方の囲田の発展――土地所有制との関係」（『東洋文化研究所紀要』三九号、一九六五年）、濱島敦俊『明代江南農村社会の研究』（東京大学出版会、一九八二年）、同「明代中期の「江南商人」について」（『史朋』二〇号、一九八六年）、同「明代の水利技術と江南地主社会の変容」（『シリーズ世界史への問い2　生活の技術・生産の技術』岩波書店、一九九五年、所収）、同「農村社会――覚書」（森正夫他編『明清時代史の基本問題』汲古書院、一九九七年、所収）。

(81) 濱島前掲「農村社会――覚書」一六三頁。

(82) 濱島・片山・高橋前掲書、八頁。

(83) 濱島・片山・高橋前掲書、八〇頁。

(84) 濱島・片山・高橋前掲書、一五九頁。

(85) 濱島・片山・高橋前掲書、一八九頁。

(86) 太田前掲「清中期江南デルタ市鎮をめぐる犯罪と治安」二二五頁（本書・第三章、所収）。

(87) 濱島前掲「明代中期の「江南商人」について」および「明代の水利技術と江南地主社会の変容」九七～一〇二頁を参照。

第六章

（1）宮崎市定「宋元時代の法制と裁判機構」（『東方学報』京都、二四号、一九五四年）。

（2）滋賀秀三「刑罰の歴史――東洋」（荘子邦雄他編『刑罰の理論と現実』岩波書店、一九七二年、所収）一〇九～一一四頁、濱島敦俊「明清時代、中国の地方監獄――初歩的考察」（『法制史研究』三三号、一九八三年）四三頁。

（3）山本博文編『歴史学事典9　法と秩序』（弘文堂、二〇〇二年）、「監獄（中国の）」八八～八九頁。伝統中国、特に明清時代の監獄に関する研究としては、小河滋三郎「清代の獄制（上・下）」（『刑事法評林』二巻九、一〇号、一九一一年）、高遠拓児「清朝の監獄と越獄・反獄――乾隆後半期の事例を中心として」（『菊池英夫教授・山崎利男教授古稀記念　アジア史論叢』刀水書房、二〇〇〇年）、同「清代地方秋審の手続と人犯管理――乾隆年代における提犯・巡歴・留禁の問題をめぐって」（『史学雑誌』一一〇編六号、二〇〇一年）がある。

（4）「秋後」はすでに死刑判決を受けて執行を待つ者であることから、正確にいえば未決囚ではなく既決囚である。ただし死罪を除く、他の既決囚はただちに刑を執行される建前であり、長期的な監獄への拘禁はなかったと考えられる。秋審・緩決については滋賀秀三『清代中国の法と裁判』（創文社、一九八四年）二五頁を参照。また清代の秋審制度については、高遠拓児が精力的な研究を展開している。高遠拓児「清代秋審制度と秋審条款――とくに乾隆・嘉慶年間を中心として」（『東洋学報』八一巻二号、一九九九年）、同「秋審勾決考――清代における死刑執行の手続」（『社会文化史学』四〇号、一九九九年）、同「清末における秋審成案の刊行について」（中央大学『アジア史研究』二六号、二〇〇二年）、同「清代秋審制度の機能とその実態」（『東洋史研究』六三巻一号、二〇〇四年）、同「清代秋審制度と蒙古人犯――秋審招冊の関連事案を中心として」（中央大学『アジア史研究』三二号、二〇〇八年）。

（5）濱島敦俊は欠糧・欠租に関わって「監追」された例をあげている。濱島前掲論文を参照。

（6）滋賀前掲論文、一一〇～一一一頁。

（7）清代には②「待質」のカテゴリーに含まれる者を監獄ではなく別の拘禁施設に収容しようとする試みもなされた。かかる点については本書・第十章の註(32)で触れることにする。

（8）谷口知平（訳）『エスカラ支那法』（有斐閣、一九四三年）三七四～三八四頁。

（9）滋賀前掲論文、一一一頁、島田正郎「罪犯習藝所と模範監獄――大清監獄則草案の編定に関連して」（同著『清末における近代的法典の編纂』創文社、一九八〇年、所収）一三三～一三四頁。

（10）濱島敦俊は、非定制の拘禁施設の登場の背景に、明中期以降の郷居地主＝糧長層の消滅、農村秩序の自律的維持能力の弱体化、官府に持ち込まれる訴訟の増加、拘禁スペースの極端な不足という筋書きを読み取る。濱島前掲論文を参照。

(11) 濱島敦俊『明代江南農村社会の研究』(東京大学出版会、一九八二年)五六一~五六六頁。

(12) 張偉仁「清季地方司法――陳天錫先生訪問記」(『食貨(復刊)』一巻六・七期、一九七一年)四九頁。後に濱島前掲論文、三二頁にも転載。

(13) 管見のかぎり、陳天錫が提示したプランを確認できるのは、わずかに江蘇省通州、江西省南昌府南昌県・撫州府宜黄県、広東省嘉応州平遠県など数県にすぎない。また内監・外監の区別はなく、男監・女監の区分のみ確認される事例としては、浙江省嘉興府石門県・海寧州などがあげられる。

(14) 民国『沛県志』巻五、建置志、監獄。

(15) 光緒『南匯県志』巻三、建置志、禁獄、乾隆『震沢県志』巻七、公署、光緒『嘉善県志』巻五、建置志上、公署、光緒『永嘉県志』巻四、建置、公署、監獄、乾隆『陸豊県志』巻三、建置、光緒『鬱林州志』巻五、建置、衙署、民国『犍為県志』建置、監獄。

(16) 地方志に見える囲牆は石・甎・土・木など様々な材料を用いて築かれている。

(17) 太田出「「自新所」の誕生――清中期江南デルタの拘禁施設と地域秩序」(『史学雑誌』一一一編四号、二〇〇二年、本書・第八章、所収)五頁。

(18) 滋賀前掲論文、一一〇頁。

(19)『大清律例』巻四八、刑律二四、断獄上、「囚応禁而不禁」に「徒犯以上、婦人の犯姦は収禁(枷・鎖・杻のいずれかを施す)、官犯(文武官で罪を犯した者をさすのであろう)の公罪・私罪、軍民の軽罪、老幼廃疾は散禁(枷・鎖・杻を施さずそのまま拘禁する」とある。この律文は『唐律疏議』巻第二九断獄、「囚応禁不禁」にまで遡り得る。

(20) 滋賀前掲論文、一一〇頁。

(21) 濱島前掲論文、四三頁。

(22) 身分でも区別した可能性が高い。有官職者ないし生員身分以上を有する者は、一般の良民と同じ監獄でなく、礼房・兵房などに収禁されたという記載もある。民国『融県志』巻一、第三編、政治・司法、民国『永康州志』巻九、吏治、獄訟など。

(23)『大清律例』巻四八、刑律二四、断獄上、「獄囚衣糧」。

(24)『刑案匯覧』巻一六、刑部事宜。

(25) 滋賀前掲論文、一一〇頁。

(26) 趙暁華『晩清訟獄制度的社会考察』(中国人民大学出版社、二〇〇一年)一四七~一五二頁。

(27) 滋賀前掲論文、一一〇頁のほか、趙舒翹『提牢備考』巻三、章程考を参照。

(28) 広西省平楽府の光緒『富川県志』巻三、営建、衙署に見える。

(29) 緑営兵に監獄警備の任務があったことは、羅爾綱『緑営兵志』（中華書局、一九四五年）二五二頁を参照。たとえば光緒『奉賢県志』県署図、光緒『靖江県志』県公廨図には、監獄に附設された汛が描かれている。名称は獄汛・監汛・護監汛・蕭王廟汛など一定していない。また監獄に設置された汛の具体例は、太田出「清代緑営の管轄区域と機能——江南デルタの汛を中心に」（『史学雑誌』一〇七編一〇号、一九九八年、本書・第二章、所収）五二頁、註(24)でも紹介した。

(30) 「訪拏」は「訪聞拏獲」の略と考えられる。訪聞については本書・第四章を参照。

(31) 滋賀前掲論文、一一〇頁。

(32) 監候の場合、順治十年（一六五三）以降、処決は秋後に行われ、処刑の前には死刑執行の当否を判断するための再審理の手続きが執られた。監候の罪囚の一部はなお死刑執行されたが、減刑執行される者もあったという（順治十年以前は再審理こそ行われたものの、処決を秋後まで引き延ばすことはなかった）。赤城美恵子「可矜と可疑——清朝初期の朝審手続及び事案の分類をめぐって」（『法制史研究』五四号、二〇〇四年）を参照。

(33) 滋賀前掲論文、一一〇〜一一一頁によれば、秋審は年に一度行われ、ある年度の秋審において緩決となった者は以後毎年緩決となることが事実上のきまりであり、かつ、細かに分類された罪状のそれぞれについて、緩決何回かの後に死一等を減じて遣・軍・流等に処するという慣例が出来上がっていたという。

(34) この「不准」の主体は吏目と考えられるが、なぜ梁三を牢頭にさせなかったか、史料は「強姦十二歳以下幼女例」の事犯であったことしか記さない。たぶん牢頭は女監も管理することから、性的な問題のある人物を牢頭にあてることに慎重だったのかもしれない。

(35) 『読例存疑』巻四五、刑律之二一、捕亡之一、「獄囚脱監及反獄在逃」、雍正十一年定例に「一つ、在監の斬絞罪囚に、もし強横《ほしいま》まに不法を働いたり、賭博を行うような事があれば、杖一百とし、さらに手枷・足枷を施し、秋審を俟ってそれぞれ擬罪する」と見える。

(36) 民国『崇慶県志』民政四、訟獄。

(37) 民国『宣威県志稿』巻八之一、政治・司法篇、監獄。

(38) 民国『鍾祥県志』巻一一、司法、監獄。

(39) 民国『開陽県志稿』司法。

(40) 軍機処録副、内政類、道光年間（年月日不明）、両広総督盧坤・広東巡撫祁墳「奏為遵旨査明覆奏、仰祈聖鑑事」。

(41) 黄六鴻『福恵全書』巻一三、監禁。

(42) 『読例存疑』巻四五、刑律之二一、捕亡之一、「獄囚脱監及反獄在逃」、雍正十一年定例。

（43）『読例存疑』巻三三、刑律之九、人命之二、「殴殴及故殺人」、乾隆十八年定例。

（44）比附（比照）については中村茂夫「中国旧律における比附の機能」（新潟大学『法政理論』一巻一号、後に同著『清代刑法研究』東京大学出版会、一九七三年、所収）を参照。

（45）『読例存疑』巻二八、刑律之四、賊盗中之二、「窃盗」、同書、巻四四、刑律之二〇、雑犯、「賭博」、順治元年（一六四四）定例。

（46）『読例存疑』巻四五、刑律之二一、捕亡之一、「獄囚脱監及反獄在逃」、乾隆二十六年定例。

（47）『刑案匯覧続編』巻三二、刑部事宜、同治元年覆奏。

（48）官犯については『読例存疑』巻四九、刑律之二五、断獄下に「各省の官犯に判決が下されたときには、〔身柄を〕ただちに按察使衙門に収禁する」と見える。

（49）石井良助『江戸の刑罰』（中公新書、一九六四年）一二〇頁。

（50）『申報』宣統元年九月十三日、「看守養成所開辦情形〈蘇州〉」。

第七章

（1）滋賀秀三「淡新檔案の初歩的知識——訴訟案件に現れる文書の類型」（『東洋法史の探究——島田正郎博士頌寿記念論集』汲古書院、一九八七年、所収）、岸本美緒「歇家」（『歴史学事典9　法と秩序』弘文堂、二〇〇二年、所収）。

（2）渡辺紘良「宋代潭州湘潭県の黎氏をめぐって——外邑における新興階層の聴訟」（『東洋学報』六五巻一・二号、一九八四年）九〜一二頁。

（3）高橋芳郎「務限の法と茶食人——宋代裁判制度研究（一）」（『史朋』二四号、一九九一年）。

（4）Mark A. Allee, *Law and Local Society in Late Imperial China, Northern Taiwan in the Nineteenth Century*, Stanford : Stanford University Press, 1994.

（5）趙暁華『晩清訟獄制度的社会考察』（中国人民大学出版社、二〇〇一年）。

（6）滋賀前掲論文、二五六頁。

（7）金弘吉「清代前期の罷市試論——その概観と事例考察」（大阪大学『待兼山論叢』史学篇、二六号、一九九二年）四二〜四六頁を参照。

（8）夫馬進「明清時代の訟師と訴訟制度」（梅原郁編『中国近世の法制と社会』京都大学人文科学研究所、一九九三年、所収）四四九〜四五〇頁。

（9）Melissa A. Macauley, *Social Power and Legal Culture : Litigation Masters in Late Imperial China*, Stanford : Stanford University Press, 1998, pp. 125–127.

(10) 岸本前掲「歇家」一七三頁。

(11) 西村元照「清初の包攬——私徴体制の確立、解禁から請負徴税制へ」（『東洋史研究』三五巻三号、一九七六年）、山本英史「清初における包攬の展開」（『東洋学報』五九巻一・二号、一九七七年）、谷口規矩雄「明代の歇家について」（明代史研究会編『明代史研究会創立三十五年記念論集』汲古書院、二〇〇三年、所収）。

(12) 明清時代の訴訟制度における原告と被告の取扱いは基本的に同等であったと考えられるが、地域によっては原告となることが重要であるとされた。清・徐棟輯『牧令書』巻二〇、戢暴、姚瑩「覆方本府求言札子」によれば、福建省漳州府の風俗では原告となることが重んぜられ、原告となれば衙役も捕縛しようとはせず、逆に原告となれなかった者は県の審理に赴かず越控したという。原告による裁判の引き延ばしに抵抗するのがその一因であった。原告が判決に満足して訴訟を打ちきるか否かが裁判の期間の長短を左右したからであろう。

(13) 中島楽章「村の識字文化——民衆文化とエリート文化のあいだ」（『歴史評論』六六三、二〇〇五年）。

(14) 官代書とは地方官府の試験を受けて訴状代作の資格を得た者をさす。唐澤靖彦「清代における訴状とその作成者」（『中国——社会と文化』一三、一九九八年）三〇九～三一一頁を参照。

(15) 趙暁華前掲書、一二一頁。

(16) 臨時台湾旧慣調査会編『清国行政法』第五巻、第三編第三章訴訟手続に『福恵全書』巻二〇を引きながら「此ニ訪犯ト云フハ以上ノ手続ニ依ラズシテ、裁判所ガ犯罪ヲ覚知シタル場合ヲ総称ス。或ハ上級裁判所ニ於テ先ヅ犯罪ヲ覚知シ、当該下級裁判所ヲシテ捜査逮捕セシムルコトアリ。或ハ当該裁判所ニ於テ覚知シ、上級裁判所ニ於テ覚知シ、上級裁判所ノ指揮ヲ待タズシテ自ラ捜査逮捕ヲ行フコトアリ。倶ニ之ヲ訪犯ト謂フ」（一〇八頁）とある。右の方法で逮捕された者を訪犯、かかる方法それ自体は訪聞と呼ばれた。

(17) 岸本美緒「明代の社会集団と「賤」の観念」（井上徹・塚田孝編『東アジア近世都市における社会的結合——諸身分・諸階層の存在形態』清文堂出版、二〇〇五年、所収）一八頁は「明末以降の江南の郷紳の奴僕は……その多くが、城居する郷紳の随従として盛容を示し、紀綱の僕として経営に参与し、官紳の交際において取り次ぎをするなど、都市社会における郷紳の威勢を誇示しつつ人々の注目を浴びていたことに留意すべきである」と指摘している。

(18) 『福恵全書』は黄六鴻の山東省郯城県・直隷東光県での知県時代の経験に基づいて著されたものであるから、いずれかの県で実際に目撃したのであろう。

(19) 『西江視臬紀事』（乾隆八年序刊本、東京大学東洋文化研究所蔵）巻四、條教、「諭告状人勿聴訟棍哄騙」。

（20）たとえば『廬郷公牘』巻一、「上登州府憲呉論上控情弊虚実稟」に「また于雲卿の父于紹南は訟棍であったが捐納して監生の身分を手に入れ、夏崙呈が訴えた訴訟案件のなかの孫秀は訟棍でありながら捐納して職銜を手に入れ、みなそれを護符として郷里に横行している」とあるとおり、「訟棍」自身が捐納によって監生身分・職銜を得ていた事例を確認できる。

（21）瀧川政次郎『公事師・公事宿の研究』（赤坂書院、一九八四年）一〇九～一一六頁を参照。

（22）明・佘健吾『治譜』巻四、詞訟門、衙役不許作保。

（23）『福恵全書』巻六、銭穀部、革保歇図差。

（24）『西江政要』巻一〇、「毋許歇訟包詞代書用戳額定銭文」。

（25）清・熊賓『三邑治略』（光緒三一年刊本、中国国家図書館蔵）巻三、「飭書吏査規費諭帳　天門県稿」。

（26）『三邑治略』巻三、「勧諭各房書吏子弟入学堂稿」（天門県）。

（27）清・張経田『励治撮要』、厳拏訟棍。

（28）『法筆驚天雷（法家驚天雷）』（筆者蔵）、歇保人犯。

（29）夫馬進「訟師秘本『蕭曹遺筆』の出現」（『史林』七七―二、一九九四年）二七～二八頁を参照。

（30）夫馬前掲「訟師秘本『蕭曹遺筆』の出現」三三頁を参照。

（31）台湾の淡新檔案のなかにもいくつかの身元保証書が残されており、それらは舗戸が提出したものである。台湾では舗戸が歇家に相当したのであろう。

（32）『徽州千年契約文書』巻二「隆慶四年（一五七〇）徽州府程欽保結犯人文書」四五五頁。

（33）『治譜』巻四、詞訟門では、さらに訴訟関係者の身柄確保について原告自らが被告を拘束し、来なければ改めて干連（証人）、本里里長等を用いて呼び出し、快手などを派遣すべきでないとも記す。伍躍『明清時代の徭役制度と地方行政』（大阪経済法科大学出版部、二〇〇〇年）八七頁を参照。

（34）丁日昌『撫呉公牘』巻四〇、「海州詳孫首夫提禁患病一案験訊由」。

（35）夫馬前掲「明清時代の訟師と訴訟制度」四四〇～四四四頁、濱島敦俊「明清時代、中国の地方監獄――初歩的考察」（『法制史研究』三三号、一九八三年）、同「明末東南沿海諸省の牢獄」（西嶋定生博士還暦記念論叢編集委員会編『東アジア史における国家と農民』山川出版社、一九八四年、所収）を参照。司法官の「健訟」認識については、山本英史「健訟の認識と実態――清初の江西吉安府の場合」（大島立子編『宋―清代の法と地域社会』東洋文庫、二〇〇六年、所収）、宋代の「健訟」については山本論文の註（2）を参照。

（36）夫馬前掲「明清時代の訟師と訴訟制度」四四一頁を参照。

(37) 太田出「「自新所」の誕生――清中期江南デルタの拘禁施設と地域秩序」（『史学雑誌』一一一編四号、二〇〇二年、本書・第八章、所収）一七〜二七頁を参照。
(38) たとえば聞鈞天『中国保甲制度』（商務印書館、一九三五年）三三五〜三三六頁を参照。
(39) 丁日昌『撫呉公牘』所収の各文には残念ながら年月日の記載がない。ただし丁日昌の江蘇巡撫在任中の同治六年（一八六七）十二月〜九年（一八七〇）閏十月のあいだのものであるのは間違いない。
(40) 丁日昌『撫呉公牘』巻四三、「批長洲県詳元和犯証朱万春等被火焚斃験訊由」。
(41) 丁日昌『撫呉公牘』巻三四、「札飭密査如皋県監押各犯与牌示不符」。
(42) 丁日昌『撫呉公牘』巻三四、「飭査東台県監押犯人与牌不符」。
(43) 丁日昌『撫呉公牘』巻三四、「泰州興化監押各犯牌示無名飭査」。
(44) 濱島前掲「明清時代、中国の地方監獄」一一〜一二頁、太田前掲論文、二三〜二四頁を参照。
(45) 『江蘇省例』（東京大学東洋文化研究所蔵）臬、同治七年「詞訟人証不准与盗賊同押」。
(46) 民国『南匯県続志』巻三、建置志、禁獄、自新所。
(47) 太田前掲論文、三〜一〇頁を参照。
(48) 清・余治『得一録』巻一六、羈所改作章程。
(49) 葛士濬『皇朝経世文続編』巻八七、刑政四、畢道遠「建設候質公所擬請按提経費疏」（光緒八年）。
(50) 汪輝祖『学治説贅』簿記十則、査管押簿。
(51) 『西江政要』巻十、「議詳禁革班房」。
(52) 覚羅烏爾通阿『居官日省録』（咸豊二年刊本）巻四、察班房。
(53) 濱島敦俊『明代江南農村社会の研究』（東京大学出版会、一九八二年）五六三〜五六四頁を参照。
(54) たとえば王延熙・王樹敏『皇清道咸同光奏議』巻五八、刑政類、治賦、松溎「覆奏楊福臻奏請裁除待質公所疏」、陳忠倚『皇朝経世文三編』巻五九、刑政一、「書楊侍御奏請裁撤待質公所摺後」などを参照。
(55) かかる点についてはブラッドリー・リード「清朝後期四川における収税、催税、租税、代納――巴県档案に見る衙役の活動」（『中国――社会と文化』一三、一九九八年）二八三頁でも同様の指摘がなされている。

第八章

(1) 小河滋三郎「清国の獄制（上・下）」（『刑事法評林』二巻九、一〇号、一九一一年）、滋賀秀三「刑罰の歴史――東洋」（荘子邦

雄他編『刑罰の理論と現実』岩波書店、一九七二年)、島田正郎「清末の習藝所」(人足寄場顕彰会編『人足寄場史——我が国自由刑・保安処分の源流』創文社、一九七四年、所収)、同「罪犯習藝所と模範監獄——大清監獄則草案の編定に関連して」(同著『清末における近代的法典の編纂』創文社、一九八〇年、所収)、濱島敦俊『明代江南農村社会の研究』(東京大学出版会、一九八二年)、同「明清時代、中国の地方監獄——初歩的考察」(『法制史研究』三三号、一九八三年)、同「明末東南沿海諸省の牢獄」(西嶋定生博士還暦記念『東アジア史における国家と農民』山川出版社、一九八四年、所収)、目黒克彦「清末湖南の遷善所に関する覚書」(『愛知教育大学研究報告』社会科学編、三六号、一九八七年)、可児弘明「清末の班館に関する留書」(慶應義塾大学『史学』五八巻三・四号、一九八九年)、高遠拓児「清朝の監獄と越獄・反獄——乾隆後半期の事例を中心として」(『菊池英夫教授・山崎利男教授古稀記念　アジア史論叢』刀水書房、二〇〇〇年、所収)、吉澤誠一郎「善堂と習藝所のあいだ——清末天津における社会救済事業の変遷」(『東京外国語大学アジア・アフリカ言語文化研究』五九号、二〇〇〇年、後に同著『天津の近代——清末都市における政治文化と社会統合』名古屋大学出版会、二〇〇二年、第七章、所収)、趙曉華『晩清訟獄制度的社会考察』(中国人民大学出版社、二〇〇一年)。その他に陶希聖『清代州県衙門刑事審判制度及程序』(食貨出版社、一九七二年)、李甲孚『中国監獄法制史』(台湾商務印書館、一九八四年)などがあげられる。

(2) 聞鈞天『中国保甲制度』(商務印書館、一九三五年)、松本善海「清代」和田清編『支那地方自治発達史』中華民国法制研究会、一九三九年、所収)、目黒克彦「清朝初期の保甲法に関する一考察——浙江省臨安県の場合」(『愛知教育大学研究報告』人文科学・社会科学、二五号、一九七六年)、同「清朝中期の保甲制について——嘉慶期浙江平湖県の場合」(『愛知教育大学研究報告』社会科学、二九号、一九八〇年)、三木聰「明末の福建における保甲制」(『東洋学報』六一巻一・二号、一九七九年、後に同著『明清福建農村社会の研究』北海道大学図書刊行会、二〇〇二年、第七章、所収)。

(3) 前近代中国では、現在のような刑事・民事の区別はなかったため、「軽罪」のカテゴリーには刑事・民事ともに含まれる。ここでは杖・笞刑相当の比較的軽い罪にあてられる者をさすこととする。またここにいう「重罪」「軽罪」はいずれも既決ではなく、そうした罪を想定されている未決囚をさしている。濱島前掲「明末東南沿海諸省の牢獄」を参照。

(4) 濱島前掲書、五六一〜五六六頁。

(5) 呉・長洲・元和三県の自新所は地方志に確認できず、中国第一歴史檔案館蔵、乾隆朝宮中檔奏摺、法律、監獄解護一、乾隆十三年三月初八日、江蘇按察使翁藻の記載によった。なお濱島は乾隆五年(一七四〇)『元和県志』巻一、県署図に描かれた収禁所を自新所に比定した(濱島前掲「明清時代、中国の地方監獄」一〇〜一一頁)。後述のごとく、元和県の自新所の設置は乾隆十年に求められるから、収禁所はその前身であった可能性が高い。ただし建築物という物理的なものはともかく、その機能的な系譜関係はさらなる検討の余地が残されている。

（6）光緒『南匯県志』巻三、建置志、禁獄には、外監の存在が明確に記載されている。

（7）濱島前掲「明清時代、中国の地方監獄」一〇～一一頁。

（8）中国第一歴史檔案館蔵、乾隆朝宮中檔奏摺、法律、監獄解護一、乾隆十三年三月初八日、江蘇按察使翁藻「奏為酌籌口糧以羈旧匪以靖地方事」。

（9）原文には「各将犯過一二次及無嫡属可交之旧賊」とある。ここでは「及」をいかに訳すかが問題となるが、後掲史料（本章・第四節の陳弘謀の提案を参照）との関わりから、「且」の意味、すなわち「なおかつ」とさらに条件を附加するように読んだ方がよいと判断した。

（10）黄六鴻『福恵全書』巻一七、賊盗、申報において、小畑行簡は積賊を「フルドロボウ」と訓じている。ドロボウを生業とする者の意である。他の史料中には積匪・旧賊・旧匪といった語も見られる。これらの語は厳密にいえば微妙に意味が異なるものの、本章で扱う史料では、すべて積賊とほぼ同じ意味で用いられ、明確に区別しない場合が多い。ゆえに以下では、「ふるどろぼう」とルビをふったうえで原文のまま記すことにする。

（11）道光『江陰県志』巻一、建置、刑獄には「囚糧については毎名、米一升・灯油柴薪塩菜五文を支給し、永遠に例とする」とあって、江南では監犯に米一升のほか、灯油・柴薪・塩菜の費用として銭五文が支給されたことがわかる。この銭五文については『大清律例』刑律、断獄、獄囚衣糧や趙舒翹『提牢備考』巻一、囚糧考に確認できないが、中国第一歴史檔案館蔵、乾隆朝宮中檔奏摺、法律、監獄解護一、乾隆四年四月十五日、盛京刑部侍郎覚羅呉拝「奏為請設旗人囚糧以広皇仁事」にも「直省の例に照らして、毎犯毎日、米一倉升・灯油薪菜制銭五文を支給する」とあるから、全国的定例となっていた可能性もある。

（12）「近隣」は普通名詞でなく、「右隣」「左隣」などとも呼ばれた保甲制の責任連座に関わって登場する語であると考えられる。目黒前掲「清朝初期の保甲法に関する一考察」一四二頁を参照。

（13）岸本美緒「清代前期江南の物価動向」（『東洋史研究』三七巻四号、一九七九年）九六～九八頁。

（14）陳弘謀に関する最新の研究には William T. Rowe, *Saving the World: Chen Hongmou and Elite Consciousness in Eighteenth-Century China*, Stanford: Stanford University Press, 2001 がある。

（15）太田出「清代江南デルタ佐雑「分防」考」（大阪大学『待兼山論叢』史学篇、三三号、一九九九年、本書・第四章、所収）、同「清中期江南デルタ市鎮をめぐる犯罪と治安——緑営の汎防制度の展開を中心として」（『法制史研究』五〇号、二〇〇〇年、本書・第三章、所収）を参照。

（16）陳弘謀の「弭盗A」には別に「無営無業之游民」の語も見えるが、「別に計画して議論を行う」とあって具体的な内容を示していないため、ここでは検討できない。

(17) 星斌夫『中国社会福祉政策史の研究――清代の賑済倉を中心に』（国書刊行会、一九八五年）、夫馬進『中国善会善堂史研究』（同朋舎出版、一九九七年）。
(18) 徐棟『牧令書』巻二〇、戢暴、謝玉珩「厳拏匪徒痞棍為害並使病叟潑婦蠆擾示」。
(19) たとえば、徐棟『牧令書』巻二〇、戢暴、潘杓燦「乞丐」に「乞丐の領袖《ボス》については、名づけて甲頭といい、地方《なわばり》を分けあった。たまたま結婚や葬式など慶弔の事があると、乞丐の仲間を呼んで引きつれ、動もすれば数十人にも至り、酒食や銀両を要求し、欲求が満たされないと叫んで罵ったり、その場所を穢汚《よご》したりして、肆《ほしいま》まに何でも行った」とあるほか、民国『南匯二区旧五団郷志』巻一三、風俗にも「民間に吉凶の事があれば、丐頭は仲間の乞丐を率いて物乞いし、酒食や銭物を要求し、満足しないとただちに肆まに騒ぎたてた。近《ちかご》ろ禁令を奉じた」とあって、乞丐を管理すべき丐頭（甲頭）自らが乞丐らを率いて、民間で騒擾を起こしていたことがわかる。
(20) 上海博物館図書資料室編『上海碑刻資料選輯』（上海人民出版社、一九八〇年、四四〇～四四五頁）には、乞丐に関する多くの碑文が収められている。道光二年（一八二二）六月三十日、松江府上海県新廟鎮に立てられた碑文には「郷民は県城から遠く離れているため、悪丐が群をなして集団を作り、村ごとにゆすり・たかりを行っている。もし結婚・葬式などがあれば、聚まってうろつき、その欲を遂げられなければ、罵詈雑言を浴びせる。農民の〔灌漑用の〕戽水・車棚は多くが郊外にあって看守する人に乏しいから、悪丐が隙に乗じて聚まり歇《やす》む。もしあるいは駆逐しようとすれば、事を起こして誣告するのでなければ、放火して〔龍骨〕車を焼くか、そうでなければ車棚で問題を起こして迷惑をかける」（四四〇頁）とあって、乞丐の騒擾による被害を述べる。太倉州嘉定県安亭鎮・諸翟鎮にもほぼ同じ内容の碑文が立てられた。これら碑文は乞丐に向けて書かれたとは考えられず、碑文の末尾に見える地保・丐頭への警告の意味を有したと推定される。
(21) 山本進は、丁日昌『撫呉公牘』巻一五の南京の例を引用しつつ、「都市に在住する物乞いは丐頭の下に組織されており、地域社会の秩序に従っていた。丁日昌が取り締まった南京の流丐は、地元の乞丐とは無関係の存在で、各処の丐頭は流丐を排除していた」と指摘する。山本進「清代後期江浙の財政改革と善堂」（『史学雑誌』一〇四編一二号、一九九五年）五九頁。
(22) 徐棟『牧令書』巻二〇、戢暴、潘杓燦「乞丐」。
(23) 図頼とは、諍いや紛争による憤懣・怨恨を発端として、その原因をもたらした相手を恐喝して金銭を奪い取ったり、相手を誣告して罪に陥れたりするために、主として家族や親族の死を利用する行為をさす。本書・第一章を参照。三木聰「伝統中国における図頼の構図――明清時代の福建の事例について」（歴史学研究会編『シリーズ歴史学の現在２　紛争と訴訟の文化史』青木書店、二〇〇〇年、所収）。
(24) 地保とは保正など、保甲の責任者の総称である。佐伯富「清代の郷約・地保について――清代地方行政の一齣」（『東方学』二八

号、一九六四年）、山本前掲論文、五九頁、同「清代江南の地保」（『社会経済史学』六一巻五号、一九九六年）を参照。

(25) 少壮の乞丐が棲流所に収容されたか否かは確認できていないが、弭盗Bに「昨年議論した弭盗一則（弭盗A）については、均しく憲台（上官）の審議をへて、批を発して通行しております」とあるから、実行の可能性は少なくない。

(26) 註(19)を参照。なお丐頭・甲頭の名称はいずれも明代にまで遡り得る。夫馬前掲書、八七頁を参照。

(27) 丐頭自身も乞丐であり、かつ管理の対象であったことは註(19)から判明する。

(28) 陳弘謀『培遠堂偶存稿』文檄、巻四三、乾隆二十三年七月、「稽査丐匪檄」には「現在各州県には罡頭《ママ》（丐頭か）を設け、執照（証明書）を与えて、乞丐を専門的に管理させている。……各罡頭が管轄する乞丐には、それぞれ定数があり、その物乞いにもそれぞれ固定した地域があり、甲長とほとんど異なることがない」とあって、各丐頭管轄の乞丐や物乞いの空間を定めている。ただしここでは腰牌について言及していない。

(29) この乞丐の腰牌は、後述のごとく、王鳳生が実施したもので、本来ならば王鳳生『越中従政録』所載の「浙江平湖県編査保甲事宜」を参照すべきであるが、ここでは『保甲書』による。

(30) 平湖県知県王鳳生の保甲制については、目黒克彦「清朝中期の保甲制について——嘉慶期浙江平湖県の場合」（『愛知教育大学研究報告』社会科学、二九号、一九八〇年）に詳しい。

(31) 陳弘謀『培遠堂偶存稿』文檄、巻四三、乾隆二十三年七月、「稽査丐匪檄」に「新しくやって来た流丐は、罡頭が知らない者であるならば、あわせて取り調べ、罡頭に管理させるべきである」とあり、徐棟『保甲書』巻二、成規上、「丐頭循環冊」にも「もし他県の新しくやってきた乞丐があればそこに留めることなく、丐頭からただちに官府に連絡させ、口糧を支給して原籍に送りかえす」とあって、外来の乞丐は見つけ次第、その場で保甲に編入するか、原籍に送りかえすことが要求された。なお、徐棟『保甲書』巻二、成規上には、駅夫と同様、荷担ぎなどの仕事に従事していた脚夫の腰牌も見える。この腰牌も乞丐のそれと同じく、外来の不審な者を見つければ、夫頭に報告するよう命ずる知県の文章を掲げている。

(32) 乾隆二十三年（一七五八）三月頃、湖北で発生した流丐騒擾事件については、『高宗実録』巻五五九、乾隆二十三年三月二十四日、同巻五六〇、乾隆二十三年四月初一日（同日二つの記事あり）、同巻五六〇、乾隆二十三年四月十一日、同巻五六〇、乾隆二十三年四月十二日などから概略をつかむことができる。簡単に説明すれば、安徽省宿松県の流丐一百人余りが安徽から湖北へ器械を持して略奪しながら移動し、湖北の住民や兵役と衝突した事件。乾隆二十三年四月十二日には、流丐を原籍へ駆逐せず、所在の地方で捕捉して保甲に編入すべきことが確認されている。

(33) 江蘇巡撫陳弘謀については、『培遠堂偶存稿』文檄、巻四三、乾隆二十三年七月「稽査丐匪檄」を参照。浙江巡撫楊廷璋については、中国第一歴史檔案館蔵、乾隆朝宮中檔、内政類、保警一七、乾隆二十三年、浙江巡撫楊廷璋「奏為欽奉上諭事」に「乾隆二十三年四月十一日、奉《う》けた上諭に、抛《う》けた荘有恭の湖北省の流丐による騒擾に関する上奏によれば、……臣（荘有恭）は浙江省の流丐について、すでに府・県に命じて、丐頭を設け、地保とともに、在地の流丐を取り調べて管理させ、昼間は物乞いを聴《ゆる》し、夜間は棲流所などに収容させている。もし事件があれば、丐頭・地保をあわせて処罰する」とある。

（34）棲流所がもともと慈善・福祉施設＝善堂であったことは、夫馬前掲書、五六〇頁に詳しい。この棲流所に閉じ込めの機能が附加されたことは、夫馬前掲書、五八五頁に「杭州市内にある五箇所の棲流所だけでは数多い乞食を夜間閉じ込めておくのに不足するから、さらに六箇所増設してほしい」とあることからも窺える。しかし本文中の江浙地域の場合、乞丐の騒擾はその後も絶えないから、過大評価は避けねばなるまい。なお、上述の『上海碑刻資料選輯』所収の碑文（四四一頁）には、飢饉の際の粥の炊き出し場＝「廠」が乞丐の閉じ込め施設として機能した事例も見える。

（35）門牌の書式を見ると、同居する者のほか、左右両隣（左隣・右隣）などを記すから、保甲制は現居住地を基礎として家屋単位に編成されていたと考えられる。聞鈞天『中国保甲制度』（商務印書館、一九三五年）二三六～二三七頁を参照。

（36）中国第一歴史檔案館蔵、乾隆朝宮中檔、内政類、保警一七、乾隆二十三年、浙江巡撫楊廷璋「奏為欽奉上諭事」に「如査無糾衆滋事、即聴其安分行乞」「果其馴良安分、不過責令地保稽察」「安分則任其求食、滋事則稟報厳懲」などの表現が見られる。

（37）仁井田陞『中国法制史研究（奴隷農奴法・家族村落法）』（東京大学出版社、一九六二年）一四七～一八九頁。

（38）安楽博（Robert J. Antony）「盗匪的社会経済根源——十九世紀早期広東省之研究」（葉顕恩主編『清代区域社会経済研究』上、中華書局、所収）五四〇～五四一頁。

（39）森正夫「明末の社会関係における秩序の変動について」（『名古屋大学文学部三十周年記念論集』一九七八年、所収）一四八頁。

（40）Fu-mei Chang Chen, "Local Control of Convicted Thieves in Eighteenth-Century China", in F. Wakemann Jr. and C. Grant eds., *Conflict and Control in Late Imperial China*, Berkeley : University of California Press, 1975, pp. 134–138.

（41）『大清律例』巻二四、刑律、賊盗中、窃盗に見える。

（42）『大清律例』巻二四、刑律、賊盗中、窃盗の律文には「初犯は右の前腕部に窃盗の二文字を刺字《いれずみ》し、再犯は左の前腕部に刺字し、三犯は絞刑とする」とあって、初犯・再犯ともに顔面ではなく前腕部（肘）への刺字となっている。しかし同巻二五、刑律、賊盗下、起除刺字の条例（窃盗に附された康熙三十二年、雍正三年、乾隆六年の各条例を、乾隆三十二年に一条とし、同五十三年に刺字に移した）には、「奴僕が窃盗あるいは強盗、家長の財物を盗んだ場合には、すべて顔面に刺字する。そのほか平民が強盗した場合、あるいは窃盗の初犯で贓（盗品）の価格が徒罪（強制労働）以上にあたる者は顔面に刺字する。窃盗の初犯で、罪が杖責に止まる者は、律に照らして右の前腕部に刺字し、再犯は顔面の左側に刺字し、贓が少なく罪が軽いからといって刺字を免れることはできない」とあり、初犯でも徒罪以上であれば顔面に刺字するとある。

(43) 陳弘謀『培遠堂偶存稿』文檄、巻一〇、「弭盗議詳」（弭盗A）。
(44) 窃盗案件を含む清代の軽度命盗案件処理過程については、鈴木秀光「詳結——清代中期における軽度命盗案件処理」（東北大学法学部『法学』六三巻四号、一九九九年）が参考となる。
(45)『大清律例』巻二五、刑律、賊盗下、起除刺字には「盗賊でかつて刺字された者は、みな原籍に送りかえし、「収充警迹」すなわち充警（警邏）させる。徒刑にあたる者は、服役した後に充警させる、流刑にあたる者は流刑地で充警させる。……〈「収充警迹」とは巡警の役にあて、盗賊を追捕させることである。「警迹（警邏）」の人はみな帳簿に記載される。ゆえに「収充」と曰う〉」とある。Fu-mei Chang Chen, *op.cit.* のほか、濱島敦俊「明清時代、中国の地方監獄——初歩的考察」（『法制史研究』三三号、一九八三年）六〇頁を参照。
(46) 窃盗律では、三犯は盗品の価格を論ぜず絞となすことが定められていたが、雍正十一年（一七三三）以降、三回の価格を計算して絞・発遣・軍流に分別することになった。
(47) 陳弘謀『培遠堂偶存稿』文檄、巻一〇、「弭盗議詳」（弭盗A）。
(48) 陳弘謀『培遠堂偶存稿』文檄、巻一〇、「弭盗議詳」（弭盗A）。
(49) 陳弘謀『培遠堂偶存稿』文檄、巻一〇、「弭盗議詳」（弭盗B）。
(50) 陳弘謀『培遠堂偶存稿』文檄、巻一〇、「弭盗議詳」（弭盗A）。
(51) 陳弘謀『培遠堂偶存稿』文檄、巻一〇、「弭盗議詳」（弭盗A）。
(52) 陳弘謀『培遠堂偶存稿』文檄、巻一〇、「弭盗議詳」（弭盗B）。
(53) Fu-mei Chang Chen, *op.cit.*, p. 138.
(54) 陳弘謀『培遠堂偶存稿』文檄、巻一〇、「弭盗議詳」（弭盗A）。
(55) 陳弘謀『培遠堂偶存稿』文檄、巻一〇、「弭盗議詳」（弭盗A）。
(56) 濱島前掲論文、一一～一二頁。
(57) 捕役については、谷井俊仁「清代外省の警察機能について——割辦案を例に」（『東洋史研究』四六巻四号、一九八八年）九三～九五頁および一〇〇頁を参照。
(58) 陳弘謀『培遠堂偶存稿』文檄、巻一〇、「弭盗議詳」（弭盗A）。
(59) 乾隆十三年三月初八日、江蘇按察使翁藻「奏為酌籌口糧以羈旧匪以靖地方事」。
(60) 張誠については、鈴木秀三による書評（『法制史研究』五三号、二〇〇三年、二五八～二六一頁）でご教示いただいた。ここに記して感謝の意を表する。

(61)葛士濬『皇朝経世文続編』巻八四、刑政一、刑論、張誠「与王咸斎太守論自新所書」。以前には、これがどこの自新所か判然としなかったが、この自新所の機能がこれまで検討してきた江南デルタのそれとほぼ同様であること、また劉衡『蜀僚問答』所収の「収呈時先訊原告之法」に「〔原告が〕県城に入った後、〔衙役らは〕必ずや卡房・覊候所〈三江（江蘇・安徽・江西）では自新所、四川では卡房、広東では覊候所と謂う〉のなかに拘禁するが、〔これこそ〕まさに例で禁じられている班房である」とあって、自新所の名称が江蘇・安徽・江西に多く見られたことから、ここに引用することにした。その後、註(60)の鈴木書評によって、江南デルタに位置する平湖県の自新所の事例であることを教えられた。

(62)引用史料中に犯罪者（受刑者）を「賤」と表現したものはない。しかし岸本美緒は一九九九年七月二十六日の明清史夏合宿において「明清時代における「賤」の観念」と題する発表を行ったなかで、犯罪者（受刑者）は身体刑を受けて「汚賤」されたため応試できなかったことなどを指摘している（報告レジュメによる）。したがって、笞・杖刑を受けて刺字された犯罪者が地域社会で「賤」として蔑視されていたと見なして問題ないものと考える。

(63)この乾隆五年定例が「弭盗A」「弭盗B」とほぼ同じ時期に出されていることは、定例の成立と陳弘謀との関わりを推測せしめる。

(64)身柄の引き受け手があり、地域社会に再定着した者の刺字はどうなったか。充警や自新所の場合と同様、二、三年間過失がなければ刺字を除去されたと推測される。

(65)滋賀秀三「刑罰の歴史——東洋」（荘子邦雄他編『刑罰の理論と現実』岩波書店、一九七二年）一一一頁。

(66)岸本美緒・宮嶋博史『世界の歴史12　明清と李朝の時代』（中央公論社、一九九八年）「清朝の平和」（岸本）、松丸道雄他編『世界歴史大系　中国史4　明清』（山川出版社、一九九九年）の「人口変動」（濱島敦俊）を参照。

第九章

(1)太田出「自新所の誕生——清中期江南デルタの拘禁施設と地域秩序」（『史学雑誌』一一一編四号、二〇〇二年、本書・第八章、所収）。

(2)張研『清代社会的慢変量——従清代基層社会組織看中国封建社会結構与経済結構的演変趨勢』（山西人民出版社、二〇〇〇年）。

(3)河鰭源治「太平天国占領下南潯鎮における湖糸貿易」（『東方学』二二号、一九六一年）、秦惟人「清末湖州の蚕糸業と生糸の輸出」（『中嶋敏先生古稀記念論集』下、汲古書院、一九八一年）、古田和子「「湖糸」をめぐる農民と鎮」（東京大学教養学部『教養学科紀要』一七号、一九八四年）、同「近代製糸業の導入と江南社会の対応——日中の交流と比較を含めて」（平野健一郎編『近代日本とアジア——文化の交流と摩擦』東京大学出版会、一九八四年、所収）。その他、棉布業など、南潯鎮を対象とした専論としては、北村敬直「清代における湖州府南潯鎮の棉問屋について」（大阪市立大学『経済学雑誌』五七巻三号、一九六七年）、須江隆

「祠廟の記録に見える近世中国の「鎮」社会——南宋期の南潯鎮の事例を中心に」（大阪市立大学『都市文化研究』五号、二〇〇五年）などがある。

（4）須江前掲論文、七四頁。

（5）南潯鎮の柵については、川勝守『明清江南市鎮社会史研究——空間と社会形成の歴史学』（汲古書院、一九九九年）の「清初、荘氏史禍事件と南潯鎮社会」六一二〜六一四頁を参照。

（6）民国『南潯志』巻二、公署、洗心遷善局。

（7）民国『南潯志』巻二七、選挙。

（8）張謇に関する研究は多数ある。さしあたり中井英基『張謇と中国近代企業』（北海道大学図書刊行会、一九九六年）、藤岡喜久男『中華民国第一共和制と張謇』（汲古書院、一九九九年）、張開沅・田彤『張謇与近代社会』（華中師範大学出版社、二〇〇二年）、虞和平主編『張謇——中国早期現代化的前駆』（吉林文史出版社、二〇〇四年）を参照。

（9）民国『南潯志』巻二、公署、洗心遷善局。

（10）小口彦太「伝統中国法の解体過程に関する一考察（二）——同治期を中心として」（早稲田大学『比較法学』一二巻二号、一九七八年）。

（11）『読例存疑』巻四四、雑犯、賭博によれば、「すべての財物を賭博する者は、みな杖八十」とある。

（12）郷約宣講については、吉澤誠一郎「清末の都市と風俗——天津史のばあい」（『岩波講座世界歴史20　アジアの〈近代〉——一九世紀』岩波書店、一九九九年、所収、後に同著『天津の近代——清末都市における政治文化と社会統合』名古屋大学出版会、二〇〇二年、所収、本書での頁数は後者による）三六七頁を参照。

（13）民国『南潯志』巻二、公署、洗心遷善局、「洗心遷善公所章程」「光緒三十三年続増章程」。

（14）善堂については夫馬進『中国善会善堂史研究』（同朋舎出版、一九九七年）が最も網羅的な検討を行っている。また清末の善堂に関しては、吉澤誠一郎が「善堂と習藝所のあいだ——清末天津における社会救済事業の変遷」（『アジア・アフリカ言語文化研究』五九号、二〇〇〇年、後に吉澤前掲書、二二七〜二四八頁、所収、本書での頁数は後者による）において「袁世凱総督の時期の実業振興の一環として、習藝所が設置されるなどの流れのなかで、善堂も変容を迫られたということになる」（二四二頁）と述べている。確かに監獄改革による習藝所の登場と広仁堂の変容とのあいだには密接な関係があり、「善堂と習藝所のあいだに、当然の差異はあるものの、やはり人間の本来的な善性を信頼し、改良してゆこうという願望を実現する施設としての共通性を見て取ることは容易である」（二四三頁）という指摘は卓見であろう。ただし本章で検討した洗心遷善局の事例は習藝所登場以前のものであるから、習藝所以前の犯罪者処遇との関連を想定する必要があろう。

(15) 太田出「清代江南デルタ佐雑「分防」考」(大阪大学『待兼山論叢』史学篇、三三号、一九九九年、本書・第四章、所収)。
(16)「続章」の記載による。
(17) 太田前掲「自新所の誕生」。
(18) 同治『蘇州府志』巻二四、公署四、呉県洗心局、民国『呉県志』巻三〇、公署三、洗心局。
(19) 著者の余治と『得一録』については、夫馬前掲書、九一頁、酒井忠夫『酒井忠夫著作集2 増補中国善書の研究』下(国書刊行会、一九九九年)所収の「「居官功過格」より『得一録』へ」を参照。
(20) 聖諭宣講、すなわち聖諭十六条の宣読講解については、酒井前掲書、「清朝の民衆教化策――聖諭宣講について」を参照。
(21) 太平天国の乱については多数の研究がある。主な研究として、さしあたり羅爾綱『太平天国史』全四冊(中華書局、一九九一年)、菊池秀明『広西移民社会と太平天国』(風響社、一九九八年)、同著『太平天国にみる異文化受容』(世界史リブレット65、山川出版社、二〇〇三年)、同著『金田から南京へ――太平天国初期史研究』(汲古書院、二〇一三年)をあげておく。
(22)「保送条約」によれば、局使と厨役には工食が支給されていた。他の局董らの工食の有無については不明である。
(23) 功過簿とはいわゆる功過格(善＝功と悪＝過を分かち、具体的に分類記述し、その善悪の行為を数量的に計量記述する書物)のようなものをさすのではなかろうか。功過格については、酒井忠夫『酒井忠夫著作集2 増補中国善書の研究』上(国書刊行会、一九九九年)所収の「功過格の研究」を参照。
(24) 太田出「清代中国の監獄社会と牢頭」(広島大学『史学研究』二七三号、二〇一一年、本書・第六章、所収)を参照。
(25) アヘン問題を取り上げた研究は少なくないが、清末江南デルタ市鎮の社会秩序とアヘン吸飲に関する専論は、管見のかぎり存在しないようである。
(26) 太平天国占領下の南潯鎮については河鰭前掲論文を参照。
(27) 民国『南潯志』巻二一、人物四、顧福昌。
(28) 太平天国期の槍船集団については、針谷美和子「太平天国鎮圧後の槍船集団」(『一橋論叢』八九巻一号、一九八三年)、同「太平天国占領地域の槍船集団――太湖周辺地域を中心にして」(『歴史学研究』五二二号、一九八三年)を参照。
(29) 民国『南潯志』巻二一、人物四、蔣(堂)維城。
(30) 夫馬前掲書でも「南潯鎮には同治四年(一八六五)に善挙公所が置かれ、橋路の修理、河道の浚渫から掩埋・育嬰・書院・義塾・衣薬の捨施にいたるまで、当初はすべて資金をここに仰いでいた。しかも善挙公所は絲業公所に付設されていたという。つまり、太平天国以後の南潯鎮の善挙は、ほとんどすべての資金を絲業に仰いで始まったのである」(三六〇頁)と記し、南潯鎮の善堂と絲業商人との関わりを指摘している。

(31) 民国『南潯志』巻二一、人物四、朱宝書。
(32) 民国『南潯志』巻二一、人物四、龐雲鏳、同巻三九、碑刻四、龐雲鏳墓表。
(33) 民国『南潯志』巻二一、人物四、唐宗堯。
(34) このほか梅福墉は民国『南潯志』巻二七、選挙に「光緒十四年（一八八八）戊子、梅福墉、烏程籍。字は勗勤、号は既庭、また石庵とも号す。直隷大挑知県なり」と見える。
(35) 夫馬前掲書、五五二〜五五三頁。
(36) 夫馬前掲書、五八四〜五八五頁。
(37) 朱従亮主編『南潯鎮新志（民国部分）』（初稿、第一冊、湖州市南潯鎮退休職工文史組印、一九八二年）。
(38) 島田正郎「罪犯習藝所と模範監獄――大清監獄則草案の編定に関連して」（同著『清末における近代的法典の編纂』創文社、一九八〇年、所収）一四五頁。
(39) 島田前掲書、一四六頁。
(40) 太田前掲「清代江南デルタ佐雑「分防」考」でも論じたように、清代乾隆期以降、江南デルタ市鎮に分防した佐雑は、制度上こそ裁判への関与は否定されていたが、事実上は軽微な刑事案件の審理を代行していた。清末に南潯鎮の洗心遷善局に駐箚した佐雑も本章で検討したとおり、軽微な刑事案件の判決・執行・事後措置を行っていた。しかしその後の清末〜民国期の司法制度改革により初級審は県に完全に回収され、游民習藝所の機能は事後措置・社会更生に限定されたと考えられる。

第十章

(1) 滋賀秀三「刑罰の歴史――東洋」（荘子邦雄他編『刑罰の理論と現実』岩波書店、所収）一一一頁。
(2) 島田正郎「罪犯習藝所と模範監獄――大清監獄則草案の編定に関連して」（同著『清末における近代的法典の編纂』創文社、一九八〇年、所収）一三五〜一四九頁。自新所・遷善所と習藝所の関係については、罪犯習藝所（第二類型）より、むしろ游民（貧民）習藝所（第三類型）との関わりを本書・第九章で指摘したが、本章では、最終的に罪犯習藝所をも視野に入れながら中国近世（一部近代を含む）の拘禁施設について総合的な検討を加えたい。
(3) 目黒克彦「清末湖南省の遷善所に関する覚書」（『愛知教育大学研究報告』社会科学編、三六号、一九八七年）。
(4) 目黒前掲論文、九六頁。
(5) 目黒前掲論文、九二頁。
(6) 目黒前掲論文、九五頁。

（7）劉坤一と張之洞は「近年、各省には遷善所・改過所を設立している者が多く、また工藝などによって教化を施している」と述べているから、改過所（改過局）が上海以外にも存在したことは十分に推定される。島田前掲論文、一三五頁。
（8）光緒『広安州新志』巻二、城廨志。
（9）光緒『阜寧県志』巻二、建置、公署、自新所。
（10）光緒『阜寧県志』巻二、建置、公署、待質公所。
（11）民国『遂安県志』巻二、営建、県署、遷善所。
（12）民国『犍為県志』建置、看守所。
（13）民国『上海県志』巻二、建置上、衙署、改過局。
（14）佐雑による遷善所運営の事例については本書・第九章を参照。
（15）史料中には「各属自新所」とあるが、表10-1でも検討したように、自新所は県を単位として設置されたから、河南省属下の各県の自新所と解釈した。
（16）中国第一歴史檔案館蔵、軍機処録副、戸籍類、七七〇～七七一、乾隆二十八年十一月初三日、河南巡撫何煟「地方情形」。
（17）粥廠については稲田清一「清末江南の鎮董について――松江府・太倉州を中心として」（森正夫編『江南デルタ市鎮研究――歴史学と地理学からの接近』名古屋大学出版会、一九九二年、所収）を参照。粥廠に乞丐の閉じ込め施設としての機能があったことは、本書・第八章の註(34)を参照。
（18）『東方雑誌』第一年第八期、実業、各省工藝彙志。
（19）『東方雑誌』第一年第一〇期、実業、「広西巡撫柯奏遵設罪犯習藝所摺」。
（20）『東方雑誌』第二年第九期、実業、各省工藝彙志。
（21）『東方雑誌』第三年第二期、実業、各省工藝彙志。
（22）『東方雑誌』第三年第三期、実業、各省工藝彙志。
（23）『東方雑誌』第三年第一二期、実業、各省工藝彙志。
（24）『東方雑誌』第四年第一期、内務、各省内務彙志。
（25）模範監獄については島田前掲論文を参照。
（26）清末の実業振興に関する研究としては、倉橋正直「清末、商部の実業振興について」（『歴史学研究』四三二号、一九七六年）、小島淑男「清末の実業振興」（野沢豊・田中正俊編『講座中国近現代史3　辛亥革命』第三巻、東京大学出版会、一九七八年、所収）、劉世龍『中国の工業化と清末の産業行政――商部・農工商部の産業振興を中心に』（渓水社、二〇〇二年）などがある。

(27)『東方雑誌』第一〇期、実業、各省工藝彙志。

(28) 四川省勧工局内の遷善所については、小羽田誠治「清末成都における勧業場の成立」（『史学雑誌』一一二編六号、二〇〇三年）六〇～六一頁で紹介されている。

(29)『東方雑誌』第二年第二期、実業、各省工藝彙志。

(30)『東方雑誌』第二年第二期、実業、各省工藝彙志。

(31) 目黒前掲論文、一八頁。

(32) 管見のかぎり、候審所についてはこれまで検討されてこなかった。候審所は本書の内容にも大いに関わる施設かと考えられるから、ここで史料をあげて検討を加えておきたい。『劉尚書（秉璋）奏議』奏議、巻一、光緒三年八月初三日「奏設立候審公所疏」には「窃かに照らすに、光緒二年（一八七六）十一月二十日に受け取った刑部の咨文には「議覆貴州巡撫黎培敬奏貴州省城捐廉設立軍民待質公所章程」の一摺をば、〔皇帝の〕旨を請うて各省の督撫に通達し、それぞれ〔督撫〕が地方の状況を勘案して、〔章程に〕照らし〔軍民待質公所の設置を〕準備・実行できるか否か、詳細に査べて具奏せよ」とあった。……臣（江西巡撫劉秉璋）が査べたところ、訴訟に関わる証人は身柄の確保を免れ難く、かつ必ずや凌虐やゆすりなどの弊害がある。……すべての原告・被告・証人は南昌・新建二県に送って、分別して保証人を取って釈放するか管押するかしている。〔しかし〕審理を担当した委員に命じて、期限を守って結審させ、ゆえに理由なく遅延させるようなことがなくとも、案件が重大な場合には、一つの案件の証人は動もすれば多数となり、よしんば文書が適切に纏められ、問官（知県など審理を行う官）が期限どおりに尋問を終えようとも、〔文書の〕往来には時間がかかり、〔これだけで〕すでに被害が及んでいる。もし原告や被告が狡猾で〔証言に〕固執したり、証人が揃わなかったりした場合には、年月が重なって、しばらく留めて尋問に備えさせられ、夏には病を憂い、冬には飢えと寒さに迫られ、被害が無辜に及ぶことになり、事情はじつに憫《あわれ》むべきである。〔そこで〕臣は布政使・按察使と現状を調査し、黔《けん》（貴州）省が奏定した章程に倣って、省城に一つの候審公所を設けた。……罪状が重く差役を派遣して管押すべき者、罪状が軽く保証人を取って釈放を願う者以外で、本人自身が犯罪者でなく、証人として出頭させられたり、あるいは被告であっても情として矜《あわれ》むべきところがあったり、保証人であるが〔外地人で〕土地柄に疎かったりする場合には、みな候審公所に送ってしばらく収禁し、なお擅《ほしいま》まに出入するのを准さず、口裏合わせを行うのを杜《ふせ》ぐ」とあり、江西省城に設けられた候審公所は、①貴州巡撫黎培敬が上奏して設置を提案した軍民待質公所に由来した施設であったこと、②主な目的は訴訟に関わって身柄を確保された証人（犯罪者でない）や一部の被告を収禁するためであったことなどが判明する。ここでは特に無辜の証人に対して配慮がなされたようである。さらに光緒『嘉応州志』巻一〇、廨署には「候審所章程」が掲載され、その第二条に「一つ、候審所はもっぱら戸婚・田土・銭債など細事に関わる案件で、あるいは証人が斉《そろ》わなかったり、あるいは供述を翻したり、あるいは〔証言に〕固執して遵わなかったり、あるいはだれも保証人となって請け出してくれなかったりして、一時的にしばらく身柄を確保せざるを得ない場合のために設けた。強姦・詐欺・賭博・強盗などの案件は、〔かかる人々を〕混在して収禁してはならず、良悪を分けるべきである」とあって、広東省嘉応州の候審所は戸婚・田土・銭債など、いわゆる民事案件の関係者の身柄の確保を目的に設置されたことがわかる。このように候審所の登場によって、民事案件の訴訟関係者の収禁に一定の配慮がなされるようになった点は、民事・刑事の明確な区別がなかった清代裁判制度においても興味深い事実であると思われる。なお、待質所については、趙暁華『晩清訟獄制度的社会考察』（中国人民大学出版社、二〇〇一年）が若干の言及を行っているので参照されたい。

（33）「綽白」の語の意味は判然としないが、「綽」の意味からスリをさすのではないかと推測する。

（34）捐款（捐納）については伍躍『中国の捐納制度と社会』（京都大学学術出版会、二〇一一年）を参照。

（35）「管押」をめぐる諸問題については本書・第七章を参照。

（36）伍躍「清時代の捐納制度と候補制度について」（岩井茂樹編『中国近世社会の秩序形成』京都大学人文科学研究所、二〇〇四年、所収）三六二～三八四頁。

（37）目黒前掲論文、九八頁。

（38）「冒充巡丁」とは保甲局の巡丁を詐称して悪事をなしたことをさすかと推測される。

（39）沈之奇『大清律輯註』下（法律出版社、二〇〇〇年）、七九二頁。

（40）中国第一歴史檔案館蔵、軍機処録副、監獄類、嘉慶六年七月二十五日、湖北巡撫全保「査明永遠監禁人犯」。

（41）島田前掲論文、一三三～一三四頁。

（42）鄭観応『盛世危言』（中州古籍出版社、一九九八年）。

終　章

（1）安丸良夫『一揆・監獄・コスモロジー――周縁性の歴史学』（朝日新聞社、一九九九年）。

（2）安丸前掲書、一七二頁。

（3）安丸前掲書、一七三頁。

（4）安丸前掲書、一七五～一七六頁。

（5）ジョン・ブリッグス、クリストファー・ハリソン、アンガス・マッキネス、デヴィッド・ヴィンセント（著）、吉村伸夫（訳注）『社会と犯罪――英国の場合　中世から現代まで』（松柏社、二〇〇三年）。

（6）ブリッグス他前掲書、三九～四〇頁。

（7）ブリッグス他前掲書、三八頁。
（8）ブリッグス他前掲書、一九九頁。
（9）ピエール・デイヨン（著）、福井憲彦（訳）『監獄の時代――近代フランスにおける犯罪の歴史と懲治監獄体制の起源に関する試論』（新評論、一九八二年）。
（10）デイヨン前掲書、九六頁。
（11）デイヨン前掲書、九七頁。
（12）デイヨン前掲書、一〇四頁。
（13）地域社会の秩序に関しては森正夫の一連の論攷（『森正夫明清史論集』第三巻、地域社会・研究方法、汲古書院、二〇〇六年）や岸本美緒『明清交替と江南社会――十七世紀中国の秩序問題』（東京大学出版会、一九九九年）を参照。
（14）岸本美緒「清朝とユーラシア」（歴史学研究会編『講座世界史2　近代世界への道――変容と摩擦』東京大学出版会、一九九五年、所収）一六頁。
（15）谷井俊仁「乾隆時代の一広域犯罪事件と国家の対応――割辮案の社会史的素描」（『史林』七〇巻六号、一九八七年）では、流動化する社会における犯罪とそれへの対応に苦慮する近世国家像が描出されている。
（16）斯波義信「社会と経済の環境」（橋本萬太郎編『民族の世界史5　漢民族と中国社会』山川出版社、一九八三年、所収）一八二～一八六頁。
（17）T'ung-tu Ch'u（瞿同祖）, *Local Government in China under the Ch'ing*, Cambridge, Mass. and London : Harvard University Press, 1962, pp. 12–13.
（18）谷井俊仁「巡検司」（『歴史学事典9　法と秩序』弘文堂、二〇〇二年、所収）三三四頁。
（19）羅爾綱『緑営兵志』（北京、中華書局、一九八四年）二六八～二六九頁。
（20）渡辺京二『日本近世の起源――戦国乱世から徳川の平和（パックス・トクガワーナ）へ』（弓立社、二〇〇四年）二二〇～二二二頁。
（21）関東取締出役の詳細については、関東取締出役研究会編『関東取締出役』（岩田書院、二〇〇五年）所収の田渕正和・桜井昭男・牛米努の諸論攷を参照。
（22）序章で取り上げた論攷のほかに、正木忍「近世フランスの農村における治安維持――マレショーセ研究に寄せて」（『関学西洋史論集』三八号、二〇一五年）がある。
（23）阿部昭『江戸のアウトロー――無宿と博徒』（講談社選書メチエ、一九九九年）三五～三七頁。
（24）平松義郎「人足寄場の成立（一）」（名古屋大学『法政論集』三三号、一九六五年）一一〇頁。

(25) 瀧川政次郎「人足寄場の創始者長谷川平蔵」(人足寄場顕彰会編『人足寄場史――我が国自由刑・保安処分の源流』創文社、一九七四年、所収)一七四頁。
(26) 乳原孝『エリザベス朝時代の犯罪者たち――ロンドン・ブライドウェル矯正院の記録から』(嵯峨野書院、一九九八年)二〇九～二二七頁。
(27) ピエール・デイヨン(著)、福井憲彦(訳)『監獄の時代』(新評論、一九八二年)。
(28) ミシェル・フーコー(著)、田村俶(訳)『狂気の歴史』(新潮社、一九七五年)、同(著)『監獄の誕生』(新潮社、一九七七年)。
(29) 乳原前掲書、二一五～二一六頁。
(30)『歴史学研究』八二一号(二〇〇六年)の特集「「近世化」を考える(Ⅰ)」および八二二号(二〇〇七年)の特集「「近世化」を考える(Ⅱ)」をさす。
(31)『歴史学研究』八二一号、一頁。
(32) 池上裕子「日本における近世社会の形成」、宮嶋博史「東アジア世界における日本の「近世化」――日本史研究批判」、岸本美緒「中国史における「近世」の概念」、太田出「犯罪と治安からみた近世中国」、水島司「インド近世をどう理解するか」、皆川卓「ドイツ諸侯軍の近世的変容――プファルツ選帝侯の軍事権力を例に」(以上、八二一号)、三森のぞみ「フィレンツェにおける近世的政治秩序の形成」、堀井優「エジプト社会のオスマン化――体制と貿易の変容をめぐって」(以上、八二二号)。
(33) 川北稔「近世イギリス社会の諸相」(朝尾直弘編『日本の近世1　世界史のなかの近世』中央公論社、一九九一年、所収)。
(34) 吉澤誠一郎『天津の近代――清末都市における政治文化と社会統合』(名古屋大学出版会、二〇〇二年)六頁。
(35) 島田正郎「清末の習藝所」(人足寄場顕彰会編、前掲書、所収)、同「罪犯習藝所と模範監獄――大清監獄則草案の編定に関連して」(同著『清末における近代的法典の編纂』創文社、一九八〇年、所収)、吉澤誠一郎「光緒末、天津における巡警創設と行政の変容」(『史学雑誌』一〇一編一二号、一九九二年)、同「善堂と習藝所のあいだ」(『東京外国語大学アジア・アフリカ言語文化研究』五九号、二〇〇〇年、ともに後に吉澤前掲書に所収)。
(36) 岸本美緒「東アジア・東南アジア伝統社会の形成」(『岩波講座世界歴史13　東アジア・東南アジア伝統社会の形成――一六～一八世紀』岩波書店、一九九八年、所収)六九頁。
(37) 人足寄場顕彰会編、前掲書、二頁。
(38)『歴史学研究』の特集「近世化を考える」の後、西川正雄は「「近世」雑感」(『歴史学研究』八二四号、二〇〇七年)のなかで、編集委員会が「近世に「early modern」の語を安易にあてていることを批判し、岸本美緒も「「近世化」概念をめぐって」(『歴史学研究』八二七号、二〇〇七年)でこれに応えながら「近世化」概念についてあらためて説明を加えている。筆者はかかる議論に正面から答える力量を持ちあわせていないが、「近世」は「medieval」を持ち出しても「modern」を持ち出しても十分に説明しきれないと判断したため、西川のいう「kinsei」に賛意を示しつつこの語を使用することにした。

参考文献

【一次史料】
未刊行史料
中国第一歴史檔案館（北京）
内閣漢文題本
宮中檔奏摺
軍機処録副

定期刊行物
『良友』画報（上海）
『申報』（上海）
『点石斎画報』（上海）
『東方雜誌』（上海）

地方志
乾隆刊『江南通志』
嘉慶刊『松江府志』
乾隆刊『蘇州府志』
同治刊『蘇州府志』
光緒刊『蘇州府志』
乾隆刊『寧国府志』
嘉慶刊『寧国府志』
嘉慶刊『嘉興府志』
光緒刊『嘉興府志』
同治刊『湖州府志』
雍正刊『分建南匯県志』
乾隆刊『南匯県新志』
光緒刊『南匯県志』
民国刊『南匯県続志』
乾隆刊『青浦県志』
光緒刊『青浦県志』
民国刊『青浦県続志』
道光刊『江陰県志』
光緒刊『宝山県志』
民国刊『宝山県続志』
乾隆刊『華亭県志』

光緒刊『華亭県志』
光緒刊『崑新両県続修合志』
雍正刊『安東県志』
乾隆刊『塩城県志』
光緒刊『塩城県志』
光緒刊『溧水県志』
道光刊『宝応県志』
光緒刊『泰興県志』
乾隆刊『鎮洋県志』
乾隆刊『金山県志』
光緒刊『婁県続志』
道光刊『揚州営志』
乾隆刊『呉江県志』
乾隆刊『震沢県志』
乾隆刊『上海県志』
同治刊『上海県志』
民国刊『上海県志』
民国刊『上海県続志』
道光刊『宿松県志』
同治刊『太湖県志』
光緒刊『石門県志』
光緒刊『帰安県志』
民国刊『沛県志』
光緒刊『川沙庁志』
光緒刊『嘉善県志』
光緒刊『永嘉県志』
乾隆刊『陸豊県志』
光緒刊『鬱林州志』
民国刊『犍為県志』
民国刊『融県志』
民国刊『永康州志』
光緒刊『富川県志』
光緒刊『奉賢県志』
光緒刊『靖江県志』
民国刊『崇慶県志』
民国刊『宣威県志稿』
民国刊『鍾祥県志』
民国刊『開陽県志稿』
崇禎刊『寿寧待誌』
道光刊『泰和県志』
光緒刊『重修丹陽県志』
康熙刊『嘉興県志』
光緒刊『孝豊県志』
乾隆刊『元和県志』
民国刊『呉県志』
光緒刊『睢寧県志』
光緒刊『阜寧県志』
民国刊『蕭山県志稿』
民国刊『臨海県志』
民国刊『建徳県志』
民国刊『遂安県志』
民国刊『英山県志』
光緒刊『南陵小志』
嘉慶刊『休寧県志』
光緒刊『彭県志』
民国刊『江津県志』
民国刊『夾江県志』
光緒刊『広安州新志』
清代刊『七宝鎮小志』
民国刊『璜涇志稿』
民国刊『南潯志』
朱従亮主編『南潯鎮新志（民国部分）』
張和孚『南潯小志』
民国刊『庵村志』
清代刊『双鳳里志』
咸豊刊『紫隄村志』
清代刊『儒林六都志』
同治刊『盛湖志』
咸豊・同治刊『新塍瑣志』
光緒・民国刊『新塍鎮志』
民国刊『新塍鎮志初稿』
民国刊『新塍鎮志』
嘉慶刊『黎里志』
光緒刊『黎里続志』
宣統刊『蒸里志略』
民国刊『章練小志』
乾隆刊『呉郡甫里志』
光緒刊『楓涇小志』

光緒刊『菱湖鎮志』
民国刊『重輯張堰志』
嘉慶刊『珠里小志』
民国刊『法華郷志』
光緒刊『周荘鎮志』
民国刊『同里志』
編纂時期不明『平望鎮志』
光緒刊『平望続志』
道光刊『震沢鎮志』
嘉慶刊『南翔鎮志』
同治刊『修川小志』
光緒刊『盤龍鎮志』
民国刊『郷志類稿』
道光刊『分湖小識』
清末刊『無錫斗門小志』
清代刊『光福志』
民国刊『香山小志』
民国刊『南匯二区旧五団郷志』

実録・会典・法典など

『大清世宗憲皇帝実録』
『大清高宗純皇帝実録』
正徳刊『大明会典』
光緒刊『大清会典』
『皇朝文献通考』清代乾隆五十二年、張廷玉等奉勅撰
『唐律疏議』唐代永徽三年、長孫無忌等奉勅撰
乾隆刊『大清律例』
光緒刊『吏部処分則例』
『刑案匯覧』清代、祝慶琪等編撰
『刑案匯覧続編』清代、呉潮等編撰
『提牢備考』清代、趙舒翹撰
『読例存疑』清代、薛允升撰
『大清律輯註』清代、沈之奇撰

官箴書・省例・判牘・章程など

官箴書集成編纂委員会編『官箴書集成』（全十冊、黄山書社、一九九七年）
『治譜』明代、佘健吾撰
『福恵全書』清代、黄六鴻撰

『西江視臬紀事』清代、凌燽撰（東京大学東洋文化研究所蔵）
『盧郷公牘』清代、荘綸裔
『三邑治略』清代、熊賓撰（中国国家図書館蔵）
『励治撮要』清代、張経田撰
『佐雑須知』清代道光二十九年、会稽臥牛山人原編、琴城浩斎居士校訂（北京首都図書館蔵）
『牧令書』清代、徐棟輯
『保甲書』清代、徐棟輯
『得一録』清代、余治撰
『学治説贅』清代、汪輝祖撰
『居官日省録』清代、覚羅烏爾通阿撰
『越中従政録』清代、王鳳生撰
『蜀僚問答』清代、劉衡撰
『治浙成規』清代、闕名撰
『湖南省例成案』清代、闕名輯
『江蘇省例』清代、官撰
『西江政要』清代、闕名輯
『藩呉公牘』清代、丁日昌撰
『撫呉公牘』清代、丁日昌撰
『法筆驚天雷（法家驚天雷）』清代（筆者蔵）
『湖北闈省遷善所章程』清代、官撰（東京大学東洋文化研究所仁井田陞文庫蔵）

奏議・上諭・檔案・契約文書

『劉尚書（秉璋）奏議』清代、劉秉璋撰
『皇清道咸同光奏議』清代、王廷熙・王樹敏編
『皇朝経世文続編』清代、葛士濬編
『皇朝経世文三編』清代、陳忠倚編

『雍正硃批諭旨』(全十冊、文源書局、一九六五年)
台湾国立故宮博物院編『宮中檔雍正朝奏摺』(全三十二冊)
台湾国立故宮博物院編『宮中檔乾隆朝奏摺』(全七十五冊、一九八二～八八年)
『徽州千年契約文書』(全二十冊、花山文藝出版社、一九九一年)

商業書

『一統路程図記』明代隆慶四年刊、黄汴撰(内閣文庫蔵)
『商賈便覧』清代乾隆五十七年刊、呉中孚纂輯(東京大学東洋文化研究所大木文庫蔵)
『示我周行』清代康熙三十三年、鶴和堂輯(北京首都図書館蔵)
『示我周行』清代乾隆三十五年、頼盛遠編(内閣文庫蔵)
『酬世宝要全書』清代乾隆四十六年、姚時勉彙選(筆者蔵)

文集・日記・その他

『培遠堂偶存稿』清代、陳弘謀撰(京都大学附属図書館蔵)
『盛世危言』清代、鄭観応撰
『甲辰東遊日記』清代、胡玉縉撰
『三島雪鴻』清代、段献増撰
『扶桑考察筆記』清代、金保福撰
『太湖備考』清代、金友理撰
『説文通訓定声』清代、朱駿声撰

碑　刻

上海博物館図書資料室編『上海碑刻資料選輯』(上海人民出版社、一九八〇年)
江蘇省博物館編『江蘇省明清以来碑刻資料選集』(三聯書店、一九五九年)

絵画資料

『姑蘇繁華図』徐揚画

『安徽省営制図』（京都大学附属図書館蔵）

日本語資料

臨時台湾旧慣調査会編『清国行政法』一九一五年

【二次史料】

和　文

青山一郎「明代の新県設置と地域社会——福建漳州府寧洋県の場合」（『史学雑誌』一〇一編二号、一九九二年）

赤城美恵子「可矜と可疑——清朝初期の朝審手続及び事案の分類をめぐって」（『法制史研究』五四号、二〇〇四年）

朝尾直弘「時代区分論」（『岩波講座日本通史　別巻一』岩波書店、一九九五年、所収）

阿部昭『江戸のアウトロー——無宿と博徒』（講談社選書メチエ、一九九九年）

荒武達朗『近代満洲の開発と移民——渤海を渡った人びと』（汲古書院、二〇〇八年）

池上裕子「日本における近世社会の形成」（『歴史学研究』八二一号、二〇〇六年）

石井良助『江戸の刑罰』（中公新書、一九六四年）

石原潤「華中東部における明・清・民国時代の伝統的市（market）について」（『人文地理』三二巻三号、一九八〇年）

——『定期市の研究——機能と構造』（名古屋大学出版会、一九八七年）

稲田清一「清末江南の鎮董について——松江府・太倉州を中心として」（森正夫編『江南デルタ市鎮研究——歴史学と地理学からの接近』名古屋大学出版会、一九九二年、所収）

——「清代江南における救荒と市鎮——宝山県・嘉定県の「廠」をめぐって」（『甲南大学紀要』文学編、八六号、一九九二年）

——「清末、江南における「地方公事」と鎮董」（『甲南大学紀要』文学編、一〇九号、一九九九年）

——「清末、江蘇省嘉定県における入市地調査と区域問題——市場圏と地方自治」（『甲南大学紀要』文学編、一一三号、二〇〇〇年）

伊原弘介「清朝郷村支配の構造——浙江省順荘法に基づいて」（横山英他編『中国社会史の諸相』勁草書房、一九八八年、所収）

——「清朝郷村支配の構造——順荘法に基づいて（1）　浙西杭嘉湖3府の場合」（『静岡大学教養部研究報告』人文・社会科学篇、

二四巻二号、一九八八年）
――「清朝郷村支配の構造――順荘法に基づいて（2）　湖州府・杭州府の場合」（『静岡大学教養部研究報告』人文・社会科学篇、二六巻一号、一九九〇年）
岩井茂樹「明清時期の商品生産をめぐって」（谷川道雄編『戦後日本の中国史論争』河合文化教育研究所、一九九三年、所収）
上田信「明末清初・江南の都市の「無頼」をめぐる社会関係――打行と脚夫」（『史学雑誌』九〇編一一号、一九八一年）
――「そこにある死体――事件理解の方法」（『東洋文化』七六号、一九九六年）
臼井佐知子「徽州文書と徽州研究」（森正夫他編『明清時代史の基本問題』汲古書院、一九九七年、所収）
乳原孝『エリザベス朝時代の犯罪者たち――ロンドン・ブライドウェル矯正院の記録から』（嵯峨野書院、一九九八年）
海津正倫「中国江南デルタの地形形成と市鎮の立地」（森正夫編『江南デルタ市鎮研究――歴史学と地理学からの接近』名古屋大学出版会、一九九二年、所収）
梅原郁「宋代地方小都市の一面――鎮の変遷を中心として」（『史林』四一巻六号、一九五八年）
――「宋代の地方都市」（『歴史教育』一四巻一二号、一九六六年）
大口勇次郎『女性のいる近世』（勁草書房、一九九五年）
太田出「清代緑営の管轄区域とその機能――江南デルタの汎を中心に」（『史学雑誌』一〇七編一〇号、一九九八年、本書・第二章、所収）
――「清中期江南デルタ市鎮をめぐる犯罪と治安――緑営の汎防制度の展開を中心として」（『法制史研究』五〇号、二〇〇〇年、本書・第三章、所収）
――「清代江南デルタ佐雑「分防」考」（大阪大学『待兼山論叢』史学篇、三三号、一九九九年、本書・第四章、所収）
――「監獄（中国の）」（山本博文編『歴史学事典9　法と秩序』弘文堂、二〇〇二年、所収）
――「「自新所」の誕生――清中期江南デルタの拘禁施設と地域秩序」（『史学雑誌』一一一編四号、二〇〇二年）
――「清代江南デルタ社会と犯罪取締りの変遷」（岩井茂樹編『中国近世社会の秩序形成』京都大学人文科学研究所、二〇〇四年、所収、本書・第五章、所収）。
――「犯罪と治安からみた近世中国」（『歴史学研究』八二一号、二〇〇六年）
――「民国期の青浦県老宅鎮社会と太湖流域漁民――「郷鎮戸口調査表」の分析を中心に」（太田出・佐藤仁史編『太湖流域社会の歴史学的研究――地方文献と現地調査からのアプローチ』汲古書院、二〇〇七年、所収）
――「太湖流域漁民の「社」「会」とその共同性――呉江市漁業村の聴取記録を手がかりに」（太田出・佐藤仁史編『太湖流域社会

の歴史学的研究――地方文献と現地調査からのアプローチ』汲古書院、二〇〇七年、所収）
――「清末民国期の太湖流域漁民――漂泊・漁撈生活と入漁慣行」（加藤雄三他編『東アジア内海世界の交流史――周縁地域における社会制度の形成』人文書院、二〇〇八年、所収）
――「連家漁船から陸上定居へ――太湖流域漁民と漁業村の成立」（佐藤仁史・太田出・稲田清一・呉滔編『中国農村の信仰と生活――太湖流域社会史口述記録集』汲古書院、二〇〇八年、所収）
――「清代中国の監獄社会と牢頭」（広島大学『史学研究』二七三号、二〇一一年、本書・第六章、所収）
太田出・佐藤仁史編『太湖流域社会の歴史学的研究――地方文献と現地調査からのアプローチ』（汲古書院、二〇〇七年）
大谷敏夫「清朝軍制の覚書――八旗・緑営制の経済的基盤を中心として」（『東洋史研究』三三巻一号、一九七四年）
――「雍正期を中心とした清代緑営軍制に関する一考察――特に営制・財政問題を中心として」（『東洋史研究』三四巻三号、一九七五年）
岡崎勝世「三区分法の現在」（歴史学研究会編『現代歴史学の成果と課題Ｉ　歴史学における方法的転回』青木書店、二〇〇二年、所収）
岡崎文夫・池田静夫『江南文化開発史――その地理的基礎研究』（弘文堂、一九四〇年）
小河滋次郎「清国の獄制（上・下）」（『刑事法評林』二巻九、一〇号、一九一〇年）
尾上悦三「近代中国人口史」（原覚天編『アジア経済の発展構造』勁草書房、一九七七年、所収）
大日方純夫『日本近代国家の成立と警察』（校倉書房、一九九二年）
――『近代日本の警察と地域社会』（筑摩書房、二〇〇〇年）
――「近代日本警察のなかのヨーロッパ――地域・民衆とのかかわり」（林田敏子・大日方純夫編著『近代ヨーロッパの探究13　警察』ミネルヴァ書房、二〇一二年、所収）
小山正明『明清社会経済史研究』（東京大学出版会、一九九二年）
片山剛「珠江デルタの集落と「村」――清末の南海県と順徳県」（大阪大学『待兼山論叢』史学篇、二八号、一九九四年）
可児弘明「清末の班館に関する留書」（慶應義塾大学『史学』五八巻三・四号、一九八九年）
唐澤靖彦「清代における訴状とその作成者」（『中国――社会と文化』一三、一九九八年）
川勝守「明末清初の訟師について――旧中国社会における無頼知識人の一形態」（『九州大学東洋史論集』九号、一九八一年）
――「明末清初における打行と訪行――旧中国社会における無頼の諸史料」（『史淵』一一九、一九八二年）
――「明代、鎮市の水柵と巡検司制度――長江デルタ地域について」（『東方学』七四号、一九八七年）

――『明清江南市鎮社会史研究――空間と社会形成の歴史学』（汲古書院、一九九九年）
川北稔「イギリス近世都市と犯罪――帝国形成の社会史」（『都市史をめぐる諸問題』共同研究論集、第二輯、大阪大学文学部、一九八四年、所収）
――「近世イギリス社会の諸相」（朝尾直弘編『日本の近世Ⅰ　世界史のなかの近世』中央公論社、一九九一年、所収）
河鰭源治「太平天国占領下南潯鎮における湖糸貿易」（『東方学』二三号、一九六一年）
関東取締出役研究会編『関東取締出役』（岩田書院、二〇〇五年）
菊池秀明『広西移民社会と太平天国』（風響社、一九九八年）
――『太平天国にみる異文化受容』（世界史リブレット65、山川出版社、二〇〇三年）
――『清代中国南部の社会変容と太平天国』（汲古書院、二〇〇八年）
――『金田から南京へ――太平天国初期史研究』（汲古書院、二〇一三年）
岸本美緒「清代前期江南の米価動向」（『史学雑誌』八七編九号、一九七八年）
――「清代前期江南の物価動向」（『東洋史研究』三七巻四号、一九七八年）
――「順治二年夏の中国江南社会」（『創文』三〇七、一九九〇年）
――「明清交替期の江南社会」（『歴史と地理』四八三、一九九五年）
――「清朝とユーラシア」（歴史学研究会編『講座世界史2　近代世界への道――変容と摩擦』東京大学出版会、一九九五年、所収）
――「風俗と時代観」（『古代文化』四八巻二号、一九九六年）
――『清代中国の物価と経済変動』（研文出版、一九九七年）
――『東アジアの「近世」』（世界史リブレット13、山川出版社、一九九八年）
――「時代区分論」（『岩波講座世界歴史1　世界史へのアプローチ』岩波書店、一九九八年、所収）
――「東アジア・東南アジア伝統社会の形成」（『岩波講座世界歴史13　東アジア・東南アジア伝統社会の形成――一六～一八世紀』岩波書店、一九九八年、所収）
――『明清交替と江南社会――十七世紀中国の秩序問題』（東京大学出版会、一九九九年）
――「時代区分論の現在」（歴史学研究会編『現代歴史学の成果と課題Ⅰ　歴史学における方法的転回』青木書店、二〇〇二年、所収）
――「仵作」（『歴史学事典9　法と秩序』弘文堂、二〇〇二年、所収）

――「歇家」（『歴史学事典9　法と秩序』弘文堂、二〇〇二年、所収）
――「明代の社会集団と「賤」の観念」（井上徹・塚田孝編『東アジア近世都市における社会的結合――諸身分・諸階層の存在形態』清文堂出版、二〇〇五年、所収）
――「中国史における「近世」の概念」（『歴史学研究』八二一号、二〇〇六年）
――「「近世化」概念をめぐって」（『歴史学研究』八二七号、二〇〇七年）
――『風俗と時代観　明清史論集1』（研文出版、二〇一二年）
――『地域社会論再考　明清史論集2』（研文出版、二〇一二年）
岸本美緒・宮嶋博史『世界の歴史12　明清と李朝の時代』（中央公論社、一九九八年）
北村敬直「清代における湖州府南潯鎮の棉問屋について」（大阪市立大学『経済学雑誌』五七巻三号、一九六七年）
木田知生「中国近世の官箴書について――史料学の視点から」（『東洋史苑』八〇号、二〇一三年）
キューン、フィリップ（Philip Kuhn）（著）、谷井俊仁・谷井陽子（訳）『中国近世の霊魂泥棒』（平凡社、一九九六年）
金弘吉「清代前期の罷市試論――その概観と事例考察」（大阪大学『待兼山論叢』史学篇、二六号、一九九二年）
倉橋正直「清末、商部の実業振興について」（『歴史学研究』四三二号、一九七六年）
小口彦太「伝統中国法の解体過程に関する一考察（二）――同治期を中心として」（早稲田大学『比較法学』一二巻二号、一九七八年）
小島泰雄「（書評）森正夫編『江南デルタ市鎮研究――歴史学と地理学からの接近』」（『東洋史研究』五二巻二号、一九九四年）
小島淑男「辛亥革命前夜における蘇州府の農村社会と農民闘争」（東京教育大学アジア史研究会編『近代中国農村社会史研究』大安、一九六七年、所収）
――「清末の実業振興」（野沢豊・田中正俊編『講座中国近現代史3　辛亥革命』東京大学出版会、一九七八年）
小羽田誠治「清末成都における勧業場の成立」（『史学雑誌』一一二編六号、二〇〇三年）
伍躍『明清時代の徭役制度と地方行政』（大阪経済法科大学出版部、二〇〇〇年）
――「清時代の捐納制度と候補制度について」（岩井茂樹編『中国近世社会の秩序形成』京都大学人文科学研究所、二〇〇四年、所収）
――『中国の捐納制度と社会』（京都大学学術出版会、二〇一一年）
近藤和彦「近世ヨーロッパ」（『岩波講座世界歴史16　主権国家と啓蒙――一六～一八世紀』岩波書店、一九九九年、所収）
斎藤修「アジア人口史展望」（『経済研究』四八巻一号、一九九七年）
――「伝統中国の歴史人口学」（『社会経済史学』六八巻二号、二〇〇二年）

佐伯富「清代の郷約・地保について――清代地方行政の一齣」(『東方学』二八号、一九六四年)

――『中国塩政史の研究』(法律文化社、一九八七年)

酒井忠夫『酒井忠夫著作集2　増補中国善書の研究』上(国書刊行会、一九九九年)

阪上孝『近代的統治の誕生――人口・世論・家族』(岩波書店、一九九九年)

佐々木寛「清朝の軍隊と兵変の背景」(『社会文化史学』九号、一九七三年)

――「緑営軍と勇軍」(『木村正雄先生退官記念　東洋史論叢』汲古書院、一九七六年)

佐藤仁史・太田出・稲田清一・呉滔編『中国農村の信仰と生活――太湖流域社会史口述記録集』(汲古書院、二〇〇八年)

滋賀秀三『中国家族法の原理』(創文社、一九六七年)

――「刑罰の歴史――東洋」(荘子邦雄他編『刑罰の理論と現実』岩波書店、一九七二年、所収)

――『清代中国の法と裁判』(創文社、一九八四年)

――「淡新檔案の初歩的知識――訴訟案件に現れる文書の類型」(『東洋法史の探究――島田正郎博士頌寿記念論集』汲古書院、一九八七年、所収)

志垣嘉夫「アンシアン・レジーム期の犯罪社会学的研究――最近の諸研究について」(『史淵』一一三号、一九七六年)

斯波義信「宋代江南の村市(market)と廟市(fair)(上・下)」(『東洋学報』四四巻一、二号、一九六一年)

――「(書評)中国農村社会における市場・社会構造」(『東洋学報』四九巻二号、一九六六年)

――「宋代湖州における鎮市の発展」(『榎博士還暦記念・東洋史論叢』山川出版社、一九七五年)

――「社会と経済の環境」(橋本萬太郎編『民族の世界史5　漢民族と中国社会』山川出版社、一九八三年、所収)

島田正郎「清末の習藝所」(人足寄場顕彰会編『人足寄場史――我が国自由刑・保安処分の源流』創文社、一九七四年、所収)

――「清末の獄制改革と小河滋次郎」(手塚豊教授退職記念論文集『明治法制史政治史の諸問題』慶應通信社、一九七七年、所収)

――「罪犯習藝所と模範監獄――大清監獄則草案の編定に関連して」(同著『清末における近代的法典の編纂』創文社、一九八〇年、所収)

シュヴァリエ、ルイ(Louis Chevalier)(著)、喜安朗他(訳)『労働階級と危険な階級――一九世紀前半のパリ』(みすず書房、一九九三年)

須江隆「祠廟の記録に見える近世中国の「鎮」社会――南宋期の南潯鎮の事例を中心に」(大阪市立大学『都市文化研究』五号、二〇〇五年)

スキナー、ウィリアム（G. William Skinner）（著）、今井清一他（訳）『中国農村の市場・社会構造』（法律文化社、一九七九年）
鈴木智夫「清末江浙の茶館について」（酒井忠夫先生古稀祝賀記念の会編『歴史における民衆と文化――酒井忠夫先生古稀祝賀記念論文集』国書刊行会、一九八二年）
鈴木秀光「詳結――清代中期における軽度命盗案件処理」（東北大学法学部『法学』六三巻四号、一九九九年）
周藤吉之「宋代浙西地方の囲田の発展――土地所有制との関係」（『東洋文化研究所紀要』三九号、一九六五年）
曽根ひろみ『娼婦と近世社会』（吉川弘文館、二〇〇三年）
高遠拓児「清代秋審制度と秋審条款――とくに乾隆・嘉慶年間を中心として」（『東洋学報』八一巻二号、一九九九年）
――「秋審勾決考――清代における死刑執行の手続」（『社会文化史学』四〇号、一九九九年）
――「清朝の監獄と越獄・反獄――乾隆後半期の事例を中心として」（『菊池英夫・山崎利男教授古稀記念　アジア史論叢』刀水書房、二〇〇〇年）
――「清代地方秋審の手続と人犯管理――乾隆年代における提犯・巡歴・留禁の問題をめぐって」（『史学雑誌』一一〇編六号、二〇〇一年）
――「清末における秋審成案の刊行について」（中央大学『アジア史研究』二六号、二〇〇二年）
――「清代秋審制度の機能とその実態」（『東洋史研究』六三巻一号、二〇〇四年）
――「清代秋審制度と蒙古人犯――秋審招冊の関連事案を中心として」（中央大学『アジア史研究』三二号、二〇〇八年）
高橋芳郎「務限の法と茶食人――宋代裁判制度研究（一）」（『史朋』二四号、一九九一年）
瀧川政次郎「人足寄場の創始者　長谷川平蔵」（人足寄場顕彰会編『人足寄場史――我が国自由刑・保安処分の源流』創文社、一九七四年、所収）
――『公事師・公事宿の研究』（赤坂書院、一九八四年）
田中比呂志「「近世」論をめぐる対話の試み」（『歴史学研究』八三九号、二〇〇八年）
田中正俊・佐伯有一「一六・七世紀の中国農村製糸・絹織物業」（『世界史講座Ⅰ　東アジア世界の形成』東洋経済新報社、一九五五年、所収）
谷井俊仁「乾隆時代の一広域犯罪事件と国家の対応――割辮案の社会史的素描」（『史林』七〇巻六号、一九八七年）
――「清代外省の警察機能について――割辮案を例に」（『東洋史研究』四六巻四号、一九八八年）
――「明清近世論」（『古代文化』四六巻一一号、一九九四年）
――「路程書の時代」（小野和子編『明末清初の社会と文化』京都大学人文科学研究所、一九九六年、所収）

――――「巡検司」(『歴史学事典9　法と秩序』弘文堂、二〇〇二年)
谷口規矩雄「明代の歇家について」(明代史研究会編『明代史研究会創立三十五年記念論集』汲古書院、二〇〇三年、所収)
谷口知平(訳)『エスカラ支那法』(有斐閣、一九四三年)
塚田孝『身分制社会と市民社会――近世日本の社会と法』(柏書房、一九九二年)
坪内良博『東南アジア人口民族誌』(勁草書房、一九八六年)
デイヨン、ピエール(Pierre Deyon)(著)、福井憲彦(訳)『監獄の時代――近代フランスにおける犯罪の歴史と懲治監獄体制の起源に関する試論』(新評論、一九八二年)
寺田隆信「蘇・松地方に於ける都市の棉業商人について」(『史林』四一巻六号、一九五八年)
――――「蘇州踹布業の経営形態」(『東北大学文学部研究年報』一八号、一九六八年)
寺田浩明「清代民事司法論における「裁判」と「調停」――フィリップ・ホアン(Philip C. C. Huang)氏の近業に寄せて」(『中国史学』五巻、一九九五年)
――――「権利と冤抑――清代聴訟世界の全体像」(東北大学『法学』六一巻五号、一九九七年)
冨谷至「秦漢の労役刑」(『東方学報(京都)』五五冊、一九八三年)
内藤湖南「概括的唐宋時代観」(『歴史と地理』九巻五号、一九二二年)
――――『内藤湖南全集』(筑摩書房、一九六九年)
中井英基『張謇と中国近代企業』(北海道大学図書刊行会、一九九六年)
中島楽章「明末清初の紹興の幕友」(『山根幸夫教授退休記念　明代史論叢』下、汲古書院、一九九〇年)
――――「明代中期の老人制と郷村裁判――越訴問題と懲罰権をめぐって」(『史滴』一五号、一九九四年)
――――『明代郷村の紛争と秩序――徽州文書を史料として』(汲古書院、二〇〇二年)
――――「村の識字文化――民衆文化とエリート文化のあいだ」(『歴史評論』六六三、二〇〇五年)
中村茂夫「中国旧律における比附の機能」(新潟大学『法政理論』一巻一号、一九六八年)
――――『清代刑法研究』(東京大学出版会、一九七三年)
――――「不応為考――「罪刑法定主義」の存否をも巡って」(『金沢法学』二六巻一号、一九八三年)
永井和「特集「「近世化」を考える」によせて」(『歴史学研究』八三六号、二〇〇八年)
長井裕子「文学に見る「茶館」――清末民初の情報基地」(北海道大学『言語文化部研究報告叢書』三四巻、一九九九年)
楢木野宣「清代における城市郷村の治安維持について――緑旗兵営汎の任務と府州県・保甲との関係」(『史潮』四九号、一九五三年)

――「清代の緑旗兵――三藩の乱を中心として」(『群馬大学紀要』人文科学編、二号、一九五二年)
――「創設当時の緑旗兵――林起龍の緑旗兵更定論等を中心として」(『東洋史学論叢』一号、一九五三年)
仁井田陞「中国における刑罰体系の変遷――とくに『自由刑』の発達」(同著『中国法制史研究(刑法)』東京大学出版会、一九五九年、所収)
――『中国法制史研究(奴隷農奴法・家族村落法)』(東京大学出版会、一九六二年)
西川喜久子「珠江三角洲の地域社会と宗族・郷紳――南海県九江堡のばあい」(『北陸大学紀要』一四号、一九九〇年)
西川正雄「「近世」雑感」(『歴史学研究』八二四号、二〇〇七年)
西沢治彦「現代中国の茶館――四川省成都の事例から」(『風俗』二六巻四号、一九八七年)
西村元照「清初の包攬――私徴体制の確立、解禁から請負徴税制へ」(『東洋史研究』三五巻三号、一九七六年)
人足寄場顕彰会編『人足寄場史――我が国自由刑・保安処分の源流』(創文社、一九七四年)
則松彰文「雍正期における米穀流通と米価変動――蘇州と福建の連関を中心として」(『九州大学東洋史論集』一四号、一九八五年)
秦惟人「清末湖州の蚕糸業と生糸の輸出」(『中嶋敏先生古稀記念論集』下、汲古書院、一九八一年)
濱田道夫「アンシァン・レジーム期犯罪史研究の諸問題――「暴力から窃盗へ」の仮説、その後」(神戸商科大学『商大論集』四七巻一号、一九九五年)
濱島敦俊『明代江南農村社会の研究』(東京大学出版会、一九八二年)
――「明清時代、中国の地方監獄――初歩的考察」(『法制史研究』三三号、一九八三年)
――「明末東南沿海諸省の牢獄」(西嶋定生博士還暦記念論叢編集委員会編『東アジア史における国家と農民』山川出版社、一九八四年、所収)
――「中国中世における村落共同体」(『中世史講座2　中世の農村』学生社、一九八六年、所収)
――「明代中期の「江南商人」について」(『史朋』二〇号、一九八六年)
――「明清江南城隍考」(唐代史研究会編『中国都市の歴史的研究』刀水書房、一九八八年、所収)
――「明末江南郷紳の具体像――南潯・荘氏について」(岩見宏・谷口規矩雄編『明末清初期の研究』京都大学人文科学研究所、一九八九年、所収)
――「明清時代、江南農村の社と土地廟」(『山根幸夫教授退休記念明代史論叢』下、汲古書院、一九九〇年、所収)
――「明清江南城隍考・補考」(唐代史研究会編『中国の都市と農村』汲古書院、一九九二年、所収)
――「明代の水利技術と江南地主社会の変容」(『シリーズ世界史への問い2　生活の技術・生産の技術』岩波書店、一九九〇年、所

収）
――「農村社会――覚書」（森正夫他編『明清時代史の基本問題』汲古書院、一九九七年、所収）
――「漢民族の拡大――清代前期の社会と経済」（『世界歴史大系　中国史4　明清』山川出版社、第二章、一九九九年、所収）
――『総管信仰――近世江南農村社会と民間信仰』（研文出版、二〇〇一年）
濱島敦俊・片山剛・高橋正「華中・南デルタ農村実地調査報告書」（『大阪大学文学部紀要』三四巻、一九九四年）
林和生「中国近世の地方都市の一側面――太湖平原の鎮市と交通路について」（京都大学文学部地理学研究室編『空間・景観・イメージ』地人書房、一九八三年）
――「中国近世における地方都市の発展――太湖平原烏青鎮の場合」（梅原郁編『中国近世の都市と文化』京都大学人文科学研究所、一九八四年）
林田敏子「警察の比較研究に向けて」（林田敏子・大日方純夫編著『近代ヨーロッパの探究13　警察』ミネルヴァ書房、二〇一二年、所収）
林田敏子・大日方純夫編著『近代ヨーロッパの探究13　警察』（ミネルヴァ書房、二〇一二年）
速水融『歴史人口学の世界』（岩波書店、一九九七年）
針谷美和子「太平天国鎮圧後の槍船集団」（『一橋論叢』八九巻一号、一九八三年）
――「太平天国占領地域の槍船集団――太湖周辺地域を中心にして」（『歴史学研究』五二二号、一九八三年）
費孝通（著）、大里浩秋・並木頼寿（訳）『江南農村の工業化――〝小城鎮〟建設の記録一九八三～八四』（研文出版、一九八八年）
平松義郎「幕末期における犯罪と刑罰の実態――江戸小伝馬町牢屋記録による」（『国家学会雑誌』七一巻三号、一九五七年）
――「人足寄場の成立（一～三）」（名古屋大学『法政論集』三三～三五号、一九六五～六六年）
――「刑罰の歴史――日本（近代的自由刑の成立）」（荘子邦雄他編『刑罰の理論と現実』岩波書店、一九七二年、所収）
フーコー、ミシェル（Michel Foucault）（著）、田村俶（訳）『狂気の歴史――古典主義時代における』（新潮社、一九七五年）
――（著）、田村俶（訳）『監獄の誕生――監視と処罰』（新潮社、一九七七年）
藤井宏「新安商人の研究（一）～（四）」（『東洋学報』三六巻一～四号、一九五三～五四年）
藤岡喜久男『中華民国第一共和制と張謇』（汲古書院、一九九九年）
夫馬進「明末反地方官士変」（『東方学報』京都、五二号、一九八〇年）
――「明清時代の訟師と訴訟制度」（梅原郁編『中国近世の法制と社会』京都大学人文科学研究所、一九九三年、所収）
――「訟師秘本『蕭曹遺筆』の出現」（『史林』七七巻二号、一九九四年）

――「訟師秘本の世界」（小野和子編『明末清初の社会と文化』京都大学人文科学研究所、一九九六年）
――『中国善会善堂史研究』（同朋舎出版、一九九七年）
――『中国明清時代における官箴書・公牘書目作成』（平成十五年度・平成十六年度科学研究費補助金、特定領域研究（一）、研究成果報告書、京都大学大学院文学研究科、二〇〇五年）
古田和子「「湖糸」をめぐる農民と鎮」（東京大学教養学部『教養学科紀要』一七号、一九八四年）
――「近代製糸業の導入と江南社会の対応――日中の交流と比較を含めて」（平野健一郎編『近代日本とアジア――文化の交流と摩擦』、東京大学出版会、一九八四年）
ブリッグス、ジョン（John Briggs）、ハリスン・クリストファー（Harrison Christopher）、マッキネス・アンガス（McInnes Angus）、ヴィンセント・デヴィッド（Vincent David）（著）、吉村伸夫（訳註）『社会と犯罪――英国の場合　中世から現代まで』（松柏社、二〇〇三年）
ブロー、バーン（Vern Bullough）、ボニー・ブロー（Bonnie Bullough）（著）、香川檀・岩倉桂子・家本清美（訳）『売春の社会史――古代オリエントから現代まで』（筑摩書房、一九九一年）
〔勉誠出版社編集部編〕『アジア遊学一〇三　『良友』画報とその時代』（勉誠出版、二〇〇七年）
星斌夫『明清時代交通史の研究』（山川出版社、一九七一年）
――『中国社会福祉政策史の研究――清代の賑済倉を中心に』（国書刊行会、一九八五年）
堀井優「エジプト社会のオスマン化――体制と貿易の変容をめぐって」（『歴史学研究』八二二号、二〇〇六年）
正本忍「一七二〇年のマレショーセ改革――フランス絶対王政の統治構造との関連から」（『史学雑誌』一一〇編二号、二〇〇一年）
――「近世フランスにおける地方警察の創設――オート＝ノルマンディー地方のマレショーセ（一七二〇～一七二二年）」（『法制史研究』五七号、二〇〇七年）
――「フランス絶対王政期の騎馬警察――マレショーセ研究の射程」（林田敏子・大日方純夫編著『近代ヨーロッパの探究13　警察』ミネルヴァ書房、二〇一二年、所収）
――「近世フランスの農村における治安維持――マレショーセ研究に寄せて」（『関学西洋史論集』三八号、二〇一五年）
松丸道雄他編『世界歴史大系　中国史4　明清』（山川出版社、一九九九年）
松本尚子「近世ドイツの治安イメージとポリツァイ――廷吏から治安部隊へ」（林田敏子・大日方純夫編著『近代ヨーロッパの探究13　警察』ミネルヴァ書房、二〇一二年、所収）
松本善海「清代」（和田清編『支那地方自治発達史』（中華民国法制研究会、一九三九年、所収）

三木聰「明末の福建における保甲制」(『東洋学報』六一巻一・二合併号、一九七九年)
――「抗租と法・裁判――雍正五年(一七二七)の《抗租禁止条例》をめぐって」(『北海道大学文学部紀要』三七巻一号、一九八八年)
――「明代里老人制の再検討」(『海南史学』三〇号、一九九二年)
――「抗租と図頼――『点石斎画報』「刁佃」の世界」(『海南史学』三三号、一九九四年)
――「軽生図頼考――特に〝威逼〟との関連について」(『史朋』二七号、一九九五年)
――「死骸の恐喝――中国近世の図頼」(泥棒研究会編著『盗みの文化誌』青弓社、一九九五年、所収)
――「伝統中国における図頼の構図――明清時代の福建を中心として」(歴史学研究会編『紛争と訴訟の文化史』〈シリーズ歴史学の現在2〉青木書店、二〇〇〇年、所収)
――『明清福建農村社会の研究』(北海道大学図書刊行会、二〇〇二年)
――「清代前期の福建汀州府社会と図頼事件――王廷倫『臨汀考言』の世界」(『史朋』四〇号、二〇〇七年)
三木聰・山本英史・高橋芳郎『伝統中国判牘資料目録稿(明清篇)』(二〇〇四~二〇〇六年、科学研究補助金、基盤研究(B)「伝統中国の訴訟・裁判史料に関する調査研究」)
三木聰・山本英史・高橋芳郎編『伝統中国判牘資料目録』(汲古書院、二〇一〇年)
皆川卓「ドイツ諸侯軍の近世的変容――プファルツ選帝侯の軍事権力を例に」(『歴史学研究』八二一号、二〇〇六年)
水島司「インド近世をどう理解するか」(『歴史学研究』八二一号、二〇〇六年)
三森のぞみ「フィレンツェにおける近世的政治秩序の形成」(『歴史学研究』八二一号、二〇〇六年)
宮崎市定「明清時代の蘇州と軽工業の発達」(『東方学』二号、一九五一年)
――『東洋的近世』(教育タイムス社、一九五〇年)
――『雍正帝――中国の独裁君主』(岩波新書、一九五〇年)
――「宋元時代の法制と裁判機構」(『東方学報』京都、二四号、一九五四年)
――「清代の胥吏と幕友――特に雍正朝を中心として」(『東洋史研究』一六巻四号、一九五八年)
――『アジア史論考』上(朝日新聞社、一九七六年)
――『宮崎市定全集』第二、第一四巻(岩波書店、一九九一~九二年)
宮嶋博史「東アジア世界における日本の「近世化」――日本史研究批判」(『歴史学研究』八二一号、二〇〇六年)
目黒克彦「清朝初期の保甲法に関する一考察――浙江省臨安県の場合」(『愛知教育大学研究報告』人文科学・社会科学、二五号、一

九七六年）

――「清朝中期の保甲制について――嘉慶期浙江平湖県の場合」（『愛知教育大学研究報告』社会科学、二九号、一九八〇年）

――「清末湖南の遷善所に関する覚書」（『愛知教育大学研究報告』社会科学編、三六号、一九八七年）

森正夫「明末の社会関係における秩序の変動について」（『名古屋大学文学部三十周年記念論集』一九七九年、所収）

――『明代江南土地制度の研究』（同朋舎出版、一九八八年）

――「江南デルタの郷鎮志について――明後半期を中心に」（岩見宏・谷口規矩雄編『明末清初期の研究』京都大学人文科学研究所、一九八九年、所収）

――「朱家角鎮略史」（同編『江南デルタ市鎮研究――歴史学と地理学からの接近』名古屋大学出版会、一九九二年、所収）

――「清代の郷鎮志における地域社会観――江南デルタに即して」（同他編『旧中国における地域社会の特質』平成二～五年度科学研究費補助金、一般研究（A）研究成果報告書、友人社、一九九四年、所収）

――「明末における秩序変動再考」（『中国――社会と文化』一〇号、一九九五年）

――「清代江南デルタの郷鎮志と地域社会」（『東洋史研究』五八巻二号、一九九九年）

――『森正夫明清史論集』第一～第三巻（汲古書院、二〇〇六年）

森正夫編『江南デルタ市鎮研究――歴史学と地理学からの接近』（名古屋大学出版会、一九九二年）

森正夫他編『明清時代史の基本問題』（汲古書院、一九九七年）

安丸良夫『一揆・監獄・コスモロジー――周縁性の歴史学』（朝日新聞社、一九九九年）

矢野久「フーコーと下からの社会史」（竹岡敬温他編『社会史への途』有斐閣選書、一九九五年、所収）

山田賢『移住民の秩序――清代四川地域社会史研究』（名古屋大学出版会、一九九五年）

山根幸夫「明代の路程書について」（『明代史研究』二二号、一九九四年）

山本英史「清初における包攬の展開」（『東洋学報』五九巻一・二号、一九七七年）

――「清代の郷村組織と地方文献――蘇州洞庭山地方の郷村役を例にして」（『東洋史研究』五八巻三号、一九九九年）

――「健訟の認識と実態――清初の江西吉安府の場合」（大島立子編『宋―清代の法と地域社会』東洋文庫、二〇〇六年、所収）

――『清代中国の地域支配』（慶應義塾大学出版会、二〇〇七年）

――「光棍例の成立とその背景――清初における秩序形成の一過程」（同編『中国近世の規範と秩序』東洋文庫、研文出版、二〇一四年）

山本進「清代後期江浙の財政改革と善堂」（『史学雑誌』一〇四編一二号、一九九五年）

――「清代江南の地保」（『社会経済史学』六一巻五号、一九九六年）

横山英「清代における踹布業の経営形態（上・下）」（『東洋史研究』一九巻三、四号、一九六一年）

――「清代における包頭制の展開――踹布業の推転過程について（一・二）」（『史学雑誌』七一編一、二号、一九六二年）

吉澤誠一郎「光緒末、天津における巡警創設と行政の変容」（『史学雑誌』一〇一編一二号、一九九二年）

――「清末の都市と風俗――天津史のばあい」（『岩波講座世界歴史20　アジアの〈近代〉――一九世紀』岩波書店、一九九九年）

――「善堂と習藝所のあいだ――清末天津における社会救済事業の変遷」（『東京外国語大学アジア・アフリカ言語文化研究』五九号、二〇〇〇年）

――『天津の近代――清末都市における政治文化と社会統合』（名古屋大学出版会、二〇〇二年）

リード、ブラッドリー（Bradley Reed）「清朝後期四川における収税、催税、租税、代納――巴県档案に見る衙役の活動」（『中国――社会と文化』一三、一九九八年）

劉世龍『中国の工業化と清末の産業行政――商部・農工商部の産業振興を中心に』（渓水社、二〇〇二年）

渡辺京二『日本近世の起源――戦国乱世から徳川の平和（パックス・トクガワーナ）へ』（弓立社、二〇〇四年）

渡辺紘良「宋代潭州湘潭県の黎氏をめぐって――外邑における新興階層の聴訟」（『東洋学報』六五巻一・二号、一九八四年）

和田清編『中国地方自治発達史』（汲古書院、一九七五年）

和田博徳「明代における地方官の久任と保留――長期在任と留任請願」（創価大学『アジア研究』一二号、二〇〇一年）

中　文（拼音排列）

安楽博（R. J. Antony、R・J・アントニー）「盗匪的社会経済根源――十九世紀早期広東省之研究」（葉顕恩主編『清代区域社会経済研究』（上）中華書局、一九九二年、所収）

曹樹基『中国人口史　第五巻　清時期』（復旦大学出版社、二〇〇一年）

陳俊才「太湖漁民信仰習俗調査」（『中国民間文化』五号、学林出版社、一九九二年）

――『情係太湖』（中国文史出版社、二〇〇五年）

陳学文『明清時期杭嘉湖市鎮史研究』（北京群言出版社、一九九三年）

鄧孔昭「清政府対鄭氏集団的招降政策及其影響」（『鄭成功研究論文選・続集』福建人民出版社、一九八四年）

丁易『明代的特務政治』（群集出版社、一九八三年）

樊樹志『明清江南市鎮探微』（復旦大学出版社、一九九〇年）

費孝通「小城鎮　大問題」（『江南学刊』一九八四年第一期、一九八四年）
葛剣雄『中国人口発展史』（福建人民出版社、一九九一年）
葛剣雄編著『中国人口史』全七冊（上海、復旦大学、二〇〇五年）
韓延龍主編『中国近代警察制度』（北京、中国人民公安大学出版社、一九九三年）
李甲孚『中国監獄法制史』（台湾商務印書館、一九八四年）
劉石吉『明清時代江南市鎮研究』（中国社会科学出版社、一九八七年）
劉子揚『清代地方官制考』（北京紫禁城出版社、一九九四年）
羅爾綱『緑営兵志』（商務印書館、一九八四年に中華書局より再版）
――『太平天国史』全四冊（中華書局、一九九一年）
――「太平天国革命前人口圧迫問題」（同著『太平天国史叢考丙集』三聯書店、一九九五年、所収）
彭沢益「十七世紀末到十九世紀初中国封建社会的工場手工業」（中国人民大学中国歴史教研室編『中国資本主義萌芽問題討論集』上、三聯書店、一九五七年、所収）
陶希聖『清代州県衙門刑事審判制度及程序』（食貨出版社、一九七二年）
王家儉『清末民初我国警察制度現代化的歴程（一九〇一～一九二八）』（台北、台湾商務印書館、一九八四年）
聞鈞天『中国保甲制度』（商務印書館、一九三五年）
謝国禎『南明史略』（上海人民出版社、一九五七年）
許雪姫『清代台湾的緑営』（台湾中央研究院近代史研究所専刊（五四）、一九八七年）
尹章義「新荘巡検之設置及其職権与功能」（『食貨月刊』復刊、一一巻八・九号、一九八一年）
虞和平主編『張謇――中国早期現代化的前駆』（吉林文史出版社、二〇〇四年）
張開沅・田彤『張謇与近代社会』（華中師範大学出版社、二〇〇二年）
張偉仁「清季地方司法――陳天錫先生訪問記」（『食貨（復刊）』一巻六・七期、一九七一年）
張研『清代社会的慢変量――従清代基層社会組織看中国封建社会結構与経済結構的演変趨勢』（山西人民出版社、二〇〇〇年）
趙暁華『晩清訟獄制度的社会考察』（中国人民大学出版社、二〇〇一年）
中国社会科学院法学研究所法制史研究室編『中国警察制度簡論』（群衆出版社、一九八五年）

欧文

Allee, Mark A., *Law and Local Society in Late Imperial China, Northern Taiwan in the Nineteenth Century*, Stanford : Stanford University Press, 1994.

Cressey, G. B., *China's Geographical Foundations : A Survey of the Land and Its People*, New York & London : The Pamir Press, 1934.

Fletcher, Joseph, "Integrative History : Parallels and Interconnections in the Early Modern Period, 1500–1800", *Journal of Turkish Studies*, 9, 1985.

Fu-mei Chang Chen, "Local Control of Convicted Thieves in Eighteenth-Century China", in F. Wakemann Jr. and C. Grant eds., *Conflict and Control in Late Imperial China*, Berkeley : University of California Press, 1975.

Huang, Philip C. C. (黄宗智), *Civil Justice in China ; Representation and Practice in the Qing*, Stanford : Stanford University Press, 1996.

Kuhn, Philip A., *Rebellion and Its Enemies in Late Imperial China : Militarization and Social Structure, 1796–1864*, Cambridge, Mass. and London : Harvard Univesity Press, 1980.

Macauley, Melissa A., *Social Power and Legal Culture : Litigation Masters in Late Imperial China*, Stanford : Stanford University Press, 1998.

Ping-ti Ho, *Studies on the Population of China, 1368–1953*, Cambridge, Mass.: Harvard University Press, 1959.

Rowe, William T., *Saving the World : Chen Hongmou and Elite Consciousness in Eighteenth-Century China*, Stanford : Stanford University Press, 2001.

Skinner, G. W., "Marketing and Social Structure in Rural China", Part 1, 2, 3, *Journal of Asian Studies*, Vol. 24, 1964/1965.

Struve, L. A., *The Southern Ming, 1644–1662*, New Haven : Yale University Press, 1984.

T'ung-tsu Ch'ü (瞿同祖), *Local Government in China under the Ch'ing*, Cambridge, Mass.: Harvard Council East Asian Studies, 1962.

あとがき

一九九五～九七年、筆者は大阪大学大学院文学研究科博士課程後期に在籍しながら、文部省の公費留学生（高級進修生）の資格を得て、中国人民大学清史研究所（北京）に留学・滞在していた。当時の北京の地下鉄（地鉄）はいまほど発達を遂げておらず、構内の環境も現在（特に北京オリンピック以後）の近代的な外観とは比べられないほど素朴で、管理も十分には行き届かず、乗客もバスや自転車に乗ることの方が多いのか、ラッシュアワーを除けば基本的にさほど多くはなかった。筆者が空いた座席にすわっていると、しばしば残疾の（障害を持った）乞丐《こじき》が車両内を行ったり来たりして動き回り、他の乗客に対して物乞いをしたり、タブロイド紙を売ったりしていた。筆者は彼らに対し、一方で不憫に感じながらも、また一方で「中国政府は彼らを救済しないで一体何をやっているんだ」という批判めいた感情を禁じ得なかったことを覚えている。こうした乞丐たちは必ずしも車両内だけでなく、地下鉄の駅周辺にも数多く見られた。

ある日、地下鉄を下車し、地上へあがってみると、そこには人集りができていた。筆者が「何だろう」と思って覗き込んでみると、その中心には二人組の盲目の若い男の乞丐たちがいた。一人は楽器を演奏し、もう一人が歌を唱っている。たかが乞丐の歌と侮るなかれ、彼の歌声は澄んでよく響き渡り、人々を惹きつけずにはおかない不思議な魅力を有していた。唱い終えると多くの人びとは感動して拍手し、乞丐たちが準備していた缶にお金を投げ入れていた。筆者も思わず手持ちの小銭を投げ込んだ。勿論、プロの演奏には遠く及ばなかったが、筆者は何だか清々しい満足した気持ちになって帰途に就いたのであった。

その二、三日後のことだった。夕食を摂りながらテレビを見ていると、北京で開催するユニバーシアード（二〇〇一年）への準備の一環として、公安局が市内で非合法活動を行う者に対して一斉に取締りをはじめたという内容が華々しく報道されていた。画面には公安局が十数人の人びとを引っ立てている光景が映し出されていたが、よく見るとなんとあの歌を唄っていた盲目の乞丐たちが後ろ手に縛り上げられ跪かされて、がっくりとうなだれているではないか。愕然とした。「中国政府のやり方はこうなのか」。確かにユニバーシアードは国際大会として国家の威信をかけたスポーツ行事ではあるが、こんなことが許されるのか。少なくともあの乞丐たちはまさに「分に安んじて」歌を唱うという自分にできる最大限の努力を払って日銭を稼いでいたのである。勿論、当時も乞丐のなかには強引な物乞いをする者もあったが、その乞丐たちは断じてそうではない。そもそも北京政府は本当に乞丐に対して十分な救済を実施しているのか、国際的な面子のためだけにかような乞丐を犯罪者扱いをするような身柄拘束が許されていいのか、疑問が頭をよぎった。その後、あの盲目の乞丐たちはどうなってしまったのか。筆者は残念ながら知るよしもない。

またいまから九年ほど前、二〇〇六年十二月十九日に配信されたネット上のある記事を筆者は偶然に目撃した（http://www.recordchina.co.jp/a4501.html）。タイトルは「「牢頭」になりたくて――自慢が容疑を固めた凶悪強盗殺人事件、福建省泉州市」。「牢頭」の言葉が筆者の目をひいた。いまも「牢頭」がいるのである。記事の内容は以下のとおりである。「二〇〇六年十二月十四日、福建省泉州市の警察はこのところ、悪質な強盗殺人事件の容疑者である馮国慶、張岳清と王夏南の三人を逮捕したと発表した。泉州市警察によると、二〇〇二年四月十八日の夜明け頃、泉州市のある廃品回収店で、店主夫婦の黄清波、黄幼琴および八歳の息子三人が殺され、室内にあった三千元（約四万五千円）相当の物品と現金が凶手に奪われたという。この強盗殺人事件は、長いあいだ未解決のままであった。今年十月、事件の疑いがかかっていた馮国慶は送電線を盗むという罪で刑事拘留され、臨海市の留置所に入れられた。ここで「張喜」と名前を変えた馮国慶は、留置人のあいだで「牢頭」になるため、泉州などで自分が犯した殺人事件を自慢げにしゃべりはじめた。これを聞いていたある人が監督の警察官に告発、以降、警察は彼にひそかに注意を払ってきたという。取調べを受けた結果、馮国慶は廃品回収店主の殺人強奪の犯行を認めた」。

強盗事件の主犯格であった馮国慶なる人物は「牢頭」になりたくて雑居房のなかで同房の囚人に自慢げに自分の犯行を語っていたようである。勿論、本書で検討した清代の牢頭のように、現在の刑務所内でも暴力と金銭の授受による牢頭の支配、それを通じた秩序維持が行われているわけではなかろうが、いまもなお、あたかも江戸時代の牢名主を想起させるような牢頭の語が用いられていることには驚きとともに、「伝統」の根深さを実感せずにはいられなかった。

これら現代の乞丐や牢頭の事例は、筆者が本書で興味関心を示し具体的な歴史文献から掘り起こした諸事実と深く連関している。かような現代の社会問題はすでに近世社会にも類似した事例を発見することが可能なのである。換言すれば、近世社会に見られたこれらの事象は現代社会にもなお息づいており、必ずしも過去の出来事であると切り捨てられるものではないのである。〝現代にいう中国の伝統社会は近世期にまで遡ることができる〟とはしばしば指摘されることであるが、ここにもそれを裏付けるような状況が確認されたといえよう。つまり筆者は近世史研究を単なる過去の研究に止めるのではなく、現代国家・社会を見る目を養う一手段として位置づけていきたいと考えているのである。

本書は一九九八年度に博士論文として大阪大学大学院文学研究科に提出した「清代江南デルタ地方社会と治安維持装置」を大幅に加筆・修正したものである。したがって、本書は筆者が大阪大学大学院文学研究科博士課程後期に入学した一九九三年から約二十三年の歳月をかけて、ようやく出版できたということになる。

振り返れば、筆者の中国史に対する興味関心はすでに金沢大学の学部生時代には芽生えていた。しかし高校の世界史の教員をめざしていたこともあり、文学部ではなく教育学部に在籍していた。当時、金沢大学の教育学部歴史学研究室には東洋史学担当の教員が不在であったこともあって、実質的な指導は教養部の片倉譲教授（当時）が授けてくださった。中国古代史を題材として卒業論文を執筆していた筆者を様々な方面から叱咤激励してくださったことはいまもなお忘れない。

大学院博士課程前期では大阪大学へと進学し、中国近世史＝明清史研究の濱島敦俊・片山剛・谷口規矩雄の諸先生方からご指導を賜るという幸運に恵まれた。博士課程前期では中国近世の軍事史に取り組もうと決心したが、軍隊の組織・編成・指揮命令系統などを研究するというよりは、むしろ社会史的な手法を取り入れつつ、暴力装置（治安維持装置）と民衆との関わりについて分析してみたい——指導教官の先生方がいずれも社会経済史の大家であったことと無縁ではないだろう——と考えるに至り、その成果として修士論文「清代緑営営制に関する一考察——特にその最末端機構「汛」を中心に」を書き上げた。同論文は極めて未熟なものではあったが、本書の基礎となる問題意識はこの頃から形成されつつあったといっても過言ではないだろう。

その後、博士課程後期に上がったが、学術雑誌への投稿論文の執筆は、筆者の力不足もあって、遅々として進まなかった。そうしたなか、大きな転機となったのが、冒頭で述べた一九九五年九月から九七年七月にかけての二年間の中国人民大学清史研究所（北京）への留学であった。自らの研究の明確な方向性を見出せないままの留学であったが、基本的に週末を除くほぼ毎日、故宮のなかに位置する中国第一歴史檔案館に通って、大量の一次史料に目を通す機会に恵まれたことは、いま思えば非常に幸運なことであり、また有意義なことでもあった。現在でこそ近代的な都市へと変貌を遂げたが、当時の北京の街並みはまだまだ昔の面影を残しており、筆者は真夏の酷暑のなかも真冬の厳寒のなかも、故宮の片隅にある一室に籠もって、ゆったりとした時間を過ごすことができた。そこで偶目した一枚一枚の史料は筆者に中国の歴史上で起こった様々な出来事を語りかけ、悠久の歴史世界へと誘ってくれた。その結果、筆者は自然に〝中国近世の罪と罰〟――すなわち犯罪・警察・監獄の社会史――という研究テーマへとたどりつくことができたのである。

また人民大学在学中には清史研究所の専任講師であった宋軍氏と出会うことができた。筑波大学での留学経験を有する彼の積極的な勧めとご尽力のもと、筆者は最初の学術論文を中国語で執筆することができた（『清史研究』一九九七年第二期に掲載された「清代緑営的管轄区域与区域社会――以江南三角洲為中心」）。ここに彼に心より感謝を申し上げたい。

さらに留学中に起こった二大事件、すなわち鄧小平氏の逝去と香港返還（香港回帰）が筆者の現代中国への関心を高めてくれた。無論、歴史学という手法およびその基礎となる文献史料の整理・読解という軸ははずせないものの、中国の民衆のあいだに分け入り、実態をしっかり見つめ、現状分析を可能とする耳と目を養わなければ、筆者の中国理解は単なる歴史趣味に陥ってしまうのではないか、そうした危惧が頭をよぎったのである。それが図らずも、その後、現在に至るまで積極的に展開しつつある現地調査の起点になったのではないかと考えている。

帰国後、何とか博士学位請求論文「清代江南デルタ地方社会と治安維持装置」を書き上げ、大阪大学より博士（文学）の学位を授与された。そして大阪大学で助手を務めた後、筆者の最初の勤務校となったのが神戸商科大学（現・兵庫県立大学）であった。商経学部という専門研究とはやや異なる分野での任職ではあったが、華僑研究で有名な陳来幸先生、西洋史分野で犯罪史研究を手がけておられた濱田道夫先生、日本思想史の星山京子先生、筆者と同時に日本史（国制史、比較法史）の教員として赴任してこられた瀧井一博先生、コモンズ研究の注目すべき若手研究者であり畏友でもある三俣学先生など、数多くの良き同僚に恵まれ、多大な援助と刺激を賜った。特に学内には若手に十分な研究の時間を与え、研究者としての基礎を築いてもらおうとする気風があり、筆者も少なからぬ恩恵にあずかることができた。その最たるものが二〇〇八年十月から翌年九月までの一年間に及ぶサバティカルであり、筆者は台湾中央研究院台湾史研究所および台湾大学を訪問、客員研究員として研究活動に従事することができた。

神戸商科大学に十年間奉職した後、縁あって広島大学で教鞭を執ることになった。かねてより希望していた文学部東洋史学研究室での勤務である。新たに同僚となった曽田三郎（中国近代史）、植村泰夫（インドネシア史）、八尾隆生（ベトナム史）の諸先生にも温かく迎えていただいた。しかし二〇〇九年に逝去された、親友でもあり兄のような存在でもあった岡元司氏の後任ということもあり、正直素直には喜べない部分もあった。ただ志半ばにして旅立たれた氏の気持ちを考えれば考えるほど、そして氏の積年の研究成果を大著『宋代沿海地域社会史研究――ネットワークと地域文化』（汲古書院、二〇一二年）として整理・出版できた頃から、悩んでくよくよするより、むしろこれまで以上に積極的に研究・教育活動を展開した方がよいのではないかと踏ん切りをつけることができるようになった。勿論、氏の生前の活躍には遠く及ばないが、氏はいつまでも心のなかに生きつづけ、いつまでもよきライバルとして存在しつづけている。

かようにして人間関係においても職場環境においても恵まれた条件にありながら、本書の出版に二十三年もの歳月を要したのは、ひとえに筆者の生来の怠惰と力不足によるものにほかならない。しかしともあれ、こうしたかたちで本書を上梓できたのは筆者に口頭や雑誌論文の審査などの場で貴重なご指摘をくださった方々のおかげである。とりわけ森正夫（名古屋大学名誉教授、愛知県立大学名誉教授）、森安孝夫（大阪大学名誉教授、近畿大学特任教授）、岸本美緒（お茶の水女子大学教授）、寺田浩明（京都大学教授）、山本英史（慶應義塾大学教授）、稲田清一（甲南大学教授）、佐藤仁史（一橋大学教授）の各先生にはこれまでの研究者人生の様々な場面において刺激や恩恵を賜った。あらためて感謝の意を表したい。

なお、本書執筆の過程においては、以下の研究上のご支援を賜った。平成十二～十三年度日本学術振興会科学研究費補助金「十七〜二十世紀中国の軍隊・警察・監獄と犯罪現象の変化」（奨励研究A、研究代表者）、平成十五年度交流協会日台交流センター歴史学者派遣交流事業「清代台湾地域社会の犯罪と治安——淡新檔案の分析を中心に」（研究代表者）、平成十五〜十九年度人文・社会科学振興プロジェクト研究事業「研究領域Ⅳ、千年持続学の確立、社会制度」（代表：総合地球環境学研究所研究部加藤雄三助教）、平成十六〜十八年度日本学術振興会科学研究費補助金「清末民国期、江南デルタ市鎮社会の構造的変動と地方文献に関する基礎的研究」（基盤研究B、一般、研究代表者）、平成十七〜二十一年度文部科学省特定領域研究「東アジアの海域交流と日本伝統文化の形成——寧波を中心とする学際的創生」（代表：広島大学大学院文学研究科岡元司准教授）、平成十八〜二十三年度文部科学省特定領域研究「持続可能な発展の重層的環境ガバナンス」（代表：同志社大学経済学部室田武教授）、平成二十〜二十三年度日本学術振興会科学研究費補助金「解放前後、太湖流域農漁村の郷土社会とフィールドワーク」（基盤研究B、海外学術、研究代表者）。また、本書の刊行にあたっては、日本学術振興会平成二十七年度科学研究費補助金研究成果公開促進費・学術図書出版助成をいただいた。助成機関ならびに関係各位に感謝を申し上げたい。

本書の各部分を構成する論文の初出を記せば、以下のとおりとなる。

第一章「犯罪と治安からみた近世中国」（『歴史学研究』八二一号、二〇〇六年）
第二章「清代緑営の管轄区域とその機能——江南デルタの汛を中心に」（『史学雑誌』一〇七編一〇号、一九九八年）
第三章「清中期江南デルタ市鎮をめぐる犯罪と治安——緑営の汛防制度の展開を中心として」（『法制史研究』五〇号、二〇〇〇年）
第四章「清代江南デルタ佐雑「分防」考」（大阪大学『待兼山論叢』史学篇、三三号、一九九九年）

第五章「清代江南デルタ社会と犯罪取締りの変遷」（岩井茂樹編『中国近世社会の秩序形成』京都大学人文科学研究所、二〇〇四年）
第六章「清代中国の監獄社会と牢頭」（広島大学『史学研究』二七三号、二〇一一年）
第七章「明清時代「歇家」考――訴訟との関わりを中心に」（『東洋史研究』六七巻一号、二〇〇八年）
第八章「「自新所」の誕生――清中期江南デルタの拘禁施設と地域秩序」（『史学雑誌』一一一編四号、二〇〇二年）
第九章「清末湖州府南潯鎮社会と洗心遷善局」（広島大学『史学研究』二八三号、二〇一四年）
第十章　書き下ろし

本書は右の各論文を下敷きにしているが、いくつか誤りがあるうえ、全体を統一した解釈に可能なかぎり近づけるため、かなりの加筆・修正を行っている。本書により、これら諸論文で述べられた見解は基本的に廃棄される。

本書の出版にあたっては、名古屋大学出版会の三木信吾氏に大変にお世話になった。本書の題名『中国近世の罪と罰――犯罪・警察・監獄の社会史』も氏の創案によるものである。また一般の読者にも読みやすいようにという氏の提案で、可能なかぎり小見出しをつけるよう心がけた。氏の細やかで適切なアドバイスには感謝の言葉が見つからないほどである。氏のおかげで、多くの読者が「読みやすい研究書だな」と感じていただければ、これほどの喜びに代わるものはない。校正作業については同編集部の長畑節子氏にご担当いただいた。筆者の単純なミスから恥ずかしいほどの幼稚な表現まで懇切丁寧に指摘くださり、感謝の念に堪えない。
本書の英文摘要の校正はエリン・ブライトウェル先生の手を、中文摘要の校正は妻でもあり台湾史研究者でもある林淑美の手を煩わせた。ここに記して感謝を示したい。

最後に、これまで勝手わがままな研究者人生を歩んできた筆者を最大限に理解し、協力してくれた家族に心より感謝したい。父・安廣、母・友子は、四人兄弟の長男でありながらいつまでも学校に残り、なかなか就職しないでいる不肖の息子に惜しみない愛情と援助の手をさしのべつづけてくれた。心からありがとうと言いたい。大阪大学大学院博士課程在学中に知りあい、その後、筆者と苦労の人生をともに歩んでくれた最愛の妻・林淑美には感謝の言葉が見つからない。遠く台湾という異国の地から留学してきた彼女は、慣れない日本・中国での生活に不満を漏らすこともなく、いつでも傍らにいて筆者を全力で支えつづけてくれた。本書の完成も彼女の温かい励ましがあればこそである。ありがとう、これからも見守ってください。ここに愛する家族の一人一人に感謝の気持ちを思いめぐらせながら、擱筆することにしたい。

二〇一五年七月　酒都・西条にて

太田　出

《著者紹介》

太《おお》田《た》　出《いずる》

1965年　愛知県に生まれる
1999年　大阪大学大学院文学研究科博士課程修了
現　在　広島大学大学院文学研究科准教授，博士（文学）
著　書　『太湖流域農村の歴史学的研究』（共著，汲古書院，2007年）
『中国農村の信仰と生活』（共編，汲古書院，2008年）

中国近世の罪と罰

2015年9月15日　初版第1刷発行

定価はカバーに
表示しています

著　者　太田　出
発行者　石井三記

発行所　一般財団法人　名古屋大学出版会
〒464-0814　名古屋市千種区不老町1名古屋大学構内
電話(052)781-5027/FAX(052)781-0697

印刷・製本 ㈱太洋社　ISBN978-4-8158-0818-1
乱丁・落丁はお取替えいたします。

中國近世的罪與罰

——犯罪、警察與監獄之社會史——

目　　錄

中文提要

本書年代設定為中國近世，其中貫穿清朝（一六四四～一九一一年）一代，作者擬以此長時距的歷史縱深，集中探討三項課題。

第一，中國中央或地方級文獻當中，還大量保存著司法官及司法當局對犯罪案情的報告。筆者即藉由此類報告，分析司法官及司法當局如何掌握案情、分析犯案，亦即探討司法官及司法當局對所欲打擊的罪犯對象在不同時期中出現什麼樣的變化。接著檢討報告中所詳列的無數小民的罪行記載，藉以復原中國當時的社會構造、生活環境及時人心性思想之歷史面貌。由於西洋史研究方面所推導出「犯罪乃一社會之總體現象」的此一概念，我深有感觸，在此，筆者亦嘗試將犯罪行為與該社會之諸多問題連繫起來進行論述，不止法制史，這也是社會史的一個研究手法。

第二，在清朝邁入所謂的「太平盛世」後，國家維護「治安」的策略難道不會跟著調整？基於此一推設，筆者翔實具體地復原了警察從近世軍隊分離的歷史過程。當然，我們必須瞭解這一演變的背景與近世中國社會所面臨的人口暴增、商品經濟滲透、人口移動及物流激增等現象是有交互關係的。易言之，即面對著此一與近世社會諸多特有現象相扣而生的「近世性犯罪」，國家要如何處理？而且警察從脫離軍隊到別開生面，這是在訴說著一幅什麼樣的近世景象？這些疑問，筆者都將一一回答。為回應學界對各國警察進行比較研究的呼籲，筆者在此勾勒出了向來撲朔迷離的中國近世軍隊及警察關係的一個面向。

第三，拘置犯人、剝奪其自由、使服勞役即訓練其謀生技能，以期犯人出獄後能復歸社會——這種作為執行近代自由刑的監獄何時出現於中國？學界向來認為必俟清末罪犯習藝所之出現，但筆者懷疑此一說並加以重新檢討。以日本史學界來說，對「人足寄場」的出現，學界強調此為「執行自由刑、教育刑的近代監獄之濫觴」。反觀中國近世監獄研究，近代自由刑的萌芽究竟出現於何時？這樣的研究視角，遭到漠視。筆者爬梳了中國近世監獄等各式監禁設施的功用與嬗變之歷史脈絡，試圖對此提出解答。

上述三個課題，各個都是重要的研究對象，且三者互相緊扣。從犯案發生那刻開始，緊接著應該就是搜索人犯、逮捕、拘禁、審判、執行刑罰，最後復歸社會（或流放外地）這一連程序的運行。在這一連程序中即隱含著截取分割即無法窺得全貌的近世社會犯罪的出現，主要受哪些外因影響？近世國家基於何種刑罰思想而且如何處置罪犯（或潛在性罪犯）這樣的課題。本書不過是作為回答上述問題的嘗試之作，但筆

者認為這對政治史、社會史、制度史、法制史、刑法史等領域之研究，也將起到一定的作用。

對本書所處理的事例區域，也必須給予限定。當然，研究對象區域倘能涵蓋整個大清帝國是最佳的，但為能具體入微地闡述如犯罪、警察、監獄這般微觀的題目，廣漠的空間設定可說絕無可能。本書劃設的主要事例區域為長江三角洲。長江三角洲一詞所對應的地理範圍，因人而有微妙的差異。此詞在本書的指涉範圍為：清代行政區劃上江蘇省的松江、蘇州、常州、鎮江、江寧五府以及太倉州，浙江省的杭州、嘉興、湖州三府。

長江三角洲是由今日的上海市、江蘇省南部及浙江省北部所構成的，一稱長江下游區（Lower Yangzi Delta)。一般來說，此區被公認為是宋元時期民諺口中「蘇湖熟，天下足」的全國穀倉；明清時期在農村部門出現無數市鎮（market town）的經濟先進地帶。本書即擇取中國近世首屈一指的商業化及都市化地區之一的長江三角洲——包括都市及農村部門的市鎮——作為事例區域，從中發掘犯罪、警察、監獄之具體事實，並進一步考察三者間的交互作用。

除去序論與結論外，本書由二部十章所構成。為幫助讀者大體掌握各部・章主要內容，茲簡單介紹如下。

第一部「近世期的犯罪與警察」中，對中國近世長江三角洲的犯罪形態及因應打擊犯罪而登場的警察，包括其組織、作用與配置等作一深入翔實的探討。

第一章，依據先學前人的研究成果，先歸納出近世東亞所經歷過的諸多變動，接著概括地檢討變動後現象之一的罪犯（集團）及形形色色的犯行。十六世紀後，在商品經濟發達、社會流動的形成下，傳統“僵硬化”的秩序開始崩落，十七～十八世紀，一嶄新且“富彈性”的國家誕生。十八世紀以降的亞洲，隨著「太平盛世」的來臨，人口增長率急劇上升出現，規模堪稱“人口爆炸”。處在如此變動下的中國近世社會，出現貨幣經濟滲透、交通發達、商品流通激增等現象，已是眾所週知。就是在這種社會現象強烈影響下，無數「近世性」罪犯（集團）出現，「近世性」犯罪於焉而生。在農村社會無以維生終至流離失所而淪為所謂的「無賴」、「地棍」，他們成群盤踞在商品流通基點的市鎮上，或從市鎮呈放射狀延展開來的交通要地上行搶、行竊；在市鎮上乞討、賭博、放淫辭、為娼妓等，時人斥為“傷風敗俗”的各種現象，紛紛湧現。

第二章，以長江三角洲為主要事例區域，觀察清中期雍正（一七二三～三五年)、乾隆（一七三六～九五年）年間強力推動的近世國家的警察機構＝綠營兵的汛防制度之動態發展過程。近世期編纂方志非常盛行，翻閱這些方志，發現在兵防等項中，「汛」一詞頻繁出現。進一步深究其內容，原來汛防制度是採取「大汛－小汛」二級

制的架構；前者設置在格局較大的地理空間，如林立於長江三角洲的市鎮（特別是大規模的市鎮），其任務是保護商旅安全或商品流通；後者主要設置在連接市鎮與農村部門或連接市鎮間的交通要路上，以順利警察業務的執行。此外，由於汛防制度是在適切地配合該區域的各種條件如社會構造或自然環境下漸次推展開來的，自然而然，大汛的管轄區域或就被視為市鎮的“領域”；至清末宣統年間，大汛的管轄區域或就轉化成了自治區域的範圍。

第三章，以長江三角洲的總督、巡撫等司法官上奏皇帝的犯案案情意見書為檢討題材，探索清中期長江三角洲市鎮（G. W 施堅雅所稱中間市場級市鎮）的犯案及犯罪原因，以及綠營的汛防制度如何因應打擊犯罪而展開佈局的過程。十八世紀中期的長江三角洲，因著地理環境上的特殊性，如水域遼闊的太湖及澱山湖等位在境內、交錯複雜水路網的形成、水路之流速極緩，外加三角洲橫跨江浙兩省的行政區劃問題、商業日趨活絡等多重因素交錯下，導致犯罪率上升，結果引起司法當局的重視。在當局洞悉了犯罪動向之後，如何有效打擊日趨嚴重、以物品為目的之犯行就成為治安上的當務之急，清廷遂在主要交通幹線上（在長江三角洲就是水路）設置為數眾多的小汛。換而言之，此時近世國家更直接地承擔起維護商業、交通環境安全的責任，這不僅是國家支配或壓制的行動，更應視其為地域社會“期待”著國家暴力裝置的進駐。

第四章，焦點議題為「分防」。清中期以降，清廷以州縣佐雜＝縣丞、主簿、巡檢（綠營為武官而佐雜為文官）分防長江三角洲，已獲証實。所謂「分防」，是指原在縣城（行政都市）與正印官知縣共同治理民政的佐雜，被派駐到遠離縣城的農村部市鎮之意。考察分防的內容，旨在探究清朝此一近世國家對市鎮或以市鎮為核心的地域社會，其管理政策為何？反觀市鎮居民，在治安問題上冀望與近世國家結成什麼樣的關係？市鎮在政治、經濟、社會方面的蓬勃發展，已達到不容漠視的局面，地方文武官員於不同歷史時段分防駐紮農村部市鎮的行動，恰恰道出清廷在實質上將市鎮編入近世國家的省－府－州・縣此行政區劃最末端的歷史過程。從市鎮的角度來看，與上級州縣的“連線”為的是謀求自己的要求能直接或間接的在政治上獲得回應（現實的目的），另則是為了能較其他市鎮早一步——那怕一小步也好——被納入近世國家行政體系的這種強烈志向（理念的目的），這些應該才是市鎮爭取分防——近世國家的象徵——的兩大目的。

第五章，將清朝統治期粗分為建立初期與邁入「太平盛世」之治世期，先匯整並檢討在都市或農村部門引起清朝國家注意、高度關切的犯行與罪犯（或隱性罪犯）之動向後，接著分析前項的檢討結果與警察機構的設立、擴展之間存在著什麼樣的互動關係。筆者另從罪犯（或隱性罪犯）的屬性層次來思考這些罪犯在長江三角洲的開發、

發展全面史上曾經扮演過什麼樣的角色的問題。論證的結果是當初作為長江三角洲開發上不可或缺的勞動力，從周邊地區源源不斷地流入；因受制於當時社會及經濟條件，部分勞動者“為了討一口飯吃”終至踏入了犯罪一途。換個角度看，本章即嘗試著將「打擊犯罪的歷史源流」這一歷史面向放在長江三角洲整體的地方統治、開發與發展史脈絡中來進行定位。

第二部「近世期的監獄」旨在探究中國近世期對被逮捕的罪犯以及與審判有關而被傳喚進城的兩造、證人等怎麼管理？收押這些訟案關連者的拘禁設施的性質為何？這些設施又歷經過什麼樣的變化？

第六章，首先檢討清代的監獄（牢獄）。傳統中國監獄是拘禁尚待判決者或待刑者的設施，也就是暫時關押未決犯的所在；監獄內「狹隘污穢、凌虐多端」，學界對此，已有研究成果。但監獄研究此一專題才剛就緒，不少領域有待開發。有鑑於此，本章首先將聚焦於監獄內部，剖視當中所形成的監獄社會秩序。近世監獄的性質雖有異於近代以降作為剝奪犯人身體自由執行場所之監獄，因著種種理由，實際上監禁犯人的時間愈延愈長，一種可稱之為監獄社會的現象就浮現了。其中人稱「牢頭」「鎖頭」這些監獄（牢獄）的“太上皇”，他們在對維護監獄社會秩序上起到重要作用。

第七章，著眼於縣城內（特別是縣衙前）的「歇家」＝旅館。這是一種拘禁設施，但又不是監獄，它或為因訴訟而從農村進城來的兩造及證人提供住宿，或受官府之託而拘禁罪犯。歇家不僅對衙門的訴訟流程及手續一清二楚，他們也能接受委托代辦繳稅及訴訟業務，傳授五花八門的點子、門路與消息。為深化對歇家的理解，本章接著探討具有上述性格的歇家，到底由什麼人來主持？為了便於審判順利進行，官府委任歇家負責管理訟關係者＝「管押」，這「管押」的個中詳情為何？對這種介於收監與保釋之間的管押，當時的司法官如何看待？此章解析了官府須借助於歇家力量的時代背景，即清中期以降，儘管暴增的人口已為清廷帶來沈重壓力，但國家對兼為司法機構的州縣卻不做任何增設，對各州縣衙門的累累案卷、蟻集蜂聚的訟案關連者、拘禁場所不敷容納的問題，清廷完全沒有任何從根解決這些難題的對策可言。

第八章，由清中期甫出現在長江三角洲的自新所切入，探討自新所是什麼性質的監禁設施。學界迄今對自新所的認知僅止於其拘禁對象為等待定讞的輕罪犯而已。筆者仔細的研讀近年的新史料才發現，原來那是物換星移後的自新所，原初的自新所，主要是作為收禁那些沒人肯出面擔保的竊案初犯及再犯，讓他們在所內服勞役，同時協助他們重返社會的一個設施。而且自新所與清代保甲制這一相互監視體系也有緊密關係。也就是說，清廷把天下百姓一律都編入保甲，以限制百姓的遷徙，讓百姓來承擔像監視或檢舉可疑人物等治安任務，而由「良民」所構成的地域社會，自然就對作

姦犯科而淪為「賤」者，不僅厭惡，甚至歧視，欲驅逐之而後快。於是自新所就在這一社會背景下應運而生了。它的功用就是通過拘置、勞役、習工藝這套程序來改造受刑人，以讓這個由良民所組成的保甲式秩序構造的地域社會願意重新接納他們。

第九章，主要議題是湖州府烏程縣南潯鎮的洗心遷善局，這是設在農村中心的市鎮而不是縣城等城市的自新所。清末南潯鎮社會洗心遷善局的成立，主導者並不是官府，而是在遭受太平天國所帶來的社會動盪後，由在鎮的知識份子以及商賈出面奔走爭取而來的。雖說土地、房屋、經費的確是由民間所提供，但是就性質而論，主持該局者為府的佐雜。遷善局不僅包辦輕微刑事案件的判決、刑之執行，它也具更生設施之功能，協助囚人重返社會。太平天國之後，抽鴉片、聚賭盛行，風俗轉向頹廢，洗心局可說是在這種惡劣社會風氣中所出現的一種新式善堂，它收容舊世家不肖子弟，對他們施以拘置、勞動以及矯治。或可推斷其中可能受到清中期以後自新所的影響。

第十章，証實了自新所（亦稱遷善所・改過所）在全國普遍成立，並以光緒年間——此時作為執行近代自由刑的場所＝罪犯習藝所尚未出現——成立的湖北省闔省遷善所與上海改過所（改過局）為具體事例，對拘置犯人並使服勞役在刑法發展史上的意義進行再檢討。前人研究強調：傳統中國社會並不存在著作為執行自由刑的監獄，要到日後受到西洋影響，即西力沖擊下，中國近代監獄始告誕生。的確，要從中國史中“發現”源自西洋的「近代之自由刑」，必須等到習藝所之出現。但是，我們從中國近世自新所已可看出其拘置罪犯與使其服勞役在刑罰上所發揮的作用，而且在上海縣改過所，笞杖刑不用說，甚至連部分的發遣、充軍、流刑、徒刑，這些刑罰都可用笞刑外加在改過所拘禁數年（附加刑的使用）來代替。我們只有把罪犯習藝所置入中國刑罰思想的發展脈絡來思考，才可能達到從中國歷史出發來詮釋建構刑罰史的訴求。

Crime and Punishment in *Kinsei* China

A Social History of Crime Trends, Police, and Prisons

5 Conclusion

Chapter 7 Trial and Detention centers

1 Introduction

2 Detention Centers in the Official Exhortations and Local Records ; the Connection with Pettifoggers, Clerks, and *Yamen* Runners

3 Bond and Custody in a Detention Center

4 Detention and Custody

5 Conclusion

Chapter 8 Birth of *Zixinsuo* (Correctional Facility)

1 Introduction

2 What is *Zixinsuo*?

3 Attention to Incidents of Theft and the quasi-*Baojia* of Potential Criminals

4 The Expulsion of Criminals from Regional Society and Detention at the *Zixinsuo*

5 Conclusion

Chapter 9 *Xixin Qianshanju* in Regional Society ; *Nanxunzhen* of Huzhou Prefecture as an Example

1 Introduction

2 *Xixin Qianshanju* of *Nanxunzhen* in *Huzhou* Prefecture

3 *Xixinju* in *Wu* County *Suzhou* Prefecture

4 Significance of the Appearance of *Xixin Qianshanju* and Regional Society

5 Conclusion

Chapter 10 From *Zixinsuo*, *Qianshansuo*, *Gaiguosuo* to *Xiyisuo*

1 Introduction

2 The Spread and Development of *Zixinsuo*

3 *Hesheng Qianshansuo* in *Hubei* Province

4 *Gaiguosuo* (*Gaiguoju*) in *Shanghai* County

5 Conclusion

Conclusion "*Kinsei*" China in Asian History and World History

1 Crime, Police, and Prisons in *Kinsei* China

2 "*Kinsei*" and "*Kinsei*-ification" in terms of Crime and Public Order

Abstract

Based on an analysis of crime trends and the role of police and prisons——criminalite——during the Ming & Qing dynasties, this book examines whether, in lieu of "Modern" or Modernization", the concept of *Kinsei* can used, and if so, how it ought to be defined.

On the one hand, social phenomena such as an increased mobility of both people and objects, the permeation of a monetized economy, the development of transportation, the smooth circulation of commodities and so on that are common to *Kinsei* societies (such as elsewhere in East Asia, Europe, etc.) likewise appeared in *Kinsei* China.

On the other hand, negative phenomena also arose at the same time, such as the appearance of and increase in outlaws who moved from villages to cities and highways, the increase in incidents of theft and robbery in market towns along thoroughfares, the occurrence of acts of violence and theft committed by the migrant laborers who flocked to the cities, and so on.

We can call these crimes and criminals "*Kinsei* crimes and criminals". These situations were the sources of constant fear for the *Kinsei* dynasties, necessitating such changes as the advent of a police force and imprisonment.

Though the same directionality can coincidentally be observed in various settings, such similarity did not stem from the spread from an advanced system but rather was born from the historic context of each setting. The surface resemblance or uniformities are mere chance.

Instead of a conscious imitation of "Western modernity," the *Kinsei* similarities were, if anything, unconscious. Still, though unconscious, rather than insist on such similarity as a complete coincidence, we ought to think of each of the *Kinsei* states born amidst a sort of global wave of "*Kinsei*" as existing under conditions for which this was the only option.

Western modernity was not a sudden transplant: when social problems common to the *Kinsei* began to appear, the *Kinsei* dynasties prepared an administrative structure and support system.

Seen in this light, we may say that *Kinsei* society was "early modern" ; however this term is impossible to adopt, because it would be as if one were to take the similarities of "modernity" as a given prerequisite and move backward through history.

Rather, in the irreversible current of history, amidst an unprecedented rise in global fluidity that seemed to tear away the shell of medieval “isolationism,” similar “half-opened” societies sprung up in various places, societies that can be thought of as constructed with like systems and administrative structures, despite each individual state’’s unawareness (of these commonalities).

This process of seeking that began in the 16th and 17th centuries with the expansion of various global economic phenomena and the collapse of the traditional state and birth of the new with its new governing forms are what I would call “*Kinsei*-ification” ; thereafter the fluidity associated with *Kinsei*-ification experienced accelerated development, and the common government responses thereto-the birth of a police force and the attachment of new meanings to “imprisonment,” “labor,” and “surveillance,” as well as the steps that the new states invented, are what I assert we should call “*Kinsei*.”

索　引

1）本索引は，事項，人名，研究者名，地名，史料名すべてを含めた総合索引である。
2）漢字は日本語読みで配列したが，慣用読みに従ったものもある。
3）本文および図表タイトルを対象とし，註は含まない。
4）語句そのものではなく，内容からあげているものもある。
5）必要に応じて（　）に説明を附した。

ア　行

カ　行

サ　行

タ　行

ナ　行

ハ　行

マ　行

ヤ　行

ラ・ワ行

図表一覧